21世纪高等教育会计通用教材

U0861851

Accounting Informatization

会计信息化

第五版

陈福军 编著

东北财经大学出版社
Dongbei University of Finance & Economics Press
大连

图书在版编目（CIP）数据

会计信息化 / 陈福军编著. —5版. —大连：东北财经大学出版社，2022.11

（21世纪高等教育会计通用教材）

ISBN 978-7-5654-2554-7

Ⅰ.会…　Ⅱ.陈…　Ⅲ.会计信息-财务管理系统-高等学校-教材　Ⅳ.F232

中国版本图书馆CIP数据核字（2022）第159919号

东北财经大学出版社出版

（大连市黑石礁尖山街217号　邮政编码　116025）

网　　址：http：//www.dufep.cn

读者信箱：dufep@dufe.edu.cn

大连日升彩色印刷有限公司印刷　　东北财经大学出版社发行

幅面尺寸：185mm×260mm　字数：608千字　印张：26　插页：1

2022年11月第5版　　2022年11月第1次印刷

责任编辑：高　铭　　责任校对：佟　欣

封面设计：冀贵收　　版式设计：原　皓

定价：52.00元

教学支持　售后服务　联系电话：（0411）84710309

第五版前言

会计信息化是一门融会计学、计算机科学、管理学、信息学及人工智能等为一体的综合性学科。它伴随着信息化技术的发展而不断完善，通过计算机会计信息系统的应用得以实现。“大智移云物链”技术的财务应用，对企业管理模式、会计理论、会计实务处理和会计管理制度产生了巨大的冲击，导致会计领域不断地进行新技术变革。作为会计学专业的学生，掌握并熟练运用信息时代会计人员应具备的理论知识与技能，显得尤为迫切和必要。

本书从应用的角度出发，以实用性为原则，遵循由浅入深、循序渐进的原则，在讲解会计信息化基本原理的基础上，辅以案例阐述，将理论与实践紧密地结合起来，有针对性地阐述经济业务的处理流程，以满足现代企业管理对会计人员综合素质的要求。同时，顺应新时代教学改革需要，教材编写以“知识传授、能力培养、价值引领”为指引，对课程思政进行了积极探索，将课程思政融入教材、融入课堂，以会计职业道德为主线，将专业知识和价值观引领紧密结合，助力学生塑造社会主义核心价值观和“诚信为本、操守为重、坚持准则、不做假账”的职业素养。

本书在内容和结构上突出了以下特点：

第一，内容先进。本书以最新企业会计准则体系和《中华人民共和国个人所得税法实施条例》为指导，结合用友ERP-U8 V11财务管理软件的应用，突出强调了会计信息化提供企业管理信息的能力和会计加强事前、事中控制的能力；同时，系统阐述了当前国际、国内先进的管理思想及管理信息系统，从信息发展的角度奠定会计人员坚实的企业信息管理基础。

第二，编写案例化。本书在编写上从会计人员的实际需要出发，既介绍会计信息化的基本原理，又阐述会计信息化的应用，并力求做到理论与实务的有机统一，以期在给读者提供完整的理论体系的同时，使读者掌握财务管理软件的使用方法。

第三，结构业务化。本书打破传统会计信息化图书模块化的编写模式，全面按会计核算业务流程模式编写，按照系统初始设置→日常业务处理→期末业务处理→报表编制的业务流程进行章节体系划分，以系统的观念来阐述会计信息化的理论体系，力求贴近企业应用实际。

第四，突出应用性。从会计学专业的培养目标和人才需求实际出发，突出学生实践能力的培养，结合用友ERP-U8 V11财务管理软件的使用，以案例形式探讨会计信息化的理论与应用问题。

本书共8章。第1章系统而概括地阐述了会计信息化的有关基本概念和理论；第2章至第7章则以会计业务处理流程和会计信息系统应用流程的处理顺序为过程，先后阐述了系统维护与管理、基础设置、业务处理规则与数据初始设置、日常业务处理、期末业务处理、财务报表编制的基本理论与技术方法；第8章是为应用操作而设计的教学应用案例。

本书可作为高等学校会计类专业会计电算化、会计信息化和会计信息系统等课程的教学用书，也可作为一般会计（审计）从业人员和会计（审计）工作者的学习参考资料。

本书由山东理工大学陈福军副教授编著，在编写过程中得到了出版社编辑和许多专家学者的鼎力帮助和大力支持，在此深表谢意。当然，限于作者的水平，书中难免存在错漏之处，诚挚地希望广大读者对本书的不足之处给予批评指正，并提出宝贵意见，以便将来加以修正和改进。作者邮箱：chenfj@126.com。

作　者

2022年8月

目录

第1章　会计信息化基础知识

教学目的与要求

系统学习会计信息化的基本理论知识，了解会计信息化的发展过程和趋势，熟悉会计信息化对会计工作的影响，掌握会计信息化环境下的内部控制管理及会计信息化的实施。掌握会计信息系统的概念、特点，了解会计信息系统的功能结构，掌握会计信息系统的业务处理流程。

主要知识点

1. 会计信息化的概念及发展趋势。
2. 会计信息化的管理与实施。
3. 会计信息系统的概念与特点。
4. 会计信息系统的功能结构与业务处理流程。

关键概念

会计电算化　会计信息化　会计信息系统

会计作为一个以提供财务信息为主的信息系统，长期以来一直在企业经营管理中起着重要的作用。随着现代计算机技术、网络技术及信息技术的不断发展，特别是“大智移云物链”技术的会计应用，在实现会计信息处理方式从手工发展到会计信息化的同时，也实现了会计操作技术和信息处理方式的重大变革。它对会计理论和会计方法提出了一系列新的课题，使传统会计格局逐渐被打破，新的会计思想和理论不断确立，从而在推动会计自身发展和变革的同时，也促进了会计信息化的进一步完善和发展。

1.1　会计信息化概述

会计信息化是会计电算化发展的新阶段，是现代社会化大生产、新技术革命和信息化社会发展的必然产物。它不仅是会计数据处理手段的变革，也对会计理论和会计实务产生了深远的影响。

1.1.1　会计信息化的含义

会计信息化是相对于会计电算化而提出的一个概念。会计电算化是指以电子计算机为主体的当代信息技术在会计实务工作中的应用，是用电子计算机代替人工记账、算账、报账，以及部分替代人脑完成对会计信息的分析、预测、决策的过程。

自从1981年3月在长春市召开的“财务、会计、成本应用电子计算机问题讨论会”上正式提出“会计电算化”概念后，会计电算化的内涵就不断发展变化，特别是伴随着计算机技术、信息技术和网络技术的发展，“会计电算化”的含义也得到了进一步的引申和发展。它不再仅指“计算机技术在会计工作中的应用”，而是更倾向于会计管理活动的实施，如会计电算化制度的建立、会计电算化人才的培训、会计电算化的宏观管理、计算机审计、会计电算档案管理等。因此，“会计电算化”有两层含义：一层含义是狭义的会计电算化，是指电子计算机技术在会计实务中的应用；另一层含义是广义的会计电算化，是指会计工作电子化及会计管理信息化，也可称为“会计电算化工作”。1999年4月，在深圳举办的“新形势下会计软件市场管理研讨会暨会计信息化理论专家座谈会”上，与会专家正式提出“会计信息化”的概念。至此，会计电算化跨入发展新阶段。

随着“大智移云物链”等技术的不断发展，电子商务平台交易模式不断创新，交易及凭证的电子化、结算方式的电子货币化等都改变着会计处理的环境，会计环境的剧变呼唤着会计的变革。此外，会计信息使用者对企业会计信息的时效性、公允性等方面也提出实时报告的要求，对信息的需求也不再局限于财务会计信息，而是更多地面向了会计信息与非会计信息的融合、财务信息与业务信息的融合、内部信息与外部信息的融合，因此，构建基于会计信息化和社会信息化相融合的会计信息系统已成为发展的必然趋势，由此也催生了业务、财务、税务一体化的会计信息化。会计信息化的内涵可以简要理解为：采用现代信息技术，对传统的会计模型进行重塑，并在重塑的现代会计基础上，建立信息技术与会计学科高度融合的、充分开放的现代会计信息系统。这种会计信息系统将全面运用现代信息技术，通过网络系统，使业务处理高度自动化，信息高度共享，能够主动和实时报告会计信息。

会计信息化是会计电算化发展的必然结果，二者之间没有明显的边界，本质上都是研究如何利用电子计算机信息处理技术进行会计核算、会计管理、会计辅助决策及高效提供会计信息等工作。但会计信息化更侧重于业务、财务、税务、金融等的一体化发展，注重财流、物流、信息流的多元融合，实现业务流程的数字化和网络化，并依托信息加工平台，生成能增值的会计信息，其核心工作是利用现代信息技术，并结合现代管理理念，构建由硬件系统、软件系统、数据库管理系统、会计运行规程和会计人员构成的会计信息系统。

1.1.2 会计信息化对会计工作的影响

会计信息化的实施使会计核算方法和工作程序发生了重大的变化，对会计工作产生了一系列的影响，主要表现在以下几方面：

1）改变了会计工作的组织机构

会计信息化改变了会计人员的工作分工，从而引起企业有关组织机构的变化。这种变化主要表现在两个方面：一是企业将大量的会计数据处理工作集中在计算机部门，实现了业务数据与财务数据高度融合、信息高度共享；二是原有的会计职能岗位应根据会计信息系统的组织控制要求重新安排，产生了许多新型岗位，如电算维护、数据分析等。

2）改变了会计的数据处理方法

计算机系统本身具有自动运算处理能力。实行会计信息化，特别是“大智移云物链”新技术的财务应用，除了原始数据输入尚需少量人工干预外，从数据加工处理到把财务信息提供给有关信息使用者的整个过程，人工干预越来越少，客观上消除了手工方式下数据处理的诸多环节，极大提高了会计处理的效率。

3）改变了会计信息的质量

会计信息的质量特征主要在于可靠性、相关性和可比性等。实行会计信息化后，会计信息的加工处理效率和质量得到了极大提高。只要保证入口数据的准确性，就可以保证其下游的各类账簿和会计报表数据的准确性。同时，在提高会计信息质量的同时，会计信息也向多量度单位发展。计算机可以同时存储实物量和货币量，并可根据需要迅速检索和统计。

4）改变了会计档案的存储管理形式

会计信息化改变了会计档案的管理形式。实施会计信息化后，会计档案保管实现了数字化，大部分会计档案保存介质的物理性质发生了变化，各种记账凭证、日记账、明细账、总账和会计报表等会计资料使用磁介质存储，复制、删除方便。这就要求建立更科学的体系方法，加强对会计档案资料的保管。

5）改变了会计内部控制的控制机制

会计信息化的实施改变了内部控制机制。内部控制的内容扩展到计算机内文件的安全保护、备份、禁止非法操作、防止计算机舞弊、防止病毒破坏等；控制的重点转移到数据的入口控制，即对凭证的填制、录入和审核环节的控制；内部控制形式由单纯的人工控制转变为人机控制；内部控制技术演变为人与计算机程序控制的协同控制；内部控制范围不再局限于系统本身，也延伸到系统外部环境。

1.1.3　会计信息化的发展趋势

管理水平的提高和科学技术的进步对会计理论、会计方法和会计数据处理技术提出了更高的要求，使会计处理从简单到复杂、由落后到先进、由手工到机械、由机械到计算机。会计信息化的发展历程是不断发展、不断完善的过程。伴随着全球经济一体化进程的不断加快、IT技术的飞速发展、互联网技术和电子商务的广泛应用，特别是近几年来，大数据、云计算、人工智能、移动互联、区块链等技术的应用，人类跨入了知识经济和“大智移云物链”时代。在这一时代，顾客的需求瞬息万变、技术创新不断加速、产品生命周期不断缩短、市场竞争日趋激烈，企业所处的商业环境也发生了根本性变化，顾客（customer）、竞争（competition）和变化（change）成为影响企业生存与发展的三股力量。为了适应以“顾客、竞争和变化”为特征的外部环境，企业必须进行管理思想上的革命、管理模式与业务流程上的重组、管理手段上的更新，借助大数据、云计算、人工智能等技术，实现以业务流程重组（business process reengineering，BPR）为主要内容的管理模式革命、以企业资源计划（enterprise resource planning，ERP）系统应用为主体的管理手段革命和以财务机器人为载体的管理职能的转变。

1）会计信息化的发展过程

会计信息化的产生和发展是社会经济、科学技术发展的产物。1954年5月，美国通用电气公司第一次使用UNIAC-1型计算机计算员工工资，标志着电子计算机开始进入会计数据处理领域。随着会计本身和电子计算机硬件、软件技术的不断进步，电子计算机在会计中的应用也逐步普及和深入发展。纵观整个发展过程，计算机在会计中的作用大致经历了以下3个阶段：

（1）会计数据处理系统——电子数据处理阶段

这一阶段的主要目标是利用计算机模仿手工操作，实现那些数据量大、计算重复次数多的专项会计业务核算工作的自动化，如工资计算、账务处理、固定资产核算、编制报表等，体现在岗位级应用层次上。

（2）会计管理系统——综合业务处理阶段

这一阶段的主要目标是综合处理发生在企业各业务环境中的各种会计信息，并为企业内外部各级管理部门提供有关的管理和决策辅助信息。在这一阶段，系统的功能从全面会计核算发展到会计管理。应用层次从财务部门（部门级）到企业内部的其他部门（企业级），直到客户、供应商和政府机构等相关的企业外部实体；网络体系结构从文件/服务器（F/S）结构、客户机/服务器（C/S）结构发展到现在的浏览器/服务器（B/S）结构；数据库从小型数据库发展到大型数据库。

（3）会计决策支持和专家系统——决策分析阶段

决策支持系统是综合利用各种数据、信息、模型以及人工智能技术辅助管理者进行决策的一种人机交互的计算机系统。会计决策支持和专家系统的主要目标是在会计综合信息处理的基础上向会计决策系统、会计专家系统、会计高层主管系统等方向发展。通过挖掘专家经验，建立各种财务分析和管理的方法库、模型库和知识库，为全面实现会计的管理职能提供支持。

为推动和规范我国会计信息化发展，财政部于1989年12月发布了全国性会计信息化管理规章《会计核算软件管理的几项规定（试行）》，1990年7月发布了《关于会计核算软件评审问题的补充规定（试行）》。根据《中华人民共和国会计法》的有关规定，财政部于1994年6月30日重新发布了《会计电算化管理办法》《商品化会计核算软件评审规则》《会计核算软件基本功能规范》三个规章制度。为指导基层单位开展会计信息化工作，1996年发布了《会计电算化工作规范》，2004年制订了《信息技术会计核算软件数据接口》国家标准（GB/T19581-2004），2008年5月发布了《企业内部控制基本规范》，2009年4月发布了《关于全面推进我国会计信息化工作的指导意见》，2013年12月发布了《企业会计信息化工作规范》。这些是目前指导我国会计信息工作最重要的文件。2008年11月会计信息化委员会的成立，标志着我国会计信息化标准体系建设迈出了重要的一步，财会改革进入了一个崭新的阶段。

2）会计信息化的发展趋势

展望未来，随着“大智移云物链”技术应用的迅速发展，包括财务管理、生产管理、人力资源管理、供应链管理、客户关系管理、电子商务应用在内的完整的企业管理信息系统将会得到全面发展。对供应链管理（supply chain management，SCM）系统的重视将逐渐超过财务系统；以提高客户满意度、快速扩张市场份额为目标的客户关系管理（customer relationship management，CRM）系统将成为热点；企业资源计划系统将得到广泛应用，将由财务专项管理向全面企业管理转变，从而实现对企业物流、资金流、商流和信息流一体化、集成化的管理；财务共享、业财税一体化、智能财务发展成为发展重心。

虽然不同规模和不同类型的企业发展很不平衡，但是会计信息化的发展趋势是趋同的，都将向着集成化、网络化、智能化、自动化和数字化方向发展。

（1）集成化

做好财务管理工作，不仅需要财会数据，还必须有供、产、销、劳资、物资、设备等多方面的经济业务信息。因此，不仅要有会计核算系统，还必须建立以财务管理为核心的企业全面管理信息系统，以及决策支持系统等。

集成化体现在：系统集成，将一些具有多种不同功能的系统通过系统集成技术组合在一起，形成一个综合化与集成化统一的信息系统，实现互相衔接、数据共享、业务集成；信息集成，财务信息与非财务信息、结构化信息与非结构化信息等借助人工智能、大数据、可视化等技术实现信息高度融合，助力经济决策；“业财税金”集成，“大智移云物链”等技术广泛应用于财务工作及信息化社会发展的需要，催生财务、业务、税务、金融等多元一体化发展，实现跨界融合，集成发展。

（2）网络化

计算机技术和网络技术的不断发展，使会计信息化工作实现了会计数据处理并发操作、统一管理和数据共享。特别是随着移动互联技术在会计工作中的应用，智能设备（如手机等）成为财务工作终端，极大地解决了工作地域的限制。一方面，会计信息处理将基于网络技术和移动互联技术；另一方面，财务人员的工作方式将产生巨大的变化。

网络化体现在：实现在线办公，互联网上的计算机就是财务人员的工作台，大部分工作均在互联网的计算机上完成；实现移动办公，不管在哪里，不管在何时，只要有智能设备即可通过移动互联网络，实现向公司发订单、查看上级的工作安排、了解市场行情；实现远程传输和查询，远程查账、远程报账、远程审计变得触手可及。

（3）智能化

随着市场经济的发展，影响企事业单位生产经营活动的因素越来越复杂，预测、决策、控制、分析和管理的难度越来越大。传统的财务信息已难以满足经营决策的需求，需要引入大量的非财务的、非结构化的数据。这就要求在加大数据的采集和运用，提高数据处理、分析、判断能力的基础上，通过大数据和云计算等技术提升数据处理效率和质量，同时还要借助人工智能技术实现信息系统的智能化。智能化财务应用趋势主要体现在三个方面：一是规律性业务将逐步交由财务机器人完成。二是非规律性业务需要借助人工智能技术实现专家经验智慧库建设。在预测与决策过程中，当决策目标确定以后，利用专家系统中的专家经验和智慧进行辅助决策，以提高决策的可靠性。三是依靠人工智能技术自动实现信息识别、获取与分析，如依靠光学字符识别技术（OCR）智能化识别原始单据信息，实现单据信息自动采集与获取；依靠神经语言程序（NLP）智能化识别文本合同风险，以有效防范合同舞弊行为；依靠知识图谱智能化分析客商间关系，以实现优质客商的甄选等。

（4）自动化

新一代ERP技术、人工智能技术、自动化技术的财务应用，将推动业务的自动处理、信息的自动交互。新一代ERP技术将进一步促进物流、商流、资金流、信息流的有机融合，推动业务、财务、税务、审计、金融等的一体化发展；应用程序接口（API）的开放将进一步推动利益关联方的互联，如银行与企业互联、企业与税务互联、企业与企业互联等；机器人流程自动化技术（RPA）将进一步推动会计业务处理的变革，促进财务流程的优化，规律性、重复性、易于标准化的业务将交由财务机器人自动完成，以降低财务合规性风险，提高业务处理效率和质量。

（5）数字化

随着“大智移云物链”技术的财务应用，财务数据化发展成为必然，推动了会计数字化转型发展。财务的信息化、自动化、智能化发展，促使财务从专注于记账凭证演变为面向业务流程的全面数据收集。这一数据收集是一种“业财税一体化”的数据采集过程，也是企业内外部数据相互交融的数据采集过程。财务是天然的数字化场所。信息化的发展促进了财务数据与业务数据的全面链接，自动化、智能化的发展则促进了财务数据、业务数据的全面收集。会计信息化系统的体系也将由业务流程中心发展为数据中心，一切业务数字化。数字化成为未来会计信息化系统发展的必然趋势。

适应会计信息化发展趋势，未来会计工作对会计人员提出了更高的要求。一方面，会计信息处理方式的改变要求会计人员除了要学习和掌握会计学科专业知识外，还要学习和掌握更多的新知识，如2020年获评的影响会计人员的十大信息技术：财务云、电子发票、会计大数据技术、电子档案、RPA（机器人流程自动化）、新一代ERP、区块链技术、移动支付、数据挖掘、在线审计等；另一方面，会计职能的转变要求会计人员由财务核算向会计管理转型，更多地参与经济活动的分析、预测，探索经济活动的规律。

【课程思政】

民族自信教育

ERP作为企业级管理软件，在企业经营管理中具有举足轻重的作用。以SAP和Oracle为代表的国际厂商在中国高端ERP领域持续占据较高的市场份额。但随着大数据、云计算、物联网、人工智能等技术的应用，以用友、金蝶为代表的中国ERP厂商奋起直追，逐步缩小了与世界巨头在产品功能和性能等方面的差距，国内市场份额逐年提升。华经产业研究院数据显示，2009年至2020年，SAP在中国市场的占有率由34.30%下降到14.90%，Oracle在中国市场的占有率由19.6%下降到6.4%，而用友则由14.4%上升到33%，占据国内市场首位，金蝶由6%上升到12.8%，占据国内市场第三。中国ERP软件正在由弱变强。据前瞻产业研究院研究报告，截至2021年8月，全球ERP软件行业技术来源国分布，中国以39.11%的占比居于首位，美国以20.75%位居第二。品牌是国家的一种形象，也是民族自信的体现，以用友为代表的中国ERP正在走向世界，也正在由“中国产品”走向“中国品牌”。

1.1.4 会计信息化的组织实施

会计信息化的建设是一个系统工程，是基层单位会计信息系统建设工作的具体实施过程。会计信息化的建设除了配备计算机等硬件设备、操作系统、会计软件以外，还需要进行组织规划、建立会计信息系统工作机构、完善计算机硬件和软件管理制度、进行人员培训等。无论企业规模大小、结构及业务复杂程度如何，会计信息化建设的工作程序大致相同，如图1-1所示。

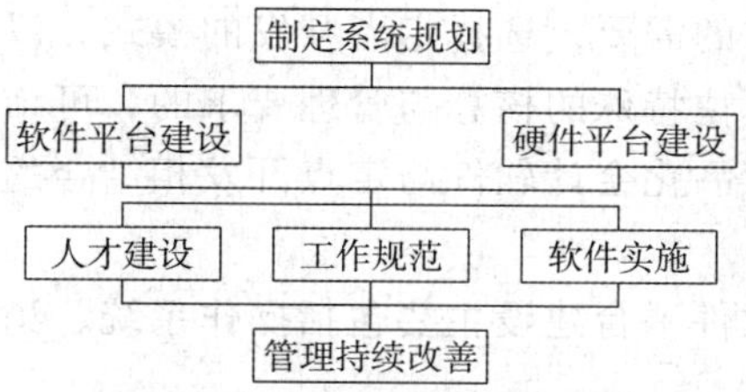

图1-1　会计信息化建设工作程序

1）会计信息化组织规划

制定会计信息化的组织规划是指适应企业信息化管理的需要，设置单位信息化管理的机构并调整原有会计部门的内部组织。会计信息化的组织工作涉及单位内部的各个方面，需要人力、物力、财力等多项资源。因此，必须由单位领导或总会计师亲自抓这项工作，成立一个制定本单位会计信息化发展规划和管理制度、组织会计信息系统的建立和本单位财务人员培训，并负责会计信息系统投入运行的组织策划机构。

在会计信息化的具体实施过程中，必须制订一个详细的实施计划，对在一定时期内要完成的工作有一个具体的安排。各单位的财会部门是会计工作的主要承担者，负责制订本单位会计信息化的具体实施计划和方案。在制订本单位会计信息化的实施计划时，应从本单位的具体情况出发，按照循序渐进、分步实施的原则进行，有步骤地安排实施机构及人员的配置、计算机设备的购置、软件开发购置以及其他相关费用的预算工作，使单位能从整体上合理安排人力、物力和财力。

2）会计信息化运行平台建设

会计信息化运行平台是指会计信息化赖以运行的软、硬件环境。它包括两个方面的内容：一是计算机硬件环境；二是运行会计信息系统的软件环境，包括操作系统、数据库管理系统等。在运行平台建设的过程中，应综合考虑希望会计信息化为企业带来什么、管理人员的管理意识和管理水平、企业的管理基础、职工的文化素质、单位的技术力量以及企业的资金状况等诸方面的因素，确定财务软件系统的类型，并以此为基础确定软件平台建设和硬件平台建设。

（1）财务软件选型

财务软件是专门用于会计核算和管理工作的计算机应用软件的总称，包括采用各种计算机语言编制的用于会计核算和管理工作的计算机程序。它是由一系列指挥计算机进行会计核算工作的程序和有关文档技术资料组成的。借助于财务软件，可以运用计算机强大的运算、存储和逻辑判断功能对原始会计数据进行加工、储存处理，输出各种有用的会计信息资料。会计信息化工作也由此变成了会计数据的输入、处理、输出这样一个简单的过程，即输入会计数据，依托财务软件对会计数据进行处理，最后输出会计信息，从而基本实现会计数据处理的自动化，并使会计数据处理的精度和速度有很大的提高。

一般来讲，配备会计软件的方式主要有购买通用商品化会计软件、定点开发、选择通用商品化会计软件与定点开发相结合三种。商品化会计软件是指专门对外销售的会计软件。通用商品化会计软件一般具有成本低、见效快、质量高、维护有保证等优点，所以比较适合会计业务比较简单的小型企事业单位；大中型企事业单位会计业务一般有其特殊要求，可根据本单位实际工作的需要，选择定点开发的模式，以满足本单位的特殊需要；通用会计软件不能完全满足单位特殊的核算与管理要求的，可结合通用会计软件定点开发部分配套的模块，选择通用商品化会计软件与定点开发相结合的方式。

（2）软件平台建设

会计信息系统运行的软件平台建设主要包括操作系统、浏览器软件及数据库系统的选择等。

①选择操作系统

在会计信息系统建设过程中涉及的操作系统分为服务器操作系统和终端机操作系统。随着分布式网络计算技术的发展，计算机网络服务器一般可分为数据库服务器、Web服务器、应用服务器、通信服务器等。在会计信息化建设时，应根据财务管理会计软件的体系结构，例如，二层、三层或多层C/S结构、B/S结构等，购置网络服务器和选择网络操作系统。工作站操作系统的选择主要依据财务管理软件对运行平台的要求来确定。

②选择浏览器软件

如果企业选择了运行于广域网的B/S结构的会计软件，还要考虑选择合适的Web浏览器软件。

③选择数据库系统

数据库系统主要分为服务器数据库系统和桌面数据库系统。服务器数据库主要适合于大型企业，代表系统主要有Oracle、Sybase、Informix、SQL Server和DB2等。服务器数据库系统处理的数据量大，数据容错性和一致性控制好，但服务器数据库系统的操作与数据维护难度大，对操作员水平要求高，而且投资大。桌面数据库主要适用于数据处理量不大的中小企业，主要软件产品有Access、FoxPro、Paradox、Betrive等。桌面数据库系统处理的数据量要小一些，在数据安全性与一致性控制方面的性能也要差一些，但易于操作使用和进行数据管理，所需投资较小。每种财务软件都有其运行环境要求。数据库系统的选择应根据所选定的财务软件的运行要求而定。

（3）硬件平台建设

会计信息化硬件平台是会计信息系统运行的基础，硬件的选择不限于讨论单机如何选型、如何配置，而是更侧重于计算机网络的规划和建设。

计算机网络系统设计一般要考虑特定企业信息化技术应用策略、企业管理机构设置、业务处理流程等众多因素，网络解决方案是针对每一个具体企业而言的，不可能给出一个标准的方案供大家共同使用。一般来说，缺乏经验的企业可以聘请专业的咨询公司或系统集成商辅助进行网络设计。

3）会计信息化实施

随着计算机和现代信息技术的飞速发展，改造企业管理手段和实现企业管理信息化已成为提升企业竞争力的重要措施。会计信息系统是企业管理系统的重要组成部分，其实施情况直接影响企业管理信息系统的建设。会计信息化实施作为会计信息化建设的重要组成部分已越来越受到企业的重视。会计信息化建设的关键在于应用软件系统的实施。会计信息化建设的成败经验也使人们充分认识到了“三分软件，七分实施”。

软件“实施”概念的提出，要求在会计信息化建设过程中必须重视以下几个方面：

① 会计信息化实施的难度较大，需要有实施方法论的指导，建设一支职业化专门从事软件实施的队伍，并针对软件实施编制标准化的培训教材。

② 会计信息化的实施不仅仅是对单位员工进行软件操作培训，更重要的是应首先对企业进行业务流程重组，理顺和规范企业管理。这是财务管理软件实施的一个重要步骤。

③ 会计信息化的实施不仅仅是指导如何使用软件，还要协助单位进行信息标准化和规范化编码，使企业员工明白财务软件系统所蕴含的管理思想和价值理念。

④ 会计信息化的实施不仅仅要求企业适应管理系统所提供的规范化管理模型，还要求在实施过程中也能根据单位的特殊要求对软件进行客户化改造。

⑤ 会计信息化的实施需要规范化的专业咨询公司做后盾，为企业信息化建设提供强有力的技术与管理咨询服务。

4）财会人员的培养与培训

会计信息化人才问题是发展会计事业的关键因素。会计信息化的建设需要会计和计算机方面的专门人才，更需要既懂会计、又懂信息技术的复合型人才。会计信息化人才的培养应立足信息化社会大背景，立足会计数字化转型，实现由会计核算师向会计管理师、数字分析师的转变。会计信息化的发展，特别是“大智移云物链”技术的应用，促进财务、业务跨界融合，信息多元化，业务边界、信息边界越来越模糊，“业中有财、财中有业”成为必然。这就要求财会人员既要精财务，又要懂业务，更要会分析。

1.1.5 会计信息化的管理

会计信息化的管理分为宏观管理和微观管理。宏观管理是指国家、行业或地区为保证会计工作的顺利开展和实施会计信息化后的会计工作质量所制定的办法、措施、制度。微观管理是指基层单位对已建立的会计信息化系统进行全面管理，保证安全、正常运行，一般包括建立内部控制制度、系统运行管理和会计档案管理等内容。管理制度的完善和贯彻是做好会计工作的关键，对保证会计信息化能够从一开始就进入规范化、程序化的轨道至关重要。

1）会计信息化的宏观管理

会计信息化管理是会计信息化工作的重要组成部分。各级财政部门在会计信息化的宏观管理中具有法定的领导地位和职责。会计信息化的宏观管理是国家履行政府职能的重要内容，应从制度、软件、人才等多方面予以引导和支持。会计信息化宏观管理的主要任务如下：

（1）制定会计信息化管理规章及专业标准

为保证会计信息化健康发展，制定会计信息化宏观管理规章及专业标准是会计信息化发展的必然要求。目前，会计信息化工作遵循的规章主要是财政部于2009年4月颁布的《关于全面推进我国会计信息化工作的指导意见》、2013年12月颁布的《企业会计信息化工作规范》和2021年12月颁布的《会计信息化发展规划（2021—2025年）》。这是目前指导我国会计信息化建设工作最重要的文件。

《关于全面推进我国会计信息化工作的指导意见》

（2）做好会计软件规范化监管工作

为了保证财务软件的质量，维护使用单位的利益，在我国境内销售的商品化财务软件必须符合《企业会计信息化工作规范》的要求。财政主管部门要做好企业使用会计软件规范化的检查和监督工作。

《企业会计信息化工作规范》

（3）大力抓好人才的培养

人才是会计信息化建立和发展的关键。人才培训既是会计信息化宏观管理的需要，也是企业单位会计信息化建设工作的需要。只有培训众多既懂计算机又懂会计业务知识的人才，才能加快会计信息化的进程和水平的提高。人才的培养既要避免人才匮乏，又要避免人才的浪费，要进行合理的规划，多层次、多渠道、多形式地培养人才。因此，要把会计信息化人才培养作为会计信息化宏观管理的重要内容之一。

《会计信息化发展规划（2021—2025年）》

（4）推动会计信息化理论研究

会计信息化的发展需要会计信息化理论研究的支持和指导。各级财政主管部门应在宏观管理中注重理论研究工作，特别要坚持百花齐放、百家争鸣的方针，鼓励、支持从事会计信息化实际工作的人员学习理论、开展研究，做到理论和实际相结合。

2）会计信息化的微观管理

为了对会计信息化进行全面管理，保证会计信息系统安全、正常运行，在企业中应切实做好会计信息化内部控制以及操作管理、会计档案管理等工作。

（1）制定会计信息化的发展规划

会计信息化总体规划应以一定时期、一定地区的发展战略目标为依据，结合本单位的实际情况来制定。发展规划应包含以下内容：会计信息化建设目标，会计信息化的总体结构，会计信息系统建立的途径，系统的硬、软件配置，确定工作步骤，确定会计信息化建设工作的管理体制和组织机构，制订专业人员的培训与配备计划，确定资金的来源及预算等。会计信息化的发展规划是建设会计信息化的战略计划，是决定系统成败的关键。

（2）建立内部控制制度

内部控制制度是为了保护财产的安全完整，保证会计及其他数据的正确、可靠，保证国家有关方针、政策、法令、制度和本单位制度、计划的贯彻执行，提高经济效益，利用系统的内部分工而产生相互联系的关系，形成一系列具有控制职能的方法、措施、程序的一种管理制度。内部控制制度的基本作用是保护财产安全完整；提高数据的正确性、可靠性；贯彻执行方针、政策、法令、制度、计划。内部控制制度是审计工作的重要依据。

内部控制制度的基本目标是：健全机构、明确分工、落实责任、严格操作规程，充分发挥内部控制作用。其具体目标是：①合法性，即保证处理的经济业务及有关数据符合有关规章制度；②合理性，即保证处理的经济业务及有关数据有利于提高经济效益和工作效率；③适应性，即适应管理需要、环境变化和例外业务；④安全性，即保证财产和数据的安全，具有严格的操作权限、保密功能、恢复功能和防止非法操作功能；⑤正确性，即保证输入、加工、输出数据正确无误；⑥及时性，即保证数据处理及时，为管理提供信息。

内部控制制度的建立要综合考虑会计信息化的发展及电子技术、网络技术、“大智移云物链”等技术的发展对内部控制体系的影响，以会计信息化内外部综合控制为重点，以会计信息系统构成要素控制为切入点，从控制内容、控制重点、控制形式、控制技术和控制范围等方面建立起适合会计信息化发展需求的完善的内部控制体系。

（3）完善会计工作规范化

规范的基本含义是制定统一的规则和严格执行、遵守规则。会计在经济管理过程中具有重要地位，因此对会计工作始终存在规范化的要求以及相应的规范体系。由于各企业的管理水平、会计人员的素质差别和手工处理的局限性，各企业在不同程度上存在基础工作不规范的问题。将计算机引入会计工作，改变了原有的数据处理方法和处理流程，需要建立与之相适应的规范。企业实施会计信息化后，数据管理规范化的内容涉及企业管理的方方面面，主要包括数据收集规范化、工作程序规范化、会计核算规范化、信息输出规范化等。

（4）建立岗位责任制

会计信息化的建设应建立、健全会计工作岗位责任制，明确每个工作岗位的职责范围，切实做到事事有人管、人人有专职、办事有要求、工作有检查。按照会计信息化的特点，在实施会计信息化建设的过程中，各单位可以根据内部控制制度和本单位的工作需要，对会计岗位的划分进行调整，并设立必要的工作岗位。

（5）完善操作管理、系统维护和数据保护等管理制度

实施会计信息化后，会计信息系统正常、安全、有效运行的关键是操作管理，主要体现在建立与实施各项管理制度上。如果单位的操作管理制度不健全或实施不得力，都会给各种非法舞弊行为以可乘之机；如果操作不正确，会造成系统内数据的破坏或丢失，影响系统的正常运行，也会造成录入数据不正确，影响系统的运行效率，直至输出不正确的账表。因此，单位应建立、健全操作管理制度并严格实施，以保证系统正常、安全、有效地运行。

加强操作管理、系统维护和数据保护管理是系统安全、有效、正常运行的重要保证，其任务就是建立计算机会计系统的运行环境，按规定录入数据，执行各自模块的运行操作，输出各类信息，做好系统内有关数据的备份及发生故障时的恢复工作，确保计算机系统的安全、有效、正常运行。

（6）加强计算机病毒预防

计算机病毒是危害计算机信息系统的一种新手段，其传播泛滥的客观效果是危害或破坏计算机资源。轻则打断或干扰信息系统的工作，重则破坏数据，造成系统重大甚至是无可挽回的损失。因此，在会计信息系统的运行过程中必须对预防计算机病毒问题给予充分的重视。

1.2　会计信息系统

会计信息化是会计工作与信息技术融合的产物，其核心工作是会计信息系统的构建。会计信息系统作为企业管理系统的子系统，具有一定的独立性，在企业经营管理中具有不可替代的作用。

1.2.1 会计信息系统的基本概念

1）会计数据和会计信息

（1）会计数据

在会计工作中，会计数据是指从不同来源或渠道获得的，记录在“单、证、账、表”上的各种原始会计资料。会计数据的来源广泛，既有企业内部生产经营活动产生的各种资料，又有企业外部与企业相关的各种经济活动产生的各种资料，因而会计数据量非常大。会计数据的数量大，不仅是指每个会计期间需要处理的数据量大，更重要的是，会计数据是一种随着企业生产经营活动的持续进行，源源不断地产生并需要进行处理的数据。会计业务处理的特点决定了会计数据具有连续性、系统性和周期性的特点。

（2）会计信息

会计信息是指按会计特有的处理方法对数据进行处理后产生的，是会计管理及经济管理所需要的一部分经济信息。它是在会计核算和会计分析过程中形成的凭证、账簿、报表等数据，是会计核算的主要内容，是经济决策的依据。会计信息主要分为三类：财务信息、定向信息、决策信息。财务信息反映过去发生的一切，如资产负债表、利润表、账簿等包含的内容；定向信息是管理所需要的特定信息，如实际与预算、本期与历史记录比较产生的分析报告；决策信息是对未来具有预测性的信息，如年度计划、单项规划、期间决策所需要的信息。

由于会计信息在经济管理中具有极其重要的作用，因此准确、及时是对会计信息的基本要求。某些会计信息具有很强的时间性和区域性要求，往往因时间和空间的变化而失去意义和价值。根据不准确的或错误的信息做出的决策会对企业造成严重的损害。

（3）会计信息的特点

会计信息作为经济社会的重要组成部分，具有可靠性、相关性、时效性、完整性、易理解性以及可校验性等特点。

① 可靠性。可靠性是指信息能够正确地表示一个实体的活动。例如，如果一张资产负债表上的资产信息（假设为1 000万元）能够正确地反映企业的财务状况，那么信息是可靠的；如果该企业的实际资产为950万元，那么该报表上的信息是不可靠的，报表上的错误可能是由数据的不完整或数据处理不正确造成的。

② 相关性。相关性是指信息对管理者是否有用。如果有用，则信息是相关的，否则就是不相关的。企业提供的会计信息应有助于财务会计报告使用者对企业过去、现在或者未来的情况做出评价或者预测。

③ 时效性。时效性是指提供的信息对管理和决策是否及时。例如，公司财务人员给财务主管一份应付账款报表，该报表列示了在10天内付款就可以获得2%的现金折扣。对于财务主管来说，如果该报表在10天内得到，该信息就是及时的，否则该信息就失去了价值。

④ 完整性。完整性是指信息是否包含所有相关的数据。例如，一份财务报告中不包含所有必要的经济业务，那么该报告提供的信息就是不完整的。

⑤ 易理解性。易理解性是指使用者是否容易理解信息所表现的形式。例如，一份财

务报告虽然是完整的，但财务报告的使用者不易看懂，那么该报告的易理解性就差。

⑥ 可校验性。可校验性也称为可核实性，是指彼此独立的会计人员，对发生的经济业务，使用相同的会计计量方法，可以得出相同的结果。如果其他会计人员采用同一方法，却得到截然不同的结果，则说明会计信息不具有可校验性，会计信息便失去了可靠性。

【课程思政】

会计诚信与会计责任

诚信是市场经济的基石，也是会计执业机构和会计人员的安身立命之本。会计诚信表达了会计对社会的一种基本承诺，即客观公正、不偏不倚地反映经济活动，忠实服务于会计信息使用者。会计诚信之所以重要，其根源在于会计人员是会计信息的提供者，其工作成效严重影响会计信息质量，进而影响信息使用者的经济利益、社会经济秩序的安全稳定。从某种意义而言，会计是社会经济秩序的保驾护航者。经济越发展，会计越重要。离开诚信，市场经济将寸步难行。近几年，受利益驱动，财务欺诈、会计造假事件时有发生，严重危及"会计诚信"，给个人、企业及国家经济带来严重的损害。作为会计学专业的大学生，在经济发展的大潮中，要充分意识到虚假会计信息给社会带来的危害，要增强社会责任感，要不忘初心使命，恪守"诚信为本、操守为重、坚持准则、不做假账"，成为会计诚信的护航者和践行者。经济如此，人生亦如此。生活中，每个人都应保持应有的底线，要有社会责任意识，以"诚"安身，以"信"立命。

2）会计数据处理

会计数据处理是指，以提供会计管理和决策所需要的信息为目的，按照会计工作特有的数据处理规则和方法对数据进行收集并加工成管理、决策所需要的会计信息的过程。会计数据处理的方式很多，常用的方法有手工、机械和电子处理3种。不同的数据处理方式在规模、效率、质量等方面是不同的，但其基本的工作环节大体相同，可分为数据的收集和输入、数据的存储、数据的加工及数据的传送和输出、信息反馈，如图1-2所示。

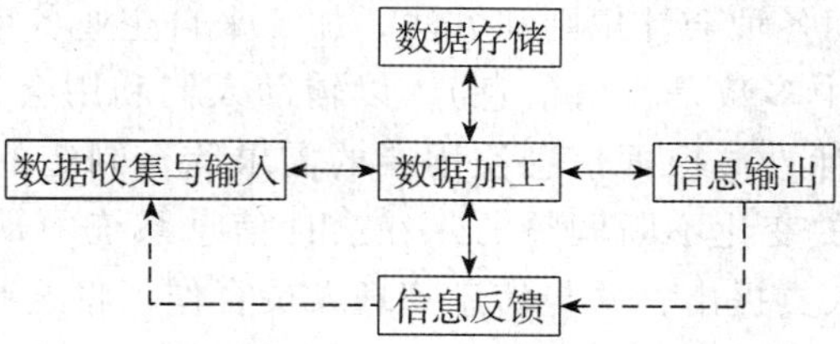

图1-2　数据处理

① 数据的收集和输入：主要包括数据的收集、记录和检验，目的是将时间和空间上分散的数据收集起来以备使用。这是数据加工的基础，因此必须保证收集的数据完整和准确。没有足够的数据收集就不可能有完整的信息输出。

② 数据的存储：数据存储是根据安全原则，按照一定的规则，对数据信息进行保存，包括对原始数据、中间处理结果和最终处理结果的存储，以便再次加工和查询使用。

③ 数据的加工：数据的加工处理是将数据转换为有价值的信息的过程，包括对数据的分类、汇总、排序、检索、计算、更新等处理过程，是数据处理的中心环节。

④ 数据的传送和输出：包括将数据从一个系统（部门、地区）传送到另一个系统

（部门、地区），也包括系统内各子系统间数据的互相传送，或把最终结果移交给使用单位，这是数据处理的目的。

⑤ 信息反馈：信息系统的输出可能影响使用者的某些行为。这些行为又成为后续阶段数据处理的输入。

3）会计信息系统

（1）会计信息系统的含义

会计信息系统是一个广泛的概念，既包括手工会计信息系统，又包括计算机会计信息系统。本书所探讨的会计信息系统在未说明的情况下是指计算机会计信息系统。

会计信息系统是面向价值信息的信息系统，是从对企业中的价值运动进行反映和监督的角度提出信息需求的信息系统，因此可以将其定义为：利用信息技术对会计信息进行采集、存储和处理，完成会计核算任务，并能为会计管理、分析、决策提供辅助信息的系统。其组成要素为计算机硬件和软件、数据文件、会计人员和会计信息系统的运行规程，其核心部分是功能完备的财务软件。在信息社会，企业会计工作中常规的、可以程序化的任务将由会计信息系统处理，同时会计信息系统还将辅助会计人员完成其他管理与决策任务。

（2）会计信息系统的目标

会计信息系统是为企业服务的，是企业会计工作中必不可少的组成部分，因此，会计信息系统的目标应服务于企业、信息系统、会计三者的目标。企业的目标是通过提供客户满意的服务获取更多的利润；信息系统的目标是向信息系统的使用者提供对决策有用的信息；会计的目标是提高企业的经济效益以获取更多的利润。由此，会计信息系统的目标可以确定为向企业内外部的决策者提供需要的会计信息及对会计信息利用有重要影响的其他非会计信息。它确定了会计信息使用者可以得到的信息内容和质量。当然，具体到不同的决策者，由于需要不同，其希望获取的会计信息也会各不相同。在此目标下，会计信息系统的基本功能应是：利用各种会计规则和方法，加工来自企业各项业务活动中的数据，产生和反映会计信息（其中多数是价值信息），以辅助人们利用会计信息进行决策。其中，会计规则和方法是由会计人员根据信息使用者的需求综合制定的。它们并不是一成不变的，而是随着外界情况的变化不断调整的。在会计信息系统中，会计规则由会计人员确定，会计方法也由会计人员提出，并与信息管理人员合作，将这些规则和方法转化为机器系统中的程序。当企业出现了新的业务活动或拥有了新的资源需要进行管理时，会计人员应从会计工作的角度确定相应的解决办法和处理规则，并尽可能地将其转化为机器系统可处理的内容。

（3）会计信息系统的特点

① 综合性。会计信息是全面反映企业供、产、销各个环节并全面参与企业管理的综合信息。企业的活动通常分为两大类：一类是生产或服务活动；另一类是管理活动。在生产或服务活动的过程中，各部门都会有某种程度上的会计数据发生；而在管理活动中，又会有某种范围内会计信息的利用。可见，会计信息系统能够综合地反映、监督和控制整个企业生产经营活动，是实现企业管理目标的有力工具。

② 庞大复杂性。会计信息系统本身是一个独立的整体，由许多职能子系统组成，如

账务处理子系统、薪资核算子系统、固定资产核算子系统、材料核算子系统、成本核算子系统等。其内部结构较为复杂，各子系统在运行过程中进行信息的收集、加工、传送、使用，联结成一个有机的整体。另外，由于会计信息系统全面地反映企业各个环节的信息，它跟其他管理子系统和企业外部的联系也十分复杂。会计信息系统从其他管理信息子系统和系统外界获取信息，也将处理结果提供给有关系统，使得系统外部接口较复杂。

③ 会计信息的准确性、可靠性。会计信息直接关系到国家、企业及个人的经济利益，因此会计信息应该符合一定的质量要求，保证其连续、完整、真实、准确地反映经济业务，而且要合法、可靠，严格遵守有关财务会计制度、法规和计算规程。

④ 会计信息的信息量大。会计要对生产经营过程进行连续、系统、综合的反映和监督，因此会计信息系统要收集、处理、存储和提供大量的经济信息。

⑤ 内部控制严格。会计信息系统中的数据不仅在处理时要层层复核，以确保其正确性，还要保证在任何条件下均能通过一定的方式进行检查核对，留有审计线索，防止恶意破坏，为审计工作的开展提供必要的条件。

（4）企业会计人员与会计信息系统的关系

从以上对会计信息系统及其目标的分析中可以看出，企业会计人员与会计信息系统之间具有密切的联系：会计人员既是会计信息系统的组成要素，又是会计信息系统的管理者；会计人员确定了会计信息系统采用什么样的会计模式，并与信息系统管理者一起制定会计信息系统的运行规程，特别是会计信息系统的内部控制问题。而会计信息系统应该是服务于会计人员的，应该帮助会计人员更有效地处理有关信息，并向会计信息使用者提供满足其需要的高质量的会计信息。

会计信息化的目标是通过将会计与现代信息技术的有机结合，对会计基本理论与方法、会计实务工作、会计教育等方面进行全面发展，进而建立满足现代企业管理要求的会计信息系统。因而，会计信息化的本质是会计与现代信息技术相融合的一个发展过程。

在“以信息化带动工业化”的进程中，会计人员的工作职责也应发生相应的转变。在企业会计信息系统实施的过程中，会计人员扮演了以下三方面的角色：设计者、使用者和审计者。

① 设计者。作为会计信息系统的设计和实施人员，会计人员应回答以下几个方面的问题：哪些业务事项应被记录？业务事项应如何记录？业务事项记录的时间是什么？各种记录应如何处理？应产生哪些报告？

② 使用者。会计信息系统的运行效率取决于会计人员对系统流程的理解和对信息处理技术的运用程度。会计人员应了解以下问题：信息系统存储了哪些会计数据？如何访问会计数据？系统提供了哪些分析工具？如何使用这些辅助管理工具？

③ 审计者。作为内外部审计人员，应关注会计数据和由系统生成的报告的可靠性。一般可以通过测试系统的控制能力来评价系统的准确性和及时性。

此外，会计人员的工作重点还包括对企业各项业务活动及资源利用的绩效评价，对信息技术、信息系统等新技术应用的风险管理，与企业经营、发展战略密切相关的会计决策活动。由此，一方面，未来的会计人员应当是“多面手”，如对会计信息系统的管理实际上要求会计人员应具备系统分析员的部分能力；另一方面，会计人员用到的很多管理方法、手段和模型，其他企业管理人员也可以使用，只是不同的人加工的信息对象有差别，而在信息社会里，这些信息对象对所有的信息使用者来说可能是平等的，因此未来的职业可能出现融合的趋势。同时，随着“大智移云物链”技术的财务应用，以及智能财务、数字财务的转型发展，需要会计人员从“记账师”转型发展为“数字分析师”。所以，要使会计这一古老的行业在未来的信息社会中占有一席之地，就必须大力提高会计人员的素质。

1.2.2 会计信息系统的功能结构

企业会计信息系统的功能结构主要是随着企业需求的不断发展而逐步进步和完善的。计算机引入会计工作之初主要是为了规范会计核算业务、减轻会计人员繁重的手工劳动，因此这种以解决会计核算为目的的系统主要由账务、报表、工资核算和固定资产核算等子系统构成，结构简单，功能单一。

随着管理水平的不断提高，企业对会计信息系统的要求也越来越高。人们开始从企业经营管理的角度来设计会计信息系统，以便实现会计核算和财务管理一体化的目的。会计信息系统也逐渐演进为业务处理与会计核算一体化的系统。这种系统可以跨部门使用，使企业各种经济活动信息可以充分共享，使企业各个部门可以及时地得到业务处理最需要的相关信息，消除了企业各部门的信息“孤岛”现象，从而实现购销存业务与财务的一体化管理，有效地实现对资金使用和财务风险的控制，提供较充分的分析决策信息。

1）会计信息系统的总体结构

（1）会计信息系统的基本构成

财务业务一体化的会计信息系统的功能结构可以分成三个基本部分，分别是：财务管理、购销存管理和决策分析管理。每部分由若干子系统组成。一个好的会计信息系统应该可以根据需要，灵活地选择所需要的子系统，并方便分期、分批组建和扩展自己的会计信息系统。

① 财务管理部分。财务管理部分主要由账务处理（总账）、薪资管理、固定资产管理、应付款管理、应收款管理、成本管理、资金管理等子系统组成。这些子系统以总账处理子系统为核心，为企业的会计核算和财务管理提供全面、详细的解决方案。其中，薪资管理子系统可以完成工资核算和发放以及银行代发、代扣税等功能。固定资产管理子系统可以进行固定资产增减变动、计提折旧、固定资产盘盈盘亏等处理，以帮助企业有效地管理各类固定资产。

② 购销存管理部分。购销存管理部分以库存核算和管理为核心，包括库存核算、库存管理、采购计划、采购管理和销售管理等子系统。购销存部分可以处理企业采购、销售与仓库管理等部门各环节的业务事项，有效地改善库存的占用情况。

③ 决策分析管理部分。决策分析管理部分一般包括财务分析、利润分析、流动资金管理、销售预测、财务计划、领导查询和决策支持等子系统。目前，我国大多数会计信息系统软件中有关管理分析的部分都还不够完善，多数子系统还处于准备开发和正在开发的阶段。目前比较成熟的主要有财务分析、领导查询等子系统。有关销售预测和一些简单的

决策支持等工作主要依靠诸如报表系统或Excel等通用表处理系统提供的分析统计以及图表功能来完成。

财务业务一体化的会计信息系统突破了传统财务管理软件只能用于财务部门的局限，实现了多部门/企业级应用管理。它不仅能满足财务上的基本核算要求，还增加了计划和控制功能，实现了由事后核算到对过程进行控制的转变，提供了包括预测、计划、预测管理、成本管理、业绩评价等管理方面的功能，实现了财务核算、业务管理与辅助决策一体化。

会计信息系统各部分功能结构及相关子系统的关系如图1-3所示。

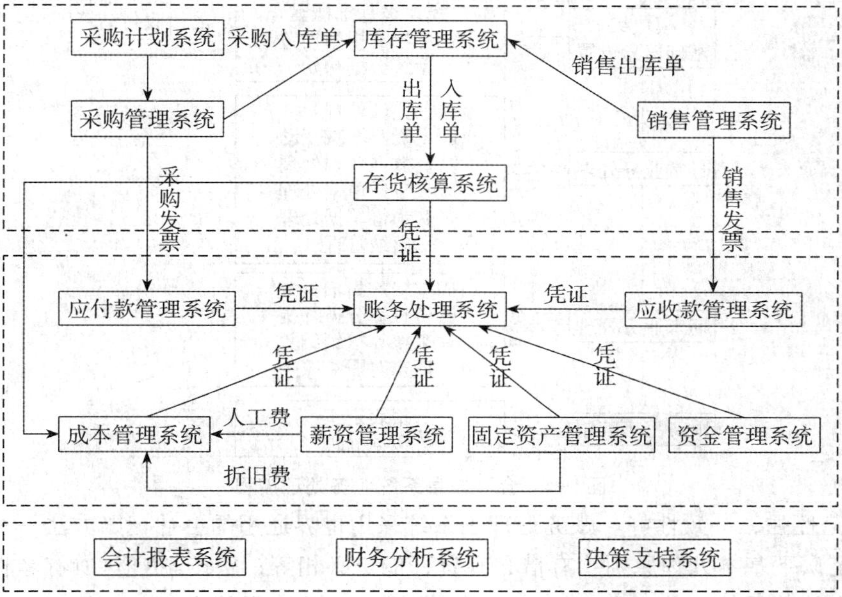

图1-3 会计信息系统功能结构

本教材主要基于会计信息系统的财务管理部分，重点阐述账务处理、固定资产、薪资管理和报表管理等内容。

（2）会计信息系统业务处理流程

从系统观点出发，站在财务核算管理的角度，按照财务核算处理的业务特点，会计信息系统业务处理流程如图1-4所示。

2）账务处理子系统功能结构

账务处理系统，又称为总账系统，在整个会计信息系统中处于核心地位，在整个会计信息系统中既是中枢，又是基础。它综合、全面、概括地反映企业供产销各个方面的会计工作内容。其他各子系统的数据都必须传输到账务处理系统中，同时还要把账务处理系统中的某些数据传送给其他子系统。许多企业单位的会计信息化工作往往是从账务处理系统开始的。

（1）账务处理系统的特点

账务处理系统在整个会计信息系统中处于核心地位，与其他子系统关系密切。相对于其他子系统，账务处理系统具有如下特点：

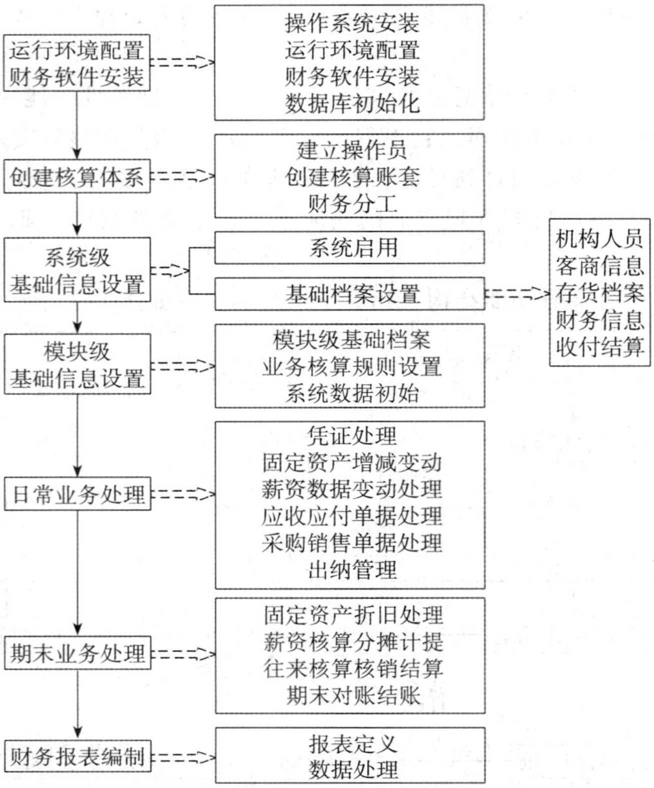

图1-4　会计信息系统业务处理流程

① 规范性强，一致性好。账务处理子系统采用世界通用的会计记账方法——复式记账法，并满足以下基本处理原则：有借必有贷，借贷必相等；资产=负债+所有者权益；总账余额或发生额必须等于其所属明细账余额或发生额之和。尽管由于业务量不同，不同的单位选择了不同的会计核算组织程序（登记总账的方法），但最终的账簿格式基本相同。正因为如此，无论是在西方还是在国内，到处都可以看到大量商品化账务处理系统或总账软件。

② 综合性强，在整个会计信息系统中起核心作用。会计信息系统中的其他子系统是局部反映供产销过程中某个经营环节或某类经济业务的，例如材料核算子系统主要反映采购、库存、应付账款核算这一经营环节，而销售子系统主要反映销售、应收账款核算这一经营环节等。这些子系统不仅采用货币作为计量单位，还广泛使用实物数量指标。账务处理系统则是以货币作为主要计量单位，综合、全面、系统地反映企业供产销的所有方面。因此，账务处理子系统产生的信息具有很强的综合性和概括性。此外，账务处理子系统还要接收其他子系统产生的数据，同时还要向其他子系统传递数据。这样，账务处理子系统又是数据交互的桥梁。它把其他子系统有机地结合在一起，形成了完整的会计信息系统。账务处理子系统是整个会计信息系统的核心。

③ 控制要求严格，正确性要求高。由于账务处理子系统所产生的账表要提供给投资者、债权人、管理人员、财政部门、税务部门等，因此必须保证账务处理数据的正确性，保证结果的真实性。正确的报表来自正确的账簿，正确的账簿来自正确的凭证。只有从凭

证开始，对账务处理的各个环节加以控制，才能防止各类差错的发生。

（2）账务处理系统的功能结构

账务处理系统是会计信息系统的核心，涉及整个会计核算系统中的记账、算账、报账过程，涉及会计业务处理中国家统一规定的凭证、账簿和报表格式，必须符合现行会计制度的要求。通常，一个完整、通用的财务管理软件的账务处理系统是由系统初始化、日常处理、出纳管理、账簿管理、辅助核算、期末业务处理、数据维护等功能模块组成的。其主要功能结构如图1-5所示。

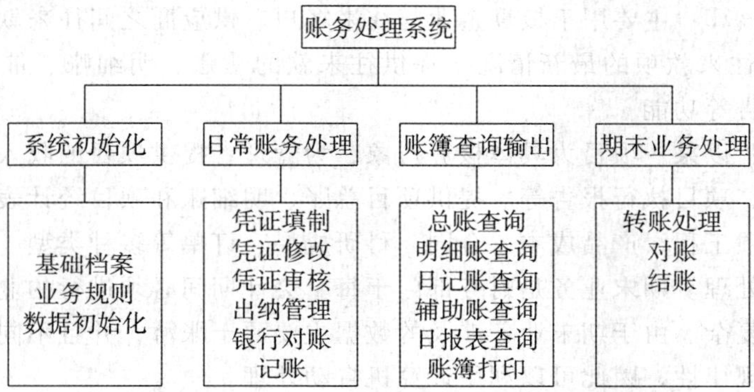

图1-5　账务处理系统主要功能结构

①系统初始化。在两种情况下需要对账务处理系统进行初始化：第一种情况是首次使用账务处理系统，第二种情况是建立新的核算账套。初始化工作规定了系统的日常工作模式，其中一些系统参数设置生效后将无法更改，因而初始化工作的全面性尤为关键。初始化工作既要考虑企业当前的实际情况，又要考虑企业未来的发展，因此必须综合分析，全面统筹。

系统初始化内容主要包括三大类，一是系统级的基础设置，如部门机构设置、客商信息设置、存货档案设置、财务信息设置、收付结算设置等；二是模块级的核算规则设置，如自动转账规则设置、选项参数设置；三是模块级的数据初始化，即录入期初余额等。

②日常账务处理。总账系统的日常账务处理主要包括填制凭证、查询凭证、凭证修改、审核凭证、记账等。

凭证管理：完成凭证的录入、修改、查询、审核等日常工作，提供资金控制、支票控制、预算控制等功能，保证对业务记录的实时管理和控制。

出纳管理：实现库存现金和银行存款的各种管理，主要包括查询、打印库存现金日记账、银行存款日记账、资金日报表；进行支票登记和管理；进行银行对账，编制银行存款余额调节表。

记账：账簿的登记通常称为记账或过账，它必须以审核无误的记账凭证为依据。与手工方式下记账不同，计算机账务处理系统中的记账过程是自动完成的，即由账务处理软件系统按照设计的记账程序自动进行合法性检验、科目汇总并登记账簿等。

③账簿管理。账簿管理主要包括总账查询与输出、明细账查询与输出、多栏账和日记账查询与输出等。

综合查询：根据审核后的凭证登记日记账、总账、明细账以及其他辅助管理账簿。系统提供了强大的综合查询和输出功能，满足对各种账簿、业务凭证的输出需要。

辅助账管理：根据设置的辅助账簿，系统可以进行相应的辅助核算——部门核算、个人往来核算、单位往来核算、项目核算等。

a. 部门核算：为了考核部门的经营业绩或者控制部门的费用支出，可以将成本和损益类科目设置为部门辅助核算。增加部门辅助核算账户后，不仅能够得到这些账户在本会计期间内的发生额情况，还能够进一步细化到有关账户在不同部门的发生额情况。

b. 个人往来核算：个人往来核算主要用于核算企业与企业员工之间的资金往来业务，便于进行个人借款、还款的管理，控制个人借款额度，完成清欠工作。

c. 单位往来核算：主要用于核算企业与往来客户、供应商之间往来款项的发生、清欠管理，及时掌握往来款项的最新情况。提供往来款的总账、明细账、催款单、往来账清理、账龄分析报告等功能。

d. 项目核算：以某一项目为具体核算对象，为管理者提供项目的收入、成本与费用等汇总及明细资料、项目执行报告等。提供项目总账、明细账和项目统计表查询。项目核算的对象可以是专项工程、产品成本、合同、科研成果、订单等多种类型。

④期末业务处理。期末业务是财务部门于每个会计期间必须进行的业务处理，业务量不多，但程序较复杂。由于期末业务涉及的数据主要源于账簿，并且不同会计期间的期末处理具有明显的规律性，因此可以利用计算机自动处理。

期末处理工作主要有以下几个环节：根据自动转账功能进行期末账项调整，如损益类科目的结转；试算平衡、对账、结账，生成月末工作报告等。

（3）账务处理系统的业务处理流程

账务处理系统的业务处理流程如图1-6所示。

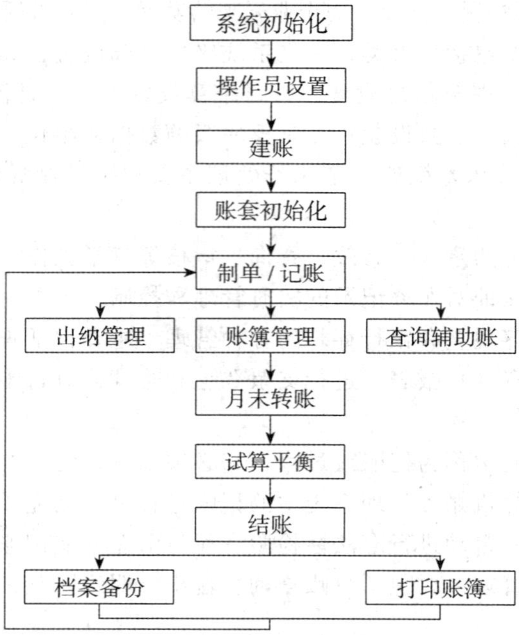

图1-6　账务处理基本流程

3）固定资产管理子系统功能结构

固定资产管理系统是企业管理信息系统的一个重要组成部分，用于固定资产的核算与管理工作。手工条件下，由于固定资产数量大、种类多、保管和使用分散，固定资产使用、管理和核算工作由企业内多个部门分别进行处理，因此反映固定资产情况的各种账、表、卡片数据极易出现填写不全、数据不一致、账实不符等情况。限于手工条件，固定资产折旧的计提也只能采用综合分类计提折旧。数据处理较粗糙，难以反映固定资产磨损情况，导致成本计算工作无法细化，难以准确反映实际情况。从上述情况分析不难看出，手工条件下对固定资产的核算难以令人满意，及时提供固定资产管理信息更是难以做到。使用固定资产管理系统对固定资产进行核算和管理，可以细化固定资产管理，及时提供固定资产管理综合的、详细的、准确的资料，有助于提高固定资产的使用效率和保护企业的财产安全，对提高企业的管理水平具有重要意义。

（1）固定资产管理系统的特点

从对固定资产核算和管理的分析可以看出，固定资产管理系统与其他核算管理系统相比，具有以下特点：

① 数据量大、数据在计算机内保留时间长。企业所拥有的固定资产数量一般较多。为了便于企业各部门随时掌握固定资产的详细情况，系统内需要保留每一固定资产的详细资料。为了加强企业对固定资产的管理，保留必要的审计线索，即使是已淘汰的固定资产，其资料也必须保留。因此，系统需要保留的数据量较大，所有资料需要跨年度长期保存在系统内。

② 数据处理的频率较低。除了在系统初始化设置时需要输入大量的固定资产详细数据外，在系统的日常业务处理中一般只需要输入少量的固定资产变动数据、每月计提折旧以及必要时输出报表和统计分析数据，数据处理的频率明显小于购销存等核算管理系统。

③ 数据处理方式较简单。固定资产管理系统的数据处理主要是固定资产折旧的计算和各种统计分析报表的输出。虽然计提折旧，特别是采用单台折旧计算折旧的工作量较大，但计提折旧的算法比较简单，因此系统数据处理比较简单。

④ 数据综合查询和统计要求较强。为了满足企业对固定资产核算和管理的多方面需要，固定资产管理系统具有较强的查询和分类统计功能。数据输出主要以报表形式提供。

⑤ 需要灵活的证、表定义功能。由于在实际工作中，企业固定资产的各种信息通常以各种报表的形式提供，为了便于使用，系统应具有允许单位根据企业的需要自定义报表格式的功能。另外，各企业对固定资产管理的要求不尽相同，固定资产卡片的项目也不同，因此需要有灵活的自定义固定资产卡片项目的功能。

（2）固定资产管理系统的主要功能

固定资产核算管理是企业财务核算的重要组成部分，可以满足企业固定资产核算管理的要求。固定资产管理系统具有如下功能：

① 灵活的自定义功能。可根据管理的需要自定义资产分类编码方式和资产类别，同时定义该类别级次的使用年限、残值率等；自定义部门核算的科目，转账时自动生成凭证；可自定义使用状况，并增加折旧属性，使用更灵活。提供卡片项目自定义功能，可自定义或按类别定制本企业的卡片样式，增加系统的适用性。

② 提供多方案选择机制。为适应行政事业单位固定资产管理的需要，固定资产管理系统还提供整套账不提折旧功能，并提供专用卡片模板；支持单位根据需要选择外币（非人民币）来管理资产。

③ 固定资产卡片导入。如果在使用本系统之前，企业已经建立了固定资产核算系统，则可将已有的资产卡片数据导入固定资产管理系统中，以减少手工录入卡片的工作量，提高工作效率。

④ 计提折旧。固定资产管理系统提供两种平均年限法（计算公式不同）计提折旧；除常规的平均年限法、工作量法、年数总和法、双倍余额递减法外，还提供折旧公式自定义功能；自定义折旧分配周期，以满足不同行业的需要；折旧分配表更灵活全面，包括部门折旧分配表和类别折旧分配表，各表均按辅助核算项目汇总；考虑原值、累计折旧、使用年限、净残值和净残值率、折旧方法的变动对折旧计提的影响，系统自动更改折旧计算，计提折旧，生成折旧分配表，并按折旧分配表自动生成记账凭证。

⑤ 固定资产卡片及其变动管理。固定资产管理系统支持资产附属设备和辅助信息的管理，增加原值变动表、停启用记录、部门转移记录、大修记录、清理信息等附表；提供固定资产原始卡片录入功能，因操作员失误录入的卡片当月月末结账前可无痕迹删除；资产减少提供输入清理信息，对因误操作造成减少的资产提供恢复功能；提供常用参照字典，供卡片录入使用，增加正确性和方便性；提供对固定资产的评估，主要是批量完成经评估发生的原值、累计折旧、使用年限、净残值率变动的录入，同时生成变动表；提供系统纠错功能，即提供恢复月末结账前状态的功能。

⑥ 报表管理与输出功能。固定资产管理系统为固定资产的核算、分析和管理提供多种形式的账簿和报表，包括账簿、折旧表、统计表、分析表、一览表，使报表更加丰富多样；提供直观的报表图形分析功能；支持自定义报表；灵活更换查询条件，自动刷新报表。

⑦ 提供与账务处理系统的数据接口。固定资产管理系统在进行增加资产、减少资产以及原值和累计折旧的调整、折旧计提等处理时都要将有关数据通过记账凭证的形式传输到账务处理系统；固定资产管理系统还提供与账务处理系统的对账功能，确保固定资产账目的平衡；提供批量制单和汇总制单功能，提高效率。

（3）固定资产管理系统的功能结构

固定资产管理系统作为一个完整的管理系统，除具备所有核算管理系统共有的系统维护（包括数据备份、恢复、删除历史数据、工作日志登录、重建文件索引等功能）、操作员管理功能（包括操作员的增加和删除、操作员工作权限的分配等）外，针对固定资产管理的特点，还应具备固定资产管理系统初始化、固定资产变动数据录入与调整、折旧处理、账表查询和转账处理等功能。

另外，为保证数据输入的可靠性，对输入的原始数据系统一般应设有审核功能。这种审核与账务处理系统中的审核功能相似，在固定资产增加、减少、内部调动、原值变动等模块下均应设置输入、修改、审核等功能模块。

固定资产管理系统的功能模块结构如图1-7所示。

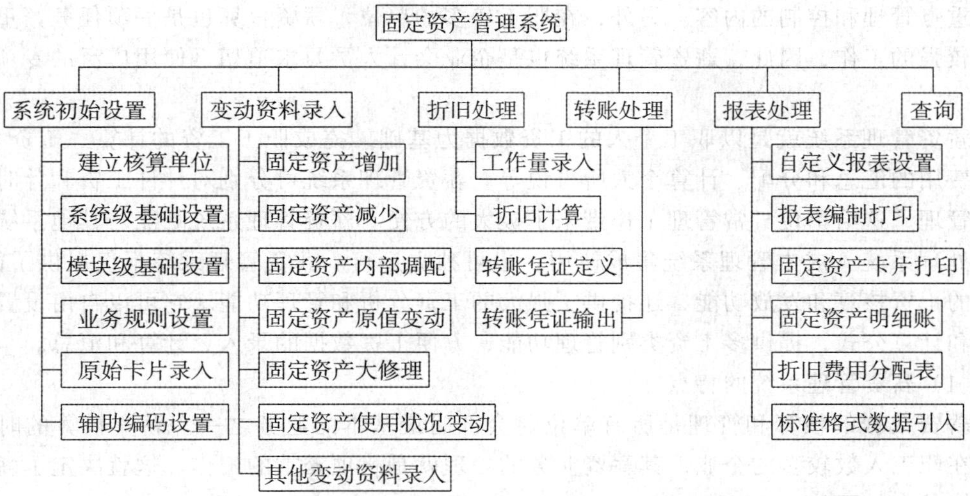

图1-7　固定资产管理系统功能结构

（4）固定资产管理系统的业务流程

固定资产管理系统的业务流程如图1-8所示。

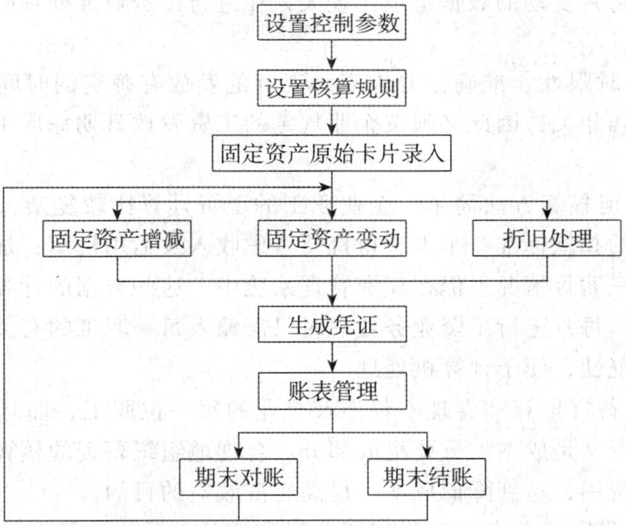

图1-8　固定资产管理系统业务处理流程

4）薪资管理子系统功能结构

薪资的核算和管理是企业人力资源管理的基本内容。薪资是企业依据职工付出劳动的数量和质量，在一定时期内以货币形式支付给职工的劳动报酬。薪资核算是所有单位会计核算中最基本的业务之一。薪资核算和管理的正确与否关系到企业每一个职工的切身利益，对于调动每一个职工的工作积极性、正确处理企业与职工之间的经济关系具有重要意义。企业的工资费用是产品成本的重要组成部分。加强劳动薪资管理，合理调配人员组织生产，有效控制工资费用在成本中的比例，可以有效地降低产品成本。薪资是国民收入中消费基金的重要组成部分，其数额的大小关系到国民收入中积累和消费的比例，因此也是国家重点管理和控制的内容。另外，在职工较多的单位，薪资核算也是一项任务繁重、时效性较强的工作，因此，薪资管理系统也是企业会计人员要求迫切、使用广泛的专项管理系统。

薪资管理系统就是以职工个人的工资数据为基础，完成职工工资的计算、工资发放、工资费用的汇总和分配、计算个人所得税等。薪资管理系统可分别对计件工资和计时工资进行管理，这给单位日常管理工作带来了极大的方便。薪资管理系统既能与其他系统，如账务处理系统、成本管理系统集成使用，也可独立运行。薪资管理系统不仅提供了简单、方便的工资核算和发放功能，还提供了强大的工资分析和管理功能。它可以自由设置工资项目和计算公式，提供多工资类别管理功能，方便工资数据的录入、计算和汇总。

（1）薪资管理系统的特点

薪资数据的核算和管理是所有单位财会部门最基本的业务之一。薪资核算的时效性强，在职工人数较多的企业，其薪资业务的处理就是一项繁重的工作。这就决定了薪资管理系统具有如下特点：

① 数据量大。由于历史原因，大多数企业工资项目较多，因此薪资管理系统原始数据量大。其中，有关职工姓名、编码、标准工资等每月固定不变的数据需要在系统中长期跨年保存；另外，每月变动的数据量也比较大，在进行工资业务处理时的数据修改、输入工作量也较大。

② 业务处理的时限性、准确性要求高。工资的发放有确定的时间限制，工资问题与职工的个人利益密切相关，因此必须按企业规定的工资发放日期完成工资数据的处理并保证其正确性。

③ 计算复杂，但核算方法简单。企业职工的工资计算比较复杂，尤其是病假要考虑职工的工龄及相应的扣款标准；个人所得税要考虑收入及适用税率；加班要考虑是否为节假日，是双薪还是三薪等情况。但在薪资管理系统中，这些数据的计算只需在系统初始化时定义好核算规则，每月进行工资业务处理时只需输入每一职工的有关变动数据即可，有很强的规律性和重复性，便于计算机处理。

④ 涉及面广。薪资核算和管理不仅涉及企业的每一位职工，而且涉及企业的所有组织机构。同时，工资又是成本的重要组成部分。合理地组织薪资的核算和管理，能有效地控制成本中的工资费用，达到降低成本、提高经济效益的目的。

⑤ 项目繁杂。我国工业企业应付工资项目和应扣款项内容繁多，有些企业在职职工的工资项目有30～40项。

⑥ 原始数据来源分散。由于工资数据来源于企业的多个部门，从而导致工资数据分散，如考勤统计数据出自人事部门，产量数据出自生产部门，人员调动数据出自人事部门，水电、房租数据出自后勤管理部门，工会会费数据出自工会等。因此，必须建立健全完善的工资数据采集管理制度，以保证原始数据及时、准确地集中到数据处理部门。

（2）薪资管理系统的工作任务

薪资管理系统的核算和管理任务主要包括以下内容：

① 工资数据计算。根据企业各部门提供的职工劳动的数量和质量及考勤情况，及时、准确地输入与职工工资有关的原始数据，并计算职工的工资，包括职工应发工资、个人所

得税和各种代扣款，并编制工资单，以便发放工资并正确反映和监督职工的工资结算情况。

② 工资费用的分配与计提。根据职工的工作部门和工作性质，汇总分配工资费用和职工福利费、提取劳动保险费等，并生成相应的记账凭证，以便进行工资费用的账务处理和正确计算产品的成本。

③ 对工资数据进行统计分析。根据管理的需要，及时提供有关的工资统计分析数据。

④ 处理职工的工资变动。及时处理职工的调入、调出、内部变动等情况及由此引起的工资数据变动。

（3）薪资管理系统的功能结构

根据薪资业务处理的需要，薪资管理系统应具有的基本功能有：

① 系统初始化设置。系统的初始化设置主要是设置系统工作中必不可少的各种编码信息和原始数据。在薪资管理系统中，由于各单位的工资项目一般相差较大，因此系统应具有设置适合具体单位需要的工资项目的功能，以便生成工资数据库。

② 日常业务数据录入。日常业务数据录入主要录入考勤、产量、工时等每月变动的工资数据。另外，可能发生的人员变动和工资数据变动也应在此功能中进行处理。

③ 工资的结算与分配。工资的结算包括职工日工资的计算、职工个人应付工资合计、个人所得税计算以及实发工资的计算公式设置和计算。工资费用的分配包括工资费用分类、汇总、统计和进行工资费用的明细分类核算。

④ 工资数据的输出。工资数据的输出包括工资数据的查询，工资单、工资汇总表的打印以及向账务处理系统、成本核算管理系统输送规定格式的数据和薪资管理所需要的各种管理信息等。

⑤ 系统维护和管理。系统维护和管理包括系统备份、恢复、操作人员权限的分配及口令的设置等。此项功能在各个管理子系统中结构相同，在功能结构图中不再赘述。

薪资管理系统的功能结构如图1-9所示。

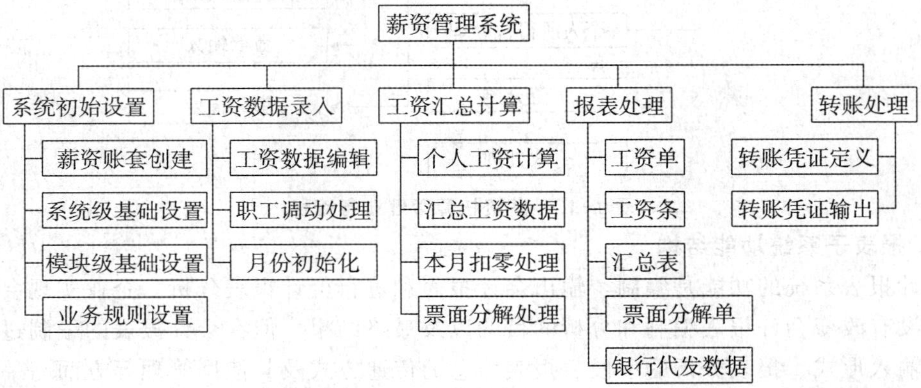

图1-9 薪资管理系统功能结构

（4）薪资管理系统的业务处理流程

薪资管理由于涉及处理的先后问题，所以进入系统后，必须按正确的顺序调用系统的各项功能。只有按正确的次序使用，才能保证少走弯路，并保证数据的正确性，特别是首次使用更应遵守使用次序。同时，由于企业在工资业务处理上存在差异，薪资管理系统在业务处理上也不尽相同，因而要正确区分企业薪资管理系统的应用方案，来选择合适的业务处理流程。

①薪资管理系统应用方案。不同的企业在薪资核算管理上存在一些差异。为了满足企业的这种差异性需求，薪资管理系统提供了单类别管理和多类别管理两种管理方案。

单类别管理方案适用于所有人员统一工资核算的企业，在不同地区有分支机构，但由总管机构统一进行工资核算的企业；多类别管理方案适用于分别对在职人员、退休人员、离休人员工资进行核算的企业，分别对正式工、临时工工资进行核算的企业，每月进行多次工资发放，月末统一核算的企业。

②薪资核算管理的业务流程。薪资核算管理的业务流程如图1-10所示。

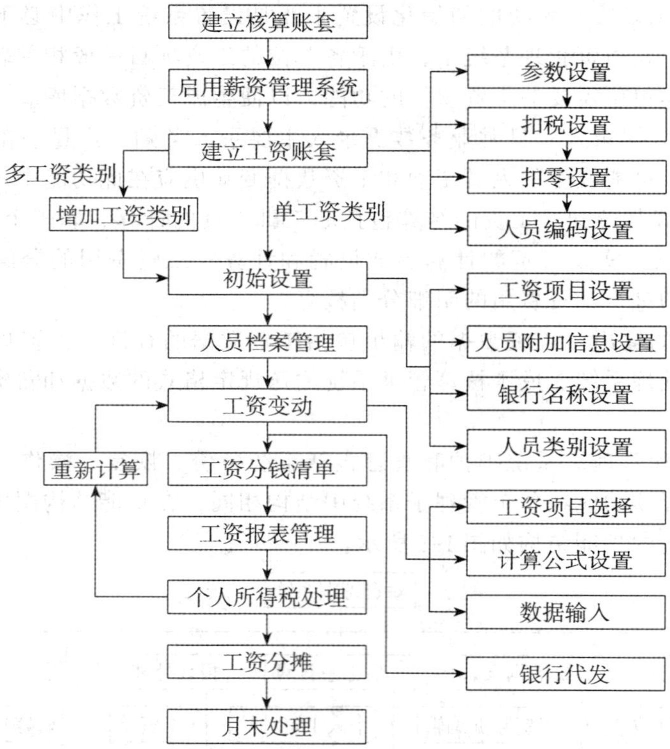

图1-10　薪资核算管理业务流程

5）报表子系统功能结构

会计报表系统的功能是编制、输出会计报表和进行会计报表分析。企业实现会计信息化后并没有改变会计报表编制和分析的目的以及最终结果，但在会计报表的编制过程、报表数据输入形式、报表分析的手段、报表信息的传递方式及其使用管理等方面与手工会计系统有很大的区别。

（1）会计报表分类

会计报表是根据企业会计准则的基本要求，按照《企业会计准则第30号——财务报表列报》和《企业会计准则第31号——现金流量表》应用指南所规定的内容编制的。会计报表的种类很多，可以按其不同标志进行分类。

① 按经济内容分类。按所反映的经济内容的不同，会计报表分为财务状况报表和经营成果报表。财务状况报表是反映企业单位在一定时点财务状况的报表，主要有企业的资产负债表。经营成果报表是反映企业单位在某一时期内收入实现、成本消耗和利润形成及分配情况的报表，主要有企业的利润表。

② 按资金运动的状态分类。按反映的企业资金状态的不同，会计报表分为静态报表和动态报表。前者是综合反映企业单位一定时点资金的存在（资产情况），以及资金的取得形成（负债和所有者权益情况）的报表，如资产负债表。后者是综合反映企业单位一定时期内资金的循环与周转情况的报表，如现金流量表。

③ 按编表时期分类。按编制的时期不同，会计报表分为月报表、季报表、半年报表和年报表。

④ 按编表单位分类。按编制单位的不同，会计报表分为基层报表、汇总报表和合并报表。基层报表是由独立核算的基层会计单位编制的报表，是对基层单位财务状况和经营成果的反映。汇总报表是由上级主管部门根据所属单位编制的基层报表和本单位会计报表汇总编制的，用来反映某一部门或地区的综合性指标。合并报表是一个企业对另一个企业的投资超过一定比例后，将被投资企业的财务状况、经营成果与本企业的有关内容合并反映而编制的报表。

⑤ 按报送对象分类。按报送对象的不同，会计报表分为外送报表和内部报表。外送报表是为了满足企业外部投资者、债权人、政府管理部门及其他相关利益者的需要而编制的报表。内部报表是企业为了加强会计核算和管理，满足管理部门对内管理的需要而编制的报表。

不同种类的会计报表反映的是同一会计主体的资金运动情况，只是反映的角度和侧重点不同。这就决定了反映各个方面的会计指标之间，以及不同会计报表的指标之间存在必然的联系。会计报表之间或会计报表内部存在的这种指标的相互联系，称为会计报表的相互关系或会计报表的钩稽关系。会计报表的相互关系表现为以下两种形式：

第一种，各种会计报表之间的相互关系。它表现为同指标在不同报表中的运用和计算口径是一致的。例如，利润表中反映的未分配利润数应当与资产负债表中的未分配利润数相吻合。

第二种，表内各指标间的相互关系。在一张报表内，会计指标之间存在相互关系。这种关系表现为指标之间的计算关系或对应关系。例如，在资产负债表中，全部资产类指标之和应当等于全部负债类指标及权益类指标之和。在利润表中，利润总额应等于营业利润加上营业外收入，减去营业外支出。

(2) 报表系统的功能结构

目前的报表系统是以Excel格式为标准，运行于通用平台上的电子表系统。除了与账务处理系统之间存在良好的数据接口外，报表系统还与财务管理软件的其他子系统相辅相成。报表系统具有自定义报表、报表数据处理、报表分析、报表输出等功能。

报表系统的功能模块主要包括报表基本结构设置、报表的日常管理、报表其他管理功能。报表系统主要功能结构如图1-11所示。

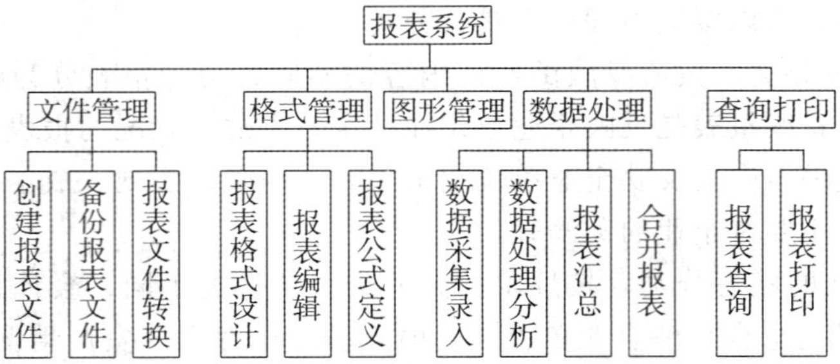

图1-11　报表系统主要功能结构

①报表结构设置。编制会计报表的主要目的是向企业的有关各方反映企业的财务状况和经营成果。报表结构设置主要包括报表登记、格式设置和公式定义等。

报表登记。每一张报表在计算机中都有一个登记项。登记项包括报表编号、表名、附注等信息。报表文件名是报表的唯一外部标志。登记后的报表，其表名在各功能模块中提示或供单位选择。表名通常与表标题取得一致。报表编号是报表的唯一内部标志，主要用于系统内部处理报表时的报表识别。附注是报表的附加说明信息，根据需要可有可无。

报表格式设计主要是对报表格式进行设置，以及利用公式定义报表内经济指标的生成公式。

②报表日常管理。会计报表应当根据已登记完整、核对无误的账簿记录和其他有关资料编制。在计算机环境下，当完成报表格式设置和报表公式定义后，会计报表的编制工作就可以由计算机系统自动完成了。由于会计报表的经济指标数据来源于账簿或其他有关资料，为了保证会计报表的准确性，编制报表之前应完成记账、账项调整和结转、结账等工作。

报表系统的输出主要有两种形式：屏幕查询输出和打印输出。

报表汇总通常是按隶属关系，采用逐级汇总的方式编制的。报表系统的报表汇总只能处理那些结构相同、数据不同的会计报表，而不能用于编制合并报表。

③报表的其他功能。

报表图形分析。利用报表的图形分析功能，可以将财务指标数据以图形的方式直观地显示出来，比简单的数字更具有说服力。

报表文件管理。报表系统提供了各种文件管理功能，可以将报表系统生成的数据文件转换成其他格式的文件，以满足对数据共享的需要。

报表维护功能。该功能主要进行报表的删除、引入、导出等操作管理。

（3）报表系统基本操作流程

进入报表系统后，需要确定是要建立一张新表，还是利用系统提供的标准报表模板。如果选择新建报表，则需要定义完整的报表结构，包括报表格式、报表数据来源公式等。如果是建立标准财务报表，则可选择报表模板。系统内置的报表模板提供了多个行业的各种标准财务报表格式，以方便单位选择使用。

要完成一般的报表处理，一定要有启动系统建立报表、设计格式、数据处理、退出系统这些基本过程，其应用流程如图1-12所示。

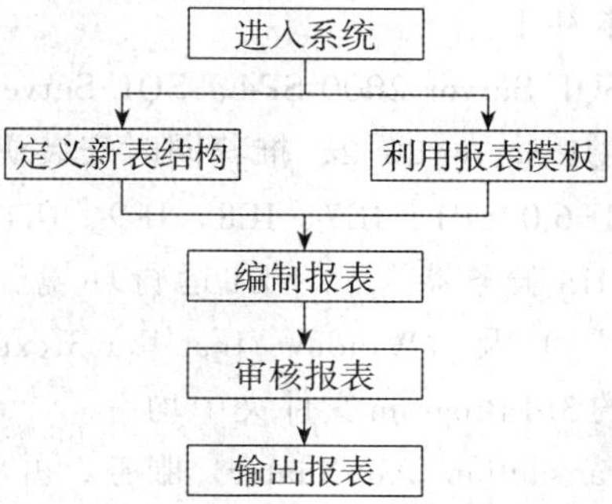

图1-12　报表处理流程

1.3　会计信息系统运行环境配置

系统运行环境包括财务管理软件运行所需要的硬件环境和软件环境。硬件环境包括计算机、外围设备、网络设备、通信设备以及计算机房等；软件环境包括系统软件、工具软件、应用软件和财务管理软件开发工具以及数据库系统等。

系统运行环境中最主要的是系统的硬件体系结构，计算机硬件设备的不同组合方式构成了不同的系统结构，如单机结构、多机松散结构、多用户结构、网络结构等。系统结构解决了计算机的工作方式和总体功能。

企业实施会计信息化，需要对系统运行环境进行配置，包括硬件配置和软件配置两方面。基于所选定财务软件应用方案，确定一个最低环境配置要求，即软件系统运行的基本条件。当然，为了能更好地完成工作任务，建议系统运行环境配置应优于最低配置。选用不同的财务管理软件或采用不同的管理架构均会对系统软、硬件配置和软件安装提出不同层次的要求。本教材将基于用友ERP-U8 V11财务管理软件单机安装来阐述会计信息系统配置。

用友软件ERP-U8 V11产品是基于C/S结构设计，最终数据保存在服务器上。如果在局域网内使用用友软件，对服务器的要求会更高一些，因为服务器兼有计算、保存数据等功能，特别是在需要同时响应多个客户端要求的情况下更是如此，否则无法很好地完成对各客户端要求的响应。

1.3.1　用友ERP-U8 V11对硬、软件环境的需求

财务软件运行环境是指为了保证会计软件能够稳定运行、充分发挥会计软件的优良特性，从而实现会计信息的共享处理所需要的环境。系统运行环境包括系统运行的硬件环境和软件环境。

1）硬件环境（最低配置）

内存2GB以上，系统盘未用空间8GB以上，安装后要求剩余空间至少1GB。

2）软件环境

操作系统：Windows XP SP2、Windows Server 2003 SP2、Windows Vista SP1、Windows

Server 2008 SP1、Windows7 SP1 、Windows Server 2008 R2、Windows8、Windows Server 2012，推荐同时安装更高版本补丁。

数据库：数据库支持SQL Server 2000 SP4、SQL Server 2005 SP2、SQL Server 2008 SP1 、SQL Server 2008 R2、SQL Server 2012，推荐同时安装更高版本补丁。

浏览器：微软IE浏览器IE6.0 SP1、IE7、IE8、IE9、IE10等。

其他组件：需要安装“IIS服务器”、“.NET运行环境”（“.NET Framework 2.0 SP1”和“.NET Framework 3.5 SP1”）及“Windows Installer 3.exe”、“iewebcontrols.msi”等组件。这些组件在用友安装盘的3rd Program文件夹中均有。

启动DTC（Distributed Transaction Coordinator）服务，并将其设置为自动启动。

日期时间格式：用友ERP财务管理软件对计算机日期时间格式有一定的要求，需要按财务软件的要求进行日期时间格式的调整设置。无论是计算机的长日期格式，还是短日期格式，均需要调整为“yyyy-mm-dd”；短时间格式调整为“hh:mm”；长时间格式调整为“hh:mm:ss”。调整方法为：打开【控制面板】，在图标查看方式下，单击【语言和区域】，打开【语言和区域】对话框，按要求进行日期时间格式设置。

1.3.2 安装SQL Server 2005 SP4数据库

SQL Server数据库是Microsoft公司开发的，是现在比较流行的数据库之一，一般软件店都有销售，也可以向用友公司购买（用友公司与Microsoft有相应数据库代理协议）。单机使用用友ERP-U8 V11，电脑上需要先安装SQL Server数据库；如果在网络上使用，SQL Server只需安装在服务器上，各客户端的电脑上不用安装。不同操作系统对数据库要求不同，数据库安装应根据操作系统要求进行选择，建议Windows XP安装SQL Server 2000 SP4、Windows7安装SQL Server 2005 SP4、Windows10安装SQL Server 2008 R2。此处以SQL Server 2005 SP4版本安装为例，说明安装过程及要点事项。

1）安装SQL Server 2005 SP4数据库服务器

在不同架构下，SQL Server的安装过程和方法存在一定的差异，此处以单机方式安装为例说明安装步骤：

①执行SQL Server 2005安装盘中的Setup.exe文件，系统进入安装界面【最终用户许可协议】对话框。在【最终用户许可协议】对话框中，选择【我接受许可条款和条件】复选项，然后单击【下一步】按钮，进入【安装必备组件】对话框。

②在【安装必备组件】对话框，单击【安装】按钮，系统自动安装相应组件。安装完毕后，单击【下一步】按钮，进行安装向导提示对话框。在安装向导提示对话框中，单击【下一步】按钮，进入【系统配置检查】对话框，如图1-13所示。

③通过系统检查后，单击【下一步】按钮，打开【注册信息】对话框。输入姓名、公司等信息后，单击【下一步】按钮，打开【实例名】对话框，如图1-14所示。

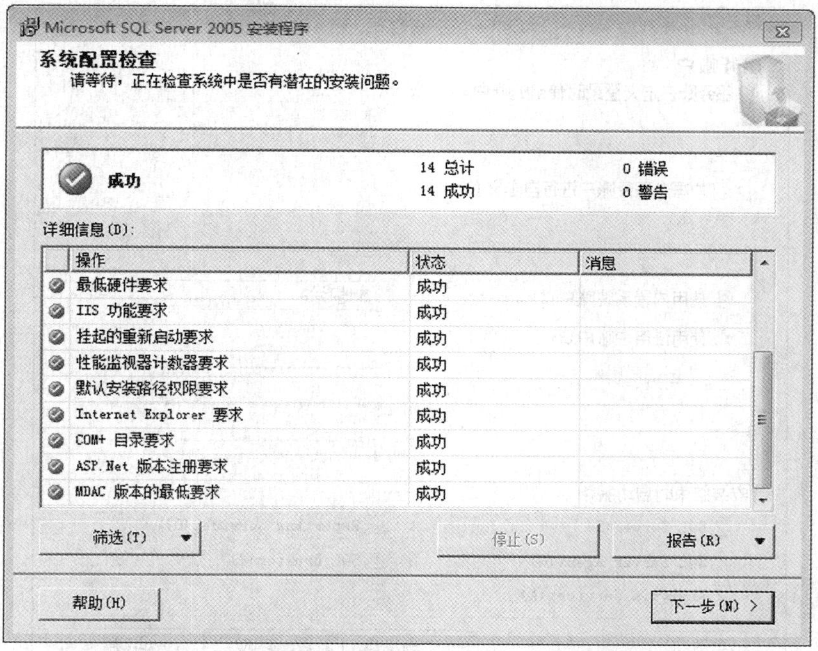

图1-13　【系统配置检查】对话框

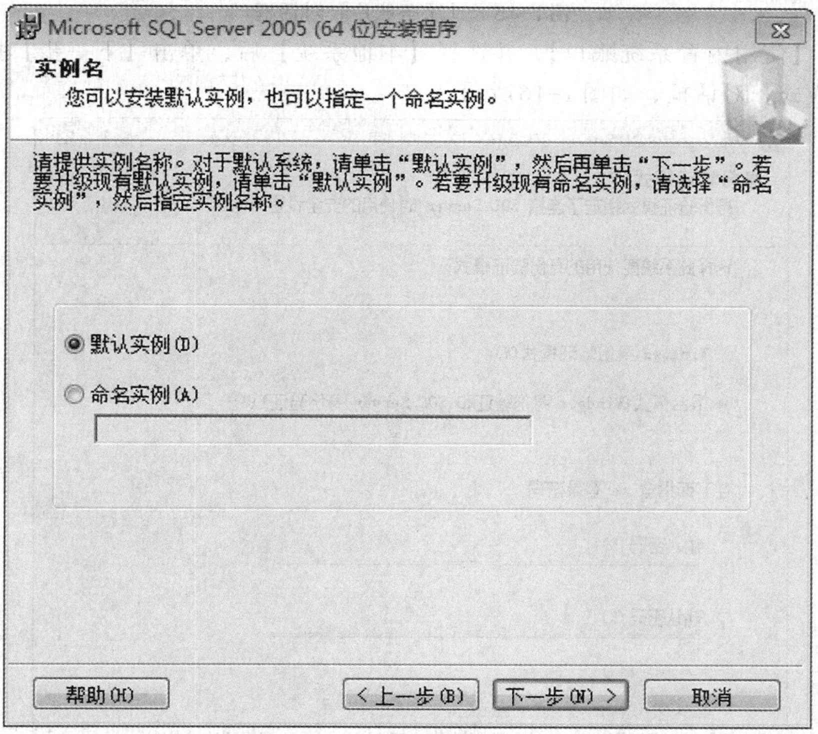

图1-14　【实例名】对话框

④保持默认设置，然后单击【下一步】按钮，进入【服务账户】对话框，如图 1-15 所示。

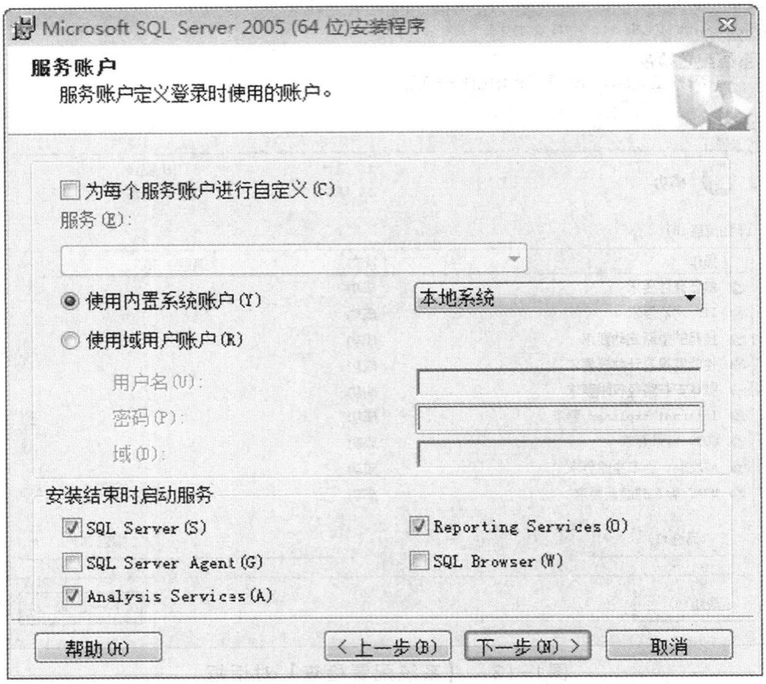

图1-15　【服务账户】对话框

⑤选择【使用内置系统账户】，并选择【本地系统】后，单击【下一步】按钮，进入【身份验证模式】对话框，如图1-16所示。

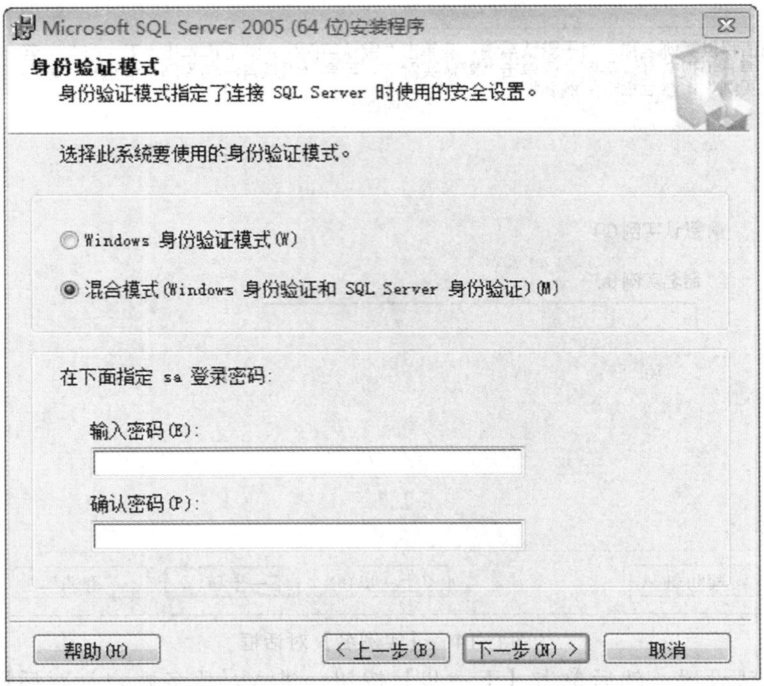

图1-16　【身份验证模式】对话框

⑥用友ERP-U8 V11的安装，需要混合模式。在此选择“混合模式”身份验证方式，并输入“SA登录密码”，然后单击【下一步】按钮，进入【排序规则设置】对话框。选择排序规则后，单击【下一步】按钮，进入【报表服务器安装选项】对话框。

⑦在【报表服务器安装选项】对话框中，选择安装类型后，单击【下一步】按钮，进入【错误和使用情况报告设置】对话框。保持默认，直接单击【下一步】按钮，进入【准备安装】对话框。

⑧在【准备安装】对话框，单击【安装】按钮，系统开始安装，并根据提示一步步完成安装。

提示：

➢不同的操作系统在安装SQL时会有不同的安装界面。安装时需依据安装向导进行操作。

⑨SQL Server 2005安装完成后，再安装SQL Server 2005 SP4升级文件，根据安装向导提示一步一步完成安装。

2）配置SQL Server数据库

从安全性角度出发，为确保系统数据的安全性，需要为SQL Server数据库设置安全登录属性。这也是财务管理软件所要求的，其安全性设置可以在SQL Server 2005安装时设置，也可在系统安装完毕后，通过其属性窗口进行设置。设置步骤为：

①单击【开始】按钮，依次指向【程序】—【Microsoft SQL Server 2005】—【Microsoft SQL Server Management Studio】并单击，打开【连接到服务器】对话框，选择或输入服务器名称后，单击【连接】按钮，进入【Microsoft SQL Server Management Studio】窗口，如图1-17所示。

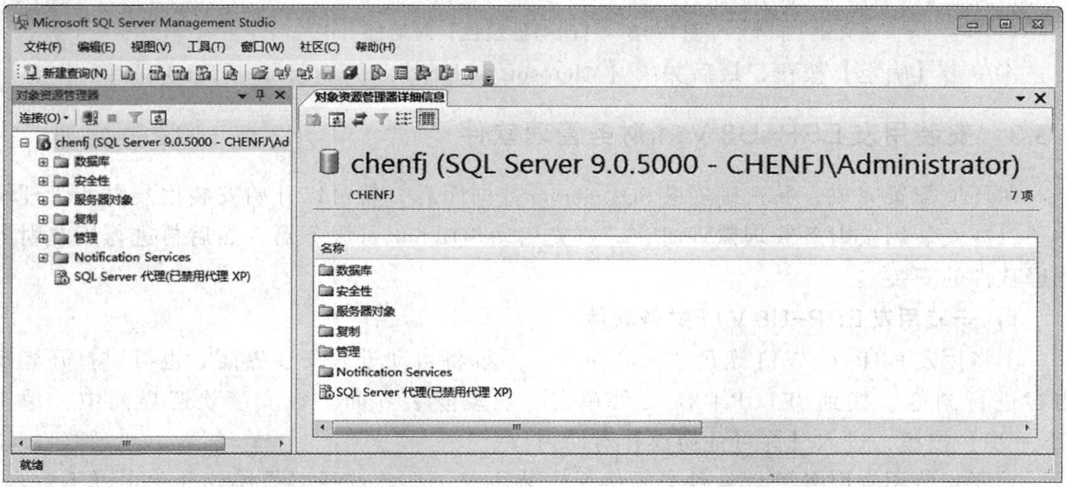

图1-17 【Microsoft SQL Server Management Studio】窗口

②在带有本机电脑名称的实例上，单击鼠标右键，在弹出的快捷菜单中选择【属性】菜单项，打开【服务器属性】对话框。

③选择【安全性】选项，在【服务器身份验证】选项处，选择【SQL Server和Windows身份验证模式】单选框，如图1-18所示。

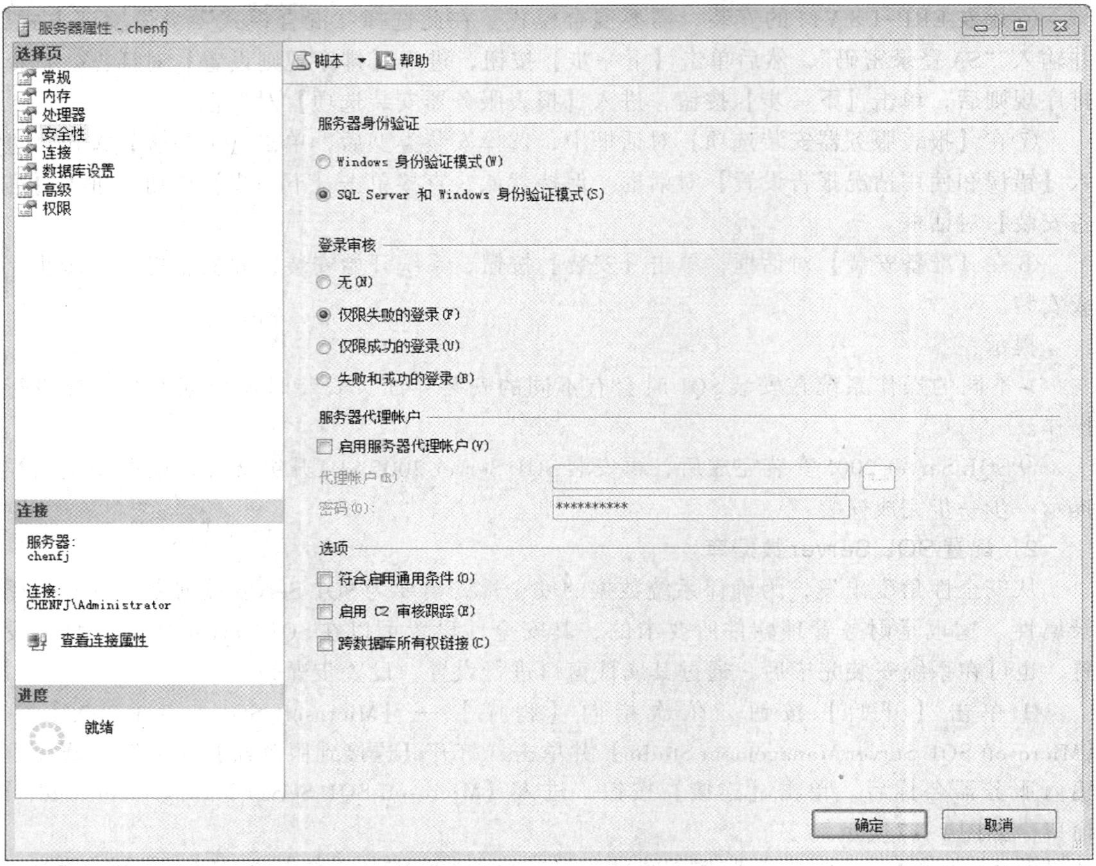

图1-18　【服务器属性】对话框

④单击【确定】按钮，最后关闭【Microsoft SQL Server Management Studio】窗口。

1.3.3　安装用友ERP-U8 V11财务管理软件

在环境配置完成，并正确安装SQL Server数据库后，就可以开始安装用友财务管理软件了。在安装用友财务管理软件时，应首先启动SQL Server服务器，然后再进行用友财务管理软件的安装。

1）安装用友ERP-U8 V11财务软件

①将用友ERP-U8 V11光盘放入光驱中，系统将自动进入安装界面。也可以打开光盘内容进行浏览，找到SETUP.EXE文件单击，启动安装界面。在安装欢迎界面中，单击【下一步】按钮，进入【许可证协议】对话窗口。

②要安装用友财务管理软件必须接受安装协议，在此选择接受协议并单击【下一步】按钮，系统进行历史版本检测与清理。完成检测与清理后，进入【客户信息】设置对话框，录入客户信息，单击【下一步】按钮，进入安装位置设置对话框。

③单击【更改】按钮可以修改安装位置，在此保持默认，直接单击【下一步】按钮，进入【安装类型】选择对话框，如图1-19所示。

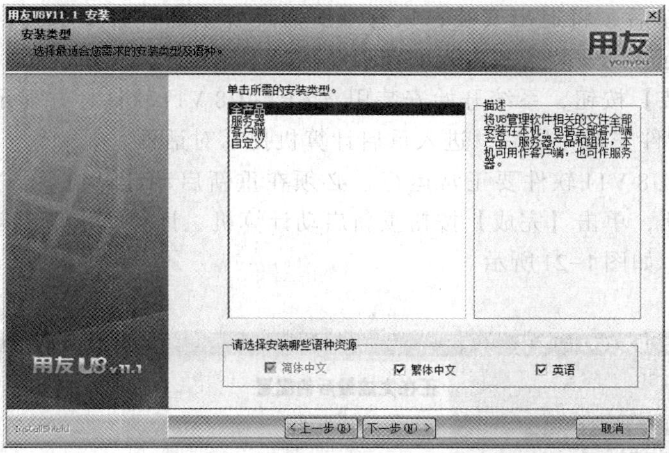

图1-19　【安装类型】选择对话框

④安装类型有全产品、服务器、客户端和自定义4种类型。选择不同的安装类型或安装模块不同，安装进程也存在一定的差异。单机安装，可选择自定义或全产品，在此以全产品安装为例阐述后续安装进程。选择【全产品】安装类型，然后单击【下一步】按钮，进入【系统环境检查】对话框，单击【检查】按钮，系统开始对安装环境进行检查，并显示检查结果，如图1-20所示。

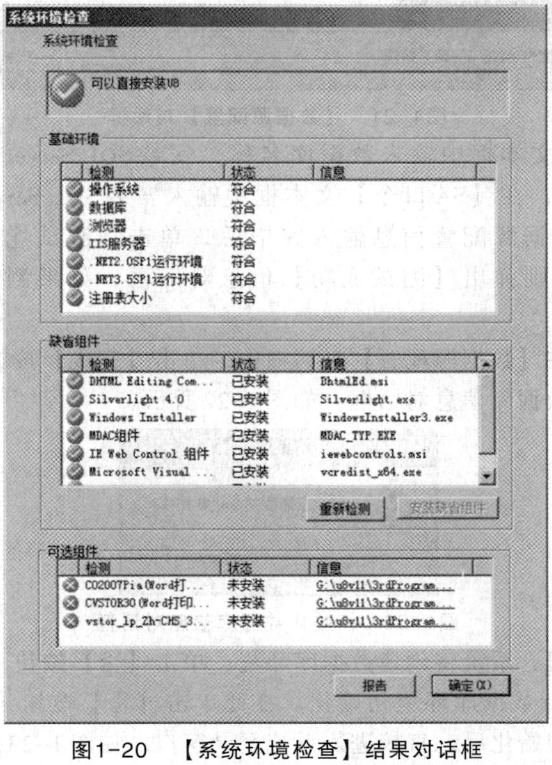

图1-20　【系统环境检查】结果对话框

⑤在【系统环境检查】结果对话框中，如果缺省组件未安装，可单击【安装缺省组件】按钮安装系统运行所必需的组件；如果基础环境不符合要求，将无法进行软件安装，

单击【确定】按钮后，将退出安装；只有当所需环境全部符合要求时，单击【确定】按钮，系统才能进行后续安装，并进入安装程序信息对话框。

⑥单击【安装】按钮，系统开始安装用友ERP-U8 V11软件，并显示安装进程。在用友ERP-U8 V11软件安装完毕后，进入重启计算机提示对话框。

⑦用友ERP-U8 V11软件要正常运行，必须在重新启动计算机后，完成数据库配置。在此保持默认选项，单击【完成】按钮重新启动计算机。计算机重新启动后，进入【数据源配置】对话框，如图1-21所示。

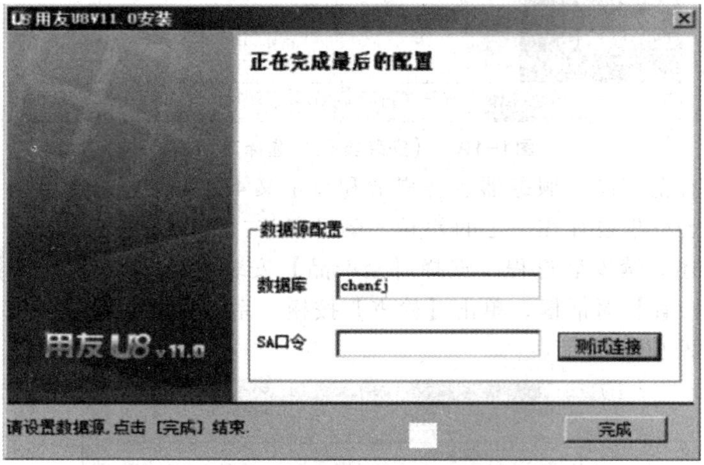

图1-21　【数据源配置】对话框

⑧在【数据库】文本框中输入数据库名称，安装SQL Server数据库时，默认数据库名称为计算机名称，在【SA口令】文本框中输入安装SQL Server数据库时所设定的数据库登录密码。数据源配置信息输入完毕后，单击【测试连接】按钮。若数据库配置信息输入正确，则弹出【测试成功】信息对话框；如果测试不成功，请重新进行设置。

⑨测试成功后，在【数据源配置】对话框中，单击【完成】按钮，系统完成数据源配置处理并弹出初始化数据库信息对话框，如图1-22所示。

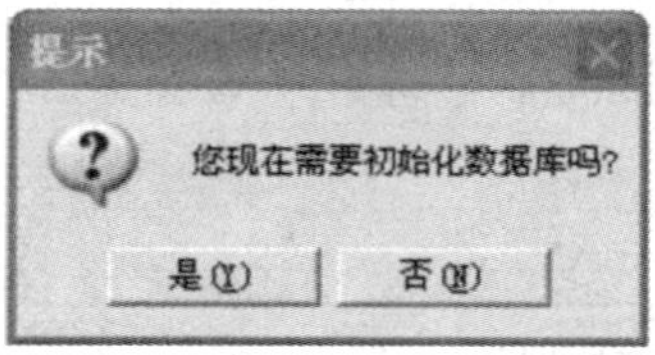

图1-22　初始化数据库信息对话框

⑩单击【是】按钮，系统将创建数据库环境；单击【否】按钮，则需要在首次注册登录系统管理模块时进行数据库环境初始化。在此单击【是】按钮，进行数据库初始化处理。系统完成数据库初始化后，直接进入系统登录窗口，如图1-23所示。

图1-23　系统登录窗口

⑪如果要登录系统，请输入操作员编码或名称等信息后，单击【确定】按钮登录，否则单击【取消】按钮退出系统。

2）配置U8服务器

配置方法：

①执行【开始】—【程序】—【用友U8 V11】—【系统服务】—【应用服务器配置】，打开【U8应用服务器配置工具】对话框，如图1-24所示。可以根据具体情况进行配置，一般情况下保持默认即可。

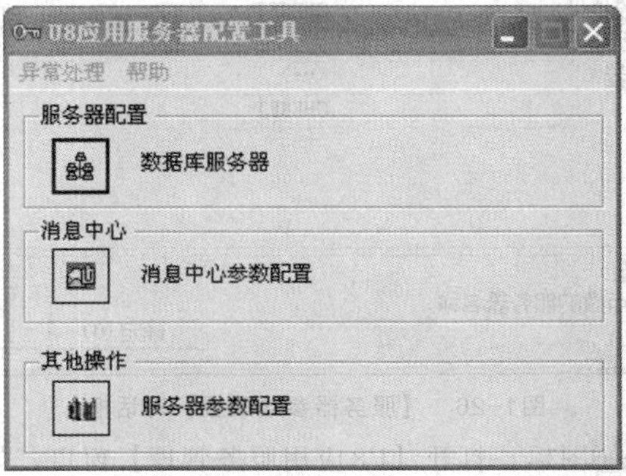

图1-24　【U8应用服务器配置工具】对话框

②单击【数据库服务器】，打开【数据源配置】对话框，如图1-25所示，在【数据源配置】对话框中单击【增加】按钮，可以创建新的数据源。

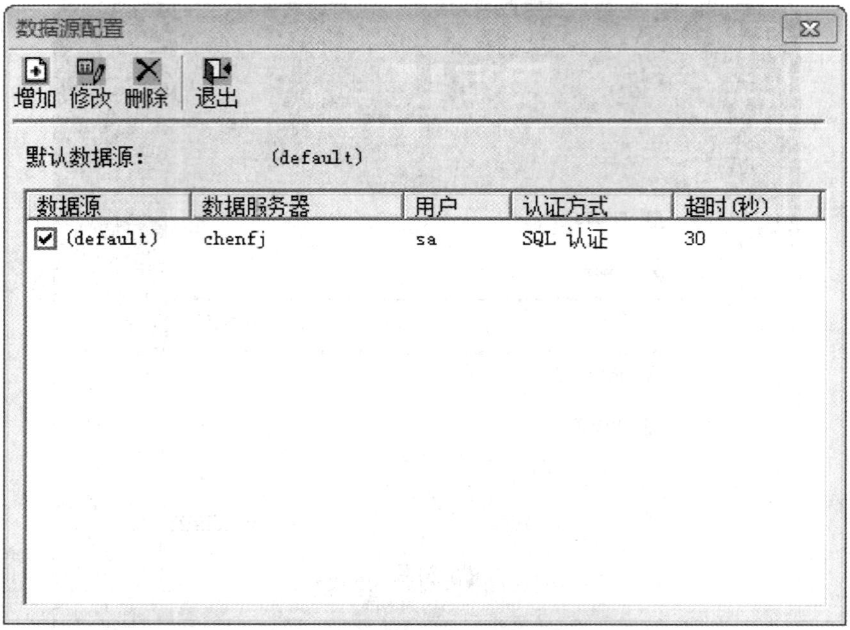

图1-25 【数据源配置】对话框

③在【U8应用服务器配置工具】对话框中单击【服务器参数配置】，打开【服务器参数配置】对话框，如图1-26所示。可以根据实际情况进行修改。

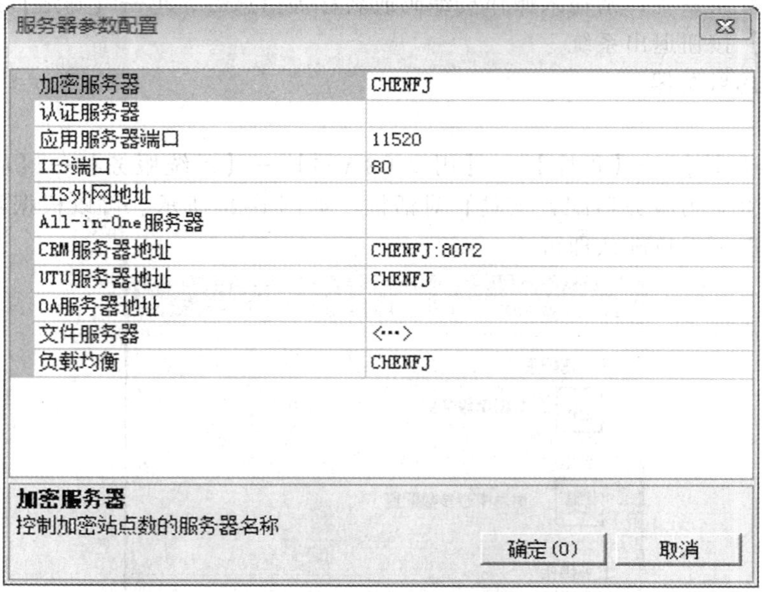

图1-26 【服务器参数配置】对话框

④单击任务栏上的图标，打开【U8应用服务管理】窗口，如图1-27所示。调整各项服务启动模式，将其全部修改为“自动”。

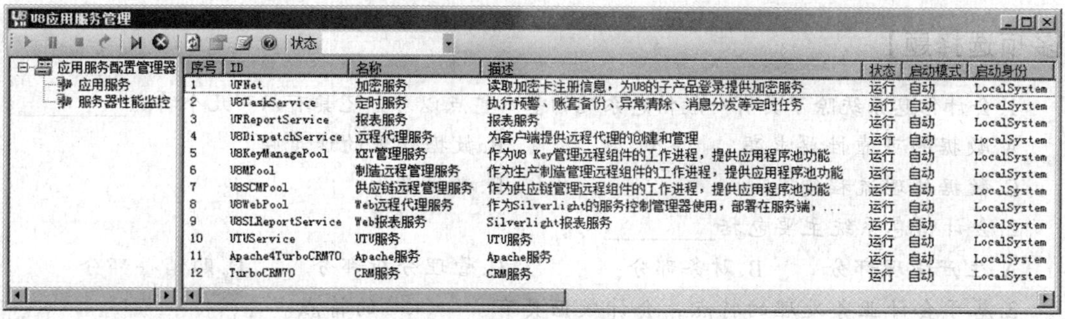

图1-27　【U8应用服务管理】窗口

练习思考题

【单项选择题】

第1章练习思考题参考答案

1.数据处理的中心环节是________。

A.数据的收集　　B.数据的加工

C.数据的传输　　D.数据的存储

2.________是会计信息系统建设过程中最重要的一个环节，需要在科学的方法论指导下按规范化的实施步骤进行。

A.会计信息系统的实施　　B.会计信息系统的运行管理

C.会计信息系统的维护　　D.会计信息系统的测试

3.数据处理的目的是________。

A.数据的传送和输出　　B.数据的加工

C.数据的收集和输入　　D.数据的存储

4.在会计核算系统中，各个子系统功能的关系是________。

A.完全相关，缺一不可　　B.互不相关

C.相对独立　　D.既相互独立，又相互联系

5.计算机进行会计业务处理与手工进行会计业务处理的方法和流程________。

A.不完全相同　　B.处理流程相同，处理方法不同

C.完全相同　　D.完全不相同

6.企业提供的会计信息应有助于财务会计报告使用者对企业过去、现在或者未来的情况做出评价或者预测。这一情况说明信息具有________的特点。

A.有用性　　B.相关性　　C.相对性　　D.针对性

7.________是指彼此独立的会计人员，对发生的经济业务，使用相同的会计计量方法，可以得出相同的结果。

A.一致性　　B.统一性　　C.可校验性　　D.可处理性

8.在资产负债表、利润表中所反映出的会计信息内容属于________。

A.定向信息　　B.决策信息　　C.财务信息　　D.管理信息

【多项选择题】

1.会计信息系统除了具有一般信息系统的基本特点以外，还具有以下几个特点________。

A.数据的可靠性要求高　　B.数据处理的速度快

C.数据处理流程复杂　　D.数据量大

2.会计信息系统主要包括________。

A.生产管理部分　　B.财务部分　　C.管理分析部分　　D.购销存部分

3.基于会计业务处理的特点，会计数据具有________的特点。

A.相关性　　B.连续性　　C.系统性　　D.周期性

4.手工会计与计算机会计信息系统主要的区别在于________。

A.数据处理流程　　B.内部控制方式

C.工作职能　　D.数据处理方式

5.从宏观角度看，计算机会计管理工作主要有________。

A.建立和保障计算机会计信息的运行

B.建立和健全各级财政部门的计算机会计管理机构

C.加速计算机会计信息系统管理制度的建设

D.组织会计人员的培训和考核

6.关于企业会计人员与会计信息系统的关系描述正确的是________。

A.会计人员是会计信息系统的设计者　　B.会计人员是会计信息系统的使用者

C.会计人员是会计信息系统的审计者　　D.会计人员是会计信息系统的开发者

7.企业实施会计信息化后，会计工作规范化的内容涉及企业管理的方方面面，主要包括________。

A.数据收集规范化　　B.工作程序规范化

C.会计核算规范化　　D.信息输出规范化

【判断题】

1.会计信息和会计数据具有绝对性。（　　）

2.会计信息系统中，对会计科目进行编码的目的在于便于记忆。（　　）

3.会计信息系统建设是会计管理信息化，不会对企业的管理造成重大影响。（　　）

4.总账系统是财务管理系统的一个子系统，它在财务管理系统中处于中枢地位。（　　）

5.实际与预算、本期与历史记录比较产生的分析报告所反映的会计信息是预测信息。（　　）

6.内部控制制度的目标就是确保经济业务处理的合法性、合理性、适应性、安全性、正确性和及时性。（　　）

7.会计信息化的核心工作就是利用信息技术构建会计信息系统。（　　）

【简答题】

1.简述会计信息化的内涵？

2.从会计数据处理的角度来看，会计信息化的发展经历了哪几个阶段？其发展趋势如何？

3.何谓会计信息系统？会计信息系统有何特征？

4.账务处理系统有何特点？

5.固定资产管理系统有何特点？

6.薪资管理系统有何特点？

7.记账凭证是会计数据还是会计信息？

8.会计信息系统的微观管理包括哪些内容？

9.从会计信息系统角度出发，谈谈如何建立企业的内部控制制度。

第2章 系统维护与管理

教学目的与要求

系统学习会计信息系统维护与管理的基本知识、基本原理、主要内容和操作方法。要求掌握系统管理中设置操作员、建立账套和设置操作员权限的方法；熟悉账套的备份与恢复方法；了解账套库管理的内容和工作原理；了解企业应用平台的使用方法。

主要知识点

1.数据维护的基本原则。

2.账套备份、恢复与修改。

3.操作员设置与权限分工。

4.企业应用平台。

关键概念

账套管理　财务分工　账套库　企业应用平台

财务管理软件与其他软件最大的区别之处在于它对数据安全性要求是极高的，系统维护与管理是单位会计信息化实施过程中的一项经常性工作。系统维护与管理质量直接影响着系统运行的效率，必须高度重视。

2.1 系统维护

从会计信息系统的组成结构来看，会计信息系统是由硬件、软件、人员以及会计规范4个部分组成的复杂的人机系统，系统的有效运行是诸多组成要素有机结合、协同运作的结果。社会经济的发展和企业管理水平的不断提高，要求会计信息系统不断优化，以适应新的环境需要，使系统处于最新的优化状态，因此，系统维护工作贯穿于整个系统运行的全过程。

2.1.1 系统维护的内容

为保证会计信息的安全，防止会计信息遭受非法或意外修改、丢失和泄露，造成对日常工作的干扰和可能带来的不便，应对会计信息系统进行可靠的维护。根据会计信息系统维护对象的不同，会计信息系统维护的内容主要包括以下几方面：

1）硬件系统维护

硬件系统是财务管理软件赖以运行的物质基础。硬件系统维护主要是指对计算机及其他设备进行检修、保养和维护，以保证设备处于良好的运行状态。为此，应建立有效的硬件设备定期检修制度。当系统运行出现异常情况时，能够快速反应，排除故障，并做好有关记录，还应该定期对有关设备进行必要的更换和扩充。

2）系统软件维护

系统软件维护的主要任务是，检查系统文件的完整性，系统文件是否被非法删除和修改，以保证系统软件的正常运行，其主要目的是增强财务管理软件的适应性，延长软件的使用寿命。

3）会计数据安全维护

会计数据安全维护的目的是确保会计数据和财务管理软件的安全保密，防止对数据和软件的非法修改和删除，其主要内容包括：必须经常进行数据备份工作，以避免意外和人为错误，造成数据的丢失，每日必须将计算机内的会计资料在计算机硬盘中进行备份；对磁性介质存储的数据要保存双备份；在系统数据文件遭到破坏或由于会计业务发生变更而需要调整数据文件结构和内容时，利用备份数据进行恢复，利用财务管理软件提供的功能进行断电后的数据恢复，对会计科目的有关编码进行维护或改变某个数据库的结构。

4）对人员以及与之相关的准则、规范、制度等的维护

这类维护主要是对会计人员知识结构的调整，对操作过程中存在的一些典型问题进行教育，对有关制度和规范根据实际工作的情况进行修改。

会计信息系统与其他系统的区别在于数据处理的方法、手段和规程必须严格按照财经法规的要求进行。数据信息质量影响经济活动的各方面，是会计信息系统维护的重中之重。

2.1.2 系统数据维护的原则

财务管理软件的运行建立在数据结构基础之上，系统维护的重点就是对数据的维护。在对数据的维护过程中，必须遵循以下原则：

1）以数据为中心原则

根据信息系统实施的经验，人们提出了系统实施的基本原则——“三分设计、七分管理、十二分数据”。任何经营管理活动都离不开数据的收集、输入、处理等工作，因此，数据维护工作是确保整个信息系统高效运行的关键，必须树立以数据为中心的指导思想，确保数据的准确性与合理性。数据维护要做到完整性、保密性、可用性和检查性。完整性是指对会计数据无法进行非法修改；保密性是指未经允许任何人无法取得会计信息；可用性是指当系统出现问题时能有效得到恢复，并且会计数据不会受到损害；检查性是指系统在运行时，时时处于检查之中，一旦发生问题能及时报警并提供线索。

2）专人负责原则

不准确的数据对于无辜的计算机系统而言就是谎言。它们只能被计算机系统用来高速地制造错误信息。只有保证每一次数据维护的准确性，才能保证系统的完整、数据的准确。因而，在系统维护过程中，必须高度重视数据的准确性。要建立必要的责任制度，明确责任，在数据申请、编码、维护、应用等操作环节上的准确性都要有专人负责，否则数据的准确性就无从保证。系统维护一般由系统维护员或指定的专人负责。除数据录入员、系统操作员等外，其他人员不得进行维护操作。应制定在会计信息系统发生意外事故时对会计数据的应急维护机制，以解决因发生意外事故而使数据混乱或丢失的问题。

3）数据维护的最优化原则

按照特定的目标，在一定的限制条件下，对系统的构成要素及其关系进行选择、设计或调整，使之达到最理想的效果，称之为最优化。由于在信息系统实施过程中经验不足，理解业务流程不够，新的管理需求不断提出，各种数据结构不尽完善，因此常常需要依据

管理的需求、业务流程的更改而进行系统的优化处理。在优化处理过程中要做到全流程管理。做到管理的完整性、统一性和准确性，可以使系统内部运行机制更高效、更灵活。

4）风险管控原则

伴随着信息技术的不断发展，各种财务管理软件均处于不断地完善、开发、改造和升级之中，同时，为适应经济的发展，各种财会政策也处在不断完善的进程中。当管理需求发生变化或财会政策发生变更时，需要及时对系统进行维护，以满足管理需求。由于系统维护面对的是无形的数据，而数据一旦破坏或丢失所造成的损失是无法估算的，因此，在系统维护过程中，一定要树立风险防范意识，充分考虑会计工作的延续性、升级软件的稳定性及会计信息资料的安全性。既要有工作的热情，又要本着谨慎的原则，避免因盲目和冲动给会计工作带来风险或造成被动局面。要树立“先备份后维护”的风险防范意识。

2.1.3 数据维护技术

1）数据初始化

数据初始化是指清除系统的所有数据，使系统回到初始状态。当财务管理软件因计算机病毒等原因造成数据库结构混乱时，可使用数据库初始化功能恢复数据结构。数据库初始化处理会清除系统所有数据，因此使用时必须慎重。

2）数据备份

数据的安全性和重要程度越来越被人们所重视。在系统运行过程中，大到自然灾害，小到病毒、电源故障乃至操作员操作失误，都会影响系统的正常运行，甚至造成整个系统完全瘫痪。数据备份的任务与意义就在于，当灾难发生后，通过备份的数据完整、快速、简捷、可靠地恢复原有系统，以防止意外的会计数据丢失，降低会计信息失真的风险，属于安全性备份。数据备份，实际上就是给企业重要的数据买保险，是指在运行财务管理软件的计算机中，利用软件的备份功能，将系统所有数据备份到一个指定的硬盘目录或存储介质中，以保证数据的安全。

会计数据的备份是一项非常重要的、必须经常进行的例行性基础工作。会计数据的备份可通过三种方式进行：一是利用财务软件自身的备份功能进行，这是备份最常用的手段；二是利用数据库系统的备份功能实现；三是利用专用的数据备份软件实现。数据备份要做到经常化，要将日备份和月备份制度化，同时要做好备份数据的安全保护。月备份的数据作为会计档案资料保存，每次均需要备份三份数据：第一份放在会计信息系统管理员身边，以备不时之需；第二份存放在会计主管人员身边，作为重要事故的备份盘；第三份保存在独立于会计信息系统所在地之外的独立建筑物内，以防止自然灾害等不可抗力事件的发生对数据造成毁损。

3）数据恢复

数据恢复是数据备份的逆向过程，用于把备份的数据恢复到指定的位置。数据恢复具有破坏作用，恢复结果是替换当前的所有数据，因而，数据恢复应慎重，只有在数据遭到破坏时才进行。数据恢复方式与数据备份方式相对应，也有三种方式：一是利用财务软件自身的数据恢复功能进行，这是数据恢复最常用的手段；二是利用数据库系统的恢复、导入功能实现；三是利用专用的数据备份恢复软件实现。

4）数据升级

在市场经济社会，伴随着信息技术的发展，各种新型的经济业务不断涌现，财经法规不断进行修改性完善，企业管理也不断提出新要求。为适应这种变化的需求，需要根据管理的需求对系统数据字典进行升级。数据升级可使用软件公司提供的升级数据字典或利用数据库技术，以保证系统的顺利运行。

2.2　系统管理

会计信息系统划分为若干个功能子系统，每个子系统又是由若干个功能模块组成的。这些功能模块是为同一个会计主体不同的管理需要服务的，并且各个模块之间相互联系、数据共享，共同完成财务业务一体化的管理。要实现财务业务一体化的管理应用模式，就要求这些模块应具备公用的基础信息，拥有相同的账套和年度账，操作员和操作权限集中管理，业务数据共用一个数据库等。从系统维护和管理的角度出发，应设置一个独立的系统管理模块，为各个子系统提供统一的环境，对整个系统进行统一的操作管理和数据维护。

2.2.1　系统管理功能概述

系统管理模块为各个产品进行统一的操作管理和数据维护提供了一个公共平台。产品的运行、维护均以此为基础，其功能主要体现在以下4个方面：

1）账套管理

账套指的是一组相互关联的数据集合，包括一整套独立、完整的系统控制参数、用户权限、基本档案、会计信息、账表查询等。一般来说，可以为企业中每一个独立核算的会计主体建立一个账套，并对账套进行统一的管理。账套管理包括账套的建立、修改、删除、备份和恢复。

2）账套库管理

在财务管理软件系统中，允许建立多个账套，且每个账套中允许存放多年度的会计数据。这样，对不同核算会计主体、不同时期的数据只需要设置相应的系统路径，就可以方便地进行操作。在用友ERP财务管理软件中引入账套库概念，通过账套库管理年度账。系统管理模块对账套中的账套库进行统一管理，包括账套库的建立、清空、删除、备份、恢复和账套库初始化。账套库不同于年度账，年度账只包含一年的业务数据，而一个账套库则包含一个独立核算会计主体一年或多年的业务数据。但一般情况下，一个账套只存储一个年度的业务数据，这样便于数据管理。

3）操作员及其权限管理

为了保证系统及数据的安全与保密，系统管理提供了操作员及操作权限的集中管理功能。通过对系统操作分工和权限的管理，一方面可以避免与业务无关的人员进入系统，另一方面可以对系统所含的各个子产品的操作进行协调，以保证各负其责、流程流畅。操作权限的集中包括设定系统各模块的操作管理员以及为操作员分配一定的权限。

4）系统运行维护管理

在财务软件系统运行过程中，由于种种原因，会出现单据锁定、产生异常任务等特殊事项。系统管理模块提供了面对上述问题的解决机制，主要包括清除异常任务、清除单据锁定、清退站点，以及为账套设置自动备份计划等。

2.2.2 系统管理注册登录

安装好财务软件系统后，首先要建立本会计主体的核算账套，然后才能进行相关业务处理。核算账套的建立需要在系统管理模块中进行。为了加强系统的总体控制，系统增设了一个系统管理员（admin），用于管理该系统中的所有账套。

系统允许以两种身份注册进入系统管理模块，一是以系统管理员的身份，二是以账套主管的身份。以系统管理员的身份注册进入系统，可以实现对整个系统的管理和维护，包括进行账套的建立、删除、备份、恢复、操作员管理、操作权限设置，以及异常任务清除、单据锁定清除、数据清除与还原等系统维护工作。系统管理员只能进入系统管理模块，不能进入建立的具体账套中。以账套主管的身份注册进入系统，可以对所主管的账套进行修改和管理，对账套库进行管理，包括账套库的建立、清空、删除 、备份、恢复、数据卸出以及账套库初始化等。账套主管还可以为其主管账套设置操作员权限，设置账套的自动备份计划，既可以登录系统管理模块，又可以注册登录所主管的账套，进行账务处理。

在会计主体初次运行财务软件时，由于尚未为会计主体建立核算账套，因此，在建立账套前只能以系统默认的系统管理员（admin）进行登录。系统管理员（admin）初始登录密码为空。为确保系统安全，应及时为系统管理员（admin）设置登录密码。

【例 2-1】以系统管理员的身份注册登录系统管理模块。

操作步骤：

①单击【开始】按钮，依次指向【程序】—【用友 U8 V11】—【系统服务】，单击【系统管理】选项，进入【系统管理】窗口。

②在【系统管理】窗口中，单击【系统】菜单中的【注册】子菜单，打开【登录】对话框，如图 2-1 所示。

图2-1 系统注册登录窗口

③选择服务器：在客户端登录，则选择服务端的服务器名称；在服务端登录或单机用户，则选择本地服务器。

④输入操作员账号和密码。如果要修改密码，则选中【修改密码】复选框。在此以系统管理员（admin）的身份注册登录系统，在【操作员】文本框输入“admin”，口令为空（不修改系统管理员的口令，默认口令为空）。此时，系统登录窗口转化为如图2-2所示的界面。

图2-2 系统管理员登录窗口

⑤选择账套信息为“（default）”。（若以账套主管登录，则需要选择其主管的具体账套。）

⑥单击【登录】按钮，进入系统管理模块。

提示：

➢如果是第一次运行系统，由于未为核算单位建立账套，则必须以系统管理员的身份注册登录系统，在服务器端新增用户、角色，设置权限，新建账套。

➢若核算单位已经存在核算账套，则既可以以系统管理员的身份注册登录（登录界面如图2-2所示），也可以以账套主管的身份注册登录（登录界面如图2-1所示）。

➢以系统管理员的身份注册登录，可以进行账套的管理（包括账套的建立、删除、备份和恢复），操作员管理，以及操作员操作权限的设置。

➢以账套主管的身份登录，需选择会计账套和操作日期。单击【账套】处下拉按钮，选择账套主管所管账套；单击【操作日期】处下拉按钮，选择操作日期；或直接在【操作日期】组合框内输入操作日期，输入格式为“yyyy-mm-dd”。

2.2.3 账套管理

每一个独立核算的会计主体都需要建立一个核算账套。账套管理包括建立账套、删除账套、修改账套、备份账套和恢复账套。

1）建立账套

企业单位会计核算在由手工核算管理方式向计算机核算管理方式转化时，在财务管理软件系统中无任何本单位的信息资料，企业必须在计算机中建立自己的账套，并将单位的基本信息输入计算机，之后才能利用财务管理软件系统进行财务业务处理。因此，在财务管理软件系统中建立本单位的核算账套是企业实施计算机核算管理的前提。建立账套就是在企业财务管理软件中为本企业或本核算单位建立一套符合核算要求的账簿体系，即账务数据库体系。通常，企业财务管理软件只要求根据企业的具体情况设置基础参数，软件将按照这些基础参数自动建立一套“账”，而系统的数据输入、处理、输出的内容和形式就是由账套参数决定的。财务管理软件系统的账套参数主要包括以下内容：

（1）账套信息

账套信息主要包括账套代码、账套名称、账套路径、启用会计日期等内容。

账套代码又称账套号，通常是系统用来区别不同核算账套的编号。账套代码不能重复，与核算单位名称是一一对应的关系，共同用来代表特定的核算账套。每个账套只能用一个账套代码表示。

账套名称反映账套的基本特性，即与账套代码有对应关系的核算单位名称，一般可以输入核算单位的简称或特定的编号。

账套路径是新建账套所要存放在计算机系统中的位置，通常系统核算数据都储存在计算机系统某一指定目录下的数据库文件中。有些财务软件会指定某一路径为系统默认路径，不能更改；多数财务软件则允许自行指定某一路径为账套路径。

启用会计日期是指新建账套被启用的会计核算日期，一般指定为某一月份。启用日期应在第一次初始化设置时设定，而且一旦设定将不能更改。规定启用日期的目的主要是为了明确账务处理的起始点，以保证核算数据的完整性和连续性。设置启用会计日期时同时设置会计日历，确认当前会计年度以及会计月份的起始日期和结账日期。一般财务软件系统按照国家统一会计制度的规定划分会计期间。如果不选择启用会计日期，系统则自动默认以当前计算机系统日期为启用日期。

【例2-2】创建788号核算账套，单位名称为“山东彬彬童车厂”，启用会计期为“2022年4月”。

操作步骤：

①在【系统管理】窗口中，单击【账套】菜单中的【建立】子菜单，打开【创建账套—建账方式】对话框。

②在【创建账套—建账方式】对话框中选择【新建空白账套】，然后单击【下一步】

按钮，打开【创建账套—账套信息】对话框，如图2-3所示。

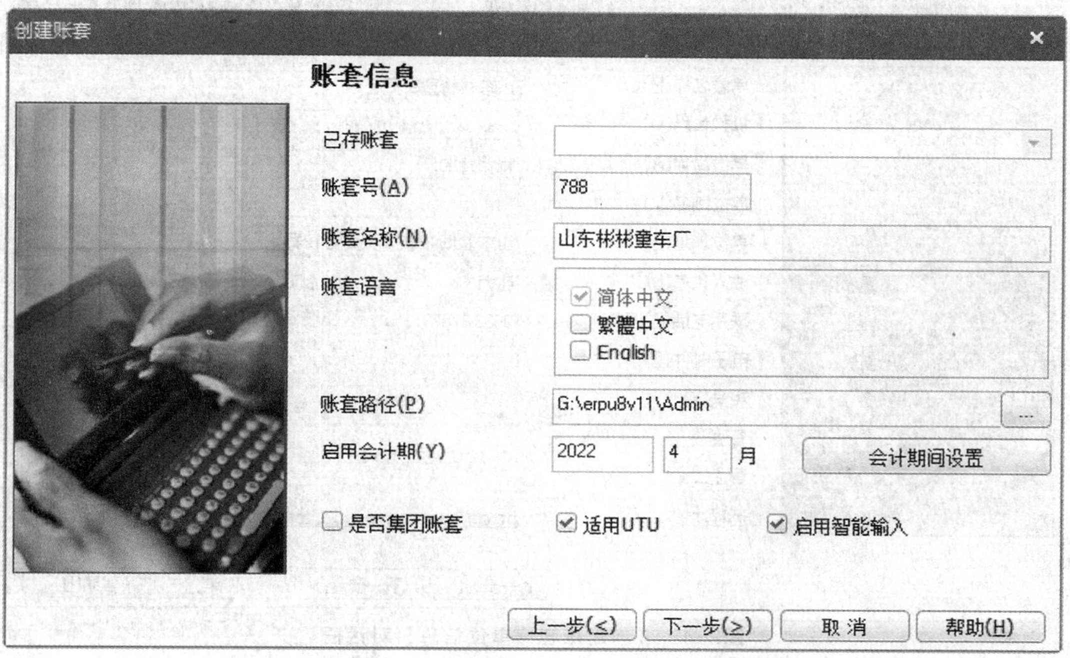

图2-3　【创建账套—账套信息】对话框

③输入账套信息：账套号“788”，账套名称“山东彬彬童车厂”，启用会计期“2022年4月”，其他采用默认设置。

提示：

➢新建账套号不能与已存账套号重复，账套号长度为3位数字。

➢账套名称可以是核算单位的简称，将随时显示在工作人员所操作的财务软件的界面上，必须输入。

(2) 核算单位基本信息

核算单位基本信息用于储存企业或核算单位的常用信息，主要包括单位的名称、简称、地址、邮政编码、法人代表、电话、传真、税号等。其中，单位名称和简称是系统必要信息，必须输入。

【例2-3】山东彬彬童车厂（简称“彬彬童车厂”）主要资料如下：

单位地址：山东淄博张店区张周路12号；　　法人代表：张力；

联系电话及传真：0533-2787313；　　邮政编码：255049。

操作步骤：

①在【创建账套—账套信息】对话框中单击【下一步】按钮，打开【创建账套—单位信息】对话框，如图2-4所示。

②输入单位信息的有关内容。

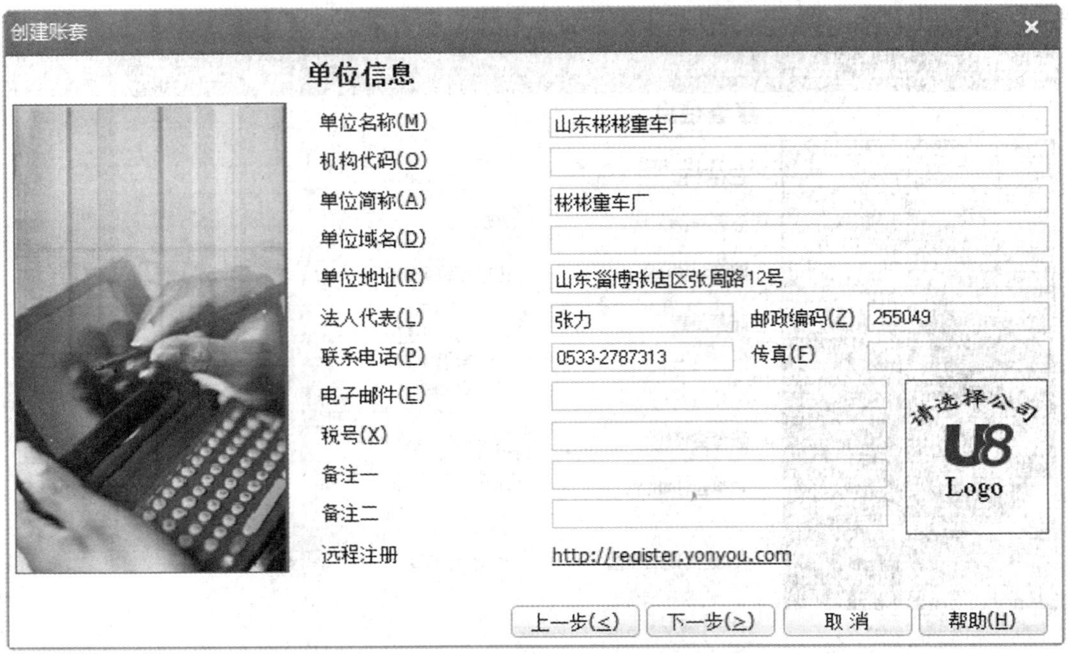

图2-4　【创建账套—单位信息】对话框

（3）账套核算信息

账套核算信息主要包括企业类型、所属行业性质、账套主管、记账本位币、编码方案、数据精度等。

企业类型是区分不同业务类型企业的必要信息，用于明确核算单位所属业务类型。

所属行业性质是系统用来明确核算单位采用何种会计制度的重要信息，即选用的会计科目体系问题。选择不同的行业性质，执行不同的会计核算。通常系统会将工业、商业、交通运输、金融等行业会计制度规定的会计科目预设在系统中，供核算单位建账时选择。一般情况，预设会计科目只有一级科目和部分二级科目。核算单位可以根据本单位实际需要增设或修改必要的明细核算科目。

账套主管是系统指定的本账套的负责人，一般是核算单位的会计主管。设置账套主管是为了便于对该账套的管理，明确会计核算人员的职责和权力。

记账本位币是核算单位按照会计法规要求采用的记账本位币名称，通常系统将人民币默认为记账本位币。如果需要进行外币核算，在账务处理系统中还需确定外币币种，并进行外币汇率的设置。

编码方案是指设置编码的级次长度方案。为了便于识别和统计数据，财务软件系统通常将重要核算信息进行编码。编码级次和编码长度的设置取决于核算单位经济业务的复杂程度、分级核算管理的要求以及软件系统所固有的数据结构要求。

会计科目编码通常采用群码方案。这是一种分段组合编码，每一段有固定的位数。会计科目编码规则是指会计科目编码共分几段，每段有几位。总账科目至最底层明细科目的段数称为级次，每级科目的编码位数称为级长。会计科目编码总级长为各级编码级长之和。在设置会计科目编码方案时，一级科目、二级科目、三级科目的级长应按照财政部会计制度的编码要求进行设置，即一级4位、二级2位、三级2位；其他各级科目编码级长可根据单位实际情况设置。如某企业会计科目分为4级，一、二、三级科目编码长度按照会计制度规定分别为4位、2位、2位，第四级科目编码长度为2位，则该企业会计科目编码方案为4-2-2-2。

在财务管理软件系统中，需要设置编码方案的内容还包括地区分类、客户分类、供应商分类、存货分类、部门、结算方式等。

数据精度是指定义数据的保留小数位数。在会计核算过程中，多数时候都要求对核算数据进行小数保留位数取舍处理。定义数据精度就是要保证数据处理的一致性。

企业或核算单位在财务管理软件中创建核算账套之前，必须对手工方式下核算管理的相关信息进行科学合理的处理，在此基础上设计出适合财务管理软件处理要求的账套核算信息，并按照财务管理软件系统的要求依次录入计算机系统。财务管理软件系统会按照所输入的核算信息自动为单位建立一套符合核算单位要求的账簿体系。

【例2-4】山东彬彬童车厂的记账本位币为“人民币（RMB）”，企业类型为“工业”，行业性质为“2007年新会计准则科目”，账套主管为“demo”。该企业要求进行外币核算，在对经济业务进行处理时，需对存货、客户、供应商进行分类管理。存货分类编码级次为2-2，客户和供应商分类编码级次为2-2，科目编码级次为4-2-2-2，部门编码级次为2-2，结算方式编码级次为1-2，收发类别编码级次为2-2，其他编码采用系统默认。企业在对数量、单价核算时，件数小数位为0位，换算率小数位为4位，其他采用默认设置。

操作步骤：

①在【创建账套—单位信息】对话框中单击【下一步】按钮，打开【创建账套—核算类型】对话框，如图2-5所示。

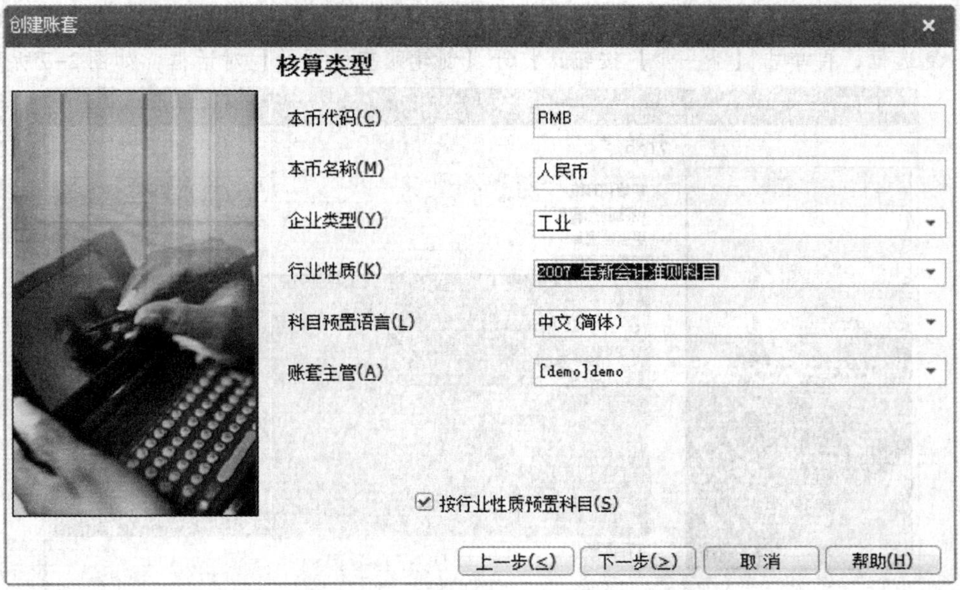

图2-5　【创建账套—核算类型】对话框

②输入或选择核算类型中的有关内容。

提示：

➢账套主管：用来设置新建账套账套主管的姓名，必须从下拉框中选择输入。

➢企业类型与行业性质：必须根据企业实际进行选择。此项内容在完成账套创建后将不允许进行修改，因此应慎重。

➢是否按行业预置科目：如果希望预置所属行业的标准一级科目，则在该选项前打钩；否则可以不进行处理。选择预置会计科目，可以减少会计科目的设置工作量。

③单击【下一步】按钮，打开【创建账套—基础信息】对话框，如图2-6所示。

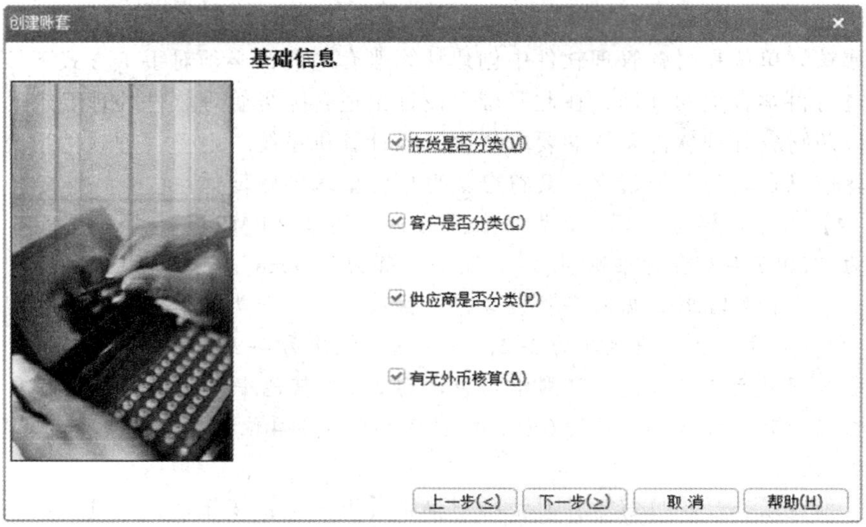

图2-6 【创建账套—基础信息】对话框

④设置基础信息：选中【存货是否分类】【客户是否分类】【供应商是否分类】【有无外币核算】复选框，再单击【下一步】按钮，打开【创建账套—开始】对话框，如图2-7所示。

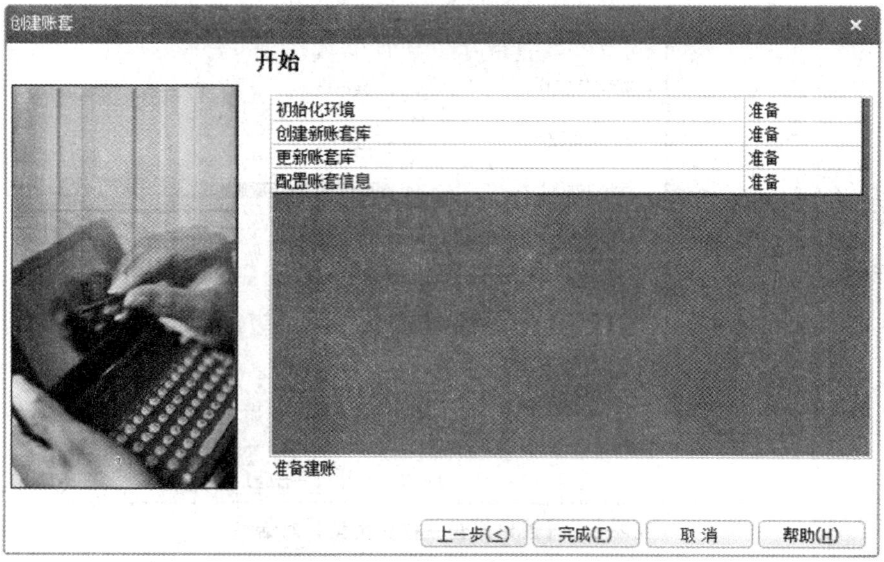

图2-7 【创建账套—开始】对话框

提示：

➢存货是否分类：如果单位的存货较多，且类别繁多，则可以在此选项前打钩，表明要对存货进行分类管理；如果单位的存货较少且类别单一，也可以选择不进行存货分类。注意，如果选择了存货要分类，则在进行基础信息设置时，必须先设置存货分类，然后才能设置存货档案。

➢客户是否分类：如果单位的客户较多，且希望进行分类管理，则可以在此选项前打钩，表明要对客户进行分类管理；如果单位的客户较少，也可以选择不进行客户分类。注意，如果选择了客户要分类，则在进行基础信息设置时，必须先设置客户分类，然后才能设置客户档案。

➢供应商是否分类：如果单位的供应商较多，且希望进行分类管理，则可以在此选项前打钩，表明要对供应商进行分类管理；如果单位的供应商较少，也可以选择不进行供应商分类。注意，如果选择了供应商要分类，则在进行基础信息设置时，必须先设置供应商分类，然后才能设置供应商档案。

➢有无外币核算：如果单位有外币业务，可以在此选项前打钩。

⑤在【创建账套—开始】对话框中，单击【完成】按钮，系统弹出【可以创建账套了吗】提示对话框；单击【是】按钮，系统自动创建账套；账套创建完毕，弹出【编码方案】设置对话框，如图2-8所示。

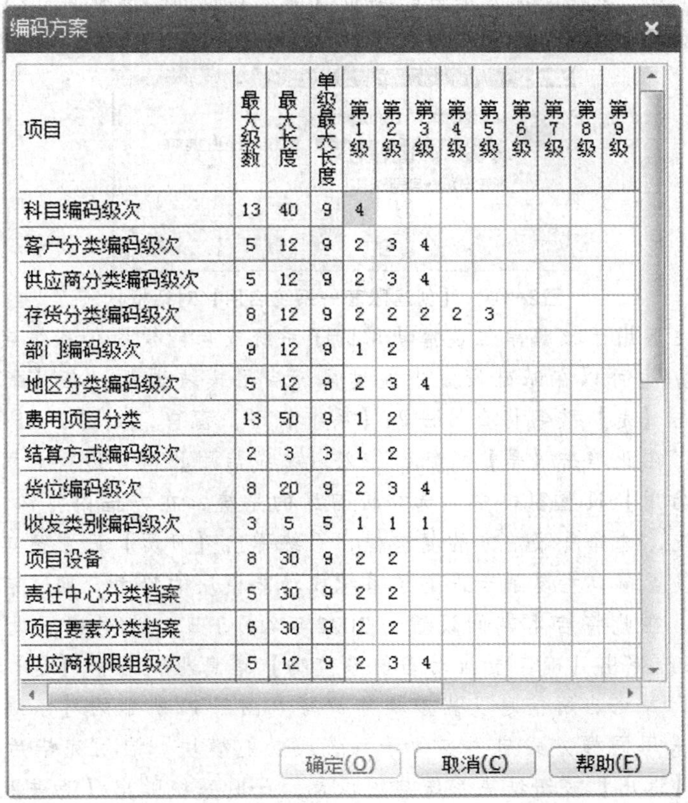

项目	最大级数	最大长度	单级最大长度	第1级	第2级	第3级	第4级	第5级	第6级	第7级	第8级	第9级
科目编码级次	13	40	9	4								
客户分类编码级次	5	12	9	2	3	4						
供应商分类编码级次	5	12	9	2	3	4						
存货分类编码级次	8	12	9	2	2	2	2	3				
部门编码级次	9	12	9	1	2							
地区分类编码级次	5	12	9	2	3	4						
费用项目分类	13	50	9	1	2							
结算方式编码级次	2	3	3	1	2							
货位编码级次	8	20	9	2	3	4						
收发类别编码级次	3	5	5	1	1	1						
项目设备	8	30	9	2	2							
责任中心分类档案	5	30	9	2	2							
项目要素分类档案	6	30	9	2	2							
供应商权限组级次	5	12	9	2	3	4						

图2-8 【编码方案】设置对话框

⑥根据经济业务特点，修改相关项目编码级次方案。设置的编码方案级次不能超过系统最大级数和最大长度限制，只能在最大长度范围内增加级数、改变级长。修改完毕后，单击【确定】按钮，对修改信息进行保存，然后单击【取消】按钮，弹出【数据精度】对话框，如图2-9所示。

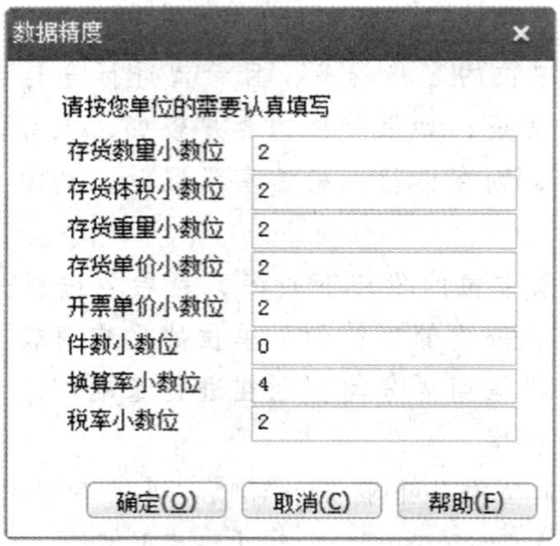

图2-9　【数据精度】对话框

⑦根据业务数据处理要求，设置数据小数位数，如将件数小数位设置为“0”，将换算率小数位设置为“4”等。设置完毕后，单击【确定】按钮，系统弹出【创建账套—建账成功】对话框，如图2-10所示。

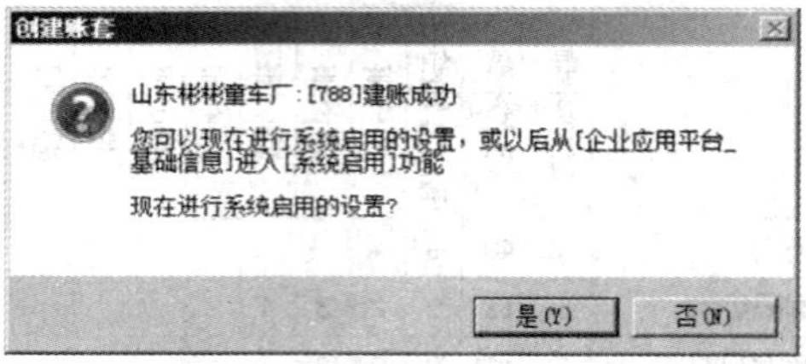

图2-10　【创建账套—系统启用】对话框

⑧系统启用主要用于核算单位选择使用的子系统或功能模块。系统启用可以在新账套创建完成后进行，也可以在基础设置中通过系统启用模块进行。在【账套创建—建账成功】对话框中单击【是】按钮将直接进入【系统启用】窗口，如图2-11所示；单击【否】将完成账套创建。在此单击【是】按钮，进入【系统启用】窗口进行启用设置。

⑨在【系统启用】设置窗口中，选择要启用的系统，在方框内打钩，设定启用日期。在此启用总账系统，选择总账前方的复选框，系统弹出【日历】设置窗口。

⑩【日历】设置窗口主要用于设置子系统或功能模块的启用日期，启用日期应设置为启用月份的1日。在此将启用期间设置为2022年4月1日。启用期间设置完毕后，单击【确定】按钮，系统弹出【确实要启动当前系统吗】信息框，单击【是】按钮，系统保存此次的启用信息，并将启用信息及当前操作员写入图2-11所示的【系统启用】设置窗口的相关栏目中。采用同样方式启用其他子系统或功能模块。启用完毕后，单击【系统启用】工具栏上的【退出】按钮结束系统启用设置，此时系统弹出【请进入企业应用平台进行业务操作!】提示对话框，单击【确定】按钮，完成账套创建操作。

图2-11　【系统启用】设置窗口

提示：

➢只有系统管理员和账套主管具有系统启用权限。建账过程中，可由系统管理员启用；建账后，则由账套主管启用。

2）修改账套

当账套创建完毕后，如果发现账套参数设置有误，需要修改，或者需要查看账套信息，可以通过账套的修改功能来实现。通常，只有账套主管才具有进行账套信息修改的权限。在修改过程中，系统会自动列示建账过程中所设置的账套信息、单位信息、核算信息和基础信息等。账套主管可根据需要，对允许修改的信息进行调整。账套参数信息若已被使用，进行修改可能会造成数据库数据的紊乱，因而应慎重对待账套信息的修改操作。

3）备份账套

由于计算机系统在运行过程中经常会受到来自各方面因素的干扰，如人为因素、硬件因素、软件因素或计算机病毒等，有时会破坏财务数据。因此，在财务管理软件系统中需要设置数据备份功能模块，以解决财务数据由于遭受破坏而丢失的问题。

账套的备份就是将财务软件系统产生的数据备份到硬盘、软盘、光盘及其他存储介质上保存起来，其目的就是要长期保存财务数据，防止恶意篡改和破坏或意外事故造成数据丢失，给核算工作造成不必要的损失。利用备份数据，可以尽快恢复系统数据，从而保证单位核算业务的正常进行。账套数据备份是保护数据的主要手段。企业必须严格根据会计制度的要求进行会计数据的备份工作。数据备份工作要做到经常化，每天都进行，可通过设置自动备份计划实现。

【例2-5】将“788”号账套数据备份到D盘中的“账套备份”文件夹中。

操作步骤：

①在D盘中建立“账套备份”文件夹。

②以系统管理员的身份注册登录系统管理模块，在【系统管理】窗口中，单击【账套】菜单下【输出】子菜单，打开【账套输出】对话框，如图2-12所示。

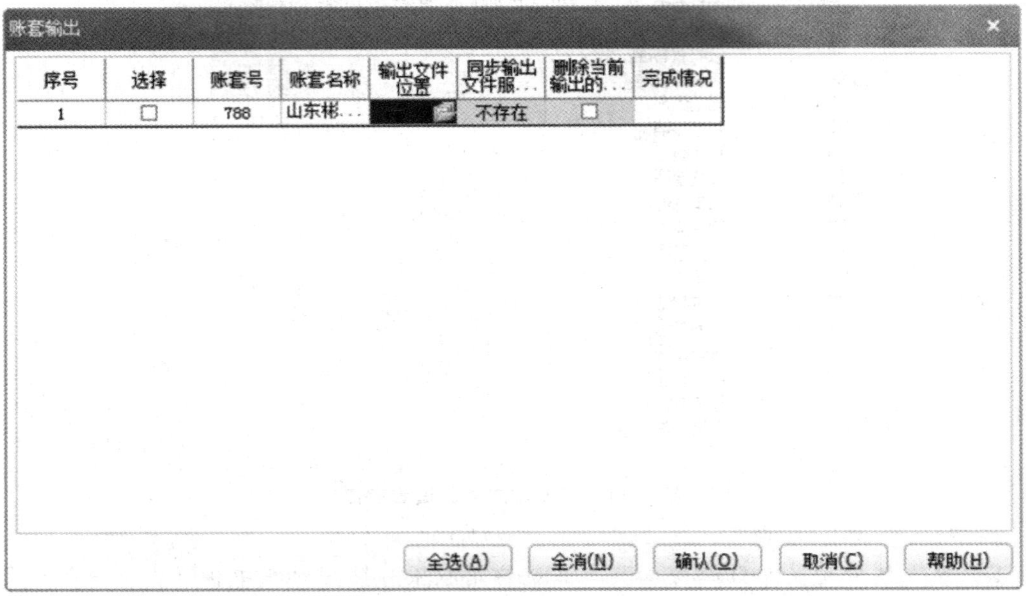

图2-12 【账套输出】设置窗口

③在【账套输出】对话框中，选择要备份的“［788］山东彬彬童车厂”，同时单击记录“输出文件位置”栏右下角的文件位置设置参照按钮，打开【请选择账套备份路径】对话框。

④单击【请选择账套备份路径】对话框中的树形控件中的“+”或“-”，选择D盘中的“账套备份”文件夹，再单击【确定】按钮，完成输出位置设置，并返回【账套输出】对话框。如果想删除账套，请同时选中“删除当前输出的账套”栏的复选框。

⑤在【账套输出】对话框中，单击【确认】按钮，系统进行账套备份。

⑥备份完毕，系统弹出【输出成功】提示对话框，单击【确定】按钮完成账套备份操作。

提示：

➢账套成功备份后，生成2个文件：UfErpAct.Lst和UFDATA.BAK，2个文件缺一不可。

➢账套备份只能由系统管理员（admin）来完成。

➢账套删除作为账套备份的复选项存在，没有单独的账套删除功能，删除账套须强制备份，从而确保账套数据安全。

4）恢复账套

账套恢复是指将系统外的某账套的备份数据引入到本系统中，即将备份到软盘、硬盘或其他存储介质中的备份数据恢复到硬盘上指定的目录中。这项功能又为保证数据的安全提供了另一种工具，也为集团公司的财务管理提供了方便。一旦安装企业财务管理软件系统的计算机出现故障或遭受病毒的侵袭而使得系统数据破坏或丢失，就可以利用账套的恢复功能恢复系统数据；同时，集团公司也可以将子公司的账套数据定期引入到总公司系统中，以便进行有关账套数据的分析和合并工作。一般情况下，集团公司可以在建立账套时就预先进行统一安排，让各子公司的账套号不一样，以避免在引入数据时因账套号相同而造成数据互相覆盖的后果。

【例2-6】将已备份到D盘“账套备份”文件夹中的“788”号账套数据恢复到硬盘中。

操作步骤：

①以系统管理员admin的身份注册登录进入【系统管理】窗口，单击【账套】菜单中的【引入】子菜单，打开【账套引入——选择文件】对话框。

②单击【选择文件】按钮，打开【请选择账套备份文件】对话框。在【请选择账套备份文件】对话框中，选择D盘“账套备份/ZT788”文件夹中的数据文件“UfErpAct.lst”单击，然后再单击【确定】按钮，弹出如图2-13所示提示对话框，单击【确定】按钮，打开【请选择账套引入的目录】对话框。

图2-13　账套引入信息提示

③在窗口中选择账套引入位置后，单击【确定】按钮，系统开始引入备份账套。若保持默认位置，可直接单击【确定】按钮。

④若系统中已存在相关账套，将弹出【此项操作将覆盖［788］账套当前的所有信息，继续吗?】信息提示对话框，单击【是】按钮将引入账套，单击【否】按钮将取消引入操作。若系统中无此账套，系统经过解压缩处理过程，弹出【账套［788］引入成功】提示对话框，单击【确定】按钮完成账套恢复操作。

提示：

➢账套恢复只能由系统管理员（admin）来完成。

➢账套恢复具有破坏性，使用应慎重。

2.2.4　财务分工

企业在实施财务管理软件系统时，应首先对操作人员进行岗位分工，对指定的操作人员的操作权限进行明确规定，实施权限控制，以避免无关人员对系统进行错误或恶意操作，同时也可以对系统所包括的各个功能模块的操作进行协调，从而保证整个系统和会计数据的安全性和保密性。

财务分工就是根据会计信息化管理的规章制度、基本岗位职责分工及信息系统管理的要求，设置允许使用财务管理软件的操作人员的姓名和操作权限。从财务分工的内容出发，财务分工分为两项内容：一是操作员的管理，即设置谁有权限登录系统；二是操作员权限的划分，即登录系统后能够做什么工作。从财务分工权限下放角度出发，财务分工分为四个层次：一是系统管理员授权；二是账套主管授权；三是权限转授；四是工作委托。一般情况下，可由系统管理员进行账套主管和权限转授人员设置，然后由账套主管根据职能部门职责，将部门权限赋予部门主管，再由部门主管将权限转授予部门职员，职员间可临时性进行工作委托。从权限范畴角度而言，系统管理员可以对操作员进行管理，可以设置某一账套的账套主管，可以对每一个操作员进行权限设置；账套主管拥有该账套的全部管理权限，可以对所辖操作人员的权限进行管理。总体而言，财务分工工作主要包括操作员管理和操作员权限分配管理两部分。

1）操作员管理

通常，企业财务管理软件系统中的系统管理员拥有该系统的全部操作权限。系统管理员可以根据财务管理的要求来设置系统所需要的操作员，并可根据需要对已有操作员进行修改、删除、注销等处理。在增加操作员时，必须明确操作员的以下特征信息：

① 操作员编码：用来标志操作人员的编号。操作员编码是系统用于区别不同操作员的编码。在同一系统中，操作员编码必须唯一，不允许重复。

② 操作员姓名：设置操作员的姓名全称。操作员姓名可以输入真实姓名，也可以用代码。发现操作员重名时还必须增加区别标志。一般情况，按照管理的要求，操作员姓名应输入真实姓名，以便于对操作员的操作行为和其他事项进行管理。

③ 操作员所属部门：指操作员所在部门的名称。

④ 操作人员口令：即为操作员设置系统登录口令。操作人员的口令，初始化时由系统管理员赋予；待其登录系统时，可以由操作员本人进行自由更改。一般情况下，从系统安全考虑，不允许操作人员口令设置为空。

操作员的设置分两个层次：角色和用户。角色可以理解为岗位的名称，如财务总监、销售总管、财务主管等；用户可以理解为具体的操作人员，如赵玲、宋玢等。

对于公司管理而言，职员之间的岗位变动时常发生。操作员岗位变动后，需要重新为其分配不同的操作权限，这样操作很烦琐。用友财务管理软件提出“角色”这一概念，可以预先给角色设置好权限，之后在设置用户时，指定用户归属的角色。这时，该用户就自动继承了相应角色的权限。当用户岗位发生变动时只需要调整其角色即可，不必再单独为其重新设置权限。当然，也可以独立为用户赋予权限，用户也可以不属于任何角色。

（1）角色设置

系统中对角色的设置个数不受限制。一个角色可以拥有多个用户，满足“一岗多人”管理的需要。

【例2-7】设置“财务核算”角色，编号为“A001”。

操作步骤：

①以系统管理员admin的身份注册登录进入【系统管理】窗口，单击【权限】菜单中的【角色】子菜单，打开【角色管理】窗口。

②在【角色管理】窗口中，单击工具栏上的【增加】按钮，进入【角色详细情况】设置窗口，如图2-14所示。

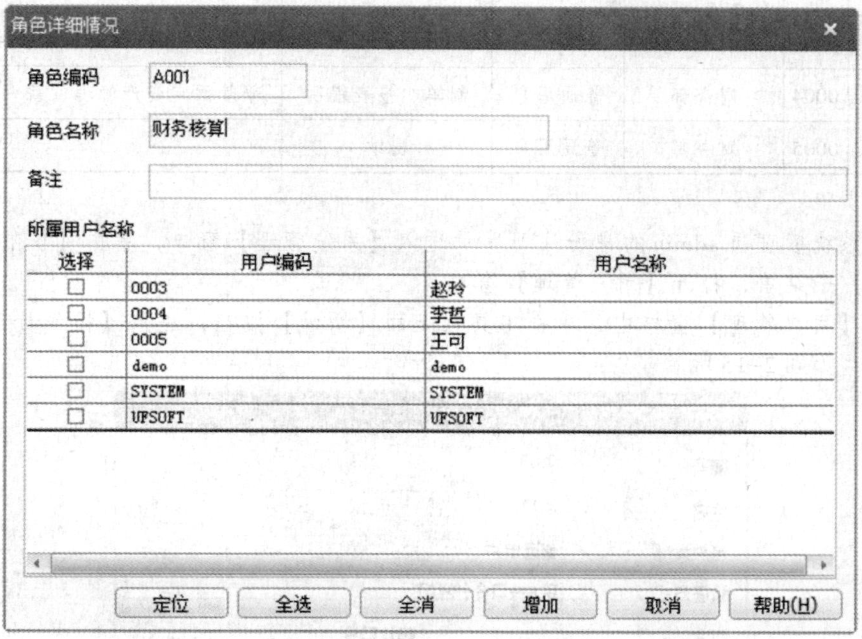

图2-14　【角色详细情况】设置窗口

③输入角色的相关信息。

④录入和设置完毕后，单击【增加】按钮对所输入信息进行保存，同时进入下一角色录入界面。

⑤所有角色信息录入完毕后，单击【取消】按钮，返回【角色管理】窗口，单击工具栏中的【退出】按钮结束本次角色管理操作。

若要为角色添加用户，可通过选择“用户编码”前方的复选框进行指定。

若要对已存在的角色进行修改，可在【角色管理】窗口中首先选定要修改的角色，然后单击工具栏上的【修改】按钮，进入【角色详细情况】界面，对当前所选角色信息进行修改。可修改内容包括为角色添加和删除用户、角色名称等，但不能修改角色编号。

若要删除已有角色，可在【角色管理】窗口中首先选定要删除的角色，然后单击工具栏上的【删除】按钮，弹出【确认删除角色】提示对话框，单击【是】按钮将删除所选角色。若已为角色添加用户，则该角色不能被删除。

若该角色已经在用户设置中被选择过，则将这些用户名称自动显示在已选角色列表中。相反，若此时取消这些用户的选择，在查看这些用户时，他们的已选角色中将不再显示该角色名称。

（2）用户设置

用户设置是为财务管理软件系统设置具体的操作员。系统对用户的设置个数均不受限制。一个用户可以分属于不同的角色，满足“一人多岗”管理的需要。

【例2-8】山东彬彬童车厂财务部人员分工情况见表2-1。

表 2-1 **企业财务人员信息表**

编号	姓名	口令	所属部门	用户类型	主要职责	备注
0003	赵玲	0003	财务部	普通用户	审核、记账	建账时指定为账套主管
0004	李哲	0004	财务部	普通用户	制单、报表编制	兼管固定资产管理、薪资管理模块
0005	王可	0005	财务部	普通用户	出纳	

设置步骤：

①以系统管理员admin的身份注册登录进入【系统管理】窗口，单击【权限】菜单中的【用户】子菜单，打开【用户管理】窗口。

②在【用户管理】窗口中，单击工具栏上的【增加】按钮，进入【操作员详细情况】设置窗口，如图2-15所示。

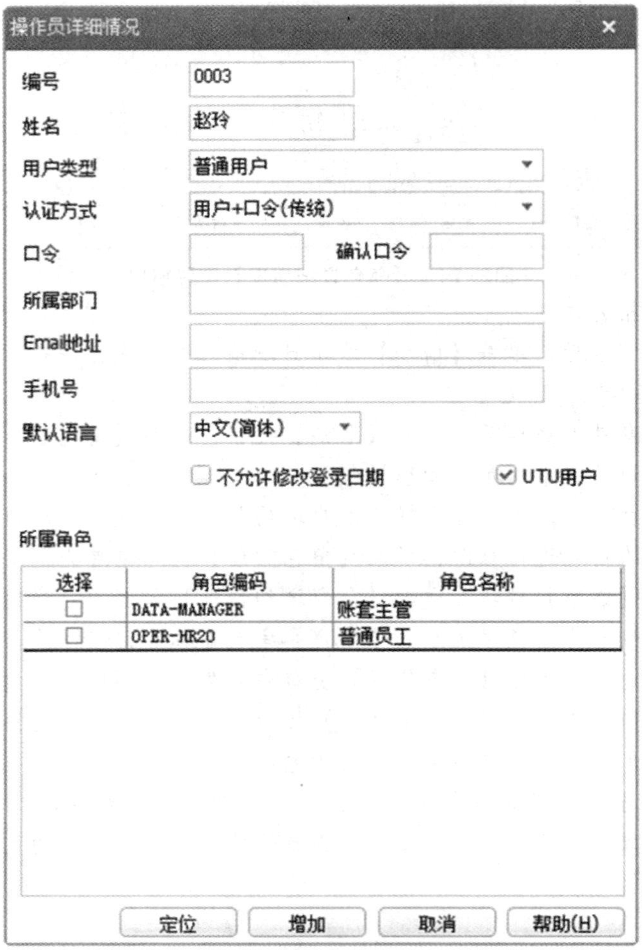

图2-15 【操作员详细情况】设置窗口

③输入用户的有关信息。

④录入和设置完毕后，单击【增加】按钮对所输入信息进行保存，同时进入下一用户

信息录入界面。

⑤所有用户信息录入完毕后，单击【取消】按钮，返回到【用户管理】窗口，单击工具栏中的【退出】按钮结束本次用户管理操作。

若要为用户添加角色，可通过选择【角色编码】前方的复选框进行指定。

若要对已存在的用户进行修改，可在【用户管理】窗口中首先选定要修改的用户，然后单击工具栏上的【修改】按钮，进入【操作员详细情况】界面，对当前所选用户信息进行修改。可修改内容包括用户名、口令、所属角色等，但不能修改用户编号。

若要删除已有用户，可在【用户管理】窗口中首先选定要删除的用户，然后单击工具栏上的【删除】按钮，弹出【确认删除用户】提示对话框，单击【是】按钮将删除所选用户。若用户已指定为某一角色的成员或用户已被启用，则该用户不能被删除。对于已离开财务管理岗位且已启用的用户，可单击工具栏上的【修改】按钮，进入【操作员详细情况】界面，通过单击【注销当前用户】按钮取消其登录系统的权限。

若修改了用户的所属角色，则该用户对应的权限也跟着角色的改变而相应地改变。

用户和角色设置不分先后，用户可以根据自己的需要设置。但对于自动传递权限来说，应该首先设定角色，然后分配权限，最后设置用户。这样，在设置用户时，如果选择其归属角色，则用户自动具有该角色的权限。

提示：

➢只有系统管理员才有权限对用户和角色进行设置。

2）设置操作员权限

一个企业的财务管理系统必须按照内部控制制度的要求，对财务管理人员进行严格的岗位分工，严禁越权操作行为的发生。因此，企业财务管理软件系统要求对操作员的操作权限进行限制，由系统赋予相关操作人员以相应的权力。

操作员操作权限的设置体现在三类角色、三类权限、四个层次上的权限管理。

三类角色是指在整个财务管理软件的应用操作过程中，根据操作员的授权范围，操作员权限划分为系统管理员、账套主管和普通操作员的权限管理。系统管理员为系统内设无权更改，而账套主管和普通操作员则需要通过授权而实现。

三类权限是指在授权时，根据权限的特点，操作权限划分为功能级权限、数据级权限和金额级权限三个层面。功能级权限面向操作员能够操作哪些功能模块，其管理划分更为细致的功能级权限管理功能，包括功能权限查看和分配；数据级权限面向操作员能够处理的数据范围，其管理可以通过两个方面进行权限控制：一个是字段级权限控制，另一个是记录级的权限控制；金额级权限则面向业务处理金额范围控制，其管理主要实现对具体处理的数量级划分，对于一些敏感数据可以进行集中控制。其中，功能级权限需在系统管理模块中进行设置，而数据级权限和金额级权限需在企业应用平台的权限管理模块或在总账设置模块中进行设置。本节只介绍功能级权限的设置，数据级权限、金额级权限设置在下一节中介绍。

四个层次则是从权限下放角度所体现的权限设置的层次，包括系统管理员授权、账套主管授权、部门主管权限转授、员工间工作委托。一般情况下，系统的授权由系统管理员或账套主管进行。

三类操作员权限分工见表2-2。

表2-2　**系统管理员、账套主管和普通操作员权限分工**

权限种类	系统管理员	账套主管	普通操作员
系统维护	自动备份计划外所有维护工作	账套自动备份计划	无权
账套管理	账套建立、备份、恢复和删除	账套修改	无权
账套库管理	无权	账套库管理所有权限	无权
操作员管理	操作员建立、修改等所有权限	无权	无权
授权范围	所有账套、所有操作员	管辖账套、管辖操作员	权限转授、工作委托
授权类型	功能级	功能级、数据级、金额级	功能级
服务系统	系统管理	所有功能子系统	授权功能子系统
业务工作范围	无财务业务权限	账套所有财务业务权限	授权的财务业务权限

为确保财务、业务工作的有序开展，满足企业内部控制管理的需要，应根据每一个操作员的岗位职责要求，合理为其设定操作权限。操作权限的设置主要分为三步处理，即选定账套、选定操作员、指定权限，习惯称为“授权三步曲”。

【课程思政】

爱岗敬业教育

在会计信息系统中，进行权限划分、实施授权控制是岗位分工、岗位责任制落实的重要体现，每个财务岗位都具有很强的专业性，有职责，更有对知识和能力的要求。适应会计岗位要求、做好会计工作的前提就是要爱岗敬业，这也是会计从业人员职业道德最基本的要求。爱岗敬业不仅体现在忠于职守、尽职尽责，还体现在努力钻研业务知识、不断提升业务能力、勇于承担社会责任，更体现在要用“工匠精神”对待会计工作。作为会计学专业的大学生，要以“工匠精神”为追求，以精益求精的态度铺就精彩会计人生，为中国由“会计大国”走向“会计强国”贡献自己的智慧和力量。

(1) 账套主管的设置与取消

一般来讲，只有系统管理员才有权进行账套主管的设置。账套主管的设置应遵循“授权三步曲”顺序进行，即先选定账套，再选择操作员，然后指定为账套主管。

有些财务软件允许为一个账套指定多个账套主管。系统默认账套主管拥有该账套的全部权限，因此对账套主管而言，只有设定或取消其资格的操作。

【例2-9】为“788”账套进行账套主管的变更操作。取消“demo”的账套主管权限，将“0003”操作员赵玲指定为“788”账套的账套主管。

操作步骤：

①以系统管理员admin的身份注册登录进入【系统管理】窗口，单击【权限】菜单中的【权限】子菜单，打开【操作员权限】设置窗口，如图2-16所示。

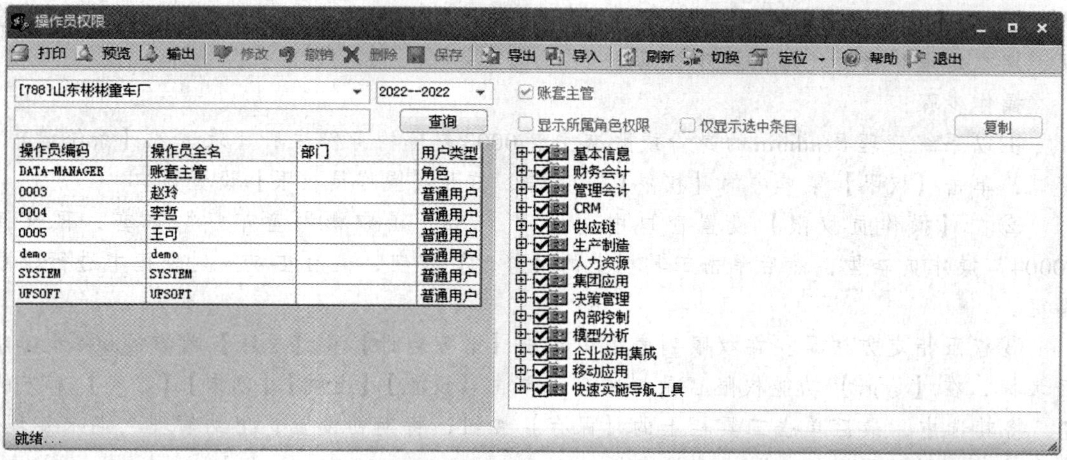

图2-16 【操作员权限】设置窗口

②先在账套下拉列表中选择“[788]山东彬彬童车厂”账套，再在操作员列表中选择操作员“demo”，然后在【账套主管】复选框中单击，弹出【取消普通用户：[demo]账套主管权限吗?】提示对话框，单击【是】按钮，取消操作员demo“788”账套主管的权限。

③在账套下拉列表中选择“[788]山东彬彬童车厂”账套，再在操作员列表中选择操作员“0003”，然后在【账套主管】复选框中单击，弹出【设置普通用户：[0003]账套主管权限吗?】提示对话框，单击【是】按钮，将操作员0003赵玲设置为“788”账套的账套主管。

（2）角色操作权限的设置

为了减少赋权工作量，可以先根据操作员权限分配情况，预先创建角色，并为角色设置权限，然后将这些操作员指定为该角色成员，操作员将自动获取该角色的操作权限，而无须再单独为其设置权限。

【例2-10】为角色“A001财务核算”设定操作权限：“788”账套总账模块的凭证处理权限。

操作步骤：

①以系统管理员admin的身份或账套主管0003赵玲的身份注册登录进入【系统管理】窗口，单击【权限】菜单中的【权限】子菜单，打开【操作员权限】设置窗口。

②在【操作员权限】设置窗口中选择“[788]山东彬彬童车厂”账套，再选择“A001”角色，然后单击工具栏上的【修改】按钮，最后在权限列表框中进行权限指定。

③权限指定方法为：在权限列表框中，单击相关模块前方的⊞展开功能目录树，在功能权限目录树中单击相关权限前方的☐，将其选中，然后单击工具栏上的【保存】按钮，将相关权限赋予角色。

（3）用户操作权限的设置

对于不属于任何角色或独立的操作员以及为角色中的个别成员增加权限，此时可通过用户权限设置来完成操作员的赋权设置。

【例2-11】为“0004”操作员李哲赋予“788”账套的总账处理的期初设置、出纳管理、期末处理和账表处理的操作权限。

操作步骤：

①以系统管理员admin的身份或账套主管0003赵玲的身份注册登录进入【系统管理】窗口，单击【权限】菜单中的【权限】子菜单，打开【操作员权限】设置窗口。

②在【操作员权限】设置窗口中选择“［788］山东彬彬童车厂”账套，再选择“0004”操作员李哲，然后单击工具栏上的【修改】按钮，最后在权限列表框中进行权限指定。

③权限指定方法是：在权限列表框中单击【财务会计】和【总账】前方的⊞展开功能目录树，在【总账】功能权限目录树中分别单击【设置】【出纳】【期末】【账表】前方的□，将其选中，最后单击工具栏上的【保存】按钮，将期初设置、出纳管理、期末处理、账表处理权限赋予“0004”操作员李哲。

（4）操作权限的维护调整

当操作员岗位职责发生变动时，就需要根据新岗位职责要求，对原赋予的权限进行维护调整。操作权限的维护调整有两种模式：一是修改微调模式，二是删除重设模式。无论是修改微调模式，还是删除重设模式，都应遵循“授权三步曲”的要求。

对于权限变动较小的，可采用修改微调模式进行，其维护调整如下：在【操作员权限】设置窗口中先选择账套，再选择用户或角色，然后单击工具栏上的【修改】按钮，最后在权限列表框中进行权限调整。通过单击相关权限前方的□，使其处于☑状态，可将权限赋予操作员；通过单击相关权限前方的☑，使其处于□状态，可取消已赋予操作员的权限。最后，单击工具栏上的【保存】按钮对权限调整结果进行保存。

对于权限变动较大的，可采用删除重设模式进行，其维护调整如下：在【操作员权限】设置窗口中先选择账套，再选择用户或角色，单击工具栏上的【删除】按钮，将已赋予的操作权限全部删除，然后再单击工具栏上的【修改】按钮，在权限列表框中重新为操作员设置权限。最后，单击工具栏上的【保存】按钮对权限调整结果进行保存。

（5）操作权限的转授

操作权限转授是与功能权限相关的功能，实现了除系统管理员和账套主管外，也允许其他用户进行功能权限的授权。目的是减轻系统管理员和账套主管的授权压力和责任，完善功能权限的管理，提高功能权限授权的灵活性和管理效率。通过权限转授可实现各管理部门负责人对其所辖员工操作权限的划分，是分权管理、权限下放的具体体现。

【例2-12】为操作员“李哲”设置对操作员“王可”授权的权限。

操作步骤：

①以系统管理员admin的身份注册登录进入【系统管理】窗口，单击【权限】菜单中的【用户】子菜单，打开【用户管理】设置窗口。

②选择要转授权限的操作员“李哲”，然后单击工具栏上的【转授】按钮，打开【授权成员】设置窗口，如图2-17所示。

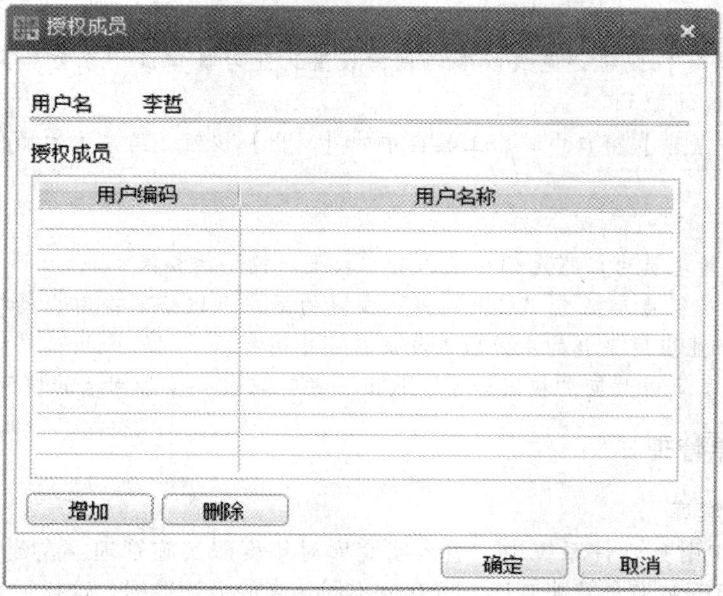

图2-17　【授权成员】设置窗口

③单击【增加】按钮，进入【增加用户】设置窗口，如图2-18所示。

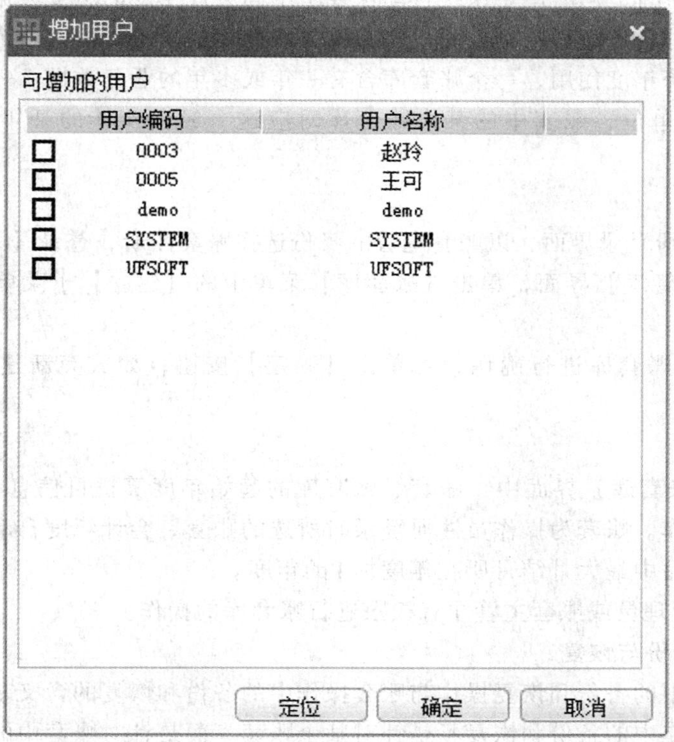

图2-18　【增加用户】设置窗口

④在可增加的用户列表中，单击所辖用户“王可”，使其处于选中状态，然后单击【确定】按钮，返回【授权成员】设置窗口。此时，操作员“李哲”具有的授权用户显示

在授权成员列表中。

⑤单击【确定】按钮，完成权限转授的设置，此时操作员“李哲”具备了为操作员“王可”赋权限的功能。

⑥在【用户管理】窗口中单击工具栏中的【退出】按钮，结束本次操作员权限转授的操作。

提示：

➢只有系统管理员可以指定哪个用户有“权限转授”的权限。

➢系统管理员须指定拥有“权限转授”权限的用户可以给哪些用户授权，操作员权限的具体转授在企业应用平台的系统服务导航视图中进行。

➢系统管理员可以收回“权限转授”权限，并可以进一步收回已转授的权限。

2.2.5 账套库管理

1）建立账套库

在用友ERP财务软件系统中，引入账套库对年度账实施管理。在建立账套的基础，然后按会计年度为账套创建账套库，以存放不同年度的会计数据。这样一来，系统的结构清晰、含义明确、可操作性强，对不同核算单位、不同时期数据的操作只需通过设置相应的系统路径即可进行，同时由于系统自动保存了不同会计年度的历史数据，对利用历史数据的查询和比较分析也显得特别方便。账套作为账套库的上级，是由一个或多个账套库组成的。账套库可跨年度使用，一个账套库含有一年或多年的业务数据。一个账套对应一个经营实体或核算单位，账套中的某个账套库对应这个经营实体的某年度区间内的业务数据。

操作步骤：

① 在系统注册登录界面，以账套主管的身份选择账套注册，登录【系统管理】界面。

② 在【系统管理】界面，单击【账套库】菜单中的【建立】子菜单，进入【建立账套库】功能界面。

③ 如对新建账套库进行确认，可单击【确定】按钮；如放弃新建账套库，可单击【放弃】按钮。

提示：

➢在【建立账套库】界面中，账套、账套库的起始年度等栏目信息都是系统默认的，不能进行任何操作。账套为操作员注册登录时所选的账套，会计年度自动显示的是当前账套库所有业务产品中最大月结月所在年度加1的年度。

➢只有账套管理员或账套主管才有权限进行账套库的操作。

2）账套库备份与恢复

账套库操作中的备份和恢复操作与账套操作中的备份和恢复的含义基本一致。所不同的是，账套库操作中的备份和恢复不是针对某个账套，而是针对账套中的某年度区间的账套库进行的。例如，账套库的备份操作输出的是选定年度期间的账套库，在备份操作界面上选择的是具体年度期间而非账套，而账套库的恢复操作恢复的是账套库数据备份文件，即系统备份的账套库的备份文件，前缀名统一为UfErpyer。

3）账套库初始化

一般情况下，企业是持续经营的，因此企业的会计工作是一个连续性的工作。当企业创建新的账套库时，就需要将上一年度期间的账套库中相关模块的余额及其他信息结转到新账套库中，从而实现新旧账套库之间业务衔接。

操作步骤：

① 在系统注册登录界面，以账套主管的身份选择账套注册，登录【系统管理】界面。

② 在【系统管理】界面，单击【账套库】菜单中的【账套库初始化】子菜单，进入【账套库初始化】功能界面。

③ 在【账套库初始化】界面，可按图2-19所示的操作流程进行结转操作。

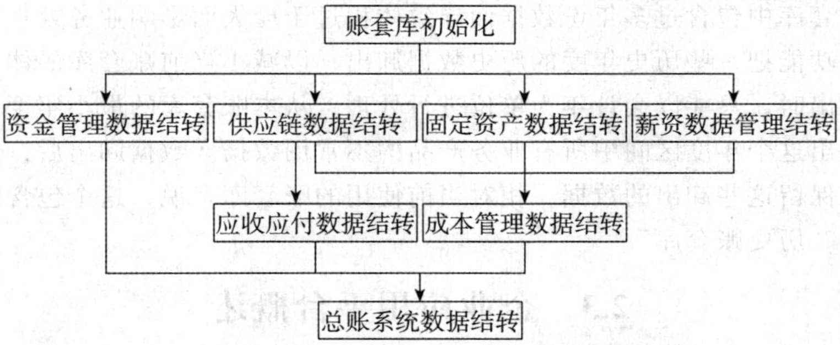

图2-19　账套库初始化操作流程

结转流程说明：

① 账套库初始化之前，首先要建立新账套库。

② 建立新账套库后，可以执行供应链产品、资金管理、固定资产管理、薪资管理系统的数据结转工作。这几个系统的结转不分先后顺序，可以根据需要执行。

③ 如果同时使用了采购管理系统、销售管理系统和应收应付款管理系统，则只有在供应链产品执行完数据结转后，应收应付款管理系统才能执行；如果只使用了应收应付款管理系统而没有使用采购管理系统、销售管理系统，则可以根据需要直接执行应收应付款管理系统的结转工作。

④ 如果在使用成本管理系统时，使用了薪资管理系统、固定资产管理系统、存货核算系统，则只有在薪资管理系统、固定资产管理系统、供应链产品执行完结转工作后，成本管理系统才能执行结转；否则可以根据需要直接执行成本管理系统的结转工作。

⑤ 如果在使用总账系统时，使用了薪资管理系统、固定资产管理系统、存货核算系统、应收应付款管理系统、资金管理系统、成本管理系统，则只有这些系统执行完结转工作后，总账系统才能执行结转；否则可以根据需要直接执行总账系统的结转工作。

4）清空账套库数据

在财务管理软件系统中，有时会发现某账套库中错误太多，或不希望将上一账套库的余额或其他信息全部转到下一账套库。这时，可使用清空账套库数据的功能。“清空”并不是指将账套库的数据全部清空，而是还要保留一些信息，主要包括基础信息和系统预置的科目报表等。保留这些信息主要是为了方便单位使用清空后的账套库重新做账。

操作步骤：

① 在系统注册登录界面，以账套主管的身份选择账套注册，登录【系统管理】界面。

② 在【系统管理】界面，单击【账套库】菜单中的【清空账套库数据】子菜单，进入【清空账套库数据】功能界面。

③ 在【清空账套库数据】界面中的会计年度栏目选择要清空的账套库的年度期间，单击【确定】按钮，系统弹出一个再次确认对话窗口，要求操作员进行再次确认；如果想放弃，则直接单击【放弃】按钮。

5）数据卸出

当一个账套库中包含过多年份数据而导致体积过于庞大而影响业务处理性能时，可以通过数据卸出功能把一些历史年度的历史数据卸出，以减小当前账套库的体积，提高运行效率。数据卸出时，只能以会计年为单位进行处理，从本账套库的最小年度开始，到指定年度结束，卸出这个年度区间中所有业务产品的不常用数据。数据卸出后，系统将自动生成一个账套库保留这些卸出的数据，相对当前使用的账套库来说，这个包含卸出数据的账套库可以称为“历史账套库”。

2.3 企业应用平台概述

为使企业能够共享企业内部和外部的各种信息，使企业员工、单位和合作伙伴能够从单一的渠道访问其所需的个性化信息，用友ERP-U8 V11为其提供了企业应用平台。通过企业应用平台，企业员工可以通过单一的访问入口访问企业的各种信息，定义自己的业务工作，并设计自己的工作流程。

通过企业应用平台可实现信息的及时沟通和资源的有效利用、与合作伙伴的在线和实时的链接，将提高企业员工的工作效率以及企业的总体处理能力。

日常使用时，不同的操作员通过注册进行身份识别后进入企业应用平台所看到的窗口是相同的，但每个操作人员所能进入的模块是不同的，所能处理的业务也是不同的。

2.3.1 企业应用平台的登录

企业应用平台集中了用友ERP-U8 V11应用系统的所有功能，为各个子系统提供了一个公共的交流平台，成为用友ERP-U8 V11管理系统的控制台和工作中心。

【例2-13】以账套主管“赵玲”的身份于2022年4月1日注册进入企业应用平台。

操作步骤：

①单击【开始】菜单，依次指向【程序】—【用友U8 V11】，然后单击【企业应用平台】，打开【登录】对话框，如图2-20所示。

②在【登录】对话框中，首先选择“788”账套的数据服务器，然后在【操作员】文本框中输入操作员赵玲的ID号“0003”，在【密码】文本框中输入操作员赵玲的登录密码“0003”，在【账套】下拉列表中选择“［788］山东彬彬童车厂”账套，将【操作日期】调整为“2022年4月1日”，最后单击【确定】按钮，进入【用友U8】窗口，如图2-21所示。

图2-20　【登录】对话框

图2-21　【用友U8】窗口

2.3.2 业务导航

企业应用平台提供了业务导航功能，通过此功能可以快速地针对相关业务模块进行业务处理。由于在财务管理软件中启用的子系统不同或注册登录的操作员权限不同，在业务导航视图中显示的内容也不尽相同，但基本操作界面是相同的，如图2-22所示。

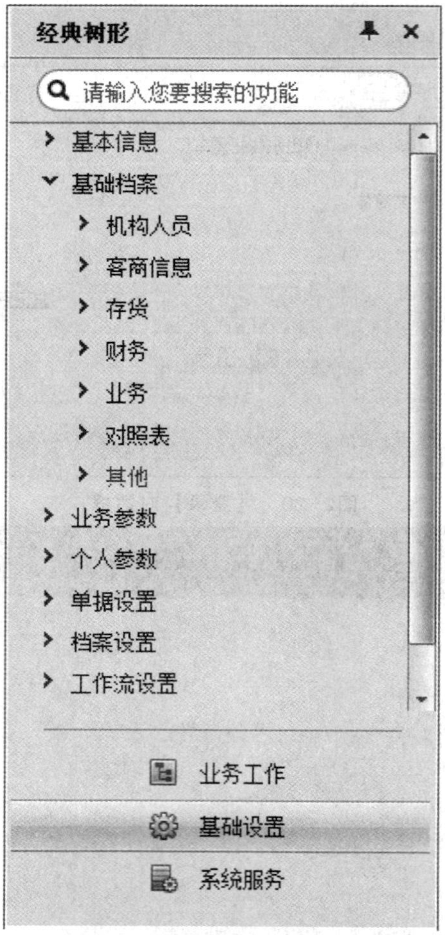

图2-22 业务导航视图

在业务导航视图中，各节点所包含的内容根据启用的子系统不同而存在一定的差异，但其处理方式是相同的。通过选择目录中相关功能节点单击，即可启动相关功能模块。

2.3.3 数据权限分配

数据权限是功能权限的下级权限，它是功能权限的明细权限。只有在功能权限分配完成后，才能进行明细权限分配。进行数据权限分配操作必须由具有“数据权限分配”功能权限的操作员来完成。数据权限分配主要包括记录级数据权限和字段级数据权限分配两大类。在处理这两类数据权限之前必须先设定数据权限控制参数，即指定哪些记录级业务对象和哪些字段级业务对象需要进行数据控制。

1）数据权限控制设置

数据权限控制设置是数据权限设置的前提，主要用于设置需要进行权限控制的对象。选择后的权限控制对象将显示在【数据权限分配】功能模块中。设置数据权限控制参数的操作步骤如下：

①在【用友U8】窗口的业务导航视图中，选择【系统服务】—【权限】—【数据权限控制设置】，单击，打开【数据权限控制设置】对话框，如图2-23所示。

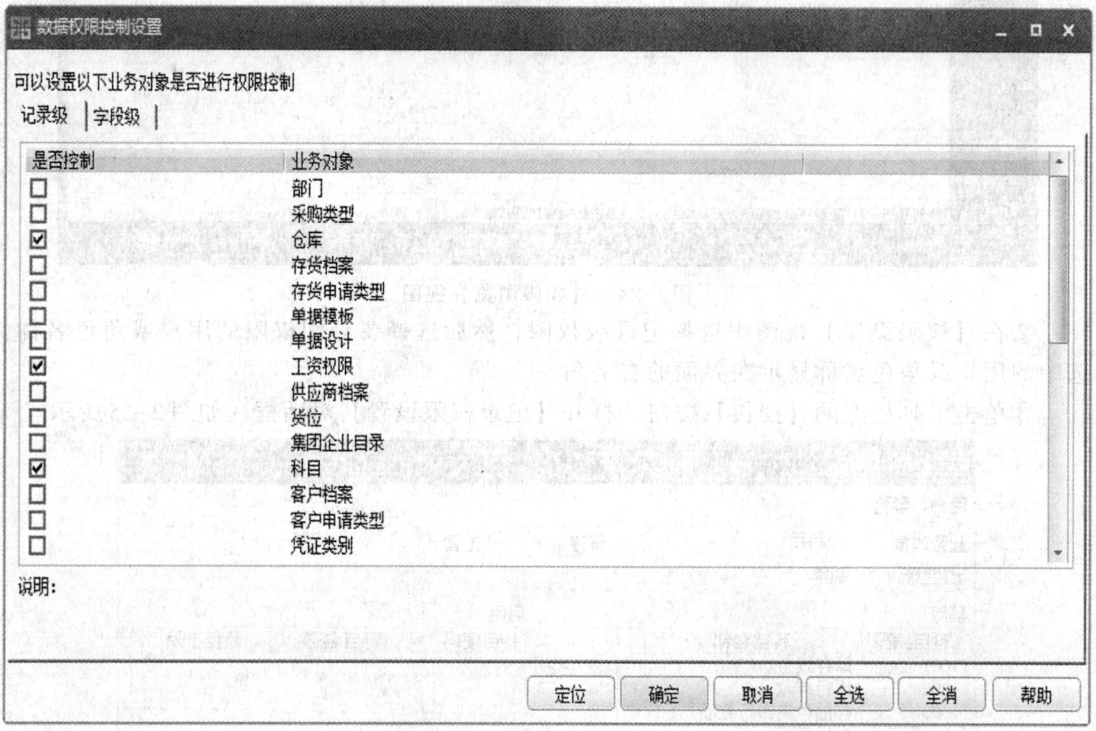

图2-23　【数据权限控制设置】对话框

②选择【记录级】或【字段级】选项卡，单击需要进行数据权限控制的业务对象前的权限控制框，使其处于选中状态。设置完毕后，单击窗口中的【确定】按钮进行保存。

2）数据权限分配

数据权限分配包括记录权限分配和字段权限分配两类。

（1）记录权限分配

记录权限分配是指对具体业务对象进行权限分配，即为哪些用户或角色设置何种业务的数据控制权限及权限范围。记录权限分配的前提是在【数据权限控制设置】对话框中至少选择了一个记录级业务对象。记录权限分配的基本业务操作步骤如下：

①在【用友U8】窗口的业务导航视图中，选择【系统服务】—【权限】—【数据权限分配】，单击，打开【权限浏览】视图，如图2-24所示。

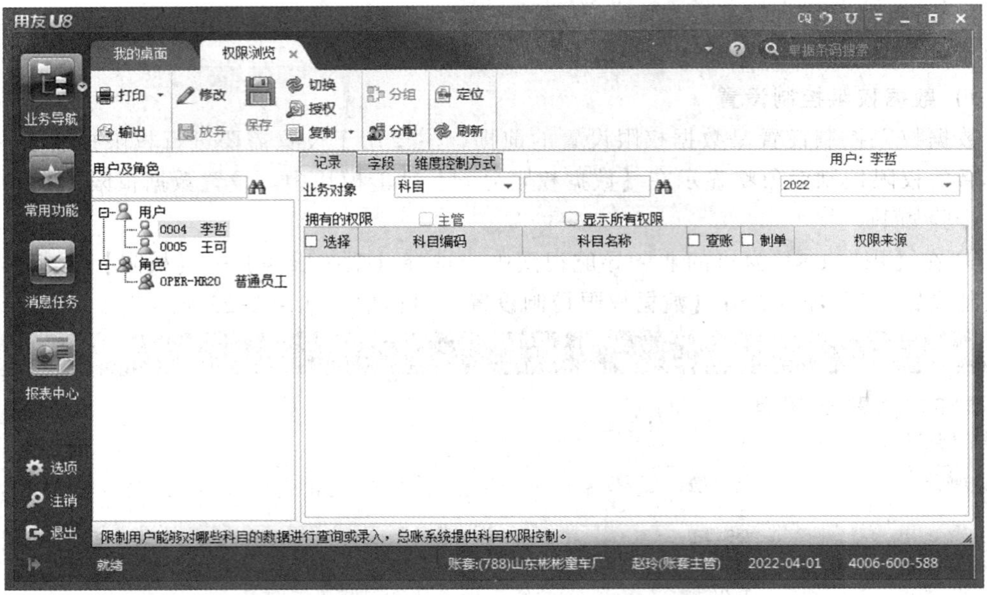

图2-24　【权限浏览】视图

②在【权限浏览】视图中选择记录级权限，然后选择要分配权限的用户或角色名称。选中的用户或角色名称显示在界面的右上角。

③单击工具栏上的【授权】按钮，打开【记录权限设置】对话框，如图2-25所示。

图2-25　【记录权限设置】对话框

④选择【业务对象】，再在需要的功能权限上进行选择，如“科目”的功能权限有【查账】和【制单】两项，系统将根据当前所选的用户或者角色，按“用户或角色+业务对象”方式进行明细数据权限分配。例如，为操作员“李哲”设置“库存现金”科目的【查账】和【制单】权限的基本操作方式为：选择业务对象“科目”，选择功能权限【查账】和【制单】，在【禁用】列表框中选择会计科目“库存现金”，单击 > 按钮将其添至【可用】列表框中。

⑤完成对当前操作员所有权限的设置后，单击【保存】按钮，对操作结果进行保存，系统弹出保存信息对话框。

⑥单击【确定】按钮，再关闭【记录权限设置】对话框，返回【权限浏览】视图。

⑦重复第②~⑥步，完成对其他操作员明细数据权限的设置。

⑧完成所有操作员数据权限设置后，关闭【权限浏览】视图，结束数据权限分配操作。

提示：

➢可供分配的数据权限视在【数据权限控制设置】对话框中选定内容而定，一般情况下包括科目权限分配、客户权限分配、部门权限分配等。

➢权限类型的使用执行如下规则：如科目的权限类型只设置为录入权限，则该用户对该科目只有制单权限，但没有查询该科目任何账簿的权限（浏览权限和录入权限不存在包含关系）；如设置部门（客户、供应商、仓库、业务员、货位、存货）权限类型为录入权限，则该用户既可以录入该部门的所有单据信息，还可以查询该部门的所有数据信息（录入权限中包含浏览权限）。

（2）字段权限分配

字段权限分配是对单据中包含的字段进行权限分配，它是出于安全保密性考虑而设置的。有的信息属于企业严格控制的内容，在使用时这些信息应限制查看权限，例如限制仓库保管员看到出入库单据上的有关产品（商品）价格信息。字段权限分配的前提是在【数据权限控制设置】对话框中至少选择了一个字段级业务对象。字段权限分配的基本业务操作步骤如下：

① 在【用友U8】窗口的业务导航视图中，选择【系统服务】—【权限】—【数据权限分配】，单击，打开【权限浏览】视图。

② 在【权限浏览】视图中选择字段级权限，然后选择要分配权限的用户或角色名称，选中的用户或角色名称显示在界面的右上角。

③ 单击工具栏上的【授权】按钮，打开【字段权限设置】对话框。

④ 选择【业务对象】，再在需要的功能权限上进行选择，如“供应商”的功能权限有【查询】和【录入】两项，系统将根据当前所选的用户或者角色，按“用户或角色+业务对象”方式进行明细数据权限分配。例如，为操作员“李哲”设置“付款金额”字段的【查询】和【录入】权限的基本操作方式为：选择业务对象“供应商”，选择功能权限【查询】和【录入】，在【未分配】列表框中选择字段“付款金额”，单击 > 按钮将其添至【已分配】列表框中，然后单击【确定】按钮，再关闭【字段权限设置】对话框，返回

【权限浏览】视图。

⑤关闭【权限浏览】视图，结束数据权限分配操作。

提示：

➢若需要对某一档案进行字段权限控制（可设置查询权限、录入权限、无权限），则进入基础档案卡片、基础档案列表时只显示有查询或录入权限的栏目，同时在参照时也只显示有查询或录入权限的栏目。

➢若对某一单据设置字段权限，则在单据卡片上，系统只显示有权限的且已经设置在模板上的栏目内容；在单据列表中，系统只能显示有权限的且已经在栏目设置中选择显示的栏目。

2.3.4 金额权限分配

金额权限分配主要用于控制操作员进行账务处理时金额的处理额度大小，主要包括采购订单的金额审核额度、科目的制单金额额度。在设置这两个金额权限之前必须先设定对应的金额级别。

1）设置科目和采购订单金额级别

对操作员进行金额额度控制是通过划分金额级别来实现的，当为一个操作员设置一个科目的金额级别后，该操作员只能使用该级别额度以内的金额。超过该额度金额，该操作员将无法直接使用该科目进行业务处理。设置科目和采购订单金额级别操作步骤如下：

①在【用友U8】窗口的业务导航视图中，选择【系统服务】—【权限】—【金额权限分配】，单击，打开【金额权限设置】视图，如图2-26所示。

图2-26 【金额权限设置】视图

②在【金额权限设置】视图中，单击工具栏上的【级别】按钮，显示【金额级别设

置】对话框，如图2-27所示。

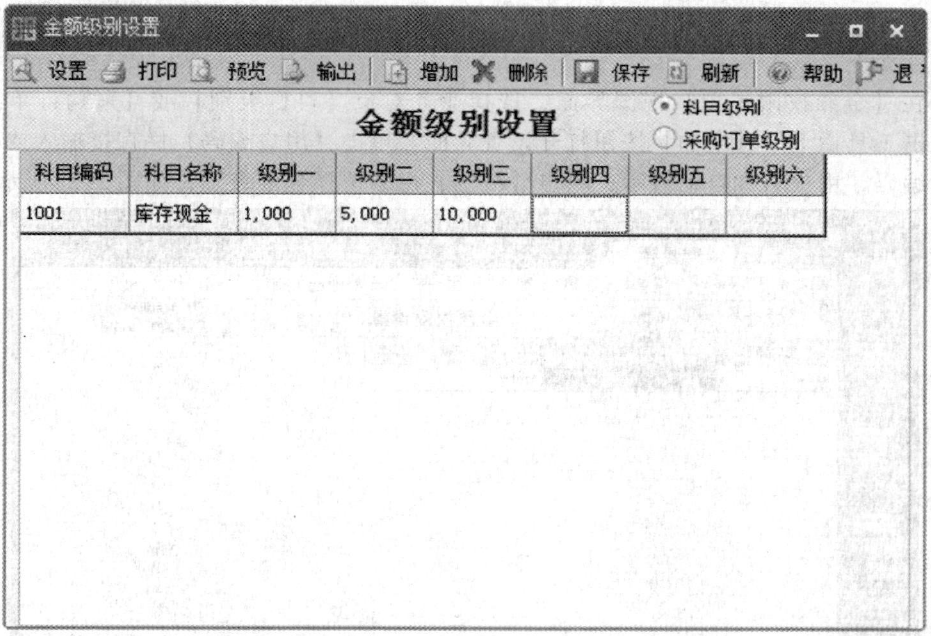

图2-27　【金额级别设置】对话框

③选择业务对象【科目级别】或【采购订单级别】，然后单击工具栏上的【增加】按钮，直接输入或选择会计科目，录入各级别金额，输入完毕单击工具栏上的【保存】按钮，再单击【退出】按钮，返回【金额权限设置】界面。

提示：

➢在设置科目金额级别时，上下级科目不能同时出现。如已经设置了“1002银行存款”科目的金额级别，则不能再设置“1002银行存款”明细科目的金额级别，此时设置的“1002银行存款”科目的金额级别对其下级科目全部适用，即所有“1002银行存款”的下级科目拥有相同的金额级别。

➢在设置科目级别时，当对一个用户设置了一个级别后，相当于该用户对所有的科目均具有相同的级别。若该科目没有设置金额级别，即表示该科目不受金额级别控制。

➢设置金额授权前需要先分别设置金额级别，级别总共分六级，金额必须逐级递增。对于科目来说，可以根据需要设置对应科目的金额级别，可以直接对上级科目设置级别，也可以明细到末级进行级别设置，但不允许对有上下级关系的科目同时进行级别设置。采购订单的金额审核级别设置一条记录即可。

➢一个科目只能选择设置一个级别，可以输入的级别只能是1～6。

➢只能直接对用户进行授权，一个对象、一个用户只能有一条记录存在。

➢在金额权限控制中，下述三种情况不受控制：调用常用凭证生成的凭证、期末转账结转生成的凭证、在外部系统生成的凭证。如果超出金额权限，保存凭证时不受限制。

➢可对“科目”“采购订单”设置不同的级别，分别保存。

2）分配操作员科目和采购订单金额权限

分配操作员科目和采购订单金额权限，即为操作员划分其可用金额级别。其分配处理操作步骤如下：

①在【金额权限设置】视图界面，选择业务对象【科目级别】或【采购订单级别】，然后单击工具栏上的【增加】按钮打开设置界面。单击【用户编码】栏直接输入或参照选择用户编码，用户名称自动显示；单击【级别】栏，选择金额级别，如图2-28所示。

图2-28　操作员金额权限设置结果

②再单击【增加】按钮，完成其他操作员金额权限的设置。

提示：

➢若对一个用户授权的级别没有对应的金额，但是该级别的前面级别有金额，则对于该用户来说表示其拥有无穷大权限。

➢在需要进行金额权限控制时，若申请权限的用户还没有金额权限记录，则作为没有任何金额权限处理。

练习思考题

【单项选择题】

1. 在用友ERP管理软件系统中，系统管理员不能进行________操作。

A. 账套修改　　B. 清除异常任务

C. 账套建立　　D. 设置自动备份计划

2. 以账套主管的身份注册进入系统管理模块，可以进行________操作。

A. 设置账套主管　　B. 建立账套

第2章练习思考题参考答案

C.查看上机日志　　　　　　　　　D.设置备份计划

3.________可以作为区分不同账套数据的唯一标志。

A.账套名称　　B.账套主管　　C.账套号　　D.单位名称

4.对所管辖的账套来说，________是级别最高的，拥有所有模块的操作权限。

A.账套主管　　B.操作人员　　C.系统主管　　D.单位领导

5.________有权在系统管理模块中建立企业账套。

A.系统管理员　　B.销售总监　　C.账套主管　　D.企业总经理

6.在建立账套时，设置的基本信息不包括________。

A.启用会计期间　　B.系统管理员　　C.本位币　　D.单位名称

【多项选择题】

1.建立账套完成之后，________不能修改。

A.启用会计期　　B.账套名称　　C.账套号　　D.账套主管

2.如果希望系统能按企业所属行业预置会计制度规定的标准科目，则需要在建账时正确输入或选择________。

A.企业名称　　B.企业类型　　C.按行业性质预置科目　　D.行业性质

3.在用友ERP管理系统中，允许以________的身份进入系统管理。

A.账套主管　　B.会计主管　　C.系统管理员　　D.企业主管

4.账套核算信息一般包括________。

A.编码规则　　B.数据精度　　C.行业性质　　D.记账本位币

5.系统管理员的主要工作是________。

A.建立账套　　　　　　　　B.设置操作员

C.引入和输出账套　　　　　D.引入和输出年度账

6.账套主管的主要任务是________。

A.对所选账套进行修改　　　　B.设置操作员及其密码

C.对账套库进行管理　　　　　D.所选账套操作员权限的设置

7.给操作人员进行分工和权限设置的人员是________。

A.账套主管　　B.系统管理员　　C.操作员自己　　D.任何人员

【判断题】

1.只有在建立账套时设置了系统启用的系统才能进行登录。（　）

2.在用友ERP财务管理系统中，引入账套时只能按系统默认路径引入，不能自由选择。（　）

3.只有系统管理员才有权限设置用户和角色。（　）

4.只有账套主管用户才有权限进行有关账套库的操作。（　）

5.使用用友财务软件，只有账套主管才有权限输出账套。（　）

6.系统管理员只能进入系统管理模块，不能进入建立的具体账套中。（　）

7.只有系统管理员才能够给某一操作人员进行分工和权限设置。（　）

8.单位名称是区分系统内不同账套的唯一标志。（　　）

9.在账套建立过程中，可由系统管理员启用相关功能模块，但账套一旦建立完毕，则只能由账套主管在基础设置模块中进行启用。（　　）

10.已启用的用户权限不能进行修改和删除操作。（　　）

【简答题】

1.进行数据维护应遵循什么原则？

2.系统管理模块的主要功能有哪些？

3.何谓财务分工？进行财务分工的意义是什么？

4.在财务管理软件系统中为什么要进行账套数据的备份与恢复？

5.系统管理员、账套主管和一般普通操作员在操作权限上有何差异？

6.操作员的操作权限的划分层次如何？

7.如何为操作员设置操作权限？

8.哪些操作员有权限登录系统管理模块？

9.谁有权限为操作员进行权限划分？

10.账套信息出现错误后，哪些信息可以修改？简述其修改途径。

实验一　账套建立与财务分工

【实验目的】

实验一操作指南

1.掌握用友财务管理系统中系统管理模块的主要功能。

2.理解系统管理的作用及重要性，充分理解财务分工的意义。

【实验内容】

1.增加操作员。

2.建立核算单位账套。

3.进行财务分工。

4.账套备份与恢复。

【实验准备】

1.系统具备运行用友ERP财务管理软件的硬件与软件环境。

2.已正确安装SQL Server数据库和用友ERP财务管理软件。

【实验资料】

1.财务人员及其权限

以自己的姓名建立5位操作员，操作员编码由账套号+2位序号构成，如1班第三位同学“李四”所建账套号为103，则其所建操作员信息与财务分工情况见表2-3。

表2-3 企业财务人员信息表

编号	姓名	口令	所属部门	用户类型	主要职责	备注
10301	李四A	自拟	财务部	普通用户	审核、记账	创建账套时指定为账套主管
10302	李四B	自拟	财务部	普通用户	制单、报表编制	兼固定资产、薪资核算系统制单
10303	李四C	自拟	财务部	普通用户	出纳	
10304	李四D	自拟	办公室	普通用户	固定资产管理	
10305	李四E	自拟	办公室	普通用户	薪资核算管理	

2.建立新账套

（1）账套信息

账套号：班号+班内序号（两位数），如1班第三位同学所建账套号103；

账套名称：班级+姓名；

账套路径：系统默认路径；

启用日期：2022年4月。

（2）单位信息

单位名称和简称均为：班级+姓名；

地址：山东淄博张店区张周路266号；

法人代表：实验者姓名。

（3）核算类型

记账本位币为“人民币（RMB）”，执行2007年新企业会计准则，建账时要求按行业性质预留会计科目。

（4）基础信息

在进行经济业务处理时，需对存货、客户、供应商进行分类管理，有外币核算业务。

（5）分类编码方案

科目编码级次：4-2-2-2；

部门编码级次：2-2；

结算方式编码级次：1-2；

客户和供应商分类编码级次：2-2；

存货分类编码级次：2-2；

其他编码采用系统默认。

（6）数据精度设置

件数小数位为0位，换算率小数位为4位，其他采用系统默认位数。

【实验操作步骤】

1.系统管理模块登录

以系统管理员admin的身份注册登录系统管理模块。

2.增加操作员

按财务人员信息表中的信息增加操作员。

3.创建核算账套体系

按创建账套实验资料完成核算账套体系的建立，建账过程中指定自建首位用户为账套主管。

4.财务分工

为其他操作员指定操作权限。

5.账套备份与恢复

（1）在D盘以“自己的姓名+日期”创建一个文件夹，用于存放备份数据。

（2）将新建立账套备份至所建文件夹中。

（3）将备份数据恢复至系统。

【实验思考题】

1.哪些操作员有权限登录系统管理模块？其操作权限是如何划分的？

2.谁有权限为操作员进行权限划分？

3.简述操作权限设置的基本流程。

实验一思考题参考答案

第3章 基础设置

教学目的与要求

系统学习会计信息系统基础设置的基本知识、基本原理、主要内容和操作方法。要求掌握基础设置的基本知识和技术方法，重点掌握会计科目体系的设置原则与方法。

主要知识点

1. 基础设置的内容与方法。

2. 会计科目体系的设置。

关键概念

系统初始化　系统启用　基础设置　会计科目体系

从手工会计发展到会计信息化，是会计核算手段的重大变革。会计信息化开始实施时必须从手工会计的账表获取初始数据，并根据企业管理的需求创建会计数据字典。这是任何一个单位在实施会计信息化时需要首先完成的一项工作，在会计信息化中称为初始化。初始化是完成会计信息化开始时的一次性工作所运用的方法，它承担从手工会计到会计信息化的衔接任务，并使财务管理软件处于待运行的良好态势。它是结合企业的实际情况，根据管理需求，将一个通用的账务核算系统改造为适合本企业核算要求的“专用账务核算系统”的过程，是企业保证会计核算及各种专项辅助核算等工作顺利开展的重要环节之一。初始化既是会计核算的一个具体专门方法，又是会计信息系统标准化模块结构之一。它主要包括4方面的内容：一是会计核算账套体系的创建；二是会计数据字典的创建，即基础档案体系的建立；三是各构成子系统运行规则的设置；四是期初数据的整理录入。其中，第一部分已在第二章进行了阐述，本章主要阐述第二部分，第三、四部分将在第四章中进行阐述。

3.1 基础设置概述

基础信息设置是企业应用平台中的一项重要内容，是实现通用财务管理软件向企业专用财务管理软件转化的重要手段，其中的许多设置将直接影响财务管理软件系统应用方案的选择和使用，以及软件功能能否被正确、充分地使用。一般情况下，企业应根据实际管理需要和业务处理要求，并结合财务管理软件先行整理出一份基础资料，以便于顺利进行初始建账工作。基础设置实际上是企业自行编制的数据词典，它只是财务管理软件初始化工作的一部分。基础信息设置的质量将直接影响企业管理需求的实现和财务管理软件功能的发挥。

基础信息设置分为两类：一是系统级基础信息设置；二是模块级基础信息设置。所谓系统级基础信息设置是面向两个或两个以上子系统共同使用的基础信息设置，而模块级基础信息设置则是指只服务于某一个子系统的基础信息设置。在财务管理软件系统中，系统级基础信息通过基础设置模块进行设置，而模块级基础信息则需要在各个子系统中进行设置。本章所涉及的基础设置内容均为系统级基础信息。

3.1.1 基础设置的内容

在财务管理软件系统中，基础设置的内容较多，主要分为基本信息、基础档案、业务参数、单据设置等几个方面。

1）基本信息

基本信息设置的主要作用是确定系统的应用方案，用于设置系统应用的功能模块和系统编码规则等，主要包括会计期间、系统启用、编码方案、数据精度等内容。

2）基础档案

基础档案是系统运行的基础。它是根据企业实际情况，结合系统基础设置的基本要求而进行的系统运行数据字典的建立过程，包括与企业组织结构相关的机构人员设置、与企业存在业务往来的客商信息的设置、与企业生产经营有关的存货信息的设置、与企业财务工作相关的财务信息的设置及收付结算、业务核算、生产制造等信息的设置。

3）业务参数

业务参数设置用于设置各个子系统的运行规则和业务处理规则，是系统应用方案的细化。业务参数设置方案决定了系统的运行规则和业务处理规则，必须根据企业管理的要求进行合理设置，为系统运行搭建一个良好的运行环境。业务参数的设置内容视系统启用子系统的具体情况而定，主要包括财务会计、管理会计、人力资源、供应链等相关子系统的账套参数信息设置。有的子系统的业务参数需要在完成该子系统的核算账套的激活后才能进行设置。业务参数设置为模块级设置内容，相关知识将在第四章中进行阐述。

4）单据设置

单据是记录经济活动的一切凭证和证明文件，如发票、商业汇票、收付款单、运输单据等，单据设置的作用在于为记录经济活动创建一个良好的载体，主要包括单据格式设置、单据编号设置、单据打印控制和单据选项等内容。

3.1.2 基础设置的基本方法

在财务管理软件中基础设置的内容比较多。它们是财务管理软件系统运行的基础，是系统共用的数据词典。这些基础信息集中在【基础设置】功能中进行设置。

虽然基础设置的内容较多，但在企业应用平台中进行基础设置的基本途径是相似的。操作的基本方法如下：

①在【用友 U8】窗口的业务导航视图中，选择【基础设置】，单击，显示【基础设置】信息，然后依次单击基础设置模块前方的 › 按钮展开目录树，如图 3-1 所示。

②在目录树的相关功能节点上单击，即可进入相关设置窗口，对有关基础信息进行设置。

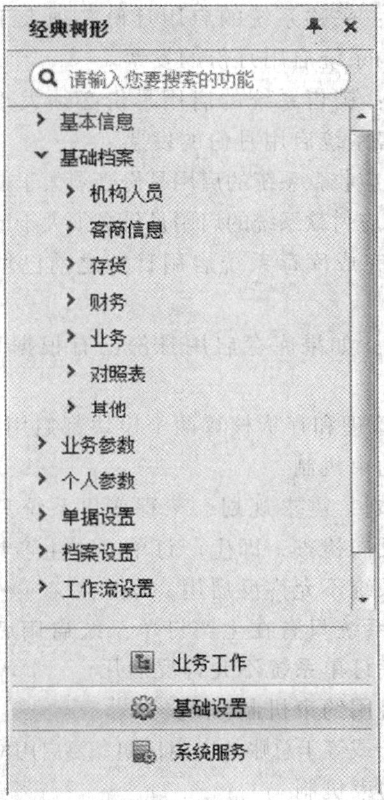

图3-1　【基础设置】窗口

3.2　基本信息设置

基本信息设置是系统初始化工作的重要内容，它直接关系到系统应用方案的选择和使用，与企业管理质量息息相关，必须根据管理需要进行恰当的选择和设置。基本信息设置主要包括系统启用、编码方案和数据精度设置等。

1）系统启用

系统启用是指设置系统各个子系统开始使用的日期。只有启用后的子系统才能进行业务处理。系统启用的方法有两种：一是在账套创建过程中，由系统管理员在系统启用界面完成相关系统启用；二是在账套创建完成后，由账套主管登录企业应用平台进行系统启用设置。

系统设置了子系统启用的约束机制，系统启用时必须注意。

(1) 供应链系统启用约束机制

① 各系统的启用会计期间均必须大于或等于账套的启用期间。

② 采购计划系统必须与库存系统和采购系统集成使用，即未启用采购系统和库存系统，则不能单独启用采购计划系统。采购计划系统的启用月份必须同时大于或等于采购系统和库存系统的启用月份。

③ 采购、销售、存货、库存启用：启用四个系统中的任何一个，其启用期间都必须大于或等于四个系统中已启用系统中最大的未结账月份。

④ 应付先启，后启采购：采购系统的启用月份必须大于或等于应付系统的未结账月份，且应付款系统未录入采购系统启用月份的发票。

⑤ 应收先启，后启销售：销售系统的启用月份必须大于或等于应收系统的未结账月份，且应收款系统未录入销售系统启用月份的发票。

⑥ 销售先启，后启应收：应收款系统的启用月份必须大于或等于销售系统的未结账月份。

⑦ 采购先启，后启应付：应付款系统的启用月份必须大于或等于采购系统的未结账月份。

⑧ 库存启用：启用前需完成库存系统启用日期之前已填制发货单和发票的审核，且发货单已生成出库单。

⑨ 采购先启，库存后启：如果库存启用月份已有根据采购订单生成的采购入库单，则库存不能启用。

⑩ 委外管理只有在库存管理和存货核算两个模块都启用之后，才能启用。

（2）生产制造系统启用约束机制

① 生产订单、主生产计划、需求规划、工程变更系统只有在物料清单系统启用后才能启用；反启用时，应进行反向检查，即生产订单、主生产计划、需求规划、工程变更系统没有反启用，则物料清单系统不允许反启用。

② 车间管理、产能管理系统只有在生产订单系统启用后才能启用；车间管理、产能管理系统没有反启用，则生产订单系统不允许反启用。

（3）总账与其他系统的启用约束机制

各系统的启用日期必须大于或等于总账的启用日期。要启用网上银行必须先启用总账系统。

（4）人力资源系统启用约束机制

① 人事管理启用之前必须先启用HR基础设置。

② 薪资管理、考勤管理、招聘管理、经理自助、员工自助等系统启用之前必须先启用人事管理系统。

③ HR基础设置反启用之前，人事管理系统必须先反启用。

④ 计件工资启用前必须先启用薪资管理。薪资管理反启用前，必须反启用计件工资。

为确保业务处理的规范有序，各个子系统的启用日期均需设定为启用月份的第一天。

2）编码方案

编码方案主要用于设置有级次档案的分级方式和各级编码长度。可分级设置的内容有科目编码、客户分类编码、部门编码、存货分类编码、地区分类编码、货位编码、供应商分类编码、收发类别编码和结算方式编码等。编码级次和各级编码长度的设置将决定核算单位如何编制基础数据的编号，进而构成核算单位分级核算、统计和管理的基础。

编码方案设置视在创建核算账套时，分类方案选择情况不同而存在差异，主要体现在以下方面：

① 若在新建账套时选择设置“存货分类、客户分类、供应商分类、有无外币核算”为“√”，则显示所有需要进行编码方案设置的项目名称，项目的级次和级长可以修改。

② 若在新建账套时选择设置“存货分类、客户分类、供应商分类、有无外币核算”为空，则不显示客户、存货、供应商分类编码方案设置。

③ 若在新建账套时选择“是否使用预置会计科目”为空，则显示科目编码每级的长

度可以修改。

④ 若在新建账套时选择“是否使用预置会计科目”为“√”，则显示科目编码每级长度，置灰部分的编码不可修改。

3）数据精度设置

在日常业务处理过程中，应收、应付、销售、采购、库存、存货、采购计划系统以及计量单位设置等均需使用数据精度设置。由于不同企业对数量、单价的核算精度要求不一致，为了适应各企业的不同需求，系统提供了自定义数据精度设置的功能。

需要设置的数据精度主要有存货数量小数位数、存货单价小数位数、开票单价小数位数、件数小数位数、换算率小数位数和税率小数位数等，可根据企业的实际情况来进行设置。

提示：

➢编码方案和数据精度的设置均有三条途径：一是由系统管理员在账套创建过程中进行设置；二是由账套主管在账套修改过程中进行设置；三是在账套创建完成后，由账套主管登录企业应用平台进行设置。

3.3　基础档案设置

基础档案设置首先应结合系统应用方案的选择和企业管理的实际做好系统基础数据的准备工作，以确保系统初始化的顺利进行。在财务管理软件系统中，绝大多数基础档案有编码规则控制。凡是有编码规则控制的基础档案，均应在确定编码方案基础上，按编码方案规则进行建立；而无编码规则控制的基础档案，也应体现注意档案编码的规律性，以便于管理和统计分析。在设置基础档案时，档案编码与名称必须唯一，档案编码必须符合编码方案要求，且不允许重复，要注意区分编码字母的大小写，在编码和名称中禁止使用&、”、’、:、-和“空格”等字符，如“A-B”为错误名称。基础档案设置的内容主要有机构人员、客商信息、存货信息、财务信息、收付结算等。

3.3.1　机构人员设置

企业组织结构是企业组织内部各个有机构成要素相互作用的联系方式或形式，以求有效、合理地把组织成员组织起来，为实现共同目标而协同努力。组织结构是企业资源和权力分配的载体。它在人的能动行为下，通过信息传递，承载着企业的业务流动，推动或者阻碍企业使命的进程。由于组织结构在企业管理中的基础地位和关键作用，企业所有战略意义上的变革都必须首先在组织结构上开始。企业实施会计信息化必须进行组织结构优化，要结合企业的发展进行组织结构和人员合理配备。机构人员设置包括单位信息设置、部门档案、人员类别、人员档案、职务设置及岗位设置等。

1）本单位信息设置

本单位信息是用于维护企业本身一些基本信息的功能，包括企业的名称、英文名称、法人代表、联系电话等。本单位信息在系统建账时可以输入，在企业应用平台的基本信息中增加此项功能，目的是方便修改维护。如果以后本单位信息改变了，可以调用此功能进行修改，也可由账套主管在修改账套功能中进行修改。在系统管理中只有账套主管可以修改此信息；在企业应用平台中，有此功能权限的操作员都可使用此功能。

2）部门档案设置

在会计核算中，将数据按部门进行分类、汇总是常用的数据分类方法之一。因此，一个企业的组织结构对于设计会计核算体系具有十分重要的意义。部门档案就是企业组织机构按照要求所形成的财务管理软件系统分类方案，是使用单位下辖的具有分别进行财务核算或业务管理要求的单元体，而不一定是实际中的部门机构，是设计会计科目中要进行部门核算时的部门名称以及个人往来核算中的职员所属部门的名称。

部门档案需要按照已经定义好的部门编码级次原则输入部门编号及其信息，最多可分5级，编码总长度12位。部门档案包含部门编码、名称、负责人、部门属性等信息。

【例3-1】山东彬彬童车厂的部门档案见表3-1。

表3-1　**部门档案信息**

部门编码	部门名称	负责人	成立日期	部门编码	部门名称	负责人	成立日期
01	管理部门		2016-04-01	0202	二车间	周生	2016-04-01
0101	办公室	李菲	2016-04-01	03	购销部门		2016-04-01
0102	财务部	赵玲	2016-04-01	0301	供应部	梁兵	2016-04-01
02	生产部门		2016-04-01	0302	销售部	邹亮	2016-04-01
0201	一车间	刘英	2016-04-01				

操作步骤：

①在【用友U8】窗口的业务导航视图中，选择【基础设置】—【基础档案】—【机构人员】—【机构】—【部门档案】，单击，打开【部门档案】设置窗口，如图3-2所示。

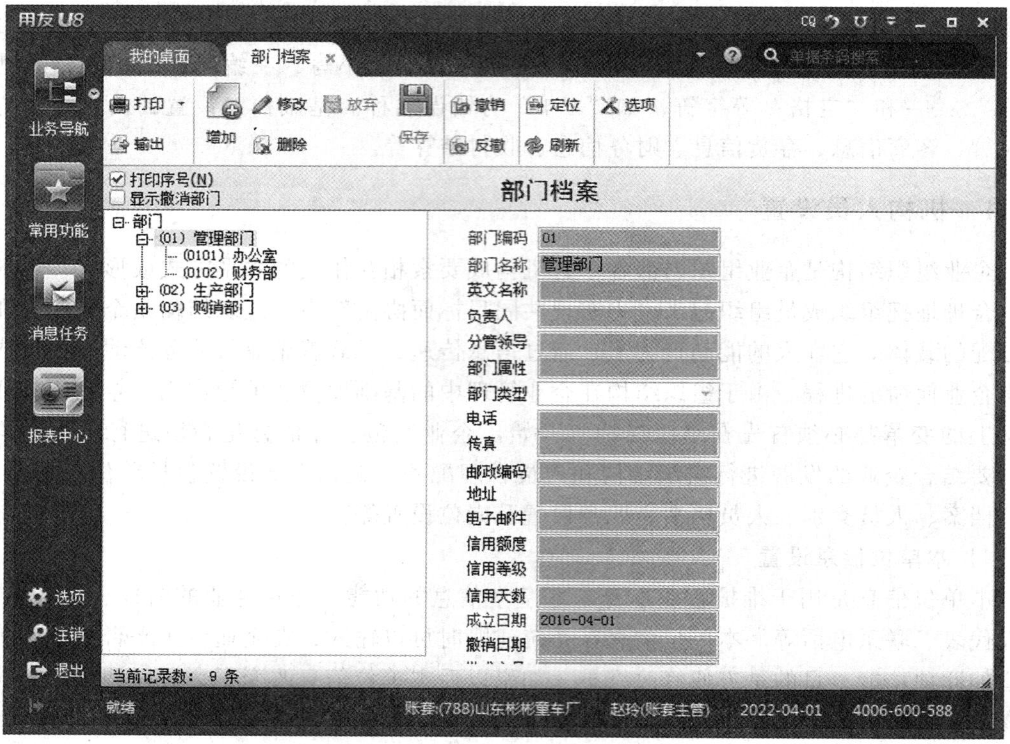

图3-2　【部门档案】设置窗口

②在【部门档案】设置窗口中单击工具栏上的【增加】按钮或按F5功能键，激活部门档案录入界面，依次录入“管理部门”的有关信息：

部门编码：01；部门名称：管理部门；部门属性：管理。

③输入完毕后，单击工具栏上的【保存】按钮或按F6功能键对所设部门信息进行保存。

④重复第②~③步操作继续录入其他部门信息，直到全部录入完毕后，关闭对话框，返回到【用友U8】窗口。

提示：

➢部门编号：必须符合编码级次原则，必须唯一。

➢部门负责人资料需在职员档案设置后，再返回部门档案中，通过修改功能来补充设置。

➢部门档案资料一旦被使用将不能被修改或删除。

3）人员类别设置

设置人员类别的目的在于对企业的人员进行分类设置和管理，以满足企业精细化管理的需求。系统预置了正式工、合同工和实习生3类顶级人员类别，单位可以根据企业管理的需求自定义扩充人员子类别，但不能增加新的顶级类别。

增加子类别的基本设置步骤如下：

①在【用友U8】窗口的业务导航视图中，选择【基础设置】—【基础档案】—【机构人员】—【人员】—【人员类别】，单击，打开【人员类别】设置窗口，如图3-3所示。

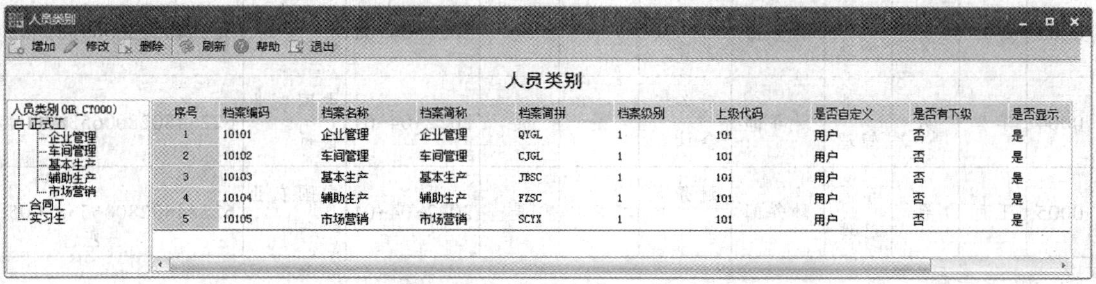

图3-3 【人员类别】设置窗口

②在人员类别目录树中单击选择欲设置子类别的人员类别，然后单击工具栏上的【增加】按钮或按F5功能键，打开【增加档案项】窗口，如图3-4所示。

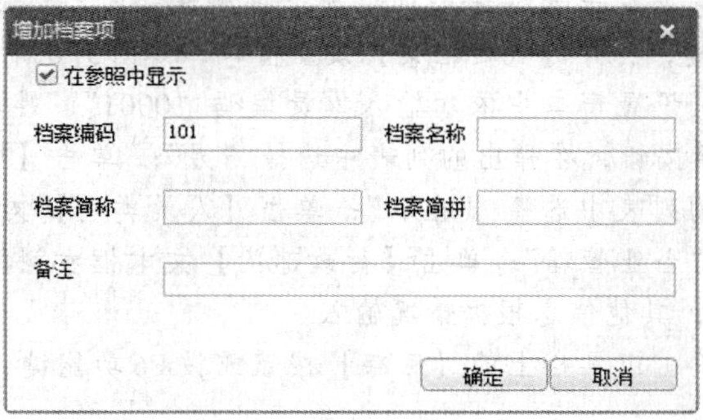

图3-4 【增加档案项】窗口

③输入档案编码和档案名称等信息后，单击【确定】按钮进行保存。

提示：

➢顶级人员类别由系统预置，包括正式工、合同工和实习生3类。顶级类别可以根据企业实际情况进行修改调整。新增/修改人员类别信息时，只能选择末级的人员类别，且必须确保同级档案编码长度相同。

➢当某类别已有人员引用时，该类别不允许再增加下级子类别。

➢子类别设置遵循先选定后增加原则。

4）人员档案设置

人员档案主要用于记录本单位职员个人的信息资料，包括职员编号、姓名、所属部门及职员属性等。设置职员档案可以方便地进行个人往来核算和管理等操作。

【例3-2】山东彬彬童车厂部分职员档案信息资料见表3-2。

表3-2 **职员档案信息**

职员编码	职员姓名	性别	职员类别	行政部门	职员属性	操作员	业务员	生效日期	工资发放银行	银行账号
0001	张力	男	企业管理	办公室	总经理		是	2022-04-01	中国农业银行	6228480280065383001
0002	李菲	女	企业管理	办公室	部门主管		是	2022-04-01	中国农业银行	6228480280065383002
0003	赵玲	女	企业管理	财务部	部门主管	是	是	2022-04-01	中国农业银行	6228480280065383003
0004	李哲	男	企业管理	财务部	财务会计	是	是	2022-04-01	中国农业银行	6228480280065383004
0005	王可	男	车间管理	财务部	财务会计	是	是	2022-04-01	中国农业银行	6228480280065383005

操作步骤：

①在【用友U8】窗口的业务导航视图中，选择【基础设置】—【基础档案】—【机构人员】—【人员】—【人员档案】，单击，打开【人员列表】窗口，如图3-5所示。

②在【人员列表】窗口中先选择人员类别，再选择部门，然后单击工具栏上的【增加】按钮或按F5功能键，打开【人员档案】设置窗口，如图3-6所示。

③在【人员档案】设置窗口中依次输入人员编码“0001”、姓名“张力”；单击【性别】文本框右侧的参照按钮，在弹出的列表中选择“男”；单击【雇佣状态】文本框右侧的参照按钮，在弹出的列表中选择“在职”；单击【人员类别】文本框右侧的参照按钮，在弹出的列表中选择“企业管理”；单击【行政部门】文本框右侧的参照按钮，在弹出的列表中选择“办公室”；其他信息根据情况输入。

④输入完毕后，单击工具栏上的【保存】按钮或按F6功能键，对所设职员信息进行保存。

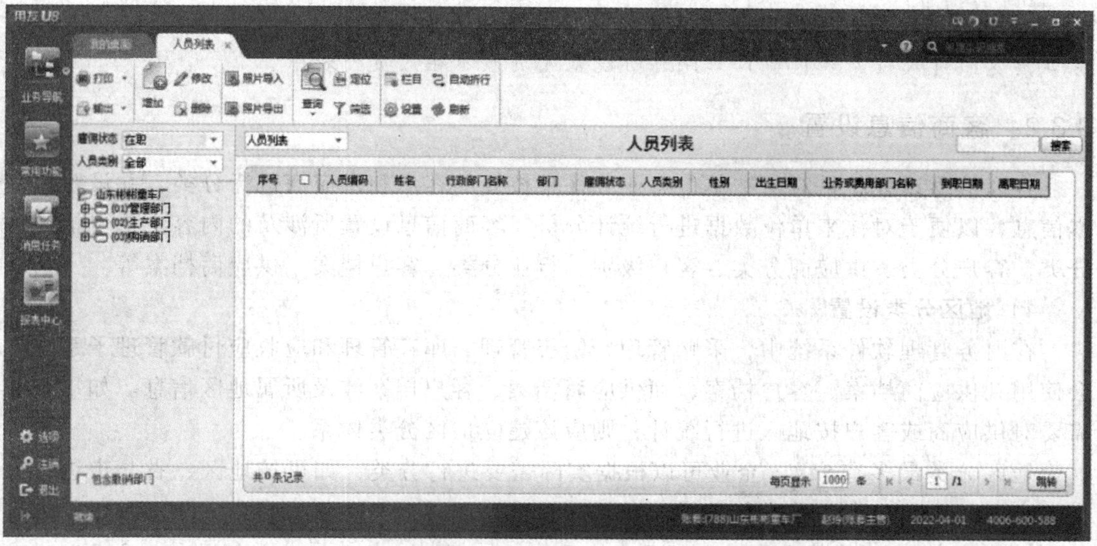

图3-5　【人员列表】窗口

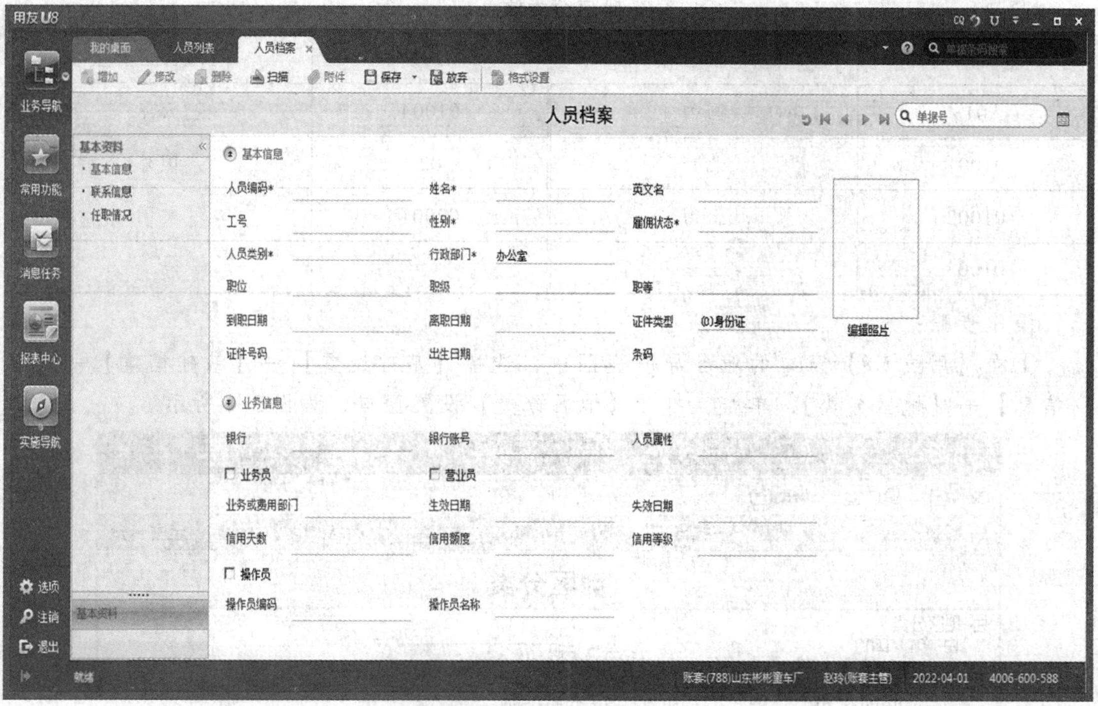

图3-6　【人员档案】设置窗口

提示：

➢人员属性：填写职员是属于采购员、库房管理人员还是销售人员等属性。

➢是否操作员：指是否为系统操作员。

➢是否业务员：指能否出差办理业务，能否进行业务报销处理。业务员设置与个人往来核算业务相关。设置为业务员时，应注意生效日期、业务或费用部门设置。

⑤重复第②～④步操作，录入其他职员信息，直到全部录入完毕。关闭【人员档案】窗口，返回【人员列表】窗口，此时所设置人员显示在人员列表中。

3.3.2 客商信息设置

客商信息设置就是对与本单位有业务往来核算的客户和供应商进行分类，并设置其基本信息，以便于对往来单位数据进行统计分析。客商信息设置所涉及的内容主要包括地区分类、客户分类、供应商分类、客户级别、行业分类、客户档案、供应商档案等。

1）地区分类设置

在财务管理软件系统中，采购管理、销售管理、库存管理和应收应付款管理子系统都会使用到供应商档案、客户档案，而供应商档案、客户档案涉及所属地区信息。如果企业需要对供应商或客户按地区进行统计，则应该建立地区分类体系。

地区分类最多有5级，企业可以根据实际需要进行分类，如可按地区、省、市进行分类，也可以按省、市、县进行分类。

【例3-3】山东彬彬童车厂对往来单位实施地区控制，其地区分类信息见表3-3。

表3-3 **地区分类信息**

地区编码	地区名称	地区编码	地区名称
01	国内	01004	天津
01001	北京	02	国外
01002	上海	02001	美国
01003	山东		

操作步骤：

①在【用友U8】窗口的业务导航视图中，选择【基础设置】—【基础档案】—【客商信息】—【地区分类】，单击，打开【地区分类】设置窗口，如图3-7所示。

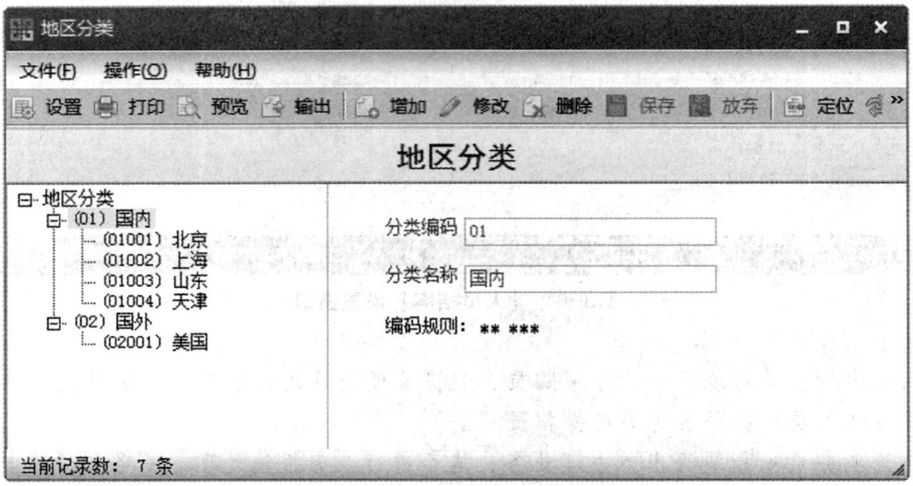

图3-7 【地区分类】设置窗口

②在【地区分类】设置窗口中单击工具栏上的【增加】按钮或按F5功能键激活地区分类录入界面，依次输入分类编码“01”、分类名称“国内”，然后单击工具栏上的【保存】按钮或按F6功能键对所输信息进行保存，并进入下一输入界面。

③重复②操作，录入其他地区分类信息。

④所有地区分类录入完毕后，单击工具栏上的【退出】按钮返回【用友U8】窗口。

2）客户分类设置

客户分类是根据一定的属性将往来客户分为若干大类，例如可以将客户根据时间分为长期客户、中期客户和短期客户；也可以根据客户的信用等级将客户分为优质客户、良性客户、一般客户和信用较差的客户等。当企业往来客户较多时，对客户进行分类，便于对客户进行分类统计和汇总等分类管理。建立客户分类后，可以将客户设置在最末级的客户分类之下。客户分类信息包括类别编码和类别名称两部分。

【例3-4】山东彬彬童车厂对其客户实施分类管理。客户分类采用方案见表3-4。

表3-4　**客户分类信息**

分类编码	分类名称
01	长期客户
02	中期客户
03	短期客户

操作步骤：

①在【用友U8】窗口的业务导航视图中，选择【基础设置】—【基础档案】—【客商信息】—【客户分类】，单击，打开【客户分类】设置窗口，如图3-8所示。

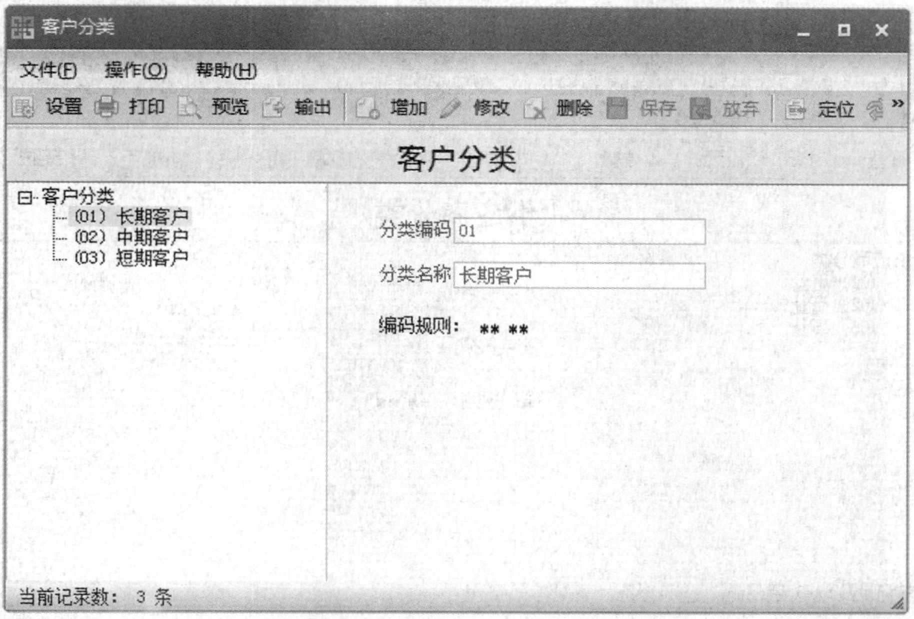

图3-8　【客户分类】设置窗口

②在【客户分类】设置窗口中单击工具栏上的【增加】按钮或按F5功能键激活客户分类录入界面，依次输入分类编码“01”、分类名称“长期客户”，然后单击工具栏上的【保存】按钮或按F6功能键对所输信息进行保存，并进入下一输入界面。

③重复②操作，录入其他客户分类信息。

④所有客户分类录入完毕后，单击工具栏上的【退出】按钮返回【用友U8】窗口。

提示：

➢已被引用的客户分类或非末级分类不能被删除。

➢在建账时若设置为客户不分类，则不能进行客户分类设置。

3）供应商分类设置

当企业往来供应商较多时，对供应商进行分类，便于对供应商进行分类统计和汇总等分类管理。供应商分类可以按行业、地区等进行划分。建立供应商分类后，可以将供应商设置在最末级的供应商分类之下。供应商分类信息包括类别编码和类别名称两部分。

【例3-5】山东彬彬童车厂对其供应商实施分类管理，供应商分类采用方案见表3-5。

表3-5 **供应商分类信息**

分类编码	分类名称
01	工业
02	商业
03	事业

操作步骤：

①在【用友U8】窗口的业务导航视图中，选择【基础设置】—【基础档案】—【客商信息】—【供应商分类】，单击，打开【供应商分类】设置窗口，如图3-9所示。

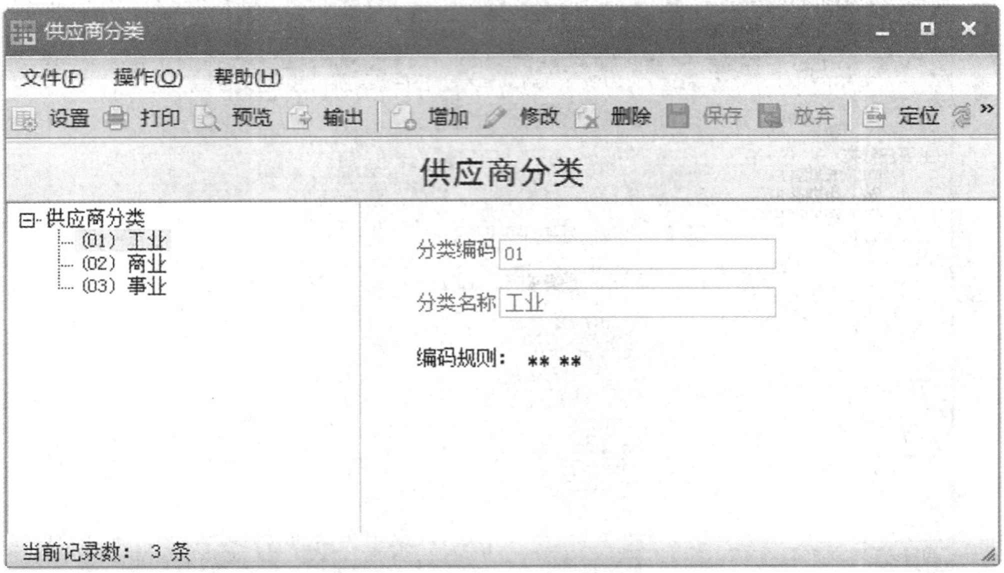

图3-9 【供应商分类】设置窗口

②在【供应商分类】设置窗口中单击工具栏上的【增加】按钮或按F5功能键激活供应商分类录入界面，依次输入分类编码“01”、分类名称“工业”，然后单击工具栏上的【保存】按钮或按F6功能键对所输信息进行保存，并进入下一输入界面。

③重复②操作，输入其他供应商分类信息。

④录入完毕后，单击工具栏上的【退出】按钮返回【用友U8】窗口。

提示：

➢已被引用的供应商分类或非末级分类不能被删除。

➢在建账时若设置为供应商不分类，则不能进行供应商分类设置。

4）客户级别设置

客户级别是将客户细分的一种方法。企业可以根据自身管理需要对客户进行分级管理。例如，某销售公司按照客户给企业带来的销售收入多少，将客户细分为VIP客户、重要客户和普通客户。客户级别设置以后，将在客户档案和统计分析中使用。在客户档案录入过程中，指定客户所属的客户级别；在统计分析中，可以进行客户级别的分布统计或者分析某一级别客户的行为和特征。

【例3-6】山东彬彬童车厂对其客户进行分级管理，客户级别设置方案见表3-6。

表3-6　**客户分级信息**

客户级别编码	客户级别名称	级别说明
01	VIP客户	
02	重要客户	
03	普通客户	

操作步骤：

①在【用友U8】窗口的业务导航视图中，选择【基础设置】—【基础档案】—【客商信息】—【客户级别】，单击，打开【客户级别分类】设置窗口，如图3-10所示。

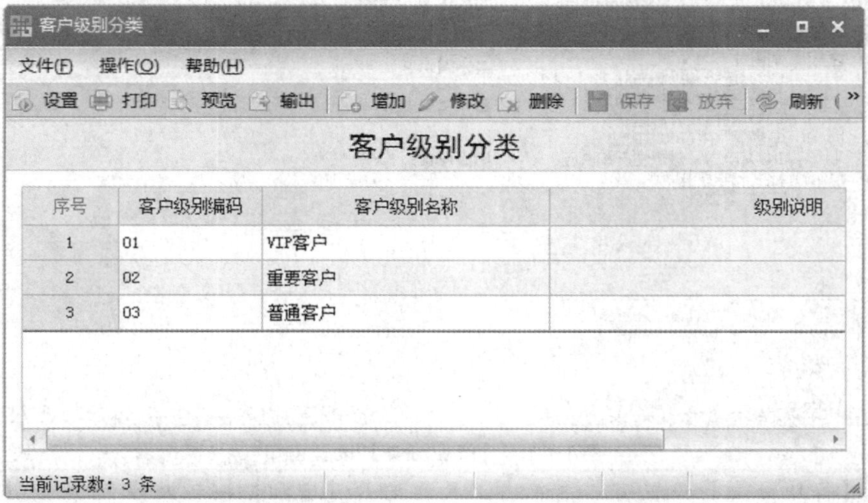

图3-10　【客户级别分类】设置窗口

②在【客户级别分类】设置窗口中单击工具栏上的【增加】按钮或按F5功能键激活客户级别分类录入界面，依次输入客户级别编码“01”、客户级别名称“VIP客户”，然后单击工具栏上的【保存】按钮或按F6功能键对所输信息进行保存，并进入下一输入界面。

③重复②操作，输入其他客户级别分类信息。

④所有客户级别录入完毕后，单击工具栏上的【退出】按钮返回【用友U8】窗口。

5）行业分类设置

企业可以依据自身管理要求对客户的所属行业进行相应的分类，建立行业分类体系，以便可以按行业对业务数据进行统计分析。行业分类最多可以设置5级，设置内容包括类别编码和类别名称两部分。

【例3-7】山东彬彬童车厂对往来单位采取行业分类方式进行核算管理，分类方案见表3-7。

表3-7 **行业分类方案**

类别编码	类别名称	类别编码	类别名称
C	制造业	D	电热燃水生产和供应业
C22	造纸和纸制品业	D44	电力、燃气生产和供应业
C29	橡胶和塑料制品业	F	批发和零售业
C34	通用设备制造业	F52	零售业

操作步骤：

①在【用友U8】窗口的业务导航视图中，选择【基础设置】—【基础档案】—【客商信息】—【行业分类】，单击，打开【行业分类】设置窗口，如图3-11所示。

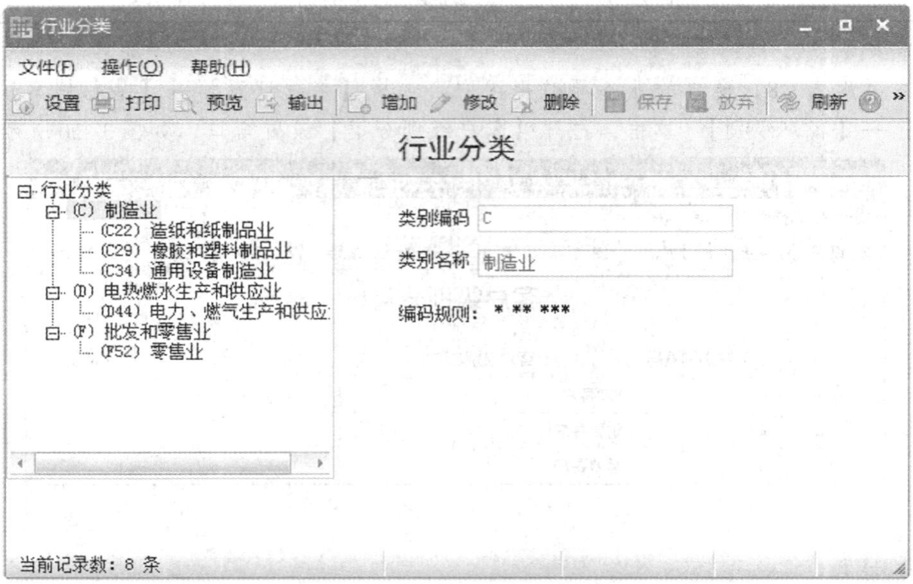

图3-11 【行业分类】设置窗口

②在【行业分类】设置窗口中单击工具栏上的【增加】按钮或按F5功能键激活地区分类录入界面，依次输入类别编码“C”、类别名称“制造业”，然后单击工具栏上的【保

存】按钮或按F6功能键对所输信息进行保存，并进入下一输入界面。

③重复②操作，输入其他行业分类信息。

④所有行业分类录入完毕后，单击工具栏上的【退出】按钮返回【用友U8】窗口。

6）客户档案设置

建立客户档案可以对客户的数据进行分类、汇总和查询，以便于加强往来管理。在使用客户档案管理往来客户时，应首先收集整理与本单位有业务往来关系的客户的基本信息，主要包括客户编码、客户名称、客户所属分类、开户银行名称、账号、税号、联系方式、信用等级等。主要信息设置要求如下：

① 客户编码：客户编码必须唯一，可以用数字或字符表示，最多可输入20位数字或字符。

② 客户名称：客户名称用于销售发票的打印，即打印出来的销售发票的销售客户栏目显示的内容为销售客户的客户名称。

③ 客户简称：客户简称用于业务单据和账表的屏幕显示。例如，屏幕显示的销售发货单的客户栏目中显示的内容为客户简称。

④ 客户所属分类：单击参照按钮选择客户所属分类，或者直接输入分类编码。

⑤ 客户所属地区：可输入客户所属地区的代码。可直接输入，也可参照输入。

⑥ 客户所属行业：输入客户所归属的行业，可输入汉字。

⑦ 开票单位：选择总公司名称或本身的名称录入，必须参照选择输入。

⑧ 税号：输入客户的纳税人识别号，用于销售发票的税号栏内容的屏幕显示和打印输出。

⑨ 客户级别：指客户的等级分类，参照客户级别档案输入。

⑩ 客户开户银行：指客户开户银行名称和账号，参照银行档案输入。

⑪ 发展日期：是指何时与该客户建立了供货关系。发展日期设置会影响业务单据中客户的选择使用。

⑫ 客户类型：客户类型用于明确客户是国内客户，还是国外客户，以及能否为其提供劳务服务。客户类型与存货的内销、外销等属性关联。

【例3-8】山东彬彬童车厂部分客户信息资料见表3-8。

表3-8　**客户档案信息**

客户编码	客户名称	客户简称	法人代表	所属分类	所属行业	所属地区	客户级别	税号（后10位）	账号（后4位）	发展日期
001	振华车行	振华车行	李臻	01	F52	01003	01	49552126K3	2584	2016-04-01
002	宏远商厦	宏远商厦	陈宣	01	F52	01003	02	47552235P4	3664	2016-04-01
003	华鸿商贸	华鸿商贸	赵阳	02	F52	01003	03	577522611K	5235	2016-04-01

备注：客户开户行均为“中国工商银行”，账号定长17位，账号前13位均为1603001601009；税号定长18位，税号前8位均为31370000；客户管理类型均为“普通客户”；客户类型均为“国内”；信用等级均为“A”。

操作步骤：

①在【用友U8】窗口的业务导航视图中，选择【基础设置】—【基础档案】—【客

商信息】—【客户档案】，单击，打开【客户档案】设置窗口，如图3-12所示。

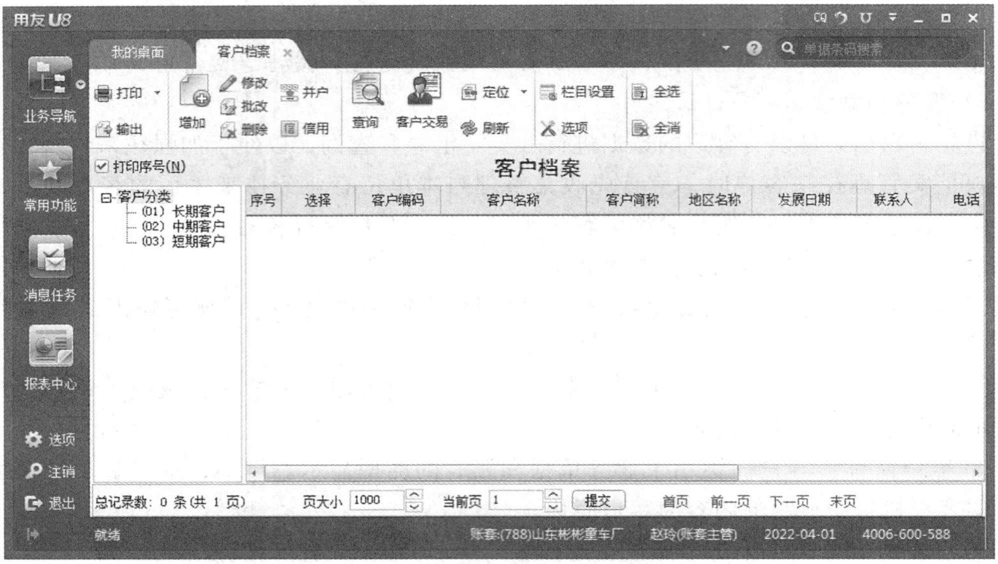

图3-12 【客户档案】设置窗口

②在【客户档案】设置窗口中首先选择客户分类，然后单击工具栏上的【增加】按钮或按F5功能键，打开【增加客户档案】设置窗口，如图3-13所示。客户档案信息资料划分为4部分：基本信息（包括客户编码、客户名称、客户简称、所属分类、客户管理类型、税号等）、联系信息（包括地址、邮编、电话等）、信用信息（包括信用等级、信用额度、信用期限、付款条件等）和其他信息（包括分管部门、发展日期等）。

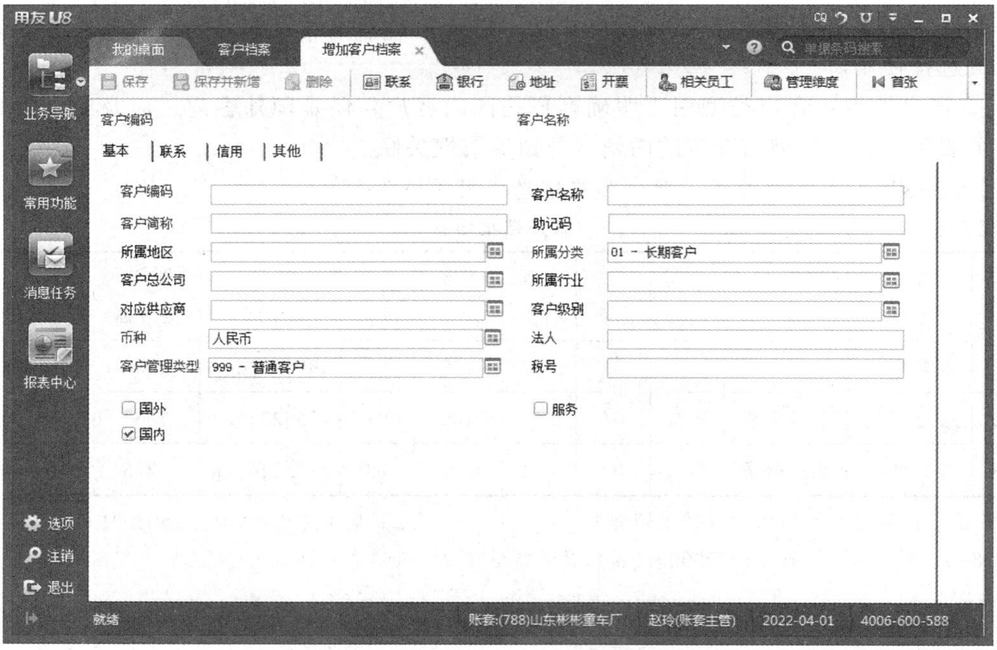

图3-13 【增加客户档案】窗口

③选择【基本】信息页，依次输入客户编码“001”、客户名称“振华车行”、客户简称“振华车行”、所属分类码“01-长期客户”、所属地区码“01003-济南”、所属行业“F52-零售业”、税号“3137000049552126K3”、客户级别“01-VIP客户”、客户管理类型“999-普通客户”等信息，选择客户类型为“国内”，其他信息根据情况输入。

④选择【联系】信息页，依次输入邮政编码、电话等联系信息。

⑤选择【信用】信息页，依次输入信用等级等信息。

⑥选择【其他】信息页，输入发展日期“2016-04-01”，其他信息根据情况输入。

⑦单击工具栏上的【银行】按钮，打开【客户银行档案】窗口，如图3-14所示。单击【客户银行档案】窗口工具栏上的【增加】按钮，录入客户银行基本信息，然后单击工具栏上的【保存】按钮对设置信息进行保存，最后单击工具栏上的【退出】按钮返回【增加客户档案】窗口。

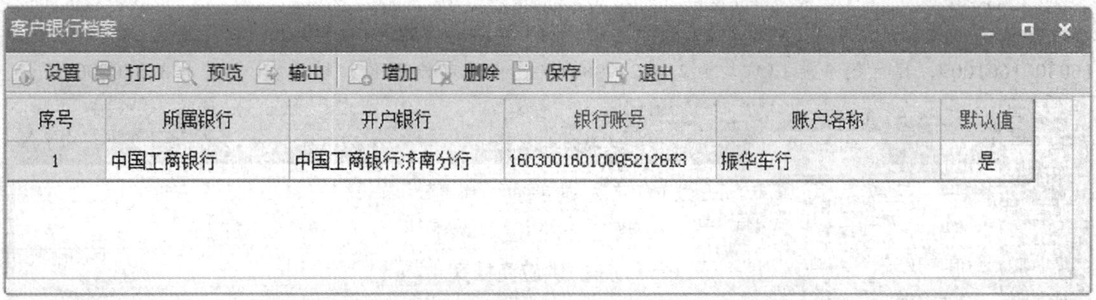

图3-14 【客户银行档案】窗口

⑧以同样方式单击工具栏上的【地址】按钮，设置客户的收货地址；单击工具栏上的【联系】按钮，设置与该客户联系的企业人员的基本信息；单击工具栏上的【开票】按钮，设置发票上的开票单位名称。

⑨完成上述设置后，单击工具栏上的【保存并新增】按钮对所输信息进行保存，并进入下一客户档案录入界面。

⑩重复第③~⑨步操作依次输入其他客户档案信息资料。录入完毕后，关闭【增加客户档案】窗口，返回【客户档案】设置窗口，所录入客户档案信息显示在客户档案列表中。关闭【客户档案】窗口，返回【用友U8】窗口。

7）供应商档案设置

建立供应商档案主要是为企业的采购管理、库存管理、应付账款管理服务的。在填制采购入库单、采购发票和进行采购结算、应付款结算和有关供应商统计时都会用到供应商档案，因此必须先设立供应商档案，以便减少工作差错。供应商档案设置的内容、基本要求与客户档案设置相似，此处不再赘述。

【例3-9】山东彬彬童车厂部分供应商信息资料见表3-9。

操作步骤：

①在【用友U8】窗口的业务导航视图中，选择【基础设置】—【基础档案】—【客商信息】—【供应商档案】，单击，打开【供应商档案】设置窗口，如图3-15所示。

表 3-9　　**供应商档案信息**

供应商编码	供应商名称	供应商简称	法人代表	所属分类	所属行业	所属地区	税号（后10位）	开户银行	银行账号（后4位）	发展日期
001	山东电力公司	鲁能	刘珂	01	D44	01003	55344130D6	工行	1222	2014-12-31
002	潍坊机械公司	潍坊机械	赵亮	01	C34	01003	452341627X	建行	2111	2015-05-12
003	青岛轮胎厂	青岛轮胎	孙冬	01	C29	01003	56329100A2	农行	3322	2016-01-28
004	鲁源制箱厂	鲁源制箱	王肖	01	C22	01003	63422139X8	农行	3533	2016-02-15
005	佳实科技公司	佳实科技	李商	02	F52	01003	55252138C3	工行	1875	2018-06-15

备注：开户行账号定长17位，农行账号前13位均为1525640104001，工行账号前13位均为1603001601009，建行账号前13位均为2161249980130；税号定长18位，税号前8位均为31370000。

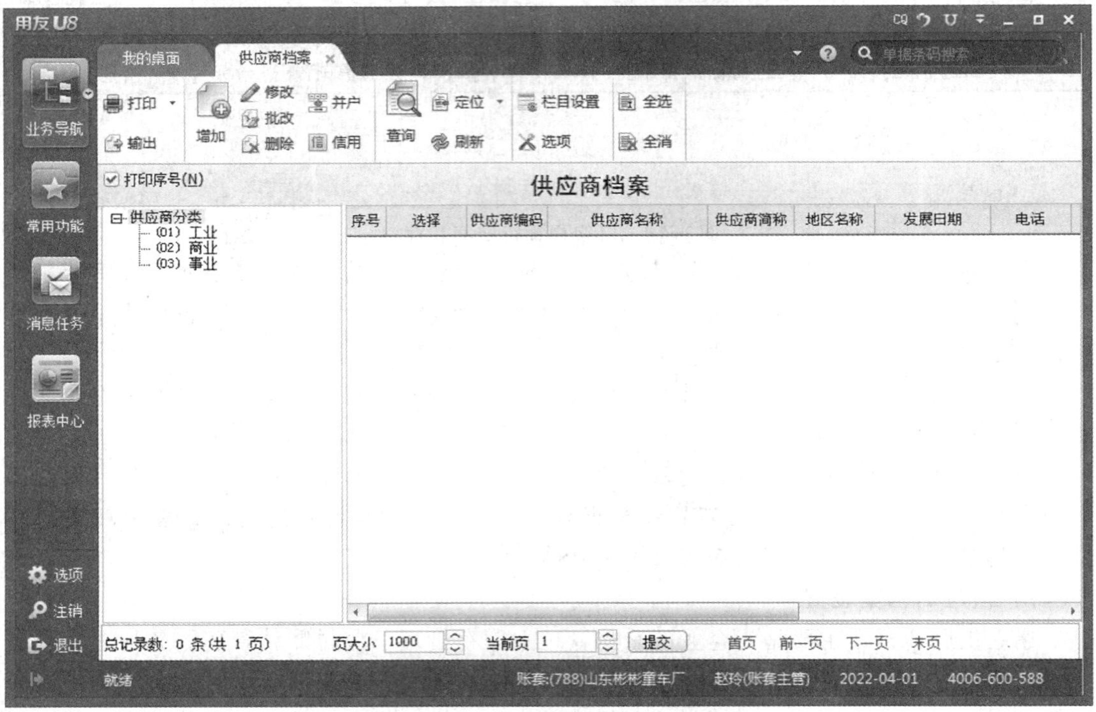

图3-15　【供应商档案】设置窗口

②在【供应商档案】设置窗口，首先选择供应商分类，然后单击工具栏上的【增加】按钮，打开【增加供应商档案】设置窗口，如图3-16所示。供应商档案信息资料划分为4部分：基本信息（包括供应商编码、供应商名称、供应商简称、所属分类等）、联系信息（包括地址、邮编、电话等）、信用信息（包括信用等级、信用额度、信用期限、付款条件等）和其他信息（包括所属银行、发展日期等）。各信息界面与客户档案设置界面基本相同。

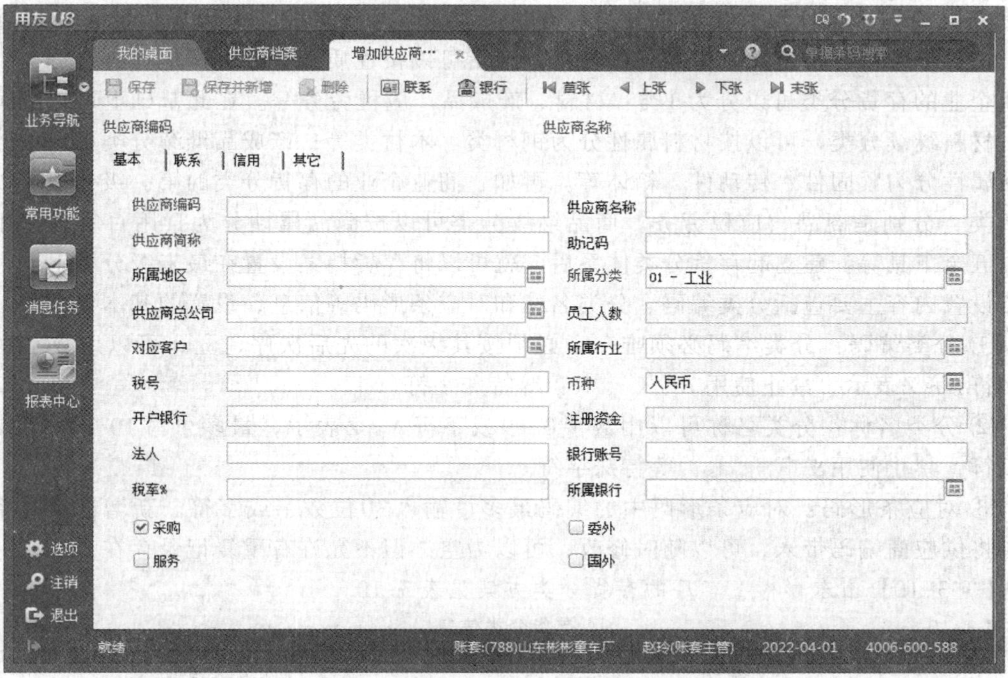

图3-16　【增加供应商档案】设置窗口

③分别选择【基本】【联系】【信用】【其他】信息页，依次输入供应商编码“001”、供应商名称“山东电力公司”、供应商简称“鲁能”、所属分类码“01”、所属地区码“01003”、所属行业“D44”、法人“刘珂”、发展日期“2016-04-01”等信息。供应商所有信息输入完毕后，单击工具栏上的【保存并增加】按钮对所输信息进行保存，并进入下一供应商档案录入界面。

④重复第③步操作依次输入其他供应商档案信息资料。录入完毕后，关闭【增加供应商档案】窗口，返回【供应商档案】设置窗口，所录入供应商档案信息显示在供应商档案列表中。关闭【供应商档案】窗口，返回【用友U8】窗口。

提示：

➢供应商档案各栏目设置方法和要求与客户档案设置相似。

➢在供应商列表中选中要修改的供应商，单击【修改】按钮，进入修改状态。

3.3.3　存货设置

存货是指企业在日常活动中持有以备出售的产成品或商品、处在生产过程中的在产品、在生产过程或提供劳务过程中耗用的材料和物料等。存货是保证企业生产经营过程顺利进行的必要条件。合理进行存货设置，对于加强存货的核算管理具有重要的意义。对于企业提供或接受的应税劳务、服务项目等也应将其设置为存货，按存货要求进行管理。

存货设置的内容主要包括存货分类、存货计量单位档案、存货档案等内容。

1）存货分类设置

如果企业的存货较多，可以对存货进行分类，以便于核算和管理。存货分类用于设置存货分类编码、名称及所属经济分类。存货分类最多可分8级，编码总长度不能超过30位。核算单位可自由定义每级级长。通常，存货可以按性质、用途、产地等进行分类，如工业企业的存货分类可以分为3类：材料、产成品、应税劳务等。在此基础上可以继续分类：材料继续分类，可以按材料属性分为钢材类、木材类等；产成品继续分类可以按照产成品属性分为紧固件、传动件、箱体等。再如，商业企业的存货分类的第一级一般可以分为两类，分别是商品、应税劳务。商品继续分类可以按商品属性分为日用百货、家用电器、五金工具等。建立起存货分类体系后，就可以将存货档案设置在最末级分类下。存货分类设置内容主要包括分类编码、分类名称和对应条形码等信息，设置的基本要求如下：

① 分类编码：分类编码必须唯一，必须按其级次的先后次序建立，可以用数字0～9或字符A～Z表示，禁止使用&、"、'、|、：等特殊字符。

② 分类名称：分类名称可以用数字0～9或字符A～Z表示，最多可写10个汉字或20个字符，禁止使用&、"、'、|、：等特殊字符。

③ 对应条形码：对应条形码中的编码最多可输入30位数字或字符。新增记录时系统缺省将供应商编码带入，可以随时修改，可以为空，但不允许有重复记录存在。

【例3-10】山东彬彬童车厂的存货分类方案见表3-10。

表3-10 存货分类信息

存货分类编码	存货分类名称
01	原材料
02	库存商品
0201	产成品
0202	半成品

操作步骤：

①在【用友U8】窗口的业务导航视图中，选择【基础设置】—【基础档案】—【存货】—【存货分类】，单击，打开【存货分类】设置窗口，如图3-17所示。

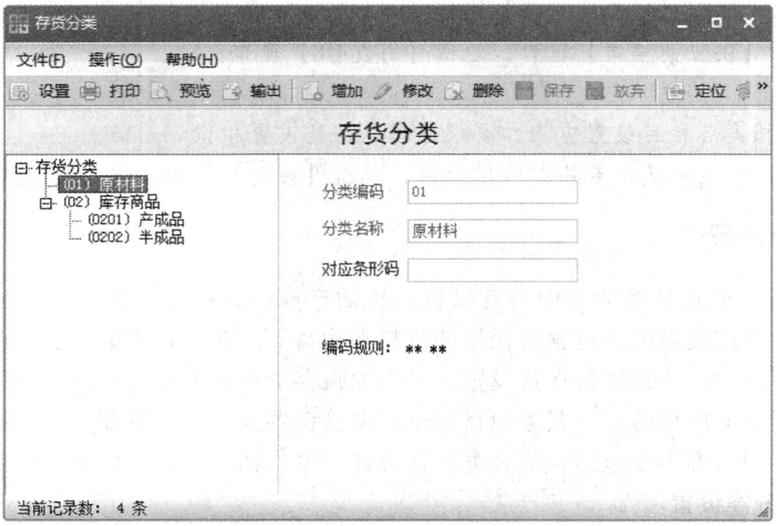

图3-17 【存货分类】设置窗口

②在【存货分类】设置窗口，单击工具栏上的【增加】按钮或按F5功能键激活存货分类录入界面，依次输入分类编码“01”、分类名称“原材料”，然后单击工具栏上的【保存】按钮或按F6功能键对所输信息进行保存，并进入下一输入界面。

③重复②操作，输入其他存货分类信息。

④录入完毕后，单击工具栏上的【退出】按钮返回【用友U8】窗口。

2）存货计量单位档案设置

为存货设置计量单位，便于对存货的核算与管理。每一存货可以设置一个计量单位，也可设置多个计量单位。计量单位的设置可根据企业对存货管理的具体要求而定。在财务管理软件系统中设置计量单位时，应首先设置计量单位组，然后再进行计量单位的设置。计量单位组的设置分3种应用方案：一是计量单位组设置为固定换算率；二是计量单位组设置为浮动换算率；三是计量单位组设置为无换算率。当计量单位组设置为固定换算率时，可以设置两个以上（不包含两个）的计量单位，且每一个辅助计量单位对主计量单位的换算率不能为空，此时需要将该计量单位组中的主计量单位显示在存货卡片界面上；当计量单位组设置为浮动换算率时，计量单位需要设置两个，此时需要将该计量单位组中的主计量单位、辅计量单位显示在存货卡片界面上；当计量单位组设置为无换算率时，此时可以设置多个计量单位，并显示在存货卡片界面上。系统只允许建立一个无换算率计量单位组，而固定换算率计量单位组和浮动换算率计量单位组可以建立多个。存货计量单位档案设置的基本要求如下：

①计量单位组编码和计量单位编码：需根据编码方案中定义的编码级次进行编码输入，不能为空，使用后不允许修改，编码中可输入除特殊字符外的所有字符。

②计量单位组名称和计量单位名称：可以输入除特殊字符以外的其他所有字符内容。

③条形码编码：最多可输入30位数字或字符，不允许有重复的记录存在。

④计量单位的修改规则是唯一计量单位或者有两个计量单位的计量单位组，可改成有两个以上计量单位的计量单位组，但不能修改回去。修改时若检查该计量单位组已经被设为浮动换算率的存货使用，则该计量单位组中就不能增加两个以上的计量单位。

⑤换算率是指辅计量单位和主计量单位之间的换算比。例如，一块砖为10千克，则10就是辅计量单位“块”和计量单位“千克”之间的换算比。换算率可以输入大于0的数字型内容，可以为空。主计量单位的换算率自动置为1，在系统缺省的基本计量单位组中不需要输入换算率。换算率的小数位长需要根据数据精度表中定义进行相应检查。主、辅计量单位的换算按以下公式进行：

数量（按主计量单位计量）=数量（按辅计量单位计量）×换算率

⑥主计量单位标志只能设在末级计量单位上，对应每一个计量单位组必须且只能设置一个主计量单位，系统缺省将该组下增加的第一个计量单位设置为主计量单位，无换算率计量单位组下的计量单位全部缺省为主计量单位，且不允许修改。

【例3-11】山东彬彬童车厂的存货计量单位主要划分为两类：重量计量单位和实物计量单位。根据财务管理软件系统的要求，其设置方案见表3-11和表3-12。

表 3-11 **存货计量单位组信息**

计量单位组编码	计量单位组名称	计量单位组类别
001	重量计量	浮动换算率
002	实物计量	无换算率

表 3-12 **存货计量单位信息**

计量单位编码	计量单位名称	所属计量单位组
001	辆	002（实物计量）
002	套	002（实物计量）
003	个	002（实物计量）
004	根	002（实物计量）

操作步骤：

①在【用友U8】窗口的业务导航视图中，选择【基础设置】—【基础档案】—【存货】—【计量单位】，单击，打开【计量单位】设置窗口。

②在【计量单位】设置窗口，单击工具栏上的【分组】按钮，打开【计量单位组】设置对话框，如图3-18所示。

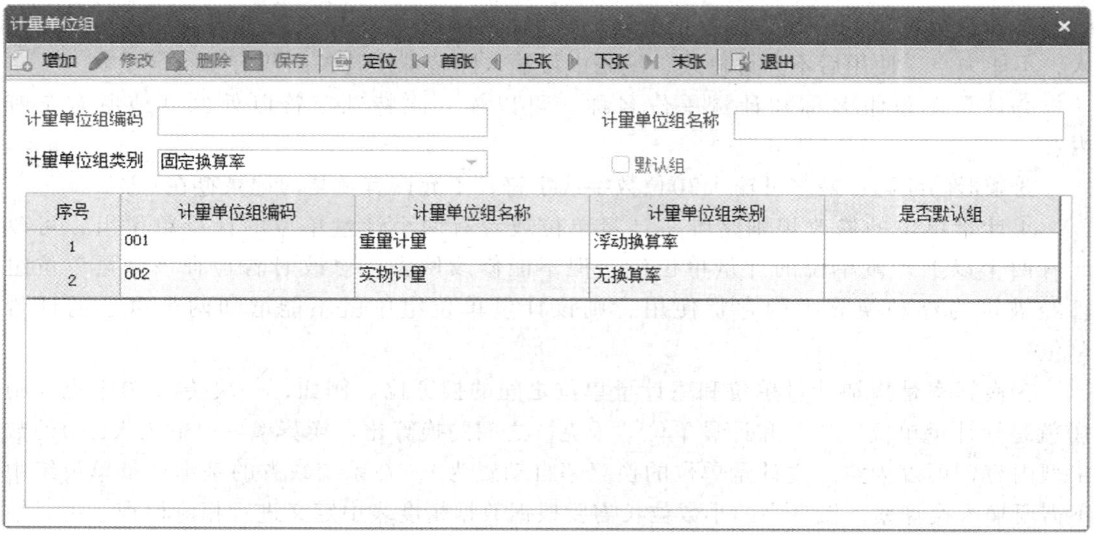

图3-18 【计量单位组】设置对话框

③单击工具栏上的【增加】按钮或按F5功能键激活计量单位组信息设置界面，依次录入计量单位组编码“001”、计量单位组名称“重量计量”，选择计量单位组类别“浮动换算率”，录入完毕后，单击工具栏上的【保存】按钮或按F6功能键对所输信息进行保存，并进入下一计量单位组信息录入界面。依次输入其他计量单位组的信息资料。所有计量单位组设置完毕后，单击工具栏上的【退出】按钮，返回【计量单位】设置窗口。

④在【计量单位】设置窗口，选择计量单位组“实物计量”，再单击工具栏上的【单位】按钮，进入【计量单位】设置对话框，如图3-19所示。

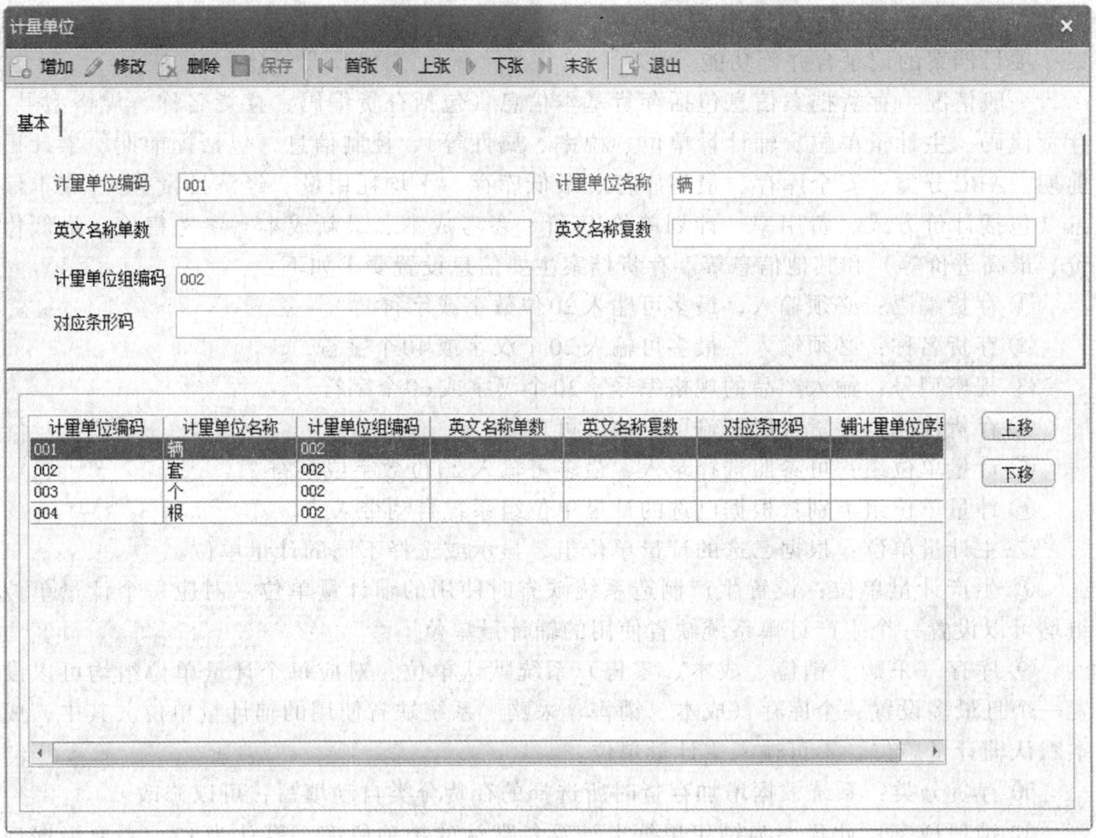

图3-19　【计量单位】设置对话框

⑤在【计量单位】设置对话框中，单击工具栏上的【增加】按钮或按F5功能键激活计量单位信息录入界面，依次录入计量单位编码“001”、计量单位名称“辆”。输入完毕，单击工具栏上的【保存】按钮或按F6功能键进入该计量单位组下一计量单位录入界面，录入该计量单位组的其他计量单位。录入完毕后，单击工具栏上的【退出】按钮，退出设置窗口。

⑥重复第④～⑤步操作，依次录入其他计量单位组的计量单位信息。

提示：

➢在计量单位组和计量单位设置时，先设置计量单位组，再设置计量单位。

➢已经使用过的计量单位组别不能修改其计量单位组类型。

➢选择不同的计量单位组类型，其计量单位设置界面存在一定的差异。

➢计量单位设置遵循“先选定后设置”原则，即先选定计量单位组，再为选定计量单位组设置计量单位。

3）存货档案设置

设置存货档案主要便于进行购销存管理，加强存货成本核算。存货档案应当按照已经定义好的存货编码原则建立，而且只有在存货分类的最末级才能设置存货档案。在建立存货档案时，为了保证存货核算的完整性，通常应当将随同发货单或发票一起开具的应税劳务或采购费用等也设置在存货档案信息中。存货档案设置模块应同时提供基础档案在输入中的方便性，完备基础档案中的数据项，提供存货档案的多计量单位设置，提供存货档案、项目档案的记录合并等功能。

一般情况，存货档案信息包括存货基本信息（包括存货编码、存货名称、规格型号、存货代码、主计量单位、辅计量单位、税率、属性等）、控制信息（包括提前期、累计提前期、ABC分类、安全库存、最高库存、最低库存、平均耗用量、经济批量等）、成本信息（包括计价方式、费用率、计划单价/售价、参考成本、最新成本、参考售价、最低售价、最高进价等）和其他信息等。存货档案主要信息设置要求如下：

① 存货编码：必须输入，最多可输入20位数字或字符。

② 存货名称：必须输入，最多可输入20个汉字或40个字符。

③ 规格型号：输入产品的规格编号，30个汉字或60个字符。

④ 存货代码：存货代码可输可不输，可重复。

⑤ 计量单位组：可参照选择录入，最多可输入20位数字或字符。

⑥ 计量单位组类别：根据已选的计量单位组系统自动带入。

⑦ 主计量单位：根据已选的计量单位组，显示或选择不同的计量单位。

⑧ 生产计量单位：设置生产制造系统缺省时使用的辅计量单位。对应每个计量单位组均可以设置一个生产订单系统缺省使用的辅计量单位。

⑨ 库存（采购、销售、成本、零售）系统默认单位：对应每个计量单位组均可以设置一个且最多设置一个库存（成本、销售、采购）系统缺省使用的辅计量单位。其中，成本默认辅计量单位，不可输入主计量单位。

⑩ 存货分类：系统根据增加存货时所选择的存货分类自动填写，可以修改。

⑪ 销项税率：此税率为销售单据上该存货默认的销项税率，默认为17，需要根据现行规定，将其修改为13，可以输入小数位。允许输入的小数位长根据数据精度对税率小数位数的要求进行限制，可批量修改。

⑫ 进项税率：默认新增档案时进项税率=销项税率=17%，均需修改为13%。

⑬ 是否折扣：即折让属性，若选择【是】，则在采购发票和销售发票中录入折扣额。具有该属性的存货在开发票时可以没有数量，只有金额；或者在蓝字发票中开成负数。“是否折扣”与“生成耗用”、“自制”、“在制”属性相互排斥，不能与三者中任意一个属性同时设置。

⑭ 存货属性：系统为存货设置了多种属性。同一存货可以设置多个属性。

◇ 内销：具有该属性的存货可用于销售。发货单、发票、销售出库单等与销售有关的单据参照存货时，参照的都是具有销售属性的存货。开在发货单或发票上的应税劳务，也应设置为销售属性，否则开发货单或发票时无法参照。该属性与客户“国内”属性设置相关联，设定为“内销”的存货可面向国内客户销售。

◇ 外销：具有该属性的存货可用于销售。发货单、发票、销售出库单等与销售有关的单据参照存货时，参照的都是具有销售属性的存货。开在发货单或发票上的应税劳务，也应设置为销售属性，否则开发货单或发票时无法参照。该属性与客户“国外”属性设置相关联，设定为“外销”的存货可面向国外客户销售。

◇ 采购：具有该属性的存货可用于采购。到货单、采购发票、采购入库单等与采购有关的单据参照存货时，参照的都是具有外购属性的存货。开在采购专用发票、普通发票、运费发票等票据上的采购费用也应设置为外购属性，否则开具采购发票时无法参照。该属性与供应商“采购”属性设置相关联，设定为“采购”属性的存货可从供应商处外购。

◇ 生产耗用：具有该属性的存货可用于生产耗用，如生产产品耗用的原材料、辅助材料等。具有该属性的存货可用于材料的领用，材料出库单参照存货时，参照的都是具有生产耗用属性的存货。

◇ 委外：具有该属性的存货主要用于委外管理。委外订单、委外到货单、委外发票、委外入库单等与委外有关的单据参照存货时，参照的都是具有委外属性的存货。

◇ 自制：具有该属性的存货可由企业生产自制，如工业企业生产的产成品、半成品等存货。具有该属性的存货可用于产成品或半成品的入库，产成品入库单参照存货时，参照的都是具有自制属性的存货。

◇ 计划品：具有该属性的存货主要用于生产制造中的业务单据，以及对存货的参照过滤。计划品代表一个产品系列的物料类型，其物料清单中包含子件物料和子件计划百分比。可以使用计划物料清单来帮助执行主生产计划和物料需求计划。它与“存货”所有属性相互排斥。

◇ 应税劳务：指开具在采购发票上的运费、包装费等采购费用或开具在销售发票或发货单上的应税劳务。应税劳务属性与“自制”“在制”“生产耗用”属性相互排斥，不能同时设置。企业应将应税劳务设定为存货项目，按存货方式管理。

◇ 资产：指采购的是固定资产，在采购发票上的开具的存货类型应设定为“固定资产”。

【例3-12】山东彬彬童车厂的存货档案信息资料见表3-13。

表3-13　**存货档案信息**

存货编码	存货名称	所属分类	计量单位	是否采购	是否自制	是否生产耗用	是否内销	启用日期	计价方式
0001	大车架	01	个	√		√		2016-04-01	全月平均法
0002	小车架	01	个	√		√		2016-04-01	全月平均法
0003	轮圈	01	个	√		√		2016-04-01	全月平均法
0004	轮胎	01	个	√		√		2016-04-01	全月平均法
0005	辐条	01	根	√		√		2016-04-01	全月平均法
0006	A型包装箱	01	套	√		√		2016-04-01	全月平均法
0007	B型包装箱	01	套	√		√		2016-04-01	全月平均法
0008	车轮总成	0202	套		√	√	√	2016-04-01	全月平均法
0009	独轮杂技车	0201	辆		√		√	2016-04-01	全月平均法
0010	儿童车	0201	辆		√		√	2016-04-01	全月平均法

备注：增值税税率均为13%。

操作步骤：

①在【用友U8】窗口的业务导航视图中，选择【基础设置】—【基础档案】—【存

货】—【存货档案】，单击，打开【存货档案】设置窗口，如图3-20所示。

图3-20 【存货档案】设置窗口

②在【存货档案】设置窗口，首先在左边的树型列表中选择一个末级的存货分类“（01）原材料”（如果在建立账套时设置存货不分类，则不用进行选择），然后单击工具栏上的【增加】按钮，打开【增加存货档案】设置窗口，如图3-21所示。【增加存货档案】信息录入界面分为7部分——基本信息、控制信息、价格成本信息、计划信息、其他信息、图片和附件等信息设置界面，包含了与存货管理相关的所有信息的设置内容。

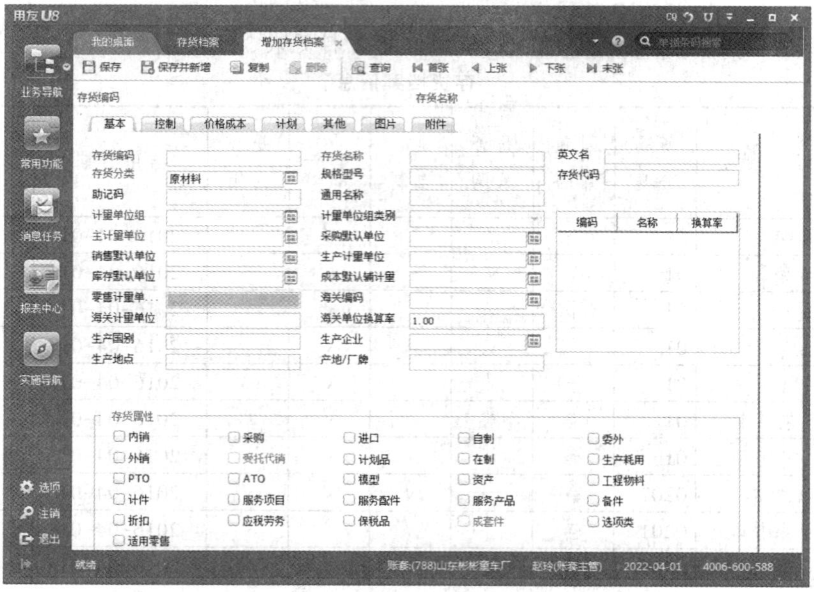

图3-21 【增加存货档案】设置窗口

③在【增加存货档案】信息录入界面，输入“0001”存货的信息。输入完毕后，单击工具栏上的【保存并新增】按钮对所录入存货档案信息进行保存，同时进入下一存货档案

信息录入界面，依次录入其他存货资料。

④所有存货资料录入完毕后，关闭【增加存货档案】窗口，返回【存货档案】设置窗口，所录入存货资料显示在存货档案列表中。关闭【存货档案】设置窗口，结束设置操作。

提示：

➢项目标题为蓝色的信息项目为必填项。

➢必须正确设置存货的属性，否则会影响存货的采购、销售及存货成本的正确核算。

3.3.4　财务基础档案设置

财务设置是对会计科目体系及会计核算基础的设置，是经济业务会计核算的基础，是使用财务软件系统的基础。财务基础档案设置主要包括外币汇率设置、会计科目体系设置、凭证类别设置和项目档案体系设置等内容。

1）设置外币汇率

汇率管理是专为外币核算服务的。企业如果存在外币业务或外币汇率发生变动等，需通过外币汇率功能进行定义。

在填制凭证时所用的汇率应先在此进行定义，以便制单时调用，以减少录入汇率的次数和差错；当汇率变化时，应预先在此进行调整，否则制单时不能正确录入汇率；对于使用固定汇率（即使用月初或年初汇率）作为记账汇率的单位，在填制每月的凭证前，应预先在此录入该月的记账汇率，否则在填制该月外币凭证时将会出现汇率为零的错误；对于使用变动汇率（即使用当日汇率）作为记账汇率的单位，在填制当天的凭证前应预先在此录入当天的记账汇率。期末在进行汇兑损益处理前，应先录入调整汇率，否则会造成汇兑损益计算错误。

【例3-13】山东彬彬童车厂存在外币核算业务，外币核算信息为：企业采取固定汇率记账，涉及外币为美元，记账汇率为6.8，采用间接标价法。

操作步骤：

①在【用友U8】窗口的业务导航视图中，选择【基础设置】—【基础档案】—【财务】—【外币设置】，单击，弹出【外币设置】对话框，如图3-22所示。

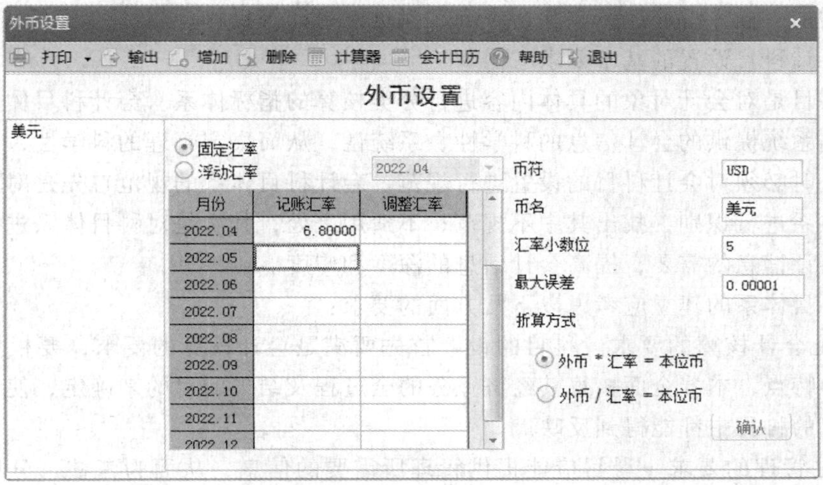

图3-22　【外币设置】对话框

②输入币符“USD”、币名“美元”后，单击【确认】按钮，完成外币币种的设置。

③在外币列表中，单击“美元”，激活汇率设置，选择汇率方式与折算方式后，输入“2022.04”月份的记账汇率“6.8”，输入完毕后回车保存。

④同样方式设置其他外币及汇率，设置完毕后，单击工具栏上的【退出】按钮返回【用友U8】窗口。

提示：

➢使用固定汇率的单位，在填制每月的凭证前，应预先录入该月的记账汇率，否则将会出现汇率为零的错误；使用浮动汇率的单位，在填制当天的凭证前，应预先录入当天的记账汇率。

➢“外币*汇率=本位币”的折算方式是指间接汇率；“外币/汇率=本位币”的折算方式是指直接汇率。

➢制单时使用固定汇率还是浮动汇率，需在总账系统选项的凭证选项卡中设置。

2）设置会计科目

会计科目是填制会计凭证、登记会计账簿、编制会计报表的基础。它是对会计对象具体内容分门别类进行核算所规定的项目。会计科目是一个完整的体系，它是区别于流水账的标志，是复式记账和分类核算的基础。会计科目设置的完整性影响着会计过程的顺利实施。会计科目设置的层次深度直接影响会计核算的详细、准确程度。除此之外，对会计信息系统中会计科目的设置是系统应用的基础，是实施各种会计处理的前提。因此，科目设置的完整性和详细程度对于整个会计信息系统特别重要，应在创建科目、科目属性描述、账户分类等方面尽可能为操作员提供方便和校验保障。

设置会计科目就是对会计对象的具体内容分类进行核算的方法。为了充分体现计算机管理的优势，目前通用财务管理软件系统均已根据行业特点在系统中预置了一级会计科目，但这种设置并不能满足企业具体核算的要求，需要使用单位根据自身的业务特点和实际需要进行修改调整。一般来讲，为了减少输入工作量，使用单位可以对系统预置的会计科目进行增加、插入、修改、删除、查询、拷贝、打印等操作。

（1）会计科目设置的基本要求

会计科目是对会计对象的具体内容进行分类核算的指标体系。会计科目体系设置的好坏直接影响系统提供的会计信息的科学性、系统性，从而决定管理的科学性，因此建设会计信息系统时必须对会计科目的设置进行规范。会计科目体系的规范首先是对原有手工系统的科目体系进行识别，找出其中不规范、不适用之处；其次是对科目体系进行优化，使其适合于会计信息的需要，提高会计信息的深度和广度。

会计科目体系的建立应考虑以下几方面的要求：

① 满足会计核算的要求。科目的设置首先要满足会计核算的要求，要根据不同企业经济业务的特点，本着全面核算其经济业务的全过程及结果的目的来确定，使全部经济业务在所设置的科目中都能得到反映。

② 满足管理的要求。科目应能提供管理所需要的信息，从而为考核、分析企业的经营状况，实施控制，为预测、决策提供依据。这也是实施会计信息化的根本目的。在手工

会计条件下，由于受到手工处理能力的限制，科目往往不能设置得过细，使用也不够规范。由于多年来重核算、轻管理的影响，很多企业的科目设置难以方便地提供有关的管理信息。在会计信息化条件下，“工作量”问题基本不存在，这就为科目体系的设置提供了良好的条件。例如，费用类科目按部门设置明细，可以考核各部门的费用开支情况；销售类科目按地区设置明细，可以了解企业的市场状况；应收账款按供销人员设置二级科目，可加强应收款的管理，尽量避免坏账、呆账的发生。这种对会计科目的细化、优化是规范会计科目体系的重要内容。

③ 满足报表编制的需要。会计核算的基本成果是会计报表。一个好的会计软件，其报表数据应能方便地从机内账中自动生成。报表中的各个要素应能从各级会计科目中找到。这些要素可以直接对应一个或多个完整的科目。如果一个报表要素的内容只对应一个科目的部分内容，将会给报表的编制带来极大的困难。

④ 保持相对稳定性。保持科目的稳定性是会计核算的基本要求。在会计信息系统中，会计数据的处理是计算机自动完成的，处理的依据是会计科目。为了保证数据处理的正确性，在系统投入使用后，只有年末结账后才允许修改科目。日常业务中一般只允许少量地增加同级科目。因此，进行科目设置时必须考虑企业经营活动的前景，留出较充分的余地。

⑤ 满足会计制度的要求。我国的会计规范体系具有很强的统一性特点，对科目的名称、编码使用范围都有明确的规定，不允许企业随意修改，只能在制度允许的条件下进行适当的增删。这是确定科目体系时必须注意的问题。

(2) 会计科目设置的基本内容

会计科目设置的基本内容包括设置会计科目编码、科目助记词、科目名称、科目类型、方向、辅助属性等。

①设置科目编码，即对每一科目的编码按科目编码规则进行定义。在进行科目编码设置时应遵循规定性、层次性、一致性、简短性和扩展性原则。

设置会计科目编码规则，即在账务处理系统初始化过程中定义该核算单位所使用的会计科目的级数及各级科目的编码长度。科目编码长度要与企业的实际核算要求相适应，通常可采用三级到四级核算。按财政部新企业会计准则规定的一级科目编码级长为4位数，其他级别的科目编码长度可由单位自行定义。例如，以会计核算科目“应交税费”为例，如果采用三级核算，编码规则可设置为4-2-2，即一级科目为4位，二级、三级科目均为2位，科目编码总长度为8位数，则其编码体系如下：

科目编码	科目名称
2221	应交税费
222101	应交增值税
22210101	进项税额
22210102	销项税额
……	……
222102	未交增值税
222103	应交消费税
……	……

凭证处理时，如输入科目编码“22210101”，则系统自动转换为汉字“应交税费——应交增值税——进项税额”。科目编码采用分段编码方式，必须与会计科目一一对应。分段的个数及每段级长在设置核算体系时进行确定，在未使用前可在【基础设置】模块中的【基本信息】—【编码方案】中进行调整。

输入科目编码时必须遵循以下原则：科目编码必须唯一，不能重复；科目编码必须按照其级次的先后次序建立；输入各级科目编码长度必须符合所定义的科目编码长度；科目编码输入明细科目时，其上级科目必须已经定义。

②设置科目助记词。设置科目助记词的目的是方便记忆。它是对会计科目另外进行的编码，科目输入时可通过输入助记词来替代科目名称输入。这样既便于记忆会计科目，又能提高凭证填制的速度。一般情况下，为了便于制单和查询，助记词可由科目名称中汉语拼音的声母组成。例如“库存现金”科目的助记词是“KCXJ”，“银行存款”的助记词是“YHCK”。不同科目的助记词可以相同。如果在输入凭证时输入了助记词，屏幕上会出现所有与此助记词相同的会计科目供参照选择。

③设置会计科目名称。科目名称即账户名称，分为科目中文名称和科目英文名称，可以是汉字、英文字母或数字。会计科目名称必须严格按照会计制度规定的科目名称输入。

④设置会计科目类型和账户格式。按照企业会计准则的规定，会计科目按其性质划分为6种类型，即资产类、负债类、共同类、所有者权益类、成本类和损益类。一级科目编码的第一位数字统一规定为代表会计科目类型，分别用1、2、3、4、5、6代表上述6类会计科目。一般情况下，资产类会计科目的余额方向为借方，负债和所有者权益类会计科目的余额方向为贷方。余额方向可以根据实际情况进行调整。

账户格式是定义该科目在账簿打印时默认的打印格式。一般可分为普通三栏式、数量金额式、复币式等格式。其中，普通三栏式又常称为金额式；复币式是指同一会计科目采用人民币和外币两种方式进行核算。一般情况下，有外币核算的科目，可采用复币式，而对原材料、库存商品等核算科目可设置数量金额式的账户格式。

⑤科目属性。在设置会计科目的过程中，根据核算和管理的需要设置会计科目的性质，如部门、项目、外币、银行账等，这样在今后的处理中就可以根据性质完成诸如银行对账、外币业务、辅助业务核算和管理等业务处理。在进行定义时必须综合考虑单位的实际情况，如项目、部门、往来单位较多，则应事先进行必要的分类，然后建立相应的档案或卡片。例如，若将“管理费用”设为部门核算，则对发生的管理费用在填制凭证时，系统自动提示要求输入部门代码，有关费用就可以直接分摊到具体的部门或单位。这样就可以对各个部门的费用进行分析，进而可以实现对部门的考核或奖惩。

（3）会计科目设置的基本操作

会计科目设置的基本操作包括增加会计科目、删除会计科目、修改会计科目、指定会计科目等。

①增加会计科目。如果核算单位所使用的会计科目基本上与会计制度规定的一级会计科目一致，则可在建立账套时选择预置标准会计科目。这样，在会计科目初始设置时只需

对不同的会计科目进行修改，对缺少的会计科目进行增加处理即可。

如果所使用的会计科目与会计制度规定的会计科目相差较多，则可以在系统初始化设置时选择不预置行业会计科目。这样可以根据需要自行设置全部会计科目。

②删除会计科目。如果某些会计科目目前暂时不需要或者不适合企业科目体系的特点，可以在未使用之前将其删除。

③修改会计科目。如果要对已经设置完成的会计科目的名称、编码及辅助项目等内容进行修改，应在会计科目未使用之前在会计科目的修改功能中完成。

④指定会计科目。指定会计科目是指定出纳的专管科目。系统中只有指定科目后才能执行出纳签字，才能查看库存现金、银行存款日记账，从而实现库存现金、银行存款管理的保密性。

⑤设置会计科目辅助项目。如果企业有许多往来单位，个人、部门、项目是通过设置明细科目来进行核算和管理的，则可以将相应的明细科目设置为辅助核算进行核算和管理。一个科目设置了辅助核算后，它所发生的每一笔业务将会登记在总账和辅助明细账上。

财务软件系统中可以进行辅助核算的内容主要有部门辅助核算、个人辅助核算、客户往来辅助核算、供应商往来辅助核算及项目辅助核算等五种基本的辅助核算，还有多项自定义辅助核算类型。

（4）会计科目设置举例

【例3-14】增加会计科目：在“1002银行存款”一级科目下增加二级明细科目“100201农行存款”“100202工行存款”。

操作步骤：

①在【用友U8】窗口的业务导航视图中，选择【基础设置】—【基础档案】—【财务】—【会计科目】，单击，打开【会计科目】设置对话框，如图3-23所示。

级次	科目编码	科目名称	币种核算	辅助核算	银行科目	现金科目	计量单位	余额方向	受控系统	是否封存	银行账	日记账	自定义类型
1	1001	库存现金				Y		借				Y	
1	1002	银行存款			Y			借			Y	Y	
1	1003	存放中央银行款项						借					
1	1011	存放同业						借					
1	1012	其他货币资金						借					
1	1021	结算备付金						借					
1	1031	存出保证金						借					
1	1101	交易性金融资产						借					
1	1111	买入返售金融资产						借					
1	1121	应收票据		客户往来				借	应收系统				
1	1122	应收账款		客户往来				借	应收系统				
1	1123	预付账款		供应商往来				借	应付系统				
1	1131	应收股利						借					
1	1132	应收利息						借					
1	1201	应收代位追偿款						借					

图3-23　【会计科目】设置对话框

②单击工具栏上的【增加】按钮，打开【新增会计科目】对话框，如图3-24所示。

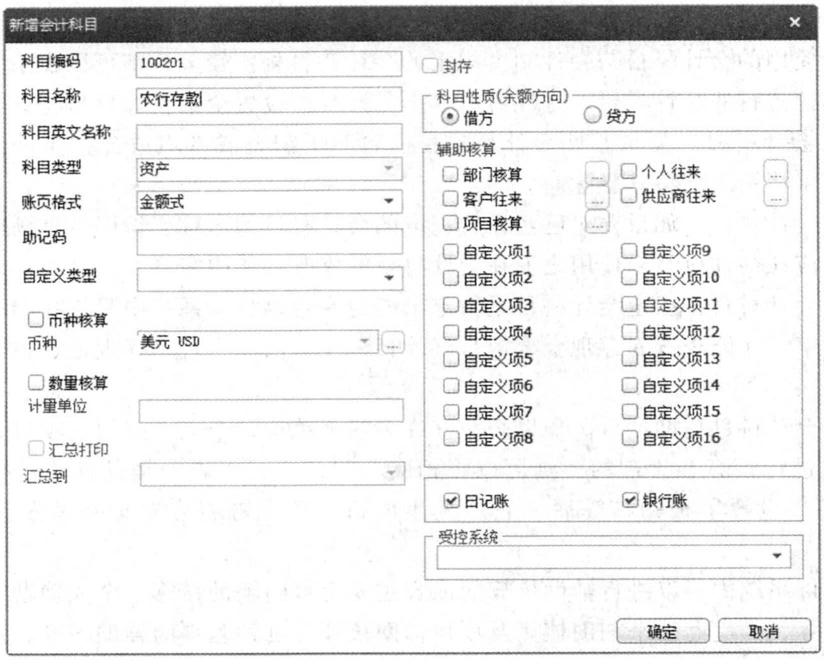

图3-24　【新增会计科目】对话框

③在【新增会计科目】对话框中依次录入科目编码“100201”、科目中文名称“农行存款”等信息，选中“日记账”“银行账”复选框。设置完毕后，单击对话框下方的【确定】按钮，对所增加会计科目进行保存。保存完毕后，对话框下方的【确定】按钮转换为【增加】按钮，通过单击【增加】按钮继续增加会计科目。

④所有会计科目录入完毕后，单击对话框下方的【关闭】按钮，结束会计科目的增加操作，返回【会计科目】窗口。

提示：

➢增加会计科目必须遵循会计科目编码方案，会计科目必须逐级增加。

➢在增加明细科目时，系统默认其类型与上级科目保持一致。

➢已经使用过的会计科目不能再增加下级科目。

【例3-15】删除会计科目：将共同类科目中“3001 清算资金往来”科目删除。

操作步骤：

①在【会计科目】设置窗口，选中共同类科目中“3001 清算资金往来”科目后，单击工具栏上的【删除】按钮，弹出【删除记录】对话框，如图3-25所示。

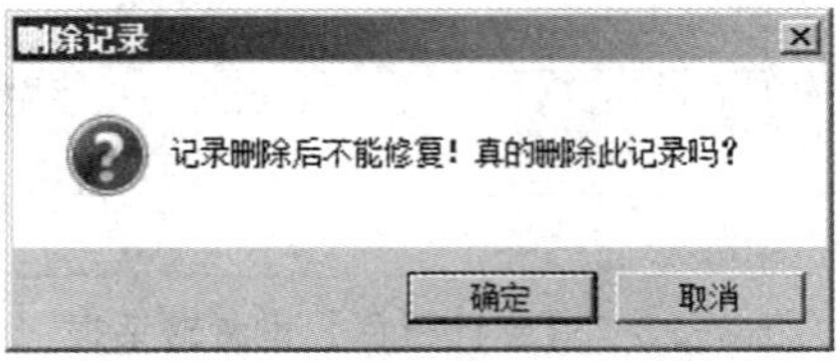

图3-25　【删除记录】对话框

②单击对话框上的【确定】按钮，将会计科目删除。

提示：

➢科目删除后不能被自动恢复，但可通过增加功能来恢复。

➢非末级科目不能删除。

➢已有数据的会计科目不能删除。

➢被指定为现金、银行科目的会计科目不能删除。如果删除，必须先取消指定。

【例3-16】修改会计科目：将"1001库存现金"科目修改为有"日记账"，"1002银行存款"修改为有"日记账"和"银行账"辅助核算的会计科目。

操作步骤：

①在【用友U8】窗口的业务导航视图中，选择【基础设置】—【基础档案】—【财务】—【会计科目】，单击，打开【会计科目】设置对话框。

②在【会计科目】设置对话框中选择要修改的会计科目"1001库存现金"后，然后单击工具栏上的【修改】按钮，弹出【会计科目_修改】对话框，如图3-26所示。

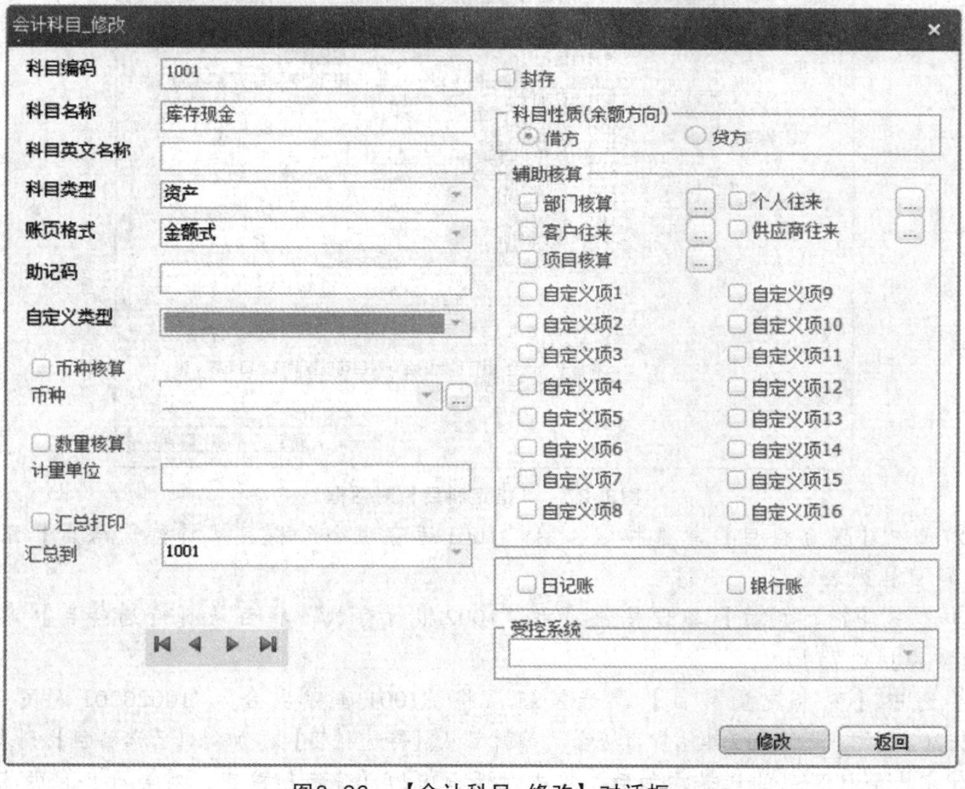

图3-26　【会计科目_修改】对话框

③单击【会计科目_修改】对话框下方的【修改】按钮，激活对话框，根据要求进行会计科目的修改，将"1001库存现金"科目设置为"日记账"。修改完毕后，单击对话框下方的【确定】按钮保存修改结果，以同样的方法完成对其他会计科目的修改操作。

提示：

➢已经使用过的末级会计科目不能再修改科目编码。

➢非末级会计科目的编码不能修改或删除。

➢已有数据的会计科目不允许修改。

➢被封存的科目在制单时不可以使用。

➢只有末级科目才能设置汇总打印，且只能汇总打印该科目本身或其上级科目。

➢只有处于修改状态才能设置汇总打印和封存。

【例3-17】指定会计科目：指定“1001库存现金”为现金总账科目，指定“1002银行存款”为银行总账科目，指定“1001库存现金”“1002银行存款”末级明细科目及“1012其他货币资金”的末级明细科目为现金流量科目。

操作步骤：

①在【会计科目】设置窗口中，单击工具栏上的【指定科目】子菜单，打开【指定科目】对话框，如图3-27所示。

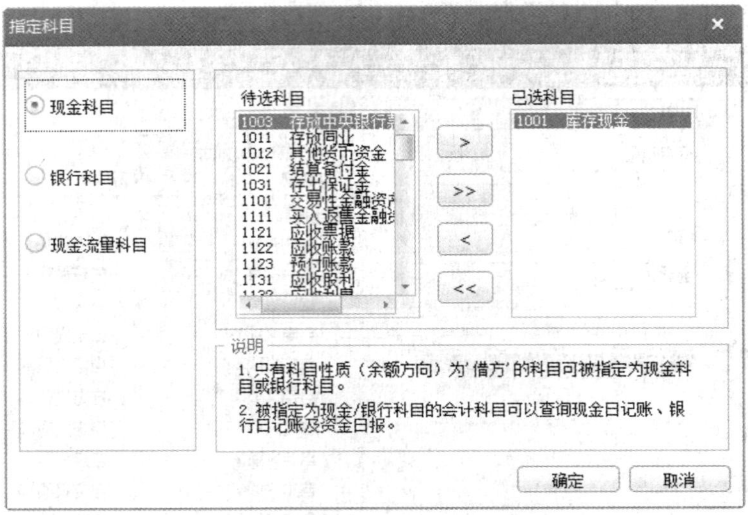

图3-27 【指定科目】对话框

②选中【现金科目】单选按钮，将“1001库存现金”科目从【待选科目】添加到【已选科目】列表中。

③选中【银行科目】单选按钮，将“1002银行存款”科目从【待选科目】添加至【已选科目】列表中。

④选中【现金流量科目】单选按钮，将“1001库存现金”“10020201人民币户”“10020202美元户”“1012其他货币资金”等科目从【待选科目】添加到【已选科目】列表中。

⑤完成会计科目的选择添加后，单击对话框中的【确定】按钮，对会计科目的指定操作进行保存。

此处进行了“现金流量科目”指定操作。在凭证填制时，涉及现金流量科目必须录入现金流量项目，否则凭证不能正确存储。

提示：

➢要想指定会计科目，应在设置会计科目功能中将库存现金和银行存款科目设置为日记账。

➢现金科目和银行科目只能指定一级科目，而现金流量科目只能指定末级明细科目。

【例3-18】辅助核算属性设置：将“1122应收账款”科目设置为客户往来辅助核算科目。

操作步骤：

①在【会计科目】设置窗口选中“1122应收账款”科目，单击工具栏上的【修改】按钮，打开【会计科目_修改】对话框。

②单击【会计科目_修改】对话框下方的【修改】按钮，激活对话框，在【辅助核算】选项中选中【客户往来】辅助核算选项。

③对于往来辅助核算会计科目，如果发生业务时，需要在总账系统中进行填制凭证等处理，此时需要在【受控系统】中选择无控制系统；如果要通过应收或应付款管理系统进行处理，则应将【受控系统】选择为“应收系统”或“应付系统”。根据企业应用方案，设置完毕后单击对话框下方的【确定】按钮对修改设置进行保存。用同样方法完成对其他辅助核算会计科目的修改操作。

④修改完毕后，单击对话框下方的【返回】按钮，返回会计科目设置主窗口，再单击工具栏上的【退出】按钮，返回【用友U8】窗口。

提示：

➢管理费用应设置为部门辅助核算。

➢存货类、生产成本、在建工程等科目应设置为项目辅助核算。

➢其他应收款应设置为个人往来辅助核算。

➢应收账款、预收账款、应收票据应设置为客户往来辅助核算。设置为客户往来辅助核算的会计科目，系统自动将【受控系统】默认设置为“应收系统”，建议不要调整。

➢应付账款、预付账款、应付票据应设置为供应商往来辅助核算。设置为供应商往来辅助核算的会计科目，系统自动将【受控系统】默认设置为“应付系统”，建议不要调整。

➢辅助账类必须设在末级科目上，但为了查询或出账方便，可以在其上级和末级同时设置相同的辅助账类。

3）设置凭证类别

许多单位为了便于管理或登账方便，一般对记账凭证进行分类编制。为了满足各单位的分类管理的要求，多数财务软件系统提供了凭证类别设置功能，并预置了凭证分类方案。在凭证类别设置时可以从中选择，也可以根据本单位的实际情况自行定义。同时，为了提高凭证处理的准确性，系统也同时提供了凭证使用限制条件设置功能。

（1）凭证类别

系统提供的凭证类别设置方案主要有5种：①记账凭证；②收款凭证、付款凭证、转账凭证；③现金凭证、银行凭证、转账凭证；④现金收款凭证、现金付款凭证、银行收款凭证、银行付款凭证、转账凭证；⑤自定义凭证类别。

在具体应用过程中，可根据企业管理的实际对凭证类别方案进行修改调整。

（2）凭证限制类型

在多类凭证应用方案中，为确保凭证类别的正确使用，必须为凭证使用的会计科目进行必要的使用限制设置，系统提供了7种限制类型供选择：

① 借方必有：制单时，此类凭证借方至少有一个限制科目有发生额。

② 借方必无：制单时，此类凭证借方任何一个限制科目不能有发生额。

③ 贷方必有：制单时，此类凭证贷方至少有一个限制科目有发生额。

④ 贷方必无：制单时，此类凭证贷方任何一个限制科目不能有发生额。

⑤ 凭证必有：制单时，此类凭证无论借方还是贷方至少有一个限制科目有发生额。

⑥ 凭证必无：制单时，此类凭证无论借方还是贷方任何一个限制科目不能有发生额。

⑦ 无限制：制单时，此类凭证可使用所有合法的科目。

限制科目可以是任意级次的科目，科目之间用英文逗号分隔，数量不限，可直接输入，也可参照输入，但不能重复录入。

【例3-19】设置凭证类别方案为“收款凭证、付款凭证、转账凭证”，同时为收款凭证设置限制方式为借方必有“库存现金”和“银行存款”科目，为付款凭证设置限制方式为贷方必有“库存现金”和“银行存款”科目，为转账凭证设置限制方式为凭证必无“库存现金”和“银行存款”会计科目，增加“机制凭证”类别，限制方式为“无限制”。

操作步骤：

①在【用友U8】窗口的业务导航视图中，选择【基础设置】—【基础档案】—【财务】—【凭证类别】，单击，打开【凭证类别预置】对话框，如图3-28所示。

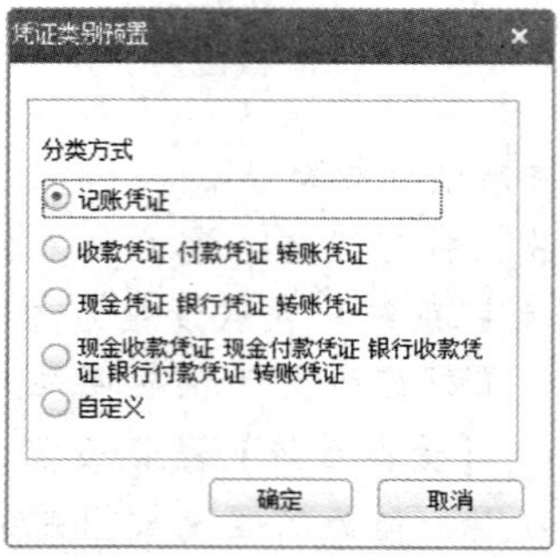

图3-28 【凭证类别预置】对话框

②在分类方式中选择【收款凭证 付款凭证 转账凭证】分类方案后，单击【确定】按钮进入【凭证类别】编辑窗口，如图3-29所示。

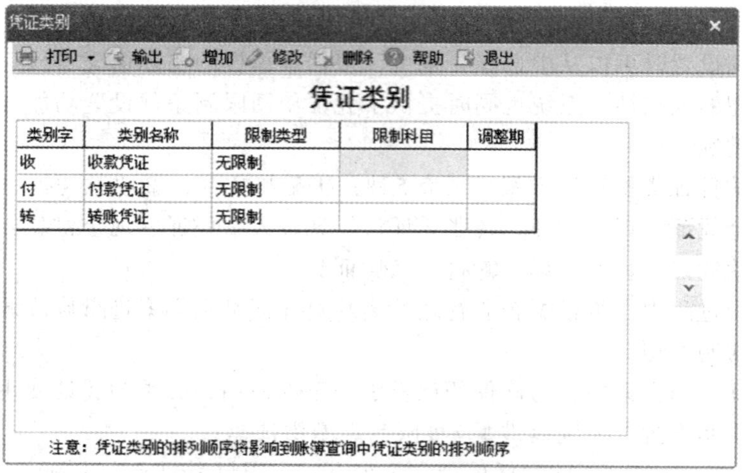

图3-29 【凭证类别】编辑窗口

③在【凭证类别】编辑窗口，可以实现对选定的凭证类别进行增加、删除和修改操作。本例中需要增加“机制凭证”类别，单击工具栏上的【增加】按钮，在表格中新增的空白行中填写凭证类别字“机”，凭证类别名称输入“机制凭证”，限制类型选择“无限制”。

若要修改凭证类别，可将光标移到要修改的凭证类别上，单击即可进入修改状态，或选择要修改的凭证类别后，单击工具栏上的【修改】按钮。若要删除凭证类别，可将光标移到要删除的凭证类别上，单击工具栏上的【删除】按钮，即可删除当前凭证类别。若凭证类别已经使用，则不能删除。如选中了已使用的凭证类别，系统会在【凭证类别】窗口中显示“已使用”的红字标志。

④为凭证类别设置限制类型与限制科目。为收款凭证设置“借方必有”、“库存现金”和“银行存款”科目，在修改状态下，单击【限制类型】，选择“借方必有”，然后在【限制科目】上单击，参照或直接输入限制科目编码“1001”与“1002”，科目编码间用英文“,”分隔；同样方式为付款凭证设置“贷方必有”“1001，1002”，为转账凭证设置“凭证必无”“1001，1002”。

提示：

➢已使用的凭证类别不能删除，也不能修改类别字。

➢若选有科目限制（即【限制类型】不是“无限制”），则至少要输入一个限制科目。若限制类型选“无限制”，则可使用任意合法的会计科目。

➢若限制科目为非末级科目，则在制单时，其所有下级科目都将受到同样的限制。如转账凭证按上述所设，则在转账凭证填制时不仅“1001库存现金”“1002银行存款”科目不能使用，同时“1002银行存款”科目下的所有明细科目也不能使用。

4）设置项目档案

在实际业务中，企业经常需要核算某些项目，如课题、工程项目、产品、合同订单等的成本、费用、往来情况以及收入等。传统的方法是按具体的项目开设账户进行核算，这样会增加明细科目的级次，导致科目体系庞大，同时给会计核算和管理资料的提供带来了极大的困难。功能齐全的计算机账务处理系统中，借助于计算机处理数据的特点，一般都增加项目核算管理功能模块。项目核算是账务处理系统辅助核算管理的一项重要功能。该功能不仅可方便地实现对成本费用和收入的按项目核算，而且还为这些成本费用及收入情况的管理提供了快速、方便的辅助手段。所谓项目，可以是一个专门的经营项目内容。一个单位项目核算的种类可能多种多样，比如在建工程、对外投资、技术改造等。企业可以将具有相同特性的一类项目定义成一个项目大类，一个项目大类可以核算多个项目。为了便于管理，企业还可以对这些项目进行分级管理，且可以根据需要随时进行项目大类的设置、项目目录及分类的维护。

项目档案设置的内容主要包括项目大类、项目核算科目、项目分类、项目栏目结构以及项目目录。

设置项目档案可通过向导提示一步步完成，其基本过程大体可分为4步：

第一步，定义项目大类：项目大类定义可以按照向导提示来完成，在项目大类定义过程中，需要设置项目大类名称、项目栏目结构、项目分类编码级次方案等内容。其中，项目栏目结构设置，除了项目名称外，还应有一些其他的备注说明栏目，比如课题核算除了课题名以外，还有如课题性质、课题承担单位、课题负责人等备注说明；项目分类级次设置应综合考虑项目的分类情况，并应考虑项目分类的扩展性。

第二步，设置项目大类核算科目：选择项目大类，从【待选科目】栏中选择需要的核算科目添至【已选科目】栏中。【待选科目】栏中的科目是在会计科目设置过程中定义为项目辅助核算的会计科目，其他非项目核算科目在此不会显示。

第三步，定义项目分类：设置项目分类需注意不能隔级录入分类编码。

第四步，设置项目目录：选择此项后，系统将列出所选项目大类下的所有项目。“所属分类码”为此项目所属的最末级项目分类的编码。通过单击【维护】按钮，进入项目目录维护界面，可实现项目目录的增加、删除和修改等操作。

(1) 定义项目核算类会计科目

在设置会计科目时，根据需要将进行项目核算的科目设置为项目核算会计科目，如对在建工程、生产成本及其下级科目设置项目核算的辅助账类。

【例3-20】将“［788］山东彬彬童车厂”账套的“500101直接材料”科目设置为项目辅助核算。

操作步骤：

①在【用友U8】窗口的业务导航视图中，选择【基础设置】—【基础档案】—【财务】—【会计科目】，单击，打开【会计科目】设置对话框。

②在【会计科目】设置对话框中选择要修改的会计科目“500101直接材料”，然后单击工具栏上的【修改】按钮，弹出【会计科目_修改】对话框。

③在【会计科目_修改】界面，单击【修改】按钮激活界面，在【辅助核算】复选项中选择【项目核算】，然后单击【确定】按钮对修改结果进行保存。

④以同样的方式完成对其他项目辅助核算科目的设置。

⑤在完成了所有项目辅助核算科目的定义后，单击【会计科目_修改】界面中的【返回】按钮，退回到【会计科目】界面，再单击工具栏上的【退出】按钮，结束会计科目的修改处理。

提示：

➢必须将需要进行项目核算的会计科目设置为项目账类，才能定义项目和目录。

(2) 定义项目大类

项目大类即项目核算的分类类别，主要设置项目大类名称、指定该项目大类使用的会计科目、设置项目分类编码方案和设置项目栏目。

【例3-21】为“山东彬彬童车厂”设置项目大类“生产成本”，其项目分类编码方案为“2-2”。

操作步骤：

①在【用友U8】窗口的业务导航视图中，选择【基础设置】—【基础档案】—【财务】—【项目目录】，单击，打开【项目档案】设置对话框。

②单击工具栏上的【增加】按钮，弹出【项目大类定义_增加】向导第一步【项目大类名称】定义，如图3-30所示。

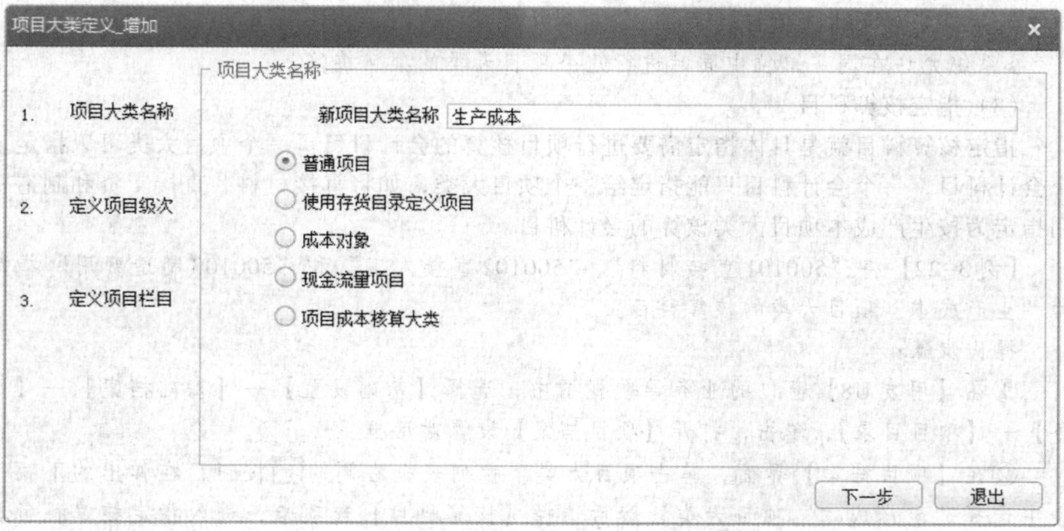

图3-30 项目大类名称定义

③在【新项目大类名称】栏输入项目大类名称“生产成本”，类型中选择为【普通项目】，输入完毕后，单击【下一步】按钮，进入向导第二步【定义项目级次】。

④设置项目分类编码级次，一级2位，二级2位。设置完毕后，单击【下一步】按钮进入向导第三步【定义项目栏目】，如图3-31所示。

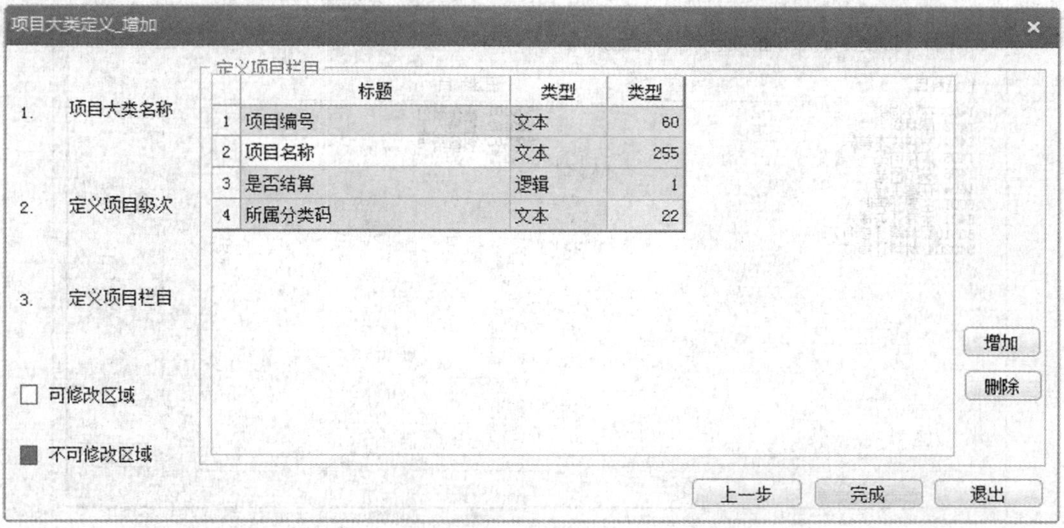

图3-31 定义项目栏目

⑤在【定义项目栏目】界面，可实现对项目栏目的增加、删除和修改操作。注意项目栏目背景呈灰色显示的区域为不可修改区域，是系统默认的区域，其他区域可以进行修改处理。此处栏目保持默认，单击【完成】按钮，结束项目大类定义返回【项目档案】设置主界面。

提示：

➢项目大类的名称是该类项目的总称，而不是会计科目名称。

➢如果使用存货核算系统，在定义“存货核算”项目大类时，可以使用存货系统中已定义好的存货目录作为项目目录。

➢系统允许在同一单位中同时进行几个项目大类的项目核算。

（3）指定核算科目

指定核算科目就是具体指定需要进行项目核算的会计科目。一个项目大类可以指定多个会计科目，一个会计科目只能指定给一个项目大类，如将直接材料、直接工资和制造费用指定为按生产成本项目大类核算的会计科目。

【例 3-22】将“500101 直接材料”、“500102 直接人工”和“500103 制造费用”指定为“生产成本”项目大类的核算科目。

操作步骤：

①在【用友 U8】窗口的业务导航视图中，选择【基础设置】—【基础档案】—【财务】—【项目目录】，单击，打开【项目档案】设置对话框。

②在【项目档案】界面，单击项目大类下拉列表框右侧的按钮，在弹出的下拉列表中选择“生产成本”项目大类，然后选择【核算科目】选项卡，进入指定核算科目界面，如图 3-32 所示。

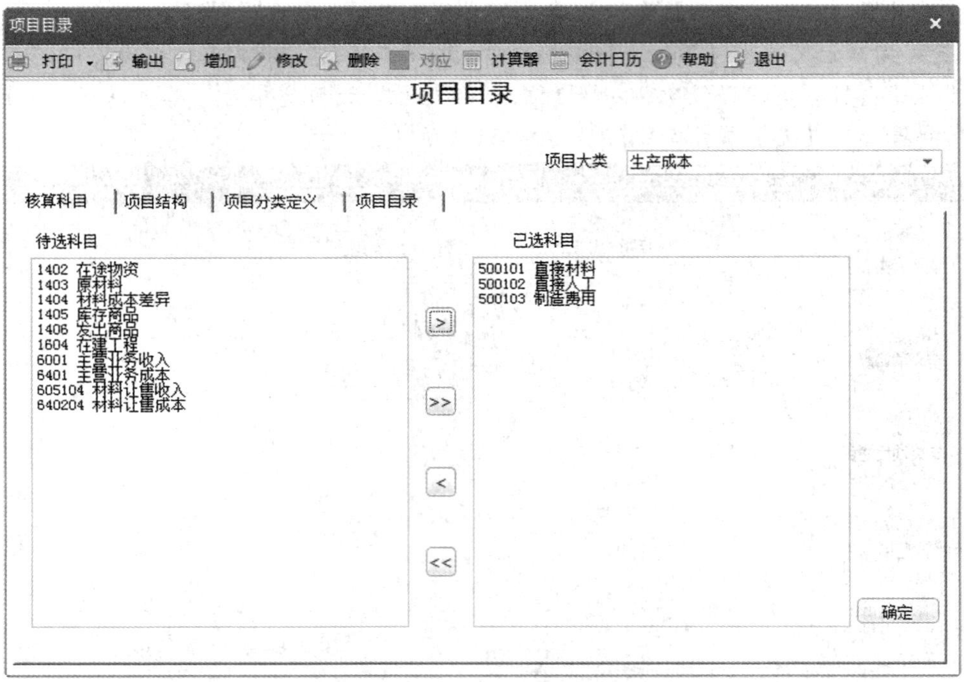

图3-32　指定核算科目

③通过按钮将“500101 直接材料”、“500102 直接人工”和“500103 制造费用”科目从【待选科目】栏添加到【已选科目】栏。选择添加完毕后，单击【确定】按钮进行确认保存。

（4）项目分类定义

为了便于统计，可以对同一项目大类下的项目进行进一步划分，这就需要进行项目分类定义，如将生产成本项目大类进一步划分为自行开发项目和委托开发项目。

【例3-23】为“山东彬彬童车厂”设置的项目分类方案为“01半成品”“02产成品”。

操作步骤：

①在【用友U8】窗口的业务导航视图中，选择【基础设置】—【基础档案】—【财务】—【项目目录】，单击，打开【项目档案】设置对话框。

②在【项目档案】界面，选择“生产成本”项目大类，然后选择【项目分类定义】选项卡，进入项目分类定义界面，如图3-33所示。

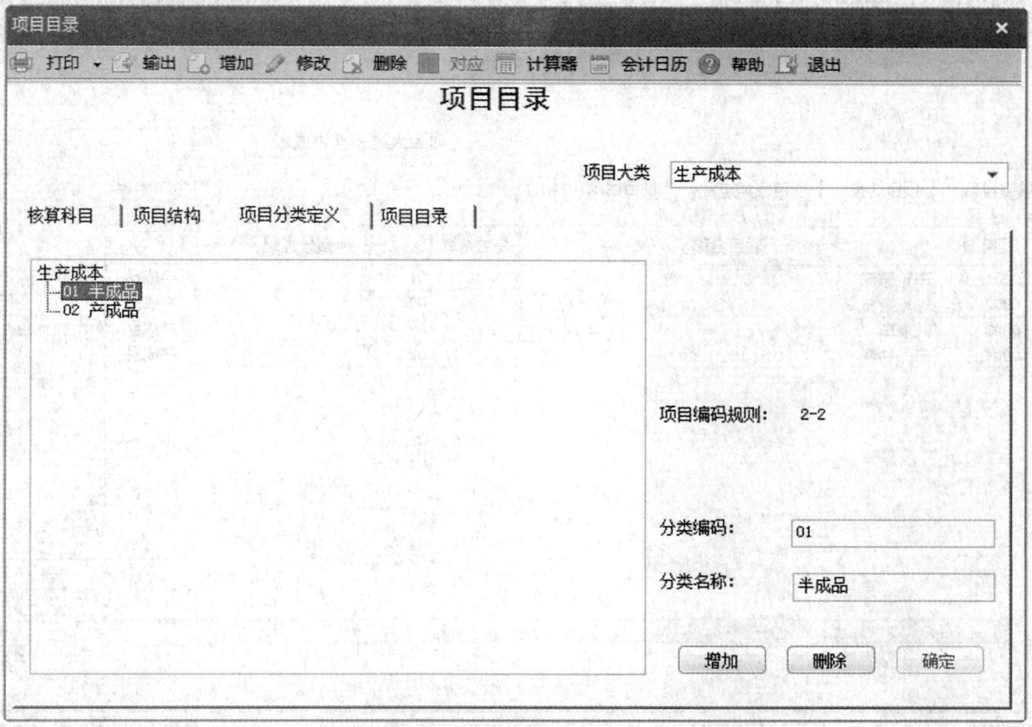

图3-33 项目分类定义界面

③输入分类编码“01”，分类名称“半成品”。输入完毕后，单击【确定】按钮进行确认保存。

④重复第③步，完成其他项目分类的定义。

提示：

➢不能隔级录入分类编码。不能删除非末级项目分类。

➢若某项目分类下已定义项目目录，则项目分类不能删除，也不能定义下级分类。

（5）定义项目目录

定义项目目录是将各个大类中的具体项目输入系统。具体输入的内容又取决于项目中所定义的栏目名称或数据。

【例3-24】山东彬彬童车厂生产的加工产品有3种，其中：半成品1种，为“车轮总成”，产品项目编码为“0001”；产成品有2种，产品项目编码与名称分别为“0002独轮杂技车”“0003儿童车”。考虑产品生产的共同耗用问题，设产品项目“0004产品共耗”，归属产成品分类。

操作步骤：

①在【用友U8】窗口的业务导航视图中，选择【基础设置】—【基础档案】—【财务】—【项目目录】，单击，打开【项目档案】设置对话框。

②在【项目档案】界面，选择“生产成本”项目大类，然后选择【项目目录】选项卡，进入项目目录界面，如图3-34所示。

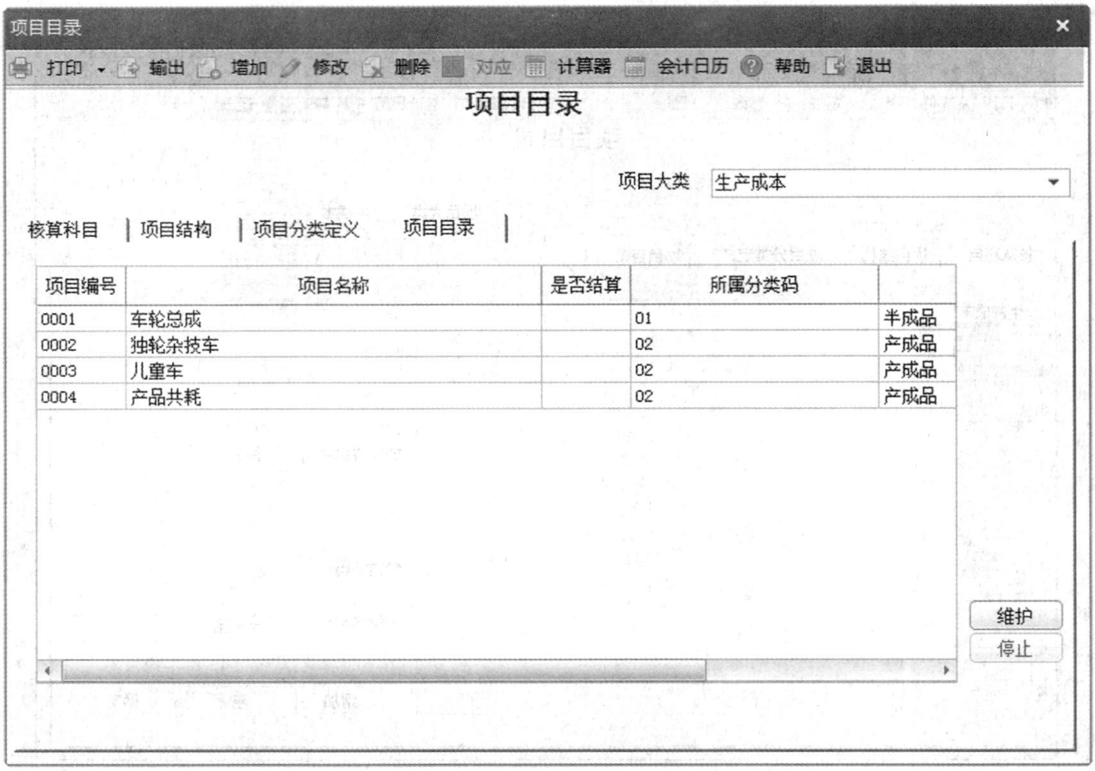

图3-34 项目目录界面

③单击【维护】按钮，进入【项目目录维护】窗口，如图3-35所示。

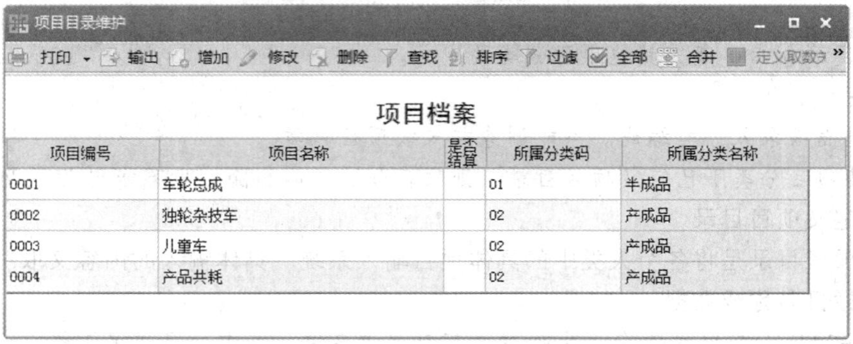

图3-35 【项目目录维护】窗口

④单击工具栏上的【增加】按钮，增加一条记录，依次输入项目编号“0001”、项目

名称“车轮总成”，“是否结算”保持为空，所属分类码输入“01”，也可单击，参照输入。输入完毕回车保存。若追加了一条空记录，可通过键盘的“ESC”功能将此空记录删除。

⑤以同样的方式录入其他项目目录。录入完毕后单击工具栏上的【退出】按钮，完成项目目录的增加等操作。

提示：

➢标志为结算后的项目将不能再使用。

➢系统中提供的“维护”功能主要用于录入各个项目的名称及定义的其他数据，因此平时项目目录有变动应及时通过本功能进行调整。

➢在每年年初应将已结算或不用的项目删除。

3.3.5　收付结算设置

在企业经营管理过程中，经常因商品交易、劳务供应、资金调拨等经济往来而引起货币收付清偿业务。在财务软件系统中，合理设置收付结算信息，对于规范现金收支业务、加速资金周转、提高经济效益具有重要的作用。收付结算信息包括结算方式、开户银行、付款优惠条件等内容。

1）结算方式设置

结算方式是用来建立和管理单位在经营活动中所涉及的与银行之间的货币结算方式，它与财务结算方式一致，如现金结算、支票结算、电汇结算、商业汇票、银行汇票等。结算方式编码最多可以分为两级，其编码级次设定在建账的编码部分中进行，或在未使用的情况下，通过基础信息模块【基本信息】中的【编码方案】进行设置或修改。

结算方式设置的主要内容包括结算方式编码、结算方式名称、票据管理标志等。

（1）结算方式编码

结算方式编码用以标志某种结算方式，必须按照结算方式编码级次的先后顺序来进行录入，录入值必须唯一。结算方式编码可以用数字型代码0～9或字母型代码A～Z表示，但编码中&、”、;、－以及“空格”等字符不允许使用。

（2）结算方式名称

根据企业的实际情况，必须录入所用结算方式的名称，录入值必须唯一。结算方式名称最多可写6个汉字或12个字符。

（3）票据管理标志

票据管理是账务处理系统为辅助银行出纳对银行结算票据进行管理而设置的功能。单位可根据实际情况，通过单击【是否票据管理】复选框来选择该结算方式下的票据是否要进行支票登记簿管理。

企业的会计业务中均有与银行的资金结算业务，且这些业务需要经常对账。一般情况下，银行的各种结算方式相对稳定，且结算方式种类有限。为方便管理，提高银行对账的效率，账务处理系统一般要求设置单位与银行之间所采用的资金结算方式。

【例3-25】山东彬彬童车厂应用到的结算方式见表3-14。

表 3-14　　　　结算方式

结算方式编码	结算方式名称	票据管理	对应票据类型
1	现金支票	是	现金支票
2	转账支票	是	转账支票
3	商业承兑汇票	是	商业汇票
4	银行承兑汇票	是	商业汇票

操作步骤：

①在【用友U8】窗口的业务导航视图中，选择【基础设置】—【基础档案】—【收付结算】—【结算方式】，单击，打开【结算方式】设置对话框，如图3-36所示。

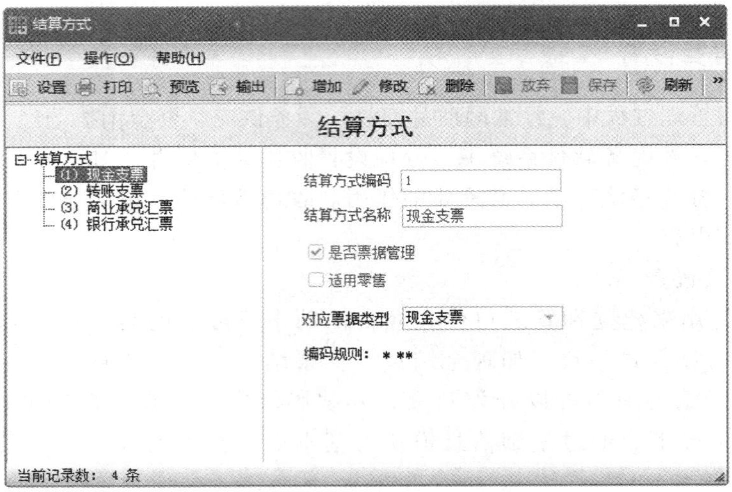

图3-36　【结算方式】设置对话框

②单击工具栏上的【增加】按钮，输入结算方式编码“01”、结算方式名称“现金支票”，选择【是否票据管理】复选框。

③单击工具栏上的【保存】按钮，对所增加内容进行保存，其结果显示在左边部分的树形结构中。

④重复第②~③步，完成其他结算方式的设置。

⑤单击工具栏【退出】按钮，结束本次结算方式设置。

提示：

➢若要修改已有结算方式，可在左侧的结构树中选中欲修改的结算方式后，单击工具栏上的【修改】按钮，可对【结算方式名称】和【是否票据管理】进行修改，【结算方式编码】不能修改。

➢若要删除已有结算方式，可在左侧的结构树中选中欲删除的结算方式后，单击工具栏上的【删除】按钮，可将选中的结算方式删除。已使用的结算方式不能删除。

➢票据管理的标志可以根据实际情况选择是否需要。

2）银行档案设置

银行档案设置信息主要包括银行编码、银行名称、银行账号长度等内容。银行名称设置主要用于设定发放职工工资的银行名称和账号长度。在薪资管理系统中可以设置多个发放工资的银行，以适应不同的需要。例如，同一工资类别中的人员由于在不同的工作地点，需在不同的银行代发工资，或者不同的工资类别由不同的银行代发工资。银行档案信息设置的基本要求如下：

① 银行名称：银行名称不允许为空，长度不得超过20个字符。

② 银行编码：银行编码不允许为空，长度不得超过5个字符。

③ 银行账号长度不得为空，且不能超过30位。银行账号长度分定长和不定长两种方案：银行账号定长是指此银行要求所有人员的账号长度必须相同；银行账号不定长，需指定最长账号的长度，否则系统默认为30位。

【例3-26】山东彬彬童车厂通过“中国农业银行淄博分行”发放工资，个人银行账号长度定长为19位，企业银行账号长度定长为17位。

操作步骤：

①在【用友U8】窗口的业务导航视图中，选择【基础设置】—【基础档案】—【收付结算】—【银行档案】，单击，打开【银行档案】对话框。

②单击工具栏上的【增加】按钮，打开【增加银行档案】对话框，如图3-37所示。

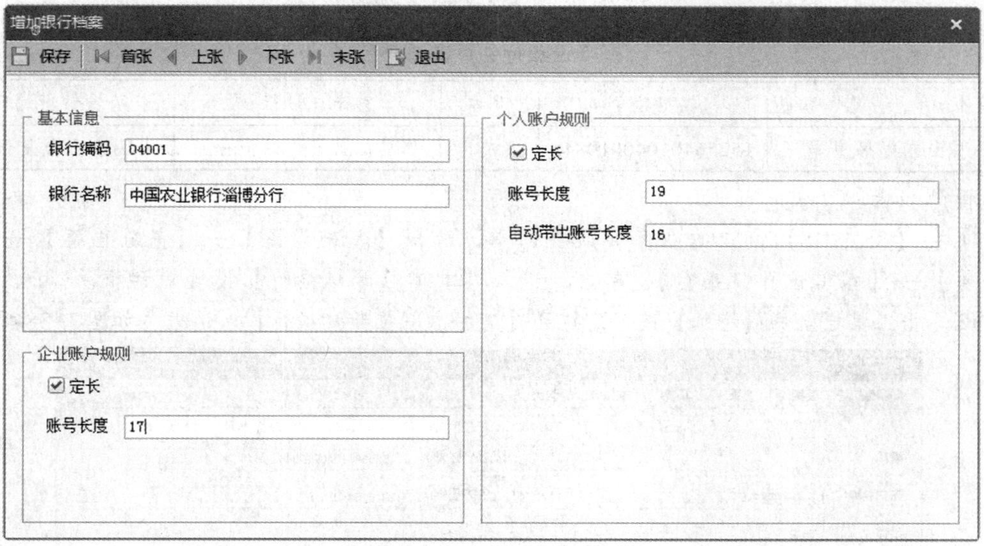

图3-37 【增加银行档案】对话框

③输入银行编码“04001”、银行名称“中国农业银行淄博分行”、个人账号长度定长“19”，自动带出账号长度为“16”，企业账号长度定长“17”，然后单击【保存】按钮，将其添加到银行名称列表框中。

④单击【退出】按钮，返回【银行档案】对话框。单击【退出】按钮，返回【用友U8】窗口。

提示：

➢删除银行名称时，同此银行有关的所有设置将一同删除，包括银行的代发文件格式的设置、磁盘输出格式的设置以及与此银行有关人员的银行名称和账号等。

3）本单位开户银行设置

开户银行设置用于满足企业进行收款结算处理。系统支持多个开户行及账号的设置情况，以满足企业不同业务的处理。单位开户银行设置信息包括编码、银行账号、账户名称、币种、开户银行基本信息等。主要信息设置要求如下：

① 编码：用来标志某开户银行及账号，录入值必须唯一。编码可以数字0～9或字符A～Z表示，但编码中&、"、;、-以及"空格"禁止使用。编码最多可输入3个字符。

② 开户银行：用来输入使用单位的开户银行名称，必须输入，名称可以重复。开户银行名称最多可输入30个字符或15个汉字。

③ 银行账号：用来输入使用单位在开户银行中的账号名称，必须输入，且必须唯一。银行账号最多可输入20个字符。

④ 所属银行编码：开户银行所属的总行名称，参照银行档案录入。

⑤ 账户名称：一般为单位名称。

⑥ 币种：账户所使用的币种。一个账户只能使用一种币种，参照币种档案录入。

⑦ 开户日期：开立账户的日期。

【例3-27】山东彬彬童车厂通过中国农业银行淄博分行结算国内业务，并以此作为企业的开户银行。其基本信息见表3-15。

表3-15　**本单位开户银行**

编码	户名	银行账号	币种	开户银行	所属银行编码
001	山东彬彬童车厂	15256401040010846	人民币	中国农业银行淄博分行	04-中国农业银行

操作步骤：

①在【用友U8】窗口的业务导航视图中，选择【基础设置】—【基础档案】—【收付结算】—【本单位开户银行】，单击，进入【本单位开户银行】设置对话框。

②单击工具栏上的【增加】按钮，打开【增加本单位开户银行】对话框，如图3-38所示。

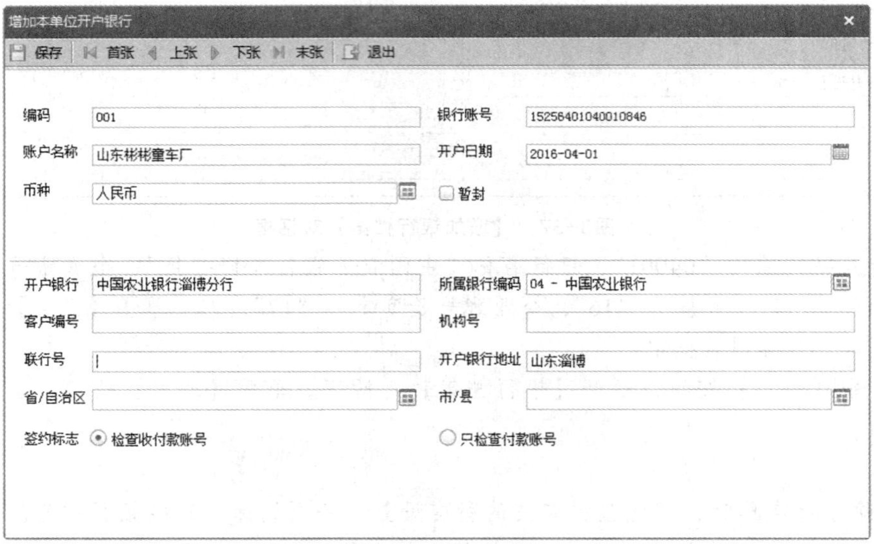

图3-38　【增加本单位开户银行】对话框

③输入开户银行的基本信息后，单击工具栏上的【保存】按钮进行保存，然后单击【退出】按钮返回【本单位开户银行】设置对话框。

④在【本单位开户银行】设置对话框中，单击【退出】按钮结束设置。

提示：

➢本单位开户银行需要在启用应收款管理系统的基础上进行设置。设置完毕后，请将启用的应收款管理系统取消启用。

➢【本单位开户银行】设置对话框也可通过【支票登记簿】窗口进入。

基础设置的内容会因系统启用模块的不同而存在较大的差异，除上述内容外，还有生产制造基础档案、人事管理档案、供应链基础档案及自定义项设置、常用摘要、档案编号设置等内容，此处不再一一阐述。

【课程思政】

筑牢人生基石

基础不牢，地动山摇，这是历史发展的规律。会计信息系统基础设置虽然内容繁杂、重复性工作较多，但基础设置犹如建房打地基，设置不当，势必影响系统高效运行，更会影响工作效率和管理质量。“天下难事，必作于易，天下大事，必作于细。”所谓“易”与“细”，其实就是基础。基础作为工作之基石，基石稳固，工作方得创新发展。打好基础，才能事半功倍，建房如此、信息系统设置如此，人生亦如此。作为新时代的大学生，要面对当下，学好专业知识，更要着眼未来，培养自己的专业素养和家国天下的情怀，筑牢人生之基石。提到人生基石，首要就是“修德”。“人无德不立”“百行德为首”，修德不仅要善学、慎思，更要践行。“道不可坐论，德不能空谈。”作为新时代的大学生，要将道德规范自觉融入日常生活，自觉践行社会主义核心价值观，为推动中国特色社会主义伟大事业、实现中华民族伟大复兴贡献力量。

练习思考题

【单项选择题】

1.科目如果有其他核算要求，还要设置专项核算功能，如生产成本常设置为________。

A.部门核算　　B.项目核算

C.客户往来核算　　D.供应商往来核算

第3章练习思考题参考答案

2.会计科目建立的顺序是________。

A.先建立明细科目再建立一级科目　　B.先建立下级科目再建立上级科目

C.先建立上级科目再建立下级科目　　D.不分先后

3.若科目编码级次定义为4-2-2，则下列不正确的科目编码描述是________。

A.102011　　B.102101　　C.1020101　　D.102110

4.________属于项目设置的内容。

A.定义项目目录　　B.期初余额录入　　C.凭证类别设置　　D.会计科目设置

5.下列对会计科目的描述中，不正确的是________。

A.已录入期初余额的科目不能直接修改　B.没有余额的末级科目可以直接删除
C.已制过单的科目不能直接修改　D.已有余额的科目可以直接删除

6.当某一存货需要两种计量单位进行计量时，则在为其建立计量单位组时应选择的计量单位组类型是________。

A.浮动换算率计量单位组　B.固定换算率计量单位组
C.无换算计量单位组　D.以上均可

7.为保证凭证记载内容与经济业务内涵相吻合，对收款凭证应设置的凭证限制类型为________。

A.凭证必有　B.凭证必无　C.贷方必有　D.借方必有

8.部门编码级次为2-2-2，则下列部门编码中正确的是________。

A.办公室101　B.办公室01001　C.办公室0101　D.办公室0100101

9.下列关于基础设置的说法中，不正确的是________。

A.在用友ERP-U8 V11财务管理软件系统中，各系统的启用会计期间均须大于等于账套的启用期间
B.凡涉及需要进行个人往来辅助核算的员工，在职员档案建立时必须将其设置为业务员
C.各项基础档案的设置操作没有先后顺序之分，可以任意进行
D.客户、供应商、存货档案编码中可以输入字母、数字等方式

10.用友财务管理系统应用的编码方案体系已经建立，只能由________修改。

A.系统管理员　B.账套主管　C.授权操作员　D.以上均可

【多项选择题】

1.凡有编码方案控制的基础档案，在进行编码设置时必须遵循的设置原则有________。

A.遵循编码级次规则要求　B.按照自上而下的原则设置
C.按照自下而上的原则设置　D.编码唯一，不可重复

2.下列关于系统启用方法的说法中，正确的有________。

A.可以在账套创建过程中，由系统管理员来启用
B.可以由任意具有账套操作权限的用户进行启用
C.建账后，可以由账套主管在“企业门户”中启用
D.账套已经创建，只能由账套主管进行启用

3.关于基础设置的先后顺序，下列说法正确的有________。

A.在存货档案建立前，必须首先完成计量单位的设置
B.在设置职员档案前，必须先完成部门档案的设置
C.在账套创建时，若选择了客户、供应商分类，则在建立客户、供应商档案前，必须先完成对客户、供应商分类的设置
D.会计科目设置必须在对客户、供应商档案设置完成后进行

4.进行项目设置时，包括________。

A.指定核算科目　B.定义项目目录　C.定义项目分类　D.定义项目大类

5.外币汇率设置通常有________。

A.卖出汇率　　B.浮动汇率　　C.买入汇率　　D.固定汇率

6.下列关于会计科目的描述中，正确的有________。

A.非末级科目可以直接删除　　B.已制过单的科目不能直接修改

C.已有余额的科目可以直接删除　　D.已录入期初余额的科目不能直接修改

7.下列关于会计科目编码设置的描述中，正确的有________。

A.科目编码应为全编码

B.一级科目编码必须按会计制度的要求设定

C.科目编码可以不唯一

D.科目编码的建立可以不按级次的先后顺序

8.设置会计科目时，________不能为空。

A.科目代码　　B.科目名称　　C.科目类型　　D.科目余额

9.某公司在工商银行开立了一个美元账户，公司对该账户进行银行存款日记账管理，并定期进行银行对账，则在设置会计科目时，应选择________选项。

A.项目核算　　B.银行账　　C.外币核算　　D.日记账

10.会计科目中能够同时设置辅助核算的有________。

A.个人往来核算与部门核算　　B.客户往来核算与部门核算

C.供应商往来核算与部门核算　　D.项目核算与部门核算

【判断题】

1.设置基础档案之前应首先确定基础档案的编码方案，基础档案的设置必须遵循编码方案中所设定的级次和各级编码长度要求。（　）

2.客户编码是客户的唯一区分标志，必须唯一。客户编码只能用数字来表示。（　）

3.所有辅助核算类别都必须设置在最末级明细科目上，其他各级科目均不得设置辅助核算类别。（　）

4.在设置科目编码时，各级科目编码必须唯一。（　）

5.在总账系统项目目录设置功能中，一个项目大类只能指定一个核算科目，而一个项目核算科目可对应多个项目大类。（　）

6.在进行编码设置时应遵循编码方案的要求，即按照编码位数要求先设上级，再设下级。（　）

7.存货只有在完成计量单位组设置的前提下，才能建立计量单位。（　）

8.在客户分类档案建立过程中，客户分类编码和客户名称都必须是唯一的。（　）

9.在职员档案的设置过程中，必须先建立部门档案，才能建立职员档案。（　）

10.可以对客户进行无分类管理，也可以对客户进行分类管理。（　）

【简答题】

1.何谓初始化？初始化工作包含的内容有哪些？

2.基础设置的内容有哪些？

3.部门档案与职员档案在设置上应注意什么问题？

4.辅助核算有哪几种方式？如何设置往来辅助核算科目？

5.会计科目体系设计应遵循的基本原则有哪些？

6.如何建立项目档案体系？项目档案体系建立时应注意什么问题？

7.系统启用的途径有哪两种？

8.在进行客户（或供应商、存货）分类设置时出现无法设置提示，其原因是什么？应如何处理？

9.为什么要对凭证设置使用限制？系统提供了哪些凭证限制类型？

10.存货计量单位有哪几种设置方案？

【案例分析】

从企业管理的角度和会计科目体系设置的角度对下述案例进行分析。

1. 某电器生产企业设有销售一部和销售二部两个销售部门，生产空调和冰箱两类产品，其中冰箱又分为186升和216升两种，空调分为1匹、1.5匹和2匹三种。其日常业务中的主要客户为济南的甲电器商场和乙电器商场，以及北京的丙超市和丁超市。

请结合上述资料，按要求回答以下问题：

（1）为了利用辅助核算对各个销售部门和各种产品的销售收入和销售成本进行核算与统计分析，并反映不同客户应收账款的发生与收回状况，评估说明应该对哪些科目设置辅助核算及设置何种辅助核算？

（2）为了达到上述核算与管理要求，应设置哪些基础档案？

（3）在使用辅助核算时，科目体系设置与传统科目体系设置有何不同？

2.淄新公司设有10个部门，每个部门又分5个组，管理费用有10种，那么管理费用下面就有500个会计科目。公司编码采用群码方式，其科目编码结构是4-2-2-2四级，科目编码体系设计见表3-16。

表3-16　**科目编码体系**

科目编码	科目名称			
6602	管理费用			
660201		一部		
66020101			办公费	
6602010101				一组
6602010102				二组
……				
66020102			差旅费	
6602010201				一组
6602010202				二组
……				
660202		二部		
66020201			办公费	
6602020101				一组
6602020102				二组
……				

请结合上述资料，按要求回答以下问题：

（1）计算机快速处理数据的特性，为会计核算实现交叉立体核算提供了可能。请从计算机业务处理的角度分析，采用何种处理机制可以有效地解决上述科目体系庞大的问题？

（2）根据问题（1）的分析，写出所建立的新的会计科目体系。

实验二　系统启用与基础设置

掌握系统启用的基本途径与方法，掌握基础设置的内容和设置方法。

实验二操作指南

【实验内容】

1.启用总账系统、薪资管理系统、固定资产管理系统。

2.机构人员信息设置。

3.客商信息设置。

4.存货信息设置。

5.结算方式设置。

6.财务信息设置。

【实验准备】

1.已按实验一的要求，完成核算账套的建立并已做备份。

2.以系统管理员的身份注册登录系统管理模块，引入实验一的账套备份数据。

【实验资料】

1.企业机构人员信息

企业机构信息包括组织机构划分和人员基本信息两部分，具体包括部门档案、人员类别和职员档案等。企业机构信息设置见表3-17至表3-19。

表3-17　**部门档案信息**

部门编码	部门名称	负责人	成立日期	部门编码	部门名称	负责人	成立日期
01	管理部门		2016-04-01	0202	二车间	周生	2016-04-01
0101	办公室	李菲	2016-04-01	03	购销部门		2016-04-01
0102	财务部	赵玲	2016-04-01	0301	供应部	梁兵	2016-04-01
02	生产部门		2016-04-01	0302	销售部	邹亮	2016-04-01
0201	一车间	刘英	2016-04-01				

表3-18　**人员类别设置方案**

档案编码	档案名称	档案级别	上级编码	是否自定义	是否显示
10101	企业管理	1	101	用户	是
10102	车间管理	1	101	用户	是
10103	基本生产	1	101	用户	是
10104	辅助生产	1	101	用户	是
10105	市场营销	1	101	用户	是

表 3-19 职员档案资料

人员编码	人员姓名	性别	人员类别	行政部门	人员属性	操作员	业务员	生效日期	工资发放银行	银行账号
0001	张力	男	企业管理	办公室	总经理		是	2016-04-01	中国农业银行	6228480280065383001
0002	李菲	女	企业管理	办公室	部门主管		是	2016-04-01	中国农业银行	6228480280065383002
0003	赵玲	女	企业管理	财务部	部门主管	是	是	2016-04-01	中国农业银行	6228480280065383003
0004	李哲	男	企业管理	财务部	财务会计	是	是	2016-04-01	中国农业银行	6228480280065383004
0005	王可	男	企业管理	财务部	财务会计	是	是	2016-04-01	中国农业银行	6228480280065383005
0006	刘英	女	车间管理	一车间	部门主管		是	2016-04-01	中国农业银行	6228480280065383006
0007	李荣	女	基本生产	一车间	生产工人		是	2016-05-09	中国农业银行	6228480280065383007
0008	张笛	女	基本生产	一车间	生产工人		是	2016-05-09	中国农业银行	6228480280065383008
0009	周生	男	车间管理	二车间	部门主管		是	2016-04-01	中国农业银行	6228480280065383009
0010	朱涛	男	基本生产	二车间	生产工人		是	2016-05-09	中国农业银行	6228480280065383010
0011	郭铭	男	基本生产	二车间	生产工人		是	2016-05-09	中国农业银行	6228480280065383011
0012	张颖	女	基本生产	二车间	生产工人		是	2016-05-09	中国农业银行	6228480280065383012
0013	梁兵	男	企业管理	供应部	部门主管		是	2016-04-01	中国农业银行	6228480280065383013
0014	邹亮	男	市场营销	销售部	部门主管		是	2016-04-01	中国农业银行	6228480280065383014
0015	马同	男	市场营销	销售部	销售人员		是	2016-05-09	中国农业银行	6228480280065383015
0016	刘威	男	企业管理	供应部	管理人员		是	2016-05-09	中国农业银行	6228480280065383016

2.收付结算信息

企业经济业务常用的结算方式见表3-20，新增银行档案见表3-21，单位开户银行基本情况见表3-22。

表3-20 常用结算方式

结算方式编码	结算方式名称	票据管理	结算方式编码	结算方式名称	票据管理
1	现金支票	是	5	委托收款	否
2	转账支票	是	6	委托付款	否
3	商业承兑汇票	是	7	现金缴款	否
4	银行承兑汇票	是	8	外币汇兑	否

表3-21 新增银行档案

银行编码	银行名称	企业账户规则	个人账户规则
04001	中国农业银行淄博分行	定长17位	定长19位

表3-22 开户银行基本情况

编码	户名	银行账号	币种	开户银行	所属银行编码
001	山东彬彬童车厂	15256401040010846	人民币	中国农业银行淄博分行	04001

3.客商信息

（1）地区、客户和供应商分类信息见表3-23至表3-27。

表3-23 地区分类信息

地区编码	地区名称	地区编码	地区名称
01	国内	01004	天津
01001	北京	02	国外
01002	上海	02001	美国
01003	山东		

表3-24 客户分类信息

分类编码	分类名称
01	长期客户
02	中期客户
03	短期客户

表3-25 供应商分类信息

分类编码	分类名称
01	工业
02	商业
03	事业

表 3-26 **行业分类信息**

类别编码	类别名称	类别编码	类别名称
C	制造业	D	电热燃水生产和供应业
C22	造纸和纸制品业	D44	电力、燃气生产和供应业
C29	橡胶和塑料制品业	F	批发和零售业
C34	通用设备制造业	F52	零售业

表 3-27 **客户分级信息**

客户级别编码	客户级别名称	级别说明
01	VIP客户	
02	重要客户	
03	普通客户	

（2）客户档案和供应商档案基本信息资料见表3-28和表3-29。

表 3-28 **客户档案信息**

客户编码	客户名称	客户简称	法人代表	所属分类	所属行业	所属地区	客户级别	税号（后10位）	银行账号（后4位）	发展日期
001	振华车行	振华车行	李臻	01	F52	01003	01	49552126K3	2584	2016-04-01
002	宏远商厦	宏远商厦	陈宣	01	F52	01003	02	47552235P4	3664	2016-04-01
003	华鸿商贸	华鸿商贸	赵阳	02	F52	01003	03	577522611K	5235	2016-04-01

备注：客户开户行均为“中国工商银行”，账号定长17位，账号前13位均为1603001601009；税号定长18位，税号前8位均为31370000；客户管理类型均为“普通客户”；信用等级均为“A”。

表 3-29 **供应商档案信息**

供应商编码	供应商名称	供应商简称	法人代表	所属分类	所属行业	所属地区	税号（后10位）	开户银行	银行账号（后4位）	发展日期
001	山东电力公司	鲁能	刘珂	01	D44	01003	55344130D6	工行	1222	2014-12-31
002	潍坊机械公司	潍坊机械	赵亮	01	C34	01003	452341627X	建行	2111	2015-05-12
003	青岛轮胎厂	青岛轮胎	孙冬	01	C29	01003	56329100A2	农行	3322	2016-01-28
004	鲁源制箱厂	鲁源制箱	王肖	01	C22	01003	63422139X8	农行	3533	2016-02-15
005	佳实科技公司	佳实科技	李商	02	F52	01003	55252138C3	工行	1875	2018-06-15
006	驰博汽车公司	驰博汽车	肖博	02	F52	01003	55252188X6	工行	7675	2018-06-20

备注：开户行账号定长17位，农行账号前13位均为1525640104001，工行账号前13位均为1603001601009，建行账号前13位均为2161249980130；税号定长18位，税号前8位均为31370000。

4.存货信息

企业存货信息资料见表3-30至表3-33。

表3-30　　存货分类信息

存货分类编码	存货分类名称	存货分类编码	存货分类名称
01	原材料	0201	产成品
02	库存商品	0202	半成品

表3-31　　存货计量单位组信息

计量单位组编码	计量单位组名称	计量单位组类别
001	重量计量	浮动换算率
002	实物计量	无换算率

表3-32　　存货计量单位信息

计量单位编码	计量单位名称	隶属计量单位组	计量单位编码	计量单位名称	隶属计量单位组
001	辆	002（实物计量）	003	个	002（实物计量）
002	套	002（实物计量）	004	根	002（实物计量）

表3-33　　存货档案信息

存货编码	存货名称	所属分类	计量单位	是否外购	是否自制	是否生产耗用	是否内销	启用日期	计价方式
0001	大车架	01	个	√		√		2016-04-01	全月平均法
0002	小车架	01	个	√		√		2016-04-01	全月平均法
0003	轮圈	01	个	√		√		2016-04-01	全月平均法
0004	轮胎	01	个	√		√		2016-04-01	全月平均法
0005	辐条	01	根	√		√		2016-04-01	全月平均法
0006	A型包装箱	01	套	√		√		2016-04-01	全月平均法
0007	B型包装箱	01	套	√		√		2016-04-01	全月平均法
0008	车轮总成	0202	套		√	√	√	2016-04-01	全月平均法
0009	独轮杂技车	0201	辆		√		√	2016-04-01	全月平均法
0010	儿童车	0201	辆		√		√	2016-04-01	全月平均法

备注：增值税税率为13%。

5.财务基础信息

（1）外币信息资料：企业外贸业务使用外币为美元，汇率方式为固定汇率，4月初记账汇率为6.80。

（2）会计科目。

会计科目体系设置情况见表3-34。

表3-34　**会计科目目录体系（仅需修改增加科目）**

科目编码	科目名称	账类性质	方向	币别/计量
1001	库存现金	指定科目	借	
1002	银行存款	指定科目	借	
100201	农行存款	指定科目	借	
10020101	人民币户	指定科目	借	
10020102	美元户	指定科目	借	美元
1121	应收票据		借	
112101	银行承兑汇票	客户往来	借	
112102	商业承兑汇票	客户往来	借	
1122	应收账款	客户往来	借	
1123	预付账款	供应商往来	借	
1221	其他应收款	个人往来	借	
1402	在途物资	数量核算、项目核算	借	数量
1403	原材料	项目核算、数量核算	借	数量
1405	库存商品	项目核算、数量核算	借	数量
1604	在建工程	项目核算	借	
2201	应付票据		贷	
220101	银行承兑汇票	供应商往来	贷	
220102	商业承兑汇票	供应商往来	贷	
2202	应付账款	供应商往来	贷	
2203	预收账款	客户往来	贷	
2211	应付职工薪酬		贷	
221101	工资		贷	
221102	职工福利		贷	
221103	社会保险费		贷	
221104	住房公积金		贷	

续表

科目编码	科目名称	账类性质	方向	币别/计量
221105	工会经费		贷	
221106	职工教育经费		贷	
221109	其他		贷	
2221	应交税费		贷	
222101	应交增值税		贷	
22210101	进项税额		贷	
22210102	已交税金		贷	
22210103	转出未交增值税		贷	
22210105	销项税额		贷	
22210107	进项税额转出		贷	
22210109	转出多交增值税		贷	
22210110	未交增值税		贷	
222104	应交消费税		贷	
222106	应交企业所得税		贷	
222108	应交城市维护建设税		贷	
222112	应交个人所得税		贷	
222113	应交教育费附加		贷	
2241	其他应付款		贷	
224101	应付单位款项		贷	
224102	住房公积金		贷	
224103	社会保险费		贷	
224104	租金		贷	
224105	其他		贷	
2501	长期借款		贷	
250101	本金		贷	
250102	利息调整		贷	
4002	资本公积		贷	

续表

科目编码	科目名称	账类性质	方向	币别/计量
400201	资本溢价		贷	
400202	其他资本公积		贷	
4101	盈余公积		贷	
410101	法定盈余公积		贷	
410102	任意盈余公积		贷	
410103	利润归还投资		贷	
4104	利润分配		贷	
410401	提取法定盈余公积		贷	
410402	提取任意盈余公积		贷	
410403	应付利润		贷	
410404	转作资本的利润		贷	
410405	盈余公积补亏		贷	
410406	未分配利润		贷	
5001	生产成本		借	
500101	直接材料	项目核算	借	
500102	直接人工	项目核算	借	
500103	制造费用	项目核算	借	
5101	制造费用		借	
510101	工资薪酬		借	
510102	折旧费		借	
510103	水电费		借	
510104	办公费		借	
510105	其他		借	
6001	主营业务收入	数量核算、项目核算	贷	数量
6051	其他业务收入		贷	
605104	材料让售收入	数量核算、项目核算	贷	数量
6305	资产处置损益		贷	

续表

科目编码	科目名称	账类性质	方向	币别/计量
6308	其他收益		贷	
6309	净敞口套期损益		贷	
6401	主营业务成本	数量核算、项目核算	借	数量
6402	其他业务成本		借	
640204	材料让售成本	数量核算、项目核算	借	数量
640205	其他		借	
6403	税金及附加		借	
640303	城市维护建设税		借	
640305	教育费附加		借	
6601	销售费用		借	
660101	运输费		借	
660103	展览广告费		借	
660104	保险费		借	
660107	职工薪酬		借	
660108	业务费		借	
660109	折旧费		借	
660110	其他		借	
6602	管理费用		借	
660201	公司经费	部门核算	借	
660202	工会经费		借	
660204	折旧费		借	
660207	水电费		借	
660208	业务招待费	部门核算	借	
660209	职工薪酬		借	
660210	其他		借	
6603	财务费用		借	
660301	利息费用		借	

续表

科目编码	科目名称	账类性质	方向	币别/计量
660302	利息收入		借	
660303	汇兑损益		借	
660304	手续费		借	
660305	现金折扣		借	
6605	研发费用		借	
6703	信用减值损失		借	

（3）凭证类别：企业采用的凭证类型见表3-35。

表3-35 **凭证类型信息**

类型	限制类型	限制科目
收款凭证	借方必有	1001，1002
付款凭证	贷方必有	1001，1002
转账凭证	凭证必无	1001，1002

（4）项目核算体系。

山东彬彬童车厂项目档案资料如下：

①项目大类：生产成本

项目分类编码级次：2-2；

项目分类：01半成品、02产成品；

项目目录：0001车轮总成、0002独轮杂技车、0003儿童车、0004产品共耗（车轮总成属半成品，其他属于产成品）；

指定科目：500101直接材料、500102直接人工、500103制造费用。

②项目大类：存货核算

使用存货档案自动生成核算项目体系；

指定科目：1402在途物资、1403原材料、1405库存商品、6001主营业务收入、605104材料让售收入、6401主营业务成本、640204材料让售成本。

【实验操作步骤】

1.登录并启用系统

以账套主管"赵玲"的身份登录企业应用平台，启用总账、薪资管理和固定资产管理系统，启用日期均为2022年4月1日。

2.基础档案设置

基础档案设置请按以下顺序进行：

（1）收付结算设置

按结算方式→银行档案→本单位开户银行的顺序进行收付结算信息设置。

（2）机构人员信息设置

按部门档案→人员类别→职员档案→部门档案（修改负责人）顺序进行机构人员设置。

（3）客商信息设置

按地区分类→客户分类→供应商分类→行业分类→客户分级→客户档案→供应商档案的顺序进行客商信息设置。

（4）存货信息设置

按存货分类→计量单位→存货档案的顺序进行存货信息设置。

（5）财务信息设置

按外币设置（币种、汇率）→会计科目（增加、修改、指定）→凭证类别→项目核算体系的顺序进行财务信息设置。

3.账套备份

以系统管理员（admin）身份注册登录系统管理模块进行账套备份。

【实验思考题】

1.会计科目体系设置应遵循什么原则？

2.在进行部门与职员档案设置时应注意什么问题？

3.如何建立项目档案体系？在建立项目档案体系时应注意什么问题？

4.系统启用的途径有哪两种？

5.在进行客户（或供应商、存货）分类设置时出现无法设置提示，其原因是什么？应如何处理？

实验二思考题
参考答案

第4章　业务处理规则与数据初始设置

教学目的与要求

系统学习会计信息系统环境下经济业务处理规则的设置机制以及账务处理、固定资产管理、薪资管理等子系统初始设置的基本内容与业务处理规则，以及各个子系统期初数据的设置方法及要求。要求掌握账务处理系统控制参数设置机制及初始数据的设置方法；掌握固定资产管理应用方案的选择及初始设置的内容与方法；掌握薪资管理应用方案的选择与初始设置的内容与方法；了解相关子系统集成应用时控制规则的设置。

主要知识点

1. 经济业务处理规则设置。
2. 固定资产管理、薪资管理系统应用方案选择与规则设置。
3. 固定资产管理、薪资管理初始设置的内容与方法。
4. 总账、固定资产管理、薪资管理系统期初数据的设置方法。

关键概念

业务处理规则　初始数据　控制参数

从手工会计转化到会计信息化不仅是处理技术的转变，更重要的是管理思想的转变。会计作为一种管理活动，其基本功能是控制，一切会计理论和实务必须从控制的角度出发进行规划。会计信息化数据处理的一个特点是“垃圾输入，垃圾输出”，因而，企业在实施会计信息化后，加强内部控制就显得尤其重要，会计信息系统内部控制面临的一个非常重要的问题就是如何对业务处理流程实施控制。一方面可以通过完善内部控制制度，以制度的方式进行规范；另一方面就是在系统程序中建立业务处理控制机制，实现系统的自动控制。对同一项经济业务的处理方法可能有很多种，企业在进行业务处理时只能选择一种处理方法，这就需要通过建立业务处理规则来实现，如制单规则、坏账处理规则、记账规则等。系统初始化设置的一项非常重要的内容就是为各个子系统设置业务处理规则，并实现手工账务数据向计算机账务数据的转换。由于系统应用方案选择不同，所涉及的业务处理规则和初始数据的设置也不尽相同，本章基于使用总账、固定资产管理、薪资管理、应收款管理和应付款管理系统阐述业务处理规则设置和系统初始数据设置。

4.1　账务处理系统业务处理规则与数据初始设置

账务处理系统的业务处理规则主要用于设置经济业务发生后如何进行凭证的填制与控制，以及凭证审核控制机制、记账控制机制等，而数据初始设置在于实现手工账与计算机账的业务衔接。业务处理规则设置一般在账务处理系统启用后通过初始参数的选择进行控制，此项工作应由账套主管（一般是本单位的财务主管）根据本单位的实际情况负责完成。

4.1.1　业务控制参数设置

在利用账务处理系统进行日常业务处理前，首先应进行系统控制方案的选择设置，以实现内部控制管理的要求，并使业务处理规范化，避免发生业务处理差错而引发系统运行混乱。账务处理系统的内部控制是通过系统控制参数选项的选择实现的，其系统控制参数设置如图 4-1 所示。

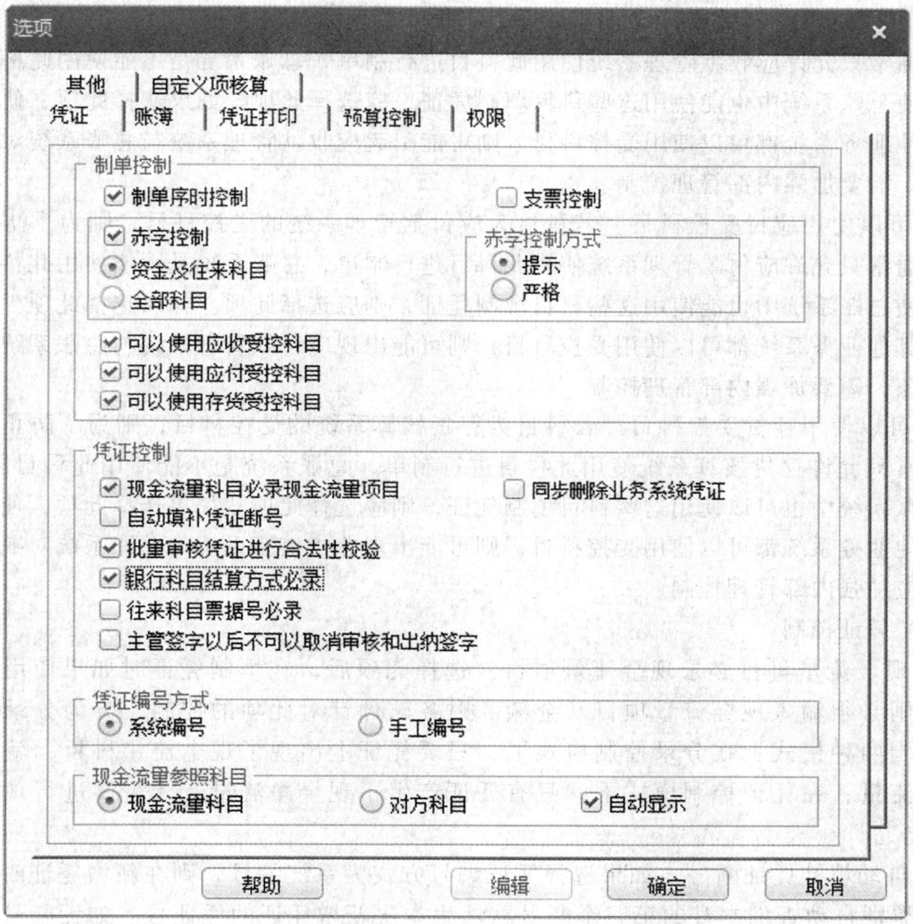

图4-1　业务控制参数设置

1）凭证设置

（1）制单控制

制单控制主要用于设置在填制凭证时，系统应对哪些操作进行控制。

① 制单序时控制。此项和“系统编号”选项联用，制单时凭证编号必须按日期顺序排列，如 7 月 1 日编至第 25 号凭证，则 7 月 2 日只能从第 26 号凭证开始编制，即制单序时。制单序时控制主要涉及三个时间点的控制：一是系统日期，制单日期不能超前于系统日期；二是系统启用日期，制单日期不能早于系统启用日期；三是凭证已使用日期，制单日期不能早于凭证已使用日期。如果有特殊需要可以将其改为不序时制单。

② 支票控制。若选择此项，在制单时使用银行科目编制凭证时，系统针对票据管理的结算方式进行登记。如果录入的支票号在支票登记簿中已存在，系统提供登记支票报销的功能；否则，系统提供登记支票登记簿的功能。

③ 赤字控制。若选择了此项，在制单时，当“资金及往来科目”或“全部科目”的最新余额出现负数时，系统将予以提示。赤字控制分提示、严格两种方式，可根据企业内部管理的实际需求进行选择。

④ 可以使用应收受控科目。若科目为应收款管理系统的受控科目，则为了防止重复制单，通常只允许应收款管理系统使用此科目进行制单，总账系统是不能使用此科目制单的。欲使总账系统中也能使用这些科目填制凭证，应选择此项。如果选择此项，使总账系统和其他业务系统都可以使用受控科目，则可能引起应收款管理系统与总账系统对账不平的现象，需要加强内部管理控制。

⑤ 可以使用应付受控科目。若科目为应付款管理系统的受控科目，则为了防止重复制单，通常只允许应付款管理系统使用此科目进行制单，总账系统是不能使用此科目制单的。欲使总账系统中也能使用这些科目填制凭证，则应选择此项。如果选择此项，使总账系统和其他业务系统都可以使用受控科目，则可能出现应付款管理系统与总账系统对账不平的现象，需要加强内部管理控制。

⑥ 可以使用存货受控科目。若科目为存货核算系统的受控科目，则为了防止重复制单，通常只允许存货核算系统使用此科目进行制单，总账系统是不能使用此科目制单的。欲使总账系统中也可以使用这些科目填制凭证，则应选择此项。如果选择此项，使总账系统和其他业务系统都可以使用受控科目，则可能出现存货核算系统与总账系统对账不平的现象，应加强内部管理控制。

（2）凭证控制

① 现金流量科目必录现金流量项目。选择此项后，在填制凭证时如果使用现金流量科目则必须输入现金流量项目及金额。财务软件针对此项的控制，分为分录控制和凭证控制两种模式：在分录控制模式下，只要凭证上出现了现金流量科目，就需要确认现金流量；在凭证控制模式下，只有凭证产生了现金净流量，才需要进行现金流量的确认。

② 自动填补凭证断号。如果选择凭证编号方式为系统编号，则在新增凭证时，系统按凭证类别自动查询本月的第一个断号默认为本次新增凭证的凭证号。如无断号则为新号，与原编号规则一致。

③ 批量审核凭证进行合法性校验。批量审核凭证时针对凭证进行二次审核，提高凭证输入的正确率，合法性校验与保存凭证时的合法性校验相同。

④ 银行科目结算方式必录。若选中此项，则业务发生后，只要涉及银行科目，就需要明确结算方式及结算票据号，否则凭证不能保存。

⑤ 往来科目票据号必录。若选中此项，则业务发生后，只要涉及个人往来、客户往来和供应商往来的会计科目，就需要录入业务票据编码，否则凭证不能保存。

⑥ 主管签字后不可取消审核和出纳签字。此选项控制凭证审核业务处理的先后顺序。

⑦ 同步删除业务系统凭证。选中此项后，外部系统删除凭证时相应地将总账的凭证

同步删除。否则，将总账凭证作废，不予删除。

（3）凭证编号方式

在填制凭证时，多数企业一般要求按照凭证类别按月自动编制凭证编号，此时应选择“系统编号”。但有的企业要求在制单时手工录入凭证编号，此时应选择“手工编号”。

（4）现金流量参照科目

现金流量参照科目用来设置现金流量录入界面的参照内容和方式。“现金流量科目”选项选中时，系统只参照凭证中的现金流量科目；“对方科目”选项选中时，系统只显示凭证中的非现金流量科目；“自动显示”选项选中时，系统依据前两个选项将现金流量科目或对方科目自动显示在指定的现金流量项目界面中，否则需要手工参照选择。

2）权限设置

① 制单权限控制到科目。此项为科目使用明细权限的控制开关，它需要与科目数据级权限设置结合，才会发生作用。若选择此项，则在制单时，操作员只能使用具有相应制单权限的科目制单。

② 允许修改、作废他人填制的凭证。若选择了此项，在制单时可修改或作废别人填制的凭证，否则不能修改。

③ 制单权限控制到凭证类别。此项为凭证类别使用明细权限控制开关，需要与凭证类别数据级权限设置结合，才能发生作用。若选择此项，则在制单时，只显示此操作员有权限的凭证类别。同时，在凭证类别参照中，按人员的权限过滤出有权限的凭证类别。

④ 操作员进行金额权限控制。选择此项，可以对不同级别的人员进行金额大小的控制，例如财务主管可以对10万元以上的经济业务制单，一般财务人员只能对10万元以下的经济业务制单，这样可以减少由于不必要的责任事故带来的经济损失。在进行金额权限控制时，结转凭证不受金额权限控制；在调用常用凭证时，如果不修改而直接保存凭证，此时由被调用的常用凭证生成的凭证不受任何权限的控制；外部系统凭证是已生成的凭证，得到系统的认可，所以除非进行更改，否则不受金额等权限控制。

⑤ 凭证审核控制到操作员。如果只允许某操作员审核其本部门操作员填制的凭证，则应选择此选项。

⑥ 出纳凭证必须经由出纳签字。若要求库存现金、银行存款科目凭证必须由出纳人员核对签字后才能记账，则应选择此项。

⑦ 凭证必须经由主管会计签字。如要求所有凭证必须由主管签字后才能记账，则应选择此项。

⑧ 可查询他人凭证。如允许操作员查询其他人员填制的凭证，则应选择此项。

⑨ 明细账查询权限控制到科目。这里是权限控制的开关，在“系统管理”中设置明细账查询权限，必须在总账系统选项中打开，才能起到控制作用。

⑩ 制单、辅助账查询控制到辅助核算。设置此项权限，制单时才能使用有辅助核算属性的科目录入分录，辅助账查询时只能查询有权限的辅助项内容。

3）凭证打印

① 合并凭证显示、打印。选择此项，则在填制凭证、查询凭证、出纳签字和凭证审核时，以系统选项中的设置显示。

② 打印凭证页脚姓名。在打印凭证时，是否自动打印制单人、出纳、审核人、记账人的姓名。

③ 打印包含科目编码。在打印凭证时，是否自动打印科目编码。

④ 摘要与科目打印内容设置。通过此功能，可设置凭证中的摘要栏与科目栏内打印的辅助项。

⑤ 打印转账通知书。启用了此项，才能够在科目编辑时指定可打印的科目，在凭证中可打印转账通知单。

⑥ 凭证、正式账每页打印行数。“凭证打印行数”可对凭证每页的行数进行设置，“正式账每页打印行数”可对明细账、日记账、多栏账的每页打印行数进行设置。

4）账簿

用来调整各种账簿的输出方式及打印要求等。

① 打印位数宽度。定义正式账簿打印时各栏目的宽度，包括摘要、金额、外币、数量、汇率、单价。

② 明细账打印输出方式。设置打印正式明细账、日记账或多栏账时，按年排页还是按月排页。

③ 凭证、账簿打印模式。凭证、账簿套打还是使用标准版打印。

5）会计日历

用于设定企业的会计期间，凭证和账簿的数量、单价的小数位及本位币核算精度等。

6）其他

用于设置外币汇率方式及部门、个人、项目的排序方式等。

【例4-1】以0003操作员赵玲的身份注册登录企业管理平台后，对总账控制参数进行设置，企业业务控制参数为：可以使用应收受控科目、可以使用应付受控科目、银行科目结算方式必录、往来科目票据号必录、凭证必须经由主管会计签字、出纳凭证必须经由出纳签字，其他采取默认设置。

操作步骤：

①单击【开始】菜单，依次指向【程序】—【用友ERP-U8 V11】，然后单击【企业应用平台】，打开【登录】对话框。

②在【登录】对话框中单击【操作员】文本框，输入操作员编号“0003”或输入操作员姓名“赵玲”，输入完毕后，回车将光标移到【密码】文本框输入区，输入登录密码“0003”回车，在【账套】下拉列表中选择“［788］山东彬彬童车厂”账套，输入操作日期“2022-04-01”，单击【确定】按钮，登录【用友U8】窗口。

③在【用友U8】窗口的业务导航视图中，选择【业务工作】—【财务会计】—【总账】—【设置】—【选项】，单击，打开【选项】对话框，如图4-1所示。

④单击【编辑】按钮激活窗口，然后选择【可以使用应收受控科目】、【可以使用应付受控科目】、【银行科目结算方式必录】和【往来科目票据号必录】复选项。

⑤单击【权限】选项卡，切换到【权限】页面，然后选择【出纳凭证必须经由出纳签字】和【凭证必须经由主管会计签字】复选项。

⑥单击【确定】按钮，完成业务控制参数的设置。

4.1.2　录入期初余额

在由手工核算向会计信息化核算转化后，需要在使用账务处理系统进行业务处理前，输入所有最末级明细科目的期初余额和启用月份前各月的累计发生额。当余额不平或因其他原因需要对会计科目进行修改时，也必须对期初余额进行调整以达到平衡。如果在年初建账，只需要把上一年的年末余额在启用账务处理系统时作为本年的期初余额予以录入；如果年中建账，则应录入各账户的期初余额和年初至启用月份的借方、贷方累计发生额，年初余额及上级科目金额由系统自动计算。如果系统中已有上年的数据，可使用“结转上年余额”功能将上年各账户余额自动结转到本年。

如果科目设置了辅助核算，则应通过辅助账录入期初余额；如果科目为外币核算科目，则应先录入本位币余额，再录入外币余额；如果科目为外币核算科目，则应先录入本位币余额，再录入外币余额；如果科目为数量核算科目，则应先录入金额，再录入数量；如果总账与往来账款管理系统集成应用，则除在总账中需要通过往来辅助账录入期初余额外，还应在往来账款管理系统中录入往来明细。

期初余额输入后，应对期初余额进行试算平衡检查和期初对账检查，以保证期初余额的准确性。如果期初余额不平衡，需要进行错误查找，予以修改，并再次进行检查，直到平衡为止。如果期初余额试算不平衡，系统允许进行凭证的填制，但不能进行记账；如果期初对账不平衡，系统允许进行凭证的填制和记账，但不能进行月末结账，因而后续工作将无法进行。期初余额试算平衡检查和期初对账检查是系统自动控制的一项功能，由计算机自动进行，目的是确保系统内部数据的真实、可靠。

在账务处理系统使用前，应根据财务管理软件对期初余额输入的要求，完成各账户启用月份的月初余额和年初到该月的借贷方累计发生额及形成辅助期初余额的业务明细数据准备，以满足手工处理到账务系统处理的衔接。

1）录入基本科目期初余额

对于无外币、无数量、无辅助的会计科目，期初余额可直接输入，但应在最末级明细科目输入，若余额方向相反，可以负数输入。

【例4-2】输入“1001库存现金”科目的期初余额“924.27元”、借方累计“89 950.00元”、贷方累计“89 525.73元”。

操作步骤：

①在【用友U8】窗口的业务导航视图中，选择【业务工作】—【财务会计】—【总账】—【期初】—【期初余额】，单击，打开【期初余额录入】对话框，如图4-2所示。

②在“1001库存现金”科目的【期初余额】栏直接输入“924.27”，在【累计借方】栏直接输入“89 950.00”，在【累计贷方】栏直接输入“89 525.73”，系统自动计算“1001库存现金”科目的【年初余额】为“500.00”。

图4-2 【期初余额录入】对话框

提示：

➢修改余额时，直接输入正确数据即可，然后单击【刷新】按钮进行刷新。

➢凭证记账后，期初余额变为浏览只读状态，不能再进行修改。

2）录入辅助账期初余额

若某科目涉及辅助核算，则系统会自动为其开设辅助账。在录入期初余额时，不能直接输入总账期初余额，而应通过录入辅助账期初明细数据，由系统自动汇总计算科目的期初余额。辅助核算科目期初数据录入需遵循以下要求：

① 借贷方累计发生额和期初余额均需通过辅助账录入。

② 如果科目为部门或项目辅助核算，则只需要以各个部门或各个项目的期初总额方式录入辅助期初余额。

③ 如果科目为客户、供应商或个人往来辅助核算，不仅需要以各个客户、各个供应商或各个个人的期初总额方式录入辅助期初余额，还需要以尚未收款或付款的往来业务单据方式录入期初往来明细信息，同时还要确保辅助期初余额和往来明细对账平衡。

④ 若同时集成使用了应收款、应付款管理系统，则往来辅助核算科目的期初余额不仅要在总账系统中录入，还需要登录应收款、应付款管理系统录入。

【例4-3】输入“1122应收账款”科目的期初余额“79 560.00元”、累计借方发生额“189 380.00元”、累计贷方发生额“193 790.00元”，往来辅助期初余额见表4-1，期初往来明细见表4-2。

表4-1 **客户往来辅助核算期初余额** 单位：元

客户名称	方向	累计借方金额	累计贷方金额	期初余额
振华车行	借	69 580.00	45 820.00	32 760.00
宏远商厦	借	70 800.00	68 970.00	46 800.00
华鸿商贸	借	49 000.00	49 000.00	0.00

表4-2 **期初往来明细信息** 单位：元

日期	凭证号	客户	业务员	摘要	方向	金额	票号	票据日期
2022-02-19	转-0025	振华车行	马同	销儿童车	借	32 760.00	08076557	2022-02-15
2022-03-25	转-0031	宏远商厦	马同	销独轮杂技车	借	46 800.00	08076593	2022-03-20

操作步骤：

①在【用友U8】窗口的业务导航视图中，选择【业务工作】—【财务会计】—【总账】—【期初】—【期初余额】，单击，打开【期初余额录入】对话框。

②在【期初余额录入】对话框中，将光标移到设置为辅助核算的会计科目如“应收账款”所在行，双击，打开【辅助期初余额】对话框，如图4-3所示。

图4-3 【辅助期初余额】对话框

③单击工具栏上的【往来明细】按钮，打开【期初往来明细】对话框，如图4-4所示。

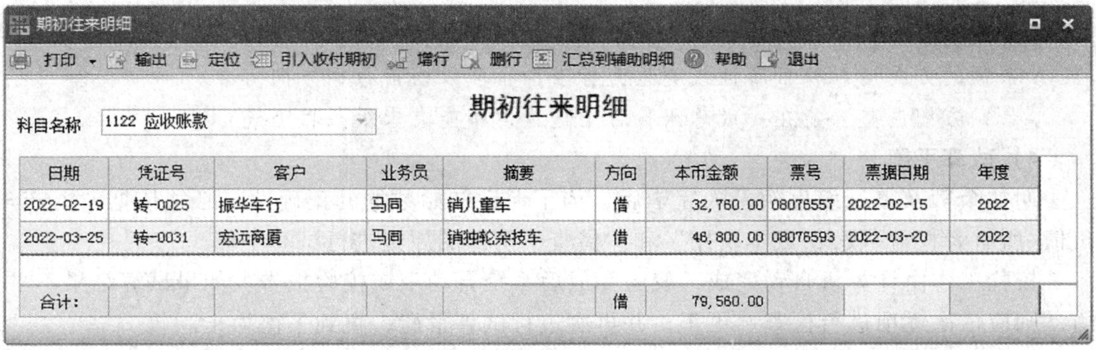

图4-4 【期初往来明细】对话框

④单击工具栏上的【增行】按钮，依次录入表4-2所示往来明细信息。所有往来明细输入完毕后，单击工具栏上的【汇总到辅助明细】按钮，将往来明细数据汇总到辅助期初余额表；完成汇总后，单击工具栏上的【退出】按钮，返回【辅助期初余额】对话框。

⑤在【辅助期初余额】对话框中，按表4-1依次输入累计借方金额和累计贷方金额。对于只有借贷方累计金额的记录，通过单击工具栏上的【增行】按钮增行输入。

⑥所有借贷方累计金额记录输入完毕后，单击工具栏上的【退出】按钮，返回【期初余额录入】窗口，系统自动计算填列“应收账款”科目的年初余额“83 970.00”、累计借方金额“189 380.00”、累计贷方金额“193 790.00”和期初余额“79 560.00”。

3）调整余额方向

一般情况下，系统默认资产类科目余额在借方，负债及所有者权益类科目余额在贷方。但在实际工作中，有一部分会计科目与原有的系统设置的余额方向不一致，也没有在建立会计科目时对其进行相应调整。在录入会计科目余额时，系统提供了调整余额方向的功能，即在未录入会计科目余额时，如果发现会计科目余额的方向与系统设置的方向不一致，可以利用此功能对其方向进行调整。

【例 4-4】将“累计摊销”科目余额的方向由“贷”调整为“借”。

操作步骤：

①在【期初余额录入】对话框中，单击“累计摊销”科目所在行，然后单击工具栏上的【方向】按钮，打开调整余额方向提示对话框，如图 4-5 所示。

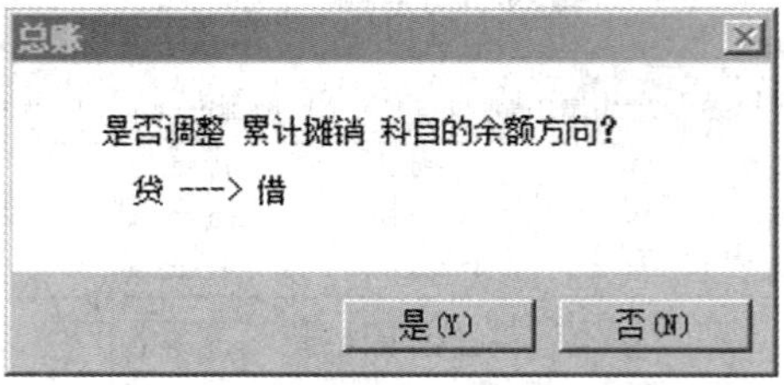

图4-5 调整余额方向提示对话框

②确定需要调整的方向“贷→借”，单击【是】按钮返回，此时系统将“累计摊销”科目余额方向调整为“借”。

提示：

➢总账科目与其下级的明细科目的余额方向必须保持一致。

➢余额的方向应以科目属性或类型为标准，不能以当前余额方向为准。

➢余额方向调整只能在一级总账科目上进行，不能在末级科目上进行。

4）试算平衡

期初余额及累计发生额录入完毕后，为了保证初始数据的正确性，必须依据“资产=负债+所有者权益+收入-成本费用”和“借贷平衡”的原则进行试算平衡。

校验工作由计算机自动完成，校验完成后系统自动生成校验报告。如果试算结果不平衡，则应依次逐项进行检查、更正，并再次进行试算平衡，直到平衡为止。

【例 4-5】对“［788］山东彬彬童车厂”账套的期初余额进行试算平衡校验。

操作步骤：

①在【期初余额录入】对话框中，单击工具栏上的【试算】按钮，系统自动完成平衡校验，并显示校验结果【期初试算平衡表】，如图 4-6 所示。

②单击【确定】按钮，完成试算平衡校验。

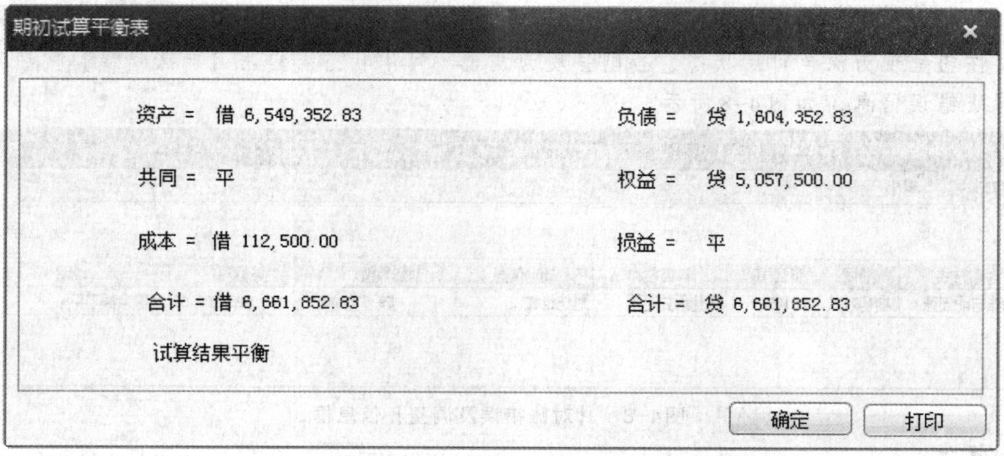

图4-6　【期初试算平衡表】信息框

提示：

➢期初余额试算不平衡，将不能记账，但可以填制凭证。

➢已经记过账，则不能再录入、修改期初余额，也不能执行结转上年余额功能。

➢期初余额试算平衡目前仅对期初余额进行试算检查，不对年初余额和借贷方累计发生额进行试算平衡检查。年初余额和借贷方累计发生额的试算平衡检查可通过编制资产负债表进行检查。

5）期初对账

若系统建账之初，使用了部门、项目等辅助核算管理功能，期初余额录入时要求录入辅助账。为确保总账与明细账、总账与辅助账、辅助账与明细账数据信息一致，需要进行期初对账。

【例 4-6】对“［788］山东彬彬童车厂”账套进行期初对账。

操作步骤：

①在【期初余额录入】对话框中，单击工具栏上的【对账】按钮，弹出【期初对账】对话框。

②单击【开始】按钮，系统开始逐项进行对账，系统对账完毕，显示对账信息。对账相符的在对账项目前方显示“Y”，对账不符的前方显示“X”，如图 4-7 所示。

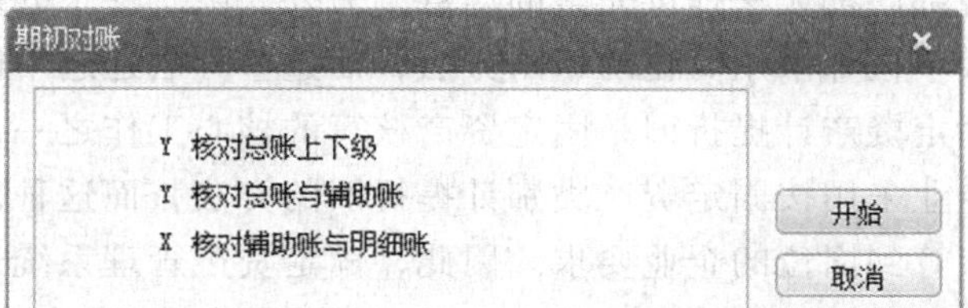

图4-7　【期初对账】结果

③若有对账不符的项目存在，则错误项目前方显示“X”，同时对话框下方【对账错误】按钮呈现为深色可用状态，否则呈现为灰色不可用状态。单击【对账错误】按钮可显示对账错误信息，如图4-8所示。

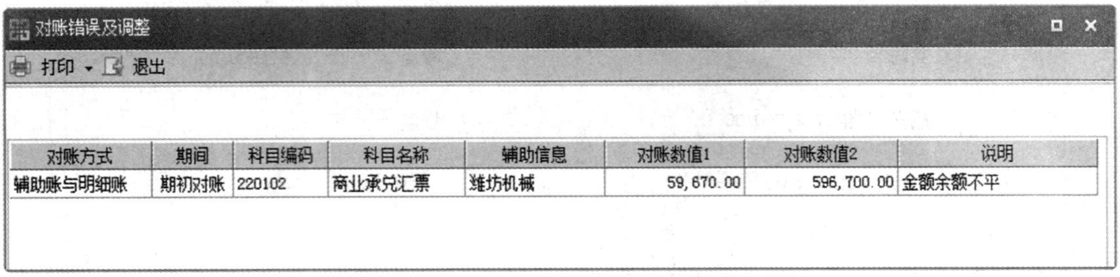

图4-8　【对账错误及调整】信息框

提示：

➢“对账数值1”对应“对账方式”列表中“与”字左侧的内容，“对账数值2”则对应“对账方式”列表中“与”字右侧的内容。

④在【期初对账】对话框中，单击【取消】按钮结束期初对账操作。

4.2　固定资产管理系统业务处理规则与数据初始设置

固定资产管理系统初始设置是固定资产管理系统正常使用的重要基础工作，这一工作的基本任务是使企业可以根据本单位的实际需要设置固定资产业务处理规则、管理方法和输入系统投入使用前的基础数据，从而将一个通用的系统转化为适用于处理本单位会计业务的专用系统，初始设置质量的优劣对于能否高效率地使用具有举足轻重的作用，而做好初始设置的基本条件是认真做好设置的准备工作。

4.2.1　系统使用前的准备工作

在投入使用前，认真细致地做好固定资产管理系统使用前的准备工作具有极其重要的意义。这是因为，企业固定资产的管理和核算由设备和会计部门分别进行，而固定资产的使用几乎与企业的所有部门均有关系，数据来源分散。由于现行管理体制和历史原因，有关同一固定资产的数据在不同部门归口收集、汇总、使用，数据重复多、交叉现象严重，产生较大的差异，各部门都无法提供完整的信息。另外，限于手工处理的能力，对固定资产核算的处理，一般单位都采用简化的粗略方法，而这些方法远远不能满足企业现代化管理的要求。例如，固定资产计提折旧是固定资产核算的核心工作之一，手工条件下限于人的处理能力，多数企业采用按固定资产类别计提折旧的方法，而这种方法远远不能满足成本核算到班组甚至核算到岗位的企业要求。因此，固定资产管理系统进行初始设置时不必要、不可能，也不应该将手工核算的一切方式照搬到系统中。

企业固定资产的管理从手工向计算机过渡，其基本的目的是细化固定资产的核算、规范固定资产的管理。固定资产管理系统使用前的准备工作主要就是围绕这两个方面进行的。另外，计算机处理与手工处理在处理方法上有很大区别，不同的固定资产管理系统对初始设置的要求也不尽相同，在做使用前的准备工作时必须充分考虑这些区别和要求所带来的影响。

固定资产使用前的准备工作主要包括以下几方面：

1）规范固定资产数据的收集

根据企业管理的需要对现有手工系统的数据情况进行调查分析，查明存在的数据冗余、遗漏、脱节问题的原因；制定制度规定数据收集的方法、内容、凭证格式；优化数据传递的渠道；规定数据管理的责任部门，从而保证固定资产数据的完整、系统和及时。

2）规范固定资产的基础数据和历史数据

①固定资产的基础数据主要是进行计算机处理必不可少的各种编码和为了管理需要而制定的各种控制指标数据。

数据编码是系统高效运行的基础。在系统投入使用前必须根据企业对数据处理的要求加以规范，对编码进行规范时必须考虑：第一，编码是否科学、合理；第二，编码在各个子系统中是否统一，也就是要保证固定资产编码在企业管理的各个系统中保持一致；第三，确定的编码体系是否符合财务管理软件对编码的要求。

控制指标数据是指进行管理和会计监督所需要的费用开支标准和预算等数据。在固定资产管理系统中，设备的维修费用弹性较大，也是固定资产日常使用开支较大的项目，制定合理的费用标准，对节省开支提高企业经济效益有重大意义。有了这种标准，固定资产管理系统在处理有关费用时即可对超过标准数据给予提示，从而达到事前、事中控制的要求。

②对固定资产历史数据规范的根本目的在于对手工系统进行一次全面的清理，对历史遗留问题进行彻底解决，以便固定资产管理系统一开始就在一个良好的基础上运行。固定资产历史数据的清理规范主要解决两个问题：第一，会计部门固定资产二级明细账与设备部门管理的固定资产卡片的分类合计是否相符，固定资产账上的数据与固定资产卡片上的数据是否吻合；第二，所有部门记录的固定资产的单、证、账、表上的数据与实际存在的固定资产是否相符。这两个方面在大多数单位都不同程度地存在一些问题，解决这些问题的工作量也许比较大，但必须引起高度重视。

3）确定折旧方法

固定资产折旧的计算是固定资产核算的核心工作。由于固定资产管理系统不必考虑处理能力的问题，因此在进行手工向计算机管理过渡时只需要根据企业精细化管理的要求，在会计制度允许的范围内选择固定资产折旧方法即可。一般来说，选用单台折旧方法核算固定资产折旧更有助于固定资产的精细化管理。

4）规范信息输出

固定资产信息主要以报表形式提供，满足企业不同的管理需求。在固定资产管理系统投入使用前应充分考虑报表的种类、格式和具体内容，以便据此确定报表的格式和计算公式。

5）规范业务处理的工作流程

规范固定资产管理系统的业务工作流程，目的有两个：一是要确保数据处理的正确性；二是通过规范工作流程从制度上建立系统使用的内部控制体系。这是因为会计核算工作有其固定的工作顺序：固定资产的各种增减、内部调动和使用状况变动如没有进行处理，计提折旧就可能发生错误；固定资产管理系统生成的记账凭证如没有向账务处理系统传递，账务处理系统就已结账，凭证就无法传递，账务处理系统与固定资产管理系统有关的账簿记录就会出现差错。虽然财务管理软件系统已内设了部分控制，但仍存在一定缺陷，因此，必须从制度的角度进一步加以规范。

4.2.2 固定资产管理业务规则设置

固定资产管理系统业务处理规则主要涉及固定资产是否计提折旧及主要折旧方法、固定资产编码规则、固定资产对账结账规则、固定资产变动生效规则、固定资产制单规则等方面。

1）固定资产折旧处理规则

固定资产折旧处理规则主要包括账套是否计提折旧、折旧汇总分配周期等。

（1）账套是否计提折旧

不同类型的单位在固定资产管理过程中，对固定资产的管理要求是不一样的。根据规定，行政事业单位固定资产不提折旧，而企业单位固定资产需要计提折旧。固定资产管理系统在使用前首先需要根据单位性质确定固定资产账套是否计提折旧。这是固定资产管理系统设置的基础，也是其他业务处理规则设置的前提。此项业务处理规则一经选定，在完成固定资产账套初始化后将不允许进行修改。

（2）折旧汇总分配周期

企业在实际计提折旧时，不一定每个月计提一次，可能因行业和自身情况的不同，每季度计提一次或半年、一年计提一次，同时折旧费用的归集也按照这样的周期进行。因而，在确定账套计提折旧的前提下，需要确定折旧汇总分配周期，以规范固定资产折旧费用的汇总分配。企业应根据所处的行业和自身实际情况确定计提折旧和将折旧归集计入成本和费用的周期。需要说明的是，不管选用何种汇总分配周期，在业务处理的每个期间均需要计提折旧，但折旧的汇总分配按设定的周期进行，把该周期内各期间计提的折旧汇总分配。

2）固定资产编码规则

固定资产编码规则主要包括资产类别编码及固定资产编码两个方式。

（1）资产类别编码方式

资产类别是单位根据管理和核算的需要对资产所做的分类，可参照国家标准分类，也可根据需要自己分类。类别编码最多可设置8级、20位，可以设定级数和每一级的编码长度，推荐采用国家规定的4级6位（2112）方式。

（2）固定资产编码方式

固定资产编号是资产的管理者给资产所编的号码，可以在输入卡片时手工输入，也可以选用自动编码的形式自动生成。如果选择了手工输入，则卡片输入时通过手工输入的方式录入资产编号；如果选择了自动编号，则可选择“类别编号+序号、部门编号+序号、类别编号+部门编号+序号、部门编号+类别编号+序号”四种方案中的一种。自动编号中序号的长度可自由设定为1~5位。自动编号的好处在于输入卡片时简便，更重要的是便于资产管理，根据资产编号很容易了解资产的基本情况。系统在使用过程中只允许使用一种自动编码方式，编码方式一经设定，不得修改。

在进行固定资产编码规则设置时，需要注意以下几个问题：

① 凡有国家标准的，如固定资产类别，国家标准GT/T14885-96将固定资产类别编码规定为4级6位，即2112编码方案。如果没有特殊情况应尽量参照使用国家标准。

② 编码应尽量具有一定的层次，例如，固定资产使用部门编码可按照“使用部门—车间—工段—班组”设为4级群码，以便按级分类汇总，提供尽量多层次的管理信息。

③ 多数软件对编码总长度都有规定，在设计编码时应注意不能超越系统编码总长度的要求。

④ 对没有提供公共码表一致性控制的软件，各管理子系统的公共码表应尽量保持一致。

3）固定资产管理对账结账规则

固定资产管理对账结账规则主要是从企业精细化管理的角度提出的，如果企业对固定资产进行精细化管理，则需要严格控制各子系统的固定资产业务，需要加强各个子系统之间的对账工作。如果企业采取的是粗放式管理，则可不进行对账。对账结账规则主要包括是否需要对账、对账科目、结账控制等内容。

（1）是否与账务处理系统对账

与固定资产管理存在对账关系的系统主要是账务处理系统。对账的含义是将固定资产管理系统内所有资产的原值、累计折旧和账务处理系统中的固定资产科目和累计折旧科目的余额核对，看数值是否相等。如果不等，则肯定是两个系统有偏差，应引起注意，予以调整。

（2）对账科目

从上述固定资产管理与账务管理系统对账的含义可以看出对账科目主要包括固定资产与累计折旧两个。由于固定资产管理系统参与对账的数据是系统内全部固定资产的原值和已提折旧的总额，所以选择的对账科目应是“固定资产”和“累计折旧”一级科目。

（3）月末结账控制规则

月末结账控制规则主要是在选定系统对账的前提下，在对账不平的情况下，对固定资产管理系统月末结账的控制机制。月末对账控制规则需要根据企业管理的要求进行合理设置，一般分两种情况：一是在对账不平的情况下允许月末结账，此种方式适合粗放式管理；二是在对账不平的情况下不允许月末结账，此种方式适合精细化管理需求。如果希望严格控制系统间的平衡，则应加强控制，并在月末结账前完成所有制单登账业务。

需要指出的是，对账不平，说明两系统存在偏差，应予以调整，但是偏差并不一定是由错误引起的，有可能是操作的时间差异造成的。因此，在选定对账不平不允许结账规则时，应从两方面加以控制：一是严格规范制单业务，所有与固定资产相关的业务均通过固定资产管理系统进行，账务处理系统只负责审核与记账；二是严格规范业务处理流程，完善内部控制，为系统运行提供良好的环境。

4）固定资产变动生效规则

固定资产发生变动后必然会涉及累计折旧计提的处理问题，变动生效规则就是要规范固定资产发生变动后，变动生效的时期，以完善固定资产管理的控制。虽然固定资产管理系统预设了固定资产变动生效规则，但也提供了部分变动生效规则的调整机制，以确保固定资产变动生效规则与国家的固定资产管理制度相符。这些调整机制涉及固定资产原值变化、净残值（率）变化、累计折旧变动三项。通过固定资产变动生效规则调整，用以明确固定资产折旧以变动后的新价值为基础进行计算，是在变动当期执行，还是在下期执行。

5）制单业务处理规则

制单业务处理规则主要用于确定业务发生后是否立即制单等。

（1）业务发生后立即制单

若选定业务发生后立即制单，则在发生新增、减少固定资产和固定资产原值变动等业务后，会立即生成凭证。未制单的业务或凭证未保存的业务将被汇总到批量制单模块中，这些业务需要在月末结账前通过批量制单完成凭证的生成处理。

（2）缺省入账科目

固定资产制单缺省入账科目是固定资产管理系统记账凭证自动生成的科目来源之一，是为凭证自动生成奠定基础的设置，应根据会计准则要求合理设置，否则会造成凭证生成的不正确。缺省入账科目主要包括固定资产、累计折旧、固定资产减值准备、固定资产清理、增值税进项税额等科目。

4.2.3　固定资产管理系统初始设置

固定资产管理系统初始设置的内容主要包括创建固定资产核算账套、账套参数设置、基础档案设置及初始余额等。

1）建立固定资产核算账套

在固定资产管理系统中建立核算账套的含义和作用与账务处理系统是一致的，由于企业财务管理软件系统的集成使用，固定资产管理系统核算账套的建立，实质上就是一个启用问题，其核心内容是设定系统主要编码的编码方式、固定资产管理系统与账务处理系统的数据接口以及固定资产是否计提折旧等内容。各种软件的设置方法不完全相同，但一般都提供建账向导功能引导完成账套创建。

以788账套为例，说明固定资产核算账套的建立过程：

（1）固定资产管理系统启用

① 在【用友U8】窗口的业务导航视图中，选择【基础设置】—【基本信息】—【系统启用】，单击，进入【系统启用】窗口。

② 在【系统启用】窗口，选择【固定资产】系统，在弹出的启用日期对话框中选择固定资产管理系统的启用日期，单击【确定】按钮，弹出系统启用确认对话框。

③ 单击【是】按钮，完成固定资产管理系统的启用操作。

（2）固定资产管理系统初始定义

①在【用友U8】窗口的业务导航视图中，选择【业务工作】—【财务会计】—【固定资产】，单击，由于初次登录固定资产管理系统，系统将弹出固定资产初始提示对话框。

②由于是第一次为788账套启用固定资产管理系统，故在固定资产初始化提示对话框中，单击【是】按钮，系统调用数据，打开【初始化账套向导】之一：【约定及说明】，如图4-9所示。

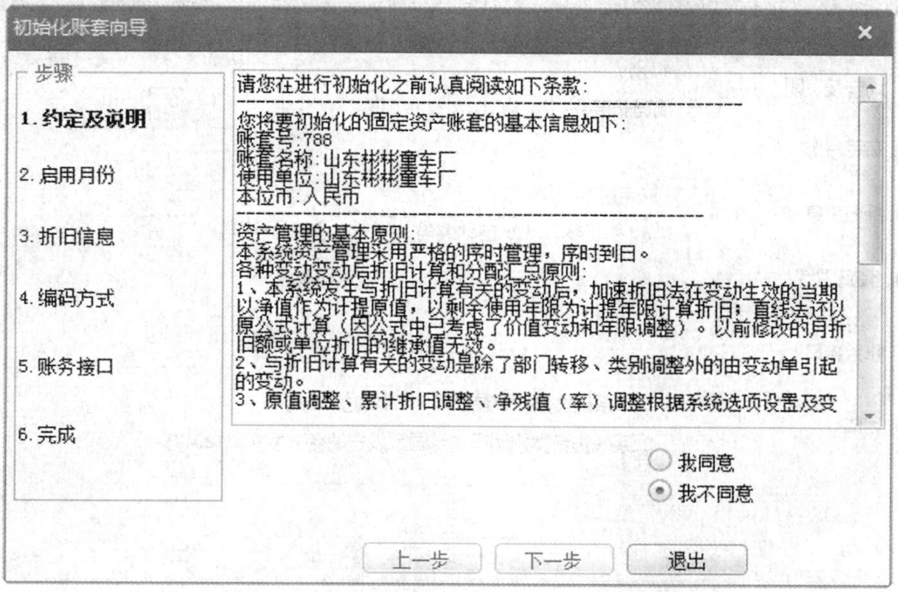

图4-9　【初始化账套向导】之一：约定及说明

③在【约定及说明】窗口列出了固定资产核算的基本原则，选择【我同意】选项，单击【下一步】按钮，进入向导第二步【启用月份】。

④启用月份在此仅能浏览，不能修改，单击【下一步】按钮，进入向导第三步【折旧信息】，如图4-10所示。

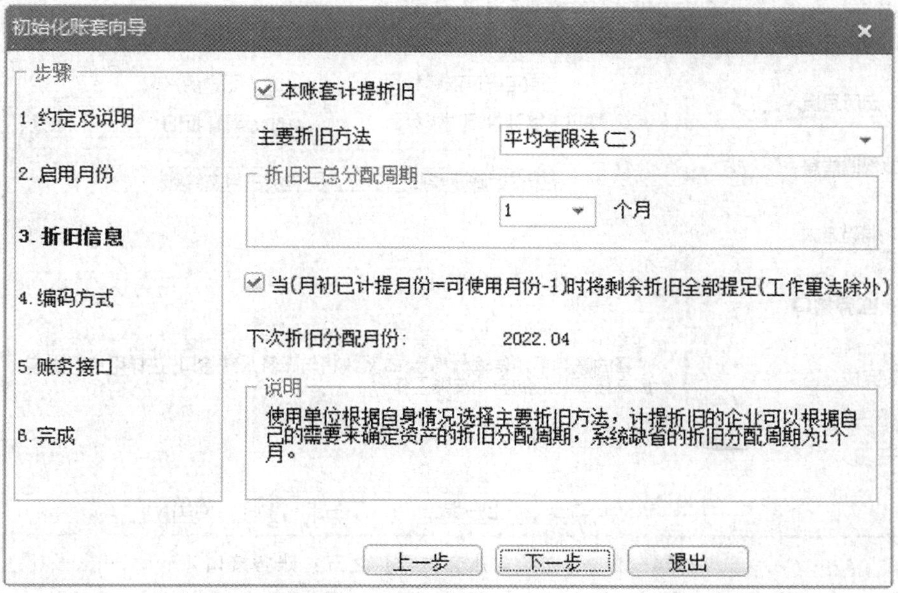

图4-10　【初始化账套向导】之三：折旧信息

⑤选定折旧处理方法后，单击【下一步】按钮，进入向导第四步【编码方式】，如图4-11所示。

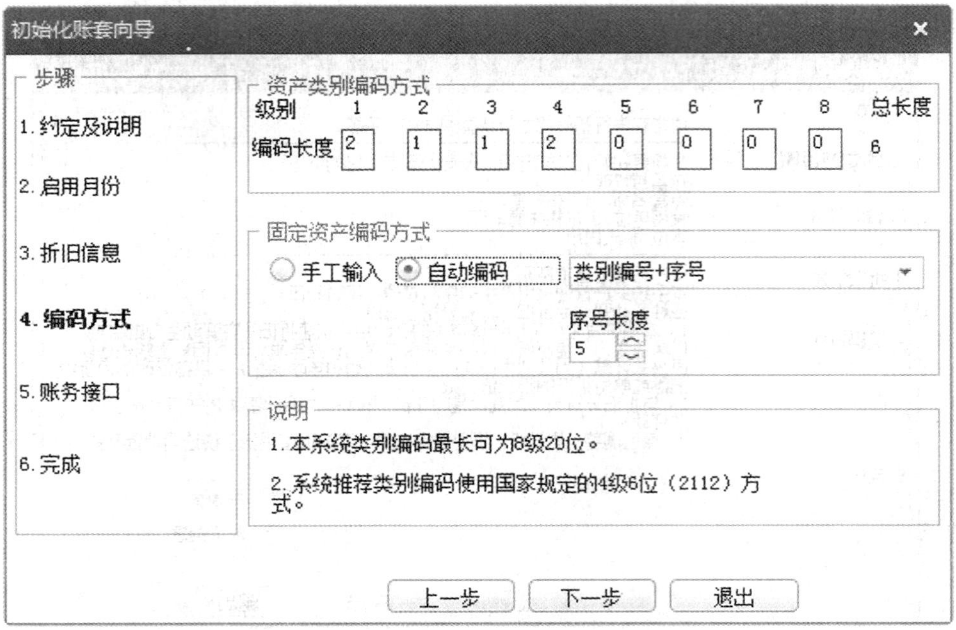

图4-11 【初始化账套向导】之四：编码方式

⑥设定资产类别编码方式和固定资产编码方式后，单击【下一步】按钮，进入向导第五步【账务接口】，如图4-12所示。

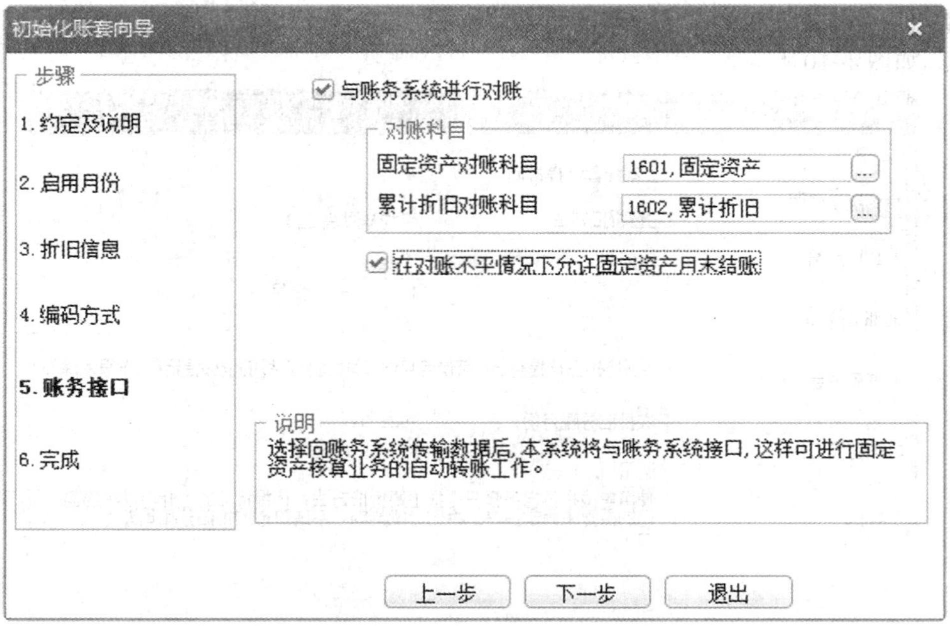

图4-12 【初始化账套向导】之五：账务接口

⑦进行选择设置后，单击【下一步】按钮进入向导第六步【完成】，如图4-13所示。

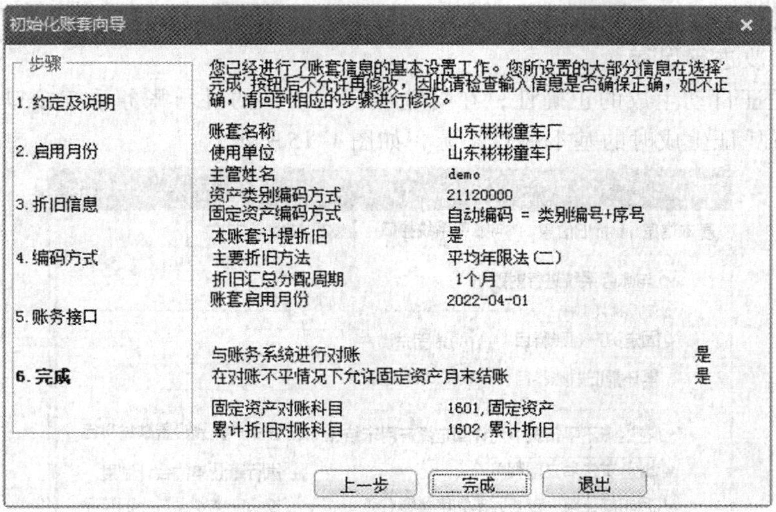

图4-13　【初始化账套向导】之六：完成

⑧窗口显示固定资产管理系统初始的设置信息，如果有问题可单击【上一步】按钮返回修改；如果设置正确，则单击【完成】按钮，弹出设置确认对话框。

⑨单击【是】按钮，弹出初始化成功提示对话框。

⑩单击【确定】按钮，激活【用友U8】窗口固定资产模块各节点功能。

2）账套参数设置

账套参数设置包括在账套初始化中设置的参数和其他一些在账套运行中使用的参数或判断，主要包括基本信息、折旧信息、与账务系统接口、编码方式和其他五方面的内容，它是固定资产管理系统运行的前提条件，也是固定资产管理系统的基础设置。

操作步骤：

①在【用友U8】窗口的业务导航视图中，选择【业务工作】—【财务会计】—【固定资产】—【设置】—【选项】，单击，打开【选项】对话框，如图4-14所示。

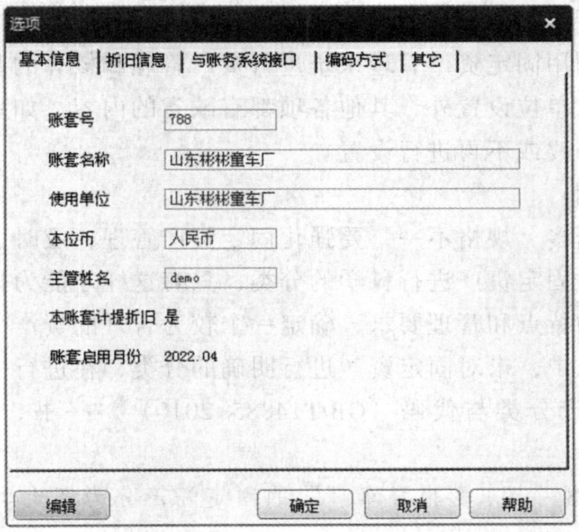

图4-14　【选项】对话框

②单击【编辑】按钮激活窗口，根据企业管理的实际情况修改相关参数后，单击【确定】按钮对修改进行保存。

为确保凭证自动生成的正确性，在【选项】对话框的【与账务系统接口】选项卡中，必须正确设置凭证生成时的基本科目来源，如图4-15所示。

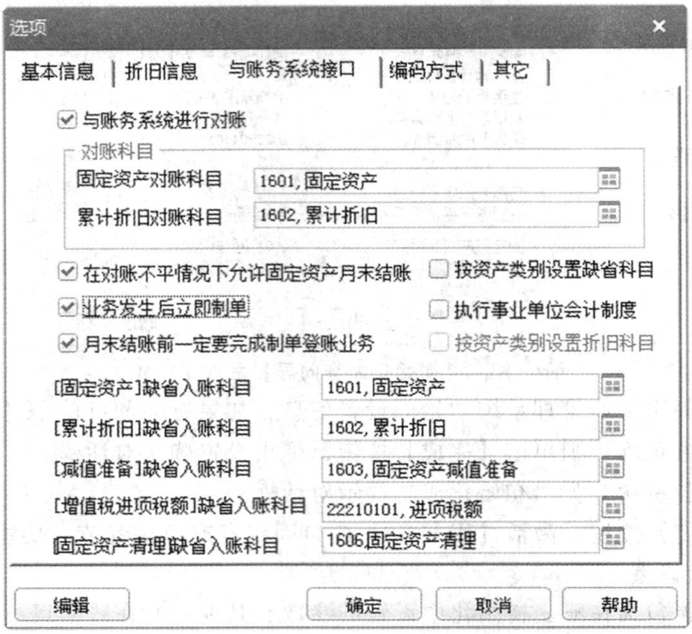

图4-15 【与账务系统接口】选项卡

提示：

➢缺省入账科目是固定资产凭证自动生成的科目来源之一。

3）基础信息设置

固定资产管理系统的基础设置就是完成通用管理系统向专用管理系统的转换，涉及的基础设置包括卡片项目、卡片样式、折旧方法、部门、资产类别、使用状况、增减方式等。这些基础设置是利用固定资产管理系统进行资产管理和核算的基础。在各项基础设置中，除资产分类必须由单位设置外，其他各项都有缺省的内容。如果没有特殊需要，可以在此基础上进行适当修改或不再进行设置。

（1）设置资产类别

固定资产的种类繁多、规格不一，要强化固定资产管理，及时、准确地做好固定资产的核算工作，就必须对固定资产进行科学的分类，只有这样才能为核算和统计管理提供依据。企业可根据自身的特点和管理要求，确定一个较为合理的资产分类方法。如果企业以前在固定资产管理过程中，未对固定资产进行明确的分类，在进行固定资产类别初始设置时，可参考《固定资产分类与代码（GB/T14885-2010）》一书，来选择本企业的资产类别。

【例4-7】将”［788］山东彬彬童车厂”的固定资产分为四大类八小类，其固定资产类别方案见表4-3。

表4-3　　固定资产类别方案

编码	类别名称	使用年限（年）	净残值率（%）	单位	计提属性
01	房屋及建筑物	20	4		总计提
011	房屋	20	4	栋	总计提
012	建筑物	20	4	栋	总计提
02	通用设备	10	4		正常计提
021	生产用设备	10	4	台	正常计提
022	非生产用设备	10	4	台	正常计提
03	交通运输设备	5	4		正常计提
031	生产用运输设备	5	4	辆	正常计提
032	非生产用运输设备	5	4	辆	正常计提
04	电子及通信设备	3	4		正常计提
041	生产用设备	3	4	台	正常计提
042	非生产用设备	3	4	台	正常计提

操作步骤：

①在【用友U8】窗口的业务导航视图中，选择【业务工作】—【财务会计】—【固定资产】—【设置】—【资产类别】，单击，打开【资产类别】视图窗口。

②单击工具栏上的【增加】按钮，打开【资产类别】设置窗口，如图4-16所示。

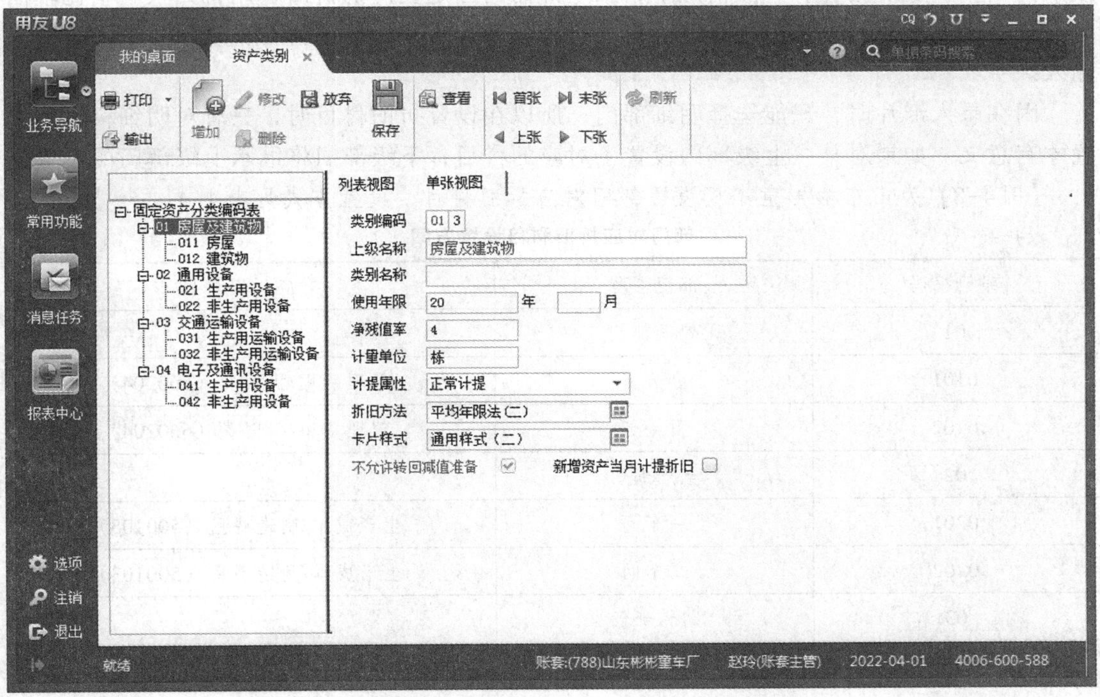

图4-16　【资产类别】设置窗口

③在【资产类别】设置窗口中录入类别名称为“房屋及建筑物”，使用年限“20年”，净残值率为“4%”，选择折旧计提属性“总提折旧”，折旧方法、卡片样式等取默认设置，然后单击工具栏上的【保存】按钮，对输入类别进行保存，同时进入同级别下一类别增加界面。以同样方式录入其他一级类别信息。

④选择“01房屋及建筑物”一级类别，然后单击工具栏上的【增加】按钮，弹出下级类别增加对话框。

⑤录入二级类别信息：类别名称为“房屋”，其他采用默认设置，单击工具栏上的【保存】按钮，继续录入“建筑物”二级类别。

⑥重复第④~⑤步完成其他一级类别和二级类别的设置。

提示：

➢可以对已有资产类别进行修改。非明细级类别编码不能修改，明细级类别编码修改时只能修改本级的编码；使用过的类别的计提属性不能修改；使用过的类别的卡片样式修改后会影响已录入系统该类别的卡片的样式，因此建议非特殊情况不要修改。

➢可以将已有的资产类别进行删除。系统已使用（录入卡片时选用过）的类别不允许删除，非明细级不能删除。

➢资产类别编码不能重复，同一上级的类别名称不能相同。

（2）设置部门对应折旧科目

对应折旧科目是指计提折旧时所对应的成本或费用科目。资产计提折旧后必须把折旧归入成本或费用，根据不同使用者的具体情况，有按部门归档的，也有按类别归档的。当按部门归档折旧费用时，一般情况下，某一部门的固定资产的折旧费用将归入一个比较固定的科目，在此对每个部门指定一个折旧科目，录入卡片时，该科目自动缺省，不必一一输入。

因在录入卡片时，只能选择明细部门，所以在设置折旧科目时，只有对明细科目的设置才有意义。如果对某一上级部门设置了对应的科目，下级部门将继承上级部门的设置。

【例4-8】为山东彬彬童车厂设置部门对应折旧科目，设置方式见表4-4。

表4-4 **部门对应折旧科目设置方案**

部门编码	部门名称	对应折旧科目
01	管理部门	
0101	办公室	管理费用/折旧费（660204）
0102	财务部	管理费用/折旧费（660204）
02	生产部门	
0201	一车间	生产成本/制造费用（500103）
0202	二车间	生产成本/制造费用（500103）
03	购销部门	
0301	供应部	管理费用/折旧费（660204）
0302	销售部	销售费用/折旧费（660109）

操作步骤：

①在【用友U8】窗口的业务导航视图中，选择【业务工作】—【财务会计】—【固定资产】—【设置】—【部门对应折旧科目】，单击，打开【部门对应折旧科目】设置窗口。

②在【部门对应折旧科目】设置窗口中选择一个部门，如“管理部门”，然后单击【修改】按钮，进入部门对应折旧科目设置状态，如图4-17所示。

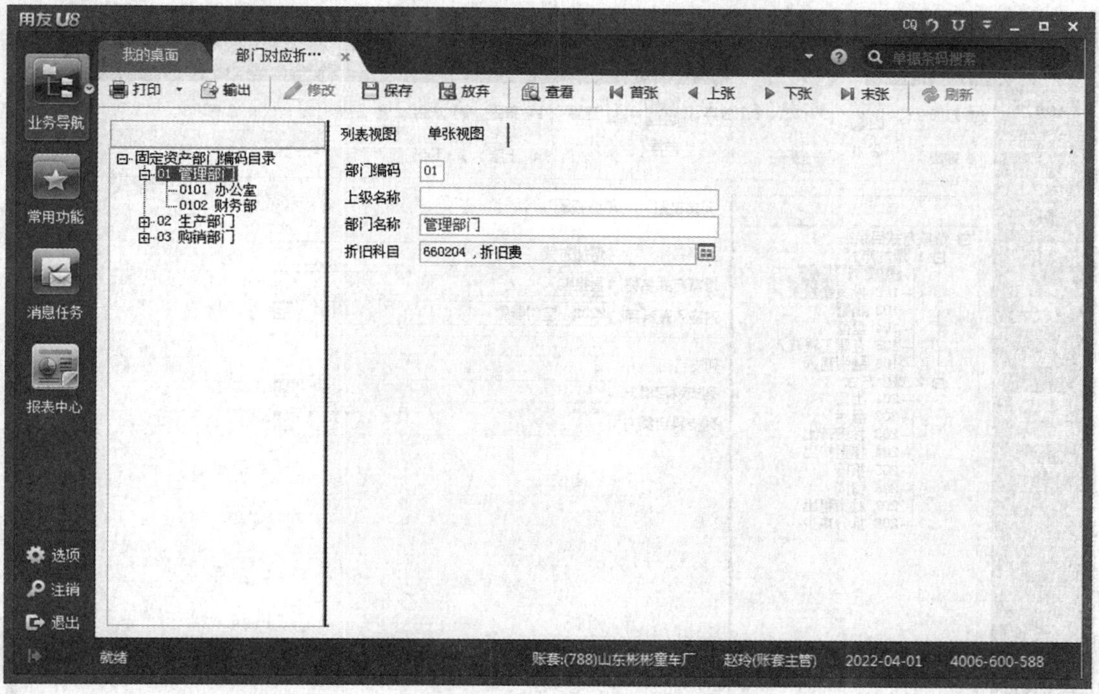

图4-17 【部门对应折旧科目】设置窗口

③直接录入或参照录入折旧科目“660204”，然后单击【保存】按钮，由于此处选择的为一级部门，系统弹出下级部门对应折旧科目应用对话框。

④单击【是】按钮，系统自动将上级部门对应折旧科目作为下级部门对应折旧科目。

⑤重复第②~④步完成其他部门对应折旧科目的设置。

提示：

➤部门对应折旧入账科目是固定资产凭证自动生成的科目来源之一，也是固定资产折旧分配归集对象的设定。

(3) 设置增、减方式

固定资产增减方式的设置主要是在固定资产发生增加或减少业务时使用，类似于摘要，系统内置了直接购买、投资者投入、捐赠、盘盈、在建工程转入、融资租入等几种增加方式和出售、盘亏、投资转出、捐赠转出、报废、毁损、融资租出等几种减少方式，企业可根据单位实际需要增加或减少增减方式。增减方式的对应入账科目是指增加或减少固定资产时所对应的科目，如在直接购入方式中，可将对应科目设置为“应付账款”。

操作步骤：

①在【用友U8】窗口的业务导航视图中，选择【业务工作】—【财务会计】—【固定资产】—【设置】—【增减方式】，单击，打开【增减方式】窗口。

②选择某一级别增加或减少方式，单击工具栏上的【增加】按钮，进入增减方式增加界面可以增加增减方式；在【增减方式】窗口中选择某一增加或减少方式，单击工具栏上的【修改】按钮，可以对增减方式信息进行修改调整，如图4-18所示。

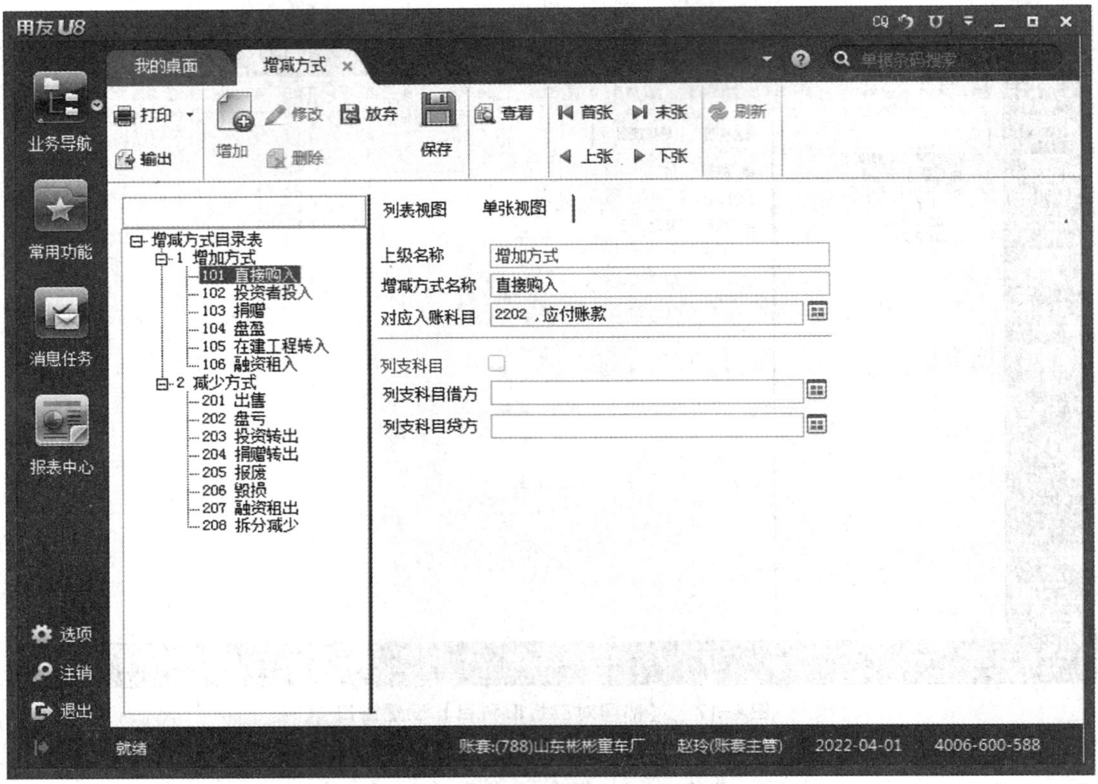

图4-18 【增减方式】设置界面

③录入增减方式对应的入账科目后，单击工具栏上的【保存】按钮对修改结果进行保存。

④重复第②~③步操作，修改其他增减方式的对应入账科目。

提示：

➢如果增加的是第一级，则从增减方式目录中选中“增加方式”或“减少方式”；如果增加的是第二级，则应在选中要添加下级的方式后，单击【增加】按钮。

➢增减方式对应入账科目是固定资产凭证自动生成的科目来源之一，应根据会计准则的相关规定进行设置。例如，以购入方式增加资产时该科目可设置为“应付账款”，投资者投入时该科目可设置为“实收资本”，该科目将缺省在贷方；资产减少时，该科目可设置为“固定资产清理”，将缺省在借方。

➢已使用（卡片已选用过）的方式不能删除；非明细级方式不能删除；系统缺省的增

减方式中“盘盈、盘亏、毁损”不能修改和删除。

（4）设置使用状况

从固定资产核算和管理的角度，需要明确资产的使用状况，一方面可以正确地计算和计提折旧，另一方面便于统计固定资产的使用情况，提高资产的利用效率。主要的使用状况包括在用、季节性停用、经营性出租、大修理停用、未使用、不需用等。

操作步骤：

①在【用友U8】窗口的业务导航视图中，选择【业务工作】—【财务会计】—【固定资产】—【设置】—【使用状况】，单击，打开【使用状况】窗口，如图4-19所示。

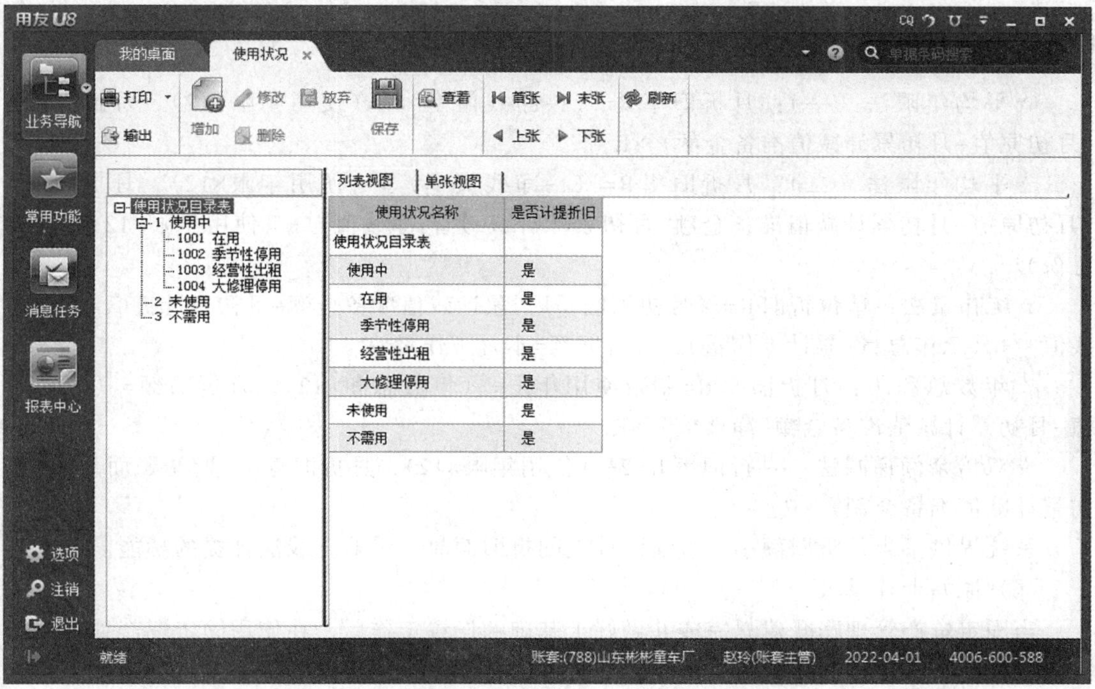

图4-19　【使用状况】窗口

②在【使用状况】窗口中选择一种使用状况，单击【增加】按钮，可以为选中的使用状况增加下级使用状况。

③在【使用状况】窗口中选择某一末级使用状况，单击【修改】按钮可以对其信息进行修改处理。

提示：

➤系统预置的第一级使用状况包括使用中、未使用、不需用，不能增加、修改、删除。企业可以在第一级使用状况的基础上，增设下级明细使用状况。

➤修改某一使用状况名称后，卡片中该使用状况变为修改后的名称。

➤修改某一使用状况的【是否计提折旧】的判断后，对折旧计算的影响从当期开始，不调整以前的折旧计算。

➤“在用”状况下级缺省的内容因涉及卡片的大修理记录和停启用记录表的自动填写，不能删除，名称可以修改。修改名称后系统认为保持原有概念不变。

（5）设置折旧方式

折旧方法设置是系统自动计算折旧的基础，在实施会计信息化后，企业可以根据每项固定资产的实际情况为其设置合理的折旧计提方法。固定资产折旧计提方法比较多，系统预设了五种常用的折旧计提方法：不提折旧、平均年限法（一和二）、工作量法、年数总和法、双倍余额递减法，并已设置了它们的折旧计算公式。这几种系统设置的折旧方法，只能选用，不能删除和修改。在企业的管理过程中，可能由于各种原因，系统设置的折旧方法不能满足需要，企业可以根据系统提供的折旧方法自定义功能，定义适合企业特点的折旧方法的名称和计算公式。

系统预设的折旧方法的含义如下：

☆不提折旧：月折旧率R=0，月折旧额=0。

☆平均年限法（一）：月折旧率R=（1-净残值率）÷（使用年限×12），月折旧额=（月初原值-月初累计减值准备金额）×R。

☆平均年限法（二）：月折旧率R=（1-净残值率）÷（使用年限×12），月折旧额=（月初原值-月初累计减值准备金额-月初累计折旧-月初净残值）÷（使用年限×12-已计提月份）。

☆工作量法：单位折旧R=（月初原值-月初累计减值准备金额-月初累计折旧-月初净残值）÷（工作总量-累计工作量），月折旧额=本月工作量×R。

☆年数总和法：月折旧率R=剩余使用年限÷（年数总和×12），月折旧额=（月初原值-月初累计减值准备金额-净残值）×R。

☆双倍余额递减法：月折旧率R=2÷（使用年限×12），月折旧额=（期初账面余额-期初累计减值准备金额）×R。

系统提供了当月折旧额小于直线法计提的折旧额时，采取直线法计提的功能。

（6）原始卡片录入

当固定资产管理账套建立完成并做好了基础的设置工作后，在使用固定资产管理系统进行核算前，必须将原始卡片资料录入系统，即将建账日期以前的数据录入到系统中，以保持历史资料的连续性。原始卡片的录入不必在第一个期间结账前，任何时候都可以录入原始卡片。固定资产原始卡片是固定资产核算和管理的基础和依据，固定资产卡片所记录的固定资产的开始使用日期的月份必须大于其录入系统的月份。

【例4-9】山东彬彬童车厂固定资产管理系统使用前，其固定资产原始数据资料见表4-5（固定资产的净残值率均为4%），根据系统管理要求完成固定资产原始卡片的录入。

表4-5 **固定资产原始资料（部分）**

固定资产名称	类别编码	所在部门	增加方式	使用年限（月）	开始使用日期	原值（元）	已计提月份（月）	累计折旧（元）
办公楼	011	办公室/财务部	在建工程转入	240	2019-03-01	400 000.00	36	57 600.00
厂房	011	一车间	在建工程转入	240	2015-07-10	200 000.00	80	64 000.00
厂房	011	二车间	在建工程转入	240	2015-07-10	250 000.00	80	80 000.00
车床	021	一车间	直接购入	120	2016-01-15	80 000.00	74	47 360.00

操作步骤：

①在【用友U8】窗口的业务导航视图中，选择【业务工作】—【财务会计】—【固定资产】—【卡片】—【录入原始卡片】，单击，打开【固定资产类别档案】对话框。

②在【固定资产类别档案】对话框中，选择“011房屋”，然后单击【确定】按钮，进入【固定资产卡片】录入窗口，如图4-20所示。

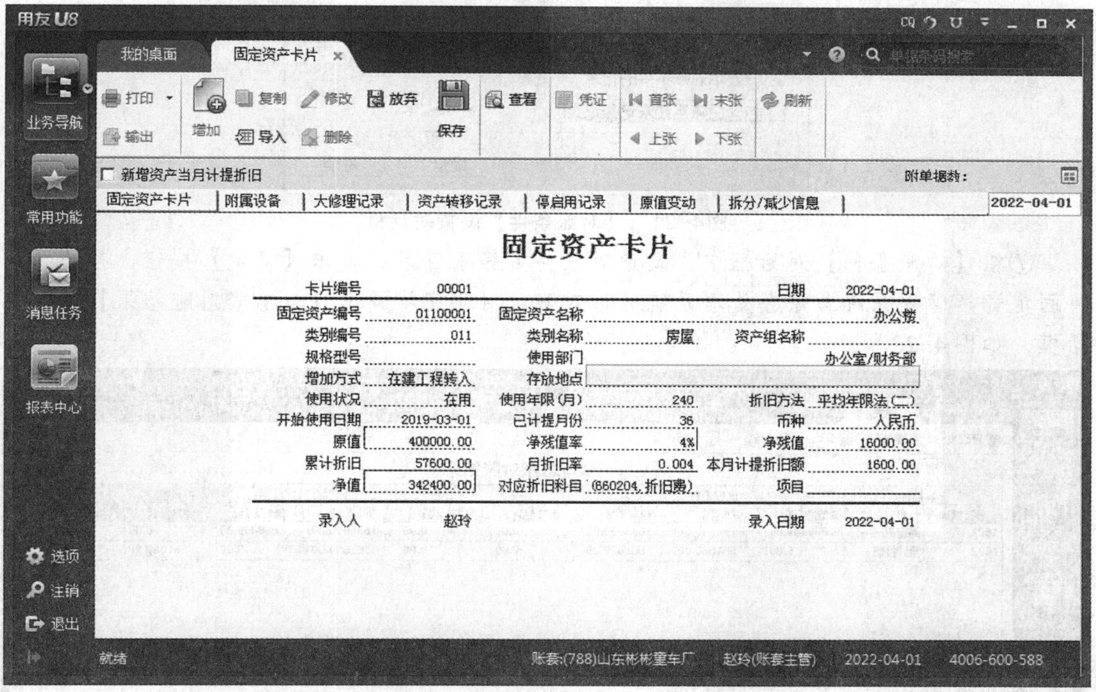

图4-20　【固定资产卡片】录入窗口

③录入或参照选择各项目的内容。固定资产名称“办公楼”、类别编号“011”、使用部门“办公室/财务部”、增加方式“在建工程转入”、开始使用日期“2019-03-01”、原值“400 000”、累计折旧“57 600”、使用状况“在用”、净残值率“4%”，固定资产卡片主卡信息录入完毕后，单击其他选项卡，录入其他固定资产管理信息。

④所有固定资产管理信息录入完毕后，单击工具栏上的【保存】按钮，系统弹出【数据成功保存】信息对话框，单击【确定】按钮完成保存，同时进入下一固定资产原始卡片界面，系统自动对固定资产卡片编号，在上一张卡片编号的基础上自动加1。

⑤重复第③~④步操作，依次录入其他固定资产原始卡片信息。

⑥在所有固定资产原始卡片录入完毕后一定要进行期初对账，以确保固定资产管理系统与账务处理系统“固定资产”科目和“累计折旧”科目总额平衡。方式是：退出固定资产原始卡片录入窗口，然后在【用友U8】窗口的业务导航视图中，选择【业务工作】—【财务会计】—【固定资产】—【资产对账】—【对账】，单击，打开【对账条件】对话框，如图4-21所示。

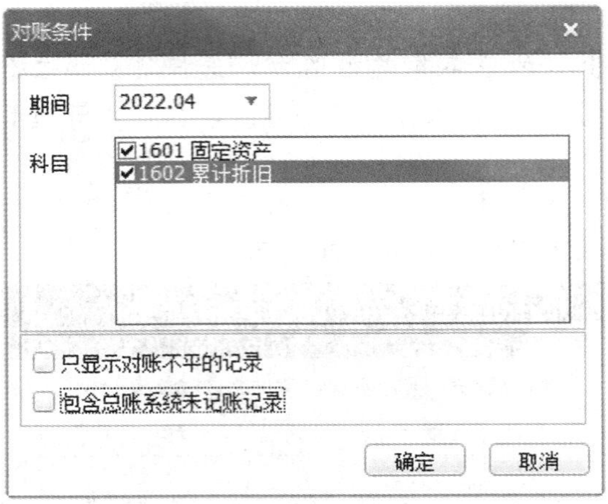

图4-21　【对账条件】设置对话框

⑦在【对账条件】对话框中，设置对账科目等条件后，单击【确定】按钮，系统开始将固定资产管理系统与账务处理系统进行对账，对账完毕弹出【与总账对账结果】信息对话框，如图4-22所示。

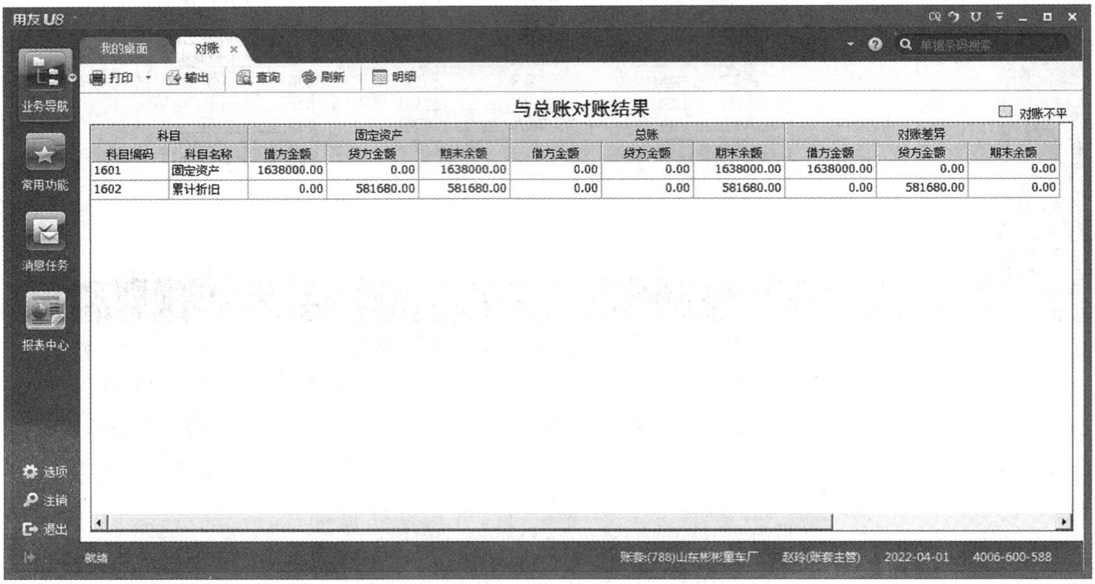

图4-22　【与总账对账结果】信息对话框

⑧关闭【对账】窗口，完成固定资产管理系统的初始设置工作。

提示：

➢与计算折旧有关的项目录入后，系统会按照输入的内容将本月应提的折旧额显示在“月折旧额”项目内，可将该值与手工计算的值比较，看是否有录入错误。

➢其他页签录入的内容只是为管理卡片设置，不参与计算，并且除附属设备外，其他内容在录入月结账后除“备注”外不能修改和输入，由系统自动生成。

➢已计提月份：系统将根据固定资产开始使用日期和使用年限（月）自动计算，如果计算结果与固定资产已计提折旧的真实月份数不一致，应按已计提折旧的真实月份数进行修改。

4.3 薪资管理系统业务处理规则与数据初始设置

薪资管理系统业务处理规则是整个薪资管理系统的应用前提，是薪资管理系统初始设置的基础，主要包括企业员工工资发放标准是否统一、是否存在计件工资、个人所得税如何处理、工资发放形式、各类员工工资构成项目，以及各项目工资数据如何确定等。系统基础数据的整理与设置必须基于所选用的核算规则，在此基础上进行薪资管理系统的工资数据整理，并将其录入到计算机系统中，使通用的薪资管理系统转化为企业的专用薪资管理系统。

4.3.1 应用基础准备工作

薪资管理系统在应用之前必须按系统的要求进行数据的整理，使之既适合于系统应用，又满足企业对工资的核算管理。应用基础准备工作包括数据准备、目录档案准备及设置工资业务规则等。

1）数据准备

在使用薪资管理系统前，应当规划设置企业内部所有部门的名称和简称规范、人员编码的编排方式、人员类别的划分形式，整理好准备设置的工资项目及核算方法，并准备好人员的档案数据、工资数据等基本信息。

2）目录档案准备

使用薪资管理系统前，如果未使用其他系统，则需按要求编辑基础信息有关内容，建立部门档案、工资项目档案、工资计算规则等。如进行的薪资管理中含有外币，则需进行外币设置。

3）设置工资业务规则

（1）工资核算规则

在单位中可能存在不同类型的人员，而各类人员的工资构成项目可能不同，工资扣缴项目也存在差异，因而系统需要为不同类型的人员设置不同的工资发放处理规则。企业应按照工资发放的实际情况和工资构成上的差异，合理选择是以单工资类别管理，还是以多工资类别管理。考虑工资发放的扩展变动，建议在工资核算管理体系设置时，选定以多工资类别管理。

（2）计件工资核算规则

如果企业工资计算采用计件工资，则需要提供计件工资核算项目，此项控制规则是通过“是否核算计件工资”这一控制参数进行设置的。系统根据此参数判断是否显示计件工资核算的相关信息。计件工资核算相关信息显示为：工资项目设置根据该选项判断显示“计件工资”项目；人员档案根据该选项判断显示人员“是否核算计件工资”选项；计件工资标准设置根据该选项判断显示功能菜单；计件工资统计根据该选项判断显示功能菜单。

（3）个人所得税扣缴规则

如果企业对个人所得税实行预扣预缴，则应设置从工资中预扣个人所得税，系统自动根据设置在工资项目中增加“代扣税”工资项目，并自动计算预扣缴的个人所得税。如果企业由职工个人申报所得税，则不应从工资中预扣个人所得税。

（4）工资发放规则

① 是否存在外币发放业务。该规则主要用于确定企业是否存在以外币发放工资的业务。如果企业有外籍人员，且外籍人员以外币发放工资，则需要设置外币核算。

② 工资发放方式。目前工资发放主要有两种方式：一是现金发放；二是银行代发。在现金发放情况下，为减少工资发放工作量，一般需要进行扣零设置处理，系统在计算工资时将依据扣零类型进行扣零计算，所扣零金额自动累加到下月的工资额中。如果企业采用银行代发工资的方式，则不用选择扣零设置处理。

4.3.2 建立薪资核算账套体系

建立薪资核算账套工作是整个薪资管理系统正确运行的基础，伴随薪资核算账套体系的建立，部分薪资核算规则也将被确定下来，后续薪资管理系统的基础设置也将基于此种设置进行。在用友财务软件中，薪资核算账套体系的建立分为两大环节，一是薪资核算管理模块的启用，二是薪资核算管理模块的激活。薪资核算账套体系的激活可通过系统提供的建账向导，一步步通过设置账套核算参数实现。

【例4-10】为山东彬彬童车厂启用薪资管理系统，并建立薪资核算账套。该公司账套基本信息为工资类别多个、无外币核算、预扣个人所得税、不进行扣零设置处理。

薪资核算账套的创建可根据系统建账向导来进行，系统提供的建账向导分为四步，即参数设置、扣税设置、扣零设置和人员编码。

操作步骤：

①注册登录企业应用平台，在【用友U8】窗口的业务导航视图中，选择【业务工作】—【人力资源】—【薪资管理】，单击，弹出【建立工资套】向导对话框，并进入【建立工资套】向导第一步【参数设置】，如图4-23所示。

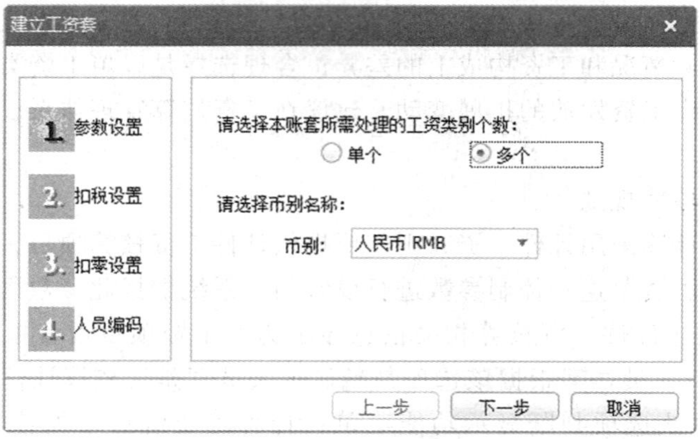

图4-23 【建立工资套】向导之一：参数设置

②选择【多个】工资类别，其他保持默认，然后单击【下一步】按钮，进入向导第二

步【扣税设置】，如图 4-24 所示。

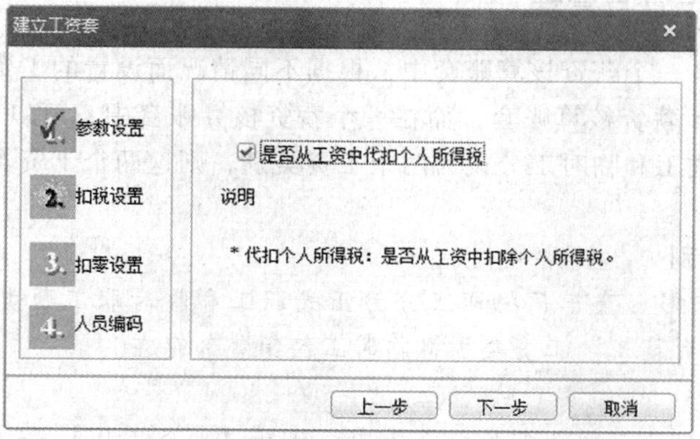

图4-24　【建立工资套】向导之二：扣税设置

③根据要求选择【是否从工资中代扣个人所得税】，然后单击【下一步】按钮，进入向导第三步【扣零设置】，如图 4-25 所示。

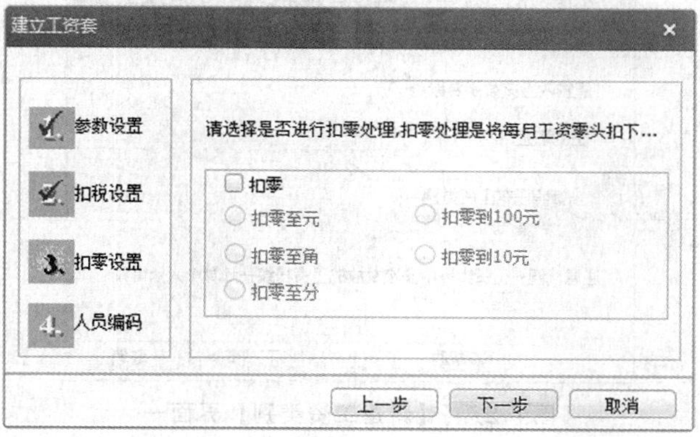

图4-25　【建立工资套】向导之三：扣零设置

④山东彬彬童车厂实行银行代发工资，不进行扣零设置。单击【下一步】按钮，进入向导第四步【人员编码】，如图 4-26 所示。

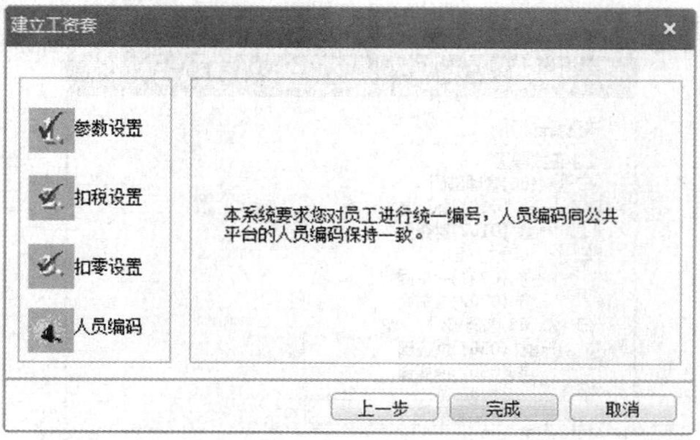

图4-26　【建立工资套】向导之四：人员编码

⑤单击【完成】按钮，激活薪资管理各项功能，并返回【用友 U8】窗口。

4.3.3 工资类别设置与管理

工资类别是指在一个薪资核算账套中，根据不同情况而设置的工资数据管理类别。一个单位只能建立一个薪资核算账套，而在一个薪资核算账套中，可以建立多个工资类别。例如，某企业将正式工和临时工分设为两个工资类别，则这两个工资类别对应企业的同一个薪资核算账套。

1）新建工资类别

【例4-11】山东彬彬童车厂将职工分为正式职工和临时职工两类，并分别为其建立“正式职工”和“临时职工”工资类别，临时工仅销售部存在。

操作步骤：

①在【用友U8】窗口的业务导航视图中，选择【业务工作】—【人力资源】—【薪资管理】—【工资类别】—【新建工资类别】，单击，进入【新建工资类别】界面一，如图4-27所示。

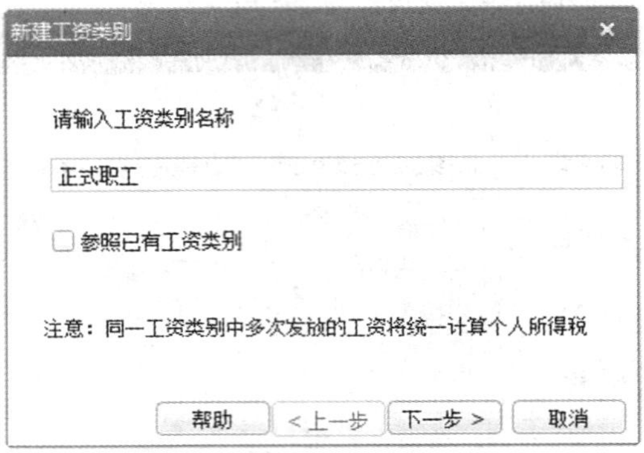

图4-27 【新建工资类别】界面一

提示：

➢工资类别名称最长不得超过15个汉字或30个字符。

②输入工资类别“正式职工”，然后单击【下一步】按钮，进入【新建工资类别】界面二，如图4-28所示。

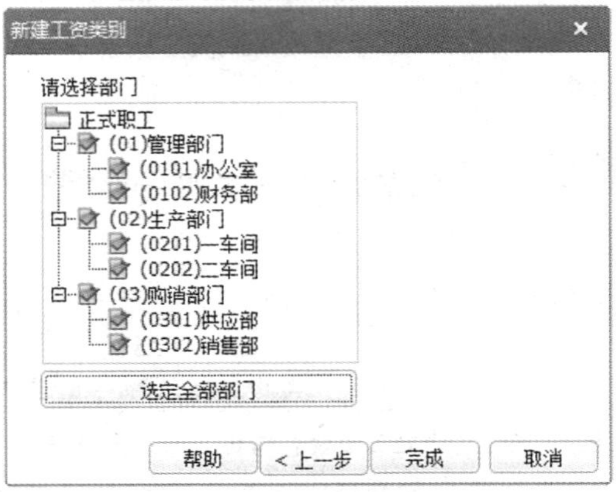

图4-28 【新建工资类别】界面二

提示：

➢此向导用于指定新建工资类别所包含的部门。

③在部门名称前方的文件夹图标上逐一单击选择，使其转化为选中状态，或单击【选定全部部门】按钮，选择所有部门，然后单击【完成】按钮，弹出工资类别启用日期确认信息对话框。

④单击【是】按钮，完成该工资类别的建立，同时使该工资类别处于打开状态。

提示：

➢工资类别的建立需要在工资类别关闭的状态下才能进行。

⑤重复第①~④步进行其他工资类别的定义。

2）删除工资类别

当某些工资类别因设置错误或其他原因不再需要时，可将其从系统中删除。

操作步骤：

① 在【用友U8】窗口的业务导航视图中，选择【业务工作】—【人力资源】—【薪资管理】—【工资类别】—【删除工资类别】，单击，打开【删除工资类别】对话框。

② 选中要删除的工资类别，然后单击【确定】按钮，弹出【是否删除工资类别】确认对话框。

③ 单击【是】按钮将此工资类别删除。

提示：

➢只有账套主管才有权删除工资类别。

➢删除工资类别只有在关闭工资类别的状态下才能进行。

➢工资类别删除后，数据不可再恢复。

3）打开工资类别

在进行工资数据处理时，必须使操作的工资类别处于打开状态，也就是要将工资类别打开。

操作步骤：

① 在【用友U8】窗口的业务导航视图中，选择【业务工作】—【人力资源】—【薪资管理】—【工资类别】—【打开工资类别】，单击，打开【打开工资类别】对话框。

② 选择要打开的工资类别，然后单击【确定】按钮，将工资类别打开，打开的工资类别编号和名称显示在系统窗口的状态栏。

提示：

➢在打开新的工资类别时，系统会自动将原打开的工资类别关闭，确保处于活动状态的工资类别只有一个。

4）关闭工资类别

某一工资类别数据处理完毕，或要对工资类别进行基础信息设置，如定义系统可以使用的工资项目，则必须将工资类别关闭。

操作步骤：

在【用友U8】窗口的业务导航视图中，选择【业务工作】—【人力资源】—【薪资管理】—【工资类别】—【关闭工资类别】，单击，系统自动将当前打开的工资类别关闭。

提示：

➢新增工资类别、删除工资类别、定义系统工资项目、工资类别汇总等操作必须在工资类别关闭状态下进行。

➢定义工资公式、录入职工档案、进行工资数据处理、修改账套参数等必须在工资类别打开状态下进行。

5）设置工资类别业务参数

在建立新的工资账套后，或由于业务的变更，发现一些工资参数与核算内容不符时，需要对工资核算业务规则进行修改调整，以满足企业工资核算管理的需要。工资业务参数调整主要包括扣零设置、扣税设置、工资类别参数设置和调整汇率等几方面。由于业务参数的修改调整与启用工资账套时的设置相似，此处仅阐述修改调整的操作途径。

①在【用友U8】窗口的业务导航视图中，选择【业务工作】—【人力资源】—【薪资管理】—【设置】—【选项】，单击，打开【选项】参数设置对话框，如图4-29所示。

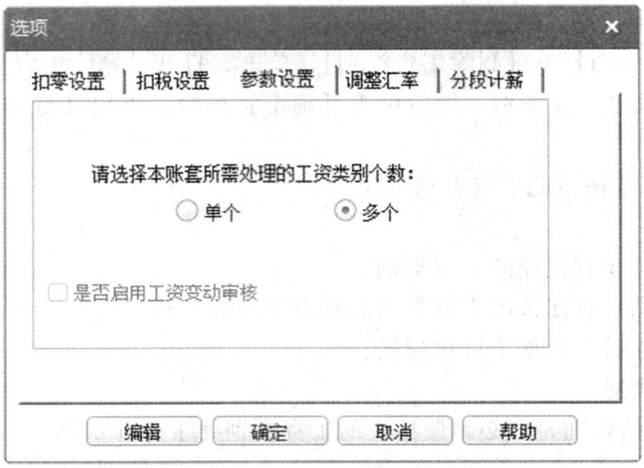

图4-29 【选项】系数设置对话框

②单击【编辑】按钮激活窗口，根据管理需要对相关参数进行修改调整。

③调整完毕，单击【确定】按钮对修改调整结果进行保存。

提示：

➢【选项】参数设置面向工资类别，需要在工资类别打开状态下进行，且需要为不同的工资类别分别进行设置。

4.3.4 薪资管理系统基础设置

对工资类别进行初始化后，即可利用形成的专用薪资管理系统处理本单位的薪资业务。

1）部门设置

薪资管理系统中所使用的部门与其他管理系统共用，如果尚未建立部门档案，或要对部门档案进行修改、删除等处理，需要通过基础设置来进行。如果要调整工资类别所包含的部门情况，则可在打开工资类别的情况下，在薪资管理系统中进行。

2）人员附加信息设置

在薪资管理系统中已预设了职工的基本信息项目，但这些项目有时并不能满足企业管理的需求。薪资管理系统设置了人员附加信息设置功能，通过此功能可以增加其他信息项目，丰富人员档案的内容，便于对人员进行更加有效的管理。

【例4-12】增加设置人员的信息项目：职务等。

操作步骤：

①在【用友U8】窗口的业务导航视图中，选择【业务工作】—【人力资源】—【薪资管理】—【设置】—【人员附加信息设置】，单击，打开【人员附加信息设置】对话框，如图4-30所示。

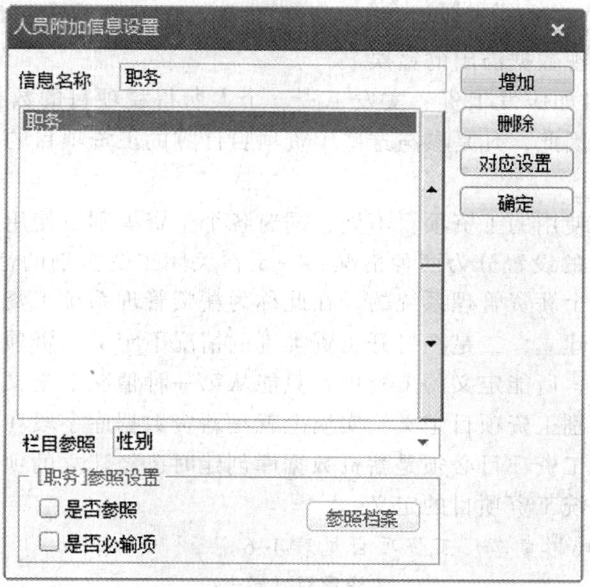

图4-30　【人员附加信息设置】对话框

②单击【增加】按钮，激活窗口。单击【栏目参照】下拉列表，从中选择项目“职务”，单击，将其添加到【信息名称】框中，再单击【增加】按钮进行保存。也可直接在【信息名称】文本框中输入项目名称，单击【增加】按钮进行保存。

③以同样方式完成其他项目的添加处理。

提示：

➢人员附加信息最多允许增加到100个。

➢建立的人员附加信息将作为工资核算项目参与薪资数据计算。

3）工资项目设置

由于各个单位的工资项目不尽相同，为了以后工资数据录入与管理更加适合企业管理的需求，需要根据本单位的实际情况定义工资表中的工资项目。工资项目定义的内容主要有序号或栏目号、项目名称、数据类型和数据长度。定义工资项目时需要注意以下几点：

① 工资项目定义的基本作用是定义存储工资数据的数据库文件的库结构。工资项目定义的先后顺序将决定该项目在数据库中和在工资表、工资单中的位置。因此，定义时应

考虑各工资项目的先后顺序。

② 在工资项目中，有些项目是任何单位都必须有的，如部门编码、职工编码、姓名、签名等，通常都要在薪资管理系统中将这些项目定义为字符型。这些项目的数据类型与程序中设计的处理方式密切相关。为了避免出现混乱，系统一般事先已将这些项目定义好提供给使用单位，在使用时一般不应修改这些项目的名称和数据类型，只在必要时修改这些项目的数据长度即可。

③ 工资项目定义并输入数据后，如要修改、增加或删除这些工资项目，一般会使已输入的数据丢失或出错。因此，在定义工资项目时应适当考虑一段时期的发展需要，以保证系统投入使用后保持较长时间的稳定。

④ 在定义各个工资项目的数据宽度时，应以能容纳该项目下可能出现的最大数据的宽度为依据，以免出现数据溢出的错误。

⑤ 部分工资项目如应发工资、实发工资、个人所得税项目的数据是由其他项目的数据经过计算得出的，因此，凡是参与这些工资项目计算的工资项目的数据类型必须设置成数值型。

由于各个单位所使用的工资项目不同，同时各个工资类别所使用的工资项目也不尽相同，因此，工资项目的设置分为两种情况：一是在关闭工资类别的情况下定义工资项目，此时的定义是针对整个薪资管理系统的，在此称为薪资管理系统工资项目定义，实质上就是薪资数据库字段的建立；二是在打开工资类别的情况下定义工资项目，此时的定义是针对打开的工资类别的，所能定义的工资项目只能从第一种情况下定义的工资项目中选择使用，在此称为工资类别工资项目定义，实质上就是薪资数据库字段在工资类别中选用的过程。工资类别选用的工资项目必须是薪资数据库创建时已经建立的项目。

（1）薪资管理系统工资项目的定义

【例4-13】山东彬彬童车厂工资项目见表4-6。

表4-6 **工资项目（部分）**

工资项目	类型	长度	小数位数	增减项	工资项目	类型	长度	小数位数	增减项
基础工资	N	8	2	其他项	养老保险费	N	8	2	减项
基本工资	N	8	2	增项	医疗保险费	N	8	2	减项
岗位工资	N	8	2	增项	失业保险费	N	8	2	减项
基础津贴	N	8	2	增项	物业管理费	N	8	2	减项
奖金	N	8	2	增项	应税工资额	N	8	2	其他项
福利补助	N	8	2	增项	上年月平均工资	N	8	2	其他项

操作步骤：

①如果工资类别处于打开状态，先关闭工资类别，然后在【用友U8】窗口的业务导航视图中，选择【业务工作】—【人力资源】—【薪资管理】—【设置】—【工资项目设置】，单击，打开【工资项目设置】对话框，如图4-31所示。

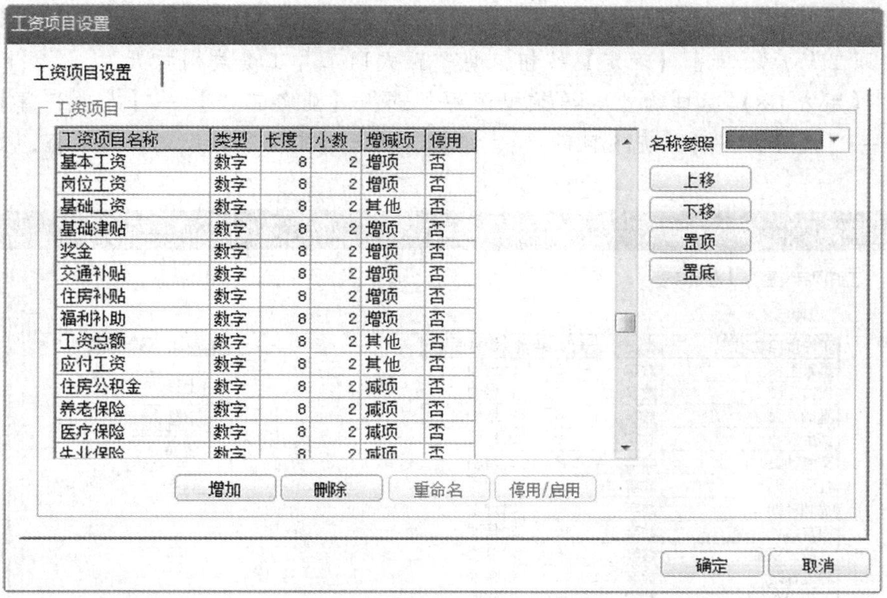

图4-31　【工资项目设置】对话框一

②在【工资项目设置】对话框中，单击【增加】按钮，追加一条空记录，然后从【名称参照】下拉列表中选择系统已预设的工资项目并单击，如“基本工资”，将工资项目名称添加到【工资项目】列表的【工资项目名称】栏，再分别在【类型】、【长度】、【小数】和【增减项】上单击并选择合适的选项。如果要添加的工资项目在【名称参照】下拉列表中不存在，可直接通过键盘录入工资项目名称，然后再设置其类型、长度、小数位数、增减项等内容。

③重复上述操作，完成其他工资项目的定义。

④单击【确定】按钮，系统弹出工资项目改变确认对话框。

⑤单击【确定】按钮，保存工资项目增加处理。

提示：

➢工资项目类型，即数据类型，分为两种：数值型和字符型。

➢增减项方案分三种：增项、减项和其他项，其中增项直接参与构成“应发合计”工资项目的数据源，减项构成“扣款合计”工资项目的数据源，其他项不直接参与“应发合计”和“扣款合计”的构成，间接影响工资数据。

➢系统预设工资项目不允许删除，工资项目名称、类型、增减项方案不允许修改。

➢可通过【上移】或【下移】按钮调整工资项目的排列顺序。

➢在关闭工资类别条件下进行的工资项目定义对整个薪资管理系统有效。

➢工资项目一经使用，数据类型不允许修改。

（2）工资类别工资项目定义

【例4-14】山东彬彬童车厂正式职工工资类别涉及的工资项目与表4-6相同。

操作步骤：

①在【用友U8】窗口的业务导航视图中，选择【业务工作】—【人力资源】—【薪

资管理】—【工资类别】—【打开工资类别】，单击，打开【打开工资类别】对话框，选择“正式职工”后，单击【确定】按钮，将“正式职工”工资类别打开。

②在【用友U8】窗口的业务导航视图中，选择【业务工作】—【人力资源】—【薪资管理】—【设置】—【工资项目设置】，单击，打开【工资项目设置】对话框，如图4-32所示。

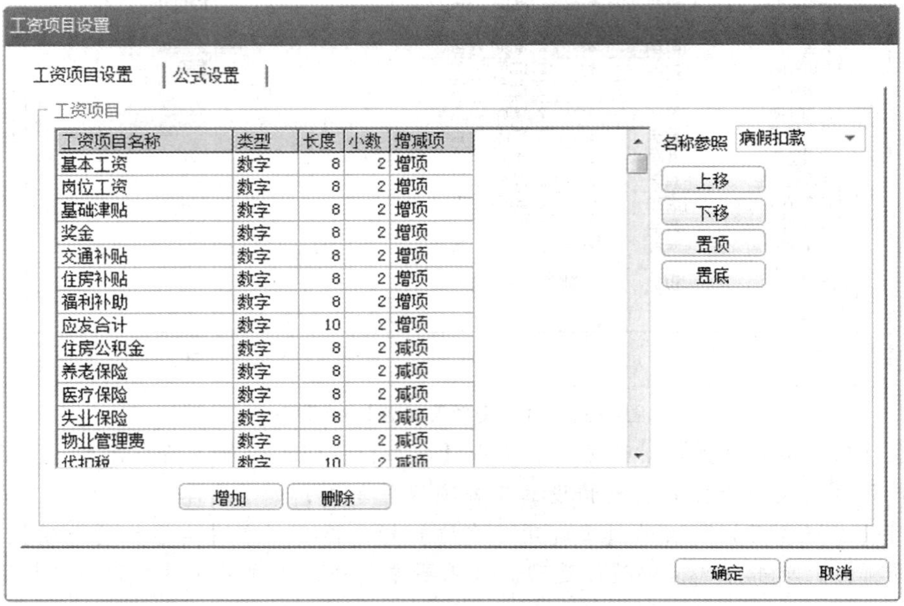

图4-32　【工资项目设置】对话框二

③单击【增加】按钮，追加一条空记录，然后从【名称参照】下拉列表中选择相关工资项目并单击，将其添加至【工资项目】列表框中。

④单击【移动】按钮，按构成“应发合计”的工资项在前，构成“扣款合计”的工资项在中间，其他工资项排在最后的方式调整工资项目排列顺序。

⑤单击【确定】按钮，保存设置。

4）人员档案设置

人员档案用于登记工资发放人员的姓名、职工编号、所在部门、人员类别等信息，处理员工的增减变动等。人员档案信息除在职员档案中所设置的信息外，还包括是否停发工资、是否为纳税人员、是外籍人员还是中方人员、调出、工资发放方式等内容。主要设置内容的设置说明如下：

① 停发工资。停发工资是指把停发工资的人员设置为既不参与工资发放，也不参与工资汇总，直到该人员的停发工资标志被取消，其工资才参与整体工资的计算。

② 计税。计税主要用于设置人员是否通过系统进行个人所得税计算处理。若选择计税，则在工资变动和个人所得税功能中对该人员进行扣税计算。若选为不计税，则在工资变动和个人所得税中无该人员的扣税记录。

③ 调出。调出用于标记是否为调出人员，调出人员将不参与工资的发放和汇总。该人员在当月尚未结算前可去除调出标记，结算后，此标记将不能恢复。

对人员档案的设置处理主要包括增加人员、人员调离与停发工资、数据替换等。

（1）增加人员

【例4-15】增加正式职工。

操作步骤：

①打开工资类别“正式职工”。

②在【用友U8】窗口的业务导航视图中，选择【业务工作】—【人力资源】—【薪资管理】—【设置】—【人员档案】，单击，打开【人员档案】窗口，如图4-33所示。

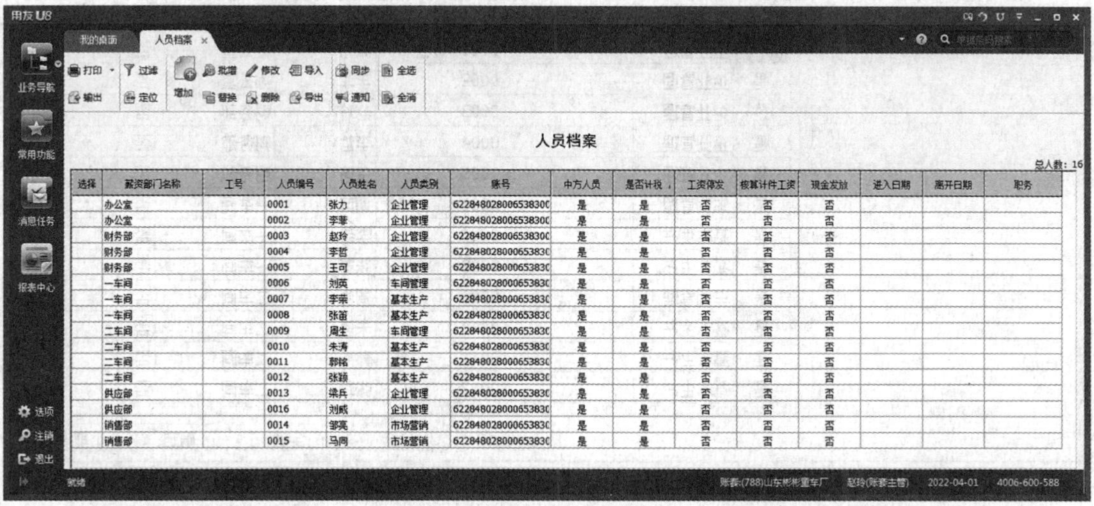

图4-33　【人员档案】窗口

提示：

➢人员档案增加分为两种方式：逐一增加和批量增加。单击工具栏上的【增加】按钮，打开逐一增加对话框【人员档案明细】，如图4-34所示；单击工具栏上的【批增】按钮，打开批量增加对话框【人员批量增加】，如图4-35所示。

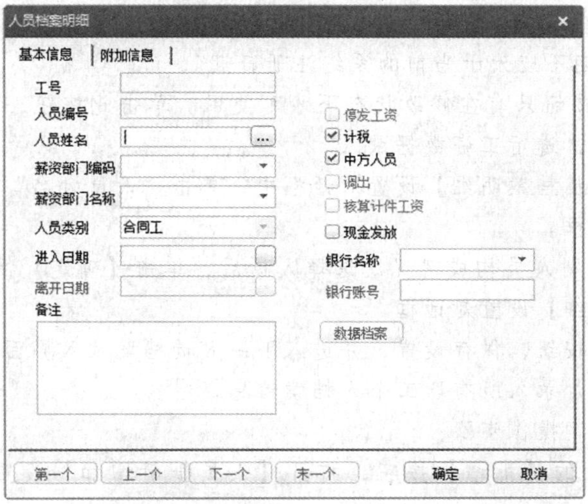

图4-34　人员档案逐一增加对话框【人员档案明细】

图4-35　人员档案批量增加对话框【人员批量增加】

第③步开始，有两种方法，逐一增加和批量增加人员档案。逐一增加人员档案操作步骤：

③单击工具栏上的【增加】按钮，打开【人员档案明细】设置对话框，如图4-34所示。

提示：

➢人员编号、人员姓名、部门、人员类别信息与基础设置中的职员档案信息一一对应，此处只需进行人员选择。

➢人员的进入日期不应大于当前的系统注册日期。

➢数据档案。此按钮只有在修改状态下才可使用。单击此按钮，可进入【工资数据录入—页编辑】对话框，进行工资数据录入。

④在打开的【人员档案明细】设置对话框中，单击“人员姓名”右端的参照按钮，弹出【人员选入】对话框。

⑤根据该工资类别人员构成情况，选择人员后，单击【确定】按钮或直接单击选入，并返回【人员档案明细】设置对话框。

⑥单击【确定】按钮，保存设置，并进入下一人员档案录入界面。

⑦重复上述操作，录入所有职工个人档案信息资料。

批量增加人员档案操作步骤：

③单击工具栏上的【批增】按钮，打开【人员批量增加】设置对话框，如图4-35所示。

④在打开的【人员批量增加】设置对话框中，选择部门后，单击【查询】按钮，将该工资类别包含部门所有人员全部予以显示，如图4-35所示。

⑤根据该工资类别人员构成情况，从人员列表中选择后，单击【确定】按钮完成人员添加，并返回【人员档案明细】设置对话框。

（2）人员调离与停发工资

操作步骤：

① 在【人员档案】窗口选择要修改的职工，然后单击【修改】按钮，进入【人员档案明细】设置对话框。

② 在【人员档案明细】设置对话框中，在【调出】或【停发工资】选项上打上“√”标记。

③ 单击【确定】按钮，弹出【写入该人员档案信息吗】信息提示对话框。

④ 单击【确定】按钮，对修改处理进行保存。

提示：

➢已做调出标志的人员，所有档案信息不可修改。

➢调出人员的编号可以再次使用。

➢调出人员调出当月即不再参与工资发放计算。

➢调出人员可在当月未做月末结算前，取消调出标记，但编号已被其他人员使用时，不可取消。

➢做完月（年）结算处理后，调出标记不可取消。

➢为保证数据的完整性和一致性，调出人员当年不可删除，如要删除，可在进行年末处理后，在新的一年开始时，将此人删除。

5）设置工资项目计算公式

设置工资项目计算公式是指设置工资项目之间的计算等式或运算关系，以便于系统根据计算公式进行数据处理。运用公式可直观表述各工资项目的实际含义以及显示与该项目有关的各参数信息。定义公式可通过选择工资项目、运算符、关系符、函数等组合完成。

例如，事假扣款的计算公式可定义为：事假扣款=基本工资/22*事假天数。该公式表示：事假扣款由日工资乘事假天数得出。

在工资项目计算公式定义时，对于有标准的工资项目可通过IFF函数进行定义。IFF函数的基本用法如图4-36所示。

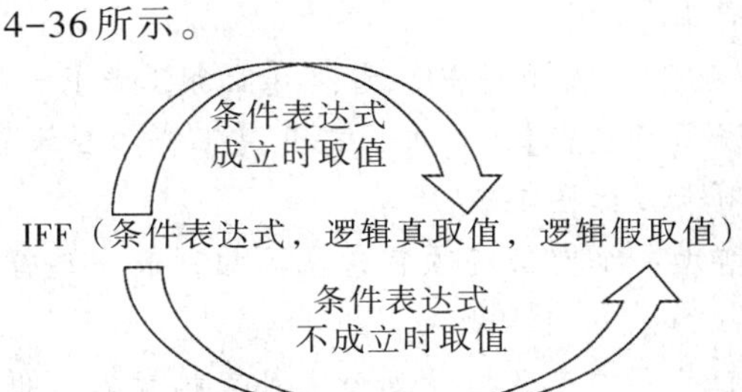

图4-36　IFF函数应用规范

提示：

➢IFF函数的三个参数据缺一不可。

➢第二、三个参数计算的最终结果必须是数值。

➢IFF函数可以多级嵌套使用。

例如：

全勤奖计算公式可设置为：IFF（人员类别=“管理人员”，300，200）。该公式表示：管理人员的全勤奖是300元，除管理人员以外的其他人员的全勤奖是200元。

岗位工资的计算工资可定义为：IFF（人员类别=“经理”，800，IFF（人员类别=“工程师”，700，IFF（人员类别=“会计”，600，500）））。该公式表示：如果人员类别是经理，则岗位工资是800元；如果人员类别是工程师，则岗位工资是700元；如果是会计，则岗位工资是600元，其他各类人员的岗位工资是500元。

【例4-16】定义山东彬彬童车厂的工资计算公式，该公司部分工资项目的工资数据构成情况见表4-7和表4-8。

表4-7 **基本工资等项目工资标准** 单位：元

职务	基本工资	岗位工资	基础津贴	住房补助
总经理	5 000	2 000	3 500	350
主任	4 000	1 500	3 000	300
其他	3 000	1 000	2 000	200

表4-8 **“三险一金”扣缴基数与标准**

扣缴基数	养老保险费	医疗保险费	失业保险费	住房公积金
上年月平均工资额	5%	3%	1%	6%

其他工资项目：

基础工资=基本工资+岗位工资+基础津贴

工资总额=基本工资+岗位工资+基础津贴+奖金+交补+住房补助-病假扣款-事假扣款

应税工资额=工资总额-住房公积金-养老保险费-医疗保险费-失业保险费

应付工资=工资总额+福利补助

操作步骤：

①打开工资类别“正式职工”。

②在【用友U8】窗口的业务导航视图中，选择【业务工作】—【人力资源】—【薪资管理】—【设置】—【工资项目设置】，单击，打开【工资项目设置】对话框。

③选择【公式设置】选项卡，如图4-37所示。

④单击【增加】按钮，增加一个空工资项目，从下拉列表中选择“基本工资”并单击添加此项目。

⑤公式定义窗口为基本工资公式定义，计算公式可直接录入，也可通过单击【公式输入参照】中的运算符、函数参照、工资项目等完成计算公式。在此以参照方式说明定义方式：单击【函数参照】选择“IFF”函数，将光标定位在IFF函数的第一个参数位置上，

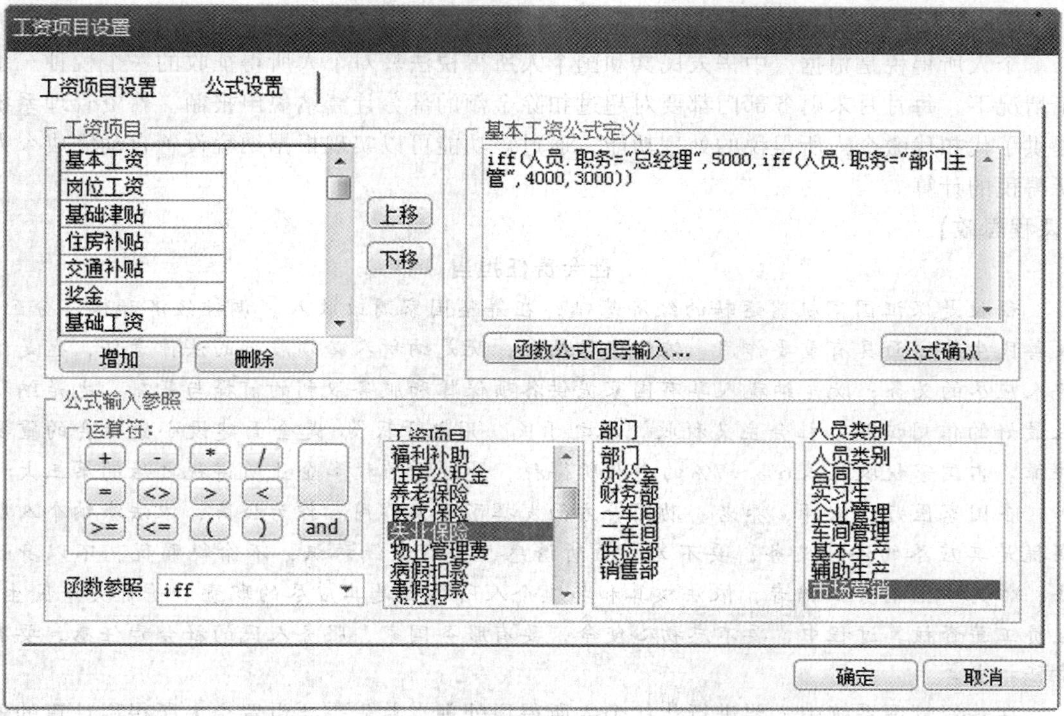

图4-37 【公式设置】选项卡

依次单击【工资项目】列表框中的“人员.职务”项，再点击【公式输入参照】中的“=”，在“=”后输入值“总经理”，然后将光标定位在IFF函数的第二个参数位置上，录入参数值“5 000”，再定位在第三个参数位置上，单击【函数参照】中的“IFF”将第三个参数设置为嵌套的IFF函数，按上述方式定义嵌套的第二个嵌套的IFF函数的三个参数：人员.职务=“主任”、4 000、3 000。

⑥单击【公式确认】按钮，对设置的计算公式进行保存。保存时，系统自动对计算公式进行合规性校验。

⑦以同样的方式完成其他计算公式的定义。

⑧调整计算公式排列顺序，最后单击【确定】按钮。

提示：

➢工资项目计算公式的定义必须在工资类别添加人员档案的前提下，才能进行设置。无人员档案不能定义公式。

➢定义工资项目计算公式要符合逻辑，系统将对公式进行合法性检查。

➢应发合计、扣款合计和实发合计公式不用设置，由系统自动生成。应发合计由增项工资项目自动求和，扣款合计由减项工资项目自动求和。

➢函数公式向导只支持系统提供的函数。

➢定义公式时要注意公式排列的先后顺序，先计算的公式排列在前。

➢应发合计计算公式应置于增项工资项目之后，扣款合计计算公式应置于减项工资项目之后，实发合计计算公式应置于应发合计和扣款合计公式之后。

6）个人所得税扣缴设置

个人所得税是根据《中华人民共和国个人所得税法》对个人所得征收的一个税种。手工情况下，每月月末财务部门都要对超过扣除金额的部分计算纳税申报额。薪资管理系统提供了代扣代缴个人所得税的处理功能。通过该功能可以实现根据纳税设置自动完成个人所得税的计算。

【课程思政】

社会责任担当

税收是保证国家机器运转的经济基础，在筹集国家财政收入、调控经济和调节分配、改善民生等方面具有重要作用。依法诚信纳税，既是纳税人必须履行的法律责任，也是纳税人应尽的义务；既是纳税人享有国家提供各项保障和服务权利的前提与基础，也是纳税人最好的信用证明。社会主义税收"取之于民，用之于民"，是全面建设小康社会的重要保障。占国家税收收入6%～7%的个人所得税，是继增值税和企业所得税之后的第三大税种，在国家医疗、教育、养老、助困等方面发挥了重大作用。作为公民，依法缴纳个人所得税是其应尽的法律义务，要不为利益所诱惑，要有底线意识，不偷税漏税，不以身试法；作为一名财务工作者，依法核算和扣缴个人所得税是其应尽的职责。薪资关乎民生，在员工薪资核算过程中，要不忘初心使命，要有服务国家、服务人民的社会责任感，要有责任担当。

在薪资管理系统中，要进行代扣个人所得税处理，首先需要设置个人所得税计算的规则，即根据现行个人所得税扣缴规定，在薪资管理系统中进行个税计算规则设置，主要包括个税计算对应工资项目的设置、税率表设置及个税免征额设置等。

【例4-17】根据2019年1月1日起实施的《中华人民共和国个人所得税法实施条例》相关规定，扣缴义务人应依照个人所得税法规定预扣或代扣税款，且全年扣缴免征额为60 000元。扣缴义务人按月预扣时，免征额为5 000元，月税率表见表4-9。

表4-9　个人所得税税率表

级次	应纳税所得额下限（元）	应纳税所得额上限（元）	税率	速算扣除数（元）
1	0	3 000.00	3.00%	0
2	3 000.00	12 000.00	10.00%	210.00
3	12 000.00	25 000.00	20.00%	1 410.00
4	25 000.00	35 000.00	25.00%	2 660.00
5	35 000.00	55 000.00	30.00%	4 410.00
6	55 000.00	80 000.00	35.00%	7 160.00
7	80 000.00		45.00%	15 160.00

操作步骤：

①打开工资类别"正式职工"。

②在【用友U8】窗口的业务导航视图中，选择【业务工作】—【人力资源】—【薪

资管理】—【设置】—【选项】，单击，打开【选项】对话框。

③选择【扣税设置】选项卡，如图 4-38 所示。

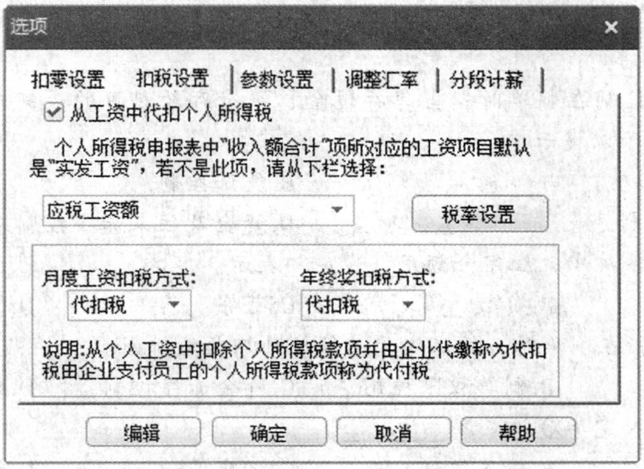

图 4-38　【扣税设置】选项卡

④单击【编辑】按钮，激活对话框，选择个税计算对应的工资项目“应税工资额”。

⑤单击【税率设置】按钮，打开【个人所得税申报表——税率表】对话框，如图 4-39 所示。

级次	应纳税所得额下限	应纳税所得额上限	税率(%)	速算扣除数
1	0.00	3000.00	3.00	0.00
2	3000.00	12000.00	10.00	105.00
3	12000.00	25000.00	20.00	555.00
4	25000.00	35000.00	25.00	1005.00
5	35000.00	55000.00	30.00	2755.00
6	55000.00	80000.00	35.00	5505.00
7	80000.00		45.00	13505.00

图 4-39　【个人所得税申报表——税率表】对话框

⑥在【个人所得税申报表——税率表】对话框中，输入基数“5 000”，然后根据现行个人所得税法相关规定，采用倒序方式对税率表进行修改调整。

⑦修改完毕后，单击【确定】按钮。

提示：

➤上下限修改时，只需修改上限，下限自动生成，且需通过倒序方式修改。

练习思考题

【单项选择题】

第4章练习思考题参考答案

1.________是控制在制单时，当库存现金、银行存款科目的最新余额出现负数时，系统将予以提示。

A.支票控制　　B.凭证控制

C.制单序时控制　　D.资金及往来赤字控制

2.在账务处理系统中，红字余额用________表示。

A.红字　　B.负数　　C.蓝字　　D.正数

3.________是指在制单时，凭证编号必须按日期顺序排列。

A.凭证控制　　B.制单权限控制　　C.资金赤字控制　　D.制单序时控制

4.期初余额录入完毕后，应该________。

A.试算平衡　　B.输入凭证　　C.记账　　D.设置凭证类型

5.制单序时控制是指在制单时，凭证编号必须按________顺序排列。

A.时间　　B.年份　　C.日期　　D.月份

6.采用序时控制时，凭证日期________。

A.可以超过业务日期　　B.应小于系统启用日期

C.应大于系统启用日期　　D.不受限制

7.下列________不属于系统控制参数的设置。

A.资金赤字控制　　B.制单序时控制　　C.明细权限设置　　D.会计科目设置

8.期初余额试算不平衡，将________。

A.不能填制凭证　　B.不能删除期初余额

C.不能记账　　D.不能修改期初余额

9.在薪资管理系统中，下列业务必须在工资类别关闭状态下进行的是________。

A.定义工资项目　　B.定义工资公式

C.录入职工档案　　D.进行工资数据处理

10.关于工资类别，下列说法错误的是________。

A.建立工资类别时，工资类别名称最长不得超过15个汉字或30个字符

B.只有账套主管才有权删除工资类别

C.工资类别删除后，与该工资类别有关的数据同时删除，数据删除后不可再恢复

D.工资类别是“单个”，还是“多个”，应用方案已经选定就无法更改

11.在薪资管理系统中，关于人员类别的下列说法中，正确的是________。

A.已经使用的人员类别删除时，将同时删除与之有关的人员档案

B.系统允许删除所有的人员类别

C.人员类别名称的长度可以任意设置

D.建立人员档案前必须先建立人员类别档案

12.关于工资项目的下列说法中，正确的是________。

A.工资项目名称必须唯一，不能重名

B.已经使用的工资项目、数据类型、数据长度可以修改

C.在新建工资项目时，数据类型、增减项可以不进行设置

D.系统工资项目允许根据需要进行修改

13.固定资产管理系统完成初始化设置后，允许修改的项目为________。

A.账套是否计提折旧　　B.折旧设置

C.资产编号自动编码方式　　D.账套开始使用期间

【多项选择题】

1.采用序时控制，凭证日期________。

A.可以超过业务日期　　B.应大于系统启用日期

C.不能超过业务日期　　D.应小于系统启用日期

2.期初余额试算不平衡，将________。

A.不能记账　　B.可以记账　　C.不能输入凭证　　D.可以输入凭证

3.总账系统业务控制参数的设置包括________。

A.会计科目设置　　B.凭证控制设置　　C.明细权限设置　　D.账簿设置

4.在总账系统“期初余额”功能中，下列科目不能直接输入期初余额，需要通过辅助账输入期初数据的有________。

A.数量核算科目　　B.往来核算科目　　C.项目核算科目　　D.外币核算科目

5.总账系统“期初余额”功能包括________。

A.核对科目期初余额　　B.输入科目期初余额

C.试算平衡　　D.修改会计科目设置

6.下列说法正确的有________。

A.在录入期初余额时，只要求录入最末级科目的期初余额和借贷方累计发生额，年初余额及上级科目的期初余额和借贷累计发生额由系统自动计算

B.如果科目为外币核算，必须先录入外币余额，再录入本币余额

C.如果期初余额试算不平衡，将不能记账，但可以填制凭证

D.若使用了应收（付）款管理系统，应在应收（付）款管理系统中录入各客户和供应商账类的科目的明细期初余额，总账系统只能录入这些科目的总余额

7.期初余额试算不平衡，可以________，如果已经记过账，则不能再录入、修改期初余额。

A.填制凭证　　B.结账　　C.审核凭证　　D.记账

8.下列业务处理必须在工资类别打开状态下进行的有________。

A.定义工资项目　　B.定义工资公式

C.录入职工档案　　D.进行工资数据处理

9.在薪资管理系统中，定义工资项目计算公式经常用到的元素有________。

A.工资项目　　B.人员类别　　C.部门　　D.函数

10.在薪资管理系统中，定义工资项目的计算公式时，可以使用的运算符有________。

A.+　　B.-　　C.<>　　D.and

11.固定资产管理系统完成初始化设置后，不能修改的项目有________。

A.账套是否计提折旧　　B.折旧设置

C.对账科目　　D.账套开始使用期间

12.固定资产管理系统的初始化包括建立固定资产子账套，需要在固定资产管理系统中完成的初始化内容一般包括________。

A.固定资产管理系统的启用月份

B.确定本账套是否计提折旧以及选择缺省的折旧方法

C.固定资产的编码方式

D.与账务子系统接口的设置

【判断题】

1.在总账系统中录入会计科目期初余额时，如果某科目为外币核算科目，则必须先输入其外币余额，再输入本币余额。(　　)

2.期初余额试算不平衡将不能填制凭证。(　　)

3.在总账系统中输入会计科目期初余额时，应遵循由下至上的原则，即先输入下级科目余额，再输入上级科目余额。(　　)

4.若期初余额有外币、数量余额，则必须有本币余额。(　　)

5.在总账系统中，期初余额试算不平衡时，可以填制凭证，但不能执行记账功能。(　　)

6.若设置了“凭证需出纳签字”参数，则对于收款和付款凭证不仅需要审核签字，还需要出纳签字。(　　)

7.若已记过账，将不能再录入、修改期初余额。(　　)

8.在薪资管理系统中，工资项目的数据类型分为字符型、数值型两种。(　　)

9.薪资管理系统中部门设置、工资项目设置及公式设置需要在未打开工资类别的情况下进行。(　　)

10.定义工资公式、录入职工档案、进行工资数据变动等业务处理必须在工资类别打开状态下进行。(　　)

11.当初次启动固定资产管理系统时，参数设置中选择了“与账务系统对账”参数，才可使用本系统的对账功能。(　　)

12.在发生部门转移和类别调整时，变动当月计提的折旧分配到变动后的部门和类别。(　　)

【简答题】

1.在账务处理系统中，与凭证处理相关的业务规则有哪些？

2.期初试算不平衡对后续会计业务处理有何影响？

3.期初对账若存在不一致，对后续会计业务处理有何影响？

4.在期初余额录入过程中应注意什么问题？

5.如何录入往来辅助核算会计科目期初余额？

6.与固定资产折旧处理相关的核算规则有哪些？

7.薪资管理系统中设置工资核算类别有何意义？

8.固定资产管理系统内置的增加方式和减少方式有哪些？结合企业会计准则的有关要求，阐述如何为各种增减方式设置对应科目？

9.从企业管理的实际出发，谈谈如何设置工资项目，如何定义工资项目计算公式。

10.薪资管理系统中部门设置与基础档案中部门设置有何区别？

11.薪资管理系统中的人员档案与基础档案中的职员档案有何区别？

实验三　总账核算规则与数据初始设置

【实验目的】

1.掌握财务软件系统中会计业务核算处理规则的设置要求与方法。

2.掌握期初余额的录入方法。

3.了解试算平衡检查与期初对账的重要意义。

实验三
操作指南

【实验内容】

1.总账系统核算规则设置。

2.期初余额录入。

3.试算平衡检查。

4.期初对账。

【实验准备】

1.已按实验二的要求，完成基础设置并已做备份。

2.以系统管理员的身份注册登录系统管理模块，引入实验二的账套备份数据。

【实验资料】

1.业务控制参数

（1）制单序时控制。

（2）可以使用应收受控科目。

（3）可以使用应付受控科目。

（4）银行科目必录结算方式。

（5）往来科目票据号必录。

（6）进行现金流量项目控制处理。

（7）出纳凭证需经出纳签字。

（8）凭证需经主管会计签字。

（9）不可修改他人填制的凭证。

（10）精度控制：单价小数位2位，数量小数位2位。

（11）其他保持默认。

2.科目期初余额

（1）山东彬彬童车厂2022年4月初各账户期初余额资料见表4-10。

表4-10 **2022年4月初各账户期初余额表** 金额单位：元

科目编码	科目名称	方向	币别/计量	年初余额	累计借方	累计贷方	期初余额
1001	库存现金	借		500.00	89 950.00	89 525.73	924.27
1002	银行存款	借		5 010 603.58	462 423.68	353 640.90	5 119 386.36
100201	农行存款	借		5 010 603.58	462 423.68	353 640.90	5 119 386.36
10020101	人民币户	借		3 650 603.58	462 423.68	353 640.90	3 759 386.36
10020102	美元户	借		1 360 000.00			1 360 000.00
		借	美元	200 000.00			200 000.00
1121	应收票据	借		12 760.00	70 000.00	50 000.00	32 760.00
112102	商业承兑汇票	借		12 760.00	70 000.00	50 000.00	32 760.00
1122	应收账款	借		83 970.00	189 380.00	193 790.00	79 560.00
1221	其他应收款	借		8 200.00	7 600.00	9 800.00	6 000.00
122102	应收个人款	借		8 200.00	7 600.00	9 800.00	6 000.00
1231	坏账准备	贷		419.85	120.55	98.50	397.80
1403	原材料	借		267 300.00	296 000.00	421 000.00	142 300.00
			数量	7 400	67 000	69 000	5 400
1405	库存商品	借		302 500.00	895 000.00	1 085 000.00	112 500.00
			数量	1 600	4 500	5 500	600
1601	固定资产	借		1 638 000.00			1 638 000.00
1602	累计折旧	贷		548 920.00		32 760.00	581 680.00
2001	短期借款	贷		200 000.00	100 000.00	100 000.00	200 000.00
2201	应付票据	贷		69 670.00	40 000.00	30 000.00	59 670.00
220102	商业承兑汇票	贷		69 670.00	40 000.00	30 000.00	59 670.00
2202	应付账款	贷		891 350.00	977 000.00	325 500.00	239 850.00
2211	应付职工薪酬	贷			188 973.60	188 973.60	
221101	工资	贷			127 200.00	127 200.00	

续表

科目编码	科目名称	方向	币别/计量	年初余额	累计借方	累计贷方	期初余额
221102	职工福利	贷			9 240.00	9 240.00	
221103	社会保险费	贷			32 817.60	32 817.60	
221104	住房公积金	贷			15 264.00	15 264.00	
221105	工会经费	贷			2 544.00	2 544.00	
221106	职工教育经费	贷			1 908.00	1 908.00	
2221	应交税费	贷		108 563.45	459 190.10	455 459.48	104 832.83
222101	应交增值税	贷		41 936.00	276 826.00	281 860.00	46 970.00
22210101	进项税额	借			50 320.00	50 320.00	
22210105	销项税额	贷			191 250.00	191 250.00	
22210110	未交增值税	贷		41 936.00	135 896.00	140 930.00	46 970.00
222106	应交企业所得税	贷		62 114.77	168 725.55	159 910.78	53 300.00
222108	应交城市维护建设税	贷		3 183.75	9 760.55	9 865.10	3 288.30
222112	应交个人所得税	贷		317.50	987.50	1 005.00	335.00
222113	应交教育费附加	贷		1 011.43	2 890.50	2 818.60	939.53
2501	长期借款	贷		1 000 000.00			1 000 000.00
250101	本金	贷		1 000 000.00			1 000 000.00
4001	实收资本	贷		4 000 000.00			4 000 000.00
4002	资本公积	贷		250 000.00			250 000.00
400202	其他资本公积	贷		250 000.00			250 000.00
4101	盈余公积	贷		225 000.00			225 000.00
410101	法定盈余公积	贷		150 000.00			150 000.00
410102	任意盈余公积	贷		75 000.00			75 000.00
4103	本年利润	贷			440 089.72	440 089.72	
4104	利润分配	贷		142 410.28		440 089.72	582 500.00
410406	未分配利润	贷		142 410.28		440 089.72	582 500.00
5001	生产成本	借		112 500.00	895 000.00	895 000.00	112 500.00

续表

科目编码	科目名称	方向	币别/计量	年初余额	累计借方	累计贷方	期初余额
500101	直接材料	借		56 250.00	447 500.00	447 500.00	56 250.00
500102	直接人工	借		35 156.25	279 687.50	279 687.50	35 156.25
500103	制造费用	借		21 093.75	167 812.50	167 812.50	21 093.75
6001	主营业务收入	贷			1 850 000.00	1 850 000.00	
			数量		2 500	2 500	
6401	主营业务成本	借			885 000.00	885 000.00	
			数量		2 500	2 500	
6403	税金及附加	借			12 683.70	12 683.70	
640303	城市维护建设税	借			9 865.10	9 865.10	
640305	教育费附加	借			2 818.60	2 818.60	
6601	销售费用	借			65 464.74	65 464.74	
660103	展览广告费	借			15 000.00	15 000.00	
660107	职工薪酬	借			48 304.74	48 304.74	
660109	折旧费	借			2 160.00	2 160.00	
6602	管理费用	借			295 819.72	295 819.72	
660201	公司经费	借			5 100.00	5 100.00	
660204	折旧费	借			19 440.00	19 440.00	
660207	水电费	借			3 731.56	3 731.56	
660208	业务招待费	借			60 000.00	60 000.00	
660209	职工薪酬	借			207 548.16	207 548.16	
6603	财务费用	借			4 125.00	4 125.00	
660301	利息费用	借			3 000.00	3 000.00	
660303	汇兑损益	借			1 000.00	1 000.00	
660304	手续费	借			125.00	125.00	
6703	信用减值损失	借			120.55	120.55	
6801	所得税费用	借			146 696.57	146 696.57	

（2）往来辅助核算期初余额及往来明细辅助资料。

2022年4月，山东彬彬童车厂往来辅助核算期初余额及往来明细辅助资料如下：

①应收票据往来辅助核算期初余额及往来明细辅助资料见表4-11和表4-12。

表4-11　**应收票据/商业承兑汇票期初余额资料**　单位：元

客户名称	方向	累计借方金额	累计贷方金额	期初余额
华鸿商贸	借	70 000.00	50 000.00	32 760.00

表4-12　**应收票据/商业承兑汇票期初往来明细信息**　单位：元

日期	凭证号	客户	业务员	摘要	方向	金额	票号	票据日期
2022-02-20	转-0027	华鸿商贸	马同	销儿童车	借	32 760.00	SH0807556	2022-02-15

②应收账款往来辅助核算期初余额及往来明细辅助资料见表4-13和表4-14。

表4-13　**应收账款期初余额资料**　单位：元

客户名称	方向	累计借方金额	累计贷方金额	期初余额
振华车行	借	69 580.00	75 820.00	32 760.00
宏远商厦	借	70 800.00	68 970.00	46 800.00
华鸿商贸	借	49 000.00	49 000.00	0

表4-14　**应收账款期初往来明细信息**　单位：元

日期	凭证号	客户	业务员	摘要	方向	金额	票号	票据日期
2022-02-19	转-0025	振华车行	马同	销儿童车	借	32 760.00	08076557	2022-02-15
2022-03-25	转-0031	宏远商厦	马同	销独轮杂技车	借	46 800.00	08076593	2022-03-20

③其他应收款往来辅助核算期初余额及往来明细辅助资料见表4-15和表4-16。

表4-15　**其他应收款期初余额资料**　单位：元

部门	职员名称	方向	累计借方金额	累计贷方金额	期初余额
财务部	赵玲	借	3 600.00	3 800.00	1 000.00
办公室	张力	借	4 000.00	6 000.00	5 000.00

表4-16　**其他应收款期初往来明细信息**　单位：元

日期	凭证号	部门	职员名称	摘要	方向	金额	票号	票据日期
2022-03-27	付-0030	办公室	张力	出差借款	借	5 000.00	JK20220071	2022-03-27
2022-03-31	付-0035	财务部	赵玲	出差借款	借	1 000.00	JK20220075	2022-03-29

④应付票据往来辅助核算期初余额及往来明细辅助资料见表4-17和表4-18。

表4-17　**应付票据/商业承兑汇票期初余额资料**　单位：元

供应商名称	方向	累计借方金额	累计贷方金额	期初余额
潍坊机械	贷	40 000.00	30 000.00	59 670.00

表 4-18 **应付票据/商业承兑汇票期初往来明细信息** 单位：元

日期	凭证号	客户	业务员	摘要	方向	金额	票号	票据日期
2022-03-18	转-0028	潍坊机械	刘威	采购轮圈	贷	59 670.00	SH0056768	2022-03-15

⑤应付账款往来辅助核算期初余额及往来明细辅助资料见表 4-19 和表 4-20。

表 4-19 **应付账款期初余额资料** 单位：元

供应商名称	方向	累计借方金额	累计贷方金额	期初余额
潍坊机械	贷	521 500.00	170 000.00	180 180.00
青岛轮胎	贷	400 000.00	100 000.00	59 670.00
鲁能	贷	55 500.00	55 500.00	0

表 4-20 **应付账款期初往来明细信息** 单位：元

日期	凭证号	客户	业务员	摘要	方向	金额	票号	票据日期
2022-02-27	转-0035	潍坊机械	刘威	采购车架	贷	180 180.00	00873650	2022-02-20
2022-03-28	转-0038	青岛轮胎	刘威	采购轮胎	贷	59 670.00	02403130	2022-03-10

（3）非往来辅助核算期初余额资料。

2019 年 4 月，山东彬彬童车厂非往来辅助核算期初余额资料见表 4-21 至表 4-29。

表 4-21 **生产成本/直接材料期初余额资料** 单位：元

项目名称	方向	累计借方金额	累计贷方金额	期初余额
车轮总成	借	80 000.00	80 000.00	12 000.00
独轮杂技车	借	192 000.00	192 000.00	24 000.00
儿童车	借	175 500.00	175 500.00	20 250.00

表 4-22 **生产成本/直接人工期初余额资料** 单位：元

项目名称	方向	累计借方金额	累计贷方金额	期初余额
车轮总成	借	50 000.00	50 000.00	7 500.00
独轮杂技车	借	120 000.00	120 000.00	15 000.00
儿童车	借	109 687.50	109 687.50	12 656.25

表 4-23 **生产成本/制造费用期初余额资料** 单位：元

项目名称	方向	累计借方金额	累计贷方金额	期初余额
车轮总成	借	30 000.00	30 000.00	4 500.00
独轮杂技车	借	72 000.00	72 000.00	9 000.00
儿童车	借	65 812.50	65 812.50	7 593.75

表4-24　**原材料期初余额资料**　金额单位：元

项目名称	方向	累计借方		累计贷方		期初	
		金额	数量	金额	数量	金额	数量
大车架	借	70 000.00	700	120 000.00	1 200	50 000.00	500
小车架	借	64 000.00	800	104 000.00	1 300	40 000.00	500
轮圈	借	40 000.00	2 000	40 000.00	2 000	8 000.00	400
轮胎	借	40 000.00	2 000	40 000.00	2 000	8 000.00	400
辐条	借	30 000.00	60 000	30 000.00	60 000	1 300.00	2 600
A型包装箱	借	28 000.00	700	48 000.00	1 200	20 000.00	500
B型包装箱	借	24 000.00	800	39 000.00	1 300	15 000.00	500

表4-25　**主营业务收入期初余额资料**　金额单位：元

项目名称	方向	累计借方		累计贷方	
		金额	数量	金额	数量
独轮杂技车	贷	1 050 000.00	1 500	1 050 000.00	1 500
儿童车	贷	800 000.00	1 000	800 000.00	1 000

表4-26　**主营业务成本期初余额资料**　金额单位：元

项目名称	方向	累计借方		累计贷方	
		金额	数量	金额	数量
独轮杂技车	借	480 000.00	1 500	480 000.00	1 500
儿童车	借	405 000.00	1 000	405 000.00	1 000

表4-27　**库存商品期初余额资料**　金额单位：元

项目名称	方向	累计借方		累计贷方		期初	
		金额	数量	金额	数量	金额	数量
车轮总成	借	160 000.00	2 000	200 000.00	2 500	24 000.00	300
独轮杂技车	借	384 000.00	1 200	480 000.00	1 500	48 000.00	150
儿童车	借	351 000.00	1 300	405 000.00	1 500	40 500.00	150

表4-28　**管理费用/部门经费期初余额资料**　单位：元

部门名称	方向	累计借方金额	累计贷方金额	期初余额
办公室	借	3 000.00	3 000.00	0
财务部	借	2 100.00	2 100.00	0

表4-29　**管理费用/业务招待费期初余额资料**　单位：元

部门名称	方向	累计借方金额	累计贷方金额	期初余额
办公室	借	40 000.00	40 000.00	0
财务部	借	20 000.00	20 000.00	0

【实验操作步骤】

1.以账套主管的身份登录企业应用平台。

2.按实验材料对总账系统进行账套参数设置。

3.录入各科目期初余额。基本科目直接录入，辅助核算科目通过辅助账录入，往来辅助核算科目还需要录入往来辅助明细账。

4.进行试算平衡检查，确保期初余额试算平衡。

5.进行期初对账检查，确保对账一致。

【实验思考题】

1.对设置为外币核算的会计科目，在期初余额录入时应注意什么问题？

2.对设置为数量核算的会计科目，在期初余额录入时应注意什么问题？

3.对设置为往来辅助核算的会计科目，在期初余额录入时应注意什么问题？

实验三思考题参考答案

实验四　固定资产核算规则与数据初始设置

【实验目的】

1.掌握固定资产管理系统启用与业务处理规则设置的方法。

2.掌握固定资产原始卡片的录入途径与方法。

3.掌握固定资产管理相关基础设置的内容与方法。

实验四操作指南

【实验内容】

1.固定资产管理系统启用与固定资产账套创建。

2.固定资产核算规则设置。

3.固定资产类别、增减变动方式、部门对应科目设置。

4.固定资产原始卡片录入。

【实验准备】

1.已按实验三的要求，完成总账核算规则和数据初始设置并已做备份。

2.以系统管理员的身份注册登录系统管理模块，引入实验三的账套备份数据。

【实验资料】

1.固定资产管理系统启用

固定资产管理系统启用时间：2022年4月1日。

2.业务控制数据

（1）按平均年限法计提折旧，折旧分配周期为1个月。

（2）固定资产类别编码方式：2-1-1-2。

（3）固定资产编码方式：按“类别编码+部门+编码序号”自动编码，卡片序号长度为5位。

（4）要求与账务系统对账，固定资产对账科目为1601，累计折旧对账科目为1602。

（5）业务发生后立即制单。

（6）当“月初已计提月份=可使用月份-1”时，要求将剩余折旧全部提足。

（7）凭证制单基本科目来源：[固定资产] 缺省入账科目1601，[累计折旧] 缺省入账科目1602，[减值准备] 缺省入账科目1603，[增值税进项税额] 缺省入账科目22210101，[固定资产清理] 缺省入账科目1606。

3.增减方式设置

默认系统提供的常用增、减方式，各增、减方式对应的入账科目见表4-30。

表4-30　**增、减方式对应的入账科目**

增加方式	对应的入账科目	减少方式	对应的入账科目
直接购入	应付账款	出售	固定资产清理
投资者投入	实收资本	盘亏	待处理财产损溢
捐赠	营业外收入	投资转出	固定资产清理
盘盈	以前年度损益调整	捐赠转出	固定资产清理
在建工程转入	在建工程	报废	固定资产清理
融资租入	长期应付款	毁损	固定资产清理
		融资租出	长期应收款

4.资产类别

企业固定资产分类及折旧处理方案见表4-31。

表4-31　**固定资产分类方案**

编码	类别名称	净残值率（%）	使用年限（年）	单位	计提属性
01	房屋及建筑物	4	20	栋	总计提
011	房屋	4	20	栋	总计提
012	建筑物	4	20	栋	总计提
02	通用设备	4	10	台	正常计提
021	生产用设备	4	10	台	正常计提
022	非生产用设备	4	10	台	正常计提
03	交通运输设备	4	5	辆	正常计提
031	生产用运输设备	4	5	辆	正常计提
032	非生产用运输设备	4	5	辆	正常计提
04	电子及通信设备	4	3	台	正常计提
041	生产用设备	4	3	台	正常计提
042	非生产用设备	4	3	台	正常计提

5.部门及对应折旧科目

企业各部门固定资产折旧处理对应入账科目见表4-32。

表4-32　部门对应折旧科目

部门名称	对应折旧科目	部门名称	对应折旧科目
办公室	管理费用/折旧费（660204）	二车间	生产成本/制造费用（500103）
财务部	管理费用/折旧费（660204）	供应部	管理费用/折旧费（660204）
一车间	生产成本/制造费用（500103）	销售部	销售费用/折旧费（660109）

6.原始卡片

企业现有固定资产情况见表4-33。

表4-33　固定资产期初情况　金额单位：元

固定资产名称	类别编码	所在部门	增加方式	使用年限（月）	开始使用日期	原值	已计提月份（月）	累计折旧
办公楼	011	办公室/财务部	在建工程转入	240	2019-03-01	400 000.00	36	57 600.00
厂房	011	一车间	在建工程转入	240	2015-07-10	200 000.00	80	64 000.00
厂房	011	二车间	在建工程转入	240	2015-07-10	250 000.00	80	80 000.00
车床	021	一车间	直接购入	120	2016-01-15	80 000.00	74	47 360.00
加工平台	021	一车间	直接购入	120	2016-01-15	80 000.00	74	47 360.00
加工平台	021	二车间	直接购入	120	2016-01-18	80 000.00	74	47 360.00
原料库	011	供应部	在建工程转入	240	2015-07-15	100 000.00	80	32 000.00
成品库	011	销售部	在建工程转入	240	2015-12-08	100 000.00	75	30 000.00
计算机	042	财务部	直接购入	36	2020-02-25	6 000.00	25	4 000.00
计算机	042	财务部	直接购入	36	2020-02-25	6 000.00	25	4 000.00
半成品库	011	供应部	在建工程转入	240	2015-12-08	80 000.00	75	24 000.00
汽车	032	办公室	直接购入	60	2019-04-20	250 000.00	35	140 000.00
复印机	042	办公室	直接购入	36	2020-02-25	6 000.00	25	4 000.00

备注：净残值率均为4%，使用状况均为“在用”，折旧方法均采用平均年限法。

【实验操作步骤】

1.启用固定资产管理系统，启用时间为2022年4月1日。

2.创建固定资产核算账套。

3.设置固定资产核算规则（注意对账科目、凭证生成的基本科目设置）。

4.固定资产类别设置。

5.固定资产增减方式设置。

6.部门对应科目设置。

7.固定资产原始卡片录入。

8.固定资产与总账系统期初对账，确保对账平衡。

【实验思考题】

1.固定资产账套“本账套计提折旧”参数设定后能否修改？此参数对后续业务处理有何影响？

2.企业在精细化管理的情况下，固定资产管理核算规则应如何设置？

3.固定资产系统自动生成凭证时的科目来源设置有哪些？

实验四思考题
参考答案

实验五　薪资核算规则与数据初始设置

【实验目的】

1.掌握薪资管理系统启用与业务规则设置的方法。

2.掌握工资类别设置与管理。

3.掌握工资项目设置的基本原则与工资项目计算公式的设置方法。

4.掌握职员薪资核算辅助信息的设置。

实验五
操作指南

【实验内容】

1.启用薪资管理系统，创建薪资管理账套，设置薪资管理业务规则。

2.建立工资类别。

3.工资发放银行设置。

4.部门、人员附加信息及人员档案设置。

5.工资项目设置与工资项目计算公式定义。

【实验准备】

1.已按实验四的要求，完成固定资产核算规则与数据初始设置并已做备份。

2.以系统管理员的身份注册登录系统管理模块，引入实验四的账套备份数据。

【实验资料】

1.薪资管理系统启用

薪资管理系统启用时间为2022年4月1日。

2.业务控制参数

（1）工资类别个数：多个。

（2）核算币种：人民币。

（3）实行预扣预缴个人所得税。

（4）不进行扣零设置处理。

3.工资类别设置

目前企业只有“在职职工”一类工资类别。

4.工资发放银行设置

企业通过中国农业银行淄博分行代发工资，个人账号长度为19位。

5.人员附加信息与人员档案

（1）人员附加信息：职务。

（2）部门档案、职员档案参见表3-17和表3-19，人员均为中方人员。

6.工资项目及计算公式

（1）工资项目。

山东彬彬童车厂部分工资项目见表4-34。

表4-34 **工资项目（不含系统预设项目）**

工资项目	类型	长度	小数位数	增减项	工资项目	类型	长度	小数位数	增减项
基础工资	N	8	2	其他项	养老保险费	N	8	2	减项
基本工资	N	8	2	增项	医疗保险费	N	8	2	减项
岗位工资	N	8	2	增项	失业保险费	N	8	2	减项
基础津贴	N	8	2	增项	物业管理费	N	8	2	减项
奖金	N	8	2	增项	应税工资额	N	8	2	其他项
交通补助	N	8	2	增项	日工资	N	8	2	其他项
住房补助	N	8	2	增项	事假天数	N	4	1	其他项
福利补助	N	8	2	增项	病假扣款	N	8	2	减项
工资总额	N	8	2	其他项	事假扣款	N	8	2	减项
应付工资	N	8	2	其他项	病假天数	N	4	1	其他项
住房公积金	N	8	2	减项	上年月平均工资	N	8	2	其他项

工资项目说明：

①基础工资由基本工资、岗位工资、基础津贴三部分构成。

②基本工资、岗位工资、基础津贴、住房补助根据职务确定。

③日工资=基础工资÷21。

④工资总额为基本工资、岗位工资、基础津贴、奖金、交通补助、住房补助之和减去病假扣款、事假扣款。

⑤应付工资为各增项工资项目之和减去病假扣款、事假扣款。

⑥应税工资额为工资总额扣减个人缴纳的“三险一金”后的工资额。

⑦福利补助工资项目核算企业发放的应付福利费，主要包括特困生活补助等。

（2）工资项目工资标准

企业基本工资等工资项目工资标准见表4-35至表4-39。

表4-35　**基本工资等项目工资标准**　单位：元

职务	基本工资	岗位工资	基础津贴	住房补助
总经理	5 000	2 000	3 500	350
部门主管	4 000	1 500	3 000	300
其他	3 000	1 000	2 000	200

表4-36　**“三险一金”扣缴基数与标准**

扣缴基数	养老保险	医疗保险	失业保险	住房公积金
上年月平均工资	5%	3%	1%	6%

表4-37　**交通补助标准**　单位：元

项目	总经理（职务）	部门主管（职务）	市场营销（人员类别）	其他
交通补助	500	300	400	100

表4-38　**请假扣款标准**

请假类型	基数	标准
事假	日工资	100%
病假	日工资	50%

表4-39　**奖金标准**

奖金基数	1 000元		
扣除标准	事假天数>10	事假天数≤10	病假
	全额扣除	50元/天	30元/天

7.个人所得税计算规定

（1）按月预扣个人所得税免征额调整为5 000元。

（2）按月预扣个人所得税税率表，见表4-40。

表4-40　**个人所得税税率表**

级次	应纳税所得额下限（元）	应纳税所得额上限（元）	税率	速算扣除数（元）
1	0	3 000.00	3.00%	0
2	3 000.00	12 000.00	10.00%	210.00
3	12 000.00	25 000.00	20.00%	1 410.00
4	25 000.00	35 000.00	25.00%	2 660.00
5	35 000.00	55 000.00	30.00%	4 410.00
6	55 000.00	80 000.00	35.00%	7 160.00
7	80 000.00		45.00%	15 160.00

【实验操作步骤】

1.启用薪资管理系统，启用时间为2022年4月1日。

2.激活薪资管理系统，完成薪资管理初始规则设置。

3.建立工资类别：在职职工，包括所有部门。

4.建立工资发放银行：中国农业银行淄博分行。

5.设置人员附加信息：职务。

6.设置人员档案，按实验资料信息将人员添加到“在职职工”工资类别中。

7.工资项目设置，按实验资料信息定义工资项目（分系统工资项目和工资类别工资项目两种情况），定义各工资项目计算公式。

8.修改“在职职工”工资类别核算规则。

“扣税设置”信息为：从工资中代扣个人所得税，对应工资项目为“应税工资额”，对个人所得税免征额和税率按实验资料进行修改。

【实验思考题】

1.在工资类别关闭状态下，能进行哪些设置？

2.在工资类别打开状态下，能进行哪些设置？

3.工资项目定义在工资类别关闭与打开状态下的设置有何差异？

4.解释下列公式的含义：基础津贴=IFF（人员.职务=“总经理”，800，IFF（人员.职务=“主任”，600，500））。

实验五思考题参考答案

5.某企业工资项目中有一“职务工资”项目，该项目是按照企业员工的“技术职务”来确定金额的，已知“高级工”的职务工资为1 000元、“中级工”的职务工资为800元、“初级工”的职务工资为600元、其他为400元，请写出职务工资项目的公式。

第5章　日常业务处理

教学目的与要求

系统学习会计信息系统日常经济业务的处理方法，要求了解日常经济业务的内容，掌握凭证填制、修改、删除、审核的基本要求和方法，掌握出纳管理的基本内容与方法，掌握固定资产增、减、变动处理的基本方式与要求，掌握工资变动处理的基本内容、要求与方法。

主要知识点

1. 凭证处理，主要包括凭证的填制、修改、审核、记账及凭证删除等。
2. 出纳管理，主要包括出纳签字、支票管理及银行对账等。
3. 固定资产增、减、变动业务处理。
4. 工资变动业务处理。

关键概念

"无痕迹"修改　"有痕迹"修改　二次输入校验法　银行对账

企业的日常经济活动主要包括资金筹集及运用、材料采购、产品生产、产品销售等，每一项经济业务发生后，都要由执行或完成该项经济业务的有关人员通过凭证来接收、记录经济业务的内容、数量和金额等信息，并在凭证上签名或盖章，以对经济业务的合法性和凭证的真实性、准确性负责。有关人员对会计凭证审核无误并确认后，方可依据凭证登记账簿。在企业实施会计信息化后，根据各项业务的特点，不同的经济业务需要在不同管理模块中进行核算处理。固定资产增减变动业务需要在固定资产管理系统中进行记录并生成凭证；工资核算业务需要在薪资管理系统中进行处理并生成凭证；销售发票、收款单据的填制及核销结算需要在应收款管理系统中进行处理并生成凭证；采购发票、付款单据填制及核销结算需要在应付款管理系统中进行处理并生成凭证；与固定资产、薪资核算、应收款、应付款无关的经济业务则需要在总账系统中进行处理，同时，所有经济业务发生后所填制或生成的凭证均需在总账系统中进行审核与记账；与企业资金收、付结算有关的经济业务还需要进行出纳管理。

5.1　凭证处理

凭证处理是日常会计核算业务中经常性的工作，也是日常使用账务处理系统中最基础的工作。它是会计核算工作的开端，也是对经济活动进行日常监督的重要环节。凭证处理的质量，将直接影响整个会计信息系统的应用效果，对会计数据输出的正确性起着决定性作用。凭证处理主要包括填制凭证、修改凭证、删除凭证、冲销凭证、审核凭证以及凭证的汇总输出等工作。

5.1.1 填制凭证

会计凭证的填制和审核作为会计核算工作的起点，是会计核算的基础工作，也是会计核算的基本方法之一，对于保证会计信息的客观性、真实性、完整性，如实反映和有效监督企业的经济业务具有十分重要的作用。记账凭证是登记账簿的依据。在实施计算机处理账务后，电子账簿的准确性与完整性完全依赖于记账凭证的准确性，因而，确保记账凭证填制的准确与完整，是确保整个会计信息系统信息准确与完整的前提。

1）填制凭证的方式

在实际工作中，填制记账凭证的方式主要有两种：第一种是直接在计算机上根据审核无误、准予报销的原始凭证填制记账凭证，也称为前台处理；第二种是先由人工制单而后集中输入到计算机中，也称为后台处理。

至于采用哪种方式填制凭证，应根据本单位的实际情况灵活选择。一般来说，业务量不多、基础较好或使用网络版的单位可采用前台处理方式，而第一年使用或在人机并行阶段，则比较适合采用后台处理方式。

企业实施会计信息化后，因系统应用方案的差异和经济业务的特点，凭证填制生成的方式也发生了相应的改变。一般经济业务可通过账务处理系统进行凭证的填制，与固定资产相关的经济业务可由固定资产管理系统自动生成凭证，与薪资管理相关的经济业务可由薪资管理系统自动生成凭证，与采购、销售相关的经济业务可由往来核算系统自动生成凭证，对于需要根据账簿数据进行计算处理的经济业务，如期末结转发出材料成本的计算，可通过定义自动转账凭证进行处理。

2）填制凭证的一般方法

记账凭证的格式采用单一的借贷金额式或借贷标志式，其内容主要包括凭证编号、制单日期、附单据数、摘要、会计科目、借方金额和贷方金额、辅助核算信息、合计、制单人等，如图5-1所示。

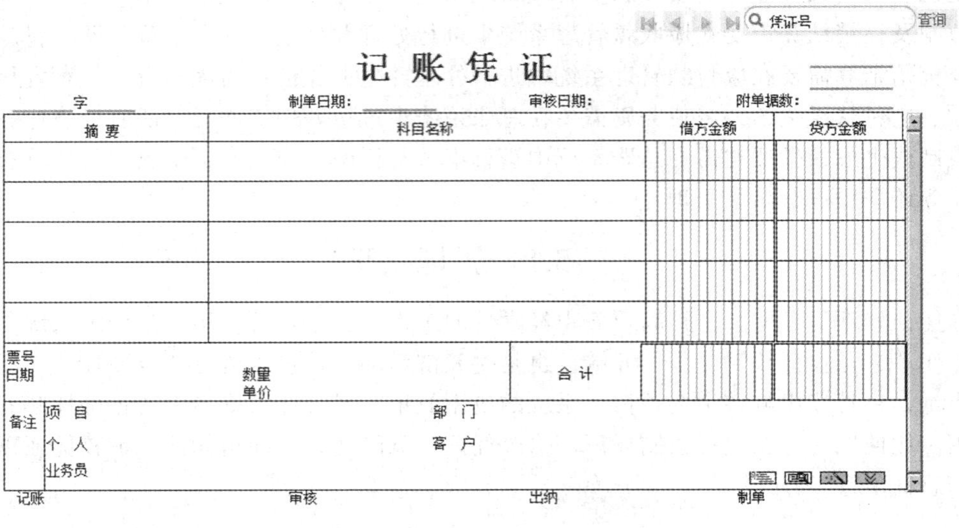

图5-1 凭证的格式

凭证各项内容填制的基本要求如下：

（1）凭证编号

凭证编号是凭证的唯一标记。同一类凭证按月从1号凭证开始连续编号，不允许重号，也不允许漏号。编号由凭证类别和序号两部分组成，输入时要求分别输入凭证类型和序号。如果是在网络上多人同时录入凭证，则凭证编号的先后顺序取决于操作员填制凭证的速度。

（2）制单日期

制单日期是指凭证所记载的经济业务发生的日期，包括年、月、日。系统通常将进入系统的当天作为默认日期。为了保证记账的序时连续性，填制凭证日期应按实际业务的发生日期对系统默认日期进行修改，凭证日期不能超过系统日期。

（3）附单据数

附单据数是指本张凭证所附原始凭证的张数。由于机制凭证不存在原始凭证，因而对于附单据数项目为空的情况下，也可对凭证进行存储，以满足计算机自动转账处理的要求。

（4）摘要

摘要是对该笔业务内容的简述。凭证的每一行均有一个摘要，不同行的摘要内容可以不同。如果在账务处理系统初始化中已经设置了“常用摘要”，则可以利用参照选择功能进行凭证摘要的选择。输入的摘要内容将随相应会计科目出现在明细账和日记账中。

（5）会计科目

在填制凭证中的会计科目时，可以通过科目代码或科目助记词输入，计算机根据科目代码或助记词自动切换为对应的会计科目名称。在输入科目时，必须录入该科目的最末级科目编码或助记词，只有这样才能保证计算机在记账时不漏记明细账。账务处理系统同时提供了科目参照选择功能，以提高对不熟悉科目的录入操作效率。

（6）借方金额和贷方金额

借方金额和贷方金额是指分录的借方和贷方本位币金额。在一张凭证中，一个科目的借方金额和贷方金额不能同时为零，也不能在借方和贷方同时有金额。借方金额和贷方金额可以是负数，红字金额的凭证可以用负数形式输入。一张凭证的借、贷方金额合计应相等，系统对输入的金额自动进行平衡校验，系统拒绝接受金额不平衡的凭证。在计算机账务处理系统中，录入凭证分录金额时，应兼顾报表编制的要求，从报表处理的角度综合考虑金额录入的方向。

（7）辅助核算信息

对于系统初始设置时已设置为辅助核算的会计科目，在填制凭证时，系统要求根据科目属性录入相应的辅助信息，如部门、个人、项目、客户、供应商、数量、结算方式、外币等。只有在设置会计科目时定义了辅助项的会计科目，才能在填制凭证时输入辅助信息。辅助信息录入必须完整、详细。如果一个会计科目同时兼有多种辅助核算，则要求输入各种辅助核算的有关内容。

（8）合计

账务处理系统自动计算借方科目和贷方科目的合计金额，借、贷方合计金额应相等。

（9）制单人签字

为了明确责任，凭证上必须标注凭证的填制人。凭证填制时，系统会自动将注册登录制单功能的操作员姓名填列在制单人签字区域内。

【例 5-1】2022 年 4 月 5 日，财务部赵玲报销差旅费 1 750.00 元（原借款 1 000.00 元，借款单据号 JK20220075，差额以现金支付，付款单号 FK20220078），根据报销原始凭证填制记账凭证（附单据 3 张）。

操作步骤：

①以制单员“0004 李哲”的身份注册登录企业应用平台。

②在【用友 U8】窗口的业务导航视图中，选择【业务工作】—【财务会计】—【总账】—【凭证】—【填制凭证】，单击，打开【填制凭证】对话框，如图 5-2 所示。

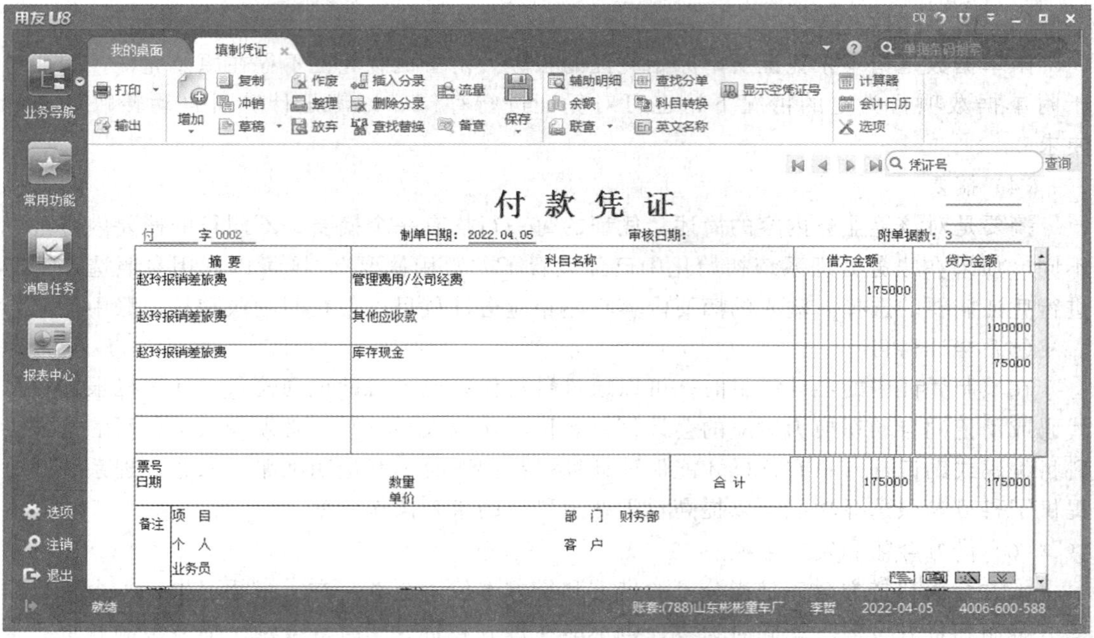

图5-2　【填制凭证】对话框

③单击工具栏上的【增加】按钮，或按键盘上的 F5 功能键，或单击菜单中的【增加】按钮，激活凭证填制界面，增加一张新凭证，在凭证类别框中直接输入凭证类别字“付”或单击【参照】按钮或按 F2 功能键，在弹出的凭证类别选择对话框中选择“付 付款凭证”后单击，然后回车，系统自动将凭证类型切换为“付款凭证”，并根据凭证类别自动进行凭证编号，光标自动定位于制单日期处，直接录入制单日期“2022.04.05”，或单击【日历】按钮，在弹出的日历对话框中参照输入制单日期，回车录入附件张数“2”，回车系统自动定位于首条分录的摘要栏。

④直接输入摘要“报销差旅费”，若已定义常用摘要，也可单击【参照】按钮或按 F2 功能键参照输入常用摘要。录入完毕回车，光标定位在【科目名称】栏，录入末级会计科目名称，或科目编码，或科目助记词，或按 F2 功能键参照输入“660201 管理费用/公司经费”，回车后弹出部门【辅助项】对话框，如图 5-3 所示；科目若未设置辅助核算，回车

后定位于【借方金额】栏。

图5-3　部门【辅助项】对话框

⑤在部门【辅助项】对话框录入或参照录入“财务部”，然后单击【确定】按钮返回【填制凭证】界面，系统自动将光标定位于【借方金额】栏。在【借方金额】栏录入金额“1 750.00”，然后回车进入下一条分录的【摘要】栏，系统自动将上条分录的摘要带入。

⑥回车定位于科目名称栏，输入“1221其他应收款”，然后回车。由于会计科目设置了辅助核算，回车后弹出个人【辅助项】对话框，如图5-4所示。

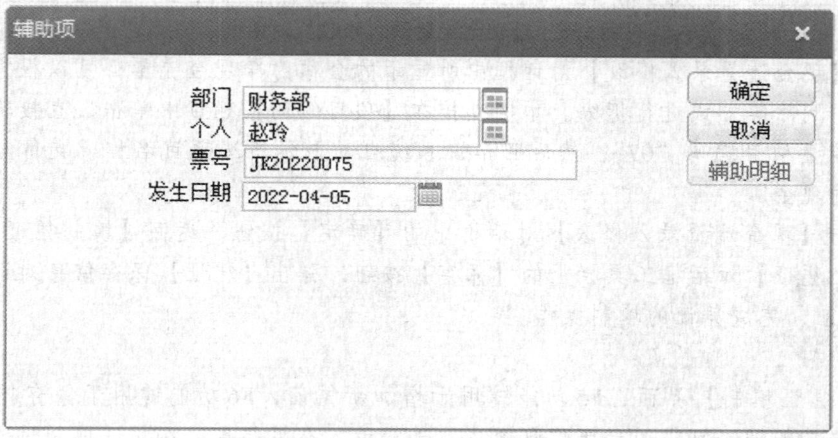

图5-4　个人【辅助项】对话框

⑦在个人【辅助项】对话框录入或参照录入部门编码“0102”、个人编码“0003”、票号“JK20220075”，然后单击【确定】按钮返回【填制凭证】界面，系统自动将光标定位于【借方金额】栏，回车切换到【贷方金额】栏输入金额“1 000.00”后回车，进入下一条分录。

⑧回车定位于科目名称栏，输入会计科目编码“1001库存现金”后回车，将光标定位到【贷方金额】栏录入金额“750.00”，或按等号键“=”，系统自动根据借贷差额计算填列金额。由于“库存现金”是现金流量科目，必须录入现金流量，单击工具栏上的【流量】按钮，或单击【保存】按钮，或单击【增加】按钮，都会弹出【现金流量录入修改】对话框，如图5-5所示。

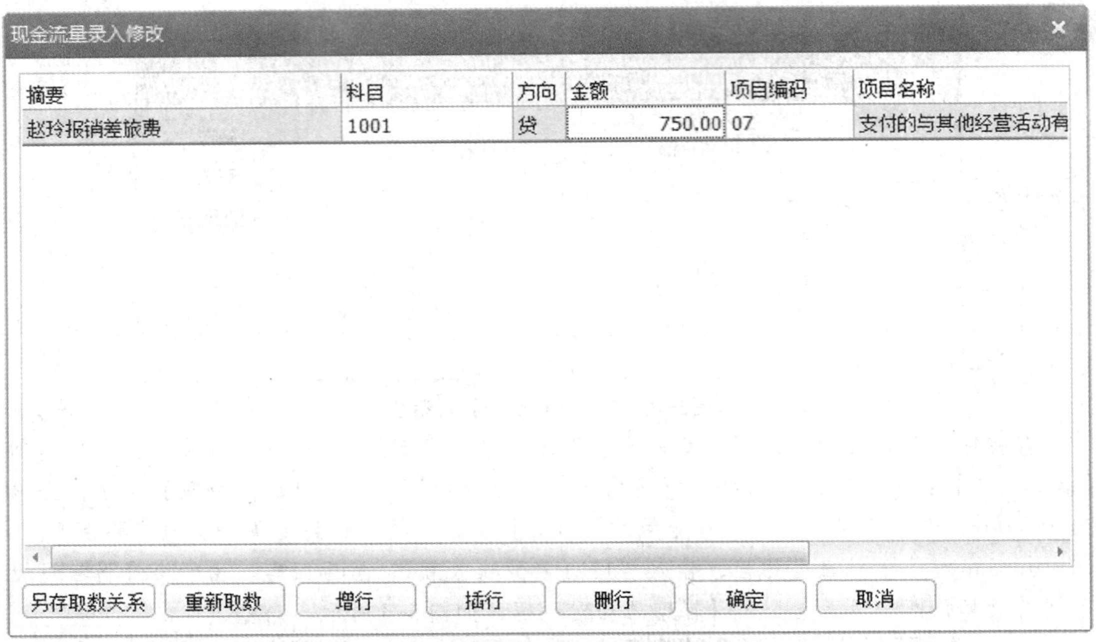

图5-5 【现金流量录入修改】对话框

⑨在【现金流量录入修改】对话框中所显示的金额为净现金流量，可以根据实际情况通过增加、删除等方式进行拆分。本例直接在【项目编码】栏目中单击，直接输入或参照输入现金流量项目编码“07”，然后回车，系统自动显示所选项目名称“支付与其他经营活动有关的现金”。

⑩单击【现金流量录入修改】对话框中的【确定】按钮，返回【填制凭证】对话框。单击【填制凭证】对话框工具栏上的【保存】按钮，弹出【凭证】保存信息对话框，单击【确定】按钮，完成凭证的填制操作。

提示：

➢在【凭证填制】界面，F5功能键用于增加新凭证，F6功能键用于保存凭证，F2功能键为参照功能键，可进入参照信息窗口，选择录入有关信息。在凭证填制过程中，注意回车键的使用，可以提高凭证填制的速度。

➢系统自动取当前业务日期为记账凭证填制的日期，可修改。

➢每笔分录的借方或贷方本币发生额不能为零，但可以是红字，红字金额以负数形式输入。如果方向不符，可按空格键调整金额方向。

➢若凭证使用了现金流量科目，则凭证在保存时，要求录入现金流量项目，弹出【现金流量录入修改】对话框，对话框中显示的金额为净流量，需要根据实际情况进行拆分处理。

➢若使用设为部门客户或客户项目的科目，则只能录入部门或项目的发生数。

➢如果集成使用应收（付）款管理系统，则总账系统将不能使用客户（供应商）往来辅助核算科目进行制单，相关凭证需要由应收（付）款管理系统根据往来单据自动生成。

➢若科目为银行科目，则会弹出结算方式辅助项录入对话框，要求输入“结算方式”、

"票号"及"发生日期"，如图5-6所示。

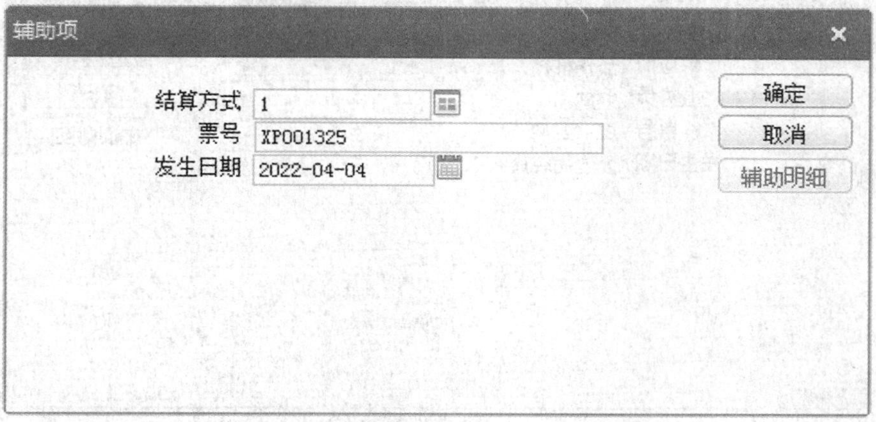

图5-6　结算方式【辅助项】录入对话框

➢如果科目设置了辅助核算属性，则需要输入辅助信息，如部门、个人、项目、客户、供应商、数量、自定义项等（项目、客户、供应商、数量录入对话框如图5-7至图5-10所示），录入的辅助信息显示在凭证下方的备注栏中。

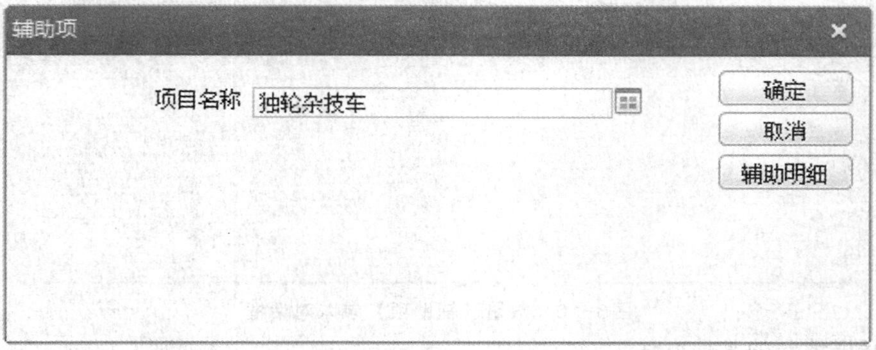

图5-7　项目【辅助项】录入对话框

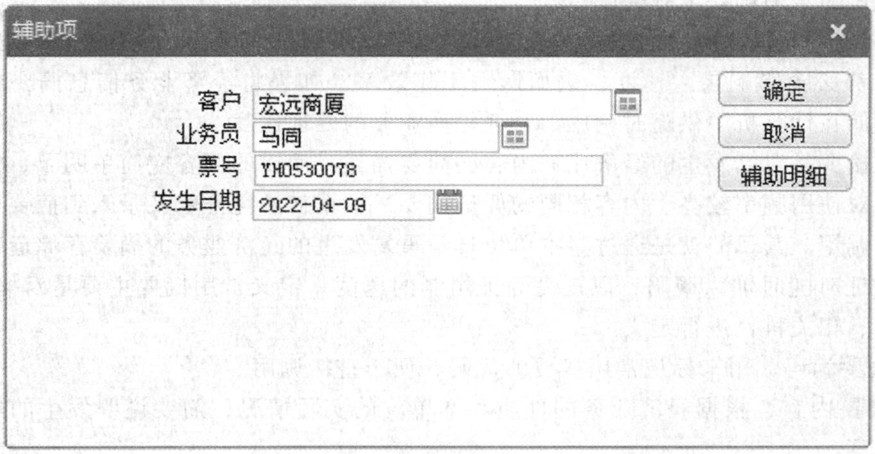

图5-8　客户【辅助项】录入对话框

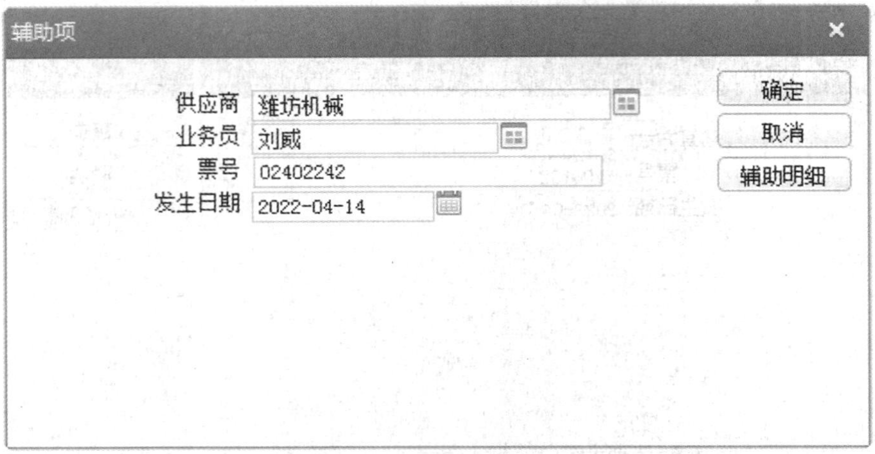

图5-9　供应商【辅助项】录入对话框

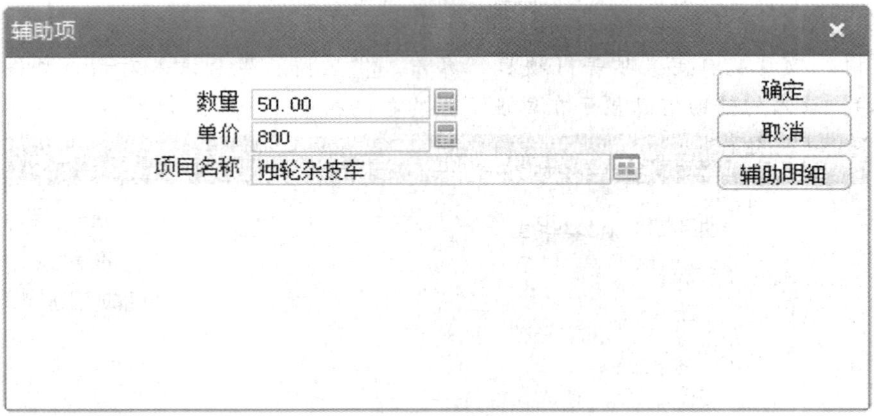

图5-10　数量【辅助项】录入对话框

3）凭证填制的其他方法

（1）调用常用摘要填制凭证

在会计核算过程中，会发生大量的经济业务。如果每次业务发生均通过键盘来录入摘要内容，势必会影响录入速度，进而影响工作效率。如果将经济业务信息摘要事先定义好，并存储在计算机中供随时调用，就会提高业务的处理速度。

凭证摘要是对已发生的经济业务内容的简要描述。摘要的内容应简单明了，定义常用摘要就是对使用频率较高、内容相同的凭证摘要，根据初始凭证定义录入到摘要库，供需要时随时调用。其目的就是通过将本单位日常重复发生的经济业务的摘要存储起来，在填制会计凭证时随时加以调用，以提高凭证填制的速度。定义常用摘要主要是对摘要编码、摘要内容、相关科目进行定义。

① 摘要编码，用来标记常用摘要的代码，便于直接调用。

② 摘要内容，根据经济业务的性质和本单位的实际情况，简要说明发生的经济业务的主要内容。

③ 相关科目。如果某常用摘要与某科目对应，则可以在此输入该科目，在以后日常

业务处理中，可以在调用常用摘要时，也同时调用该科目，减少输入工作量。

由于在账务处理系统初始化过程中，已经对经常发生的经济业务内容设置了常用摘要并将其存储在常用摘要库中，因而，在填制凭证时，可以直接录入预先定义好的常用摘要编码，或利用参照功能选择，系统将自动转化为对应的摘要内容，这样就可以加快凭证的录入速度。

【例5-2】将从银行提取现金业务的摘要信息“提取现金”定义为常用摘要。

操作步骤：

①方法一：在【用友U8】窗口的业务导航视图中，选择【基础设置】—【基础档案】—【其他】—【常用摘要】，单击，打开【常用摘要】对话框。

方法二：在【填制凭证】对话框中，单击工具栏上的【增加】按钮增加一张新凭证；完成凭证头信息录入后，将光标定位在摘要栏，单击摘要栏右下角的参照按钮或直接按F2功能键，弹出【常用摘要】设置对话框。

②单击【增加】按钮，录入摘要编码“0001”，摘要内容“提取现金”，相关科目“1001”。

③录入完毕，单击工具栏上的【退出】按钮结束常用摘要设置。

【例5-3】填制从银行提取现金的业务凭证，调用已定义好的常用摘要“提取现金”。

操作步骤：

①在【填制凭证】对话框中，单击工具栏上的【增加】按钮增加一张新凭证，完成凭证头信息录入后，将光标定位在摘要栏，单击右下角的参照按钮或直接按F2功能键，弹出【常用摘要】设置对话框。

②将光标定位在“0001提取现金”常用摘要栏上，单击工具栏上的【选入】按钮，完成常用摘要的调用。

（2）调用常用凭证填制凭证

在企业会计核算过程中，有许多业务经常大量重复发生，如从银行提取现金、购买办公用品、报销职工差旅费等。这些业务的性质及其摘要内容和会计分录都比较相似，因此，可以将此类业务的凭证定义为常用凭证，使用时直接调用，以提高凭证填制速度。在账务处理系统中，利用常用凭证定义功能，将日常经常发生的业务的摘要和对应会计科目预先进行定义，在填制凭证时可直接输入常用凭证的编码或按快捷键来调用常用凭证模板，填入各科目的发生额，从而快速完成一张凭证的填制，也可将一张已填的记账凭证生成常用凭证。

定义常用凭证主要是登记常用凭证的编号、常用凭证的类别、借方会计科目以及贷方会计科目。在调用常用凭证时，操作员可以根据当前处理的经济业务内容直接使用或修改后使用。

在填制凭证的过程中，可以按照经济业务内容将存储在系统中的常用凭证调出来，并在此基础上完成凭证的填制。常用凭证以模板的形式存储在系统中，当系统调出常用凭证模板后，操作员可对其信息进行修改，然后输入本业务的日期和金额即可，这样可以减少重复输入的工作。

【例5-4】将从银行提取现金的业务定义为常用凭证。

操作步骤：

①在【用友U8】窗口的业务导航视图中，选择【业务工作】—【财务会计】—【总账】—【设置】—【常用凭证】，单击，打开【常用凭证】对话框。

②单击工具栏上的【增加】按钮，录入常用凭证编码“0001”、录入说明信息即摘要信息“提取现金”，选择凭证类别“付 付款凭证”，录入附单据数“1”，录入完毕后单击工具栏上的【详细】按钮进入【常用凭证】分录定义窗口，如图5-11所示。

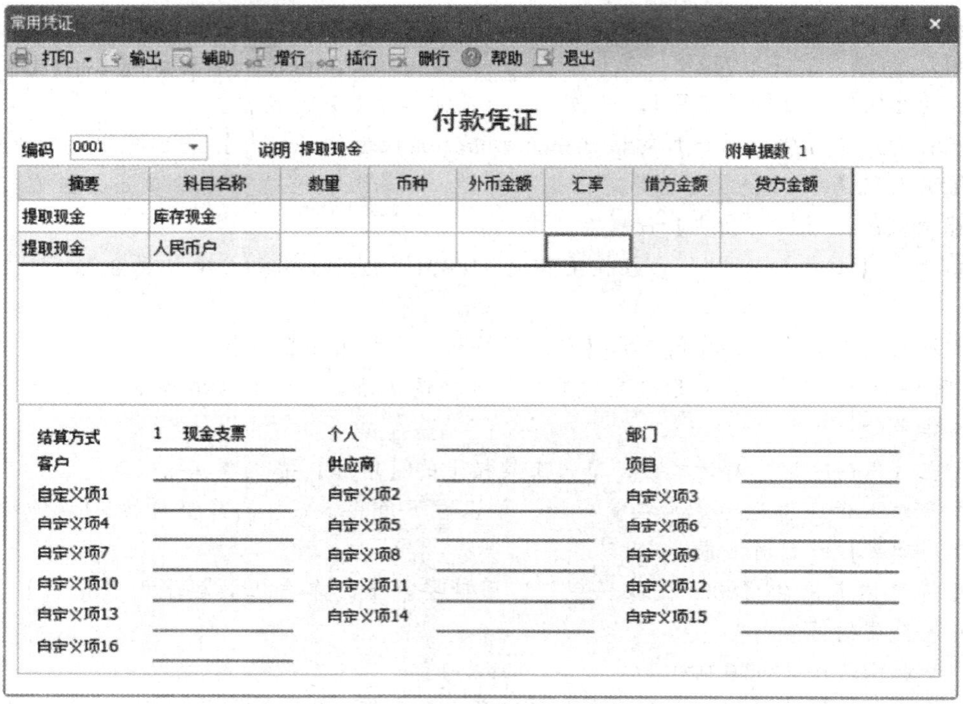

图5-11 【常用凭证】分录定义窗口

③单击工具栏上的【增行】按钮，增加一条分录，系统自动将输入的说明信息“提取现金”作为摘要信息填入摘要栏中，回车定位在科目名称栏，直接录入或参照录入会计科目编码“1001”，再增加一条分录，录入会计科目编码“10020101”，然后回车，系统弹出【辅助信息】设置对话框，如图5-12所示。

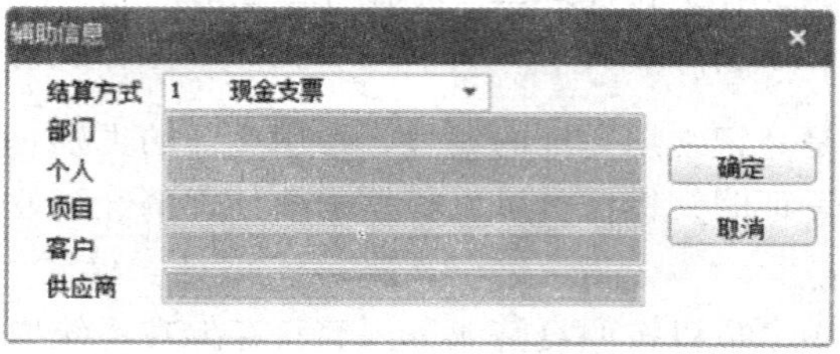

图5-12 【辅助信息】设置对话框

④在【辅助信息】设置对话框中显示所有辅助核算项，与该科目有关的辅助项呈现可用状态，无关的辅助项不可用。选择结算方式“1 现金支票”，然后单击【确定】按钮返回【常用凭证】分录定义窗口。

⑤单击工具栏上的【退出】按钮，返回常用凭证增加窗口。

【例5-5】将已填制的0002号报销差旅费的付款凭证定义为常用凭证“0002”号。

操作步骤：

①在【填制凭证】对话框中，通过查询功能找到0002号付款凭证。

②单击【保存】菜单中的【生成常用凭证】子菜单项，弹出【常用凭证生成】对话框，如图5-13所示。

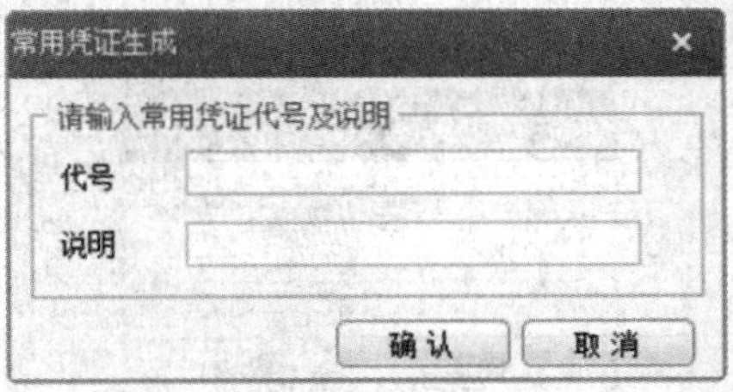

图5-13　【常用凭证生成】对话框

③录入常用凭证代号“0002”，说明内容“报销差旅费”，然后单击【确认】按钮完成常用凭证的生成。

④单击【退出】按钮，返回【用友U8】窗口，选择【业务工作】—【财务会计】—【总账】—【设置】—【常用凭证】，单击，打开【常用凭证】对话框，选中“0002”号常用凭证，单击工具栏上的【详细】按钮，进入0002号常用凭证编辑界面，查看生成的常用凭证，如图5-14所示。

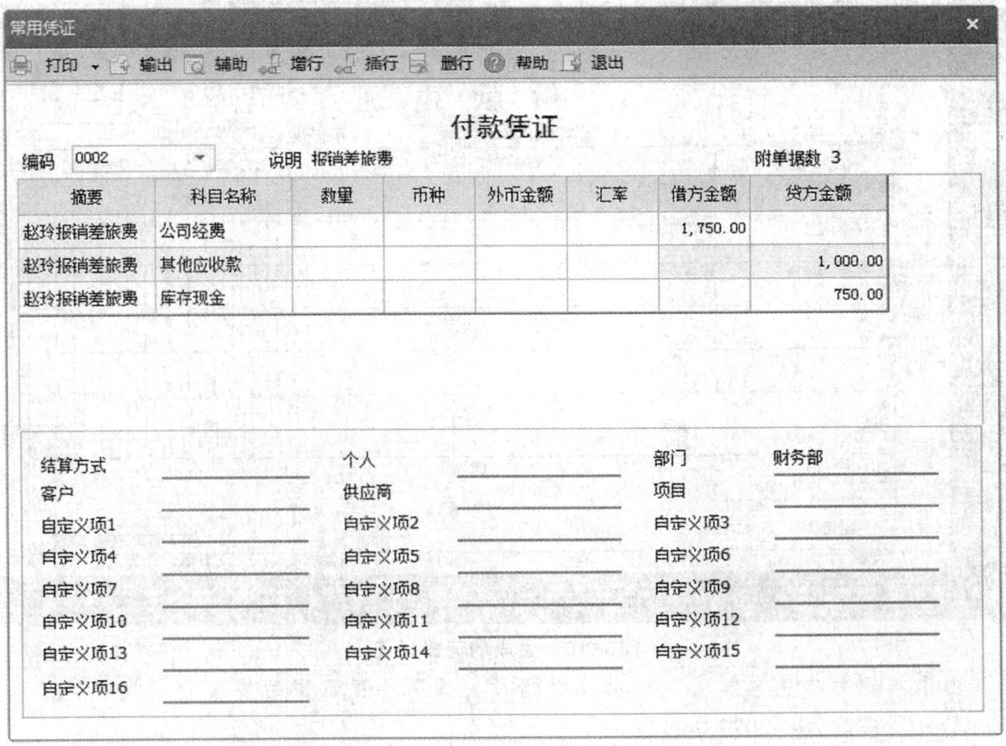

图5-14　【常用凭证】编辑窗口

⑤修改借方金额和贷方金额，将金额全部修改为“0”，然后单击【退出】按钮退出【常用凭证】编辑窗口，再单击【退出】按钮返回【用友U8】窗口。

【例5-6】调用常用凭证制单：2022年4月12日，总经理张力报销差旅费4 500.00元（原借款5 000.00元，借款单号JK20220071），收回多借金额。

操作步骤：

①在【填制凭证】对话框中，单击【增加】菜单中的【调用常用凭证】子菜单或按F4功能键，弹出【调用常用凭证】对话框，如图5-15所示。

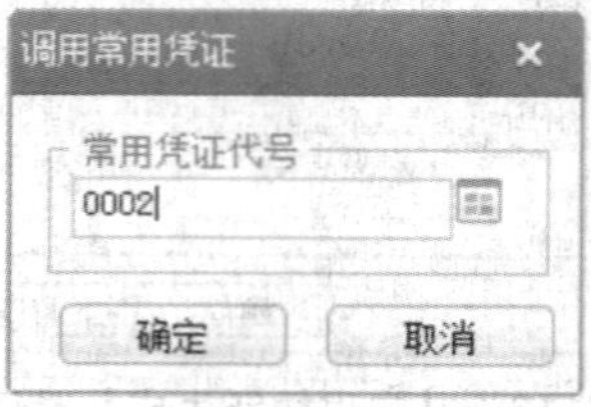

图5-15 【调用常用凭证】对话框

②直接录入或参照录入常用凭证代码“0002”后，单击【确定】按钮，系统自动按已定义的常用凭证格式增加一张新凭证，如图5-16所示。

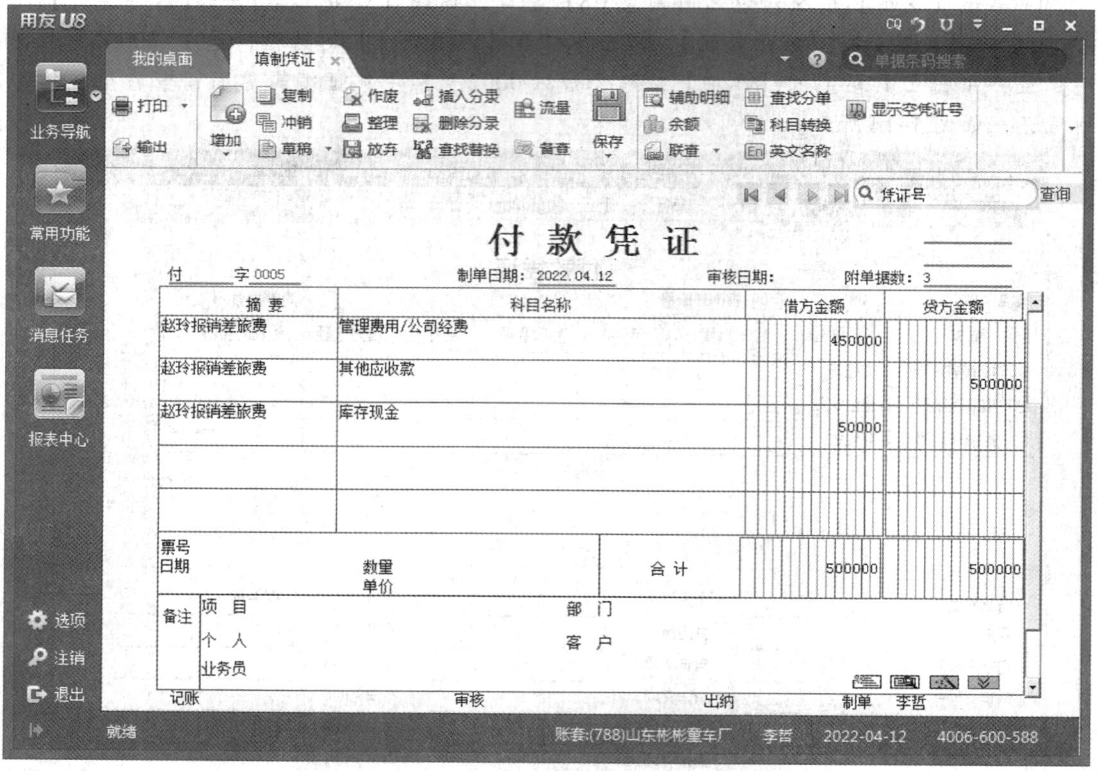

图5-16 生成的记账凭证

③由于本例为报销差旅费，退回多余借款，故需将凭证类型修改为“收款凭证”，同时将制单日期修改为“2022.04.12”。

④填写分录金额及修改辅助核算信息：在第一条分录上录入借方金额“4 500.00”；在

第二条分录上录入贷方金额“5 000.00”，然后将光标移动到备注栏的“个人”项目上单击，在弹出【辅助项】对话框中修改辅助核算信息为“办公室”“张力”；在第三条分录上录入借方金额“500.00”，单击工具栏上的【流量】按钮进入【现金流量录入修改】对话框，选择现金流量项目，录入现金流量数据。

⑤最后，单击【保存】按钮对增加的凭证进行保存。

（3）快速填制红字冲销凭证

对于已经记账的凭证，如果发现有错误，则需要编制一张红字凭证冲销错误凭证，再编制一张正确的凭证。编制红字冲销凭证可以自动进行。在填制红字冲销凭证时，需要输入制单月份、要冲销的凭证编号、冲销凭证的摘要、用负数输入原凭证的金额等。

（4）由相关子系统自动生成凭证

固定资产增减变动、工资分摊计提及采购与销售等业务，可在业务发生后，由固定资产管理、薪资管理、应收款管理、应付款管理等系统生成记账凭证传输到账务处理系统。

5.1.2 修改凭证

尽管在填制凭证时系统提供了多种控制错误的措施，但错误的发生仍不可避免。如果在填制凭证或审核凭证时发现凭证有误，则可借助系统提供的功能对错误凭证进行修改。当然，会计制度和审计制度提出了对错误凭证修改的严格要求，在会计信息系统中，对错误凭证的修改要严格按照会计制度和审计制度的要求进行。

【课程思政】

规则意识教育

用友ERP财务管理软件提供了取消记账、取消结账等逆向处理功能，极大地方便了软件的应用管理，但这种处理是与会计制度相悖的。《企业会计信息化工作规范》明确规定：“会计软件应当提供不可逆的记账功能，确保对同类已记账凭证的连续编号，不得提供对已记账凭证的删除和插入功能，不得提供对已记账凭证日期、金额、科目和操作人员的修改功能。”当凭证出现差错，该如何处理？遵守规定是必然选择。“无规矩不成方圆”，《中华人民共和国会计法》、企业会计准则、《会计基础工作规范》、《企业会计信息化工作规范》等对会计工作都做出了明确规范。虽然软件的反记账等功能有违《企业会计信息化工作规范》相关规定，但此类功能又是软件应用不可或缺的一项重要功能，特别是在系统应用初期，错误凭证很容易形成。大量错误凭证的形成，很容易造成数据混乱，不仅会影响信息质量，同时也给审计工作带来诸多不利。依靠反记账功能修改错误凭证，可以消除无用的冗余信息，提升信息质量和审计效率。但作为非常规的处理，必须制定相应规章，加强控制，授权应用。作为会计学专业的大学生，准确理解和把握会计工作相关规定，树立规则意识，自觉践行会计规则要求，确保会计信息质量真实、可靠，是社会赋予会计人员的光荣使命，也是社会和谐稳定的重要保证。

根据会计制度和审计制度的要求，在账务处理系统中对应不同状况下的错误凭证有不同的修改方式。

1）错误凭证的修改方式

在账务处理系统中，针对业务处理阶段的不同，系统提供了两种修改方式。

（1）错误凭证的“无痕迹”修改

“无痕迹”修改是指不留下任何曾经修改的线索和痕迹而进行的修改。在下列两种情况下可以使用“无痕迹”修改方式：一是对已填制录入但尚未审核的凭证发现有错误，通过凭证的编辑输入功能直接进行修改或删除，但凭证编号不能修改；二是对已经过审核但尚未记账的凭证发现有误，可先取消审核，然后再通过凭证的编辑输入功能进行修改。

（2）错误凭证的“有痕迹”修改

“有痕迹”修改是指通过保留错误凭证和更正凭证的方式，留下凭证修改的线索和痕迹而进行的修改。如果已经记账的凭证发现有误，不能直接修改，需要采用“有痕迹”修改方式对错误凭证进行修改。修改的方法可以采用红字冲销法或补充登记法。红字冲销法是将错误凭证采用增加一张“红字”凭证全额冲销，然后再编制一张正确的“蓝字”凭证进行更正的一种错账更正方法。如果原有错误凭证是多记金额，可通过填制一张“红字”凭证，冲减多记金额。补充登记法是将原错误凭证少记金额再按照原有分录填制一张凭证，补充少记的差额的一种错账更正方法。采用补充登记法进行错误凭证修改，在计算机系统进行精细化管理的过程中，补充填制的凭证和原有凭证将按两笔业务对待。因而，在计算机账务处理系统中，对于已记账的错误凭证应尽可能地采用红字冲销法进行修改。

2）未经审核错误凭证的修改

未经审核的错误凭证可通过填制凭证功能直接修改。

【例5-7】发现“付字0001”号凭证多记金额200.00元，且现金支票编号应为“XJ1786”，该凭证尚未审核。

操作步骤：

①在【用友U8】窗口的业务导航视图中，选择【业务工作】—【财务会计】—【总账】—【凭证】—【填制凭证】，单击，打开【填制凭证】对话框。

②在【填制凭证】对话框中，单击【查询】按钮或直接按键盘上的F3功能键，弹出【凭证查询】对话框，输入查询条件：凭证类别“付款凭证”，月份“2022.04”，凭证编号“0001”，然后单击【确认】按钮，系统根据查询条件自动查找凭证，并将查询结果显示出来；或在【填制凭证】对话框中，单击◀或▶按钮手动查询凭证。

③在【填制凭证】对话框中，将光标定位在第一条分录的金额上，按键盘的DEL键，将原金额删除，然后重新输入正确金额；再将光标定位在第二条分录的金额栏上，按键盘的“=”号键，自动修改第二条分录金额；将鼠标移到辅助核算信息栏，鼠标形状显示为笔形状态时单击，弹出辅助信息录入对话框，修改错误信息后返回【填制凭证】对话框。

④最后单击工具栏上的【保存】按钮对修改结果进行保存。

提示：

➢若录入的辅助核算信息错误，可将鼠标移到辅助信息显示栏上，在鼠标显示为笔形状态时单击，弹出辅助信息录入窗口，可进行修改。

➢凭证一旦保存，其凭证类别、凭证编号将不能再修改。

➢若已采用制单序时控制，则修改后的制单日期，不能在上一张凭证的制单日期之前。

➢若已选择不允许修改或作废他人填制的凭证控制权限，则不能修改或作废他人填制的凭证。

➢外部系统传递来的凭证不能在总账系统中进行修改，只能在生成该张凭证的系统中进行修改。

3）已审核未记账凭证的修改

对于已审核尚未记账的凭证，在发现错误后，可先由审核人取消审核签字，再由制单人对此张凭证通过编辑录入功能进行修改。

【例 5-8】发现“付字 0001”号凭证有误，且该凭证已由“赵玲”审核。

操作步骤：

①先以审核人“赵玲”的身份注册登录企业应用平台。

②在【用友 U8】窗口的业务导航视图中，选择【业务工作】—【财务会计】—【总账】—【凭证】—【审核凭证】，单击，打开【凭证审核】范围选择对话框。

③录入查询条件，单击【确定】按钮，进入【凭证审核列表】对话框，如图 5-17 所示。

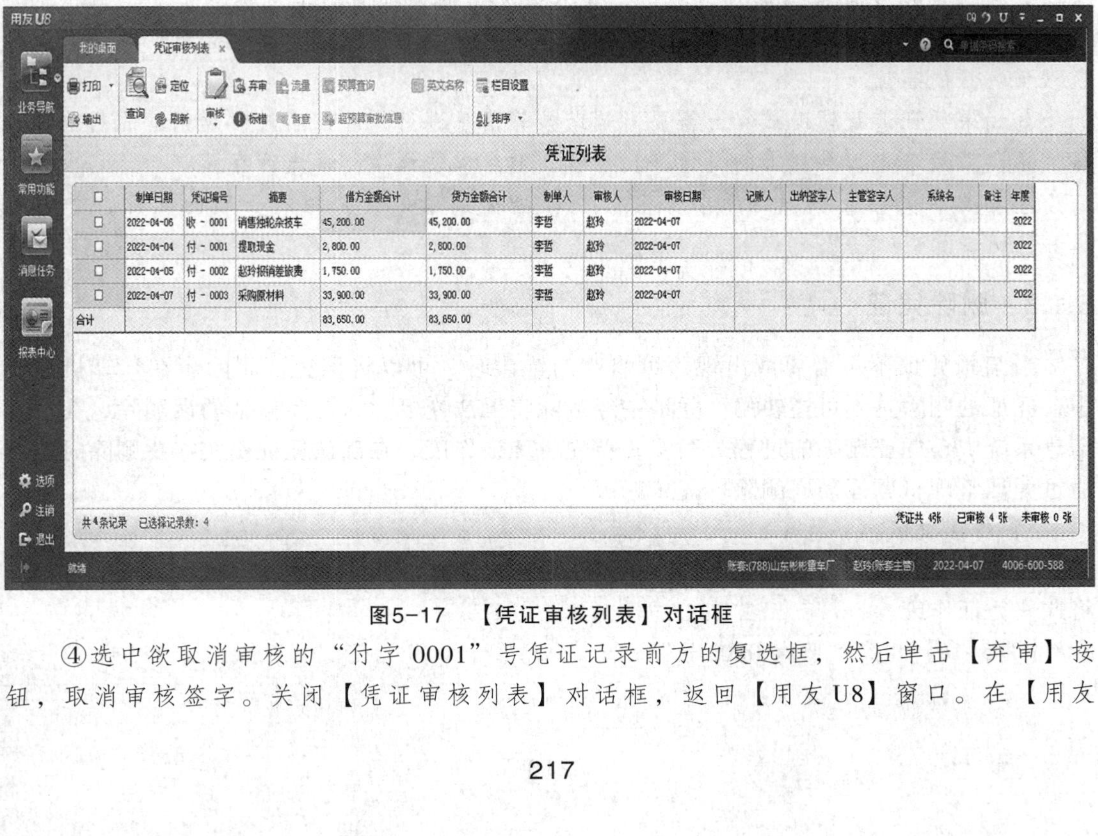

图5-17　【凭证审核列表】对话框

④选中欲取消审核的“付字 0001”号凭证记录前方的复选框，然后单击【弃审】按钮，取消审核签字。关闭【凭证审核列表】对话框，返回【用友 U8】窗口。在【用友

U8】窗口中，单击工具栏上的【重注册】按钮，以“0004”操作员的身份注册登录进入企业应用平台。

⑤进入【填制凭证】对话框，然后按【例5-7】的修改处理步骤完成对凭证的修改操作。

提示：

➢取消凭证审核只能由审核操作员本人进行。

4）已审核记账凭证的修改

对于已审核记账的错误凭证，可通过红字冲销法来进行修改。

【例5-9】发现“付字0001”号凭证有误，且该凭证已审核记账。

操作步骤：

①在【填制凭证】对话框中，单击工具栏上的【冲销】按钮，弹出【冲销凭证】选择对话框，如图5-18所示。

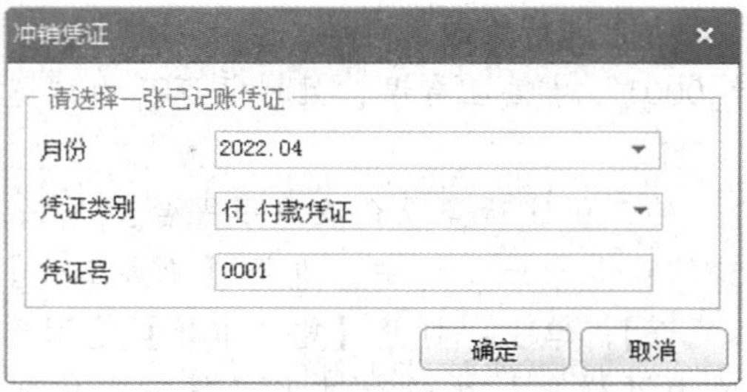

图5-18　【冲销凭证】选择对话框

②在【冲销凭证】选择对话框中，输入要冲销的凭证的制单月份、凭证类别和凭证号，然后单击【确定】按钮，系统自动按原错误凭证填制一张“红字”凭证，即金额为红色（负数）的凭证。

③如果凭证涉及辅助核算，需要对辅助核算信息进行修改，同时修改凭证的制单日期等信息，然后单击工具栏上的【保存】按钮，对生成的红字凭证进行存储。

④单击工具栏上的【增加】按钮，按新增凭证填制方法填制正确的凭证，并进行保存。

5.1.3　删除凭证

当某张凭证不再需要或出现不可修改的错误时，可以将该凭证删除。在计算机系统中，凭证的删除是不可逆转的，凭证一经删除将无法恢复。为避免凭证的误删除，在会计信息系统中，凭证删除的过程分两步，首先将凭证作废，在确认凭证确实需要删除时，再通过凭证整理将凭证彻底删除。

1）作废凭证

在日常操作过程中，若遇到非法凭证需要作废删除时，可通过“作废/恢复”功能，将这些凭证作废。

【例5-10】作废“收字0002号”凭证。

操作步骤：

①在【填制凭证】对话框中，通过查找功能找到要作废的凭证。

②单击工具栏上的【作废】按钮，系统在凭证的左上角添加“作废”字样。

提示：

➢作废凭证仍保留凭证内容及编号，只显示作废字样。

➢作废凭证不能进行修改，也不进行审核。

➢在记账时，已作废凭证将参与记账，否则月末无法结账，但系统不对作废凭证进行数据处理，即相当于一张空白凭证。查询时，找不到作废凭证的数据。

➢若当前凭证已作废，则【作废】按钮转变为【恢复】按钮，执行“恢复”功能，可取消作废标记；将当前凭证恢复为有效凭证。

2）整理凭证

对于已作废的凭证，可以通过“整理凭证”功能将其删除，并对未记账凭证重新编号，确保凭证编号连续。

【例5-11】将【例5-10】中已作废的凭证从系统中彻底删除。

操作步骤：

①单击【填制凭证】窗口工具栏上的【整理】按钮，打开【凭证期间选择】对话框。

②参照选择凭证期间后，单击【确定】按钮，进入【作废凭证表】信息对话框，如图5-19所示。

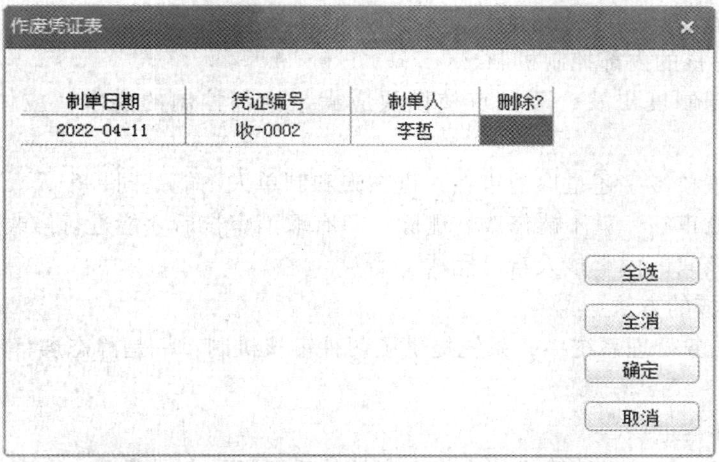

图5-19　【作废凭证表】信息对话框

③对确实要删除的凭证，在作废凭证信息的【删除】栏双击添加删除标志“Y”。

④单击【确定】按钮，系统进行作废凭证删除处理。对所有删除凭证进行处理后，显示【是否还需要整理凭证断号】提示对话框。

⑤单击【是】按钮，系统自动完成未记账凭证的凭证号重排处理，确保账簿记录中不会出现凭证断号的现象。

提示：

➢只能对未记账凭证进行凭证整理。

➢若作废凭证的凭证编号小于同类型已记账凭证的凭证编号，则该作废凭证不能删除。

5.1.4 凭证审核

1）凭证审核的目的及功能

为确保登记到账簿的每一笔经济业务的准确性和可靠性，制单员填制的每一张凭证都必须经过审核员的审核。只有输入准确无误的凭证，才能保证以后处理结果的正确性。但在凭证填制输入过程中，系统虽具有自动校验机制，但却只对凭证的某类错误进行自动检测，如借贷不平衡、输入不存在的科目编码等。而对“串户”、借贷反向以及借贷金额同增减差错却无法通过系统自动检测发现，因此，对于填制的记账凭证必须进行人工审核。

（1）凭证审核的目的

审核凭证是审核员按照财会制度，对制单员填制的记账凭证进行检查核对，其目的主要有两个：

一是防止填制过程中发生错误和舞弊行为，而对凭证的正确性和合法性进行检查核对，主要审核记账凭证是否与原始凭证相符、会计分录科目是否正确、业务金额是否与原始凭证相符等，审查过程中认为错误或有异议的凭证，应予以标错并交由填制人员修改后，再次审核，以确保录入到系统中的凭证是正确的。

二是为系统记账提供一个标记，即只有经过审核签字的凭证才能记账。

（2）凭证审核的内部控制机制

从内部控制制度出发，凭证审核模块应满足内部控制的要求，应体现出如下控制功能：

① 无论是审核签字还是取消审核，审核人和制单人不能是同一个人。

② 凭证一经审核，就不能修改、删除，只有取消审核后才能进行修改、删除处理。

③ 取消审核只能由审核人自己完成。

2）凭证审核的方法

在计算机账务处理系统中，系统提供了两种审核机制：一是静态屏幕审核；二是二次录入校验。

（1）静态屏幕审核法

静态屏幕审核法是指计算机依次将未审核的凭证显示在屏幕上，由审核员通过目测等方式对已输入的凭证进行检查，若审核员发现凭证填制有误或有异议，应予以标错并交由制单人修改后重新审核；若审核员认为没有差错，则可按【审核】按钮进行审核签字，表明已审核通过。这种方法受操作员熟练程度的影响较大，而且长时间目测会引起眼睛疲劳，影响审核质量和效率。

在企业实际业务处理时，往往先将凭证打印出来，通过对纸质凭证审核后，再在账务处理系统中执行批量审核功能对计算机系统内的凭证进行一次性审核处理。

【例5-12】以审核员赵玲的身份注册登录账务处理系统，对4月份1—7日所填制的凭证进行审核。

操作步骤：

①以操作员赵玲的身份注册登录企业应用平台，在【用友U8】窗口的业务导航视图中，选择【业务工作】—【财务会计】—【总账】—【凭证】—【审核凭证】，单击，打开【凭证审核】范围选择对话框，如图5-20所示。

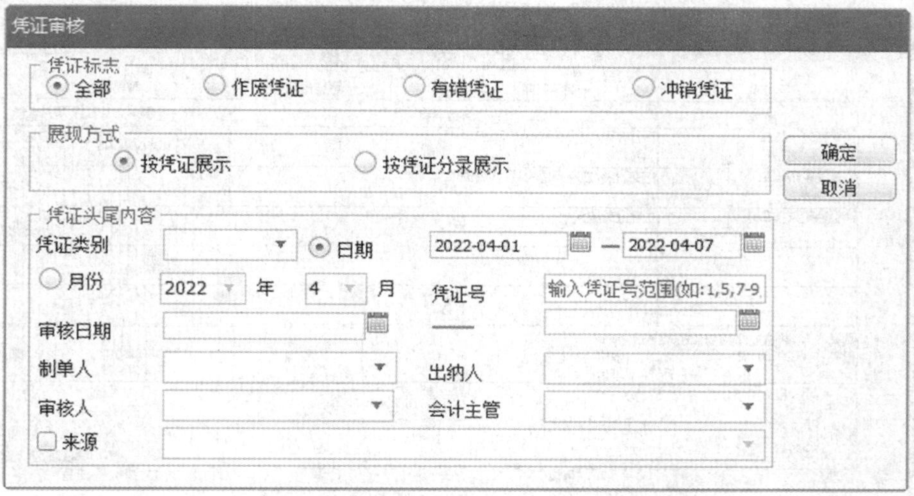

图5-20　【凭证审核】范围选择对话框

②设置凭证审核日期为“2022-04-01”至“2022-04-07”，然后单击【确定】按钮进入【凭证审核列表】对话框，如图5-21所示。若在范围选择时保持默认状态，则针对审核日期前所有未审核凭证进行审核。

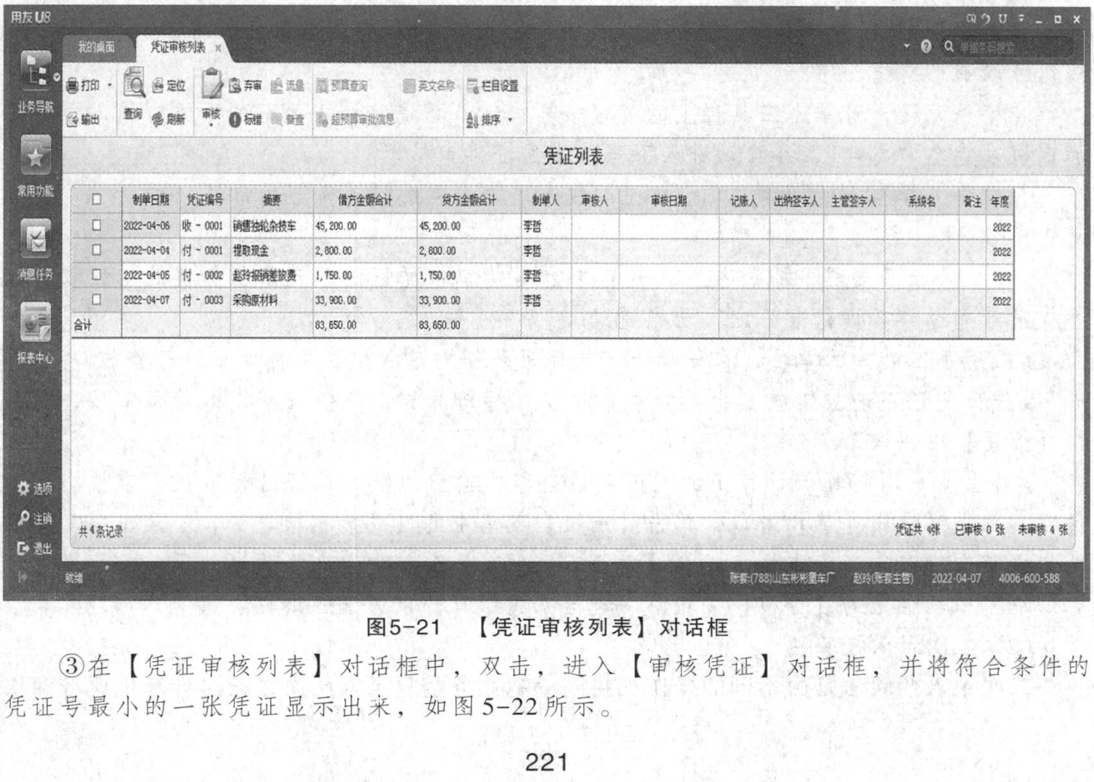

图5-21　【凭证审核列表】对话框

③在【凭证审核列表】对话框中，双击，进入【审核凭证】对话框，并将符合条件的凭证号最小的一张凭证显示出来，如图5-22所示。

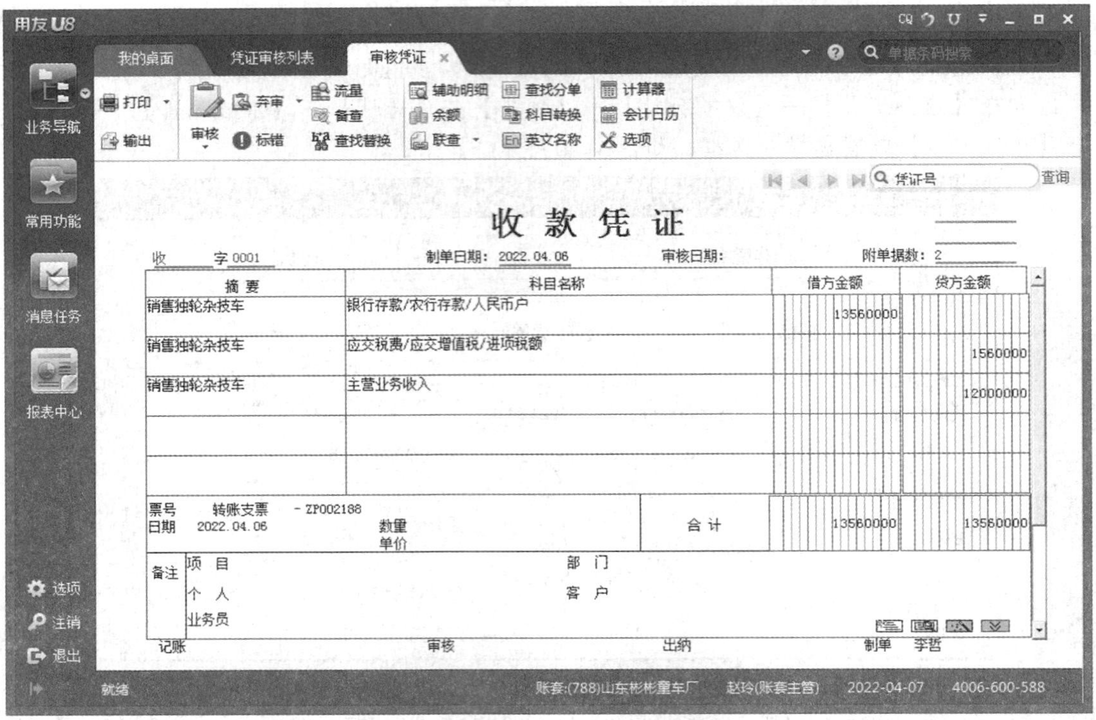

图5-22 【审核凭证】对话框

④对凭证的信息进行检查，若认为该凭证有问题，可单击工具栏上的【标错】按钮，系统在该张凭证的左上角标注“有错”字样，同时弹出【错误凭证错误原因】录入窗口，录入错误原因后，单击【确定】按钮，完成标错处理。对已标错凭证，再次单击【标错】按钮可取消“有错”字样。

若检查无误，可单击工具栏上的【审核】按钮，系统在该张凭证的下方审核人位置添加审核人姓名“赵玲”，并自动进入下张待审凭证供审核。

⑤单击工具栏上的按钮，按上述方式完成其他凭证的审核。

提示：

➢审核人除了要具有审核权外，还需要有对待审核凭证制单人所制凭证的审核权，这个权限可通过“数据权限分配”功能完成。

➢采用手工制单的单位，在凭单上审核完后还需对录入机器中的凭证进行审核。

➢作废凭证不能被审核，也不能被标错。已标错的凭证不能被审核；若想审核，需先按【标错】按钮取消标错。

➢若企业采用将输入计算机的凭证通过打印机输出为纸质凭证进行审核，审核全部通过后，可在【审核凭证】窗口，单击【审核】菜单中的【成批审核凭证】子菜单项，一次性完成所有待审凭证的审核；或在【凭证审核列表】窗口中，选择凭证记录前方的复选框后，单击工具栏上的【审核】按钮，一次性完成所有待审凭证的审核。

（2）二次录入校验法

二次录入校验法是由不同的操作员将同一笔业务重复录入两次，通过计算机比较两次录入的结果，判定凭证是否正确的一种审核方法。采用这种方法可以检查出多输或漏输的凭证、数据不一致的凭证等。这种方法检查凭证错误效率高，但是输入时间花费较多。

【例5-13】以审核员赵玲的身份注册登录企业应用平台，使用二次录入校验法审核4月份所填制的凭证。

操作步骤：

①以操作员赵玲的身份注册登录企业应用平台，在【用友U8】窗口的业务导航视图中，选择【业务工作】—【财务会计】—【总账】—【凭证】—【审核凭证】，单击，打开【凭证审核】范围选择对话框。

②保持默认选项，单击【凭证审核】范围选择对话框中的【确定】按钮，进入【凭证审核列表】对话框。

③在【凭证审核列表】对话框中选择要进行审核的凭证，然后单击【审核】下拉菜单中的【对照式审核】，打开【凭证审核】对话框，如图5-23所示。

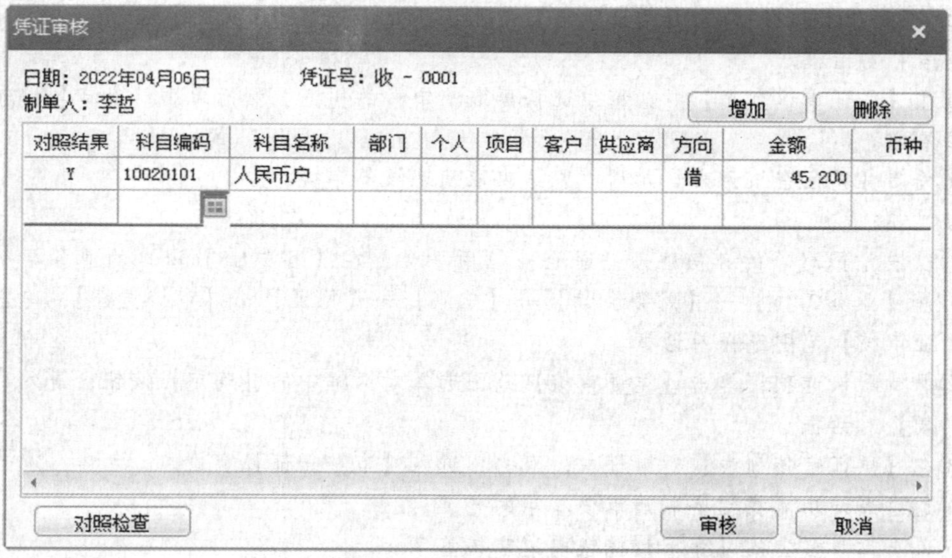

图5-23　【对照式凭证审核】对话框

④根据原始凭证，录入第一条分录信息，单击【增加】按钮，系统自动对当前分录进行对照式检查，并将对照结果显示在【对照结果】栏中。如果对照结果一致，显示“Y”，并自动增加一条分录等待录入信息；如果对照结果不一致，则显示为“X”，不能增加新分录，要求操作员对录入的信息进行检查。

⑤如果对照检查结果不一致，可单击【对照检查】按钮，或按F2功能键，系统自动进行检查，并显示【审核检查对照表】对话框。

⑥如果经检查确属原凭证填制错误，可直接退回到【凭证审核列表】对话框，单击工具栏上的【标错】按钮进行标错处理；如果检查结果相符，可在如图5-23所示的窗口中，单击【审核】按钮或按F5功能键完成审核签字，系统自动进入下张凭证审核录入界面。对凭证审核完毕后，退回到【凭证审核列表】对话框，此时会发现通过审核的凭证记录添加了审核人姓名和审核日期。

⑦关闭【凭证审核列表】对话框，结束本次审核操作。

（3）取消审核

如果发现已审核的凭证有误，在未记账的情况下，可通过系统提供的取消审核签字功能，取消审核签字。

【例 5-14】记账前发现“付字 0003 号”凭证有错，要求审核员“赵玲”取消审核签字。

取消审核签字的方式有两种。

操作步骤：

方式一：

①以操作员赵玲的身份注册登录企业应用平台，在【用友 U8】窗口的业务导航视图中，选择【业务工作】—【财务会计】—【总账】—【凭证】—【审核凭证】，单击，打开【凭证审核】范围选择对话框。

②保持默认选项，单击【凭证审核】范围选择对话框中的【确定】按钮，进入【凭证审核列表】对话框。

③在【凭证审核列表】对话框中选择要取消审核的凭证，然后单击【弃审】按钮，取消审核签字。

④关闭【凭证审核列表】对话框，结束取消审核签字操作。

方式二：

①以操作员赵玲的身份注册登录企业应用平台，在【用友 U8】窗口的业务导航视图中，选择【业务工作】—【财务会计】—【总账】—【凭证】—【审核凭证】，单击，打开【凭证审核】范围选择对话框。

②保持默认选项，单击【凭证审核】范围选择对话框中的【确定】按钮，进入【凭证审核列表】对话框。

③在【凭证审核列表】对话框中，双击，进入【审核凭证】窗口。

④通过查询功能找到要取消审核签字的凭证。

⑤单击工具栏上的【弃审】按钮取消审核签字。

⑥关闭相关对话框，结束本次取消审核签字操作。

提示：

➢取消审核签字只能由审核人自己进行。

3）主管签字

出于内部控制的要求，有的企业要求所有的记账凭证必须经由主管会计签字后，方能进行记账处理，账务处理系统中也提供了此项控制要求。

在使用主管签字功能时，应首先在系统【选项】中选择系统控制参数【凭证必须经由主管会计签字】，这样凭证才需要进行主管签字。

【例 5-15】以账套主管“赵玲”的身份注册登录系统，实施主管签字操作。

操作步骤：

①以账套主管“赵玲”的身份注册登录企业应用平台，在【用友 U8】窗口的业务导航视图中，选择【业务工作】—【财务会计】—【总账】—【凭证】—【主管签字】，单

击，打开【主管签字】范围选择对话框。

②选择查询全部、作废凭证或有错凭证。选择凭证的来源，为空表示所有系统的凭证。在此保持默认范围，单击【确定】按钮，进入【主管签字列表】对话框。

③可以在需要进行主管签字的凭证记录上，双击，进入【主管签字】窗口，如图5-24所示。

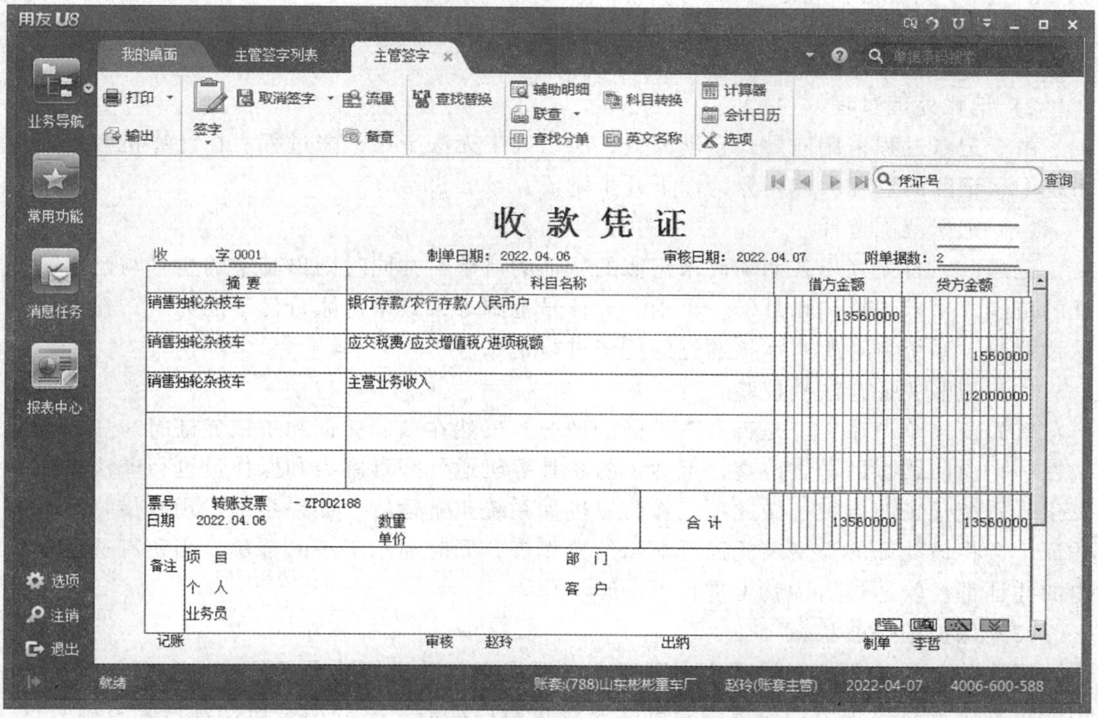

图5-24　【主管签字】窗口

④单击按钮逐一检查每张凭证，对检查无差错的凭证，通过单击【签字】按钮，实施主管签字操作。

⑤完成主管签字后，关闭相关对话框，结束本次主管签字操作。

提示：

➢是否需要主管签字，通过系统【选项】中的【凭证必须经由主管会计签字】选项设置来实现。

➢取消主管签字只能由主管会计本人进行。

➢若已对打印的纸质凭证审核，也可采取成批主管签字处理，方式与步骤与凭证成批审核相同。

5.1.5　记账

记账凭证经过审核签字后，即可据以正式记入总分类账、明细分类账、日记账、部门账、项目账、往来账及备查账中。在账务处理系统中，记账是由具有记账权限的操作员发出记账指令，由计算机系统自动按照系统中预先设计好的记账程序自动进行合法性校验、科目汇总、登记账目等操作。在记账过程中，系统采用向导方式自动进行会计核算数据处理，使计算机记账工作更加简化而高效。

1）记账方式

在手工方式下，记账工作需要若干财会人员花费很多时间才能完成，在计算机条件下，财会人员只要使用记账模块，记账工作便由计算机自动、准确、高速地完成。记账工作可以在编制一张凭证后进行，也可以在编制一天的凭证后记一次账；既可以一天记多次账，又可以多天记一次账。

2）记账处理过程

由于记账过程采用向导式自动完成，所以人工无法干预记账过程。在计算机账务处理系统中，记账的过程大体划分为以下几个阶段：

（1）记账范围选择

记账前，首先列出各期间尚未记账的凭证的清单，并同时列出其中的空号与已审核凭证的范围，要求选择记账月份、类别、凭证号范围等，其中记账月份不能为空。在采用默认设置时，系统将对所有审核通过的凭证进行记账。

（2）记账凭证合法性校验

首先要校验记账凭证是否有不平衡的情况。虽然在填制凭证和审核凭证时对凭证的合法性和平衡问题都已做过检查，但为了防止计算机遭受病毒感染和操作员进行非法操作的发生，系统记账前再统一做此项工作，以确保系统正常运转。如果系统发现有借贷不平的凭证，会将该凭证的类型及凭证号显示给操作者，同时显示不平的金额。当所有选择范围内的凭证都校验通过后，就可进行下一步工作。

（3）保护记账前状态

记账前，为防止记账过程中出现意外，系统会自动进行数据备份，保存记账前数据。记账过程中一旦出现诸如停电等意外，系统重新启动后，将利用备份文件恢复系统数据，恢复到记账前的状态，然后重新进行记账。

（4）正式记账

系统完成上述工作后，就转入自动记账阶段。自动记账分为四个环节：

首先，更新记账凭证文件，将经过审核的未记账凭证从临时凭证数据库文件转入历史数据库文件中，使之正式形成系统的基础数据；

其次，更新科目汇总表文件，对记账凭证按科目进行汇总，更新“科目汇总表文件”相应科目的发生额，并计算余额；

再次，更新有关辅助账数据库文件；

最后，将临时凭证数据库文件中已记账的凭证删除，以防止重复记账。

记账处理操作步骤：

① 以记账操作员“赵玲”的身份注册登录企业应用平台，在【用友U8】窗口的业务导航视图中，选择【业务工作】—【财务会计】—【总账】—【凭证】—【记账】，单击，打开【记账】范围选择对话框。

② 在【记账范围】栏中可手工输入记账凭证范围，也可单击【全选】按钮选择所有凭证。如果要对所有凭证进行记账也可保持默认状态。单击【记账报告】按钮，显示记账

信息报告；或者直接单击【记账】按钮，系统首先对期初数据进行试算平衡检查，并显示检查结果【期初试算平衡表】。

③ 在【期初试算平衡表】对话框中单击【确定】按钮，系统开始记账，并显示记账进程。

④ 系统记账完毕，显示【记账完毕】提示对话框。

提示：

➢在记账过程中，不得中断退出。

➢在第一次记账时，若期初余额试算不平衡，系统将不允许记账。

➢所选范围内的凭证如有不平衡凭证，系统将列出错误凭证，并重选记账范围；所选范围内的凭证如有未审核凭证，系统将提示是否只对已审核凭证记账或重选记账范围。

➢凭证记账需要满足以下前提条件：期初余额试算平衡、上月已结账、凭证已审核、凭证通过合法性校验。

3）取消记账

由于在账务处理过程中，有的业务存在先后处理问题，可能会由于误操作而引起记账信息错误，此时就需要对已记账凭证取消记账。由于此项功能操作会引起信息混乱，必须控制其使用。在账务处理系统中，只能由主管会计进行此项操作。

操作步骤：

①以账套主管“赵玲”的身份注册登录企业应用平台，在【用友U8】窗口的业务导航视图中，选择【业务工作】—【财务会计】—【总账】—【期末】—【对账】，单击，打开【对账】对话框。

②由于取消记账是一项特殊的业务，因而此项功能一般处于隐藏状态，使用时需将其激活。在【对账】对话框窗口中按键盘上的Ctrl+H键激活【恢复记账前状态】功能，并显示状态信息。

③单击【确定】按钮，此时【恢复记账前状态】功能项显示在【凭证】功能节点中。

④在【对账】对话框中单击【退出】按钮返回【用友U8】窗口。在【用友U8】窗口的业务导航视图中，选择【财务会计】—【总账】—【凭证】—【恢复记账前状态】，单击，进入【恢复记账前状态】对话框，如图5-25所示。

⑤选择恢复方式【2022年04月初状态】后，单击【确定】按钮，进入账套主管口令输入对话框。

⑥输入账套主管的口令，然后单击【确认】按钮，系统开始取消记账，并显示取消记账进程状态。

⑦系统取消记账后显示【恢复记账完毕】提示信息框，单击【确定】按钮完成取消记账操作。

⑧重新进入【对账】对话框窗口，按键盘上的Ctrl+H键隐藏【恢复记账前状态】功能。

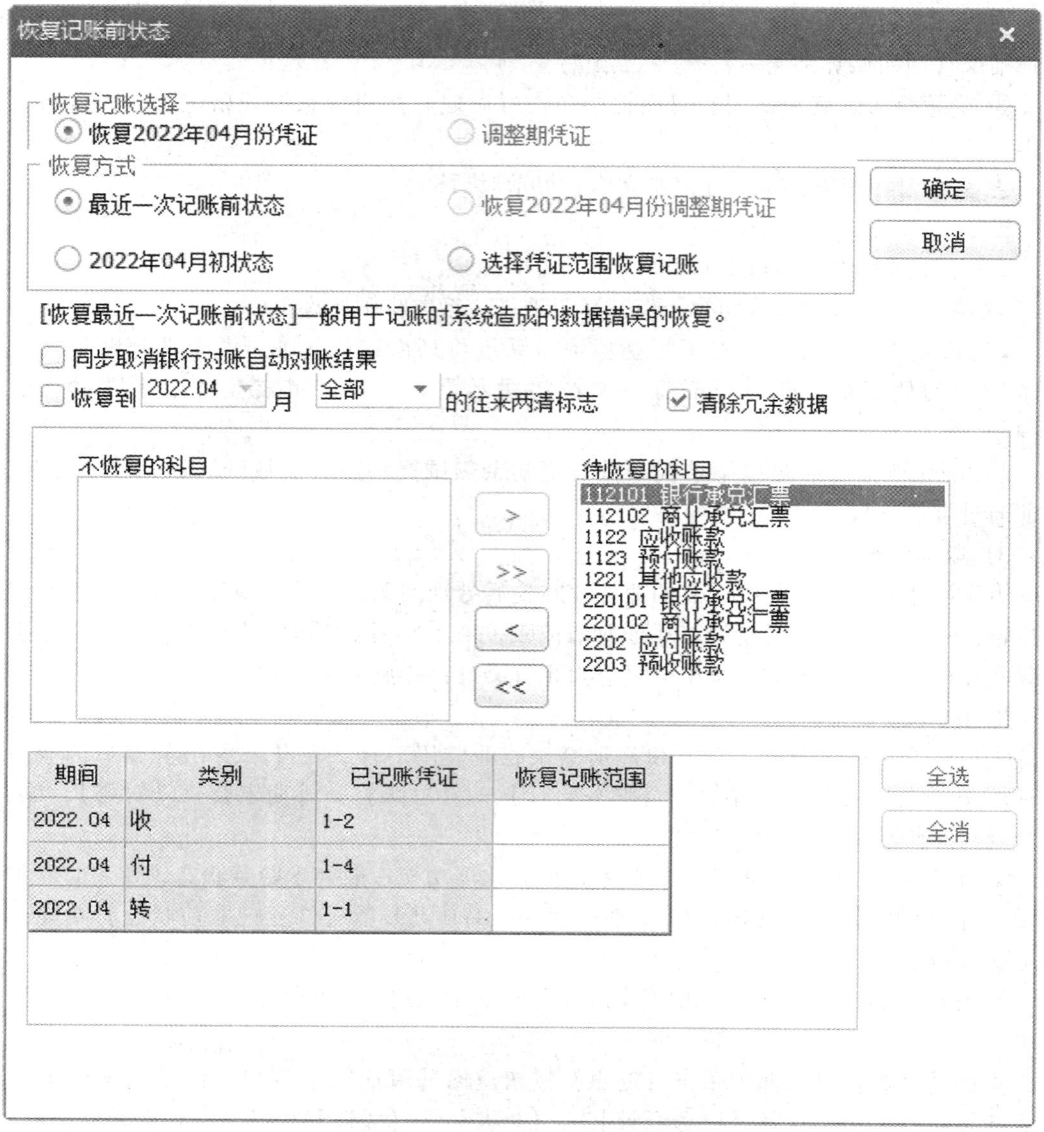

图5-25 【恢复记账前状态】对话框

提示：

➢取消记账只能由账套主管进行。

➢对于已结账月份，不能恢复记账前状态。

➢恢复记账前状态方式包括：恢复至月初状态（所有凭证均取消记账）、最近一次记账前状态（将最后一次记账所涉及的凭证取消记账）、恢复某张凭证记账前状态（将选定范围的凭证取消记账）、恢复某些往来科目记账前状态（将包含选定往来科目的凭证取消记账）等。

5.2　出纳管理

出纳管理是会计核算管理最基本、最重要的工作之一，主要内容是按照有关规定和制度，办理本单位的现金收付、银行结算及有关账务处理，保管库存现金、有价证券、财务印章及有关票据等工作。在手工条件下，按照内部控制制度的要求，一般单独设立出纳岗位进行库存现金和银行存款的核算和管理工作。企业在实施会计信息化后，通过系统提供的出纳管理功能可以实现企业财务的精细化管理，对于促进出纳管理的正规化、科学化，及时了解和掌握企业的资金状况具有非常重要的意义。在会计信息系统中，出纳管理的日常工作主要包括收、付款凭证的出纳审核签字、票据管理、收（付）款单据填制、银行对账、库存现金和银行存款日记账的输出，以及对长期未达账项提供审计报告等。

5.2.1　出纳签字

收、付款凭证由于涉及企业现金的收入与支出，应加强对出纳凭证的管理。出纳人员可通过出纳签字功能对制单员填制的带有库存现金、银行存款科目的凭证进行检查核对，主要核对收、付款凭证的出纳科目的金额是否正确，审查认为错误或有异议的凭证，应交与填制人员修改后再核对。就这一意义而言，出纳签字可视为一种特殊的凭证审核操作。

在使用出纳签字功能时，应首先在系统【选项】中选择系统控制参数【出纳凭证必须经由出纳签字】，这样出纳凭证才需要进行出纳签字；其次，在会计科目指定处理时，指定了出纳签字科目，这样才能进行出纳签字。

【例5-16】以出纳会计“王可”的身份注册登录系统，对出纳凭证进行出纳审核签字。

操作步骤：

①以出纳会计“王可”的身份注册登录企业应用平台，在【用友U8】窗口的业务导航视图中，选择【业务工作】—【财务会计】—【总账】—【凭证】—【出纳签字】，单击，打开【出纳签字】范围选择对话框。

②选择查询全部、作废凭证或有错凭证三者中的一个。选择凭证的来源，为空表示所有系统的凭证。在此保持默认，单击【确定】按钮，打开【出纳签字列表】对话框。

③在【出纳签字列表】对话框中，双击，进入【出纳签字】审核签字窗口，如图5-26所示。

④对需进行出纳签字的凭证通过单击工具栏上的按钮逐一审查，通过审查后，单击工具栏上的【签字】按钮进行出纳签字。

⑤出纳签字完成后，关闭相关对话框，结束本次出纳签字操作。

提示：

➢企业可根据实际需要决定是否要对出纳凭证进行出纳签字管理，此功能通过【选项】中的【出纳凭证必须经由出纳签字】选项进行设置。

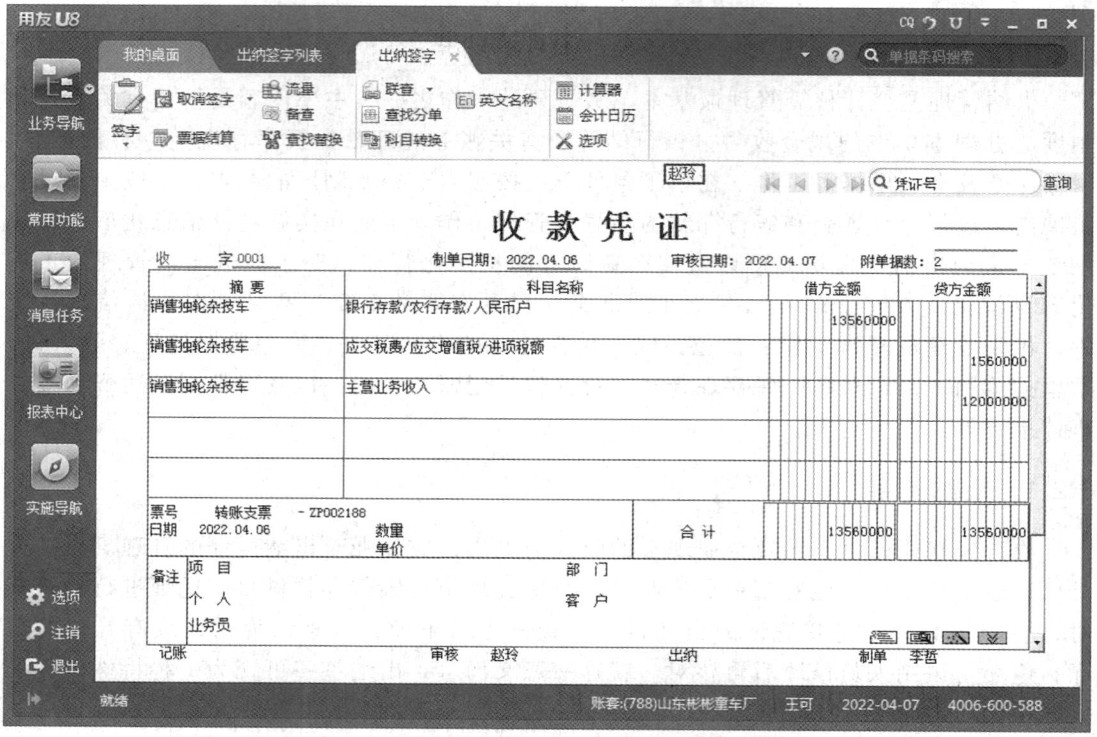

图5-26 【出纳签字】审核签字窗口

➢出纳凭证能否进行出纳签字，除上述选项设置外，还需同时指定出纳签字科目，即将“库存现金”科目指定为现金科目，将“银行存款”指定为银行科目，此项指定操作在【会计科目设置】中进行。

➢取消出纳签字只能由出纳自己进行。

➢系统提供了成批出纳签字处理机制，处理方法、步骤与成批审核、成批主管签字相同。

5.2.2 支票管理

在手工条件下，为了加强企业的银行支票管理，出纳会计通常建立支票领用登记簿，用来登记支票领用情况，为此在账务处理系统中也为出纳会计提供了“支票登记簿”功能，以供其详细登记支票领用人、领用日期、支票用途、是否报销等情况。

1）领用支票

当有人领用支票时，银行出纳会计须进入“支票登记”功能登记支票领用日期、领用部门、领用人、支票号、备注等。

【例 5-17】2022 年 4 月 4 日，因业务需要，出纳会计王可领用中国农业银行现金支票 XP001325 号，金额 2 800.00 元，用于提取现金。

操作步骤：

①以出纳会计“王可”的身份注册登录企业应用平台，在【用友 U8】窗口的业务导航视图中，选择【业务工作】—【财务会计】—【总账】—【出纳】—【支票登记簿】，单击，弹出【银行科目选择】对话框。

②选择“农行存款/人民币户（10020101）”银行科目，单击【确定】按钮，进入【支票登记簿】窗口，如图5-27所示。

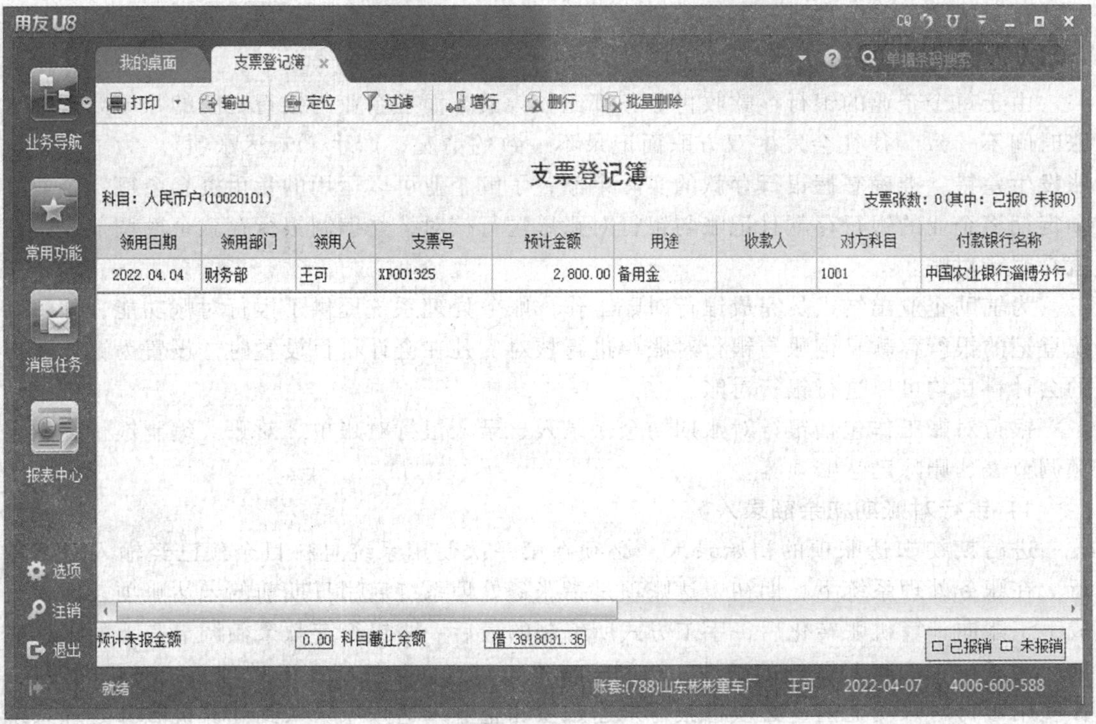

图5-27　【支票登记簿】窗口

③单击工具栏上的【增行】按钮，录入相关信息：领用日期“2022.04.04”、领用部门“0102”、领用人“王可”、支票号“XP001325”、预计金额“2 800.00”、用途“备用金”等。所有支票信息录入完毕后，关闭【支票登记簿】窗口。

2）支票报销

当支票支出后，经办人持原始单据（发票）到财务部门报销，会计人员据此填制记账凭证。当在系统中录入该凭证时，系统要求录入该支票的结算方式和支票号，在系统填制完成该凭证后，系统自动在支票登记簿中为该号支票填写报销日期，该号支票状态即为已报销。

支票登记簿中的报销日期栏，一般是由系统自动填写的，但对于有些已报销而由于人为原因造成系统未能自动填写报销日期的支票，可进行手工填写，即将光标移到报销日期栏，然后输入报销日期。

【例5-18】出纳会计王可于2022年4月4日，提回现金，并进行支票报销。

操作步骤：

①在【支票登记簿】窗口，找到要进行报销的支票记录。

②将光标移到【报销日期】栏，参照或直接录入报销日期“2022.04.04”，在【实际金额】栏录入金额“2 800.00”，完成该支票的报销处理。

提示：

➢支票登记簿中的报销日期为空时，表示该支票未报销，否则系统认为该支票已报销。

➢已报销的支票不能修改。若需要修改，可将光标移到报销日期处，按空格键后删除报销日期并进行保存，之后即可进行修改。

5.2.3 银行对账

由于每个企业的银行存款收付业务都比较频繁，而且企业与银行之间的账务处理和入账时间不一致，往往会发生双方账面记录不一致的情况，产生“未达账项”。为了防止记账发生差错，准确掌握银行存款的实际余额，了解企业可以运用的货币资金余额，企业必须定期将企业的银行存款日记账与银行对账单进行核对，并编制银行存款余额调节表，这就是银行对账。

为辅助企业出纳人员完成银行对账工作，账务处理系统提供了银行对账功能，即将系统登记的银行存款日记账与银行对账单进行核对。凡在会计科目设置时，设置为银行账户的会计科目均可以进行银行对账。

银行对账工作包括银行对账期初余额录入、录入银行对账单、对账、编制银行存款余额调节表、删除已达账项等。

1）银行对账期初余额录入

进行期初未达账项的初始录入，必须在第一次使用系统且科目余额已经输入以后进行。在账务处理系统下，期初未达账项是指账务处理系统启用日期前的未达账项，即在完成手工账向计算机账转化后，手工方式所编制的最后一张银行存款余额调节表上的未达账项。为了确保银行对账的准确性，顺利完成手工对账向计算机账务处理系统对账的转换，在使用银行对账功能前，必须将银行未达账项和企业未达账项录入到计算机账务处理系统中。只有手工银行对账向账务处理系统银行对账转化时，即首次使用银行对账模块时，才需要录入银行对账期初未达账项。在使用银行对账模块后，一般不再需要录入银行对账期初余额。在录入未达账项时，一般录入未达账项发生时所填制凭证的日期、结算凭证的类别、结算凭证号、借贷金额等。同时将银行存款与单位日记账的账面余额调节平衡，否则系统将无法进行银行对账处理。

【例5-19】以出纳会计“王可”的身份注册登录788账套，录入山东彬彬童车厂手工账向计算机账转化时的银行对账期初未达账项，其资料见表5-1。

表5-1 **银行存款余额调节表**

科目：银行存款/农行存款/人民币户　日期：2022年3月31日　　单位：元

项目	余额	项目	余额
单位日记账账面余额	3 759 386.36	银行对账单余额	3 676 006.36
加：银行已收企业未收	46 800.00	加：企业已收银行未收	40 000.00
2022.03.30/委托收款/WS2022200135	46 800.00	2022.03.30/转账支票/ZP021111	40 000.00
减：银行已付企业未付	180 180.00	减：企业已付银行未付	90 000.00
2022.03.29/委托付款/WF2022001256	180 180.00	2022.03.29/转账支票/ZP003520	90 000.00
企业调节后余额	3 626 006.36	银行调节后余额	3 626 006.36

操作步骤：

①以出纳会计“王可”的身份注册登录企业应用平台，在【用友U8】窗口的业务导航视图中，选择【业务工作】—【财务会计】—【总账】—【出纳】—【银行对账】—【银行对账期初录入】，单击，弹出【银行科目选择】对话框。

②选择“银行存款/农行存款/人民币户（10020101）”银行科目后，单击【确定】按钮，进入【银行对账期初】录入对话框，如图5-28所示。

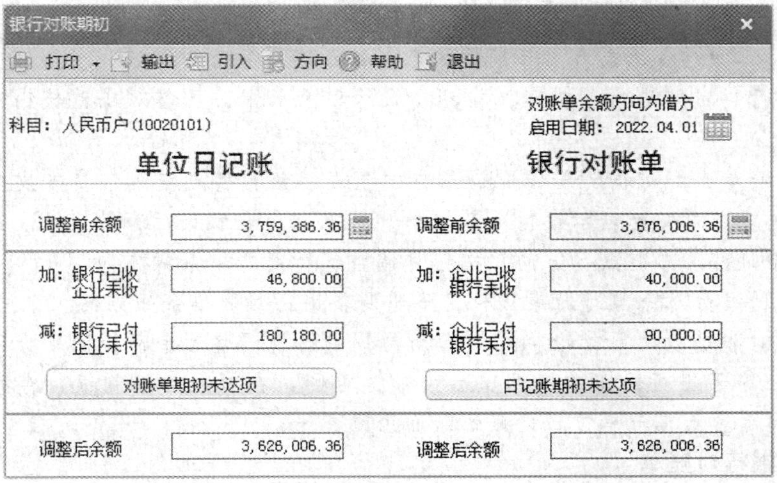

图5-28　【银行对账期初】录入对话框

③首先录入【单位日记账】和【银行对账单】的调整前余额“3 759 386.36”和“3 676 006.36”，然后单击窗口中的【对账单期初未达项】按钮，进入【银行方期初】对话框，单击【增行】按钮，录入企业未达账项，如图5-29所示。

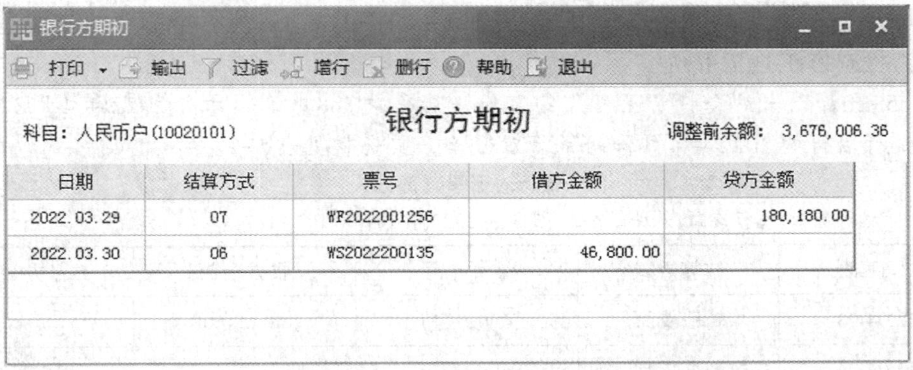

图5-29　【银行方期初】对话框

④所有企业未达账项录入完毕后，单击【退出】按钮返回【银行对账期初】录入对话框界面，再单击【日记账期初未达项】按钮，进入【企业方期初】对话框，单击【增行】按钮，按凭证信息录入银行未达账项。

⑤所有银行未达账项录入完毕后，单击【退出】按钮返回【银行对账期初】录入对话框界面，显示银行对账期初未达账项的录入结果。

⑥单击【退出】按钮，结束银行对账期初未达账项的录入。

提示：

➢在启用日期处单击【日期参照】按钮可以调整银行账户的启用日期。

➢录入的银行对账单、单位日记账的期初未达项的发生日期不能大于或等于此银行科目的启用日期。

➢“银行对账期初”的功能是第一次使用银行对账模块前录入日记账及对账单未达项，在开始使用银行对账之后一般不再使用。

➢在录入完单位日记账、银行对账单期初未达项后，请不要随意调整启用日期，尤其是向前调，否则可能会造成启用日期后的期初数不能再参与对账。

➢若某银行科目已进行过对账，在期初未达项录入中，已勾对或已核销的记录不能再修改。

➢银行对账单余额方向为借方时，借方发生表示银行存款增加，贷方发生表示银行存款减少；反之，借方发生表示银行存款减少，贷方发生表示银行存款增加。系统默认银行对账单余额方向为借方，按【方向】按钮可调整银行对账单余额方向。

➢已进行过银行对账勾对的银行科目不能调整银行对账单余额方向。

➢在执行对账功能之前，应将【银行期初】中的【调整后余额】调平，即单位日记账的调整后余额等于银行对账单的调整后余额，否则，在对账后编制银行存款余额调节表时，会造成银行对账单与单位日记账的账面余额不平。

2）录入银行对账单

在每次银行对账前，必须将银行开具的银行对账单的内容输入计算机账务处理系统中并加以保存，这样才能够进行银行对账。输入的内容主要包括对账单上每一笔业务的银行入账时间、结算方式、结算的凭证编号、借贷金额、银行账户的余额等。输入完毕后，系统按照“企业银行存款日记账期末余额+企业未达账借方金额-企业未达账贷方金额=开户银行对账单期末余额+对账单未达账借方金额-对账单未达账贷方金额”的公式进行平衡校验，需检查修正直至平衡。

【例5-20】以出纳会计“王可”的身份注册登录788账套，录入2022年4月30日从中国农业银行取得的2022年4月份的银行对账单，其资料见表5-2。

表5-2 **银行对账单（部分）**

科目：银行存款/农行存款/人民币户　日期：2022年4月30日　单位：元

结算日期	结算方式	结算单号	收方金额	付方金额
2022.04.03	转账支票	ZP021111	40 000.00	
2022.04.04	现金支票	XP001325		2 800.00
2022.04.05	转账支票	ZP003520		90 000.00
2022.04.09	委托付款	WF2022201125		104 832.83
2022.04.09	转账支票	ZP002188	135 600.00	
2022.04.10	转账支票	ZP003522		33 900.00
2022.04.16	转账支票	ZP253084	110 000.00	

操作步骤：

①以出纳会计“王可”的身份注册登录企业应用平台，在【用友U8】窗口的业务导航视图中，选择【业务工作】—【财务会计】—【总账】—【出纳】—【银行对账】—【银行对账单】，单击，弹出【银行科目选择】对话框。

②选择银行对账科目“银行存款/农行存款/人民币户（10020101）”，输入对账月份“2022.04”至“2022.04”，然后单击【确定】按钮，进入【银行对账单】录入窗口，如图5-30所示。

③单击【增行】按钮，录入银行对账单数据信息资料。录入完毕，关闭【银行对账单】录入窗口。

日期	结算方式	票号	借方金额	贷方金额	余额
2022.04.03	02	ZP021111	40,000.00		3,716,006.36
2022.04.04	01	XP001325		2,800.00	3,713,206.36
2022.04.05	02	ZP003520		90,000.00	3,623,206.36
2022.04.09	07	WF2022201125		104,832.83	3,518,373.53
2022.04.09	02	ZP002188	135,600.00		3,653,973.53
2022.04.10	02	ZP003522		33,900.00	3,620,073.53
2022.04.16	02	ZP253084	110,000.00		3,730,073.53
2022.04.20	03	SHD807556	32,505.20		3,762,578.73
2022.04.21	02	ZP0538277	80,000.00		3,842,578.73
2022.04.26	01	XP001326		5,000.00	3,837,578.73
2022.04.28	02	ZP003523		3,955.00	3,833,623.73
2022.04.29	02	ZP003524		11,300.00	3,822,323.73

图5-30　【银行对账单】录入窗口

提示：

➢在输入对账月份范围时，注意终止月份必须大于或等于起始月份。

➢银行对账单可手工录入，也可通过工具栏上的【导入对账单】按钮导入对账单数据。可以导入的银行对账单文件类型主要为：*.TXT（文本文件）、*.DBF（Foxpro数据库文件）、*.MDB（Access数据库文件）。

➢只需录入票号和借、贷方金额，系统将自动计算余额，并按对账单日期顺序显示。输入的票号应同制单时输入的票号位数相同。

➢在录入过程中，可通过按Enter键（回车键）进行栏目移动和增加新记录。

3）银行对账

企事业单位的大量经济业务要通过银行结算，银行要为每个单位记载这些经济业务，银行对账是指银行记载的银行存款收付记录和单位自己记载的银行存款日记账相互核对。

目的就是将单位银行账与对账单进行核对，不仅要找出相同的经济业务进行核销，还要找出未达账项和造成未达账项的根源，避免有意无意的错误。对于长期未达账项更应引起警惕。

在账务处理系统中，为了提高银行对账速度和效率，系统提供了两种对账方式：自动对账和手工对账。

（1）自动对账

自动对账就是由计算机自动在“单位银行对账文件”和“银行对账单文件”中寻找完全相同的经济业务进行核对或勾销。所谓完全相同的经济业务是指经济业务发生的时间、内容、摘要、结算方式、结算号、金额等均相同的经济业务。由于同一笔经济业务在银行和企业间分别由不同的操作员进行记载，经济业务发生的时间、摘要等不可能完全一样，因此，经济业务是否相同，需要由对账操作员来进行设置，一般而言，其对账依据为：

① 支票号+金额，即“单位银行对账文件”和“银行对账单文件”中支票号和金额完全相同的业务。

② 结算方式+结算号+金额，即“单位银行对账文件”和“银行对账单文件”中结算方式、结算号和金额完全相同的业务。

自动对账后，可能还有一些特殊的已达账项没有核对出来，仍列入未达账项中，这时可以采用手工对账加以补充。

（2）手工对账

手工对账的目的是核对自动对账未能找到的已达账项。由于同一项经济业务在单位银行存款日记账和银行对账单上的记录内容有可能不完全相同。自动对账不能核销这些本来相同的业务，从而无法实现全面彻底对账，需要通过手工核销这些特殊业务。

在计算机账务处理系统中往往采用自动对账与手工对账相结合的方式。自动对账是计算机根据对账依据自动进行核对、勾销，对于已核销的银行业务，系统将自动在银行存款日记账和银行对账单双方写上两清标志，并视为已达账项，对于在两清栏未写上两清符号的记录，系统则视其为未达账项。手工对账是对自动对账的补充。使用完自动对账后，可能还有一些特殊的已达账项没有对出来，而被视为未达账项。为了保证对账更加彻底和正确，可用手工对账来进行调整。

【例5-21】以出纳会计“王可”的身份注册登录788账套，对2022年4月份的银行账进行最大条件对账。

操作步骤：

①以出纳会计“王可”的身份注册登录企业应用平台，在【用友U8】窗口的业务导航视图中，选择【业务工作】—【财务会计】—【总账】—【出纳】—【银行对账】—【银行对账单】，单击，弹出【银行科目选择】对话框。

②选择银行对账科目“银行存款/农行存款/人民币户（10020101）”，录入对账截止期间“2022.04”，确保【显示已达账】处于选中状态，然后单击【确定】按钮，进入【银行对账】窗口，如图5-31所示。

③单击工具栏上的【对账】按钮，弹出【自动对账】条件设置对话框，如图5-32所示。

图5-31　【银行对账】窗口

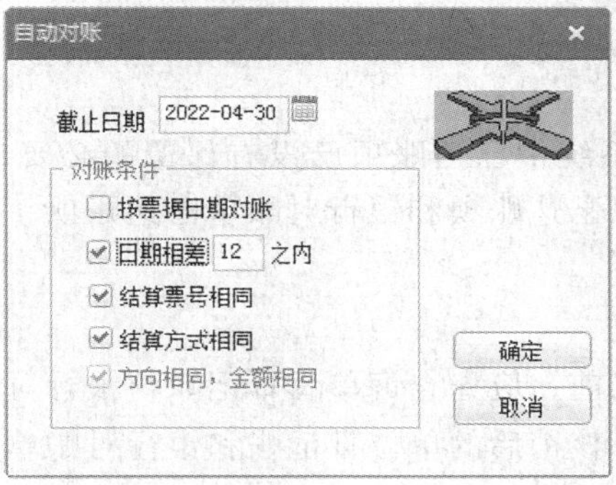

图5-32　【自动对账】条件设置对话框

④参照或直接录入对账截止日期“2022.04.30”，单击【日期相差12天】复选框，取消此项对账条件的限制，然后单击【确定】按钮，系统自动开始对账，对于已达账项，系统自动在银行存款日记账和银行对账单双方的【两清】栏打上圆圈标记，其所在行背景色变为淡黄色。

⑤经查对，发现还有已达账项未能自动确认，需要通过手工方式核对，在确认相符的记录的【两清】栏单击添加两清标记“Y”，同时背景变为淡黄色。

⑥在进行完对账后，需要进行平衡检查以确保对账结果正确，单击工具栏上的【检查】按钮，系统自动对对账结果进行检查，并显示检查结果，如图5-33所示。

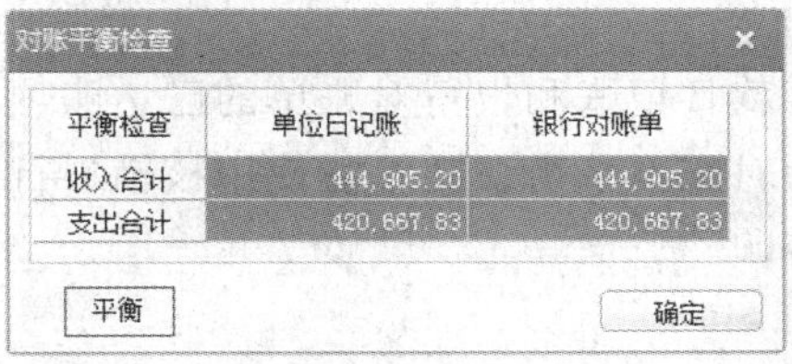

图5-33　对账平衡检查结果

⑦如果对账不平，需要重新核对，直到平衡为止。如已平衡，单击工具栏上的【保存】按钮，然后关闭窗口，结束对账。

提示：

➢如果不输入对账截止日期，则核对所有日期的账。

➢在选择对账月份范围时，终止月份必须大于或等于起始月份。

➢若选择【显示已达账】选项，则显示已两清勾对的单位日记账和银行对账单。

➢取消对账标记可通过自动或手动方式取消两清标记。

4）编制银行存款余额调节表

在对账完毕后，系统已自动整理汇总未达账项和已达账项，并生成银行存款余额调节表，操作员仅能进行查看，不能直接进行修改。

操作步骤：

① 以出纳会计“王可”的身份注册登录企业应用平台，在【用友U8】窗口的业务导航视图中，选择【业务工作】—【财务会计】—【总账】—【出纳】—【银行对账】—【余额调节表查询】，单击，弹出【银行存款余额调节表】窗口。

② 选择要查看的存款银行后，单击工具栏上的【详细】按钮，显示银行存款余额调节表。

5）核销已达账项

在确保对账准确后，系统中已达账项已没有保留的必要，可以通过删除已达账项功能，删除用于对账的日记账已达账项和银行对账单已达账项，以便以后可以重新使用银行对账功能。

（1）查询银行勾对情况

在进行核销已达账项之前，应先查询单位日记账与银行对账单的对账情况，在检查无误后，即可核销已达账项，核销后的单位日记账和银行对账单的数据将不再参与以后的银行对账勾对。

操作步骤：

① 以出纳会计“王可”的身份注册登录企业应用平台，在【用友U8】窗口的业务导航视图中，选择【业务工作】—【财务会计】—【总账】—【出纳】—【银行对账】—【查询对账勾对情况】，单击，弹出【银行科目选择】窗口。

② 选择银行科目“银行存款/农行存款/人民币户”和【全部显示】选项后，单击【确定】按钮，进入【查询银行勾对情况】窗口。

③ 分别打开【银行对账单】和【单位日记账】选项卡进行检查，检查无误后关闭【查询银行勾对情况】窗口，返回【用友U8】窗口。

（2）核销银行账

核销用于对账的银行存款日记账和银行对账单的已达账项，核销后的已达账项不能参与下次银行对账。如果银行对账不平衡，则不能使用核销银行账的功能。核销银行账不影响银行存款日记账的查询打印。

操作步骤：

① 以出纳会计“王可”的身份注册登录企业应用平台，在【用友U8】窗口的业务导航视图中，选择【业务工作】—【财务会计】—【总账】—【出纳】—【银行对账】—【核销银行账】，单击，弹出【核销银行账】核销银行科目选择对话框。

② 选择核销科目“银行存款/农行存款/人民币户”后，单击【确定】按钮，系统弹出银行账核销确认对话框。

③ 单击【是】按钮，系统核销银行已达账项，并显示【银行账核销完毕】提示对话框，单击【确定】按钮结束核销操作。

（3）反核销银行账

若银行对账出现对账错误，可通过反核销功能恢复核销前状态，重新进行银行对账。

操作步骤：

① 以出纳会计“王可”的身份注册登录企业应用平台，在【用友U8】窗口的业务导航视图中，选择【业务工作】—【财务会计】—【总账】—【出纳】—【银行对账】—【核销银行账】，单击，弹出【核销银行账】核销银行科目选择对话框。

② 选择核销银行科目“银行存款/农行存款/人民币户”。

③ 按键盘上的Alt+U键，弹出反核销确认对话框。

④ 单击【是】按钮，系统再次弹出确认对话框。

⑤ 单击【是】按钮完成反核销操作。

5.3　固定资产增减变动

固定资产的日常管理是指固定资产的增加、减少、原值变动、固定资产的调入与调出等。

5.3.1　固定资产增加

固定资产增加操作也称“新卡片录入”，它与“原始卡片录入”相对应。在系统日常使用过程中，可能会购进或通过其他方式增加企业资产，新增资产需要通过“采购资产”或“资产增加”途径实现。资产是通过新增方式还是通过原始卡片录入，关键在于固定资产的开始使用日期。只有当开始使用日期的期间大于等于录入的期间时，才能通过新增资产方式录入。对于新增固定资产，在“固定资产+总账户+应付款管理+采购管理”架构模式下，需要通过“采购资产”途径增加；在“固定资产+总账”架构模式下，则通过“资产增加”途径增加。

【例5-22】2022年4月17日，办公室从佳实办公设备有限公司购入扫描仪一台，采购发票显示：设备价值3 500.00元，增值税455元，发票编号为05689786。款项以银行转账支票支付，支票号ZP003523。该设备预计净残值率4%，预计使用年限5年。

在“总账+固定资产”架构下，直接购入固定资产业务分两个环节，一是根据固定资产验收单，在固定资产系统中增加资产，并生成相关凭证；二是根据采购发票、固定资产验收单、付款单等单据在总账系统中填制相关记账凭证。

操作步骤：

①在【用友U8】窗口的业务导航视图中，选择【业务工作】—【财务会计】—【固定资产】—【卡片】—【资产增加】，单击，打开【固定资产类别档案】对话框。

②在【固定资产类别档案】对话框中选择“042 非生产用设备”，然后单击【确定】按钮，进入【固定资产卡片】录入窗口。

③在【固定资产卡片】录入窗口，输入该固定资产的相关信息资料。

④单击工具栏上的【保存】按钮，对增加的固定资产进行保存，并生成凭证；修改或补充凭证相应信息，如凭证类别、供应商、发票信息等，然后予以保存。

⑤退出固定资产模块，登录总账模块。选择【业务工作】—【财务会计】—【总账】—【凭证】—【填制凭证】，打开【填制凭证】对话框。

⑥根据采购发票、固定资产验收单、付款单等单据完成记账凭证编制。

提示：

➢固定资产的增加操作与原始卡片录入操作相关要求相同。

5.3.2 固定资产减少

资产在使用过程中，总会由于各种原因，如毁损、出售、盘亏等，退出企业，该部分操作称为“资产减少”。固定资产管理系统提供资产减少的批量操作，为同时清理一批资产提供方便。减少固定资产只有当期账套计提折旧后方可使用，否则减少资产只能通过删除固定资产卡片的途径来完成。

【例5-23】2022年4月18日，财务室一台微机因电源故障导致毁损，该项固定资产编号为04200002，该项资产清理实现收入500.00元，以现金方式收取，经批准损失作为营业外支出处理。

操作步骤：

①先进行折旧计提处理。在【用友U8】窗口的业务导航视图中，选择【业务工作】—【财务会计】—【固定资产】—【计提折旧】—【计提本月折旧】，单击。然后按向导提示进行固定资产折旧计提处理。注意，不要生成凭证。

②在【用友U8】窗口的业务导航视图中，选择【业务工作】—【财务会计】—【固定资产】—【资产处置】—【资产减少】，单击，打开【资产减少】对话框，如图5-34所示。

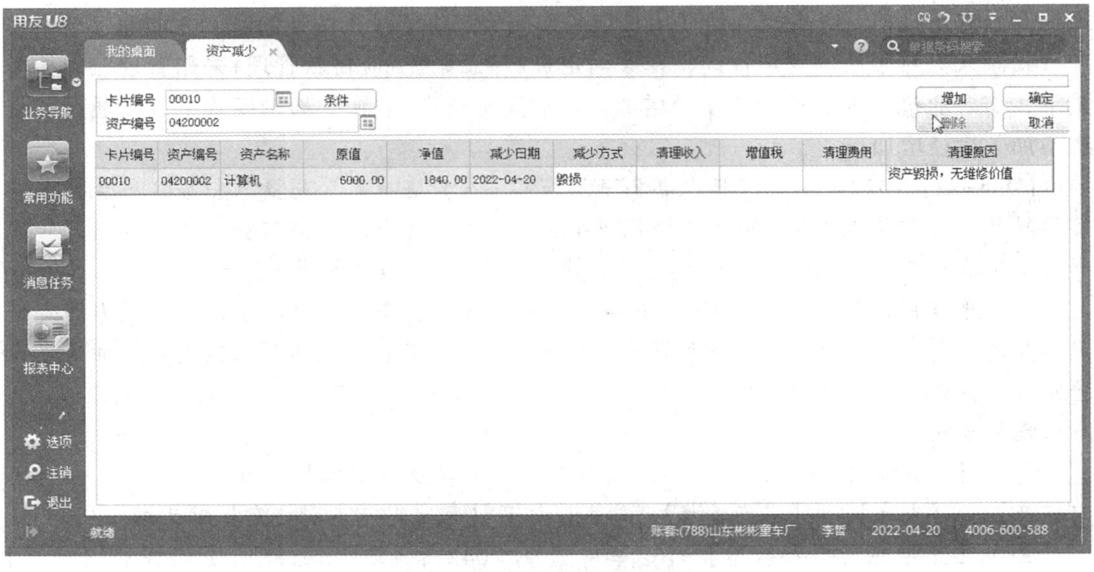

图5-34 【资产减少】对话框

③在【资产减少】对话框中直接录入或参照录入减少的固定资产卡片编号或资产编号，如资产编号“04200002”，然后单击【增加】按钮，在【资产减少】对话框下方列表中追加该项固定资产。

④录入减少日期，选择减少方式“毁损”，输入清理原因等，然后单击【确定】按钮，系统弹出卡片成功减少信息提示对话框。

⑤单击【确定】按钮，完成固定资产减少处理，并生成固定资产减少凭证；修改或补充凭证相应信息，如凭证类别、摘要信息等，然后予以保存。

⑥登录总账凭证填制界面，根据清理收入的收款单据，填制清理收入收取的业务凭证。

⑦登录总账凭证填制界面，根据固定资产清理处置报告，完成固定资产清理结果处置的凭证填制。

提示：

➢系统提供了固定资产减少的恢复纠错功能，当月减少的资产可以通过本功能恢复使用。通过资产减少的资产只有在减少的当月可以恢复。在卡片管理界面中，选择【已减少的资产】选项，再选中要恢复的资产，单击【恢复减少】即可。如果资产减少操作已制作凭证，必须删除凭证后才能恢复。

➢固定资产减少时进行的折旧计提处理，不得生成折旧凭证。折旧凭证需要在期末重新进行折旧计提的基础上生成。

5.3.3　固定资产变动

固定资产在使用过程中，可能会调整卡片上的一些项目。这些项目的调整分为两种情形：一类需要通过固定资产变动单进行，包括原值变动、部门转移、使用状况变动、使用年限调整、折旧方法调整、净残值（率）调整、工作总量调整、累计折旧调整、资产类别调整、计提减值准备等；一类直接在固定资产卡片上进行调整，如固定资产名称、编号、自定义项目等的变动。

1）原值变动

资产在使用过程中，除发生下列情况外，价值不得任意变动：

① 根据国家的规定对固定资产重新估价。

② 增加补充设备或改良设备。

③ 将固定资产的一部分拆除。

④ 根据实际价值调整原来的暂估价值。

⑤ 发现原记录的固定资产价值有误。

原值变动包括原值增加和原值减少两种情形，通过系统提供的“原值变动”功能来实现。

【例5-24】2022年4月19日，在驰博汽车服务公司为汽车添置新配件（固定资产编号03200001），增值税发票显示，价格10 000.00元，增值税1 300.00元，发票编号为05689796，款项通过银行转账支票支付，转账支票号为ZP003386。

操作步骤：

①在【用友U8】窗口的业务导航视图中，选择【业务工作】—【财务会计】—【固

定资产】—【变动单】—【原值增加】，单击，打开【固定资产变动单】原值增加对话框，如图5-35所示。

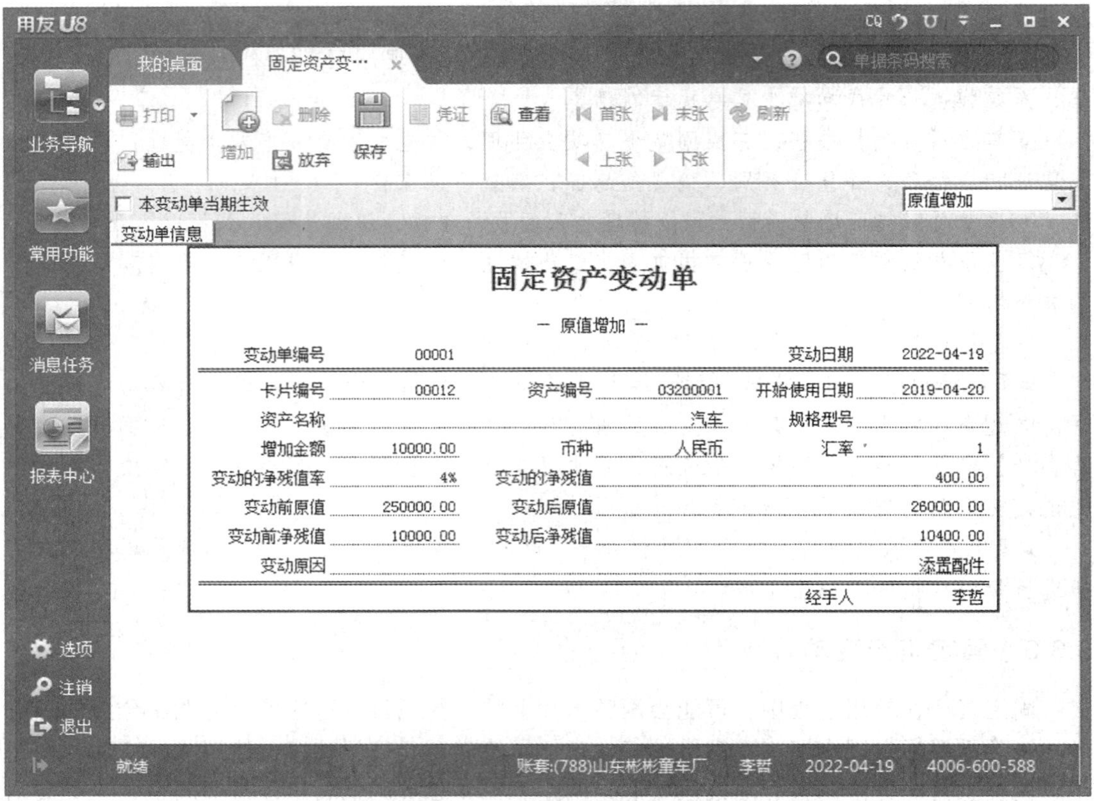

图5-35 【固定资产变动单】原值增加对话框

②直接输入或参照录入固定资产编号“03200001”，输入增加金额“10 000.00”，输入变动原因“添置配件”。

③若变动单在变动月份生效，则选择“本变动单当期生效”复选框，否则保持默认状态。

④单击【保存】按钮，对录入信息进行保存，并生成相应凭证；修改或补充凭证相应信息，如凭证类别、供应商、发票信息等，然后予以保存。

⑤登录总账系统，根据增值税发票、付款单、固定资产验收单等编制付款凭证。

提示：

➢当月原始录入或增加的固定资产不允许进行原值变动处理。

➢变动单不能修改，只有当月可删除重做，所以请仔细检查后再保存。

➢固定资产原值减少处理与原值增加处理方法相同。

2）部门转移

固定资产在使用过程中，因内部调配而发生部门变动，如不对其处理，将会影响到部门折旧的计算。

【例5-25】因业务需要，将办公室的复印机转到财务室使用。

操作步骤：

①在【用友U8】窗口的业务导航视图中，选择【业务工作】—【财务会计】—【固定资产】—【变动单】—【部门转移】，单击，打开【固定资产变动单】部门转移对话框。

②直接输入或参照录入固定资产卡片编号，输入变动后的部门名称和变动原因，然后单击【保存】按钮进行保存。

固定资产变动处理的方法基本相似，其余的固定资产变动方式可参照上述固定资产原值变动、部门转移的处理过程。

5.3.4　固定资产增减变动制单处理

固定资产管理系统和账务处理系统之间存在着数据的自动传输，该传输通过制作传送到账务处理系统的凭证实现。固定资产管理系统需要制单或修改凭证的情况包括资产增加（录入新卡片）、资产减少、卡片修改（涉及原值或累计折旧时）、资产评估（涉及原值或累计折旧变化时）、原值变动、累计折旧调整、折旧分配等。

1）固定资产凭证生成

在固定资产管理系统选项设置中，如果选择了【业务发生后立即制单】选项，则在上述固定资产变化时，自动生成凭证并处于编辑修改状态以供修改处理。如未选择【业务发生后立即制单】选项，则可通过“批量制单”来完成。

操作步骤：

①在【用友U8】窗口的业务导航视图中，选择【业务工作】—【财务会计】—【固定资产】—【凭证处理】—【批量制单】，单击，打开【查询条件——批量制单】对话框。

②在【查询条件——批量制单】对话框中，设置查询条件或保持默认，然后单击【确定】按钮，打开【批量制单】对话框，如图5-36所示。

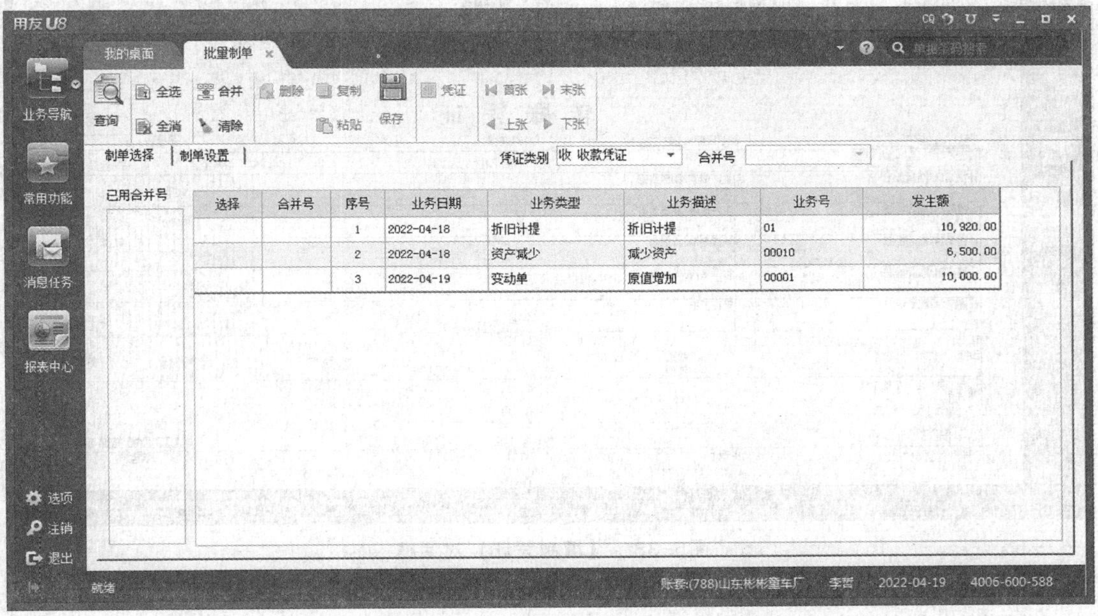

图5-36　【批量制单】对话框

③在【批量制单】对话框中选择【制单选择】选项卡，再在要生成凭证的业务的【选择】栏单击添加制单标记“Y”，然后单击【制单设置】切换到制单设置界面，如图5-37所示。

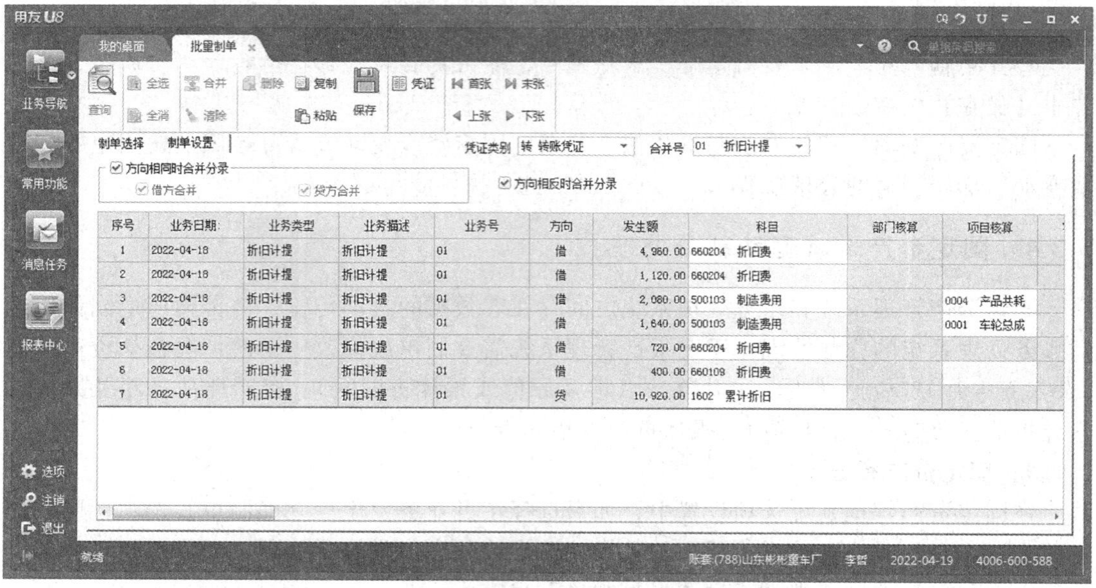

图5-37 【制单设置】界面

④在【制单设置】界面，选择设置凭证类别，保持【方向相同时合并分录】和【方向相反时合并分录】处于选中状态，为每笔分录设置入账会计科目及相关辅助核算方式，然后单击工具栏上的【凭证】按钮，打开【填制凭证】对话框，如图5-38所示。

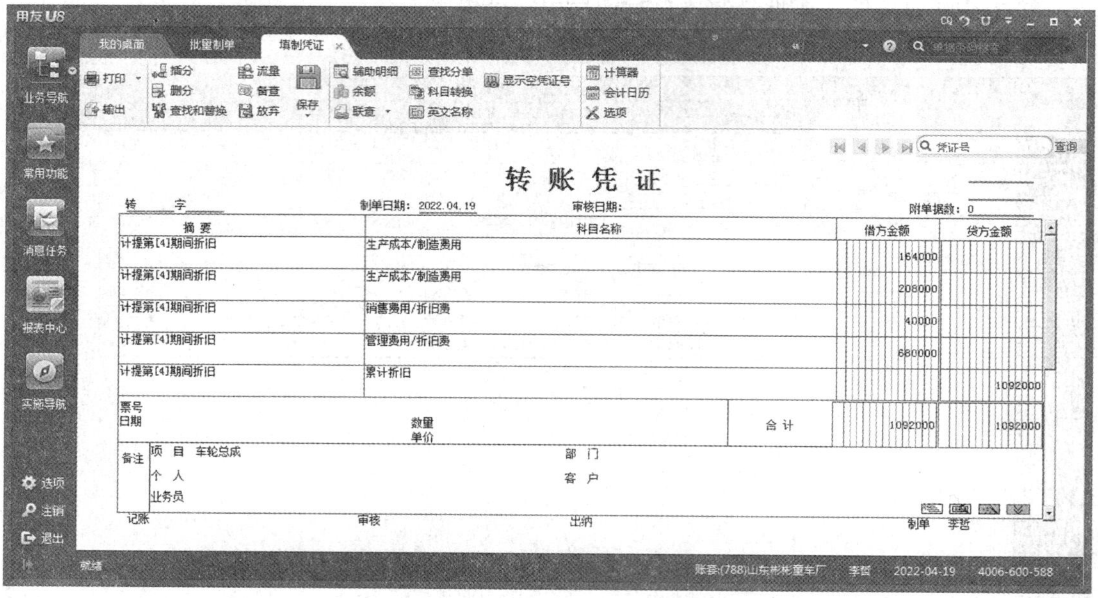

图5-38 【填制凭证】对话框

⑤在【填制凭证】对话框中，对凭证分录进行适当修改，如添加核算项目、供应商信息、发票信息等，然后单击工具栏上的【保存】按钮，将数据输送到账务处理系统。

⑥关闭【填制凭证】对话框，返回【批量制单】对话框。

⑦重复第③~⑥步操作，完成其他凭证生成。最后关闭【批量制单】对话框，结束制单处理。

提示：

➤凡是业务发生当时没有制单的，该业务自动排列在批量制单列表中，表中列示应制单而没有制单的业务发生的日期、类型、原始单据号，缺省的借贷方科目和金额以及制单选择标记。

➤如该单据在其他系统已制单或发生其他情况不应制单，可选中该行后单击【删除】按钮，将该单据从表中删除。

➤如果在选项中选择了【应制单业务没有制单不允许结账】选项，则只要本表中有记录，该月不能结账。

2）固定资产凭证修改

在固定资产管理系统中，对于由于固定资产原值、累计折旧等科目金额错误所造成的凭证错误，需要通过对原始单据的修改实现对凭证的修改，而对于非固定资产、累计折旧科目所造成的错误，可直接在凭证上进行。固定资产管理系统生成凭证的修改处理需要在固定资产管理系统中进行，总账系统无权进行修改。

（1）凭证直接修改

对于固定资产管理系统生成的凭证，如果是由于辅助核算信息输入存在问题或是除固定资产、累计折旧科目外的会计科目使用错误等原因造成凭证有误，凭证若未记账，可直接在凭证上进行修改；若凭证已记账，可冲销后重新生成凭证，然后进行修改。

操作步骤：

①在【用友U8】窗口的业务导航视图中，选择【业务工作】—【财务会计】—【固定资产】—【凭证处理】—【查询凭证】，单击，打开【查询凭证】对话框，如图5-39所示。

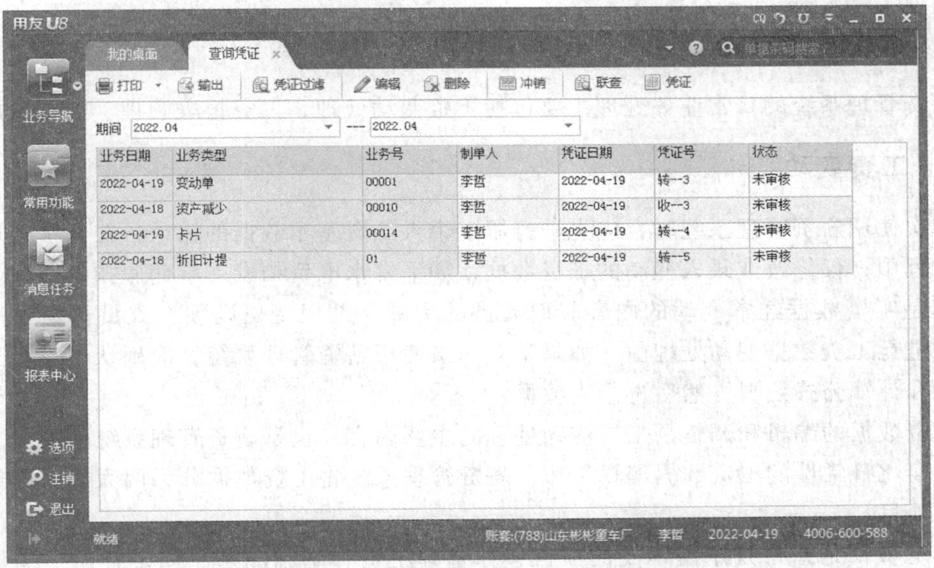

图5-39　【查询凭证】对话框

提示：

➢凭证状态处于“未审核”的凭证，可以删除，也可以编辑；处于“已审核”状态的凭证，需要在总账系统取消凭证审核后，固定资产管理系统才可对其进行编辑修改或删除处理；处于“已记账”状态的凭证，不能编辑、不能删除，但可对凭证进行冲销处理。

②在【查询凭证】对话框中，选择需要修改的凭证，然后单击工具栏上的【编辑】按钮，打开【凭证修改编辑】对话框。

③【凭证修改编辑】对话框，对凭证进行修改后，单击【保存】按钮进行保存。然后关闭相关对话框，结束凭证编辑修改处理。

提示：

➢凭证上的合计金额不得修改。固定资产、累计折旧等科目的金额不得修改，否则会造成固定资产与总账对账不平。

（2）修改原始单据

对于由于固定资产、累计折旧科目所造成的凭证错误，必须通过对原始单据的修改实现对凭证修改。对于处于“未审核”或“已审核”状态的凭证，采取删除原凭证方式处理；对于处于“已记账”状态的凭证，采取冲销凭证方式处理。

操作步骤：

① 在【用友 U8】窗口的业务导航视图中，选择【业务工作】—【财务会计】—【固定资产】—【凭证处理】—【查询凭证】，单击，打开【查询凭证】对话框。

② 在【查询凭证】对话框中，选择需要处理的凭证，然后单击工具栏上的【删除】按钮或【冲销】按钮，系统弹出确认信息提示对话框，单击【是】按钮，即可删除凭证或生成红字冲销凭证，对生成的红字冲销凭证进行保存。

③ 找到相关单据，对单据进行修改处理。

④ 通过批量制单功能重新生成凭证。

5.4 工资变动

薪资管理系统的日常业务处理主要包括工资变动处理、工资报表管理、工资发放等。

5.4.1 工资变动

初次使用薪资管理系统时，应先进行职工个人工资基本数据的输入，在日常工资数据处理过程中，仅修改或录入变动的工资数据，如平常水电费扣发、事病假扣发、奖金录入等，都是工资数据经常变动的内容。而人员的增减、部门变更则须在人员档案中进行处理。在进行工资数据变动处理前，如果是第一次使用薪资管理系统，应确认已进行工资项目设置和计算公式设置，然后再录入数据。

工资数据的编辑和调整是工资变动处理的主要内容，也是薪资管理系统的主要工作之一。为简化日常性的工资数据编辑工作，薪资管理系统将工资数据分为两大类：固定项目和变动项目。

固定项目是指每月基本不变的项目，如基本工资、基础津贴、固定补贴、岗位工资等；变动项目是指每月均要发生变化的项目，如病、事假扣款，水电费扣款等。在薪资管理系统中对固定项目和变动项目的数据处理方式有所不同，固定项目可以在系统初始时输入，当月不需要进行修改；变动项目在项目发生变动时输入或修改，如果工资数据变化有规律，可利用函数进行修改。

1）工资变动处理途径

【例5-26】录入山东彬彬童车厂的职工基本工资数据。

录入基本工资数据的途径有两个：一是通过【人员档案明细】对话框进入；二是通过【工资变动】对话框进入。

方式一，通过【人员档案明细】对话框进入，录入基本工资数据的操作步骤如下：

①通过在【用友U8】窗口的业务导航视图中，选择【业务工作】—【人力资源】—【薪资管理】—【工资类别】—【打开工资类别】功能，打开“正式职工”工资类别。

②在【用友U8】窗口的业务导航视图中，选择【业务工作】—【人力资源】—【薪资管理】—【设置】—【人员档案】，单击，打开【人员档案】窗口。

③在【人员档案】对话框中单击工具栏上的【修改】按钮，进入【人员档案明细】设置对话框，单击【数据档案】按钮，进入【工资数据录入——页编辑】对话框，如图5-40所示。

④在【工资数据录入——页编辑】对话框中单击工资项目的【内容】栏，直接录入工资数据。

⑤单击【保存】按钮对所输入信息进行保存并返回【工资数据录入——页编辑】对话框。

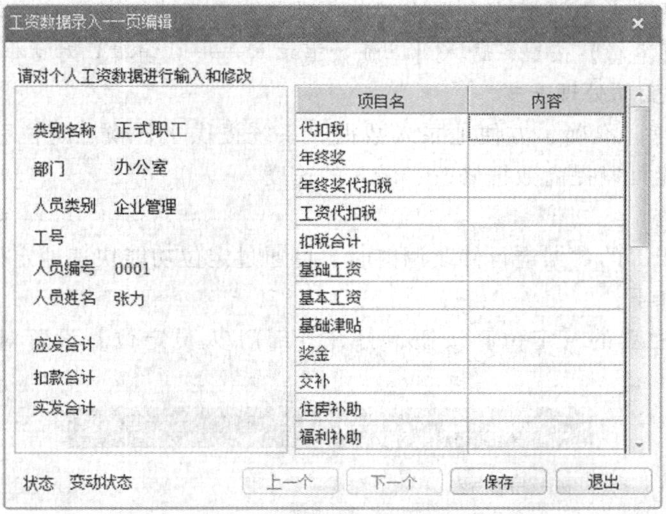

图5-40　【页编辑】对话框

⑥在【工资数据录入——页编辑】对话框中单击【下一个】按钮，继续录入下一职工的基本工资数据。

⑦重复第④~⑥步操作，录入完所有职工的基本工资数据后，单击【确定】按钮完成工资数据输入。

方式二，通过【工资变动】对话框进入，录入基本工资数据的操作步骤如下：

①通过在【用友U8】窗口的业务导航视图中，选择【业务工作】—【人力资源】—【薪资管理】—【工资类别】—【打开工资类别】功能，打开“正式职工”工资类别。

②在【用友U8】窗口的业务导航视图中，选择【业务工作】—【人力资源】—【薪资管理】—【业务处理】—【工资变动】，单击，打开【工资变动】对话框，如图5-41所示。

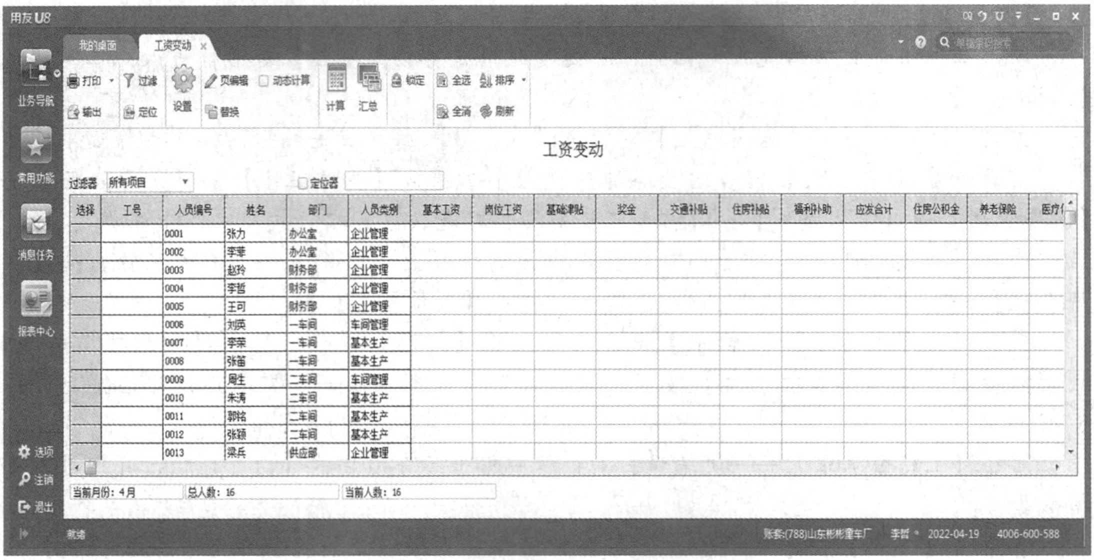

图5-41 【工资变动】对话框

③在【工资变动】对话框中，单击相关人员的相关工资项目，直接录入工资数据，或单击工具栏上的【编辑】按钮，进入【工资数据录入——页编辑】对话框，录入工资数据。

2）工资数据变动处理方式

为了能够快速、准确、方便地录入数据，系统提供了替换、定位、过滤、编辑等功能，通过这些功能可以提高数据修改、录入的速度。

（1）数据定位

在对某一个职工的数据进行修改调整时，可通过定位功能快速地定位在需要修改的记录上。操作方式如下：

①单击工具栏上的【定位】按钮，打开【部门/人员定位】设置对话框，如图5-42所示。

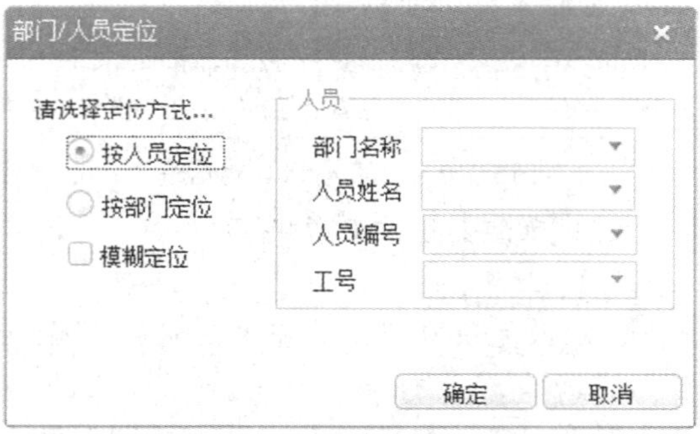

图5-42 【部门/人员定位】设置对话框

②选择录入定位条件，然后单击【确定】按钮，系统定位在符合条件的记录上。

（2）项目过滤

在录入数据时，有时仅输入某一工资项目的数据，此时可通过数据过滤功能，保留要录入数据的工资项目，以提高数据录入速度。

操作步骤：

①单击窗口中的【过滤器】下拉列表中的【过滤设置】，打开【项目过滤】设置对话框，如图5-43所示。

图5-43　【项目过滤】设置对话框

②将需要显示的工资项目添加到【已选项目】列表中，然后单击【确定】按钮，【工资变动】窗口仅保留选择的工资项目。

（3）数据过滤

操作步骤：

①单击工具栏上的【过滤】按钮，打开【数据过滤】设置对话框，如图5-44所示。

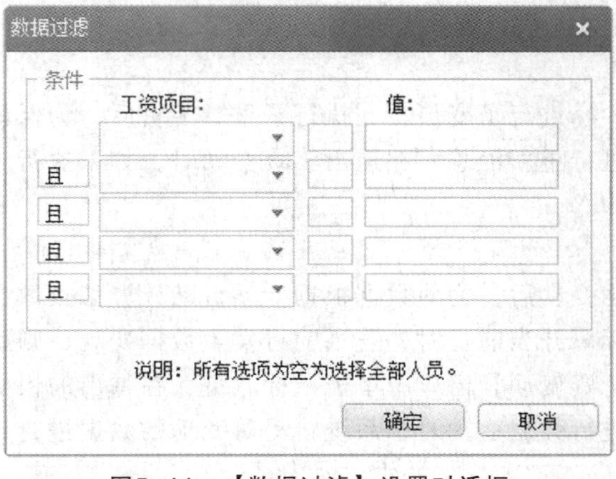

图5-44　【数据过滤】设置对话框

②录入过滤条件，然后单击【确定】按钮，系统仅保留符合过滤条件的记录。

（4）数据替换

如果要对同一工资项目进行统一变动，则可通过替换功能一次性地将所有职工相关的工资项目的数据进行调整。

【例5-27】根据有关文件通知的精神，本月增发福利补贴200元。

操作步骤：

①单击工具栏上的【替换】按钮，打开【工资项数据替换】设置对话框，如图5-45所示。

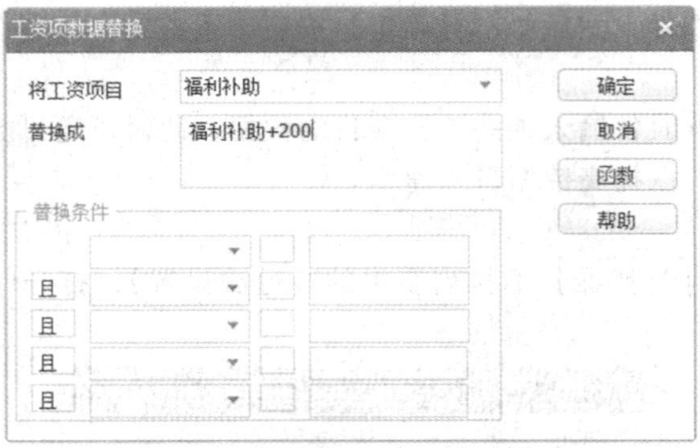

图5-45 【工资项数据替换】设置对话框

②选择工资项目“福利补助”，在【替换成】编辑框中录入公式“福利补助+200”，替换条件保持默认，然后单击【确定】按钮，系统弹出数据替换提示信息对话框。

③单击【是】按钮，系统弹出【记录被替换，是否重新计算】提示对话框。

④单击【是】按钮，进行重新计算。

提示：

➢数据替换处理不适用于利用公式自动计算的工资项目。

（5）计算工资数据

在修改了某些数据、重新设置了计算公式、进行了数据替换或在个人所得税中执行了自动扣税等操作后，最好调用本功能对个人工资数据重新计算，以保证数据的正确性。通常实发合计、应发合计、扣款合计在修改完数据后不自动计算，如要检查合计项是否正确，可先执行重算工资。如果不执行重算工资，在退出工资变动时，系统会自动提示重新计算。

（6）汇总数据

若对工资数据的内容进行了变更，在执行了重算工资后，为保证数据的准确性，可调用本功能对工资数据进行重新汇总。在退出工资变动时，如未执行工资汇总处理，系统会自动提示进行汇总操作。

（7）动态计算

在数据或项目发生变动后，为使数据根据变动自动计算工资数据，而不必点击重新计算功能按钮，即当光标离开当前行时，若当前行发生数据变动，则系统自动予以计算。

设置方法：在【工资变动】窗口中单击鼠标右键，在弹出的快捷菜单中，选中【动态计算】菜单项，则在进行数据变动时，系统自动对变动的数据进行计算。

5.4.2 个人所得税扣缴处理

鉴于许多企业、事业单位计算职工工资所得税工作量较大，在薪资管理系统中提供了个人所得税自动计算功能，这时所提到的个人所得税计算仅是一个查询功能，所有的计算均是由计算机来完成的，这样既减轻了会计部门的工作负担，又提高了工作效率。

在薪资管理系统中，完成工资变动处理后，即可进行个人所得税的扣缴处理。

操作步骤：

①在【用友U8】窗口的业务导航视图中，选择【业务工作】—【人力资源】—【薪

资管理】—【业务处理】—【扣缴所得税】，单击，打开【个人所得税申报模板】对话框，如图5-46所示。

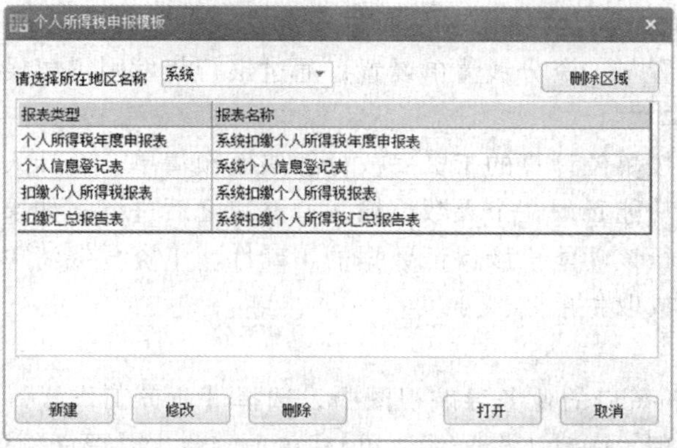

图5-46　【个人所得税申报模板】对话框

②选择报表类型（如选择“系统扣缴个人所得税报表”）后，单击【打开】按钮，进入【所得税申报】范围设置对话框，如图5-47所示。

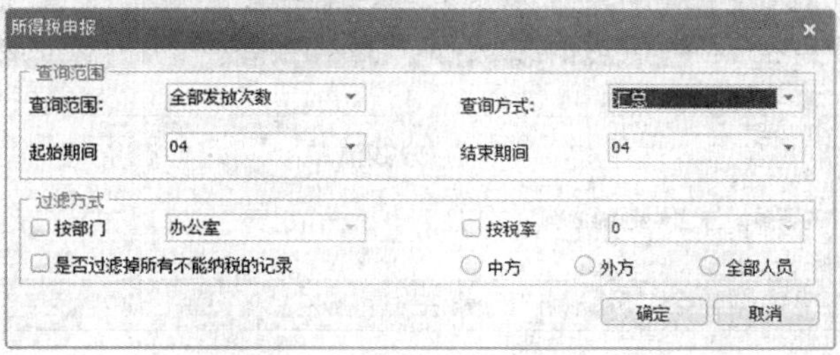

图5-47　【所得税申报】范围设置对话框

③设置范围条件后，单击【确定】按钮，打开【系统扣缴个人所得税报表】窗口，如图5-48所示。

系统扣缴个人所得税报表

2022年4月 – 2022年4月

总人数：16

序号	纳税义务...	身份证照...	身份证号码	国家与地区	职业编码	所得项目	所得期间	收入额	免税收入额	允许扣除...	费用扣除...	准予扣除...	应纳税所...	税率	应扣税额	已扣税额	备注
1	张力	身份证					4	12400.00			3500.00		7005.00	20	846.00	846.00	
2	李菲	身份证					4	10100.00			3500.00		4645.24	20	374.05	374.05	
3	赵玲	身份证					4	10150.00			3500.00		5100.00	20	465.00	465.00	
4	李哲	身份证					4	7300.00			3500.00		2414.29	10	136.43	136.43	
5	王可	身份证					4	7350.00			3500.00		2750.00	10	170.00	170.00	
6	刘英	身份证					4	10205.00			3500.00		5100.00	20	465.00	465.00	
7	李荣	身份证					4	7350.00			3500.00		2750.00	10	170.00	170.00	
8	张笛	身份证					4	7230.00			3500.00		2058.58	10	100.86	100.86	
9	周生	身份证					4	10150.00			3500.00		5100.00	20	465.00	465.00	
10	朱涛	身份证					4	7405.00			3500.00		2750.00	10	170.00	170.00	
11	郭铭	身份证					4	7350.00			3500.00		2750.00	10	170.00	170.00	
12	张颖	身份证					4	7200.00			3500.00		1885.72	10	83.57	83.57	
13	梁兵	身份证					4	10150.00			3500.00		5100.00	20	465.00	465.00	
14	邹亮	身份证					4	7600.00			3500.00		2714.29	10	166.43	166.43	
15	马同	身份证					4	7650.00			3500.00		3050.00	10	200.00	200.00	
16	刘威	身份证					4	7350.00			3500.00		2750.00	10	170.00	170.00	
合计								136940.00			56000.00		57923.12		4617.34	4617.34	

图5-48　【系统扣缴个人所得税报表】窗口

5.4.3 工资发放

企业工资发放的方式有两种：一是通过现金发放；二是通过银行代发。通过现金发放，需要进行扣零设置与工资分钱清单设置；通过银行代发则需要设置银行代发数据。

1）工资分钱清单

工资分钱清单是按单位计算的工资发放分钱票面额清单，会计人员根据此表从银行取款并发给各部门。此功能必须在个人数据输入调整完之后进行，如果个人数据在计算后又做了修改，须重新执行该功能，以保证数据的正确性。工资分钱清单分部门分钱清单、人员分钱清单、工资发放取款单三部分。

操作步骤：

① 在【用友U8】窗口的业务导航视图中，选择【业务工作】—【人力资源】—【薪资管理】—【业务处理】—【工资分钱清单】，单击，弹出【票面额设置】对话框。

② 在【票面额设置】对话框中，选择发放工资时需要的票面额种类，然后单击【确定】按钮，进入【分钱清单】窗口，如图5-49所示。

部门	壹佰元	伍拾元	贰拾元	拾元	伍元	贰元	壹元	伍角
办公室	171	2	1	1	1	2	1	
财务部	197		2		2	1		1
一车间	193	2	3	2	1	1		1
二车间	252	2	1	2	2	1		
供应部	140		2		2			
销售部	121	2	2		1	1		1
票面合计数	1074	8	11	5	9	6	1	3
金额合计数	107400.00	400.00	220.00	50.00	45.00	12.00	1.00	1.50

图5-49 【分钱清单】窗口

提示：

➢财务会计部门可以按“工资发放取款单”上的票面分解情况到银行提取现金，再按“部门分钱清单”发放到各个部门，各个部门再按“个人分钱清单”发放到职工手中。

➢如果企业通过银行代发工资，该项功能在系统中没有作用。

2）银行代发工资

银行代发工资即由银行发放企业职工个人工资。伴随企业信息建设的发展，目前企业发放职工工资基本上已实现由银行代发。为满足此项业务的要求，薪资管理系统提供了银行代发功能和薪资管理系统与网上银行系统的接口，整理薪资管理系统的银行代发输出格式，满足网上银行系统的数据读取要求，同时还提供银行代发输出文件的加密功能。

操作步骤：

①在【用友U8】窗口的业务导航视图中，选择【业务工作】—【人力资源】—【薪资管理】—【业务处理】—【银行代发】，单击，打开【请选择部门范围】对话框。

②选择部门范围后，单击【确定】按钮，弹出【银行文件格式设置】对话框。

③根据银行的要求，设置提供数据中所包含的项目，以及项目的数据类型、长度和取值范围等。

提示：

➢如果在数据内容中输入的不是工资项目，系统则自动将输入的内容作为该栏目的数据。

➢标志行：银行要求有一个与其他数据内容格式不一致的特殊行，可用于一些特定项目的输出，如单位账号、人员总数、金额合计等。标志行在银行代发一览表中不能预览。

➢标志行有单位账号、银行代发金额合计数、发放日期、代发工资人数。单位账号、发放日期必须由企业输入；金额合计数、总人数从参照中选择，系统自动计算。

④单击【确定】按钮，系统弹出【确认设置的银行文件格式】信息提示对话框。

⑤单击【是】按钮，进入【银行代发】窗口。

⑥单击工具栏上的【方式】按钮，弹出【文件方式设置】对话框。

⑦选择银行数据文件类型，然后单击【确定】按钮，在系统弹出的【确认当前设置文件格式】信息框中单击【是】按钮。

⑧再在【银行代发】窗口中，单击工具栏上的【传输】按钮，将工资数据生成所选类型文件，将此文件交由银行发放工资。

提示：

➢生成何种格式类型的银行文件，由代发银行确定。

练习思考题

【单项选择题】

第5章练习思考题参考答案

1.关于总账系统记账凭证录入功能，下列说法中不正确的是________。

A.当前新增分录完成后，按回车键，系统可以将摘要自动复制到下一分录行

B.凭证日期应随凭证号递增而递增，并且大于或等于业务日期

C.对于定义了辅助核算的科目，在输入分录时，应同时输入辅助核算的内容

D.凭证金额合计由计算机自动计算借方和贷方的金额合计数并显示

2.对于总账系统“审核凭证”功能，下列说法中错误的是________。

A.对已审核凭证可以由审核人自己或是会计主管取消审核签字

B.审核人和制单人不能是同一人

C.对于错误的记账凭证，可以通过计算机在凭证上标明“有错”字样

D.作废凭证不能被审核，也不能被标错

3.下列关于记账操作的说法，错误的是________。

A.未审核的凭证不能记账　　B.每月可以多次记账

C.每月只能记账一次　　D.记账可以在月中进行

4.对于总账系统凭证记账功能，下列说法中不正确的是________。

A.在第一次记账时，如果期初余额试算不平衡，不能记账

B.记完账后不能整理凭证断号

C.如果有未审核凭证和作废凭证，不能记账

D.如果有不平衡凭证，不能记账

5.在凭证填制界面，按________键可取当前凭证借贷方的差额到当前光标位置。

A.*　　B.=　　C.+　　D.-

6.________是对账簿内数据进行核对，以检查记账是否正确，以及账簿是否平衡。

A.试算平衡　　B.对账　　C.结账　　D.记账

7.下列关于凭证审核的说法，正确的是________。

A.审核员和制单员可以为同一个人　　B.审核后的凭证需取消审核才能修改

C.未经审核的凭证也可记账　　D.审核后的凭证还要出纳签字

8.在总账系统中，可通过________功能彻底删除已作废记账凭证。

A.冲销凭证　　B.删除分录　　C.作废凭证　　D.整理凭证

9.在________的情况下可实现自动银行对账。

A.银行对账单与银行存款日记账登记日期和金额相同

B.银行对账单与银行存款日记账登记结算方式、票号和金额相同

C.银行对账单与银行存款日记账登记日期、结算方式和金额相同

D.银行对账单与银行存款日记账登记票号和金额相同

10.对于已作废的凭证，下列说法不正确的是________。

A.不能审核　　B.不能修改　　C.不能查询　　D.可以记账

11.人员编码、人员类别、部门档案等数据属于________。

A.固定数据　　B.日常业务数据　　C.变动业务数据　　D.人员变动数据

12.关于固定资产的增减变动处理，下列说法错误的是________。

A.当月原始录入或新增的资产不允许做部门变动业务处理

B.若当前账套设置了计提折旧，则需在计提折旧后才可执行资产减少

C.在固定资产管理系统中，变动单不得任意删除

D.所有的固定资产变动处理均需要生成凭证

【多项选择题】

1.关于总账系统中对出错记账凭证的修改，下列说法中正确的有________。

A.已经输入但尚未审核的机内记账凭证发生错误，可以通过凭证编辑功能直接修改

B.外部系统传过来的凭证发生错误，既可以在总账系统中进行修改，又可以在生成该凭证的系统中进行修改

C.已经记账的凭证发生错误，不允许直接修改，只能采取“红字冲销法”或“补充更正法”进行更正

D.已通过审核的凭证发生错误，只要该凭证尚未记账，就可通过凭证编辑功能直接修改

2.下列关于记账操作的说法，正确的有________。

A.每月可以多次记账　　B.每月只能记账一次

C.记账可以在月中进行　　D.记账只能在月末进行

3.下列关于凭证审核的说法，正确的有________。

A.审核员和制单员可以为同一个人

B.审核后的凭证需取消审核才能修改

C.已审核的凭证只能由原审核人取消审核

D.审核后的凭证还要出纳签字

4.________情况要求对凭证进行“有痕迹”修改。

A.经过结账后的凭证　　B.审核并经过记账的凭证

C.已审核但未记账的凭证　　D.输入后，未审核、未记账的凭证

5.在总账系统中，对记账凭证进行审核可以采用________等方法。

A.屏幕审核　　B.纵向审核　　C.联机审核　　D.对照审核

6.关于凭证修改，下列说法正确的有________。

A.凭证修改可分为“有痕迹”修改和“无痕迹”修改

B.“无痕迹”修改包括对未审核凭证和已审核但未记账凭证的修改

C.“有痕迹”修改是指对已记账凭证的修改

D.固定资产等系统生成的凭证在总账中不能进行修改

7.下列说法中，正确的有________。

A.审核人和制单人不能是同一人

B.凭证一经审核，就不能被修改、删除，只有取消审核签字后才可以进行修改或删除

C.取消审核签字只能由审核人自己进行

D.作废凭证不能被审核

8.下列关于记账过程的描述，正确的有________。

A.记账过程因意外中断，系统重启后将自动执行“恢复记账前状态”功能恢复数据

B.可以一日内数次记账，也可以数日内记一次账

C.记账只能在每月月末进行

D.在第一次记账时，若期初余额试算不平衡，系统将不允许记账

9.下列关于银行对账的描述中，正确的有________。

A.为了保证银行对账的正确性，在使用“银行对账”功能进行对账之前，必须先将日记账与银行对账单的未达账项录入系统中

B.银行对账采用自动对账与手工对账相结合的方式

C.银行对账单余额的方向，系统默认为借方

D.银行对账的启用日期必须与总账系统的启用日期一致

10.在填制凭证时，必须输入的项目有________。

A.制单日期　　B.摘要　　C.附件张数　　D.金额

11.在薪资管理系统中，进行工资数据变动处理时，为了减少数据错误、提高工作效率，系统提供的快速操作功能主要有________。

A.工资数据替换　　B.工资数据筛选　　C.人员定位　　D.工资项目过滤

12.固定资产管理系统与总账系统之间存在着数据的自动传输，在________的情况下，固定资产管理系统通过记账凭证向总账系统传递有关数据。

A.固定资产增加　　B.固定资产减少　　C.累计折旧调整　　D.折旧分配

13.在固定资产管理系统中，下列业务属于变动单处理的有________。

A.部门转移　　B.固定资产发生原值的增减

C.固定资产减值准备的计提　　D.折旧方法调整

14.下面需要通过填写"固定资产变动单"进行调整的情况有________。

A.部门转移　　B.折旧方法变更　　C.原值变动　　D.折旧年限延长

【判断题】

1.在总账系统中填制记账凭证时，凭证一旦保存，其凭证编号和凭证类别不能再进行修改。（　）

2.记账操作每月只能在期末进行一次。（　）

3.未记账的凭证可以采用"无痕迹"的修改方式。（　）

4.凭证审核人和制单人不能为同一个人。（　）

5.作废的凭证也可以被审核。（　）

6.在总账系统中填制记账凭证时，输入的科目编码必须在建立科目时已经定义，并且必须是总账科目编码。（　）

7.凭证上的制单人由系统根据当前操作员自动填写。（　）

8.在总账系统中，取消出纳凭证的签字既可由出纳员自己进行，又可由会计主管进行。（　）

9.要修改已审核而未记账的凭证，必须先取消审核签字，然后才能修改。（　）

10.已填制好的记账凭证，在尚未审核记账之前，所有内容均可修改。（　）

11.在固定资产管理系统中，固定资产的增加、减少和计提折旧，可通过转账功能自动制作成相应种类的凭证，然后传递给账务处理系统。（　）

12.对工资项目进行数据替换处理时，必须进行工资重新计算处理，才能保证工资数据替换有效。（　）

【简答题】

1.在凭证修改处理过程中，哪些凭证可以直接修改？哪些凭证不能直接修改？应如何修改那些不能直接修改的凭证？

2.什么是审核凭证？进行凭证审核的目的是什么？凭证审核的方式有哪几种？

3.为什么要进行银行对账？如何获得银行对账的基础数据？如何进行银行对账？

4.进行出纳签字时，出纳签字无法正常进行，分析可能的原因是什么。

5.填制凭证时应注意什么问题？

6.固定资产变动时如何处理？

7.工资数据变动处理的途径和方式有哪些？

实验六　凭证处理

【实验目的】

1.掌握用友ERP-U8 V11财务管理软件中总账系统的日常业务处理的内容。

2.熟悉总账系统日常业务处理的各种操作。

3.掌握凭证填制、审核、出纳签字、主管签字、记账的业务处理。

4.掌握错误凭证的修改处理机制。

实验六
操作指南

【实验内容】

1.凭证管理：填制凭证、审核凭证、凭证记账。

2.出纳签字、主管签字处理。

3.错误凭证的修改处理。

【业务处理规则】

企业日常制单业务处理采取一日一填制，五日一审核，五日一记账。

【实验准备】

1.已按之前实验的要求，完成期初余额录入并已做备份。

2.以系统管理员的身份注册登录系统管理模块，引入实验五的账套备份数据。

【实验资料】

山东彬彬童车厂2022年4月发生经济业务如下：

（1）4日，出纳会计王可到农行提取现金2 800.00元，现金支票号XP001325。

（2）5日，财务部赵玲报销差旅费1 750.00元。（原借款1 000元，借款单号JK20220075，借款日期为2022-03-29，差额用现金支付）

（3）6日，销售部销售给振华车行独轮杂技车150辆，收入120 000.00元，销项税额15 600.00元（发票编号08078563），收到票号为ZP002188的银行转账支票，金额135 600.00元，送存中国农业银行。

（4）7日，供应部从青岛轮胎厂购入轮胎2 000个，不含税单价15.00元，增值税发票列示价款共计30 000.00元，增值税3 900.00元（发票编号02404236），已入库，同时以中国农业银行转账支票（支票号为ZP002222）支付相关款项。

（5）9日，收到宏远商厦开具的三个月无息银行承兑汇票一张，票号为YH0530078，票面金额87 750.00元，系收回宏远商厦所欠销货款46 800元（原销货发票编号08076593，发票日期为2022-03-20），多收金额作为预收款处理（收款单号SK202200071）。

（6）10日，验收入库独轮杂技车150辆，儿童车150辆，车轮总成300个。

（7）11日，预收宏远商厦购独轮杂技车货款80 000.00元，转账支票号ZP053827，收款单号SK202200072。

（8）12日，办公室李菲出差借款5 000.00元，开具现金支票支付（现金支票票号XP005286，借款单编号JK20220076）。

（9）13日，一车间生产车轮总成领用轮圈300个，轮胎300个，辐条2 400根；二车间生产独轮杂技车和儿童车领用车轮总成450个，大车架150个，小车架150个，A型包装箱150个，B型包装箱150个。

（10）14日，供应部从潍坊机械厂购入轮圈2个，不含税单价21.00元；辐条16 000根，不含税单价0.60元；增值税发票列示货款共计51 600.00元，增值税6 708.00元（发票编号02402242），材料已验入库，款项未付。

（11）15日，销售部销售给华鸿商贸儿童车200辆，收入200 000.00元，销项税额26 000.00元（发票编号08078564），款项未收。

【实验操作步骤】

1.填制凭证

以制单员“李哲”的身份登录企业应用平台，按实验资料编制各项经济业务的记账凭证。

（1）业务（1）为提现业务，涉及银行结算方式，应根据业务具体情况正确输入银行结算方式和票据编号等辅助核算信息。

（2）业务（2）为报销业务，涉及部门核算、个人往来核算（个人出差借款的结算）和现金流量的确认，应根据业务具体情况正确输入相关辅助核算信息。

（3）业务（3）为现销业务，由于存货采用全月平均法计价，因此销售业务发生时，只确认收入，不确认已销商品成本，已销商品成本期末统一处理。此业务涉及存货项目辅助核算、数量核算、现金流量和银行结算方式，应根据业务具体情况正确输入相关辅助核算信息。

（4）业务（4）为现购业务，涉及存货项目辅助核算、数量核算、现金流量和银行结算方式，应根据业务具体情况正确输入相关辅助核算信息。

（5）业务（5）为收取商业汇票业务（收款业务），涉及客户往来辅助核算，应根据业务具体情况正确输入相关辅助核算信息。

（6）业务（6）为产品验收入库业务，由于库存商品出入库采用全月平均法核算，因此本业务仓库只作数量入库，财务不进行凭证编制。

（7）业务（7）为预收货款业务，涉及客户往来辅助核算、现金流量和银行结算方式，应根据业务具体情况正确输入相关辅助核算信息。

（8）业务（8）为个人借款业务，涉及个人往来辅助核算、现金流量和银行结算方式，应根据业务具体情况正确输入相关辅助核算信息。

（9）业务（9）为原材料出库业务，由于原材料、半成品出库采用全月平均法核算，因此本业务仓库只作数量出库，财务不进行凭证编制。

（10）业务（10）为赊购业务，涉及供应商往来辅助核算、项目核算和数量核算，应根据业务具体情况正确输入相关辅助核算信息。

（11）业务（11）为赊销业务，由于存货采用全月平均法计价，因此销售业务发生时，只确认收入，不确认已销商品成本，已销商品成本期末统一处理。此业务涉及客户往来辅助核算、项目核算和数量核算，应根据业务具体情况正确输入相关辅助核算信息。

2.凭证审核

以审核员"赵玲"的身份登录企业应用平台，采取三种方式对已填制的记账凭证进行审核签字。

3.出纳签字

以出纳会计"王可"的身份登录企业应用平台，采取两种方式对已填制的出纳凭证进行出纳签字。

4.主管签字

以账套主管"赵玲"的身份登录企业应用平台实施主管签字操作。

5.凭证记账

以记账员"赵玲"的身份登录企业应用平台实施凭证记账操作。

6.错误凭证处理

自己任意编制一张错误凭证，分四种情况练习：凭证标错、凭证修改（三种情况）、凭证作废、整理凭证。

【实验思考题】

1.在填制凭证过程中，无法录入结算方式，分析可能的原因是什么。

2.总账系统填制的凭证发现错误后应如何处理？

3.记账时，提示"无可记账凭证，不能记账!"，分析可能的原因是什么。

4.进行凭证审核的目的是什么？凭证审核的方法有哪些？

实验六思考题
参考答案

实验七　固定资产变动业务处理

【实验目的】

1.掌握固定资产增加的业务处理途径与方法。

2.掌握固定资产减少的业务处理机制与处理方法。

3.掌握固定资产变动处理的内容与方法。

4.掌握固定资产管理系统凭证生成的处理机制。

实验七
操作指南

【实验内容】

1.固定资产减少业务处理。
2.新增固定资产业务处理。
3.固定资产变动处理。
4.固定资产增减变动凭证处理。

【实验准备】

1.已按实验四的要求，完成固定资产管理规则与基础设置并已做备份。
2.以系统管理员的身份注册登录系统管理模块，引入实验六的账套备份数据。

【实验资料】

（1）4月17日，办公室从佳实办公设备有限公司购入扫描仪一台，采购发票显示：设备价值3 500.00元，增值税455元，发票编号为05689786。款项以银行转账支票支付，支票号ZP003523。该设备预计净残值率4%，预计使用年限5年。

（2）4月18日，财务室一台微机因电源故障导致毁损，毁损固定资产编号为04200002。该项资产清理实现收入500.00元，以现金方式收取，经批准损失作为营业外支出处理。

（3）4月19日，在驰博汽车公司为汽车添置新配件（固定资产编号03200001），增值税发票显示，价格10 000.00元，增值税1 300.00元，发票编号为05689796，款项通过银行转账支票支付，转账支票号为ZP003386。

【实验操作步骤】

1.新增固定资产

外购固定资产新增，在“总账+固定资产”架构下，分两个环节完成：

（1）根据采购合同、采购发票、固定资产验收单，在固定资产系统中，通过“卡片”中的“资产增加”功能进行处理。由于本业务涉及供应商应付款项处理，需要在凭证保存时根据采购发票列示信息正确输入供应商、发票编号等辅助核算管理信息，固定资产采购涉及的进项税在总账系统处理。

（2）根据采购合同、采购发票、固定资产验收单、付款单等单据，在总账系统编制付款凭证。由于本业务涉及供应商、进项税额、银行结算方式和现金流量处理，在凭证填制时应根据业务具体情况正确输入相关辅助核算信息。

2.固定资产减少处理

固定资产的减少处理，分四个环节完成：

（1）折旧计提：固定资产减少前，应先执行固定资产折旧计提处理（注意不要生成折旧凭证）。

（2）资产减少：在固定资产系统中，通过“资产处置”中的“资产减少”功能进行处理。（不要在资产减少处置单中的清理收入、清理费用栏目中输入金额。根据管理制度规定，固定资产系统无权进行现金的收支处理。)

(3) 清理收入、清理费用支出遵循收支两条线管理，业务处理应通过总账完成。在总账系统填制相应凭证，注意支付方式所涉及的结算方式和现金流量信息的输入。

(4) 清理结果处置：在固定资产减少业务中，最后应根据经批准的固定资产处置报告，在总账系统中填制固定资产清理结果的相关凭证。

3. 固定资产变动处理

固定资产原值增加业务处理，分两个环节完成：

(1) 在固定资产系统中，根据采购发票、验收单等单据，通过“变动单”中的“原值增加”功能进行处理。由于本业务涉及供应商应付款项处理，需要在凭证保存时根据采购发票列示信息正确输入供应商、发票编号等辅助核算信息，涉及的进项税在总账系统处理。

(2) 在总账系统中，根据采购发票、验收单、付款单等单据编制付款凭证。由于本业务涉及供应商、进项税额、银行结算方式和现金流量处理，在凭证填制时应根据业务具体情况正确输入相关辅助核算信息。

固定资产变动处理的内容比较多，除实验中涉及固定资产原值增加业务外，可再任选一种其他变动方式进行练习。

【实验思考题】

1. 固定资产原始卡片录入与新增固定资产卡片在处理方式上有何不同？

2. 为什么在进行固定资产减少时，需要先进行固定资产折旧计提处理？

3. 固定资产系统生成的凭证出现差错后应如何修改？

实验七思考题
参考答案

实验八　薪资核算业务处理

【实验目的】

1. 掌握工资数据处理的基本方法。

2. 掌握个人所得税的处理方法。

实验八
操作指南

【实验内容】

1. 工资数据录入与生成。

2. 工资数据变动处理。

3. 个人所得税扣缴处理。

【实验准备】

1. 已按实验五的要求，完成薪资核算管理规则与基础设置并已做备份。

2. 以系统管理员的身份注册登录系统管理模块，引入实验七的账套备份数据。

【实验资料】

企业4月份部分工资数据见表5-3。

表5-3　**4月份部分工资数据信息**　金额单位：元

人员编号	姓名	职务	福利补助	物业管理费	病假天数	事假天数	上年月平均工资
0001	张力	总经理	50.00	150.00			12 300.00
0002	李菲	部门主管	50.00	140.00		1	10 000.00
0003	赵玲	部门主管	50.00	140.00			10 000.00
0004	李哲	职员	50.00	125.00		1	7 000.00
0005	王可	职员	105.00	125.00			7 000.00
0006	刘英	部门主管	50.00	125.00			10 000.00
0007	李荣	职员	50.00	140.00			7 000.00
0008	张笛	职员	50.00	125.00	4		7 000.00
0009	周生	部门主管	50.00	125.00			10 000.00
0010	朱涛	职员	105.00	125.00			7 000.00
0011	郭铭	职员	50.00	125.00			7 000.00
0012	张颖	职员	50.00	125.00	5		7 000.00
0013	梁兵	部门主管	50.00	140.00			10 000.00
0014	邹亮	职员	50.00	125.00		1	7 000.00
0015	马同	职员	50.00	125.00			7 300.00
0016	刘威	职员	50.00	125.00			7 300.00

【实验操作步骤】

1. 录入员工职务信息：按实验资料录入职工的职务。
2. 工资变动处理：按实验资料录入工资变动数据，并进行计算与汇总处理。
3. 对工资数据处理的其他内容可自拟业务进行练习。

【实验思考题】

1. 对工资数据进行替换处理时应注意什么问题？
2. 在薪资管理系统中如何处理个人所得税？

实验八思考题
参考答案

第6章　期末业务处理

教学目的与要求

系统学习会计信息系统期末业务处理的要求与方法。要求了解期末处理的内容，掌握期末自动转账设置的基本要求与方法，掌握各类型自动转账凭证的定义与生成处理，了解资产清查与评估的内容与方法，掌握资产减值处理的基本方法与实现途径，掌握固定资产折旧处理的基本要求与实现方法，掌握工资分摊计提的业务处理方法，了解对账的基本内容，掌握期末结账处理的基本要求与方法。

主要知识点

1. 自动转账处理，包括转账定义与转账生成。
2. 财产清查与评估。
3. 固定资产折旧处理。
4. 工资分摊计提。
5. 资产减值处理。
6. 对账与结账。

关键概念

期末业务　自动转账　资产减值　财产清查　资产评估　对账　结账

6.1　期末业务处理概述

期末处理即期末会计业务处理，是指会计人员将本月所发生的日常经济业务全部登记入账后，在每个会计期末都需要进行的一些特定的会计处理，如期末转账、试算平衡、对账、结账等。期末会计业务是会计部门在每个会计期末都需要完成的特定业务，这些业务种类复杂、处理时间短、处理任务重。在手工会计工作中，每到会计期末，财会人员加班加点工作；而在计算机条件下，由于各会计期间的许多期末业务具有较强的规律性，可以进行批量处理，因而这些工作就可以交由计算机系统自动完成，从而发挥计算机处理的优势。

6.1.1　期末业务处理的基本要求

期末业务处理具有较强的规律性，在账务处理系统中都是通过调用事先设置好的转账凭证模板，由计算机根据转账模板定义自动生成转账凭证来完成的。期末结转工作是一项比较复杂而重要的工作，在进行期末业务处理时需要注意以下几个问题：

① 转账凭证模板必须事先进行设置。

② 转账凭证中各科目的数据都是从账务处理系统中提取、经处理后生成的，为了保证数据的完整性和正确性，在调用转账凭证模板生成转账凭证前必须将本月发生的各种具

体业务登记入账。

③ 期末业务具有严格的处理顺序。如果转账顺序发生错误，即使所有的转账模板设置都正确，转账凭证中的数据也可能是错误的。为了避免结转顺序发生错误，必须以制度方式规范期末业务处理流程并加强控制、专人负责。

④ 结转生成的记账凭证系统将存于未记账凭证库。这些凭证必须经过审核后，才能登记入账。对这些凭证的审核主要是审核结转是否正确。对于错误的结转凭证，系统一般不提供修改功能，修改这些凭证的错误只能通过修改凭证模板设置来进行。

6.1.2 期末业务特点

期末业务几乎是所有企业单位在月底结账之前都要进行的固定业务，并且这类业务在单位管理体制或会计核算制度未改变的情况下，每个月都要重复进行。一般来说，期末业务主要有以下几个特点：

① 期末业务大多数都集中在各个会计期的期末进行。

② 期末业务不同于一般业务，通常没有具体反映该业务的原始凭证，大多数情况下只有会计人员自己编制的记账凭证。

③ 期末业务大多数要从会计账簿中提取数据，这就要求在处理期末业务前必须将其他业务登记入账。

④ 有些期末业务必须依据其他一些期末业务产生的数据，这就产生了期末业务的分批按步骤处理问题。

6.1.3 期末业务实现方法

通过上述分析可知，期末会计业务大多数都是每月有规律地重复发生，编制的转账凭证中的摘要、借方和贷方科目相同，金额的来源或计算方法基本保持不变，只是凭证中的金额每月不等。如期末成本费用的结转业务对应的会计分录为：

借：本年利润

  贷：主营业务成本

    管理费用

    财务费用

    销售费用

    税金及附加

    其他业务成本

    营业外支出

    资产减值损失

账务处理系统是整个会计信息系统的核心，多数期末业务需要通过账务处理系统来完成，如损益结转、所得税计算、利润分配等。同时，其他子系统每期期末也有一些固定业务，如固定资产累计折旧的计提，也是每期有规律地重复发生，并以凭证方式向账务处理系统传递数据。所有这些业务处理均存在一定的规律，可以通过规则定义，实现计算机系统自动处理。

1）固定资产期末业务实现方式

固定资产期末规律性的业务主要是固定资产折旧的计提，对于固定资产折旧计提的处理，可以通过设置固定资产折旧计算公式、设置每一项固定资产所使用的折旧方法，通过建立折旧计提功能模块实现按每一项固定资产进行折旧计提计算，在每一会计期期末通过执行该功能，由系统自动完成折旧计算并生成折旧计提凭证。

2）薪资管理期末业务实现方式

薪资管理期末规律性的业务主要包括个人所得税的计算、工资费用的分摊、“五险一金”的计提、工会经费及教育经费的计提、工资代扣项目的处理等。这些业务的会计分录结构体系稳定，只是每期的数据不同。因此，可以通过设置分摊计提模板，在完成期末工资变动数据录入的基础上，完成数据计算并生成分摊计提凭证。

3）总账转账处理实现方式

在总账系统中，期末规律性的业务主要体现在转账处理上，对于总账系统所进行的转账处理，可通过建立自动转账功能模块来实现。自动转账功能模块划分为两个子模块：定义自动转账凭证模块和生成转账凭证模块。利用定义模块设置自动转账凭证模板，利用生成模块依据模板规则生成自动转账凭证。这样将编制期末转账业务凭证的工作交给计算机自动完成，能够保证凭证的正确性和及时性。

从上述各系统的期末规律性业务的实现方式来看，都是先定义业务模板，然后于期末执行模板生成数据并生成凭证。对于其他系统所存在的规律性业务的期末处理方式与上述系统的期末业务处理方式相似，此处不再赘述。

6.1.4　期末转账业务种类

期末转账业务都是比较固定的，凭证摘要是固定的，涉及的会计科目基本上是固定的，会计分录中的资金来源和计算方法也是固定的。期末会计业务处理工作主要包括账项调整、成本计算及结转、工资分摊计提、结转损益及确认本期财务成果、计算所得税、利润分配、期末账目结转、资产清查与计提减值，以及对账、结账等。

这些业务概括起来，可以分为以下几类：

1）期末账项调整业务

期末账项调整就是按权责发生制原则在会计期期末将应当归属本期的收入与费用分别记入有关账户，以便在账面上合理地反映本期收入、费用与利润的一项核算工作。期末账项调整主要是调整各项收入、费用，主要包括以下四项内容：

（1）采用折旧、摊销等方法分摊应负担的已记账支出

企业发生的各项支出在日常处理时根据其受益期情况分别记入了不同的会计账户，若该支出只在本期受益，则直接记入本期损益账户；若该支出在多个会计期间受益，则先根据受益期的长短分别记入“固定资产”“无形资产”“长期待摊费用”等账户，在期末再采用一定的方法计算出本期应分摊的支出，采用折旧、摊销等方法计入本期损益。

（2）分摊实现的已记账收入

企业有时已经收取有关款项，但未完成或未全部完成销售商品或提供劳务，收到这些

账款时由于收入尚未实现，在日常处理中常记入“预收账款”等表示企业要在未来提供商品或劳务责任的负债类账户。期末，需按本期已完成的比例，把当期已实现的部分转作当期收入，并调整以前预收款项时形成的负债。

（3）计提应负担但尚未记账的费用

企业有些费用是先受益后支出的，在会计期期末，要将本期已发生、因款项尚未支付而未登记入账的费用，如借款利息、工资、某些应交税费等，采用预提等方式计入当期损益。

（4）计提已取得但尚未记账的收入

企业在本期内已实现、因款项未收而未登记入账的收入，期末应予以计提并登记入账。

2）成本计算及结转业务

期末需要计算及结转的成本包括材料采购成本、发出材料成本、产品生产成本以及销售产品成本等。

（1）计算并结转材料采购成本

当企业材料采购业务较少时，材料入库时可在日常处理中逐笔计算并结转材料采购成本。当企业材料采购业务较多时，材料入库时在日常处理中只根据收料单登记原材料的明细分类账，以反映原材料的增减变化情况，而不编制结转材料采购成本的记账凭证。定期根据收料单汇总编制“材料收入汇总表”，并据以编制结转材料采购成本的记账凭证。

（2）计算并结转发出材料成本

当企业材料发出业务较少时，材料的发出可根据领料单，逐笔编制结转发出材料成本的记账凭证，并据以登记相关明细账和总分类账。当企业材料发出业务较多或采用全月平均法计算发出材料成本时，日常发料只根据领料单登记原材料的明细分类账，暂不编制结转发出材料成本的记账凭证，定期根据领料单汇总编制“发出材料汇总表”，并据以编制结转发出材料成本的记账凭证。

（3）分配结转本期制造费用

根据“制造费用”账户中归集的本月发生的制造费用金额，以生产工时、机器工时、生产工人工资、耗用直接材料成本等标准在不同的产品间进行分配。

（4）计算并结转本月完工产品成本

根据生产成本明细账及完工产品入库单，计算出本月完工产品成本，编制结转完工产品成本的记账凭证并据以登记入账。

（5）计算并结转本期销售产品成本

根据本期销售产品的出库单以及库存商品明细分类账，计算本期销售产品的实际生产成本，并将其结转到“主营业务成本”账户。

3）利润计算与分配业务

按照利润构成，分步完成利润总额、净利润计算，按制度规定进行利润分配。

（1）损益结转与利润总额计算业务

根据相关规定，企业应分期结算账目，计算当期损益。将本期取得的各项收入结转到

“本年利润”账户；将本期发生的费用结转到“本年利润”账户。

（2）企业所得税计算与净利润计算业务

根据本期的利润总额，按企业适用的所得税税率计算应交企业所得税，并结转所得税费用，完成企业净利润计算。

（3）利润分配及结转业务

企业的税后利润可以根据相关法规制度的规定以及投资者的决议进行分配，在利润分配时根据利润分配的情况编制记账凭证并据以登记入账。

① 按本年净利润的10%计提法定盈余公积，按本年净利润的5%计提任意盈余公积。

② 将本年净利润按一定的比例向投资者分配。

③ 在每个会计年度结束时，将“本年利润”及“利润分配”的各明细账户的余额全额结转到“利润分配——未分配利润”账户中。

4）固定资产累计折旧计算业务

企业应按月计提固定资产折旧，并根据固定资产的使用状况、使用部门等对固定资产折旧进行分配，计入生产成本、制造费用、管理费用等。

5）工资分摊计提业务

职工薪酬是指企业为获得职工提供的服务而给予的各种形式的报酬以及其他的相关支出。根据企业会计准则的有关要求，企业应当根据职工提供服务的受益对象对工资进行分配、计提处理。工资分摊计提的业务处理主要有应付职工薪酬的分配、个人所得税的计算与扣缴、“五险一金”的计提、工会经费和职工教育经费的计提等内容。

6）财产清查

为确保财产的完整与安全，每期期末均需要进行财产清查。财产清查的主要内容有货币资金清查、实物资产清查、往来款项清查等业务。

6.1.5 期末业务处理顺序

期末业务处理有严格的凭证生成顺序和阶段节点控制，每一阶段工作完成的标志是该阶段所涉及的业务已全部生成凭证，并且生成的凭证已记账；若该阶段凭证未生成或凭证未记账，则不能进行下一阶段的凭证生成处理。

期末业务处理，特别是期末转账凭证生成的顺序是以利润的形成和分配为主线进行控制的，以全月平均法核算存货出库成本为例，期末业务转账凭证生成的顺序可划分为11个阶段，如图6-1所示。

（1）第1阶段转账工作主要涉及原材料出库成本的核算、固定资产折旧计提分配、薪资分配与计提业务处理。该阶段业务处理的前提是前期所填制的记账凭证均已审核记账。

（2）第2阶段转账工作为制造费用的分配。该阶段业务处理的前提是制造费用已正确完成归集，所涉及的凭证均已审核记账。

（3）第3阶段转账工作是生产产品共同耗用成本的分配。该阶段业务处理的前提是生产成本共耗费用项目已正确完成归集，所涉及的凭证均已审核记账。

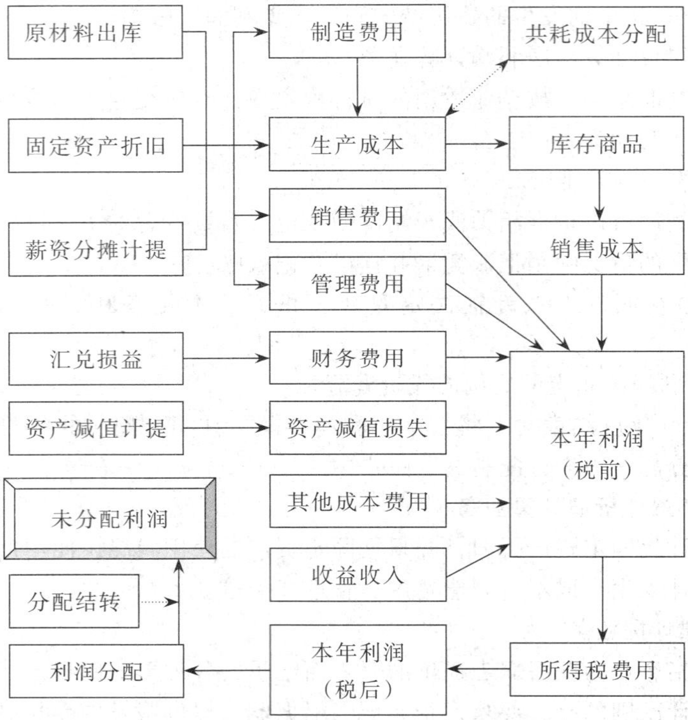

图6-1　期末转账凭证生成顺序

（4）第4阶段转账工作是完工产品与在产品的成本分配。该阶段业务处理的前提是已正确完成各产品项目的生产成本归集，所涉及的凭证均已审核记账。

（5）第5阶段转账工作为期间费用与收益的归集处理，涉及已销商品出库成本的确认、汇兑损益处理、资产减值准备计提、费用与收入的分摊与计提等业务。该阶段业务处理的前提是入库产品成本和数量已完成确认，且前期相关凭证已审核记账。

（6）第6阶段为利润总额的确认，即损益类科目向本年利润结转，计算税前利润的工作。该阶段业务处理的前提是各种损益类科目已完成归集，相关凭证已审核记账。

（7）第7阶段为纳税调整与企业所得税计算。

（8）第8阶段为净利润确认，即所得税费用向本年利润结转，计算税后利润。该阶段业务处理的前提是已完成第7阶段企业所得税计算，且相关凭证已审核记账。

（9）第9阶段为净利润结转，即将当期实现的净利润或净亏损向利润分配账户的结转。该阶段业务处理的前提是已完成第8阶段所得税费用的结转，且相关凭证已审核记账。

（10）第10阶段为按规定进行利润分配处理。

（11）第11阶段为确认企业未分配利润，即将利润分配内部明细科目向未分配利润明细科目结转。该阶段业务处理的前提是各项利润分配处理已完成，相关凭证已审核记账。

6.2　工资分摊计提

薪资管理系统的期末分摊计提业务处理主要包括“五险一金”计提、工资分摊处理等。

6.2.1　工资分摊计提类型设置

工资费用包括工资及按照工资总额计算的各项费用，又分为直接工资费用和间接工资费用。

直接工资费用是指基本生产车间直接从事产品生产的工人工资及提取的各项费用。凡是只生产一种产品或采用计件工资制的，其工资费用可以根据有关凭证直接计入该产品或各种产品的“生产成本”明细账中的“直接人工”成本项目；若采用计时工资，且生产两种以上产品的，其工资费用要按一定标准进行分配，分别计入各产品的“生产成本”明细账中的“直接人工”成本项目。

间接工资费用是指车间、职能部门管理人员和其他人员的工资费用及提取的各项费用，应按职工的工作部门、类别等分别计算。属于车间管理人员的工资费用计入“制造费用”（若车间只生产一种产品，也可直接计入“生产成本”的相关核算项目中），厂部管理人员的工资费用计入“管理费用”，专职销售人员的工资费用计入“销售费用”。

根据“工资汇总表”分配当月应付工资，并按规定计提工会经费、职工教育经费和“五险一金”等。

工资总额就是在一定时期内支付给职工的所有薪酬的总额。企业在月内发生的全部工资，无论是否在当月领取，都应当按照工资的用途进行分摊计提。

工资分摊计提类型设置就是定义类型名称、提取比例、计提基数工资项目，以及根据各部门、各人员类别进行工资分摊计提时所对应的借、贷方会计科目和辅助项目。

【例6-1】山东彬彬童车厂根据应付工资总额提取工会经费，分摊计提比例都为2%。根据企业生产管理实际，工会经费计提设置信息见表6-1。

表6-1　**提取工会经费**

部门	人员类别	工资项目	分摊率	核算项目	借方科目	贷方科目
办公室 财务部 供应部	企业管理	工资总额	2%		管理费用/职工薪酬	应付职工薪酬/工会经费
一车间	车间管理	工资总额	2%	车轮总成	生产成本/直接人工	应付职工薪酬/工会经费
二车间	车间管理	工资总额	2%	产品共耗	生产成本/直接人工	应付职工薪酬/工会经费
一车间	基本生产	工资总额	2%	车轮总成	生产成本/直接人工	应付职工薪酬/工会经费
二车间	基本生产	工资总额	2%	产品共耗	生产成本/直接人工	应付职工薪酬/工会经费
销售部	市场营销	工资总额	2%		销售费用/职工薪酬	应付职工薪酬/工会经费

操作步骤：

①在【用友U8】窗口的业务导航视图中，选择【业务工作】—【人力资源】—【薪资管理】—【设置】—【分摊类型设置】，单击，弹出【分摊类型设置】对话框。

②单击【增加】按钮，打开【分摊类型设置】增加对话框，如图6-2所示。

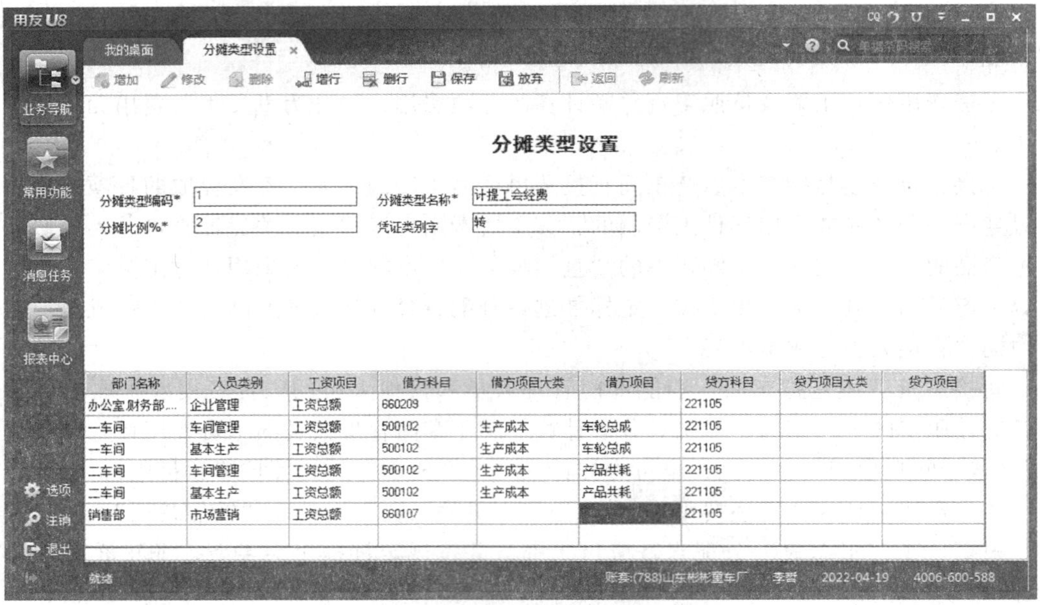

图6-2　【分摊类型设置】增加对话框

③录入分摊类型名称“计提工会经费”和分摊比例“2”，选择凭证类别字“转”。

④单击【增行】按钮，增加空白记录，单击相关栏目，根据凭证生成规则，进行选择设置。

⑤重复第④步完成其他记录计提规则设置。设置完毕后，单击【保存】按钮，对设置的分摊类型进行保存。

⑥重复第②~⑤步完成其他分摊计提类型项目的设置。

⑦所有分摊计提类型设置完毕后，关闭【分摊类型设置】对话框。

提示：

➢部门名称：选择部门。不同部门，相同人员类别可设置不同分摊科目。

➢人员类别：选择费用分配人员类别。

➢工资项目：对应选中部门、人员类别，选择计提分配的工资项目。每个人员类别可选择多个计提分配的工资项目。工资项目包括当前工资类别所有的增项、减项和其他项目。

➢借方科目：对应选中部门、人员类别的每个工资项目的借方科目。

➢贷方科目：对应选中部门、人员类别的每个工资项目的贷方科目。

6.2.2　工资分摊计提业务处理

工资分摊计提业务处理就是在工资分摊计提类型设置的基础上进行工资的分摊、计提，生成工资的分摊、计提数据，同时生成凭证传输到总账系统。

操作步骤：

①在【用友U8】窗口的业务导航视图中，选择【业务工作】—【人力资源】—【薪资管理】—【业务处理】—【工资分摊】，单击，打开【工资分摊】对话框，如图6-3所示。

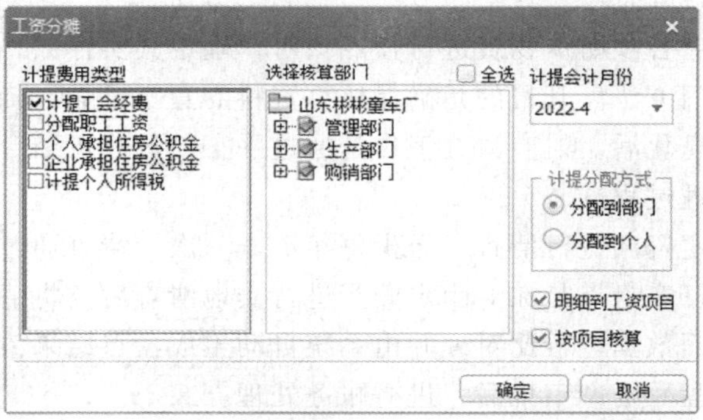

图6-3　【工资分摊】对话框

②在【工资分摊】对话框中，选择“计提费用类型”、“选择核算部门”及“计提分配方式”，同时选定【明细到工资项目】和【按项目核算】复选项，然后单击【确定】按钮，打开【工资分摊】一览表窗口，如图6-4所示。

图6-4　【工资分摊】一览表窗口

③选择计提类型，并选中窗口中的【合并科目相同、辅助项相同的分录】复选框，然后单击工具栏上的【制单】按钮，系统自动生成相关凭证，并打开【填制凭证】对话框。

④在【填制凭证】对话框中，根据具体情况，对生成的凭证进行修改后，单击工具栏上的【保存】按钮对凭证进行保存，同时将凭证传输到账务处理系统。关闭【填制凭证】对话框，返回【工资分摊】对话框。

⑤在【工资分摊】一览表窗口中，单击【类型】下拉列表选择其他分摊计提类型，按第③~④步操作方式完成对其他项目的分摊计提凭证的生成处理。

6.3 财产清查与资产评估

6.3.1 财产清查

财产清查是通过对各项财产物资进行盘点核对，确定其实存数，查明实存数与其账存数是否相符的一种专门方法。其目的是确保核算资料的真实可靠、确保财产物资的安全完整。企业实施会计信息化后，财产清查工作是通过手工与计算机结合进行的，在此以固定资产清查为例说明处理过程。

企业要定期对固定资产进行清查，至少每年清查一次，清查通过盘点实现。企业实施会计信息化后的固定资产盘点是在对固定资产进行实地清查后，将清查的实物数据录入固定资产管理系统与账面数据进行比对，并由系统自动生成盘点结果清单的过程。完成盘点信息处理，对盘盈、盘亏资产审批后，进行账务处理。

在固定资产管理系统中，进行固定资产盘点处理基本分为三个阶段：固定资产盘点、盘盈盘亏确认、盘盈盘亏处理。

1）固定资产盘点

在固定资产管理系统中，固定资产盘点分为以下三个步骤：

（1）选择要盘点的范围

进行资产盘点时，每次要进行盘点的范围可能不同，需要根据实际情况确定盘点范围。在固定资产管理系统中，盘点范围的确定必须从系统给定的范围中进行选择，盘点分按资产类别盘点、按使用部门盘点、按使用状态盘点三种方式，可根据实际进行选择。基本操作步骤如下：

①在【用友U8】窗口的业务导航视图中，选择【业务工作】—【财务会计】—【固定资产】—【资产盘点】—【资产盘点】，单击，进入【资产盘点】窗口。

②在【资产盘点】窗口中，单击工具栏上的【增加】按钮，进入【新增盘点单——数据录入】窗口。

③在【新增盘点单——数据录入】窗口中单击工具栏上的【范围】按钮，打开【盘点范围设置】对话框，如图6-5所示。

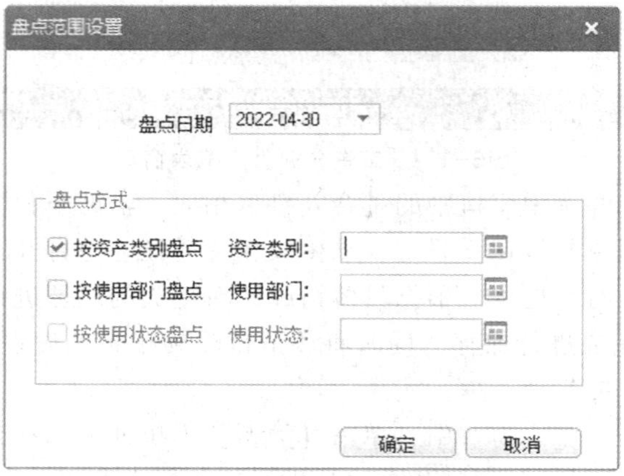

图6-5 【盘点范围设置】对话框

④选择实际盘点的发生日期，再选中要进行盘点的方式及对应该方式的明细分类，然后单击【确定】按钮完成盘点范围的设置。

（2）进行项目设置

由于每次盘点的侧重点不同，要录入的盘点数据与要核对的数据也不尽相同，需要根据盘点的实际情况合理设置盘点项目。盘点项目分核对项目与录入项目两类，需要从系统提供的卡片项目中进行选择。基本操作步骤如下：

①在【新增盘点单——数据录入】窗口中单击工具栏上的【栏目】按钮，打开【核对项目】对话框，如图6-6所示。

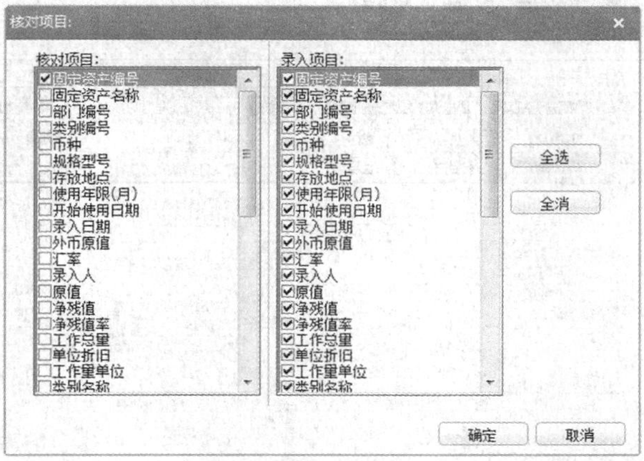

图6-6　【核对项目】对话框

②在【核对项目】对话框中，选择核对项目、录入项目后，单击【确定】按钮完成盘点项目的设置。

（3）录入盘点数据并生成盘点结果清单

根据所选盘点范围以及项目设置，录入盘点数据，生成盘点结果清单，供企业对比分析。基本操作步骤如下：

① 在【新增盘点单——数据录入】窗口中通过单击【增行】按钮录入盘点数据。

② 所有盘点数据录入完毕后，单击【核对】按钮进行当前盘点单中的数据同系统内盘点日期的卡片数据相比较并生成结果清单，如图6-7所示。

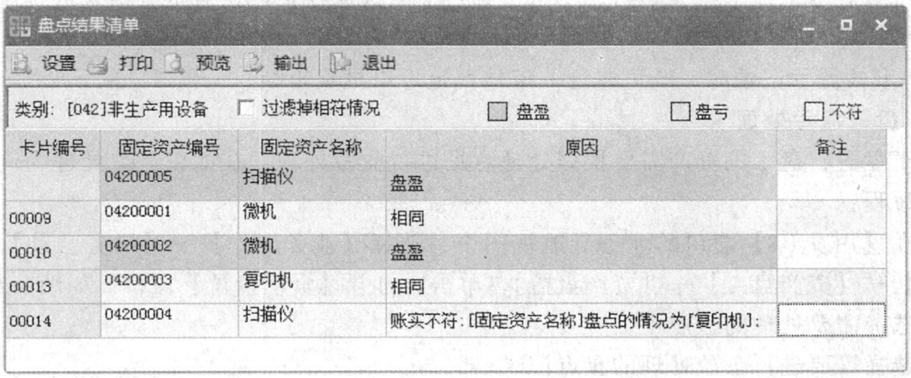

图6-7　盘点结果清单

2）盘盈盘亏确认

在完成固定资产盘点后，需要对盘点结果进行盈亏审核，以确保盘点结果的真实性。盘盈盘亏确认的基本操作步骤如下：

①在【用友U8】窗口的业务导航视图中，选择【业务工作】—【财务会计】—【固定资产】—【资产盘点】—【盘点盈亏确认】，单击，进入【盘盈盘亏确认】窗口，如图6-8所示。

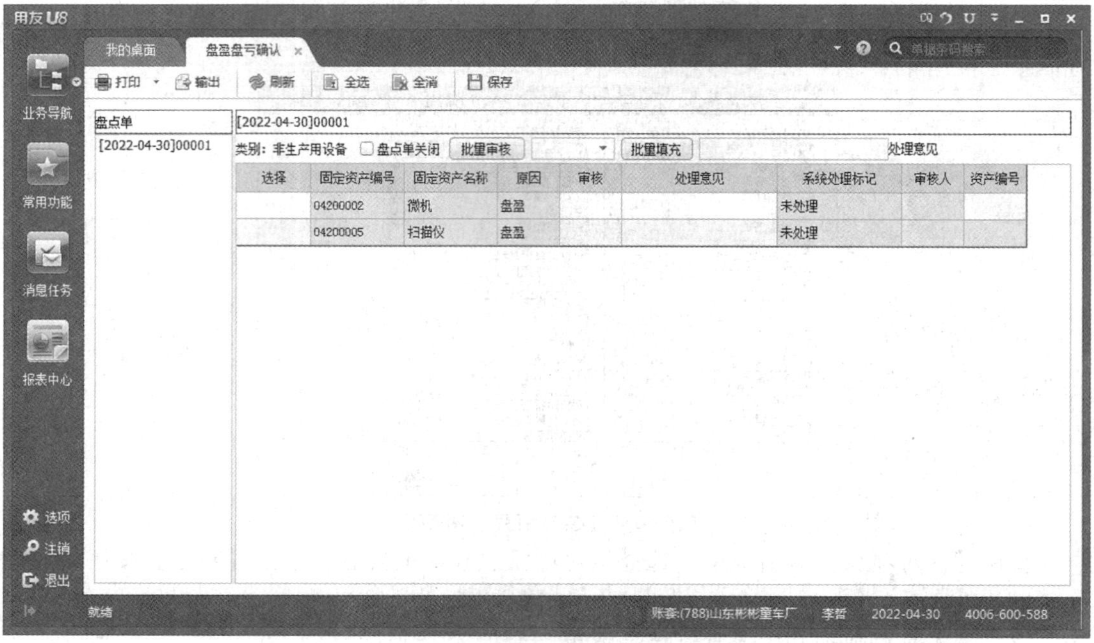

图6-8 【盘盈盘亏确认】窗口

②选择需要审核的盘点单。

③对需要审核的盘盈或盘亏记录进行审核，方法是在【审核】栏单击，在弹出的下拉列表框中选择“同意”或“不同意”。

④在【处理意见】栏录入处理意见。

⑤所有盈亏记录审核完毕后，单击工具栏上的【保存】按钮对审核结果进行保存。

提示：

➢在审核盈亏记录时，既可以逐一审核，也可以批量审核。

3）盘盈盘亏处理

对于盘盈、盘亏的资产需要根据处理意见进行盈亏处理。在此以盘盈处理为例说明基本处理过程：

①在【用友U8】窗口的业务导航视图中，选择【业务工作】—【财务会计】—【固定资产】—【资产盘点】—【资产盘盈】，单击，打开【资产盘盈】窗口，如图6-9所示。

②选择需要处理的盘点单。

③选择需要进行盘盈处理的盘点记录。

④录入待盘盈资产的开始使用日期及资产类别。

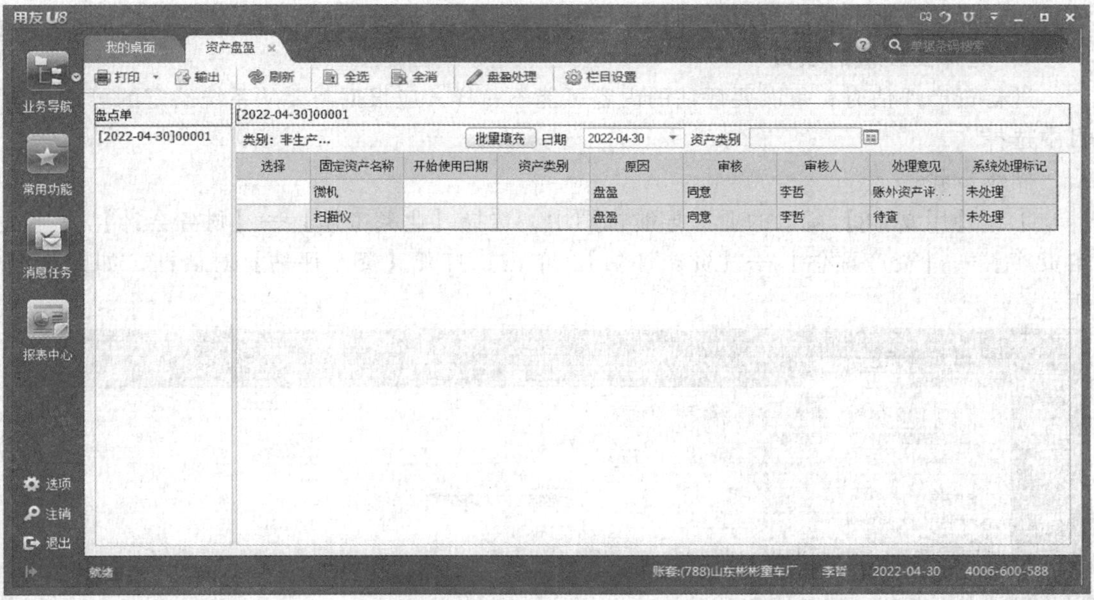

图6-9　【资产盘盈】窗口

⑤单击工具栏上的【盘盈处理】按钮，进入所选记录的资产卡片补充资产信息，然后单击【保存】按钮进行保存。

⑥进行账务处理，完成凭证的生成、审核与记账。

6.3.2　资产评估

资产评估是由专门的机构或专门评估人员，遵循法定或公允的标准和程序，运用科学的方法，以货币作为计算权益的统一尺度，对在某一特定时点上的资产进行评定估算，从而确定其价值的过程。资产评估的方法主要有收益现值法、重置成本法、现行市价法和清算价格法等。企业应根据资产评估的目的和资产类型选择合适的评估方法。以下以固定资产评估为例，阐述资产评估的基本方法与要求。

随着市场经济的发展，企业在经营活动中，需要根据业务需要或国家要求对部分资产或全部资产进行评估和重估，而其中固定资产评估是资产评估很重要的部分。固定资产管理系统提供了固定资产评估功能模块，其主要功能包括：将评估机构的评估数据手工录入或定义公式录入到系统中；根据国家要求手工录入评估结果或根据定义的评估公式生成评估结果。

根据固定资产管理的基本情况，固定资产评估项目主要包括固定资产原值、累计折旧、净值、使用年限、工作总量、净残值率等。评估时，可根据实际情况进行选择。

固定资产评估是一项非常严肃的工作，根据《国有资产评估管理办法》的规定，资产评估应按以下法定程序和步骤进行：资产评估立项的申报和审批、委托资产评估机构、清查核实资产与收集准备资料、评定估算、资产评估结果确认的申报和审批、进行账务处理。企业实施会计信息化后，固定资产管理系统中所进行的资产评估，是在评估机构对资产评估的基础上，将评估结果录入系统的过程，其基本过程分为四个阶段：选择要评估的项目、选择要评估的固定资产、制作评估单、进行账务处理。

1）选择要评估的项目

进行资产评估时，每次要评估的内容可能不一样，应根据需要从系统给定的可评估项目中选择。

操作步骤：

①在【用友U8】窗口的业务导航视图中，选择【业务工作】—【财务会计】—【固定资产】—【资产评估】—【资产评估】，单击，打开【资产评估】对话框，如图6-10所示。

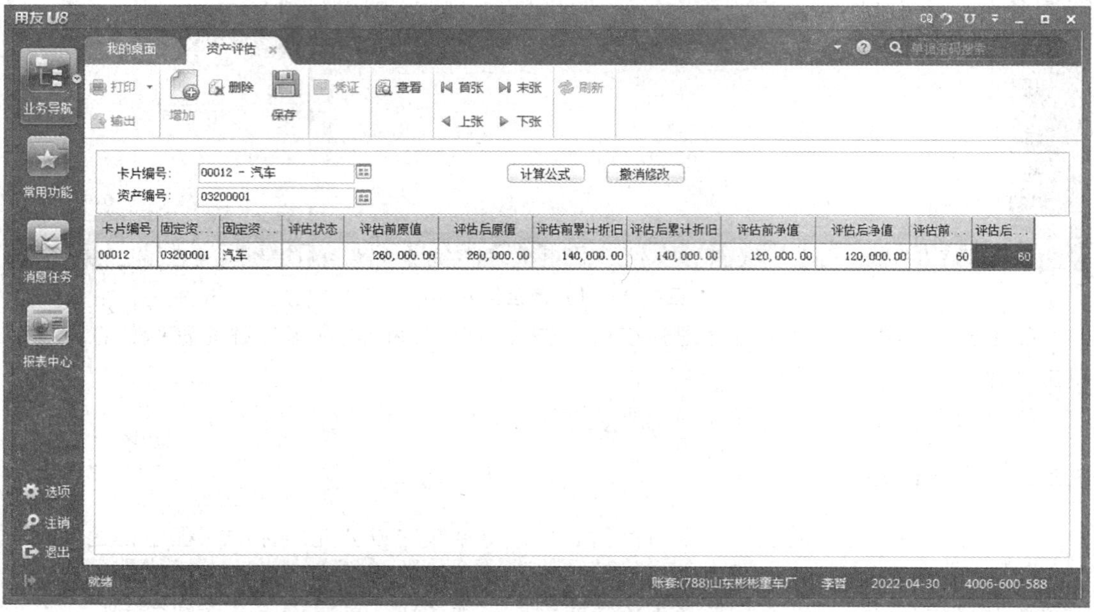

图6-10 【资产评估】对话框

②单击工具栏上的【增加】按钮，弹出【评估资产选择】对话框，如图6-11所。

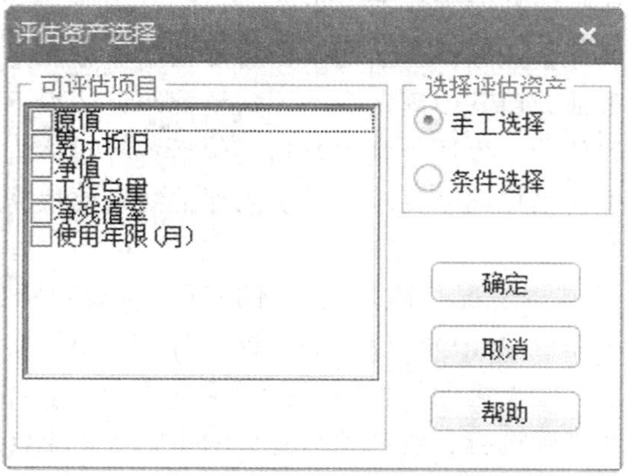

图6-11 【评估资产选择】对话框

③在【评估资产选择】对话框中，从左侧的【可评估项目】目录中选择要评估的项目（在项目前的框内打钩）。

提示：

➢原值、累计折旧和净值三个项目中只能选两个，并且必须选择两个，另一个通过公式“原值-累计折旧=净值”推算得到。

2）选择要评估的固定资产

每次评估的固定资产可能不同，可通过手工选择或条件选择方式挑选出要进行评估的固定资产。

（1）手工选择

操作步骤：

① 在【评估资产选择】对话框中，选择【手工选择】，单击【确定】按钮，打开【资产评估】资产选择对话框。

② 在【资产评估】对话框中，直接录入或参照选择待进行评估的固定资产的卡片编号或资产编号，系统自动将所选固定资产追加到下方记录列表中。

（2）条件选择

操作步骤：

① 在【评估资产选择】对话框中，选择【条件选择】，单击【确定】按钮，打开【查询定义】对话框。

② 单击【新增行】按钮，选择录入查询条件，然后单击【确定】按钮，显示查询结果。

③ 如果发现有不需要评估的固定资产，可将其选中，然后单击工具栏上的【删除】按钮将其从列表中删除。

3）制作评估单

选择了评估项目和评估资产后，必须录入评估后数据或通过自定义公式生成评估后数据，系统才能生成评估单，评估单显示评估资产所评估的项目在评估前和评估后的数据。

在图6-10中，评估表的表头除卡片编号、固定资产编号、固定资产名称外，第四列为“评估状态”。当该表中列出的资产有一个项目发生变化时，表示该资产已评估，该列自动打钩。如果评估结束后，某一资产该标志为空，表示该资产在评估前后没有变化，请将该资产移出。其他各列表示选择的要评估的项目评估前和评估后的数据。

评估数据可通过定义公式或手工修改来输入。当评估后的数据和评估前的数据有数据关系时，可通过定义公式自动生成评估后的数据；如果评估后的数据没有规律，可以用手工的办法将评估后的数据输入到评估变动表中。

当评估变动表中评估后的原值和累计折旧的数据，与评估前的数据不同时，可以通过【制单】命令将数据输送到账务处理系统中。

（1）定义公式生成评估数据

【例6-2】固定资产的使用年限在评估前年限基础上增加1年，则评估公式应为：评估后使用年限（月）=使用年限（月）+12。

操作步骤：

①在如图6-10所示的【资产评估】对话框中，单击“评估后使用年限（月）”，然后单击【计算公式】按钮，弹出【评估计算公式】设置对话框，如图6-12所示。

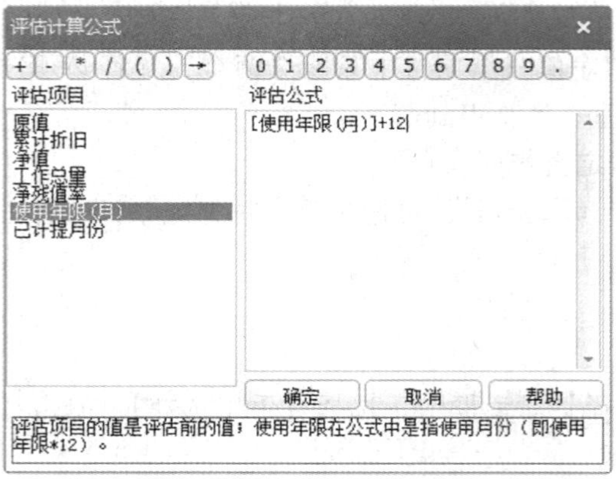

图6-12　【评估计算公式】设置对话框

②添加评估公式“使用年限（月）+12”，然后单击【确定】按钮完成评估数据的生成。

③单击【撤销修改】按钮，可还原评估前数据。

④单击工具栏上的【保存】按钮，对评估数据进行保存。

（2）手工输入和修改评估数据

操作方法：选择要输入或修改数据的单元格，单击该单元格后，即可输入数据。

提示：

➢评估后的数据必须满足以下公式要求：原值-净值=累计折旧≥0；净值≥净残值率×原值；工作总量≥累计工作量。

4）进行账务处理

完成评估数据处理并进行保存后，评估信息若涉及固定资产原值或累计折旧的变动，此时需要进行账务处理，基本操作步骤如下：

① 在如图6-10所示的【资产评估】对话框中，单击工具栏上的【凭证】按钮即可生成凭证。

② 对生成的凭证进行修改后，单击【保存】按钮进行存储并传输到总账系统。

③ 登录总账系统，对生成的凭证进行审核记账处理。

6.4　资产减值处理

根据《企业会计准则第8号——资产减值》的有关规定，企业应当在资产负债表日判断资产是否存在可能发生减值的迹象，存在减值迹象的，应当进行减值测试，估计资产的可回收金额，确定资产减值损失。由于企业的资产种类比较多，各种资产的减值处理机制也存在一定的差异，在此以计提坏账准备和固定资产减值准备为例阐述资产减值的实施途径与方法。

6.4.1　计提坏账准备

根据企业会计准则的有关规定，企业应当于资产负债表日，分析各项应收款项的可回收性，预计可能发生的坏账损失。对于没有把握能够回收的应收款项，应当计提坏账准备。总账系统计提坏账准备，适合采用按应收款项总额或销售收入的一定比例的方法计提坏账准备，不适合按账龄法计提坏账准备。总账系统计提坏账准备，可通过自定义转账凭证的方式进行处理，即首先定义自动转账凭证，然后于会计期期末执行自动转账处理完成坏账准备计算并生成凭证。

1）定义自动转账凭证

假如企业按“应收账款”会计科目期末余额的5‰计提坏账准备，则其自动转账凭证定义见表6-2。

表6-2　　**计提坏账准备自动转账凭证定义**

摘要	会计科目	方向	取数公式
计提坏账准备	信用减值损失	借	QM（1122,月,*）*0.005-QM（1231,月,贷）+QM（1231,月,借）
计提坏账准备	坏账准备	贷	CE（ ）

注：QM（1122,月,借）*0.005-QM（1231,月,贷）+QM（1231,月,借）表示应收账款借方月末余额*0.005-坏账准备贷方月末余额+坏账准备借方月末余额。

2）转账生成

如前所述，月末执行自动转账处理，若公式QM（1122,月,借）*0.005-QM（1231,月,贷）+QM（1231,月,借）的计算结果不为零，则自动生成凭证；生成凭证后，需要保存。

6.4.2 计提固定资产减值准备

企业应当在期末，至少在每年年度终了，对固定资产逐项进行检查。如果由于市价持续下跌，或技术陈旧等原因导致其可回收金额低于账面价值的，应当将可回收金额低于账面价值的差额作为固定资产减值准备。固定资产减值准备按单项资产计提。

操作步骤：

①在【用友U8】窗口的业务导航视图中，选择【业务工作】—【财务会计】—【固定资产】—【减值准备】—【减值准备期初】，单击，打开【固定资产变动单】减值准备期初对话框，如图6-13所示。

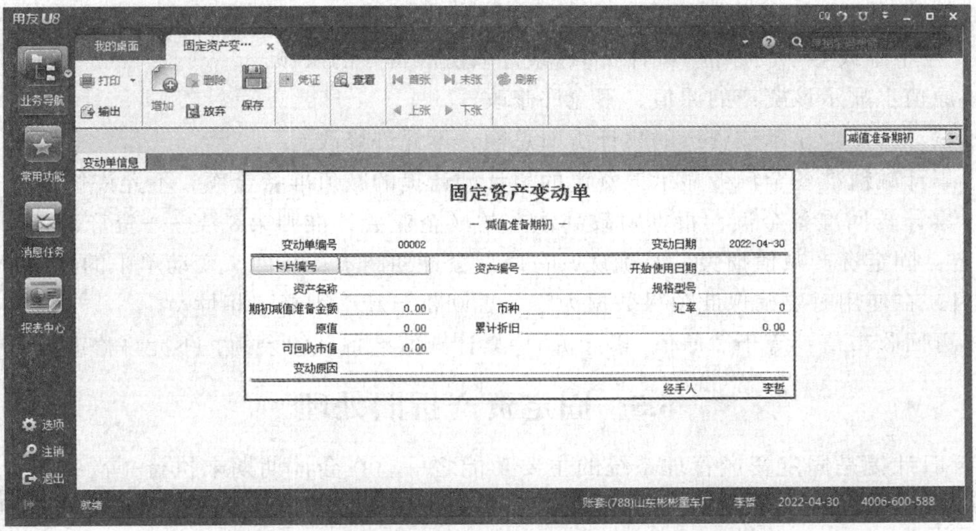

图6-13　【固定资产变动单】减值准备期初对话框

②直接或参照录入固定资产卡片编号，录入固定资产期初减值准备金额，然后单击工具栏上的【保存】按钮实施保存处理。

③在【用友U8】窗口的业务导航视图中，选择【业务工作】—【财务会计】—【固定资产】—【减值准备】—【计提减值准备】，单击，打开【固定资产变动单】计提减值准备对话框，如图6-14所示。

④直接或参照录入固定资产卡片编号，录入固定资产减值相关信息，然后单击工具栏上的【保存】按钮实施保存处理。

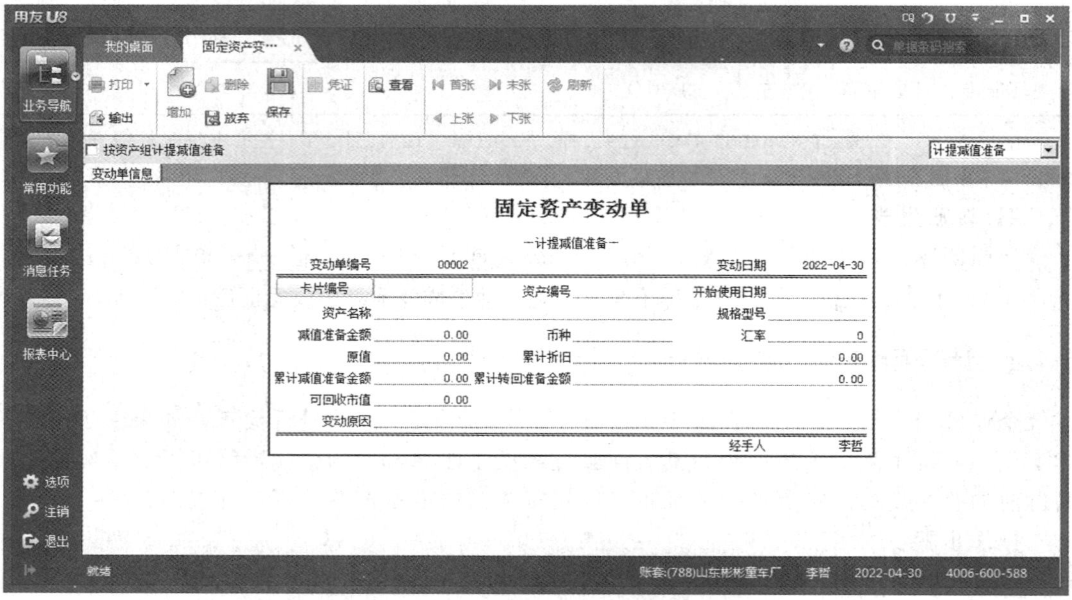

图6-14　【固定资产变动单】计提减值准备对话框

提示：

➤减值准备金额：允许手工录入该资产的预计减值金额，但录入的金额的范围必须大于零，且小于或等于“原值-累计折旧-累计减值准备”的余额。

➤原值：显示该资产的原值，不允许修改。

➤累计折旧：显示该资产的累计折旧总额，不允许修改。

➤累计减值准备金额：显示该资产的累计已计提的减值准备金额，不允许修改。

➤累计转回准备金额：根据财政部颁布的《企业会计准则第8号——资产减值》的有关规定，固定资产减值损失一经确认，在以后会计期间不得转回。变动单中的此项目为多余项目，在使用时要确保此项目数据为零，否则将与新准则规定相悖。

➤可回收市值：等于“原值-累计折旧-累计减值准备”的余额，不允许修改。

6.5　固定资产折旧处理

折旧计提是固定资产管理系统的主要功能之一。在会计期期末执行一次折旧计提处理，确保累计折旧计算结果的准确性。进行折旧计提处理时，系统遵循固定资产管理折旧计算与分配原则，根据部门对应折旧科目的设置，自动生成折旧分配表，作为固定资产折旧凭证生成的依据。

操作步骤：

①在【用友U8】窗口的业务导航视图中，选择【业务工作】—【财务会计】—【固定资产】—【计提折旧】—【计提本月折旧】，单击，弹出【是否要查看折旧清单】信息提示对话框。

②单击【是】按钮，打开【折旧计提信息】对话框。

③单击【是】按钮，系统自动计算折旧，并进入【折旧清单】对话框，如图6-15所示。

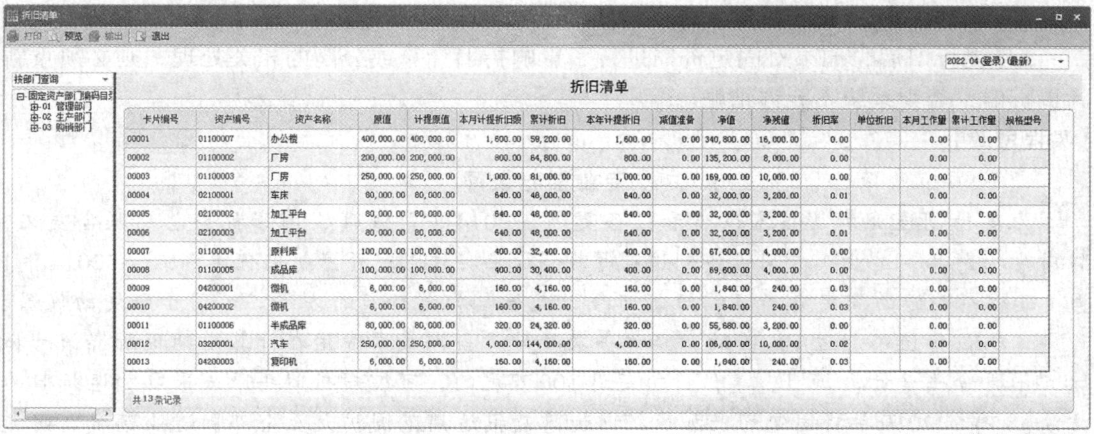

卡片编号	资产编号	资产名称	原值	计提原值	本月计提折旧额	累计折旧	本年计提折旧	减值准备	净值	净残值	折旧率	单位折旧	本月工作量	累计工作量	规格型号
00001	01100007	办公楼	400,000.00	400,000.00	1,600.00	59,200.00	1,600.00	0.00	340,800.00	16,000.00	0.00		0.00	0.00	
00002	01100002	厂房	200,000.00	200,000.00	800.00	64,800.00	800.00	0.00	135,200.00	8,000.00	0.00		0.00	0.00	
00003	01100003	厂房	250,000.00	250,000.00	1,000.00	81,000.00	1,000.00	0.00	169,000.00	10,000.00	0.00		0.00	0.00	
00004	02100001	车床	80,000.00	80,000.00	640.00	48,000.00	640.00	0.00	32,000.00	3,200.00	0.01		0.00	0.00	
00005	02100002	加工平台	80,000.00	80,000.00	640.00	48,000.00	640.00	0.00	32,000.00	3,200.00	0.01		0.00	0.00	
00006	02100003	加工平台	80,000.00	80,000.00	640.00	48,000.00	640.00	0.00	32,000.00	3,200.00	0.01		0.00	0.00	
00007	01100004	原料库	100,000.00	100,000.00	400.00	32,400.00	400.00	0.00	67,600.00	4,000.00	0.00		0.00	0.00	
00008	01100005	成品库	100,000.00	100,000.00	400.00	30,400.00	400.00	0.00	69,600.00	4,000.00	0.00		0.00	0.00	
00009	04200001	微机	6,000.00	6,000.00	160.00	4,160.00	160.00	0.00	1,840.00	240.00	0.03		0.00	0.00	
00010	04200002	微机	6,000.00	6,000.00	160.00	4,160.00	160.00	0.00	1,840.00	240.00	0.03		0.00	0.00	
00011	01100006	半成品库	80,000.00	80,000.00	320.00	24,320.00	320.00	0.00	55,680.00	3,200.00	0.00		0.00	0.00	
00012	03200001	汽车	250,000.00	250,000.00	4,000.00	144,000.00	4,000.00	0.00	106,000.00	10,000.00	0.02		0.00	0.00	
00013	04200003	复印机	6,000.00	6,000.00	160.00	4,160.00	160.00	0.00	1,840.00	240.00	0.03		0.00	0.00	

图6-15　【折旧清单】对话框

④单击【退出】按钮，系统进行折旧计算，并打开【折旧分配表】对话框，如图6-16所示。

部门编号	部门名称	项目编号	项目名称	科目编号	科目名称	折旧额
0101	办公室			660204	折旧费	4,960.00
0102	财务部			660204	折旧费	1,120.00
0201	一车间			500103	制造费用	2,080.00
0202	二车间			500103	制造费用	1,640.00
0301	供应部			660204	折旧费	720.00
0302	销售部			660109	折旧费	400.00
合计						10,920.00

图6-16　【折旧分配表】对话框

⑤关闭【折旧分配表】对话框，结束折旧处理。

提示：

➢固定资产减少前进行的折旧计提处理，请勿生成凭证。折旧凭证请在期末重新执行折旧计提的前提下，然后通过批量制单生成折旧凭证。

➢固定资产管理系统在一个期间内可以多次计提折旧，每次计提折旧，不会重复累加，只是以最新计提结果对累计折旧数据进行更新。

➢如果当期已完成固定资产折旧凭证生成，则不允许重新计提折旧。如要重新计提折旧，需要先删除固定资产折旧凭证。

➢计提折旧后，如果对固定资产进行了影响折旧计算或分配的相关处理，则必须重新计提折旧，否则系统不允许结账。

【课程思政】

专业素养教育

为支持制造业加快技术改造和设备更新，2014年财政部、国家税务总局联合发文，针对生物药品制造业、专用设备制造业等6个行业实施固定资产折旧优惠新政："2014年1月1日后新购进的固定资产可缩短折旧年限或采取加速折旧的方法。""用于研发的仪器、设备，单位价值不超过100万的，允许一次性计入当期成本费用在计算应纳税所得额时扣除，不再分年度计提折旧；单位价值超过100万元的，可缩短折旧年限或采取加速折旧的方法。"等；2019年将固定资产加速折旧优惠政策适用范围扩大至全部制造业领域。固定资产作为企业的一项重要资产，是企业生存和发展的基础，它决定了企业的生产规模和生产能力。同时，固定资产折旧还具有抵税作用，但不同的折旧方法，其抵税情况不同，而加速折旧法在固定资产使用前期其折旧抵税效果明显。固定资产加速折旧政策充分体现了国家支持企业创新发展的力度和让利于企、让利于民的惠民决心。作为一名会计学专业的大学生，面对复杂的经济环境，需要把握好专业技能和道德判断这两把尚方宝剑，守好道德底线，及时关注国家政策，让国家惠民惠企政策惠及民众，在让企业、民众享受国家红利的同时，提升"四个自信"。作为未来的会计从业者，要树立正确的职业观，尊重规则，守好底线，恪守诚信，承担社会责任，为实现历史使命贡献智慧和力量。

6.6 总账期末自动转账处理

转账是把某个或某几个会计科目中的余额或本期发生额结转到一个或多个会计科目中。总账系统的期末自动转账处理分两个阶段进行：一是定义自动转账凭证；二是进行转账生成。

6.6.1 自动转账设置

自动转账设置就是定义自动转账的规则，即告诉计算机此类凭证的摘要、借贷方会计科目、金额计算公式等，并将定义的转账分录存放在自动转账分录文件中。

1）自动转账取数函数

期末自动转账分录金额基本来源于账务处理系统或凭证自身，因而计算公式设置过程中主要是运用取数函数，实现从账务处理系统或凭证自身获取数据。

（1）凭证常用取数函数

在自动转账凭证定义过程中，常用的取数函数及其功能，见表6-3。

表6-3　**凭证常用取数函数**

函数名	函数名称	函数说明
QM（ ）/WQM（ ）/SQM（ ）	期末余额函数	取某科目的期末余额
QC（ ）/WQC（ ）/SQC（ ）	期初余额函数	取某科目的期初余额
JE（ ）/WJE（ ）/SJE（ ）	年（月）净发生额函数	取某科目的年（月）净发生额
FS（ ）/WFS（ ）/SFS（ ）	借（贷）方发生额函数	取某科目结转月份的借（贷）方发生额
LFS（ ）/WLFS（ ）/SLFS（ ）	累计借（贷）方发生额函数	取某科目截止到结转月份的累计借（贷）方发生额
JG（ ）/WJG（ ）/SJG（ ）	取对方科目计算结果函数	取对方某个科目或对方所有科目数据之和，一张凭证可以定义多个结果函数，但必须在同一方向
CE（ ）/WCE（ ）/SCE（ ）	借贷平衡差额函数	取凭证的借贷方差额数，一张凭证最多定义一个差额函数
TY（ ）	通用转账公式函数	取数据库中的数据
UFO（ ）	UFO报表取数函数	取UFO报表中某个单元的数据

注：其中函数名前加“W”和“S”的函数分别为其相应的外币函数和数量函数。

根据自动转账凭证会计分录数据来源，转账凭证会计分录取数函数主要分为三类，一是账务系统取数函数，如期初余额函数QC（ ）、期末余额函数QM（ ）、发生额函数FS（ ）等；二是凭证自身取数函数，主要涉及借贷差额函数CE（ ）和结果函数JG（ ）；三是系统外部取数函数，主要涉及UFO报表取数函数UFO（ ）和外部数据库取数函数TY（ ）。

（2）账务系统取数函数

账务系统取数函数实现从账务系统获取会计科目的余额、发生额，主要包括QC（ ）、QM（ ）、FS（ ）、JE（ ）等函数，其基本格式为：函数名（科目编码，会计期间，方向，辅助项1，辅助项2）。

账务取数函数各参数项应用说明如下：

①科目编码。科目编码用于确定取哪个会计科目的数据，科目编码必须是总账系统中已定义的会计科目编码。如果转账凭证明细科目栏的科目与公式中的科目编码相同，则公式中的科目编码可省去不写。

如：QM（ ）表示取当前分录科目栏定义的科目的期末余额。

WQM（ ）表示取当前分录科目栏定义的科目的期末外币余额。

SQM（ ）表示取当前分录科目栏定义的科目的期末数量。

②会计期间。会计期间可以输入“年”“季”“月”等。如果输入“年”，则按当前会

计年度取数；如果输入“月”，则按结转月份取数。

如：QM（6601,月）表示取6601（销售费用）科目结转月份的月末本币余额。

FS（6601,年,借）表示取6601（销售费用）科目的借方当前年度全年本币发生额合计。

③方向。函数取数方向用“借”或“贷”表示。其意义为取该科目所选方向的金额或数量。发生额函数的取数方向不能省略，但余额函数的取数方向可以省略。余额函数方向省略，其意义为取该科目默认方向上的余额，即：若余额在相同方向，则返回余额；若余额在相反方向，则返回0；若方向为空，则根据科目性质返回余额。如1001库存现金科目为借方科目，若余额在借方，则正常返回其余额，若余额在贷方，则返回0。

如：FS（5101,月,借）表示取5101（制造费用）科目的结转月份借方发生额。

WFS（5101,月,借）表示取5101（制造费用）科目的结转月份的外币借方发生额。

SFS（1403,月,借）表示取1403（原材料）科目的结转月份借方发生数量。

LFS（1403,7,借）表示取1403（原材料）科目的截止到7月的借方累计发生数。

QM（1231,月,贷）表示取1231（坏账准备）科目的结转月份的贷方余额。

④辅助项。当科目为辅助核算科目（即科目账类设为辅助核算）时，可以指定辅助项取数。

如果会计科目只设有一种辅助核算，则需要将辅助项编码放置于参数辅助项1的位置。

如：制造费用科目（5101）为部门核算科目，一车间为末级明细级部门。则获取制造费用科目一车间辅助账期末余额的取数公式可定义为：QM（5101,月,,一车间）。

如果会计科目设有两种辅助核算，则需要在辅助项1和辅助项2的位置输入辅助核算编码，其出现顺序按客户、供应商、部门、个人、项目顺序进行确定，否则函数将无法正确获取数据。

例如：管理费用科目（6602）为部门、项目双重辅助核算科目。则获取管理费用科目“部门一”“项目一”双重辅助账期末余额的取数公式可定义为：QM（6602,月,,部门一,项目一）。

对于辅助项参数的输入，既可以输入编码，又可以输入名称，或者输入“*”，还可以不输入。如果输入辅助项，则按所输入的辅助项取数；如果输入“*”，则取科目总数；如果不输入，则按当前分录辅助项栏中定义的辅助项取数。

例如：制造费用科目（5101）为部门核算科目，则；QM（5101,月,,*）表示取5101（制造费用）科目的各部门期末余额的合计额；QM（5101,月）表示取当前分录所定义的转账发生部门的5101（制造费用）科目的期末余额。

再如：管理费用科目（6602）为部门、项目双重辅助核算科目。则：QM（6602,月,,*,*）表示取6602科目的各部门、各项目期末余额的合计额；QM（6602,月,,部门一,*）表示取6602科目“部门一”下各项目期末余额的合计额；QM（6602,月,,*，项目一）表示取6602科目“项目一”下各部门期末余额的合计额；QM（6602,月）表示取当前分录所定义的转账发生部门、项目的期末余额。

若同时使用了应收、应付款管理系统，且公式中的科目为纯客户、供应商核算的科目，只能按该科目取数。例如，1122为客户往来科目，则只能输入QM（1122,月,,*），而不能输入QM（1122,月,,客户一）或QM（1122,月），否则将取不到数据。

取数公式可以通过“+”“-”“*”“/”运算符及括号组合形成组合式取数公式。例如，6001为“主营业务收入”科目，1405为“库存商品”科目，则输入以下公式SFS（6001,月）*（QM（1405,月）/SQM（1405,月）），即可计算出当月的商品销售成本。

（3）凭证自身取数函数

凭证自身取数函数实现从转账凭证中获取相关会计分录的发生额，或按凭证借贷平衡规则计算的借贷差额，主要包括CE（ ）、JG（ ）两个函数。

①借贷差额函数CE（ ）

借贷差额函数根据借贷平衡原理，从凭证中自动计算借贷差额来填充数据。借贷差额函数为无参数函数，它可消除生成凭证的“一分钱”误差问题。

例如，期末销售费用向本年利润结转的业务，可按表6-4定义自动转账凭证分录。

表6-4　自动转账凭证

科目	方向	公式
6601	借	QM（6601,月）
4103	贷	CE（ ）

借贷差额函数在转账凭证定义时，只能定义在一条分录上，即只能出现一次，否则系统计算数据会发生差错。

②结果函数JG（ ）

结果函数JG（ ）可以带有参数，也可以无参数使用。无参数的JG（ ）等同于CE（ ），取当前凭证的借贷差额；有参数的JG（ ）函数用于取当前凭证指定分录的发生额。

例如，期末销售费用向本年利润结转的业务既可按表6-4的方式定义，也可按表6-5的方式或6-6的方式定义。

表6-5　自动转账凭证

科　目	方　向	公　式
6601	借	QM（6601,月）
4103	贷	JG（ ）

表6-6　自动转账凭证

科　目	方　向	公　式
6601	借	QM（6601,月）
4103	贷	JG（6601）

一张凭证中最多定义一个借贷差额函数或无参数的结果函数，但可定义多个带参数的结果函数。一张凭证可同时定义结果函数与差额函数，但必须在同一方向。如果一张凭证

有差额函数，则在转账生成时总是最后执行差额函数。

（4）系统外部取数函数

系统外部取数函数实现从数据库或报表中获取数据，主要包括TY（ ）和UFO（ ）两个函数。

①通用取数函数TY（ ）

如果想从本公司的其他子系统中直接取数，如从薪资管理系统中获取应交所得税合计，从固定资产管理系统中获取固定资产清理收入、清理费用等，由于这些数据都在SQL数据库中，可以使用通用取数函数，指定相应的数据库、数据表和数据字段取到相应的数据。其基本格式为：TY（SQL数据库文件名，数据表名，计算表达式，条件表达式）。函数参数说明如下：

SQL数据库文件名：必须为已存在的数据库，且应录入全部路径及数据库文件全名。如C:\U8soft\admin\chenfj\zt188\2008\ufdata.mdf。

数据表名：必须为已存在的数据表。

计算表达式：可录入字段名，也可输入SQL语句中的统计函数。

条件表达式：可以录入查找条件，相当于SQL语句中where子句中的内容。

在执行公式时，系统自动将输入内容拼写成SQL数据库查询语句，可从数据库中取到相应的数据。若执行结果有多个值，则函数返回第一个符合条件的值。

如定义取数公式为：TY（C:\U8soft\admin\chenfj\zt188\2008\ufdata.mdf，GL_accsum，sum（md），ccode="1001"），则表示从ufdata.mdf数据库的总账数据表（GL_accsum）中取科目编码（ccode）为1001的科目的借方发生数（md）合计数。

②报表取数函数UFO（ ）

UFO函数用于从UFO报表中提取数据，其基本格式为：UFO（报表名，页号，行号，列号）。

如定义取数公式为：UFO（C:\My Document\利润表.rep，1，4，3），则表示取报表名为利润表中第1页、第4行、第3列单元的数据，公式中表页号可缺省。

（5）应用举例

【例6-3】期末将技改办的"制造费用"科目余额按生产车间分摊，将"制造费用——技改办"科目期末余额的33%分摊给一车间、33%分摊给二车间、34%分摊给三车间。

假定没有设置部门辅助核算，则转账分录为：

借：生产成本——一车间——制造费用（50010105）	QM（510104，月）*0.33
——二车间——制造费用（50010205）	QM（510104，月）*0.33
——三车间——制造费用（50010305）	CE（ ）
贷：制造费用——技改办（510104）	QM（510104，月）

【例6-4】期末将技改办的"制造费用"科目余额按生产车间分摊，假定使用了部门辅助核算，即"生产成本"和"制造费用"科目的账类被设为部门核算，假如会计科目结构设置见表6-7。

表6-7　　会计科目设置

科目编码	科目名称	辅助核算	科目编码	科目名称	辅助核算
5001	生产成本		510101	工资	部门核算
500103	制造费用	部门核算	510102	材料费	部门核算
5101	制造费用		510103	其他	部门核算

假定期末将技改办的“制造费用”科目余额的30%摊入一车间，则分录可设为：

借：生产成本——制造费用（500103）

　贷：制造费用——工资（510101）

　　　　　　——材料费（510102）

　　　　　　——其他（510103）

“生产成本——制造费用”的计算公式为：JG（ ）、CE（ ）或（QM（510101,月,,技改办）+QM（510102,月,,技改办）+QM（510103,月,,技改办））*0.3。

“制造费用——工资”的计算公式为：QM（510101,月,,技改办）*0.3或QM（,,,技改办）*0.3。

“制造费用——材料费”的计算公式为：QM（510102,月,,技改办）*0.3或QM（,,,技改办）*0.3。

“制造费用——其他”的计算公式为：QM（510103,月,,技改办）*0.3或QM（,,,技改办）*0.3。

2）自动转账定义设置

转账凭证的定义方式分为自定义转账、对应结转、按加权平均计价结转销售成本、按售价（计划价）结转销售成本、汇兑损益结转、期间损益结转、自定义比例转账和费用摊提结转等几种。

（1）自定义转账设置

自定义转账是系统中最具灵活性的自动结转设置方式，任何期末摊、提、结转业务均可通过自定义结转方式进行定义。自定义转账设置还适用于从系统提取数据计算凭证分录金额的业务，如采用移动加权平均法计算发出材料成本的业务、按应收款项余额百分比计提坏账准备的业务等。从此种业务的角度分析，自定义转账业务不仅适用于期末转账业务，也适用于日常业务处理。自定义转账凭证设置项目及要求如下：

① 转账编号，转账凭证模板的代码，只能输入数字，不能重号。转账模板编号不是转账凭证号，转账凭证号在转账凭证生成，由系统自动生成。

② 转账摘要，转账业务的简要说明，如已定义常用摘要，可参照录入，否则手工输入。

③ 凭证类别，定义该张转账凭证的凭证类别。

④ 科目编码，录入每笔转账凭证分录的科目，可单击【参照】按钮参照输入科目编码。

⑤ 部门，当输入的科目为部门核算科目时，如要按某部门进行结转，则需在此指定

部门。对于非部门核算科目，此处不必输入；对于部门辅助核算科目，此处必须录入部门，部门只能录入明细级。

⑥ 项目，当输入的科目为项目核算科目时，如要按某项目进行结转，则需在此指定项目。若此处输入为项目分类，则表示对此项目分类所有项目进行结转；对于非项目核算科目，此处不必输入。

⑦ 客户，当输入的科目为客户往来科目时，如要按某客户进行结转，则需在此指定客户。对于非客户往来科目，此处不必输入。

⑧ 供应商，当输入的科目为供应商往来科目时，如要按某供应商进行结转，则需在此指定供应商。对于非供应商往来科目，此处不必输入。

⑨ 方向，指明凭证生成时，会计分录的借贷方向。

⑩ 金额公式，单击【参照】按钮或按F2功能键可参照录入计算公式，若对公式输入不熟悉，建议通过参照录入公式；若已熟练掌握转账公式，也可直接输入转账函数公式。

【例6-5】假设山东彬彬童车厂采用全月平均法计算材料发出成本。生产车轮总成需要领用轮胎、轮圈和辐条三种原材料。

前提：存货类科目已设置为数量核算和存货核算，在此基础上方可通过自定义转账方式进行处理。

分析：由于山东彬彬童车厂是按全月平均法计算材料发出成本的，成本计算可按公式“材料成本=领用材料的数量×领用材料的平均单价=领用材料的数量×（领用材料的期末余额/领用材料的期末数量）”进行计算。凭证审核、记账完成后，方可进行成本计算。根据企业核算方案设置情况，企业生产车轮总成领用材料自定义转账凭证设置见表6-8。

表6-8　**车轮总成领用材料转账设置**

摘要	科目编码	项目	方向	金额公式
车轮总成领用材料	500101	车轮总成	借	CE（ ）
车轮总成领用材料	1403	轮圈	贷	QM（1403,月,借,0003）/SQM（1403,月,借,0003）*SL
车轮总成领用材料	1403	轮胎	贷	QM（1403,月,借,0004）/SQM（1403,月,借,0004）*SL
车轮总成领用材料	1403	辐条	贷	QM（1403,月,借,0005）/SQM（1403,月,借,0005）*SL

说明：科目编码“500101”和“1403”的科目名称分别为“生产成本/直接材料”和“原材料”；金额公式中的“0003”、“0004”和“0005”分别为“轮圈”、“轮胎”和“辐条”的项目编码；金额公式中的“SL”代表领用数量，在定义公式时可设置默认值为“0”，在生成凭证前将其修改为具体的领用数量。

操作步骤：

①以操作员“李哲”的身份注册登录企业应用平台，在【用友U8】窗口的业务导航视图中，选择【业务工作】—【财务会计】—【总账】—【期末】—【转账定义】—【自定义转账】，单击，进入【自定义转账设置】窗口，如图6-17所示。

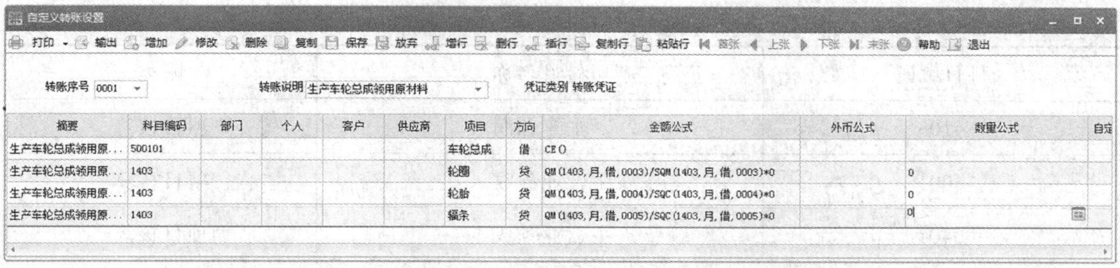

图6-17　【自定义转账设置】窗口

②单击工具栏上的【增加】按钮，弹出新增转账凭证【转账目录】对话框。

③录入转账序号“0001”、转账说明“生产车轮总成领用原材料”，选择凭证类别“转 转账凭证”，然后单击【确定】按钮，进入【自定义转账设置】窗口。

④单击工具栏上的【增行】按钮增加一条分录，直接录入或参照录入科目编码“500101（生产成本/直接材料）”，选择辅助核算项目“车轮总成”，选择方向为“借”，在“金额公式”栏单击直接录入公式或参照输入公式“CE（ ）”。

⑤以同样的方式定义其他转账分录。

⑥所有转账分录定义完毕后，单击工具栏上的【保存】按钮，对自动转账凭证进行保存。

⑦单击【增加】按钮继续定义自动转账凭证，单击【退出】按钮结束定义操作。

提示：

➢若取数科目有辅助核算，应输入相应的辅助项内容；若不输入，系统默认按转账分录中定义的辅助项取数，即按默认值取数。但如果希望能取到该科目的总数，则应选择【取科目或辅助项总数】选项。

➢会计分录科目若设有数量核算，则需要同时定义数量取数公式。

➢取数公式若涉及按比例分配计算，则需要考虑凭证“一分钱”误差，此时需要在会计凭证某条会计分录上利用凭证自身取数的借贷差额函数CE（ ）或计算结果函数JG（ ）定义取数公式。

在企业生产经营过程中，根据经济业务的特点，在会计信息系统中，需要通过自定义方式进行转账处理的业务除材料发出成本外，还有坏账准备的计提、制造费用的分配、完工产品成本的核算、企业所得税的计算、盈余公积的提取等。

（2）对应结转设置

对应结转解决的是将某一科目的期末余额全额转出的问题，即解决“虚账户”的结转处理。因此对应结转不仅可进行两个科目一对一结转，还可以进行科目的一对多结转。对应转账的科目可为上级科目，但其下级科目的结构必须一致，即具有相同的明细科目且必须能一一对应，如有辅助核算，则两个科目的辅助核算类型也必须一一对应。

使用对应结转进行转账凭证模板定义，相关业务必须满足以下三个条件：一是对应结转结转的必须是期末余额；二是转出科目期末余额需要100%的转出，即结转后转出科目无余额；三是转出科目只能有一个，转入科目可以是一个，也可以是多个。

例如，某单位科目设置见表6-9。

表6-9　　科目设置表

科目编码	科目名称	账类
4103	本年利润	项目核算
6001	主营业务收入	项目核算
6401	主营业务成本	项目核算

对应结转定义见表6-10。

表6-10　　对应结转定义

编号	转出科目	转入科目	凭证类别
1	6001	4103	转账凭证
2	6401	4103	转账凭证

又如，某单位科目设置见表6-11。

表6-11　　科目设置表

科目编码	科目名称	账类	科目编码	科目名称	账类
4103	本年利润		600102	B产品	
41030101	A产品		6401	主营业务成本	
41030102	B产品		640101	A产品	
6001	主营业务收入		640102	B产品	
600101	A产品				

对应结转定义见表6-12。

表6-12　　对应结转定义

编号	转出科目	转入科目	凭证类别
1	6001	4103	转账凭证
2	6401	4103	转账凭证

对应结转定义项目与要求如下：

① 转出科目。将此科目的余额转出到转入科目中去，可单击【参照】按钮或按F2功能键参照科目录入，有辅助项还需输入辅助项内容。

② 转入科目。可单击【参照】按钮或按F2功能键参照科目录入，可有多个转入科目，辅助项可与转入科目不同。

③ 结转系数，即转入科目取数=转出科目取值×结转系数。若未输入，系统默认为1。所有转入科目结转系数之和必须为1。

④ 凭证类别，结转时使用的凭证类别。

⑤ 对应结转只结转期末余额。

⑥ 对应结转是将一个科目的期末余额100%地转入另一个科目或多个科目。如果同一凭证转入科目有多个，并且同一凭证的结转系数之和为1，则最后一笔结转金额为转出科目余额减当前凭证已转出的余额。

【例6-6】定义788账套山东彬彬童车厂本期所得税费用结转的自动转账凭证。

分析：期末根据企业实现的毛利润经纳税调整计算企业应交所得税后，需要将本期形成的所得税费用100%结转到“本年利润”科目计算税后利润，这种结转可通过定义对应结转实现。

操作步骤：

①以操作员“李哲”的身份注册登录企业应用平台，在【用友U8】窗口的业务导航视图中，选择【业务工作】—【财务会计】—【总账】—【期末】—【转账定义】—【对应结转】，单击，进入【对应结转设置】窗口，如图6-18所示。

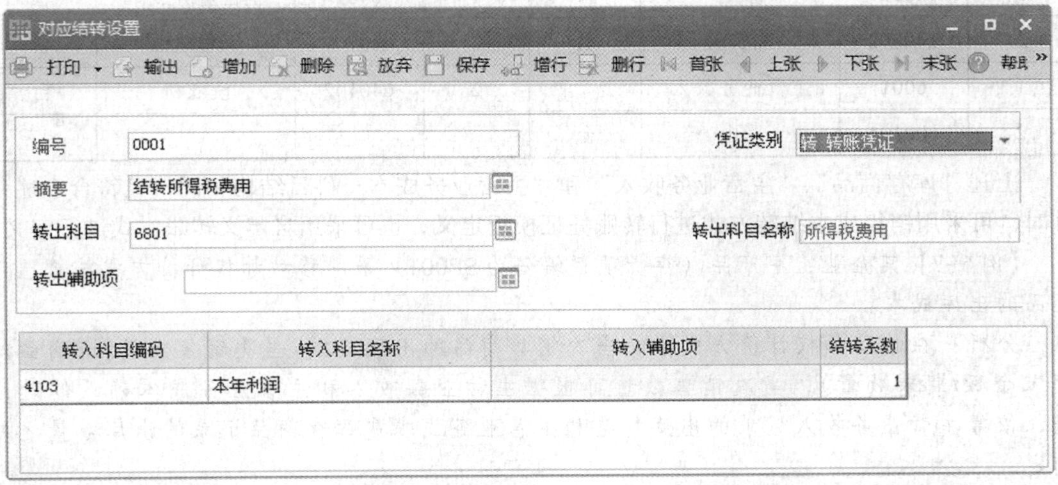

图6-18　【对应结转设置】窗口

②在【对应结转设置】窗口输入编号“0001”，选择凭证类别“转 转账凭证”，录入摘要“结转所得税费用”、输入转出科目编码“6801”，单击工具栏上的【增行】按钮，增加一条空记录，输入转入科目编码“4103”和结转系数“1”，然后单击工具栏的【保存】按钮对设置进行存储。

③重复第②步，定义其他对应结转凭证。

④单击【退出】按钮结束对应结转凭证定义。

（3）销售成本结转设置

销售成本结转，是将月末商品（或产成品）销售数量乘以库存商品（或产成品）的平均单价来计算各类商品销售成本并进行结转。这种结转涉及三个会计科目“库存商品”、“主营业务收入”和“主营业务成本”，采用这种方式结转销售成本，要求这三个科目及其下级明细科目结构设置必须相同且一一对应，同时要求将其设置为数量核算，但不能设置为往来辅助账，否则将不能采用全月平均销售成本结转方法进行定义。

采用销售成本结转，必须满足以下要求：

① 库存商品、主营业务收入、主营业务成本三个会计科目均须设置为数量核算。

② 库存商品、主营业务收入、主营业务成本三个会计科目可以设有部门、项目辅助核算，但不能设有往来辅助核算，即不能设置为个人往来、客户往来、供应商往来辅助核算。

③ 库存商品、主营业务收入、主营业务成本三个会计科目的科目结构设置须一致，且明细编码与名称要一一对应。

④ 所有库存商品均须采用全月平均法核算出库成本。

科目结构相同体现在两个方面：一是明细科目体系设置相同；二是辅助核算类型相同。

例如，某企业销售成本结转科目结构设置见表6-13。

表6-13 **销售成本结转科目结构设置表**

级次	科目编码	科目名称	计量单位	级次	科目编码	科目名称	计量单位
1	1405	库存商品		2	600102	洗衣机	台
2	140501	彩电	台	1	6401	主营业务成本	
2	140502	洗衣机	台	2	640101	彩电	台
1	6001	主营业务收入		2	640102	洗衣机	台
2	600101	彩电	台				

上述“库存商品”、“主营业务收入”和“主营业务成本”科目结构相同，且符合上述条件时，可采用销售成本结转方式进行转账凭证模板定义，也可采用自定义转账方式进行定义。

【例6-7】某企业，甲产品（存货项目编码为SP001）采用移动加权计价方式核算已销商品的出库成本。

分析：在移动加权计价方式下，当次销售商品的出库成本=当次销售数量×（商品的期末金额/期末数量），当次销售数量可根据主营业务收入和主营业务成本确认的时间差，依靠主营业务收入记录的出库数量和主营业务成本或库存商品记录的出库数量之差确定。

基于上述分析，则移动加权计价方式下，已销商品出库成本确认的转账凭证取数公式定义见表6-14。

表6-14 **自定义转账公式设置表**

科目	金额公式	数量公式
主营业务成本	（QM（1405,月,借,"SP001"）/SQM（1405,月,借,"SP001"））*（SFS（6001,月,贷,"SP001"）-SFS（6401,月,借,"SP001"））	SFS（6001,月,贷,"SP001"）-SFS（6401,月,借,"SP001"）
库存商品	（QM（1405,月,借,"SP001"）/SQM（1405,月,借,"SP001"））*（SFS（6001,月，贷，"SP001"）-SFS（6401，月,借,"SP001"））	SFS（6001,月,贷,"SP001"）-SFS（6401,月,借,"SP001"）

说明：①对于移动加权计价方式下出库数量，也可能通过主营业务收入和库存商品记录的出库数量来计算，出库数量为：SFS（6001,月,贷,"SP001"）-SFS（1405,月,贷,"SP001"）。②移动加权计价方式下定义的上述取数公式也适合于全月平均计价下已销商品出库成本的计算。③全月平均计价方式下，金额计算公式可简化为：（QM（1405,月,借,"SP001"）/SQM（1405,月,借,"SP001"））*SFS（6001,月,贷,"SP001"）；数量公式可简化为：SFS（6001,月,贷,"SP001"）。

【例6-8】788账套山东彬彬童车厂“库存商品”“主营业务收入”“主营业务成本”三个会计科目结构相同，均设置为存货项目辅助核算，定义期末销售成本结转自动转账凭证。

操作步骤：

①以操作员“李哲”的身份注册登录企业应用平台，在【用友U8】窗口的业务导航视图中，选择【业务工作】—【财务会计】—【总账】—【期末】—【转账定义】—【销售成本结转】，单击，进入【销售成本结转设置】窗口，如图6-19所示。

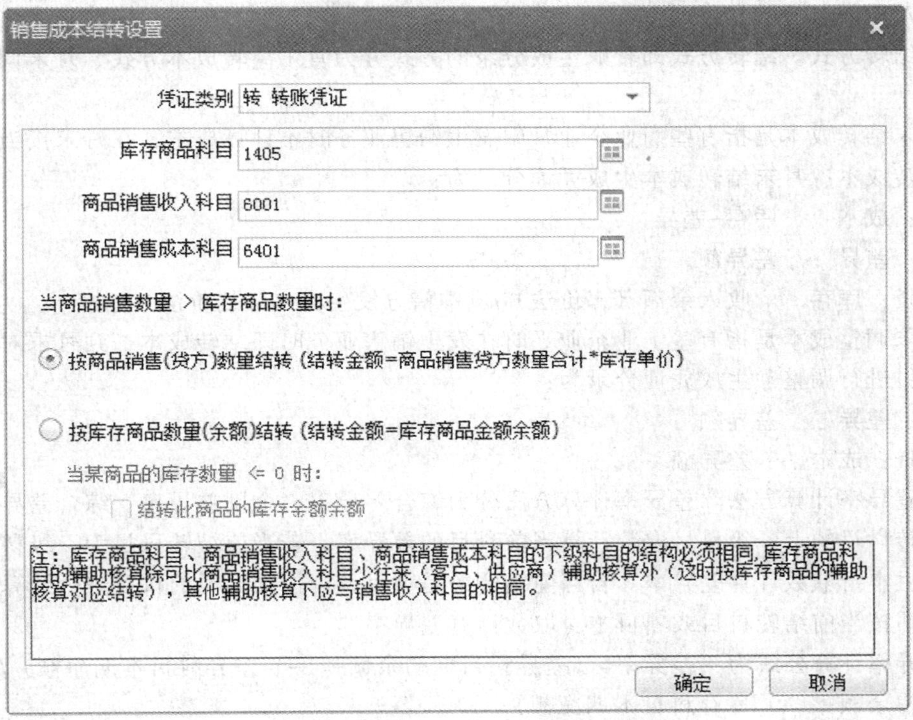

图6-19 【销售成本结转设置】窗口

②在【销售成本结转设置】窗口中选择凭证类别“转 转账凭证”，直接输入或参照输入库存商品科目编码“1405”、商品销售收入科目编码“6001”和商品销售成本科目编码“6401”，然而单击【确定】按钮完成定义操作。

提示：

➢计算公式为：数量=商品销售收入科目下某商品的贷方数量；单价=库存商品科目下某商品的月末金额/月末数量；金额=数量×单价。

➢如果想对带往来辅助账类的科目结转成本，需通过自定义结转方式进行定义。

(4) 按售价（计划价）结转销售成本设置

有的企业在结转销售成本时，按售价（计划价）进行结转，期末统一调整差异额，其处理方式分按售价（计划价）结转销售成本或调整月末成本。按售价（计划价）结转销售成本设置项目及要求如下：

①差异额计算方法。差异额计算方法分为售价法和计划价法。

售价法（商业企业多用此法）计算公式为：

差异额=收入余额×差异率

计划价法（工业企业多用此法）计算公式为：

差异额=成本余额×差异率

②计算科目。计算科目主要涉及库存商品、商品销售收入、商品销售成本、进销差价等四个科目。四个科目可输入总账科目或明细科目，但要求这四个科目应具有相同结构的明细科目，即要求四个科目下的所有明细科目必须都有数量核算，且这四个科目的下级必须一一对应。

③结转方式。结转方式即转账生成分录的方式分为月末结转成本方式、月末调整成本方式。

月末结转成本是指有些商业企业月中发生销售业务时不计算成本，在月末按当月销售情况结转成本。月末结转成本生成凭证分录为：

借：成本　　库存-差异

　　差异　　差异额

　贷：库存　　收入余额（售价法）/成本借方发生额（计划价法）

月末调整成本是指有些工业企业平时在发生销售业务时即结转成本，到月末对成本及差异科目进行调整。生成凭证分录为：

借：差异　　差异额

　贷：成本　　差异额

④差异率计算方法。差异率计算方法分为综合差异率、个别差异率。综合差异率即按当前结转科目的上一级科目取数计算当前科目的差异率，若当前结转科目为一级科目，则按该科目本身取数计算差异率。若当前结转的是项目，则按其隶属的科目进行计算。个别差异率即按当前结转科目或项目本身取数计算差异率。

差异率计算公式为：差异率=（差异科目期初余额+（-）差异科目本期净额）/（库存科目期初余额+（-）库存科目本期净额）。

按售价（计划价）结转销售成本设置的操作步骤如下：

①在【用友U8】窗口的业务导航视图中，选择【业务工作】—【财务会计】—【总账】—【期末】—【转账定义】—【售价（计划价）销售成本结转】，单击，进入【售价（计划价）销售成本结转】窗口，如图6-20所示。

②选择差异额计算方法、凭证类别，直接录入或参照录入库存商品科目、商品销售收入科目、商品销售成本科目和差异科目编码，选择月末结转方法和差异率计算方法并预置差异率计算公式后，单击【确定】按钮对设置进行保存。

提示：

➢库存商品、商品销售收入、商品销售成本和差异科目结构必须一致。允许有辅助核算，但只能是部门、项目辅助核算。

➢库存商品科目与销售收入科目的末级科目必须为数量核算。

➢若差异额计算方法为计划价法，则【商品销售收入科目】和【月末结转成本】选项置灰，不能选用。

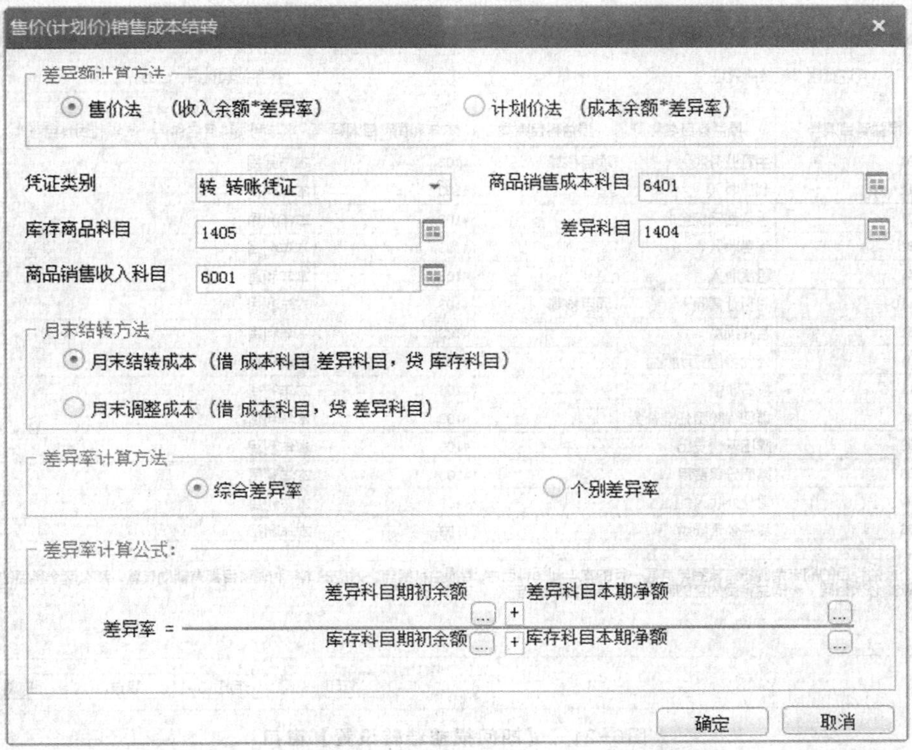

图6-20　【售价（计划价）销售成本结转】窗口

➢差异公式中的分子、分母至少各定义一项。

（5）期间损益结转设置

期间损益结转用于在一个会计期间终了将损益类科目的余额结转到“本年利润”科目中，从而及时反映企业利润的盈亏情况。主要是对“管理费用”“销售费用”“财务费用”“主营业务收入”“营业外收入”等损益类科目的结转。

【例6-9】定义788账套山东彬彬童车厂的期间损益自动结转凭证。

操作步骤：

①以操作员“李哲”的身份注册登录企业应用平台，在【用友U8】窗口的业务导航视图中，选择【业务工作】—【财务会计】—【总账】—【期末】—【转账定义】—【期间损益】，单击，进入【期间损益结转设置】窗口，如图6-21所示。

②选择凭证类别“转 转账凭证”，直接录入或参照录入本年利润科目“4103”，回车，系统自动刷新界面，显示每一损益类科目对应的结转入账科目“本年利润”。

③“6801当期所得税费用”需要在本年利润计算完毕后，才能进行计算，因此，选择“6801当期所得税费用”所在行的“本年利润编码”栏，删除本年利润会计科目编码。

④单击【确定】按钮对设置进行保存。

提示：

➢损益类科目结转表中将列出所有的损益类科目。参与期间损益结转科目，在本年利润科目栏填写“本年利润”入账科目；不参与结转的，保持本年利润栏为空。

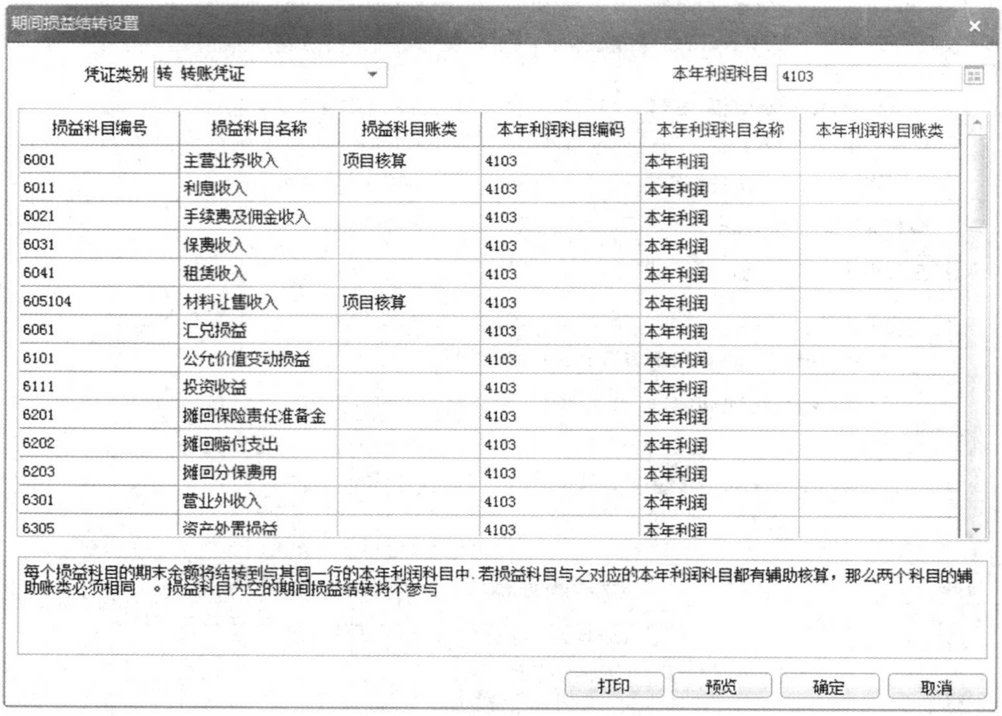
期间损益结转设置

凭证类别 转 转账凭证　　本年利润科目 4103

损益科目编号	损益科目名称	损益科目账类	本年利润科目编码	本年利润科目名称	本年利润科目账类
6001	主营业务收入	项目核算	4103	本年利润	
6011	利息收入		4103	本年利润	
6021	手续费及佣金收入		4103	本年利润	
6031	保费收入		4103	本年利润	
6041	租赁收入		4103	本年利润	
605104	材料让售收入	项目核算	4103	本年利润	
6061	汇兑损益		4103	本年利润	
6101	公允价值变动损益		4103	本年利润	
6111	投资收益		4103	本年利润	
6201	摊回保险责任准备金		4103	本年利润	
6202	摊回赔付支出		4103	本年利润	
6203	摊回分保费用		4103	本年利润	
6301	营业外收入		4103	本年利润	
6305	资产处置损益		4103	本年利润	

每个损益科目的期末余额将结转到与其同一行的本年利润科目中．若损益科目与之对应的本年利润科目都有辅助核算，那么两个科目的辅助账类必须相同　。损益科目为空的期间损益结转将不参与

打印　预览　确定　取消

图6-21　【期间损益结转设置】窗口

➢损益类科目结转表的每一行中的损益类科目的期末余额将转到该行的本年利润科目中去。

➢若损益类科目结转表的每一行中的损益类科目与本年利润科目都有辅助核算，则辅助账类必须相同；损益类科目可为辅助核算，而本年利润科目可为非辅助核算。

（6）自定义比例结转设置

当两个或多个科目及辅助项有一一对应关系时，可将其余额按一定比例系数进行对应结转，可一对一结转，也可多对多结转或多对一结转。在转账生成时显示生成的转账明细数据表，根据转账明细数据表显示信息结合实际结转要求定义结转的金额和比例。它与对应结转定义相似，但二者也有较大的区别，见表6-15。

表6-15　对应结转与自定义比例结转的区别

项目 / 类型	对应结转	自定义比例结转
转出科目	只能设置一个	可以设置多个
转出金额	100%转出	可自定义结转金额或比例

自定义比例结转设置的基本要求如下：

① 转出科目可以设置多个，但要确保转出科目的余额方向一致，如涉及辅助核算，则转出科目的辅助项必须一致。

② 若有数量辅助核算，则要求转入科目、转出科目设置相同的数量单位。

③ 转出科目与转入科目必须是末级科目。

④ 自动生成转账凭证时，同一辅助核算组合的转出科目有多个，结转比例是一致的。

⑤ 结转凭证不受金额权限控制，不受辅助核算及辅助项内容的限制。

自定义比例结转的操作步骤：

①登录企业应用平台，在【用友U8】窗口的业务导航视图中，选择【业务工作】—【财务会计】—【总账】—【期末】—【转账定义】—【自定义比例转账】，单击，进入【自定义比例结转设置】窗口，如图6-22所示。

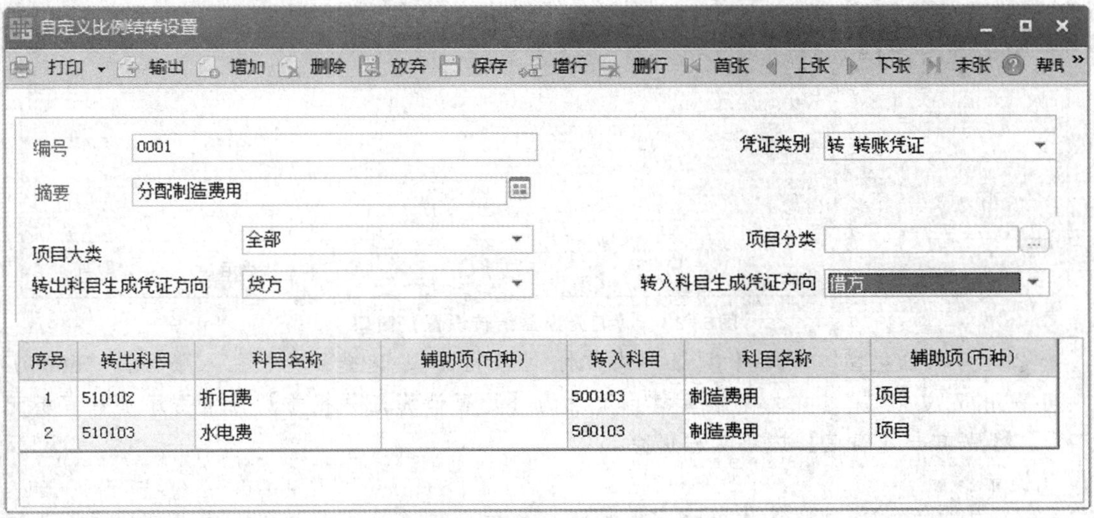

图6-22　【自定义比例结转设置】窗口

②在【自定义比例结转设置】窗口输入转账编号、选择凭证类别、录入摘要信息、选择项目大类和项目分类、设置转出（转入）科目生成凭证方向后，单击工具栏上的【增行】按钮，增加一条空记录，输入转出科目和转入科目。

③继续单击工具栏上的【增行】按钮，录入其他结转科目。所有转入、转出科目设置完毕后，单击工具栏上的【保存】按钮对设置内容进行保存。

提示：

➢同一编号的凭证类别必须相同。

（7）汇兑损益结转设置

汇兑损益结转用于期末自动计算外币账户的汇兑损益，并在转账生成中自动生成汇兑损益转账凭证。

【例6-10】788账套山东彬彬童车厂有外币核算，要求定义汇兑损益的自动转账凭证。

操作步骤：

①以操作员“李哲”的身份注册登录企业应用平台，在【用友U8】窗口的业务导航视图中，选择【业务工作】—【财务会计】—【总账】—【期末】—【转账定义】—【汇兑损益】，单击，进入【汇兑损益结转设置】窗口，如图6-23所示。

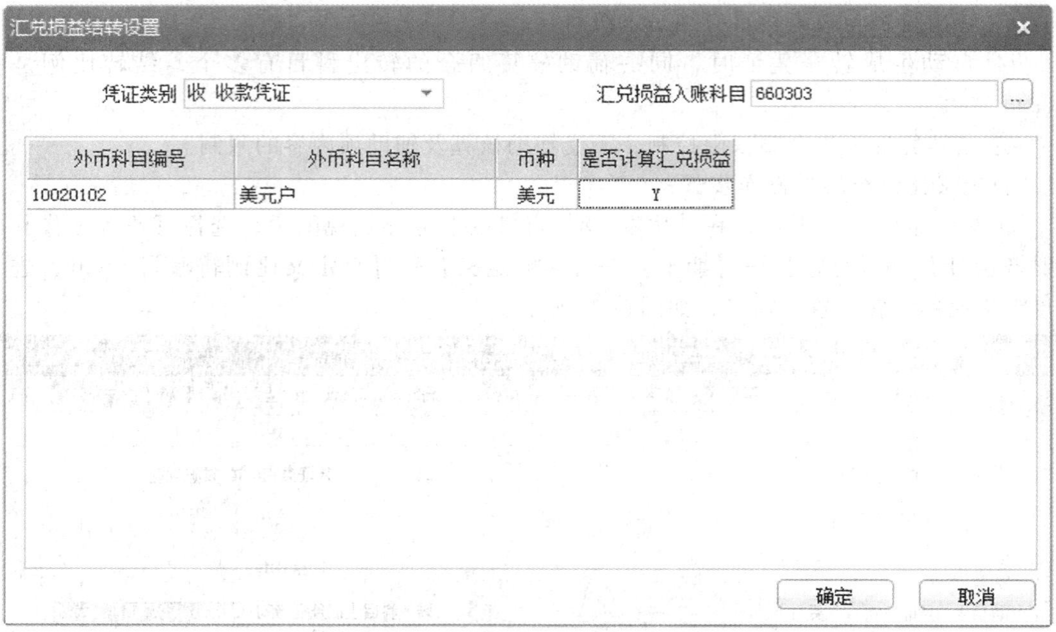

图6-23 【汇兑损益结转设置】窗口

②选择凭证类型“收 收款凭证”或“付 付款凭证”，选择汇兑损益入账科目“660303 财务费用/汇兑损益”，在外币核算科目记录的【是否计算汇兑损益】栏单击添加计算标记“Y”，然后单击【确定】按钮实施保存。

提示：

➢为了保证汇兑损益计算正确，填制某月的汇兑损益凭证时必须先将本月的所有未记账凭证先记账。汇兑损益入账科目不能是辅助账科目或有数量、外币辅助核算。

➢若在会计科目设置时，将客户往来辅助核算科目的受控系统设置为“应收系统”，将供应商往来辅助核算科目的受控系统设置为“应付系统”，则计算汇兑损益的外币科目不能是客户或供应商的科目。若要对客户、供应商科目计算汇兑损益，可到应收、应付款管理系统中进行。

➢凭证类别若选择为“收款凭证”或“付款凭证”，在生成转账凭证时需根据调整汇率进行类别调整。若记账汇率大于调整汇率，则为付款凭证；若记账汇率小于调整汇率，则为收款凭证。凭证类别调整分为两种方式：一是进入汇兑损益自动转账凭证定义窗口进行调整；二是在生成自动转账凭证后，在凭证上进行调整。

（8）费用摊销和预提结转设置

费用摊销主要面向交易已经发生，需要按受益期进行分摊的业务或事项，如预付的租金、预收的租金、支付的年度报刊费等。这些业务在交易发生时已实现的现金的收支，但需要在受益期对这些收支按权责发生制进行分期摊销，转入损益类科目。费用预提主要面向收支业务尚未发生，但根据权责发生制需要按受益期进行预先计提的业务，如借款利息按季支付业务，需要按期预提，按季支付。费用摊销与预提可一对一结转，也可一对多结转。

费用摊提和预提结转设置的基本要求如下：

① 待摊（预提）科目与转入费用科目必须为末级科目。

② 转入费用科目如有外币核算，则必须与待摊（预提）科目币种相同，否则不能有外币核算。

③ 转入费用科目如有数量核算，则必须与待摊（预提）科目数量单位相同，否则不能有数量核算。

④ 当累计摊销（预提）金额达到待摊销（预提）总额时，即方案结转完毕，不允许再生成结转凭证。

费用摊销与预提结转设置的操作步骤：

①登录企业应用平台，在【用友 U8】窗口的业务导航视图中，选择【业务工作】—【财务会计】—【总账】—【期末】—【转账定义】—【费用摊销和预提】，单击，进入【费用摊销和预提设置】窗口，如图 6-24 所示。

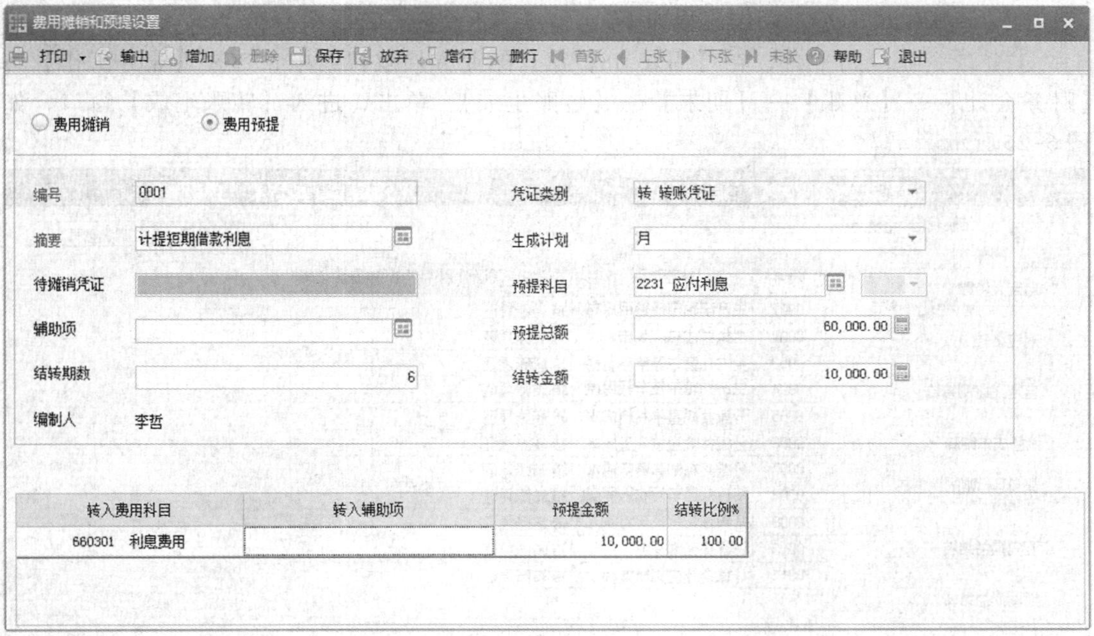

图6-24　【费用摊销和预提设置】窗口

②在【费用摊销和预提设置】窗口选择业务类型【费用摊销】或【费用预提】。然后输入转账编号、选择凭证类别、录入摘要信息、选择【待摊科目】（或【预提科目】）、设置待摊销（或预提）金额、设定结转期数和每期结转金额等信息。上述信息设置完毕后，单击工具栏上的【增行】按钮，增加一条空记录，输入转入费用科目，并设定摊销金额或结转比例。

③单击工具栏上的【保存】按钮对设置内容进行保存。

6.6.2　自动转账生成

在定义完转账凭证后，每月月末只需执行转账生成即可快速生成转账凭证，在此生成的转账凭证将自动追加到未记账凭证库中，需要注意的是，一定要按期末结转的顺序来执行自动转账生成功能。

1）自动转账生成的基本要求

由于转账是按照已记账凭证的数据进行计算的，所以在进行月末转账工作之前，先将所有未记账凭证记账，否则，生成的转账凭证数据可能有误。如果使用了应收、应付款管理系统，则在总账系统中，不能按客户、供应商进行结转。在结转凭证生成选择界面，可进入转账定义功能窗口对转账定义进行修改。在进行自动转账生成时，必须注意以下几方面的要求：

① 期末自动转账凭证每月只能生成一次，需要严格控制。

② 严格按照业务先后顺序进行。

③ 生成的转账凭证仍需进行审核后，才能记账。

2）自动转账生成的基本操作

自动转账生成的基本操作流程如下：

①登录企业应用平台，在【用友U8】窗口的业务导航视图中，选择【业务工作】—【财务会计】—【总账】—【期末】—【转账生成】，单击，进入【转账生成】窗口，如图6-25所示。

图6-25 【转账生成】窗口

②在【转账生成】窗口，选择要进行的转账工作，如自定义转账、对应结转等，选择要进行结转的月份和要结转的凭证。

③单击【确定】按钮，系统自动生成相关的转账凭证，若凭证类别、制单日期和附单据数与实际有出入，可在凭证上直接修改；若生成的转账凭证无误，则单击凭证窗口工具

栏上的【保存】按钮将当前凭证追加到未记账凭证中。

3）各类自动转账凭证生成处理

（1）自定义转账凭证的生成

【例6-11】以操作员“李哲”的身份登录企业应用平台，完成788账套的生产车轮总成领用原材料出库成本核算的业务处理。

操作步骤：

①以操作员“李哲”的身份注册登录企业应用平台，在【用友U8】窗口的业务导航视图中，选择【业务工作】—【财务会计】—【总账】—【期末】—【转账生成】，单击，进入【转账生成】窗口。

②选择转账月份“2022.04”、选择【自定义转账】、选择生产车轮总成领用原材料所对应的转账编号“0001”，在【是否结转】栏双击添加结转标记“Y”。

③单击【确定】按钮，生成转账凭证，并打开【转账】对话框。

④在【转账】对话框中，对生成的凭证信息进行补充完善后，单击工具栏上的【保存】按钮，系统自动调用数据生成凭证，并添加“已生成”标记。

⑤单击【退出】按钮返回【转账生成】窗口。

提示：

➢选择需要结转的转账凭证，在【是否结转】栏双击，打上“Y”标记，表示该转账凭证将执行结转。也可通过【全选】【全消】按钮来全部选择或全部取消要结转的凭证。

若转账科目有辅助核算，但未定义具体的转账辅助项，则应选择【按所有辅助项结转】或【按有发生额的辅助项结转】。按所有辅助项结转表示转账科目的每一个辅助项生成一笔分录，如有10个部门，则生成10笔分录，每个部门生成一笔转账分录；按有发生额的辅助项结转表示按转账科目下每一个有发生额的辅助项生成一笔分录，如有10个部门，其中转账科目下有5个部门有发生额，则生成5笔分录，每个有发生额的部门生成一笔转账分录。

在进行转账生成时，前后所生成的转账凭证如果不影响下张转账凭证的生成，可在不记账的情况下进行下张凭证的生成；如果前面生成的凭证影响下张转账凭证的生成结果，则必须对前面生成的转账凭证审核记账后，再进行下张转账凭证的生成处理。

（2）对应结转凭证的生成

【例6-12】以操作员“李哲”的身份登录企业应用平台，完成788账套本期所得税费用的结转处理。

操作步骤：

①以操作员“李哲”的身份注册登录企业应用平台，在【用友U8】窗口的业务导航视图中，选择【业务工作】—【财务会计】—【总账】—【期末】—【转账生成】，单击，进入【转账生成】窗口。

②选择转账月份“2022.04”、选择【对应结转】，选择所得税费用结转对应的转账编号“0001”，在【是否结转】栏双击添加结转标记“Y”，然后单击【确定】按钮，系统生成自动转账凭证，对生成的凭证进行保存后，再返回到【转账生成】窗口，单击【取消】按钮返回【用友U8】窗口。

③在【用友U8】窗口的业务导航视图中，单击工具栏上的【重注册】按钮，以审核员“赵玲”的身份注册登录企业应用平台，完成对自动生成凭证的审核操作，单击【退出】返回【用友U8】窗口。

④在【用友U8】窗口的业务导航视图中，单击工具栏上的【重注册】按钮，以账套主管“赵平”的身份注册登录企业应用平台，完成对自动生成凭证的主管签字，单击【退出】返回【用友U8】窗口。

⑤在【用友U8】窗口的业务导航视图中，单击工具栏上的【重注册】按钮，以记账操作员“王璐”的身份注册登录企业应用平台，完成对自动生成凭证的记账操作。

提示：

➢不要重复选择生成当月已进行过生成处理的凭证。

（3）销售成本结转凭证的生成

【例6-13】以操作员“李哲”的身份登录企业应用平台，完成788账套的已销产品成本的结转处理。

操作步骤：

①以操作员“李哲”的身份注册登录企业应用平台，在【用友U8】窗口的业务导航视图中，选择【业务工作】—【财务会计】—【总账】—【期末】—【转账生成】，单击，进入【转账生成】窗口。

②选择【销售成本结转】，选择转账开始月份“2022.04”和结束月份“2022.04”，单击【确定】按钮，进入【销售成本结转一览表】对话框，如图6-26所示。

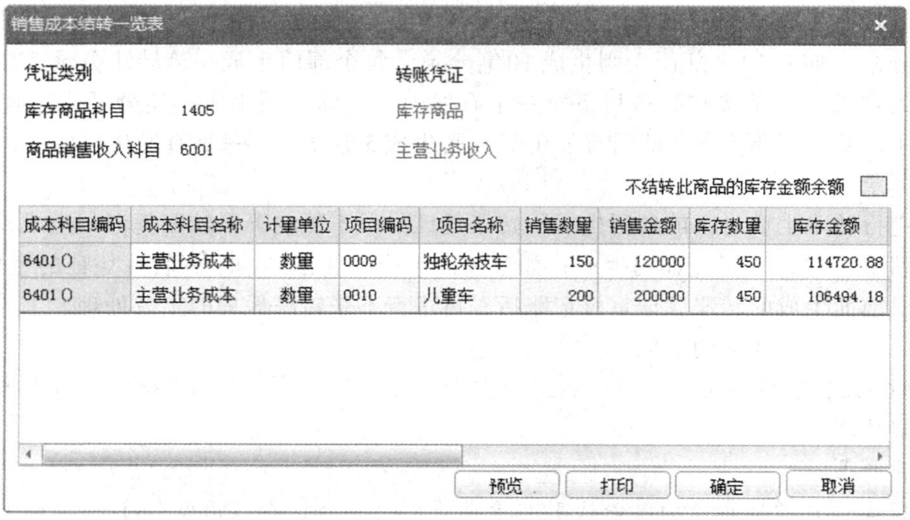

图6-26 【销售成本结转一览表】对话框

③单击【确定】按钮，系统自动计算生成结转凭证。

提示：

➢系统默认对所有库存商品进行结转处理。

（4）汇兑损益结转凭证的生成

【例6-14】以操作员“李哲”的身份登录企业应用平台，完成788账套的汇兑损益结转的处理。

操作步骤：

①以操作员“李哲”的身份注册登录企业应用平台，在【用友U8】窗口的业务导航视图中，选择【基础设置】—【基础档案】—【财务】—【外币设置】，单击，进入【外币设置】窗口，录入2022年4月的调整汇率“6.75”，单击【退出】按钮返回【用友U8】窗口。

②在【用友U8】窗口的业务导航视图中，选择【业务工作】—【财务会计】—【总账】—【期末】—【转账生成】，单击，进入【转账生成】窗口。

③选择【汇兑损益结转】、选择转账月份“2022.04”、外币币种“美元”、在【是否结转】栏双击添加结转标记“Y”，然后单击【确定】按钮，进入【汇兑损益试算表】对话框，如图6-27所示。

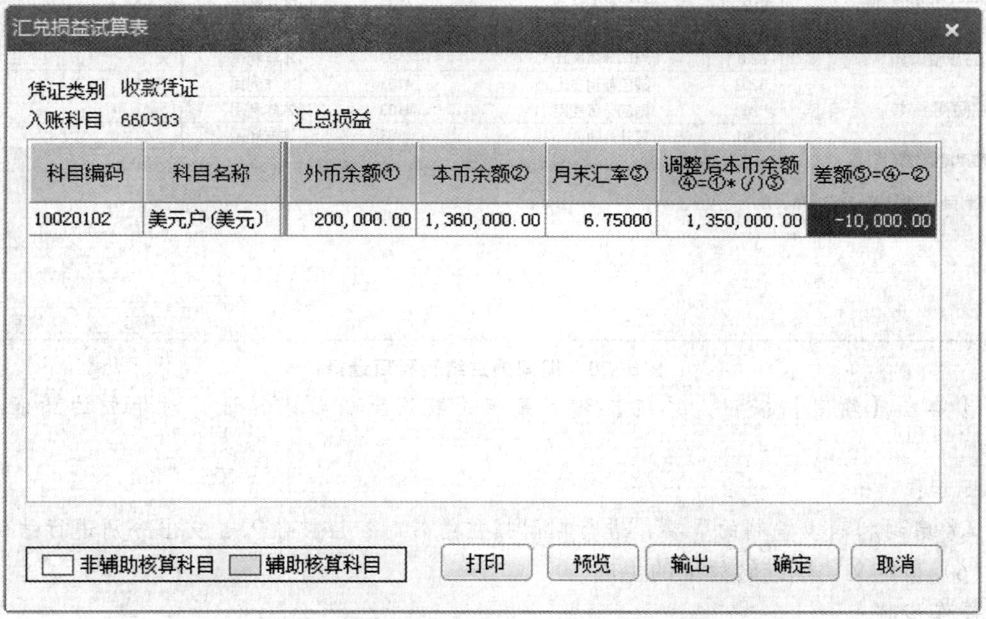

图6-27　【汇兑损益试算表】对话框

④单击【确定】按钮，系统自动计算生成转账凭证，根据实际情况调整凭证类别，修改完善辅助核算信息并进行保存。

(5) 期间损益结转凭证的生成

在期间损益结转前应将所有未记账凭证审核记账后，再进行期间损益的结转。

【例6-15】以操作员“李哲”的身份登录企业应用平台，完成788账套的期间损益结转的处理。

操作步骤：

①以操作员“李哲”的身份注册登录企业应用平台，在【用友U8】窗口的业务导航视图中，选择【业务工作】—【财务会计】—【总账】—【期末】—【转账生成】，单击，进入【转账生成】窗口。

②选择【期间损益结转】，选择转账月份“2022.04”，选择类型“全部”“收入”“支出”中的一项，选择要进行结转的期间损益科目，即在【是否结转】栏双击添加结转标记“Y”或单击【全选】按钮选择所有期间损益科目，如图6-28所示。

图6-28　期间损益结转科目选择

③单击【确定】按钮，系统自动计算相关数据生成转账凭证，对生成的凭证进行保存。

提示：

➢考虑到利润表编制的需要，进行期间损益结转时，应按收入、支出分别进行结转。

（6）自定义比例结转凭证的生成

操作步骤：

① 以操作员“李哲”的身份注册登录企业应用平台，在【用友U8】窗口的业务导航视图中，选择【业务工作】—【财务会计】—【总账】—【期末】—【转账生成】，单击，进入【转账生成】窗口。

② 选择转账月份、选择【自定义比例结转】、选择转账编号，在【是否结转】栏双击添加结转标记“Y”。

③ 单击【确定】按钮，系统进行结转计算。计算完毕打开【转出明细列表】对话框。

④ 根据实际情况设置结转比例等信息后，单击工具栏上的【生成】按钮，生成结转凭证，对生成的凭证进行保存。

（7）费用摊销与预提结转凭证的生成

操作步骤：

① 以制单操作员身份注册登录企业应用平台，在【用友U8】窗口的业务导航视图

中，选择【业务工作】—【财务会计】—【总账】—【期末】—【转账生成】，单击，进入【转账生成】窗口。

② 选择转账月份、选择【费用摊销与预提】、选择转账编号，在【结转】栏双击添加结转标记“Y”。

③ 单击【确定】按钮，生成结转凭证，对生成的凭证进行保存。

6.7　期末对账与结账

6.7.1　期末对账

对账就是在有关经济业务入账以后，所进行的账簿记录的核对，其目的是确保账簿记录的正确、完整与真实。在手工方式下对账工作包括账证核对、账账核对和账实核对三部分。企业实施会计信息化后，理论上账证核对、账账核对已无意义，但从计算机数据处理的特点出发，从数据的稳定性、安全性考虑，会计信息系统中仍保留对账功能，但对账的内容已发生了很大变化，主要进行总账与明细账的核对、总账与辅助账的核对以及各个子系统与总账系统的核对。

1）固定资产期末对账

系统在运行过程中，应保证固定资产管理系统管理的固定资产的价值和账务处理系统中固定资产科目的数值相等。而两个系统的资产价值是否相等，通过执行系统提供的对账功能实现，对账操作不限制执行的时间，任何时候均可进行对账。系统在执行月末结账时自动对账一次，给出对账结果，并根据初始化或选项中的判断确定不平的情况下是否允许结账。固定资产管理系统是否需要进行对账，以及能否进行对账，关键取决于固定资产管理系统的控制参数设置，只有设置了“与账务对账”这一参数，才能够进行对账处理。

2）账务处理系统期末对账

账务处理系统期末对账主要是通过核对总账与明细账、总账与辅助账数据来完成账账核对的。一般说来，只要记账凭证录入正确，计算机自动记账后各种账簿都应是正确、平衡的，但由于非法操作、计算机病毒或其他原因有时可能会造成某些数据被破坏，而引起账账不符，为了保证账证相符、账账相符，单位应经常使用本功能进行对账，至少一个月一次，一般可在月末结账前进行。

操作步骤：

① 以账套主管（或有权限的操作员）的身份注册登录企业应用平台，在【用友U8】窗口的业务导航视图中，选择【业务工作】—【财务会计】—【总账】—【期末】—【对账】，单击，进入【对账】窗口。

② 在进行对账月份记录行的【是否对账】栏双击打上对账标记“Y”，然后单击工具栏上的【对账】按钮，系统自动对账，对账完毕后，显示对账结果。

③ 单击【试算】按钮，系统自动完成对所选月份数据的试算检查，并显示试算结果。

④ 单击【确定】按钮，返回【对账】窗口，单击【退出】按钮结束对账处理。

提示：

➢若客户往来业务选定由“应收系统”核算或供应商往来业务选定由“应付系统”核

算，则在总账系统中不能对客户往来账、供应商往来账进行对账。

6.7.2 期末结账

期末结账是指在会计期期末计算并结转各账户的本期发生额和期末余额至下月，形成下月的期初余额。期末结账标志着本月会计业务处理的终结，结账月份将不再允许进行经济业务处理，结账后当期的数据不能修改。企业实施会计信息化后，由于会计信息系统功能设计的模块化，期末结账处理需要分子系统分别进行，即固定资产管理、薪资管理、应收/应付款管理、总账均需要进行期末结账。由于各个子系统之间存在数据传递关系，期末结账也形成了一个先后顺序。在会计信息化信息系统中进行期末结账时，应注意以下几点：

① 进行期末结账前，必须确保本月已完成所有经济业务的处理。如果存在未完成的经济业务，系统禁止进行结账处理。

② 结账工作必须逐月连续进行，上月未结账，则本月不能结账。

③ 总账系统结账前，必须确保其他子系统已完成结账处理，即总账系统的结账必须在最后进行。

④ 应收款管理系统与销售管理系统集成使用时，销售管理系统先结账，然后应收款管理系统再结账。

⑤ 应付款管理系统与采购管理系统集成使用时，采购管理系统先结账，然后应付款管理系统再结账。

1）固定资产管理系统期末结账

在进行固定资产管理系统月末结账前，应首先登录总账系统将本月固定资产管理系统所生成的凭证进行审核记账后，才能进行月末结账处理。固定资产管理系统结账后，如果必须修改结账前的数据，只有通过使用“恢复结账前状态”功能来返回修改，但不能跨年度恢复数据。

固定资产管理系统月末结账可根据向导提示一步一步进行，基本操作步骤如下：

① 在【用友U8】窗口的业务导航视图中，选择【业务工作】—【财务会计】—【固定资产】—【期末处理】—【月末结账】，单击，打开【月末结账】对话框。

② 单击【开始结账】按钮，系统自动进行数据备份并进行结账处理。处理完毕，系统显示【与账务对账结果】信息对话框。

③ 单击【确定】按钮，系统弹出【月末结账成功完成】信息提示框。

④ 单击【确定】按钮，系统弹出固定资产结账信息提示框。

⑤ 单击【确定】按钮，完成本月固定资产管理系统结账处理。

2）薪资管理系统期末结账

薪资管理系统的月末结账是薪资管理系统每期期末必须进行的工作，是将当月工资数据经过处理后结转至下月，并自动生成下月新的工资数据表。每月工资数据处理完毕后均可进行月末结账。由于在工资项目中，有的项目是变动的，即每月的数据均不相同，在每月工资处理时，均需将其数据清为0，而后输入当月的数据，此类项目即为清零项目。

（1）薪资管理系统期末结账的基本要求

进行薪资管理系统期末结账处理，必须遵循以下基本要求：

① 薪资管理系统1—11月份的结账为月度结账，12月份的结账为年度结账。

② 若薪资管理系统建有多个工资类别，则应针对每一个工资类别分别进行月末结账。

③ 在进行月末结账前，必须完成本月工资数据的汇总处理。

④ 进行薪资管理系统期末处理前，必须确保本期工资数据已经处理完毕且无差错。否则一旦完成期末处理后，当月工资数据将不再允许变动。

⑤ 在进行月末结账时，必须确定好需要清零的工资项目，否则工资数量清零后，将无法恢复。对于需要清零的工资项目，一经选择，系统将自动予以保存，并可应用于以后月份，不用每月重新选择。

（2）薪资管理系统期末结账的基本操作步骤

薪资管理系统期末结账可按照向导提示一步一步进行操作，其处理过程如下：

① 在【用友U8】窗口的业务导航视图中，选择【业务工作】—【人力资源】—【薪资管理】—【业务处理】—【月末处理】，单击，打开【月末处理】对话框。

② 在【月末处理】对话框中，单击【工资类别】列表中需要设置清零工资项目记录的【选择清零项目】栏，系统弹出【选择清零项目】对话框。

③ 在【选择清零项目】对话框中，选择需要清零的变动工资项目（如事假天数、病假天数、水电费等），然后单击【确定】按钮，返回【月末处理】对话框。单击【是】按钮，系统弹出【是否选择清零项】对话框。单击【是】按钮，完成清零项设置。

④ 在【月末处理】对话框中，选择对需要进行期末结账处理的工资类别，添加“Y”标志，然后单击【确定】按钮，系统弹出【月结处理确认】对话框。

⑤ 在【月结处理确认】对话框中，单击【是】按钮，系统自动进行月末结账处理。

提示：

➢只有主管人员才能执行月末处理。

➢清零工资项目请选择非公式的变动工资项目。

（3）工资类别汇总

薪资管理系统提供了按工资类别进行核算管理的功能，在分类管理的情况下，有时需要将所有工资类别进行汇总，以了解企业整体工资状况。

在多个工资类别中，以按部门编号、人员编号、人员姓名为标准，将三项内容相同的人员的工资数据进行合计。如需要统计所有工资类别本月发放工资的合计数，或某些工资类别中的人员工资都由一个银行代发，希望生成一套完整的工资数据传到银行，此时则需要对工资数据进行汇总处理。进行工资类别汇总处理前必须完成各工资类别工资数据的汇总处理，同时，必须确保工资类别中每一人员信息的“四个唯一”，即人员编码唯一、人员姓名唯一、人员部门唯一、人员银行账号唯一。

工资类别汇总的基本操作步骤如下：

① 关闭已打开的工资类别。

② 在【用友U8】窗口的业务导航视图中，选择【业务工作】—【人力资源】—【薪资管理】—【维护】—【工资类别汇总】，单击，弹出【工资类别汇总】对话框。

③ 选择要进行汇总的工资类别，然后单击【确定】按钮，系统自动完成工资类别汇总，并自动生成工资类别“998汇总工资类别”。

提示：

➢汇总工资类别可以按月存数。汇总工资类别不能进行月末结转和年末结转。

3）总账系统期末结账

总账系统的期末结账工作是总账系统核算期末处理的最后一项工作，通过总账系统的结账处理，完成本月所有账簿本期发生额和期末余额的计算与结转，并终止本期经济业务的处理工作，结账处理可根据向导提示进行，具体操作步骤如下：

① 以账套主管（或有权限的操作员）的身份注册登录企业应用平台，在【用友U8】窗口的业务导航视图中，选择【业务工作】—【财务会计】—【总账】—【期末】—【结账】，单击，进入【结账】向导一：选择结账月份。

② 选择结账月份，单击【下一步】按钮，进入【结账】向导二：对账。

③ 单击【对账】按钮，系统自动进行对账处理，对账完毕显示账簿核对结果。

④ 单击【下一步】按钮，进入【结账】向导三：月度工作报告。

⑤ 单击【下一步】按钮，进入【结账】向导四：完成结账。

⑥ 单击【结账】按钮，系统完成结账处理。

提示：

➢在【结账】向导一中，选择要取消结账的月份，按Ctrl+Shift+F6功能键可进行反结账。

➢上月未结账，则本月不能记账，但可以填制、审核凭证。

➢本月还有未记账凭证时，本月不能结账。已结账月份不能再填制凭证。

➢结账只能由有结账权限的操作员进行。若总账与明细账对账不符，则不能结账。

练习思考题

【单项选择题】

第6章练习思考题参考答案

1.在总账系统中设置转账分录时，无须定义________。

A.凭证号　　B.摘要

C.凭证类别　　D.借贷方向

2.下列关于总账系统结账操作的说法，正确的是________。

A.结账后可输入本月凭证　　B.结账后可输入下月凭证

C.结账每月可以进行多次　　D.有未审核的凭证时可以结账

3.总账系统在________的情况下，可以结账。

A.没有未记账凭证　　B.没有未审核凭证

C.本月有未记账凭证　　D.上月有未记账凭证

4.在用友ERP-U8总账系统中，以下关于结账的意义，说法不正确的是________。

A.结账就是终止本月的账务处理工作

B.结账就是计算和结转各账簿的本期发生额和期末余额

C.结账就是计算本月各科目的本期借、贷方累计发生额和期末余额

D.结账工作每月进行一次

5.对账簿内数据进行核对，以检查记账是否正确，以及账簿是否平衡的处理称为________。

A.试算平衡　　B.对账　　C.结账　　D.记账

6.结账后就不能再输入________。

A.支票登记簿　　B.该月凭证　　C.常用摘要　　D.下月凭证

7.________属于期末业务处理。

A.结账　　B.会计科目设置　　C.凭证审核　　D.记账

8.在本月还有未记账凭证时，则本月不能________。

A.记账　　B.结账　　C.银行对账　　D.自动转账

9.关于总账系统自动转账分录凭证生成，下列说法中不正确的是________。

A.系统按设定的自动转账分录生成转账凭证后自动审核凭证并记账

B.相关自动转账分录只能在某些相关经济业务入账后使用，否则计算金额时会发生差错

C.同一张自动转账凭证，年度内可根据需要多次生成，但每月一般只需结转一次

D.独立自动转账分录可以在任何时候用于填制机制凭证

10.薪资管理系统的工资分摊计提处理应在账务处理系统________进行，并将生成的记账凭证传递到账务处理系统。

A.结账前　　B.结账后　　C.任意时间　　D.结账中

11.下列关于固定资产管理系统对账的描述中，不正确的是________。

A.无论是否在初始化或选项中选择了与账务系统对账，都可以随时使用本系统的对账功能

B.为保证固定资产管理子系统的资产价值与总账子系统中固定资产科目的数值相等，可随时使用对账功能对两个系统进行审查

C.对账的操作不限制时间，任何时候都可以进行对账

D.系统在执行月末结账时自动对账一次，并生成对账结果

12.下列关于固定资产管理系统结账的描述中，不正确的是________。

A.必须在完成固定资产增减变动业务制单后进行

B.月末结账每月可多次进行

C.结账后当期数据不能修改

D.本期不结账，将不能处理下期数据

【多项选择题】

1.关于总账系统结账功能，下列说法中正确的有________。

A.结账前，一般应进行数据备份　　B.已结账月份不能再填制记账凭证

C.结账功能每月可根据需要多次进行　　D.结账操作只能由会计主管进行

2.下列关于结账操作的说法中，错误的有________。

A.结账在月中进行　　B.结账每月只能进行一次

C.结账在月末进行　　D.结账每月可以进行多次

3.下列________功能属于期末业务处理。

A.结账　　B.凭证审核　　C.结转业务处理　　D.记账

4.由于各会计期间的许多转账和期末业务具有较强的规律性，可以通过设定自动转账分录达到快速生成转账凭证的目的。目前总账系统“转账定义”功能提供________等多种转账功能的定义。

A.期间损益结转设置　　B.对应转账设置

C.自动转账定义　　D.销售成本结转设置

5.月末处理是指在将本月发生的经济业务全部登记入账后所要做的工作，通过总账系统“月末处理”功能，可以实现________等操作。

A.转账定义　　B.转账生成　　C.对账　　D.结账

6.下列关于结账的描述中，正确的有________。

A.结账只能每月进行一次

B.上月未结账，则本月不能结账

C.上月未结账，则本月不能记账，但可以填制、复核凭证

D.已结账月份不能再填制凭证

7.结账过程中显示的月份工作报告一般包括________。

A.本月账面试算平衡报告　　B.本月账账核对报告

C.本月工作量报告　　D.上月结账状态

8.关于固定资产折旧处理，下列说法中正确的有________。

A.固定资产原值调整、累计折旧调整、净残值（率）调整影响下月折旧处理

B.折旧方法调整、使用年限调整、使用状况调整影响当月折旧处理

C.部门转移和类别调整当月计提的折旧分配到变动后部门和类别

D.与折旧计算有关的变动是除了部门转移、类别调整、使用状况调整外的由变动单引起的变动

9.下列关于固定资产管理系统计提折旧的描述中，正确的是________。

A.必须在月末计提折旧　　B.一个会计期可多次计提折旧

C.凭证生成前必须重新计提折旧　　D.一个会计期只能计提一次折旧

10.在处理工资分摊业务时，需要选择的内容有________。

A.计提费用的类型　　B.人员类别　　C.核算部门　　D.计提的会计月份

11.在薪资管理系统中，下列关于反结账的说法中，正确的有________。

A.反结账只能由账套主管执行

B.本月工资类别已制单到总账系统，不允许反结账，要反结账需删除单据

C.成本管理系统上月已结账，不允许反结账

D.总账系统上月已结账，不允许反结账

【判断题】

1.每个月末，均需要先进行转账定义，再进行转账生成。（　）

2.结账操作可以每月多次进行。（　）

3.结转生成的凭证，不需要审核和记账操作。（　）

4.在账务处理系统中，上月未结账，则本月无法结账。（　）

5.在账务处理系统中，结账后就不能输入下月凭证。（　）

6.期末转账业务没有严格的处理顺序。（　）

7.会计期末要进行结账，结账后还可以处理本月的业务。（　）

8.在账务处理系统中，若损益类科目有余额，系统不允许月末结账。（　）

9.在总账系统中，上月未记账，本月可以先记账，但若上月未结账，则本月不能记账。（　）

10.在总账系统中设置对应结转自动转账分录时，对应结转的科目必须为末级科目，且其科目结构和辅助账类必须一致。（　）

11.薪资管理系统在进行月末结账时，必须先完成本月工资数据的汇总处理后，才能进行月末结账，否则系统不允许进行月末结账。（　）

12.在薪资管理系统中，月末结账只能在会计年度的1至11月份进行。（　）

13.固定资产管理系统中折旧计算只能在每月的月末进行一次。（　）

14.在固定资产管理子系统初始化过程中，如果确定本账套不计提折旧，则账套内与折旧有关的功能不能操作。（　）

【简答题】

1.期末业务有何特点？

2.如何进行期末业务处理？

3.计算机账务处理系统对对账有何要求？

4.计算机账务处理系统对结账有何要求？如何进行结账？

5.跨月是否可以记账？是否可以结账？是否可以填写凭证？

6.采取“销售成本结转”方式定义已销产品成本结转凭证时，应满足什么条件？

7.对提取坏账准备定义自动转账凭证时，应注意什么问题？

8.在计算所得税费用时，定义的自动转账凭证取何种类型的数据源最佳？

9.采用自动转账方式定义盈余公积提取的凭证时，取何种数据源为佳？

10.期末自动转账生成处理时，应注意什么问题？

11.薪资管理系统月末处理需要完成哪些工作？为什么需要进行清零处理？

12.工资分摊如何处理？简述其处理过程。

13.固定资产管理系统进行固定资产评估的依据是什么？其过程如何？

14.在固定资产管理与账务处理系统对账不平衡的情况下能否实现结账处理？如何处理？

实验九　期末业务处理

【实验目的】

1.掌握用友ERP-U8 V11财务管理软件中，总账系统月末处理的内容，重点掌握自动转账的定义及转账生成的处理。

2.掌握固定资产管理系统期末业务处理的内容和方法。

3.掌握薪资管理系统期末业务处理的内容和方法。

4.掌握月末对账和月末结账的操作方法。

实验九
操作指南

【实验内容】

1.自动转账定义与自动转账的生成。

2.固定资产折旧计提。

3.薪资核算业务的分摊、计提业务处理。

4.对账与结账。

【实验准备】

1.已按前述实验的要求，完成日常业务处理工作并已做备份。

2.以系统管理员的身份注册登录系统管理模块，引入账套备份数据。

【实验资料】

1.工资分摊计提业务

（1）工资分摊计提业务定义

根据财政部颁布的《企业会计准则第9号——职工薪酬》、《企业财务通则》、税法及政府有关制度的规定，企业工资分摊设置包括分配职工工资、补提职工福利费、提取住房公积金（分个人承担与企业承担两类）、提取医疗保险费（分个人承担与企业承担两类）、提取养老保险费（分个人承担与企业承担两类）、提取失业保险费（分个人承担与企业承担两类）、提取工伤保险费、提取生育保险费、提取工会经费、提取职工教育经费、计提个人所得税、核算各种代扣费等。

本实验旨在学习掌握薪资管理系统中工资分摊计提业务的处理方法，故只选取计提工会经费、分配职工工资、提取住房公积金（分个人承担与企业承担两类）、计提个人所得税等五项业务进行练习。企业分配职工工资的计提分摊类型设置见表6-16，个人承担住房公积金部分计提分摊类型设置见表6-17，企业承担住房公积金部分计提分摊类型设置见表6-18，个人所得税提取的计提分摊类型设置见表6-19，工会经费计提分摊类型设置见表6-20。

表6-16　**分摊职工工资**

部门	人员类别	工资项目	分摊率	核算项目	借方科目	贷方科目
办公室 财务部 供应部	企业管理	应付工资	100%		管理费用/职工薪酬	应付职工薪酬/工资
一车间	车间管理	应付工资	100%	车轮总成	生产成本/直接人工	应付职工薪酬/工资
二车间	车间管理	应付工资	100%	产品共耗	生产成本/直接人工	应付职工薪酬/工资
一车间	基本生产	应付工资	100%	车轮总成	生产成本/直接人工	应付职工薪酬/工资
二车间	基本生产	应付工资	100%	产品共耗	生产成本/直接人工	应付职工薪酬/工资
销售部	市场营销	应付工资	100%		销售费用/职工薪酬	应付职工薪酬/工资

表6-17　**个人承担住房公积金**

部门	人员类别	工资项目	分摊率	借方科目	贷方科目
办公室 财务部 供应部	企业管理	住房公积金	100%	应付职工薪酬/工资	其他应付款/住房公积金
一车间、二车间	车间管理	住房公积金	100%	应付职工薪酬/工资	其他应付款/住房公积金
一车间、二车间	基本生产	住房公积金	100%	应付职工薪酬/工资	其他应付款/住房公积金
销售部	市场营销	住房公积金	100%	应付职工薪酬/工资	其他应付款/住房公积金

表6-18　**企业承担住房公积金**

部门	人员类别	工资项目	分摊率	核算项目	借方科目	贷方科目
办公室 财务部 供应部	企业管理	上年月平均工资	6%		管理费用/职工薪酬	应付职工薪酬/住房公积金
一车间	车间管理	上年月平均工资	6%	车轮总成	生产成本/直接人工	应付职工薪酬/住房公积金
二车间	车间管理	上年月平均工资	6%	产品共耗	生产成本/直接人工	应付职工薪酬/住房公积金
一车间	基本生产	上年月平均工资	6%	车轮总成	生产成本/直接人工	应付职工薪酬/住房公积金
二车间	基本生产	上年月平均工资	6%	产品共耗	生产成本/直接人工	应付职工薪酬/住房公积金
销售部	市场营销	上年月平均工资	6%		销售费用/职工薪酬	应付职工薪酬/住房公积金

表6-19　**计提个人所得税**

部门	人员类别	工资项目	分摊率	借方科目	贷方科目
办公室 财务部 供应部	企业管理	扣税合计	100%	应付职工薪酬/工资	应交税费/应交个人所得税
一车间、二车间	车间管理	扣税合计	100%	应付职工薪酬/工资	应交税费/应交个人所得税
一车间、二车间	基本生产	扣税合计	100%	应付职工薪酬/工资	应交税费/应交个人所得税
销售部	市场营销	扣税合计	100%	应付职工薪酬/工资	应交税费/应交个人所得税

表6-20 提取工会经费

部门	人员类别	工资项目	分摊率	核算项目	借方科目	贷方科目
办公室 财务部 供应部	企业管理	工资总额	2%		管理费用/职工薪酬	应付职工薪酬/工会经费
一车间	车间管理	工资总额	2%	车轮总成	生产成本/直接人工	应付职工薪酬/工会经费
二车间	车间管理	工资总额	2%	产品共耗	生产成本/直接人工	应付职工薪酬/工会经费
一车间	基本生产	工资总额	2%	车轮总成	生产成本/直接人工	应付职工薪酬/工会经费
二车间	基本生产	工资总额	2%	产品共耗	生产成本/直接人工	应付职工薪酬/工会经费
销售部	市场营销	工资总额	2%		销售费用/职工薪酬	应付职工薪酬/工会经费

（2）25日，核算本月工资，并根据制度的规定完成工资分摊计提业务的处理，编制记账凭证。

2.固定资产期末核算业务

30日，计提本月固定资产折旧费用。

3.总账期末核算业务

（1）30日，结转生产车轮总成领用原材料的出库成本。汇总领料单显示，本期一车间生产车轮总成共领用轮圈300个、轮胎300个、辐条2 400根。

（2）30日，结转车轮总成验收入库成本。汇总验收入库单显示，本期车轮总成共验收入库300套，车轮总成本期完工率为80%。

（3）30日，结转生产儿童车、独轮杂技车领用原材料出库成本。汇总领料单显示，本期二车间生产独轮杂技车领用车轮总成150个，小车架150个，B型包装箱150个；生产儿童车领用车轮总成300个，大车架150个，A型包装箱150个。

（4）分配儿童车、独轮杂技车共耗成本，其中儿童车承担60%，独轮杂技车承担40%。

（5）30日，结转儿童车、独轮杂技车验收入库成本。汇总验收入库单显示，本期儿童车共验收入库300套，完工率为80%；独轮杂技车共验收入库300套，完工率为85%。

（6）30日，结转已销独轮杂技车、儿童车的制造成本。

（7）30日，对外币账户进行汇兑损益计算（4月30日美元外币汇率为6.75）。

（8）30日，按本月应收账款期末余额的2‰提取坏账准备。

（9）30日，计算本月实现的税前利润。

（10）30日，计算并结转企业应交所得税费用（假设企业无纳税调整项目）。

（11）30日，结转本期实现的盈利或亏损。

【实验操作步骤】

1.工资分摊计提业务处理

（1）定义各工资分摊计提业务。

（2）生成工资分摊计提业务凭证（凭证生成时，选择明细到工资项目、按项目核算和合并分录）。

（3）登录总账系统对薪资管理系统生成的凭证进行审核并记账。

2.计提固定资产折旧

（1）在固定资产管理系统重新执行一次固定资产折旧计提处理，然后生成折旧凭证。

（2）登录总账系统对固定资产管理系统生成的凭证进行审核并记账。

3.总账自动转账定义

总账期末核算业务（1）：采取“自定义转账”方式定义，注意“原材料”账户金额与数量同时出库问题。

总账期末核算业务（2）：采取“自定义转账”方式定义，注意“库存商品”账户金额与数量同时入库问题。

总账期末核算业务（3）：采取“自定义转账”方式定义，按生产儿童车和独轮杂技车分别定义转账模板，注意“原材料”账户金额与数量同时出库问题。

总账期末核算业务（4）：采取“自定义转账”方式定义，按直接材料、直接人工、制造费用分别定义结转模板。

总账期末核算业务（5）：采取“自定义转账”方式定义，按生产儿童车和独轮杂技车分别定义转账模板，注意库存商品成本、数量同时入库问题。

总账期末核算业务（6）：采取“销售成本结转”方式定义。

总账期末核算业务（7）：采取“汇兑损益”方式定义。

总账期末核算业务（8）：采取“自定义转账”方式定义，注意数据源问题。

总账期末核算业务（9）：采取“期间损益”方式定义。

总账期末核算业务（10）：此业务分两步，一是企业所得税计算，二是所得税费用结转。企业所得税计算采取“自定义转账”方式定义（注意数据源问题），所得税费用结转采取“对应结转”方式定义。

总账期末核算业务（11）：采取“对应结转”方式定义或采取“自定义转账”方式定义（注意数据源问题）。

4.总账自动转账生成

总账期末核算业务（1）：在完成总账日常核算业务凭证审核记账的基础上，执行凭证生成处理。

总账期末核算业务（2）：在完成总账期末核算业务（1）凭证审核记账的基础上，执行凭证生成处理。

总账期末核算业务（3）：在完成总账期末核算业务（2）凭证审核记账的基础上，执行凭证生成处理。

总账期末核算业务（4）：在完成总账期末核算业务（3）凭证审核记账的基础上，执行凭证生成处理。

总账期末核算业务（5）：在完成总账期末核算业务（4）凭证审核记账的基础上，执行凭证生成处理。

总账期末核算业务（6）：在完成总账期末核算业务（5）凭证审核记账的基础上，执行凭证生成处理。

总账期末核算业务（7）：先进入“外币汇率”录入调整汇率，再执行凭证生成处理。

总账期末核算业务（8）：直接执行凭证生成处理。

总账期末核算业务（9）：在完成总账期末核算业务（6）~（8）凭证审核记账的基础上，执行凭证生成处理（注意分收入和支出生成两张凭证）。

总账期末核算业务（10）：在完成总账期末核算业务（9）凭证审核记账后，再执行凭证生成处理计算企业应交所得税，并对生成的凭证审核记账；然后再执行所得税费用结转凭证的生成处理，并审核记账。

总账期末核算业务（11）：在总账期末核算业务（10）凭证生成并审核记账后，再执行本年利润结转凭证的生成处理，并审核记账。

5.期末对账

（1）固定资产期末对账。

（2）总账期末对账。

6.期末结账

（1）固定资产管理系统期末结账。

（2）薪资管理系统期末结账。

（3）总账系统期末结账。

【实验思考题】

实验九思考题参考答案

1.在总账系统中，采用全月平均法计算已销商品成本时，应建立哪些基础档案？会计科目设置应满足哪些要求？

2.写出按应收账款期末余额的5%计提坏账准备的转账凭证取数公式。

3.总账系统无法完成期末结账处理，分析可能的原因是什么。

4.简述如何通过薪资管理系统实现个人所得税的扣缴处理。

5.应如何删除固定资产管理、薪资管理等系统所生成的凭证？

6.在进行薪资月末处理时，应选择什么样的工资项目作为清零项目？

7.在设置住房公积金分摊业务时，个人承担部分与企业承担部分所对应的工资项目为何不同？

第7章　财务报表编制

教学目的与要求

系统学习会计信息系统报表编制的基本理论和技术方法。要求了解报表系统的基本概念；掌握报表的格式设置、公式设定、数据处理的方法及处理过程；掌握资产负债表、利润表和现金流量表的编制及企业内部管理报表的设计方法。

主要知识点

1.报表系统基本概念，包括报表结构、报表状态、关键字、报表公式等。

2.报表结构设置，包括报表格式设计、报表公式定义等。

3.报表数据处理，包括报表数据生成、报表审核、舍位处理和图形分析等。

4.资产负债表编制、利润表编制和现金流量表编制。

5.内部管理报表设计与编制。

关键概念

报表状态　关键字　报表公式　报表模板　单元类型

会计报表是以日常会计核算资料为依据，概括地反映会计主体在一定时期内的财务状况和经营成果的报告文件，它是会计核算的最终结果。编制会计报表是会计核算的一项专门方法，它将日常核算中分散复杂的会计资料，按统一的会计制度要求来规定其格式和编制方法，并把这些资料加以归类、整理、汇总，形成一套指标体系，从而全面反映企业的经营成果。根据我国现行会计制度的规定，企业必须编制并报送的会计报表包括资产负债表、利润表、现金流量表、所有者权益变动表和报表附注等。

7.1　报表系统的基本概念

电子报表系统是按照手工方式下报表处理的基本思路进行报表数据处理，即先设计报表格式，再进行报表数据处理，最后生成报表。但与手工报表相比，电子报表发生了很大的变化，电子报表是真正的三维立体报表，实现了三维立体报表的四维处理能力。它不仅能够完成各类对内、对外报表的编制，还实现了对报表进行审核、汇总和图形分析处理，按预定格式输出各种会计报表等功能。要使用电子报表系统，首先就要了解电子报表系统的基本概念。这些概念包括报表结构、报表状态、关键字、报表公式等。

7.1.1　报表结构

1）报表结构类型

按照报表结构的复杂性，可以将报表分为简单表和复合表两类。

（1）简单表

简单表是指由若干行和列组成的规则的二维表，如资产负债表、利润表等。表7-1就是简单表的一个实例。

表7-1

利润表（简表）

编制单位：××公司　　　　　　年　　月　　　　　　单位：元

项　目	本期金额	上期金额
一、营业收入		
减：营业成本		
税金及附加		
销售费用		
管理费用		
研发费用		
财务费用		
加：其他收益		
投资收益（损失以“-”号填列）		
净敞口套期收益（损失以“-”号填列）		
公允价值变动收益（损失以“-”号填列）		
信用减值损失（损失以“-”号填列）		
资产减值损失（损失以“-”号填列）		
资产处置收益（损失以“-”号填列）		
二、营业利润（亏损以“-”号填列）		
加：营业外收入		
减：营业外支出		
三、利润总额（亏损总额以“-”号填列）		
减：所得税费用		
四、净利润（净亏损以“-”号填列）		
（一）持续经营净利润（净亏损以“-”号填列）		
（二）终止经营净利润（净亏损以“-”号填列）		
五、其他综合收益的税后净额		
（一）不能重分类进损益的其他综合收益		
（二）将重分类进损益的其他综合收益		
六、综合收益总额		
七、每股收益：		
（一）基本每股收益		
（二）稀释每股收益		

制表人：×××

（2）复合表

复合表是由多个简单表组合形成的，还可能出现表中套表的现象。表7-2就是复合表的一个实例。

表7-2　　**成本分析表**

编制单位：××公司　　年　月

<table>
<tr><td colspan="2">产品名称</td><td colspan="3">A产品</td></tr>
<tr><td colspan="2">本月产量</td><td colspan="3">100件</td></tr>
<tr><td colspan="2">定额工时</td><td colspan="3">800小时</td></tr>
<tr><td colspan="2">定额用水量</td><td colspan="3">100吨</td></tr>
<tr><td colspan="2">定额用电量</td><td colspan="3">500度</td></tr>
<tr><td>成本项目</td><td>去年同月</td><td>本月实际</td><td colspan="2">增减幅度</td></tr>
<tr><td>工资</td><td></td><td></td><td colspan="2"></td></tr>
<tr><td>动力</td><td></td><td></td><td colspan="2"></td></tr>
<tr><td>⋮</td><td></td><td></td><td colspan="2"></td></tr>
<tr><td>合计</td><td></td><td></td><td colspan="2"></td></tr>
<tr><td colspan="5">各月成本分布</td></tr>
<tr><td>月份</td><td>单位成本</td><td>单位工资成本（%）</td><td>单位材料成本（%）</td><td>单位制造费用（%）</td></tr>
<tr><td>1</td><td></td><td></td><td></td><td></td></tr>
<tr><td>2</td><td></td><td></td><td></td><td></td></tr>
<tr><td>⋮</td><td></td><td></td><td></td><td></td></tr>
<tr><td>合计</td><td></td><td></td><td></td><td></td></tr>
</table>

通过表7-2可以看出，该复合表是由三个简单表组成的：上方的简单表，反映产品的名称、产量等信息；中间的简单表，反映产品成本的详细组成和同去年同期的比较；下方的简单表，反映该产品各月的单位成本及主要成本项目所占的比重。复合表的结构较简单表要复杂得多，但是无论多么复杂，都可以看成是由简单表组成的，它也具备报表的基本特点。

2）报表结构的基本要素

无论简单表还是复杂表，其格式一般都由标题、表头、表体和表尾四个基本要素组成。不同报表之间的区别，必然体现在这四个基本要素上，也就是说，不同单位、不同企业、不同地区、不同时间的各种报表的区别就是上述一个或多个要素的不同。

（1）标题

标题用来表示报表的名称。报表的标题可能不止一行，有时会有副标题、修饰线等内容。

（2）表头

表头主要用来描述报表的编制单位、编制时间、编制计量单位、报表栏目名称等内容。特别是报表的栏目名称，是表头最重要的内容。有的报表表头栏目比较简单，只有一层；而有的报表的表头栏目却比较复杂，分若干层次。也就是说，大的表栏下分若干小栏目，小栏目下又分更小的栏目。在通用报表系统中，最小的栏目称为基本单元（表单元），包含有小栏目的上层栏目称为组合单元。

（3）表体

表体是一张报表的核心，它是报表数据的主要表现区域，是报表的主体。表体在纵向上由若干行组成，这些行称为表行；在横向上，每个表行又由若干个表栏目构成，这些栏目称为表列；由表行和表列交叉组成的最小区域，称为基本单元。表单元可以用坐标表示，即（X，Y）表示表体的第X行和第Y列交叉形成的表单元，其名称由列号和行号构成，如第3行第4列交叉形成的表单元的名称为“D3”。

（4）表尾

表体以下进行辅助说明的部门以及编制人、审核人等内容都是表尾所包含的内容。

7.1.2 表页与报表文件

1）表页

表页是由若干行和列组成的二维表。如果一张表页是由若干行、列组成的，则这个表是二维表，通过行和列可以找到二维表中任何位置的数据。在一张二维表中，确定一个数据所在位置的要素为列和行。

一个报表最多可容纳99 999张表页，每一张表页是由许多单元组成的。一个报表中的所有表页具有相同的格式，但其中的数据不同。

表页在报表中的序号以标签的形式出现在表页的下方，称为“页标”。页标用“第1页”~“第99 999页”表示。

2）报表文件

报表文件（有的报表系统中称为工作簿）是报表系统中存储数据的基本单位，它以文件的形式保存在磁介质中，报表系统的打开、关闭、保存等命令都是针对报表文件进行的处理。每个报表文件都有一个名字，报表文件名字的格式是：名称.扩展名。名称可以根据需要设置，扩展名则根据不同报表由系统自动添加。如在Excel报表系统中，报表文件扩展名为“xls”，在UFO报表系统中，报表文件扩展名为“rep”。

每个报表文件中又包含若干张报表（表页），如资产负债表文件中可以包含1月到12月12张资产负债表，每一张报表都有一个名字，如“第1页”“第2页”等。把经济意义相近的报表放在一个报表文件中便于管理和操作。

如果将多个结构相同的二维表叠放在一起，这一叠表即可称为一个三维表。所以，报表文件实际上就是一个三维表。在报表文件中确定一个数据的要素为：表页名或表页号、列、行。

在报表系统中，报表大小如下：

行数为1~9 999行，系统默认值为50行；列数为1~255列，系统默认值为7列；行高为0~160毫米，系统默认值为5毫米；列宽为0~220毫米，系统默认值为26毫米；表页数为1~99 999页，系统默认值为1页。

7.1.3 报表状态

电子报表系统将含有数据的报表分为两大部分来处理，即报表格式设计工作与报表数据处理工作。报表格式设计工作和报表数据处理工作是在不同的状态下进行的。为满足报表这两项工作的处理，电子报表系统将报表状态分为格式状态和数据状态两种。

1）格式状态

格式状态主要用于报表格式的设计，在格式状态下可以设计报表的格式，如表尺寸、行高列宽、单元属性、单元风格、组合单元、关键字、可变区等。报表的三类公式：单元公式（计算公式）、审核公式、舍位平衡公式也需要在格式状态下进行定义。

在格式状态下所做的操作对本报表所有的表页都发生作用。在格式状态下不能进行数据的录入、计算等操作。在格式状态下，仅能看到报表的格式，无法查看报表各会计期的数据。

2）数据状态

数据状态用于报表的数据处理，在数据状态下管理报表的数据，如输入数据、增加或删除表页、审核、舍位平衡、做图形、汇总、合并报表等。在数据状态下不能修改报表的格式。在数据状态下可看到报表的全部内容，包括格式和数据。

7.1.4 报表单元

报表单元是组成报表的最小单位，是由表行和表列所确定的方格，专门用于填列各类数据。单元名称由所在行、列标记。行号用数字1~9 999表示，列标用字母A~IU表示。例如，D22表示第4列第22行对应的单元。

1）单元类型

在报表系统中，单元分为数值单元、字符单元和表样单元三种类型。

（1）数值单元

数值单元用于列报报表各项指标数据，数值单元类型在格式状态下设置，数值在数据状态下输入。数值单元只接收阿拉伯数字，容量为15位有效数字，可以直接输入，也可通过单元公式计算生成。建立一个新表时，所有单元的类型缺省为数值。

（2）字符单元

字符单元也称文本单元，用于填列除报表项目指标数据外的其他数据信息，如制表人姓名。字符单元类型在格式状态下设置，文本在数据状态下输入。字符单元的内容可以是汉字、字母、数字及键盘可输入符号组成的字符串，一个单元中最多可输入63个字符或31个汉字。字符单元的内容也可由单元公式生成。

（3）表样单元

表样单元用于报表格式设置，如报表标题、报表项目等，输入的内容可以是文字、符号或数字。报表单元被定义为表样单元后，所输入的内容对所有表页都有效。表样单元类型的设置和值的输入均在格式状态下进行，在数据状态下不允许修改。

2）组合单元

组合单元由相邻的两个或更多的单元组成，这些单元必须是同一种单元类型（表样、数值、字符），报表系统在进行报表处理时将组合单元视为一个单元。

可以组合同一行相邻的几个单元，可以组合同一列相邻的几个单元，也可以把一个多行多列的平面区域设为一个组合单元。组合单元的名称可以用区域的名称或区域中的单元的名称来表示。

例如，把B2到B3定义为一个组合单元，这个组合单元可以用“B2”、“B3”或“B2:B3”表示。

3）关键字

关键字是游离于单元之外的特殊数据单元，可以唯一标记一个表页，用于在大量表页中快速选择表页。

电子报表系统主要提供了单位名称、单位编号、年、季、月、日等关键字以对报表进行区分标记。关键字的设置在格式状态下进行，关键字的值则在数据状态下录入，每个报表可以定义多个关键字。各关键字设置的基本要求如下：

① 单位名称，字符型，最多为30个字符，为该报表表页编制单位的名称。

② 单位编号，字符型，最多10个字符，为该报表表页编制单位的编号。

③ 年，数字型，设置范围为1904~2100，为该报表表页反映的年度。

④ 季，数字型，设置范围为1~4，为该报表表页反映的季度。

⑤ 月，数字型，设置范围为1~12，为该报表表页反映的月份。

⑥ 日，数字型，设置范围为1~31，为该报表表页反映的日期。

7.1.5 报表公式

在报表系统中，报表公式分为：报表计算公式、报表审核公式、报表舍位平衡公式三类。报表公式的定义在格式状态下进行。

1）报表计算公式

报表计算公式，也称为报表单元公式或报表取数公式，是指为报表数值单元进行赋值的公式，一般由目标单元、运算符、函数和运算符序列组成，作用是从账簿、凭证、本表或其他报表等处调用、计算所需要的数据，并填入相应的报表单元中，它定义了报表数据之间的运算关系。

2）报表审核公式

报表审核公式是报表数据之间关系的检查公式，它将报表数据之间的钩稽关系用公式表示出来，用于审核报表内或报表之间的钩稽关系是否正确，它由验证关系公式和提示信息两部分组成。

3）报表舍位平衡公式

报表舍位平衡公式是指用于对报表数据进行进位或小数取整时调整数据，以及重新调整报表舍位之后平衡关系的公式，其作用是避免破坏原数据的平衡关系。

7.1.6 报表区域

1）区域

区域由一张表页上的一组单元组成，自起点单元至终点单元是一个完整的长方形矩阵。

在UFO报表系统中，区域是二维的，最大的区域是一个二维表的所有单元，即整个表页，最小的区域是一个单元。

2）固定区及可变区

固定区是指行数和列数为固定数目的区域。一旦设定好以后，在固定区域内其单元总数是不变的。

可变区是指行数和列数为不固定数目的区域，可变区的最大行数或最大列数是在格式设计中设定的。

在一个报表中只允许设置一个可变区。可变区可以是行可变，也可以是列可变。行可变区是指行数不固定的可变区，列可变区是指列数不固定的可变区。

设置可变区后，屏幕只显示可变区的第一行或第一列，其他可变行列隐藏在表体内。在以后的数据操作中，可变行列数随着数据处理的需要而增减。

有可变区的报表称为可变表，没有可变区的报表称为固定表。

7.2 报表结构设置

报表结构设置实际上就是定义报表的基本格式、报表公式，设置关键字等。

7.2.1 报表系统启用

在使用报表系统处理报表之前，应首先启用报表系统，并建立一张空白的报表，然后在这张空白报表的基础上设计报表格式。

【例7-1】以操作员“李哲”的身份登录UFO报表系统。

操作步骤：

①以操作员“李哲”的身份登录企业应用平台。

②在【用友U8】窗口的业务导航视图中，选择【业务工作】—【财务会计】—【UFO报表】，单击，进入【UFO报表】窗口。

③单击【文件】菜单中的【新建】菜单项，或单击工具栏上的新建命令图标，进入新建UFO报表窗口。

提示：

➢新建UFO报表名称系统默认为“Report1.rep”。

➢空白报表建立后，系统的默认状态为格式状态，所有单元的类型默认为数值单元。

7.2.2 报表格式定义

报表格式设计是数据录入、数据计算处理的基础，它是对报表样式与外在显示风格、报表反映内容与项目、数据来源方式等的设计。没有报表格式，报表数据毫无意义。只有将这些数据放入相应的报表中，才能用文字说明其意义所在。所以，报表格式设计工作是整个报表系统的重要组成部分，是报表数据录入和处理的依据，也是使用者使用报表系统的基础。

在正式定义报表前，应对报表的内容、样式有一定了解和准备。在定义一张报表时，首先应该确定报表的结构，即报表的项目及相互结合的方式，如资产负债表建立的依据是会计等式“资产=负债+所有者权益”，所以，资产负债表的项目应包括资产、负债、所有者权益三方面的内容。其次应该进行报表格式的设计，需要设计的内容包括报表表样、单元类型及单元属性等。报表表样主要包括设计报表的表格、输入报表的表间项目及定义项目的显示风格、定义单元属性。通过设置报表表样可以确定整张报表的大小和外观。

总的来说，报表格式设计的内容主要包括报表尺寸、表标题、表日期、表头、表尾和表体固定栏目、画表格线、设置单元属性、单元风格等。

1）设置报表表样

（1）设置报表表尺寸

设置报表表尺寸是指设置报表的行数和列数。

【例7-2】将报表设置为7行4列。

操作步骤：

①在新建UFO报表窗口中单击【格式】菜单中的【表尺寸】菜单项，打开【表尺寸】对话框，如图7-1所示。

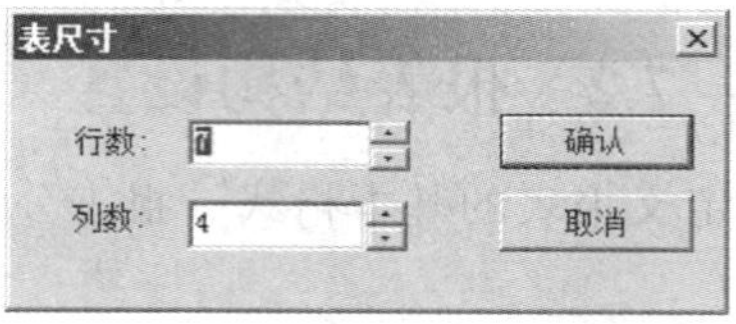

图7-1　【表尺寸】对话框

②直接输入或单击对话框上的微调按钮输入行数“7”、列数“4”。

③单击【确认】按钮完成表尺寸设置。

提示：

➢报表的尺寸设置好后，还可以通过【表尺寸】来调整报表的大小。

（2）定义报表行高或列宽

如果报表某些单元的行或列要求比较特殊，则需要调整该行的行高或列宽。

【例7-3】定义报表第1行的行高为12mm，第2~7行的行高为8mm。

操作步骤：

①选定第1行中的任意单元。

②单击【格式】菜单中的【行高】菜单项，系统弹出【行高】对话框，如图7-2所示。

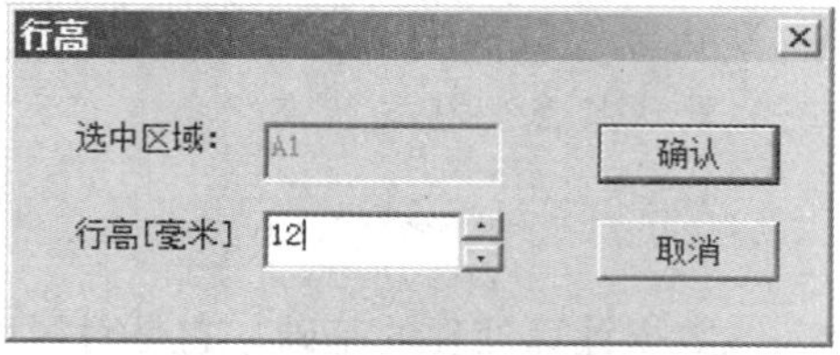

图7-2　【行高】对话框

③输入行高值“12”，单击【确认】按钮，完成第1行的行高设置。

④将光标定位在A2单元上，按住鼠标左键不放，拖动鼠标选中A2:A7区域，单击【格式】菜单中的【行高】菜单项，弹出【行高】对话框，录入行高值“8”，然后单击【确认】按钮，完成报表行高的调整处理。

提示：

➢行高与列宽值单位为毫米。

➢列宽设置与行高设置相似。

（3）画表格线

报表尺寸设置完成后，在数据状态下，该报表没有任何表格线。为了满足报表查询与打印的需要，还应为报表画上表格线。

【例7-4】为报表A3:D6区域画上网格线。

操作步骤：

①选定报表要画线的区域“A3:D6”。

②单击【格式】菜单中的【区域画线】菜单项，系统弹出【区域画线】对话框，如图7-3所示。

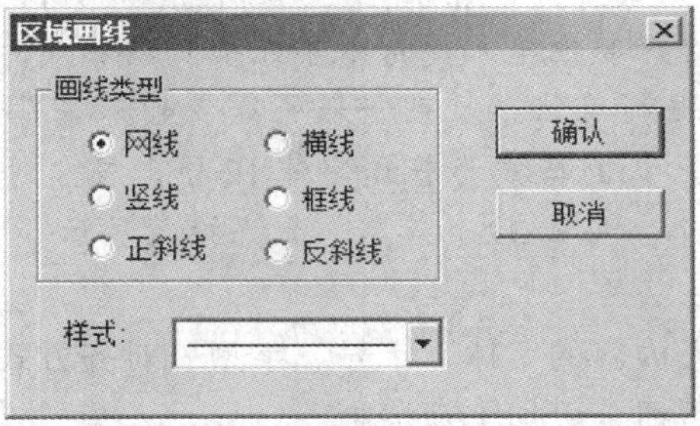

图7-3　【区域画线】对话框

③选择【网线】，同时选择线条样式，然后单击【确认】按钮完成报表画线处理。

（4）定义组合单元

有些内容，如标题、编制单位、日期及货币单位等，可能一个单元容纳不下，为了实现这些内容的输入和显示，需要进行单元的组合。

【例7-5】将单元A1:D1组合成一个单元。

操作步骤：

①选定欲组合的单元区域A1:D1。

②单击【格式】菜单中的【组合单元】菜单项，系统弹出【组合单元】对话框，如图7-4所示。

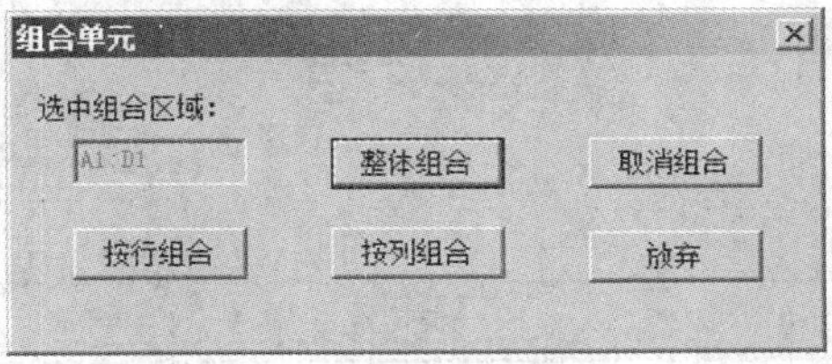

图7-4　【组合单元】对话框

③单击【整体组合】按钮，完成所选单元的组合操作。

组合单元实际上就是一个大的单元，所有对单元的操作对组合单元均有效。若要取消所定义的组合单元，可在【组合单元】对话框中单击【取消组合】按钮。

（5）输入表间项目

报表项目是指报表的文字内容，主要包括表头内容、表体项目和表尾项目等。

【例7-6】根据表7-3完成报表项目的录入操作。

表7-3　　　　货币资金表　　　　单位：元

项目	行次	期初数	期末数
库存现金	1		
银行存款	2		
合计	3		

操作步骤：

①选择组合单元A1:D1，录入“货币资金表”。

②选择D2单元录入“单位：元”。

③选择A3单元录入“项目”。

④与上述操作一样，选择其他单元，录入单元项目内容。

在输入报表项目时，编制单位、日期一般不需要输入，UFO报表系统将其单独设置为关键字。项目输完后，默认的格式为普通字体12号，居左对齐，单元为表样单元。一个表样单元最多能输入63个字符或31个汉字，允许换行显示。

（6）设置单元风格

单元风格主要是指单元内容的字体、字号、字型、对齐方式、背景图案等，设置单元风格会使报表更符合阅读习惯，更加美观清晰。

【例7-7】将“货币资金表”的字体设置为宋体14号、加粗、红色、水平方向和垂直方向居中。

操作步骤：

①选择组合单元A1:D1，即选择“货币资金表”所在单元。

②单击【格式】菜单中的【单元属性】菜单项，进入【单元格属性】对话框，如图7-5所示。

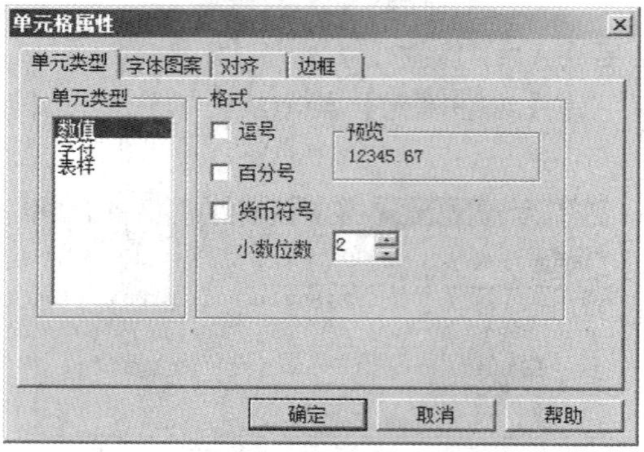

图7-5　【单元格属性】对话框

③选择【字体图案】选项卡，在【字体图案】选项卡中，选择【字体】下拉列表中的“宋体”、【字型】下拉列表中的“加粗”，在【字号】下拉列表中选择“14”，选择【前景色】中的红色。

④单击【对齐】选项卡，水平方向选择【居中】、垂直方向选择【居中】。

⑤单击【确定】按钮，对设置进行保存。

⑥以同样方式完成其他项目单元风格的设置。

2）关键字设置

在一个报表文件中，可能会有若干张表结构相同，而编制单位、编制时间不同的表页，只有依靠“关键字”，才能在若干张表页中准确地找到所需要的表页及表格单元，进而对其进行相应操作。在UFO报表系统中，预设了单位名称、单位编号、年、季、月、日等关键字，另外还可根据需要设置一个自定义关键字。

（1）设置关键字

设置关键字就是选择用于报表区分的标记有哪些。每张报表可以定义多个关键字，在定义时要综合考虑编制报表的需要，又要考虑报表打印的需要。

【例7-8】为货币资金表设置关键字“单位名称”“年”“月”。

①将报表状态选定在“格式”状态。

②选择欲放置关键字的单元A2，单击【数据】—【关键字】菜单中的【设置】菜单项，进入【设置关键字】对话框，如图7-6所示。

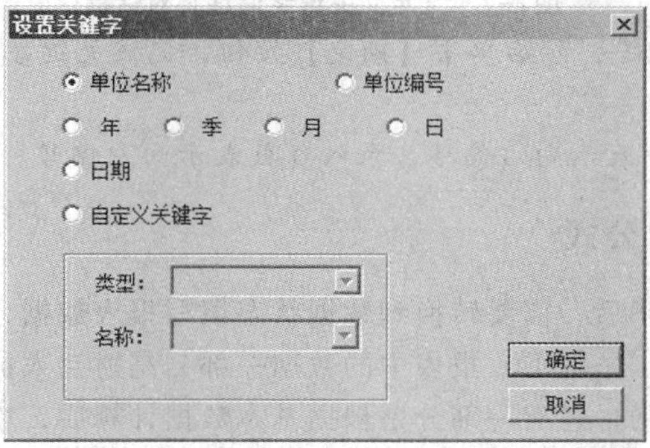

图7-6 【设置关键字】对话框

③选择【单位名称】，单击【确定】按钮。

④选定B2单元，单击【数据】—【关键字】菜单中的【设置】菜单项，进入【设置关键字】对话框，选择【年】，单击【确定】按钮。

⑤单击【数据】—【关键字】菜单中的【设置】菜单项，进入【设置关键字】对话框，选择【月】，单击【确定】按钮，完成关键字设置。

提示：

➢要取消设置关键字，需通过【数据】—【关键字】菜单中的【取消】菜单项，进入【取消关键字】对话框，在【取消关键字】对话框中实施关键字取消处理。

➢设置的关键字呈红色显示，可调整其显示风格，但不能通过【单元属性】对话框来调整其位置。

（2）调整关键字位置

关键字是游离于报表单元的特殊的单元，其位置调整需要通过关键字偏移功能来完成。

【例7-9】在【例7-8】中所定义的关键字“年”和“月”处于重叠状态，通过关键字偏移调整其显示位置。

操作步骤：

①将报表状态选定在“格式”状态。

②单击【数据】菜单中的【关键字】—【偏移】，进入【定义关键字偏移】对话框，如图7-7所示。

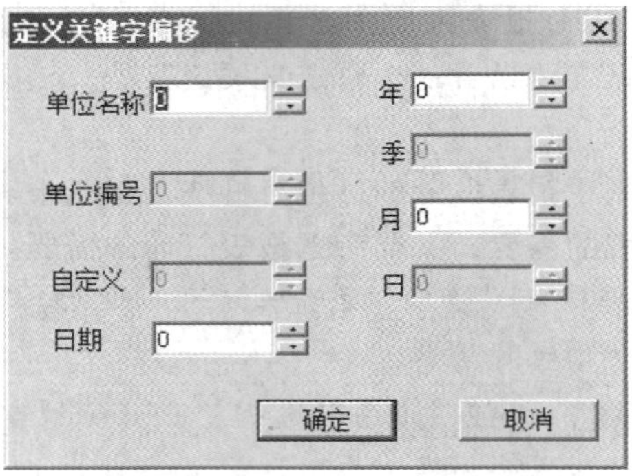

图7-7　【定义关键字偏移】对话框

③输入月偏移量“40”，然后单击【确定】按钮，完成关键字偏移处理。

提示：

➢偏移量值录入正数表示向右偏移，录入负数表示向左偏移。

7.2.3　定义报表取数公式

在报表格式设计完毕后，需要转换到数据状态填写报表数据，这样就得到包含格式和数据的完整报表。在手工条件下，报表中的数据一部分是财会人员从账簿、其他报表上获取，然后手工填入报表的，还有一部分是根据基本数据计算后，填入报表的。当报表中的一个数据出错时，整张报表都需要重新计算，然后再填写。因此，手工条件下编制报表是一件费时、费工、费力的事情。在计算机条件下，财会人员应用报表系统后，如果报表中的数据仅仅用手工来输入，从某种意义上讲就失去了利用高科技数据处理工具进行报表处理的意义。使用报表系统后，报表中的数据获取方法发生了很大的变化：对于小部分最基本的、最原始的报表数据，必须通过手工直接输入的方法获取；对于报表内小计、合计等数据，通过建立单元公式自动计算的方法获取；对于需要从其他报表中提取的数据，通过建立表与表之间数据连接公式的方法来获取；对于需要从账簿中提取的数据，通过建立账务取数函数公式，自动从账务处理系统或其他会计核算系统中采集数据。大部分报表的单元公式，以及获取数据的方法相对稳定，在以后各月中不再进行大的变动。当会计期发生变化时，系统自动根据定义的公式和获取数据的方法采集数据。因此，在报表系统中，合理地利用获取数据的方法，能够大大节省编制报表的时间，减少编制错误，省时又经济，把大量重复、复杂的劳动简单化，从而提高工作效率。

根据报表中的数据来源，报表取数公式主要分为四类：从报表（表页）内部取数、从账务处理系统取数、从表页间取数、从其他报表文件取数。

1）表页内取数公式定义

在报表系统中，有些报表单元的数据不是直接录入的，而是根据报表内其他单元的数据通过设置报表内部运算公式计算而得到的，如报表中的小计、合计等单元的数据。在报表系统中，对于这类数据没有必要按照手工方式填入，应根据数据间的钩稽关系，建立单元公式，系统自动根据单元公式计算出这些数据填入相应的单元中。单元公式一次定义可多次使用，而且数据间的钩稽关系采用自动连接方式，当原数据发生变化时，目标数据将自动改变。不同报表系统单元公式的格式、定义方法不尽相同。一般而言，定义单元公式的方法主要有两种：一是直接输入；二是参照交互输入。

表页内取数公式可以用表单元名称的加、减、乘、除等运算方式定义，也可以通过函数方式定义，如C6单元的数据来源为C4单元的数据与C5单元的数据之和，则C6单元的取数公式可定义为：C6=C4+C5，也可定义为：C6=PTOTAL（C4:C5）。表页内常用取数函数见表7-4。

表7-4　**表页内常用取数函数**

函数名	格式	函数名	格式
数据合计	PTOTAL（ ）	最小值	PMIN（ ）
平均值	PAVG（ ）	方差	PVAR（ ）
计数	PCOUNT（ ）	偏方差	PSTD（ ）
最大值	PMAX（ ）		

【例7-10】在表7-3货币资金表中，期初数合计单元（C6）和期末数合计单元（D6）是通过表内单元数据计算获取的，定义这两个单元的单元公式。

操作步骤：

①选择C6单元。

②按键盘上的“=”键或单击工具栏上的【fx】按钮，弹出【定义公式】对话框，如图7-8所示。

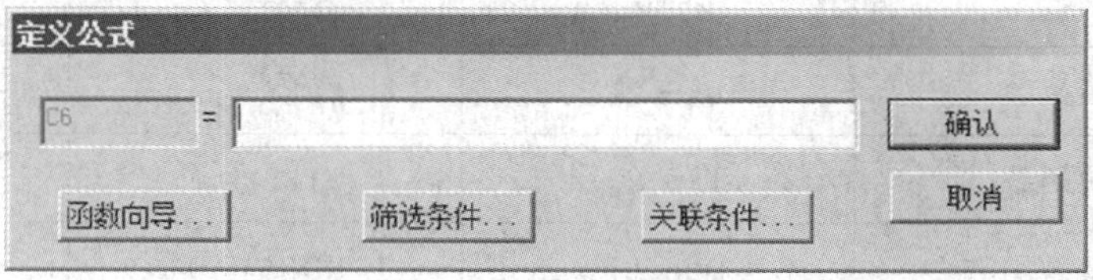

图7-8　【定义公式】对话框

③在【定义公式】对话框中输入公式“C4+C5”或“PTOTAL（C4:C5）”。

④单击【确认】按钮，完成C6单元的公式定义，单元显示“单元公式”字样。

⑤重复①~④步，定义D6单元的取数公式“D4+D5”或“PTOTAL（D4:D5）”。

提示：

➢PTOTAL（X:Y）是区域求和函数。

2）账务处理系统取数公式定义

在许多报表中，报表数据并不一定来自报表本身，更多地来源于账务处理、薪资管理等系统，如资产负债表、利润表中绝大多数的单元数据来源于账务处理系统。在报表系统中一般都提供了账务函数。账务函数架起了报表系统与账务处理系统之间的数据传递桥梁。账务函数的使用可以实现账表一体化。利用账务函数定义单元连接公式，每期的会计数据无须过多的操作，系统会自动地将会计数据传递到会计报表中。UFO报表系统提供了大量的业务函数，以实现从账务处理系统、薪资管理系统、固定资产管理系统、应收款管理系统、应付款管理系统等系统中获取数据。

（1）账务函数的基本格式

函数名（科目编码，会计期间，[方向]，[账套号]，[会计年度]，[编码1]，[编码2]）

各参数说明：

① 科目编码也可以是科目名称，必须加双引号。

② 会计期间可以是“年”“季”“月”等变量。

③ 方向即“借”或“贷”，可以省略。

④ 账套号为数字，缺省时默认为当前账套。

⑤ 会计年度即数据取数的年度，可以省略。

⑥ 编码1、编码2与科目编码的核算账类有关，可以取科目的辅助账，无则省略。

（2）账务取数函数

UFO报表系统中包含了大量账务取数函数，其中应用最多、也最重要的账务取数函数见表7-5。

表7-5 **用友主要账务取数函数**

总账函数	金额式	数量式	外币式
期初余额函数	QC（ ）	SQC（ ）	WQC（ ）
期末余额函数	QM（ ）	SQM（ ）	WQM（ ）
发生额函数	FS（ ）	SFS（ ）	WFS（ ）
累计发生额函数	LFS（ ）	SLFS（ ）	WLFS（ ）
条件发生额函数	TFS（ ）	STFS（ ）	WTFS（ ）
对方科目发生额函数	DFS（ ）	SDFS（ ）	WDFS（ ）
净额函数	JE（ ）	SJE（ ）	WJE（ ）
汇率函数	HL（ ）		
现金流量项目金额函数	XJLL（ ）		

(3) 账务函数的应用

【例7-11】定义表7-3货币资金表中“库存现金”、“银行存款”的“期初数”和“期末数”的取数公式。

公式设置可以直接录入，也可通过函数向导来定义，本例以函数向导的方式介绍账务取数公式的定义。

操作步骤：

①选择C4单元，按键盘上的“=”键或单击工具栏上的【fx】按钮，进入【定义公式】对话框。

②在【定义公式】对话框中，单击【函数向导】按钮，进入【函数向导】第一步选择函数，如图7-9所示。

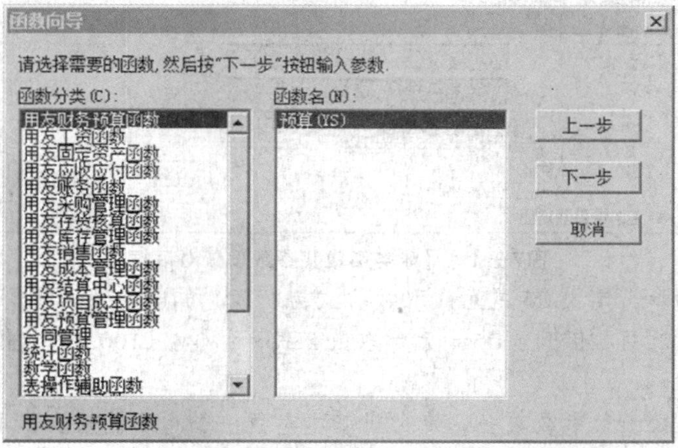

图7-9　【函数向导】对话框

③在【函数分类】中选择【用友账务函数】，在【函数名】中选择【期初（QC）】函数，单击【下一步】按钮，进入【函数向导】第二步【用友账务函数】对话框，如图7-10所示。

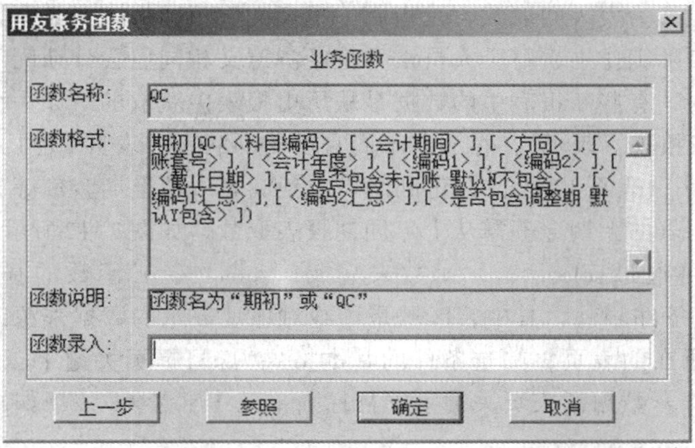

图7-10　【用友账务函数】对话框

④单击【参照】按钮，进入【账务函数】参数设置对话框，如图7-11所示。

⑤选择科目“1001”，期间“月”，方向“借”，其他保持默认设置，单击【确定】按钮，返回【用友账务函数】对话框。

⑥在【用友账务函数】对话框中，单击【确定】按钮，返回【定义公式】对话框。

⑦在【定义公式】对话框中，单击【确认】按钮，完成公式定义，返回报表主窗口，此时在相关单元中显示为“公式单元”。若未显示为“公式单元”，则表明公式定义有误。

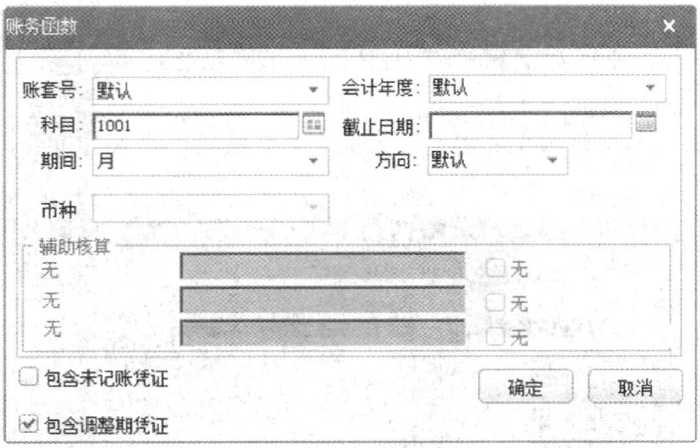

图7-11 【账务函数】参数设置对话框

⑧重复①~⑦步，定义C5单元的取数公式为：QM（1001,月,"借"）、D4单元的取数公式为：QC（1002,月,"借"）、D5单元的取数公式为：QM（1002,月,"借"）。

提示：

➢用友账务取数函数参数较多，定义时基本参数一个也不能缺少，取默认值时用“,”分隔体现。若尾部无参数值，相关“,”可省略，但要确保各个参数位置无变化。

➢可通过“+”“-”“*”“/”运算符连接账务函数形成较复杂的账务取数公式。

➢直接录入公式时，注意标点符号应为英文标点。

3）表页间取数公式定义

表页间取数也称为表表间取数，是指同一报表文件不同报表（表页）之间通过数据连接获取数据。在实际工作中，财会人员常常将经济意义相同但会计期间不同的报表存放在同一个报表文件中，有些新报表中的数据是从历史报表中获取的。如一个报表文件“利润表.rep”中有12张报表（表页），存放着不同月份的利润表，表页1是1月份利润表，表页2是2月份利润表……表页12是12月份利润表。利润表中的上期金额等于上年同期报表的本期金额，则利润表的上期金额需从上年同期报表取数，如图7-12所示。

表页间取数可通过select（ ）函数来完成。select（ ）函数的基本格式为：select（<区域>，[<筛选条件>]），其中，区域是用绝对地址表示的数据来源区域；筛选条件是用以确定数据源所在的表页，筛选条件的基本格式为<目标页关键字@｜目标页单元@｜常量><关系运算符><数据源表页关键字｜目标页单元｜常量>，该项如缺省表示与目标页在同一表页。

例如，C4单元取自于同年上月的B4单元的数据，则C4单元的取数公式可定义为C4=select（B4，年@=年 and 月@=月+1），其中，“年@=年”和“月@=月+1”是筛选条件，

"@"表示当前表页、"年@"和"月@"为本表中的关键字"年"和"月"、等号右边的"年"和"月+1"中的"月"为被取数表页的关键字。"月@=月+1"是一个恒等式。假如当前表页是3月，则等号右边的"月"的取值为2时才能满足这种恒等关系，即实现了取上一月表页数据的目的。依此类推，当取前3个月的数据就可描述为"月@=月+3"。取数公式C4=select（B4，年@=年 and 月@=月+1），由于数据源取自同年度，故取数公式也可定义为C4=select（B4，月@=月+1）。

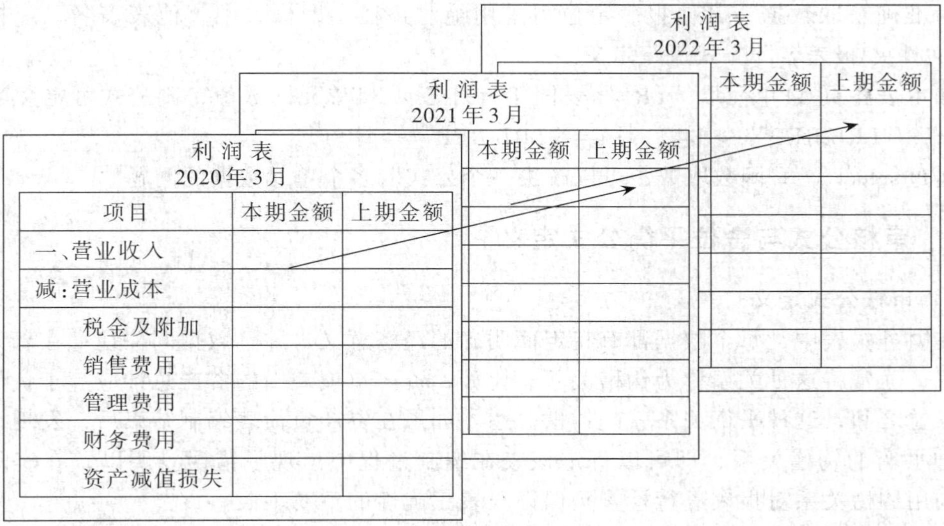

图7-12　表表间获取数据

再如：假设C5单元取自于上年同期的B5单元的数据，则C5单元的取数公式可定义为C5=select（B5，年@=年+1 and 月@=月）。

再如：假设C6单元取自于上年上月的B6单元的数据，则C6单元的取数公式可定义为C6=select（B6，年@=年+1 and 月@=月+1）。

4）其他报表取数公式定义

在报表编制过程中有时会涉及从其他报表来获取数据，这种取数方式可通过建立报表文件之间的relation关联条件而获取或通过select（ ）函数来获取。

（1）通过relation关联条件取数

通过relation关联条件从其他报表获取数据公式的基本格式为：目标单元="<表名>"-> <单元> relation <关键字 > with "<表名>"-> <关键字 >。根据数据源情况，其取数又分为两种情况。

第一种情况是取他表确定页号表页的数据，该种方式取数公式基本格式为：<目标区域>="<表名>"-><数据源区域>［@<页号>］。

如当前表页D5的值等于表"Y"第4页D5的值，则取数公式定义为：D5="Y.rep" - >D5@4。

第二种情况是用关联条件从他表取数，该种方式取数公式基本格式为：relation <单元|关键字> with "<他表表名>"-><单元|关键字>。

如本表各页A列取"LRB"表上月各页B列数值，则公式定义为：A="LRB.REP" ->

B relation 月 with “LRB.REP” ->月+1。

通过relation关联条件取数，一次只能实现从一个单元中取数，无法解决一个公式取多个单元数据的问题。

（2）通过select（ ）函数取数

通过select（ ）函数从其他报表取数，其取数公式基本格式为：目标单元=select（“他表表名”-> 单元，目标页关键字@=“他表表名”->关键字）。

为准确获取数据，其他报表定位需采用绝对路径，即格式中“他表表名”应按“盘符：\文件夹\报表名”方式进行定义。

如本表各页C4单元取“LRB”表同年上月各页B4单元的数值，则公式可定义为：C4=select（“LRB.REP”-> B4，月@=“LRB.REP”->月+1）。

通过select（ ）函数取数，可以解决一个公式取多个单元数据的问题。

7.2.4 审核公式与舍位平衡公式定义

1）审核公式定义

在财务报表中，每个数据都有特定而明确的经济意义，并且数据间往往存在着某种对应关系，通常将这种关系称为钩稽关系。比如，资产负债表中的资产总计应等于负债与所有者权益之和，这种平衡关系就是钩稽关系。如果在资产负债表编制结束后，发现没有满足这种平衡的钩稽关系，即可以肯定该表在编制过程中出现了错误。所以，在实际工作中，利用钩稽关系对报表进行检查是保证报表正确性的重要手段。

为了满足财会人员编制报表时对数据审核的要求，报表系统同样提供了数据审核功能，通过将报表数据之间的钩稽关系用审核公式方式表示出来，计算机按所定义的审核公式对报表数据进行审核。如资产负债表中的“资产总计”期初数应等于“负债和所有者权益总计”期初数，“资产总计”期末数应等于“负债和所有者权益总计”期末数，则可为其定义审核公式如下：

C46=G46　MESS　“资产总计期末不等于负债及所有者权益总计期末”

B46=H46　MESS　“资产总计期初不等于负债及所有者权益总计期初”

其中：C46单元和D46单元分别表示“资产总计”的期末余额和期初余额；B46单元和H46单元分别表示“负债和所有者权益总计”的期末余额和期初余额；MESS或MASSEGE后面的字符串是当其前面的条件不相等时应在屏幕上出现的提示信息。

整个公式的含义是：资产负债表中C46单元的值必须等于G46单元的值，否则屏幕上将显示“资产总计期末不等于负债及所有者权益总计期末”；资产负债表中B46单元的值必须等于H46单元的值，否则屏幕上将显示“资产总计期初不等于负债及所有者权益总计期初”。

【例7-12】为资产负债表定义审核公式。

操作步骤：

①登录UFO报表系统，创建或打开资产负债表文件。

②在“格式”状态下，单击【数据】菜单中的【编辑公式】—【审核公式】菜单项，进入【审核公式】设置对话框，如图7-13所示。

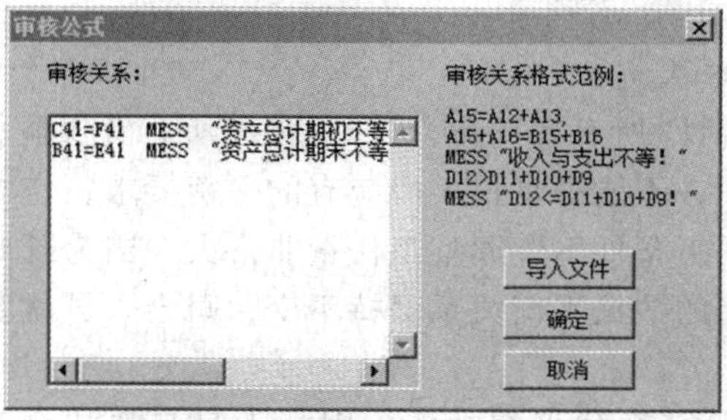

图7-13　【审核公式】设置对话框

③在【审核公式】设置对话框【审核关系】编辑框直接录入审核公式，或通过导入文件功能引入审核公式，可导入的文件类型为文本文件（.txt）。

④定义完毕后，单击【确定】按钮，保存审核公式定义。

提示:

➢每一个审核公式定义完成后，其尾部不要添加任何标点符号。

➢上一个审核公式与下一个审核公式之间用回车分隔。

➢审核公式需要在格式状态下进行定义。

2）舍位平衡公式定义

在实际工作中常常遇到这样的问题，有些会计报表数据非常大，看起来非常麻烦，常常希望将原报表中的单位“元”转换为“千元”或“万元”等，原来的数据平衡关系保持不变。这种问题称之为舍位平衡问题。例如，资产负债表部分数据信息见表7-6。

表7-6　**资产负债表（简表）**

××××年12月31日　　单位：元

资产	金额	负债和所有者权益	金额
⋮		⋮	
流动资产合计	224 505.89	负债合计	189 454.88
⋮	⋮	⋮	⋮
非流动资产合计	594 551.78	所有者权益合计	629 602.79
资产总计	819 057.67	负债和所有者权益总计	819 057.67

原始报表数据的平衡关系为:

资产总计=流动资产合计+非流动资产合计

负债和所有者权益总计=负债合计+所有者权益合计

资产总计=负债和所有者权益总计

舍掉3位整数和小数位变成千元表，数据平衡关系被打破。

①第一个平衡公式被打破后:

流动资产合计+非流动资产合计=224+594=818

资产总计=819

舍位处理后：流动资产合计+非流动资产合计<资产总计。

②第二个平衡公式被打破后:

负债合计+所有者权益合计=189+629=818

负债和所有者权益总计=819

舍位处理后：负债合计+所有者权益合计<负债和所有者权益总计。

原始平衡关系被破坏，不能满足报表中应有的平衡要求，应当进行调整，使报表数据仍能满足平衡关系。在手工条件下，调整工作量非常大。因为既要将原报表中的元转变为千元或万元，又要使原来的数据平衡关系保持不变，财会人员就要反复计算、推算，最后才能得到满意的结果。

UFO报表系统中提供了舍位平衡功能，财会人员只要将舍位平衡后的要求“告诉”计算机，即财会人员在报表系统中定义舍位平衡公式，并“告诉”计算机需要舍去几位，计算机便可以按照舍位要求，自动、快捷地进行计算、推算，完成舍位和平衡处理，并按照财会人员的要求生成一张舍位后的报表。

舍位平衡公式设置应遵循以下基本原则：

① 舍位平衡公式根据表内钩稽关系定义；

② 公式定义采用倒序书写，即先写最终运算结果，然后一步一步倒推；

③ 公式中只能使用“+”“-”运算符，不能使用函数、“*”“/”等；

④ 等号左边只能有一个单元；

⑤ 一个单元只允许在等号右边出现一次；

⑥ 每个公式一行，各公式间用“,”隔开。

【例7-13】定义利润表的舍位平衡公式，使其转换为万元报表。

操作步骤：

①登录UFO报表系统，创建或打开利润表文件。

②在“格式”状态下，单击【数据】菜单中的【编辑公式】—【舍位公式】菜单项，进入【舍位平衡公式】设置对话框，如图7-14所示。

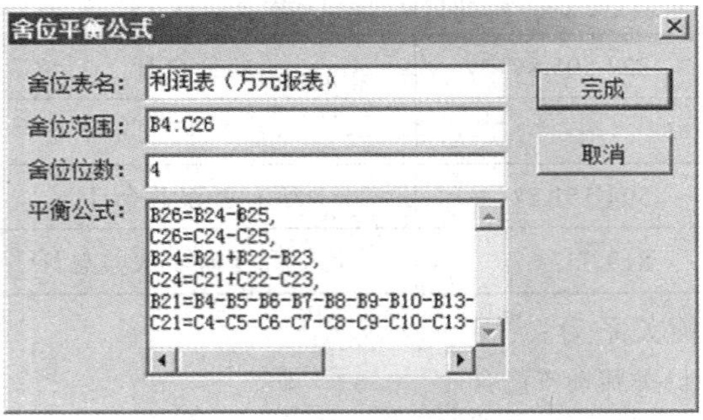

图7-14 【舍位平衡公式】设置对话框

③在【舍位平衡公式】设置对话框中，录入舍位表名“利润表舍位表”、录入舍位范围“B4:C26”、录入舍位位数“4”。

④在平衡公式栏录入舍位平衡公式：

B26=B24-B25

C26=C24-C25

B24=B21+B22-B23

C24=C21+C22-C23

B21=B4-B5-B6-B7-B8-B9-B10-B13-B14+B15+B16+B18+B19+B20

C21=C4-C5-C6-C7-C8-C9-C10-C13-C14+C15+C16+C18+C19+C20

⑤录入完毕后，单击【完成】按钮保存设置。

提示：

➢舍位表名：新表名，注意不要与取数表重名。

➢舍位范围：原表区域（数据区域）。

➢舍位位数：输1表示“原表数÷10”，输2表示“原表数÷100”，即输N表示取数为原表数据的10^N分之一。

➢公式编辑需在英文状态下录入。

7.2.5　报表模板

自定义报表功能可以设计出个性化的报表，但对于一些会计实务上常用的、格式基本固定的财务报表，如果逐一自定义无疑费时、费力。针对这种情况，报表系统均提供了报表模板供使用单位选择使用。用友UFO报表系统为使用单位提供了多个行业的各种标准财务报表格式。使用单位可以套用系统提供的标准报表格式，并在标准报表格式基础上根据使用单位的具体情况加以局部修改，免去重新建立报表、定义公式的烦琐工作。

利用报表模板可以迅速建立一张符合要求的财务报表。另外，对于一些本企业经常使用但报表模板没有提供标准格式的报表，在定义完成这些报表后可以将其定制为报表模板，以后使用时可以直接调用这个模板。

【例7-14】调用报表模板建立所有者权益变动表。

操作步骤：

①注册登录UFO报表系统。

②单击【文件】菜单中的【新建】菜单项，或单击工具栏上的新建命令图标，创建一张新报表。

③单击【格式】菜单中的【报表模板】菜单项，进入【报表模板】选择对话框。

④通过单击下拉列表框按钮，选择所在行业“2007年新会计准则科目”，选择财务报表类型“所有者权益变动表”，然后单击【确认】按钮，弹出报表覆盖信息提示对话框。

⑤单击【确定】按钮，系统自动完成报表格式的设置。

⑥在此基础上对报表进行修改，重点是定义取数公式或对已有公式进行修改，使之满足本企业的实际需要。

⑦单击【文件】菜单中的【保存】菜单项或单击工具栏上的保存命令图标，系统弹出【另存为】对话框。

⑧选择报表存放位置，录入报表文件名“所有者权益变动表”后，单击【另存为】按钮完成报表定义。

7.3 报表日常管理

在报表系统中完成报表格式设置后，就可以进入数据状态进行数据处理、报表审核、舍位平衡计算、报表排序及图形分析等基本业务处理。

7.3.1 报表数据处理

当打开一个已有的报表时，系统自动进入数据状态，第1页为当前页。报表内的虚格线全部消失，窗口内显示设计好的报表格式和表样文字，此时可以进行报表数据处理：录入关键字和报表数据等。

1）录入关键字

关键字是一张表页的唯一标记，关键字的值和表页中的数据是相关联的，所以要在数据状态下，在每张表页上录入关键字的值。设置关键字是为了能在大量表页中找到特定的表页。例如，一张“资产负债表”，只要一次性定义好报表的格式及计算公式，以后各期都可以自动生成一张本期的“资产负债表”，下月增加一张新的表页，输入正确的关键字，通过自动计算又可得到一张新的“资产负债表”，也就是说，报表编制可重复进行，每次生成的表页都存放在同一个报表文件中，管理起来比较容易。

【例7-15】为“货币资金表”录入关键字：2022年4月30日。

操作步骤：

①登录UFO报表系统，打开“货币资金表”。

②单击【数据】菜单中的【关键字】—【录入】，弹出【录入关键字】对话框，如图7-15所示。

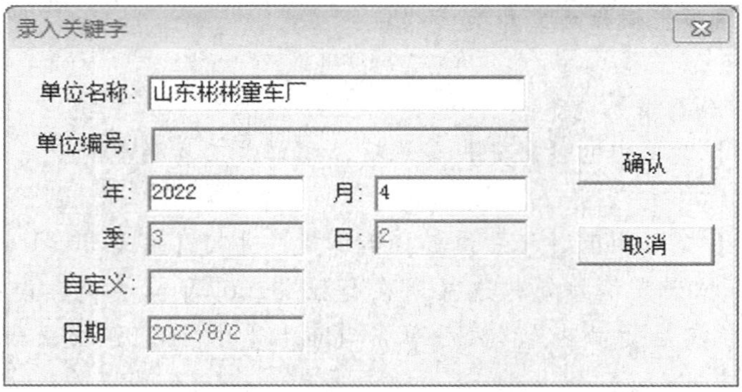

图7-15 【录入关键字】对话框

③录入关键字【单位名称】的值“山东彬彬童车厂”、【年】的值“2022”、【月】的值“4”，然后单击【确认】按钮，系统弹出【是否重算】信息提示对话框。

④单击【是】按钮，系统将根据关键字定位和单元公式自动计算完成数据填充；单击【否】按钮，系统不计算取数，以后可通过【数据】菜单中的【表页重算】菜单项完成报表取数处理。

2）录入报表数据

在报表格式设计中已经定义了各单元的单元类型，表样单元是报表格式的一部分，在格式设计时已经录入完毕，在数据状态下不能改变它们。当前单元移动到表样单元上时，编辑栏将呈灰色，不能输入。在格式设计时定义了单元公式的单元，在数据状态下将显示单元公式结果，编辑栏呈灰色并显示单元公式，不能在其中录入新数据。在数据状态下可以直接录入数据的单元是数值单元和字符单元，此类单元的内容是报表的数据。录入数据的方法是：将光标移动到要录入或修改的单元，输入内容，按回车键保存，或移动光标到编辑框中录入或修改单元数据。在录入过程中，按ESC键则放弃录入的内容。在录入时，数值型单元只能录入数字，字符型单元只能录入字符。

3）报表审核

对报表中审核公式进行定义后，只要报表中数据发生变化或有新的数据产生，都可以用审核公式对报表进行审核。通过审核可以找出报表内及不同报表文件间存在的不符合钩稽关系要求的问题。审核步骤为：选择要审核的报表后，单击【数据】菜单中的【审核】菜单项，系统自动按照审核公式对报表进行审核，并显示审核结果。

4）报表舍位处理

在定义报表舍位平衡公式后，就可以根据需要进行报表舍位处理生成所需要的报表。

【例7-16】对2022年4月份的利润表进行舍位处理，形成万元报表。

操作步骤：

①打开报表文件“利润表.rep”。

②在格式状态下定义或修改报表舍位公式等信息。

③在数据状态下，单击【数据】菜单中的【舍位平衡】菜单项，系统弹出【是否确定全表重算】信息提示框。

④单击【是】按钮，系统将根据报表单元公式生成数据；单击【否】按钮，系统将按照舍位平衡公式进行舍位平衡处理并生成舍位平衡表。

⑤单击工具栏上的【保存】按钮对生成的舍位平衡表进行保存。

7.3.2　表页管理及报表输出

1）表页管理

伴随着报表系统的使用，要对报表文件中所包含的表页进行增加、删除、排序等管理工作，这些管理工作需要在数据状态下进行。

（1）插入表页

插入表页是指在当前表页的前方插入一张或多张表页，当前表页的表页名自动后移，如当前表页为“第2页”，若插入一张表页，则插入的表页名为“第2页”，当前表页名自动变为“第3页”。

插入表页的操作步骤如下：

① 打开报表文件。

② 单击【编辑】菜单中的【插入】—【表页】菜单项，弹出【插入表页】对话框。

③ 录入插入的表页数目，然后单击【确认】按钮，完成表页插入操作。

（2）追加表页

追加表页是在报表文件的最后添加一张或多张表页，追加的表页名称按顺序增加。

追加表页的操作步骤如下：

① 打开报表文件。

② 单击【编辑】菜单中的【追加】—【表页】菜单项，弹出【追加表页】对话框。

③ 录入追加的表页数目，然后单击【确认】按钮，完成表页追加操作。

（3）删除表页

当报表文件中的某些表页不再需要时，可从报表文件中将其删除。

删除表页的操作步骤如下：

① 打开报表文件。

② 单击【编辑】菜单中的【删除】—【表页】菜单项，弹出【删除表页】对话框。

③ 录入欲删除的表页编号或录入删除条件，然后单击【确认】按钮，完成表页删除操作。表页删除后系统自动对表页重新编号。

（4）交换表页

交换表页是指调整表页的原有排列顺序，如将第1页与第3页交换，则原第3页的名称转换为第1页，原第1页的名称转换为第3页。

【例7-17】将利润表的第3页与第1页进行交换。

操作步骤：

①打开“利润表.rep”。

②单击【编辑】菜单中的【交换】—【表页】菜单项，弹出【交换表页】对话框。

③录入源页号“3”、目标页号“1”，然后单击【确认】按钮，完成表页交换操作。

（5）表页排序

表页排序是指将报表按某一关键词或某几个关键词递增或递减顺序实现报表表页的交换。

表页排序的操作步骤如下：

① 打开报表文件。

② 单击【数据】菜单中的【排序】—【表页】菜单项，弹出【表页排序】对话框。

③ 单击【第一关键值】下拉列表选择“月”关键词，再选择【递增】排序方式，最后单击【确认】按钮，完成表页排序操作。

2）外观显示设置

（1）显示风格

可以根据需要来调整报表行标、列标是否显示，是否要为不同的单元类型设置不同的颜色，是否要修改网格颜色等。

操作步骤：

① 单击【工具】菜单中的【显示风格】菜单项，弹出【显示风格】对话框。

② 对显示风格项目进行选择后，单击【确认】按钮，完成报表显示风格的设置。

（2）设置报表显示比例

操作步骤：

① 单击【工具】菜单中的【显示比例】菜单项，弹出【显示比例】设置对话框。

② 选择或录入显示比例后，单击【确认】按钮，报表显示比例的调整，报表自动按

设定的比例调整报表显示大小。

3）报表输出

报表系统的输出形式多种多样，可以根据需求进行选择。报表输出的主要方式包括打印输出、屏幕显示输出、文件类型转换输出等。

7.3.3 图表处理

利用报表图形分析可以对报表中的数据进行对比分析、构成分析、变化趋势分析，可以为计划、预测、评估和调整提供依据。图形比枯燥的数字更直观、更具说服力。

1）追加图形显示区域

要完成图形处理，首先要增加一个区域用于存放所增加的图形，其基本处理过程为：

① 打开报表文件，并将其切换到格式状态下。

② 单击【编辑】菜单中的【追加】—【行】，弹出【追加行】对话框。

③ 录入要追加的行的数目，然后单击【确认】按钮，完成行的追加处理。

2）选取数据区域

在进行图形处理前，要确定对报表中的哪些数据进行处理，也就是要确定数据区域。数据区域选择的基本方法为：在数据状态下，用鼠标拖动的方式进行数据区域选择。

3）插入图表对象

操作步骤：

①在选择数据区域后，单击【工具】菜单中的【插入图表对象】菜单项或单击工具栏上的插入图表对象图标按钮，弹出【区域作图】对话框，如图7-16所示。

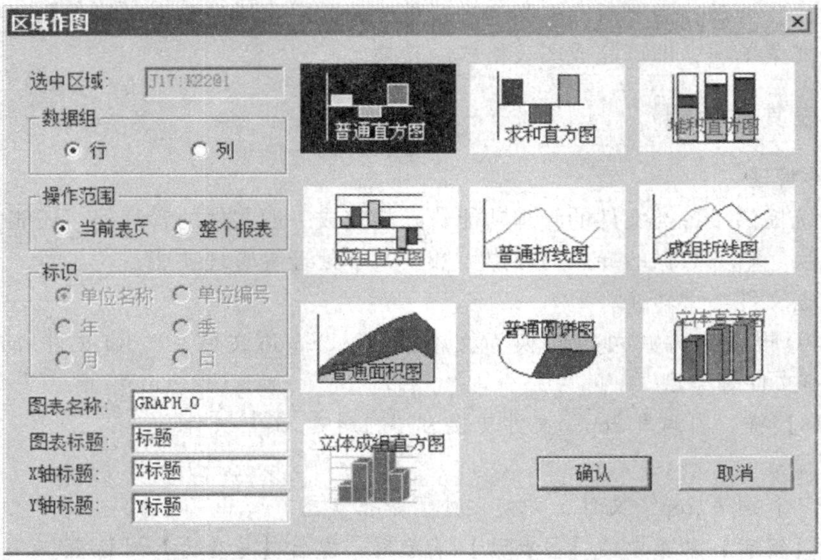

图7-16 【区域作图】对话框

②选择图表类型如“普通直方图”、数据组的类型如“行”，录入图表名称如“货币资金”、图表标题如“货币资金期初、期末对比”，录入X轴和Y轴标题，然后单击【确认】按钮，插入图形。

③用鼠标拖动调整图表的位置和尺寸。

4）编辑图表对象

（1）编辑标题

操作步骤：

①单击图表的任意部位，激活图表。

②单击【编辑】菜单中的【主标题】、【X轴标题】或【Y轴标题】菜单项，弹出【编辑标题】对话框，三种标题的对话框相似，图7-17为主标题对话框。

图7-17 【编辑标题】对话框

③输入标题后，单击【确认】按钮，完成标题编辑操作。

（2）改变标题的字型、字体

操作步骤：

① 单击要改变的标题，使之激活。

② 单击【编辑】菜单中的【标题字体】菜单项，弹出【标题字体】对话框。

③ 根据需要进行选择，然后单击【确认】按钮，完成标题字体的编辑处理。

（3）改变图表格式

有时为比较处理，需要对图表类型进行更改，此时可通过单击【格式】菜单中的所需要的图表格式菜单项，即可完成图表格式的转换。

7.3.4 报表其他功能

1）文件管理

报表系统提供了各类文件的管理功能，除能完成一般文件的管理外，还能实现数据文件类型的转换、财务数据的导入与导出、数据共享处理等管理功能。

（1）数据文件类型转换

用友UFO报表文件，可以转换为文本文件、*.mdb文件、*.dbf文件、Excel文件、LOTUS1-2-3文件等类型。

【例7-18】将“利润表.rep”文件转换为“利润表.xls”文件。

操作步骤：

①打开“利润表.rep”文件，并使之处于数据状态。

②单击【编辑】菜单中的【另存为】菜单项，弹出【另存为】对话框。

③选择文件存放位置，保存文件类型，录入文件名，然后单击【保存】按钮，完成文件类型的转换。

（2）报表数据导出与导入

【例7-19】将“货币资金表”中的数据导出生成备份文件。

操作步骤：

①打开“货币资金表.rep”，并使之处于数据状态。

②单击【编辑】菜单中的【其他财务软件数据】—【导出】菜单项，弹出【报表导出】对话框。

③在【报表导出】对话框中选择文件存放位置，录入文件名后，单击【打开】按钮，弹出【导出报表】对话框。

④在【导出报表】对话框中，录入导出文件的文件名，然后单击【确定】按钮，完成报表备份处理。

提示：

➢报表导出后生成两个文件，一个是初始化文件*.ini，一个是文本文件。

➢报表导入过程与报表导出过程相反，可参照导出过程进行处理。

2）报表维护

报表维护功能包括删除无用的和过期的报表、报表更名、报表结构复制以及为保证报表数据安全而提供的备份和恢复功能。

报表备份功能完成报表数据从硬盘备份到软盘等磁性介质中的工作。当报表格式变动时，建议在变动之前将该表备份。在删除报表之前应当将报表数据备份。一次可备份某一时间段内的一个或一批报表。备份某个报表指备份该表的结构及其指定时间范围内的编制数据。

报表恢复是将软盘等磁性介质上的报表数据恢复到计算机硬盘上。一次可恢复某一时间段内的一个或一批报表。根据恢复内容选项的设置，可以只恢复报表数据而不恢复报表定义，或只恢复报表定义而不恢复数据，或全部恢复。恢复时，自动用备份软盘上的数据覆盖当前账套中相同编号的报表数据。

两个结构相同或相近的报表中，已定义了结构的报表称为源报表，由结构复制功能复制过来的报表称为目标报表。进行复制时，先选择源报表，然后选择目标报表，通过单击工具栏的【复制】按钮将源报表的结构复制到目标报表。

7.4 资产负债表、利润表和现金流量表编制

7.4.1 资产负债表的编制

资产负债表是反映企业在某一特定日期财务状况的报表，它反映企业在某一特定日期所拥有或控制的经济资源、所承担的现时义务和所有者对净资产的要求权。我国资产负债表采用账户式结构，报表分左右两方：左方列示资产各项目，反映全部资产的分布及存在形态；右方列示负债及所有者权益各项目，反映全部负债和所有者权益的内容及构成情况。资产各项目按其流动性由大到小的顺序排列；负债各项目按其到期日的远近顺序排列。资产负债表左右双方平衡，即资产总计等于负债及所有者权益总计。在报表系统中，提供资产负债表模板，在此模板中已按现行会计制度的要求定义了其格式并定义了其单元取数公式，可以在此模板的基础上，通过修改使之形成适合单位会计科目结构体系的资产负债表。

在用友UFO报表系统中，利用模板编制资产负债表的基本过程如下：

①注册登录UFO报表系统。

②单击工具栏上的【新建】按钮，建立一张新报表。

③单击【格式】菜单中的【报表模板】菜单项，弹出【报表模板】对话框，如图7-18所示。

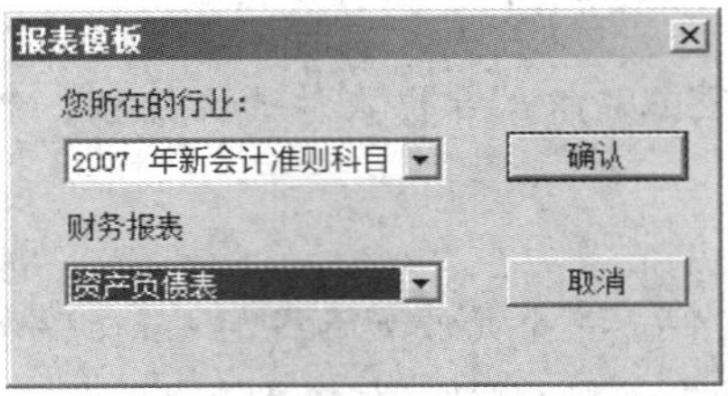

图7-18 【报表模板】对话框

④在【报表模板】对话框中，选择行业“2007年新会计准则科目”和报表模板“资产负债表”，然后单击【确认】按钮，弹出覆盖信息提示对话框。

⑤单击【确定】按钮，系统以模板定义资产负债表格式，在此基础上，根据《企业会计准则第30号——财务报表列报》关于资产负债表列报方法的规定，结合最新资产负债表格式，对报表项目进行修改调整，并对相应取数公式进行修改。如，将“未分配利润”的“年初余额”公式修改为：QC(4104,全年,"贷")-QC(4104,全年,"借")+QC(4103,全年,"贷")-QC(4103,全年,"借")，将“期末余额”修改为QM(4104,月,"贷")-QM(4104,月,"借")+QM(4103,月,"贷")-QM(4103,月,"借")。

⑥单击【格式/数据】切换按钮，切换到数据状态，单击【数据】菜单中的【关键字】—【录入】菜单项，弹出【录入关键字】对话框。

⑦在【录入关键字】对话框中，录入关键字，然后单击【确认】按钮，弹出表页重算提示信息框。

⑧单击【是】按钮，系统自动完成报表数据计算填充。

⑨单击【文件】菜单中的【保存】菜单项或单击工具栏上的保存命令图标，在弹出的【另存为】对话框中选择文件保存位置，录入文件名后，单击【确定】按钮完成当前月份资产负债表的编制。

⑩下月编制资产负债表时，在数据状态下单击【编辑】菜单中的【追加】—【表页】菜单项，输入追加的表页数目后，单击【确定】按钮完成表页添加操作，然后重复第⑦~⑨步完成新月份资产负债表的编制。

【课程思政】

感恩教育

资产负债表是反映企业某一特定日期财务状况的报表，体现了“资产=负债+所有者权益”这一恒等关系，反映了企业拥有或控制的资源、企业需要用资产或劳务清偿的债务和所有者所拥有的权益。通过资产负债表的编制，促使企业明确其应承担的权利和义务，规范经营，确保资产保值、增值。企业经营如此，人生经营亦如此。人生发展的每一步都离不开父母、亲朋的帮助，离不开国家的教育投入。没有这些，你的人生势必无法精彩和辉煌。编制人生资产负债表，牢记国家、父母、亲朋恩情，铸就感恩之心。因为感恩，人生才辉煌，社会才精彩。学会感恩，不仅是一种情怀，更是一种情操。作为一名大学生要以扎实的专业知识、精湛的技术、高尚的品质铸就你的人生，常怀一颗感恩之心，去看待社会、看待父母、看待亲朋，感恩父母养育之情、报效祖国培养之恩。“滴水之恩，当涌泉相报。”学会感恩，你的人生将更精彩。

7.4.2 利润表的编制

利润表是反映企业一定会计期间经营成果的报表。该表是按照各项收入、费用以及构成利润的各个项目分类分项编制而成的。由于利润表结构中存在“上期金额”项目，而该项目涉及比较期报表的数据，因此在企业实施会计信息系统后，利用UFO报表系统编制利润表会因报表编制时期不同而在编制方法上存在一定的差异。

1）首次使用UFO报表系统编制利润表

由于利润表中“上期金额”是由比较期报表的“本期金额”构成的，而企业首次利用账务处理系统进行利润表的编制，此时系统中不存在比较期报表数据，因此在编制利润表时，必须手工输入比较期报表数据，并对该利润表进行加锁保护，使手工编制的报表不能由报表取数公式对其进行计算处理，以保证UFO报表系统正确生成启用月份及以后各月份的利润表。

首次使用UFO报表系统编制利润表，其编制过程分为四个阶段：

第一阶段：在格式状态下，定义利润表报表格式。若采用自定义方式，此阶段不进行取数公式定义；若利用报表模板生成利润表格式，需要将已定义的取数公式删除；若利用已定义好的报表，可通过公式导出机制将公式导出，生成批命令文件（扩展名为.shl）后，再将公式删除。

第二阶段：在数据状态下，录入比较期利润表数据。单击【格式/数据】状态切换按钮，切换到数据状态，输入比较期报表数，录入比较期报表关键字，录入完毕后，单击【数据】菜单中的【表页不计算】菜单项使其处于选中状态，以保证该表页不能参与UFO报表的自动生成计算。

第三阶段：在格式状态下，定义利润表取数公式。单击【格式/数据】状态切换按钮，返回格式状态，定义利润表报表取数公式。若已利用报表公式导出机制生成批命令文件，则可通过公式导入机制将公式还原。

第四阶段：在数据状态下，生成报告期利润表数据。切换到数据状态，单击【格式】菜单中的【追加表页】菜单项，添加一张新表页，然后再录入报告期的报表关键字，生成报告期的利润表。

2）利润表“本期金额”取数方式设置

利润表是三大会计报表之一，是反映企业一定会计期间经营成果的报表。该报表“本期金额”栏各项目的数据是根据有关损益类账户的本月实际发生数（净发生额）填列的。在企业的实际业务中，同一损益类科目的发生额有时既有借方发生额，又有贷方发生额，编制利润表时必须兼顾。在定义报表“本期金额”取数公式时应充分考虑以下基本要求：

① 定义报表取数公式必须考虑计算机处理的特点，即为报表项目指定准确的数据源。

② 报表取数公式要综合考虑各类经济业务情况，要涵盖可能发生的所有业务，不能有遗漏。

③ 报表公式定义要考虑报表编制的灵活性，即任何时间均可进行报表生成处理。

基于上述要求考虑，利润表“本期金额”可通过以下四种方式实现：

（1）利用模板默认取数公式实现

在用友财务软件系统中，利润表模板已预设了各项目的取数公式，公式利用发生额函数取损益类科目默认方向的发生额，以“信用减值损失”项目为例，此项目的取数公式为FS(6703,月,"借")。

利用这种方式进行取数存在如下优缺点：

优点：由于这种取数方式，只取单一固定方向的发生额，所以报表的编制不受编制时间限制，既可以在期间损益结转前编制，也可以在期间损益结转后编制。

缺点：除期间损益结转外，与利润表项目有关的经济业务发生后，均需按默认方向编制会计凭证，否则将会导致取数错误。

以“信用减值损失”项目为例，分析如下：

按照企业财务制度的规定，企业发生信用减值损失时，借记“信用减值损失”科目，贷记有关科目。企业应对应收款项提取坏账准备。当本期应提取的坏账准备大于其账面余额时，应按其差额提取，借记“信用减值损失”科目，贷记“坏账准备”科目；当应提取的坏账准备小于其账面余额时，按其差额冲销，借记“坏账准备”科目，贷记“信用减值损失”科目。

【例7-20】某企业按应收款项期末余额的3‰计提坏账准备金。XX年10月坏账准备期初余额为5 000元，本月未发生坏账，也无坏账收回业务，应收款项期末余额为3 000 000元；11月，企业无坏账发生，也无坏账收回业务，应收款项期末余额为2 500 000元。

按制度规定，10月会计分录编制如下：

借：信用减值损失　　4 000

　贷：坏账准备　　4 000

11月份会计分录编制如下：

借：坏账准备　　1 500

　贷：信用减值损失　　1 500

凭证记账后，“信用减值损失”科目10月发生额明细情况见表7-7，11月发生额明细情况见表7-8。

表7-7　**10月信用减值损失发生额明细**　单位：元

业务	借方	贷方
①发生额	4 000.00	
②期末结转		4 000.00
合计	4 000.00	4 000.00

表7-8　　**11月信用减值损失发生额明细**　　单位：元

业务	借方	贷方
①发生额		1 500.00
②期末结转	1 500.00	
合计	1 500.00	1 500.00

从表7-7和表7-8可知，10月份本期信用减值损失净发生额为借方4 000元，报表取数结果为FS(6703,月,"借")=4 000，取数结果正确；但11月份本期信用减值损失净发生额为贷方1 500元，报表取数结果为FS(6703,月,"借")=0，取数结果错误。为解决这类问题，当出现冲减业务时，会计科目的借、贷方向不变，但金额用红字（负数）填写，以满足利润表编制的要求。

上例中11月份会计分录按以下方式编制：

借：信用减值损失　　-1 500

　贷：坏账准备　　-1 500

凭证记账后，“信用减值损失”科目11月发生额明细情况见表7-9。

表7-9　　**11月信用减值损失本期发生额明细**　　单位：元

业务	借方	贷方
①发生额	-1 500.00	
②期末结转		-1 500.00
合计	-1 500.00	-1 500.00

从表7-9可知，11月份信用减值损失净发生额为借方-1 500，报表取数结果为FS(6703,月,"借")=-1 500，取数结果与实际相符。

与“信用减值损失”科目相似的会计科目还有：资产减值损失、主营业务收入、主营业务成本、汇兑损益、投资收益等。在进行业务处理时，应对这些科目进行科目方向控制，在发生冲减业务时，应编制红字（负数）凭证，以确保报表取数准确。

（2）利用借贷净发生额实现

采用上述方式编制利润表，会使部分业务处理与会计制度规定不符，也容易由于控制疏忽，未按科目控制方向编制凭证而导致报表取数错误。为避免因控制疏忽而影响报表编制，可考虑采用借贷净发生额进行取数。仍以“信用减值损失”项目为例，取数公式定义为FS(6703,月,"借")-FS(6703,月,"贷")，或者定义为JE(6703,月)。

采用这种方式编制利润表存在如下优缺点：

优点：在编制会计凭证时，不必考虑特殊业务的影响，按常规方式编制或按冲减方式编制，报表结果均不受影响。

缺点：按这种方式编制报表，报表生成时间有严格的限制，报表必须在期间损益结转前编制，否则，报表取数结果将为0，报表编制的灵活性受到一定的限制。

仍以【例7-20】为例分析说明，编制会计凭证可按常规方式进行，结果见表7-7和表

7-8，此时10月份信用减值损失净发生额为借方4 000元，期间损益结转前报表取数结果为FS(6703,月,"借")-FS(6703,月,"贷")=4 000-0=4 000，期间损益结转后报表取数结果为FS(6703,月,"借")-FS(6703,月,"贷")=4 000-4 000=0；11月份信用减值损失净发生额为贷方1 500元，期间损益结转前报表取数结果为FS(6703,月,"借")-FS(6703,月,"贷")=0-1 500=-1 500，期间损益结转后报表取数结果为FS(6703,月,"借")-FS(6703,月,"贷")=1 500-1 500=0。

（3）利用净结转额实现

为了弥补第一种方式的缺陷，也可通过取结转到“本年利润”科目的数据实现，即利用系统提供的对方发生额函数实现。仍以“信用减值损失”项目为例，此时取数公式定义为DFS(6703,4103,月,"贷")- DFS(6703,4103,月,"借")。

采用这种方式编制利润表存在以下优缺点：

优点：在编制会计凭证时，不必考虑特殊业务的影响，按常规方式编制或按冲减方式编制，报表结果均不受影响。

缺点：按这种方式编制报表，报表生成时间有严格的限制，报表必须在期间损益结转后编制，否则，报表取数结果将为0，报表编制的灵活性受到一定的限制。

仍以【例7-20】为例分析说明，编制会计凭证可按常规方式进行，结果见表7-7和表7-8，此时10月份信用减值损失净发生额为借方4 000元，期间损益结转前，报表取数结果为DFS(6703,4103,月,"贷")-DFS(6703,4103,月,"借")=0-0=0；期间损益结转后，报表取数结果为DFS(6703,4103,月,"贷")-DFS(6703,4103,月,"借")=4 000-0=4 000；11月份信用减值损失净发生额为贷方1 500元，期间损益结转前，报表取数结果为DFS(6703,4103,月,"贷")-DFS(6703,4103,月,"借")=0-0=0；期间损益结转后，报表取数结果为DFS(6703,4103,月,"贷")-DFS(6703,4103,月,"借")=0-1 500=-1 500。

（4）利用净发生额和净结转额实现

前述三种方式编制利润表均存在一定程度的限制因素，或者时间受限，或者凭证编制方式受限，若工作流程出现差错，报表的准确性就会受到影响。综合上述各种方式的优缺点，可采用净发生额和净结转额解决上述问题。仍以“信用减值损失”项目为例，此时取数公式定义为FS(6703,月,"借")-FS(6703,月,"贷")+DFS(6703,4103,月,"贷")-DFS(6703,4103,月,"借")。

仍以【例7-20】为例分析说明：

10月份，期间损益结转前，报表取数结果为FS（6703,月,"借"）-FS（6703,月,"贷"）+DFS（6703,4103,月,"贷"）-DFS（6703,4103,月,"借"）=4 000-0+0-0=4 000；期间损益结转后，报表取数结果为FS（6703,月,"借"）-FS（6703,月,"贷"）+DFS（6703, 4103,月,"贷"）-DFS（6703,4103,月,"借"）=4 000-4 000+4 000-0=4 000。

11月份，期间损益结转前，报表取数结果为FS（6703,月,"借"）-FS（6703,月,"贷"）+DFS（6703,4103,月,"贷"）-DFS（6703,4103,月,"借"）=0-1 500+0-0=-1 500；期间损益结转后，报表取数结果为FS（6703,月,"借"）-FS（6703,月,"贷"）+DFS（6703,4103,月,"贷"）-DFS（6703,4103,月,"借"）=1 500-1 500+0-1 500=-1 500。

四种取数方式编制利润表，各有优缺点，其比较见表7-10。

表7-10 **本期金额取数方式比较**

方式	凭证编制	编制时间
利用模板默认取数公式实现	受限制	不受限制
利用借贷净发生额实现	不受限制	受限制，损益结转前编制
利用净结转额实现	不受限制	受限制，损益结转后编制
利用净发生额和净结转额实现	不受限制	不受限制

3）利润表“上期金额”取数方式设置

利润表上期金额取自比较期数据，可通过select（ ）函数进行公式定义。当然，报表类型不同，公式定义结果不同；比较期选择不同，公式定义也不同。

7.4.3 现金流量表编制

现金流量表反映的是企业一定时期内现金和现金等价物流入和流出的信息，是以现金收付实现制为基础编制的，作为财政部规定的对外编报的报表之一，自颁布实施以来越来越引起了使用者的重视。由于现金流量表信息量大、专业性强、编制比较困难且容易出现差错，大多数会计人员和电脑程序员都在试图寻找一种简易的编制方法。

1）现金流量表的编制原理

（1）现金流量表编制的基本概念

为了更好地理解和运用现金流量表，必须界定现金、现金等价物、现金流量等概念。

① 现金。现金是指企业库存现金以及存入银行或其他金融机构并可随时用于支付的款项。应该注意的是，现金流量表中的“现金”不仅包括“库存现金”账户核算的库存现金，还包括企业“银行存款”账户核算的存入金融企业随时可以用于支付的存款、“其他货币资金”账户的存款。但“银行存款”和“其他货币资金”账户中有些不能随时用于支付的定额存款不能作为现金而应作为投资。

② 现金等价物。现金等价物是指企业持有的期限短、流动性强、易于转换为已知金额现金、价值变动风险很小的投资。其中，“期限短”一般是指自购买日起3个月内到期。因而确认现金等价物必须满足上述条件，通常包括3个月内到期的短期债券投资，而权益性投资变现的金额通常不确定，因而不能视为现金等价物。

③ 现金流量。现金流量是指企业一定时期的现金及现金等价物的流入和流出的数量。如企业销售商品，提供劳务、出售固定资产、向银行借款等取得的现金形成企业的现金流入；购买原材料、接受劳务、购建固定资产、偿还债务等而支付的现金形成企业的现金流出。现金流入量与现金流出量的差额，称为现金净流量。为了分析企业现金流量的形成，将现金流入量、流出量和净流量分为生产经营活动现金流量、投资活动现金流量和筹资活动现金流量三类。

（2）现金流量表编制依据

现金流量表编制所依据的基本原理，主要体现在以下两个公式中：

现金净流量=现金收入-现金支出 （7.1）

现金=负债+所有者权益-非现金资产 (7.2)

具体而言，现金流量表编制体现在以下三个方面：

① 公式7.2左半部分即现金各项目之间的增减变动。如从银行提取现金、将现金存入银行、开出银行汇票等，表现为一种“现金”的增加，另一种“现金”的减少，最终不会影响现金流量净额的变动。

② 公式7.2右半部分即非现金资产各项目之间的增减变动。如用原材料、固定资产、无形资产对外投资，接受其他单位以实物进行的投资，生产领用材料等，表现为实物资产的增加与减少，并未涉及现金的流入与流出，最终也不会影响现金流量净额的变动。

③ 公式7.2即现金各项目与非现金资产各项目之间的增减变动。如销售商品收到货款、收回投资、收到股利等引起现金流入；用现金购买原材料、支付职工工资等表现为现金流出，可见，等式两边各项目之间的增减变动直接影响现金流量净额的变动。

在编制现金流量表时，只需将现金各项目与非现金资产各项目之间的经营业务反映到现金流量表上，从而计算出现金流入、现金流出、现金净流量数额。

2）财务软件中现金流量表的编制方法

在报表系统软件中编制现金流量表的基本处理应从经济业务发生、会计数据录入计算机系统时，就将同一科目中与现金流量有关和与现金流量无关的数据进行分类，以便于编制现金流量表时分类汇总直接在报表中列示。基于这种分析，在用友财务软件中编制现金流量表的方法有多种，概括起来主要有以下四种方式：

（1）在现金科目下按现金流量表项目分类设置明细科目的方法

财务软件中编制现金流量表存在的问题是，在现有的科目体系中与现金流量表有关的“库存现金”“银行存款”等科目中记录的内容既有与现金流量变化有关的数据，也有与现金流量变化无关的数据。因此，在编制现金流量表时需要根据有关会计资料分析填列。为了从根本上解决这一问题，可以在上述会计科目下，按与现金流量变化的关系设置明细科目，如在“库存现金”科目下设置“提现”“销售税金变换”“销售价款”等明细科目。在编制凭证时就将经济业务发生的数据按现金流量表需要填列的项目进行分类，在报表中定义取数公式时直接从现金等科目的明细科目中进行取数。采用这种方法可避免报表编制时的数据遗漏，使报表数据精确程度高，但这种方法会使会计科目体系变得较为庞大。

（2）使用设置现金辅助账的方法

目前，财务管理软件系统均提供了比较完善的辅助核算处理功能，如部门核算、项目核算等。这些功能解决的问题尽管不尽相同，但其基本作用和处理方式是相同的，就是对需要进行辅助核算的科目根据需要进行进一步分类，以细化核算。这些功能的作用和设置明细科目的作用是相同的，因此，对于具有完善辅助核算功能的财务管理软件系统，可以使用辅助核算功能，特别是专项核算功能，解决现金流量表填列项目分类处理的问题。这种处理方式不必设置明细科目，可以避免设置明细科目带来的限制，使得解决问题更加灵活。

用这种方法编制现金流量表就是将与编制现金流量表有关的会计科目设为项目等辅助核算科目，同时按现金流量表项目来定义项目辅助核算档案，填制凭证时涉及与现金流量表有关的会计科目时必须输入项目辅助账，报表定义取数公式直接从现金等科目的辅助账中取数。

（3）利用现金流量控制科目的方法

这种方法就是利用财务软件系统内置的现金流量项目，通过修改、设置账务处理系统的现金流量处理选项，在凭证填制时将数据录入现金流量项目，报表编制时通过现金流量项目函数定义取数公式。利用这种方法可以随时查询企业任意时间的现金流量情况，有助于提高企业的经营决策质量，在未记账的情况下也可根据需要生成报表数据。

（4）利用现金流量表功能模块的方法

当前的财务软件中均提供了现金流量表系统，利用该系统进行现金流量表编制，账务处理系统无须进行专项设置，就可以编制所需的现金流量表。但用这种方法编制现金流量表需要定义凭证拆分规则，并进行凭证拆分后，才能完成现金流量表的编制。而凭证的拆分必须在凭证记账后才能进行，这样使得报表编制的灵活性下降，不能满足单位事中控制决策的需求。

3）用友现金流量控制科目法编制现金流量表

用友现金流量控制科目法编制现金流量表方法简单、灵活性大，可随时查询现金流量信息，实现事前、事中、事后三方面管理的需要，不会因会计科目变化而影响报表编制质量。

利用这种方法编制现金流量表，在系统初始设置时就应充分考虑编制的要求，利用现金流量控制科目法编制现金流量表需做好如下基础准备工作：

（1）设置现金流量科目

设置现金流量科目的目的就是告诉计算机系统哪些科目是与现金流量有关的科目，以便于系统在数据处理时正确归集。其设置的基本过程为：在【用友U8】窗口的业务导航视图中，选择【基础设置】—【基础档案】—【财务】—【会计科目】，单击，打开【会计科目】设置窗口，单击工具栏上的【指定科目】按钮，在弹出的【指定科目】对话框中将库存现金、银行存款和其他货币资金指定为现金流量科目，如图7-19所示。需要注意的是，所能指定的现金流量科目必须是最末级科目。

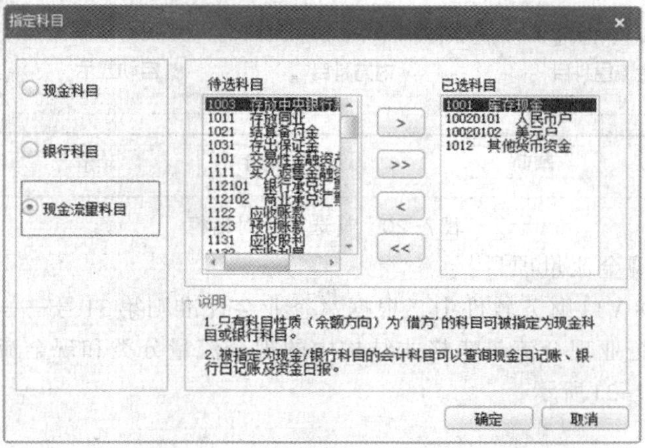

图7-19　【指定科目】对话框

（2）设置现金流量科目控制选项

在凭证填制时为保证涉及与现金流量表有关的经济业务能够正确地录入现金流量项目，必须对凭证填制设置控制选项。其基本设置方法为：在【用友U8】窗口的业务导航视图中，选择【业务工作】—【财务会计】—【总账】—【设置】—【选项】，单击，打开【选项】对话框，如图7-20所示，在【凭证】中选中【现金流量科目必录现金流量项目】选项，这样在填制凭证涉及现金流量科目时必须将信息录入现金流量项目中，否则凭证不能保存，这样就避免了数据信息的遗漏。

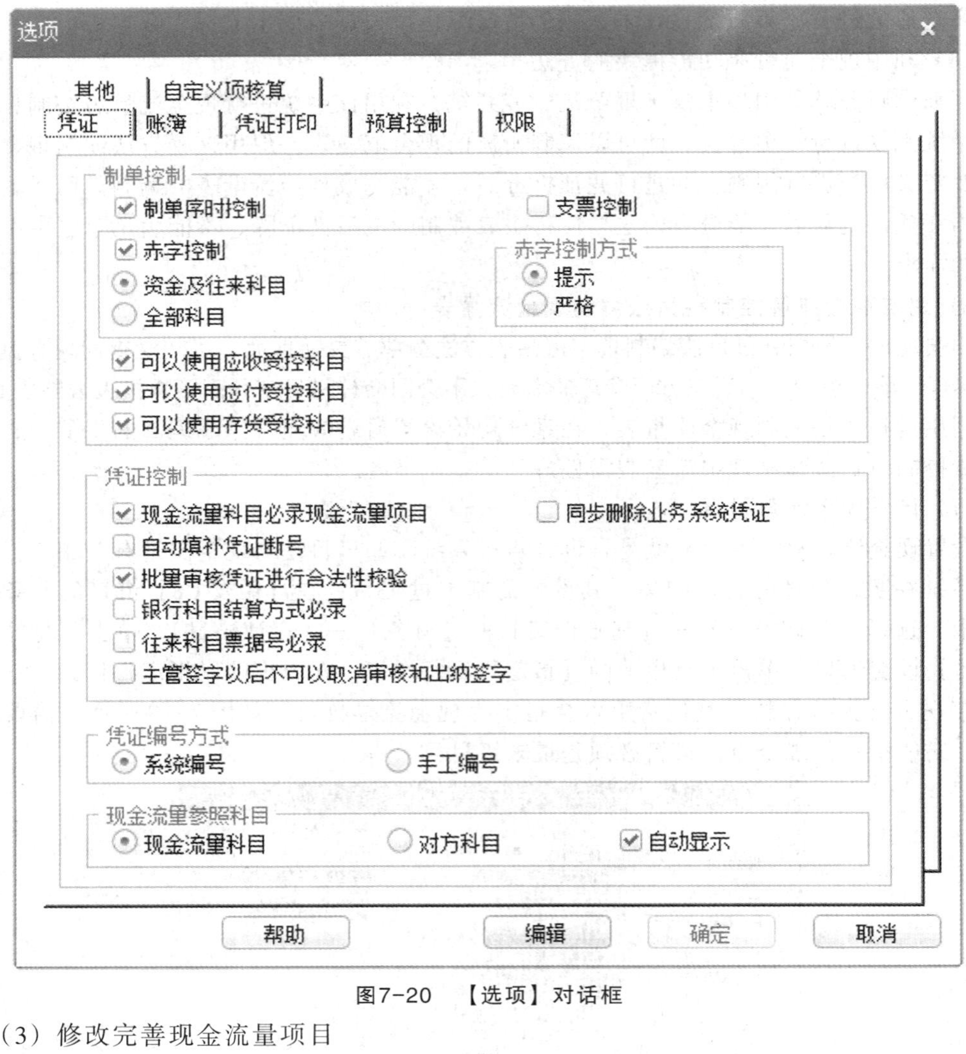

图7-20 【选项】对话框

（3）修改完善现金流量项目

在用友ERP-U8 V11财务软件中，根据《企业会计准则第31号——现金流量表》应用指南所规定的一般企业现金流量表格式结构中的现金流量分类和现金流量表项目预设了现金流量项目，如图7-21所示。

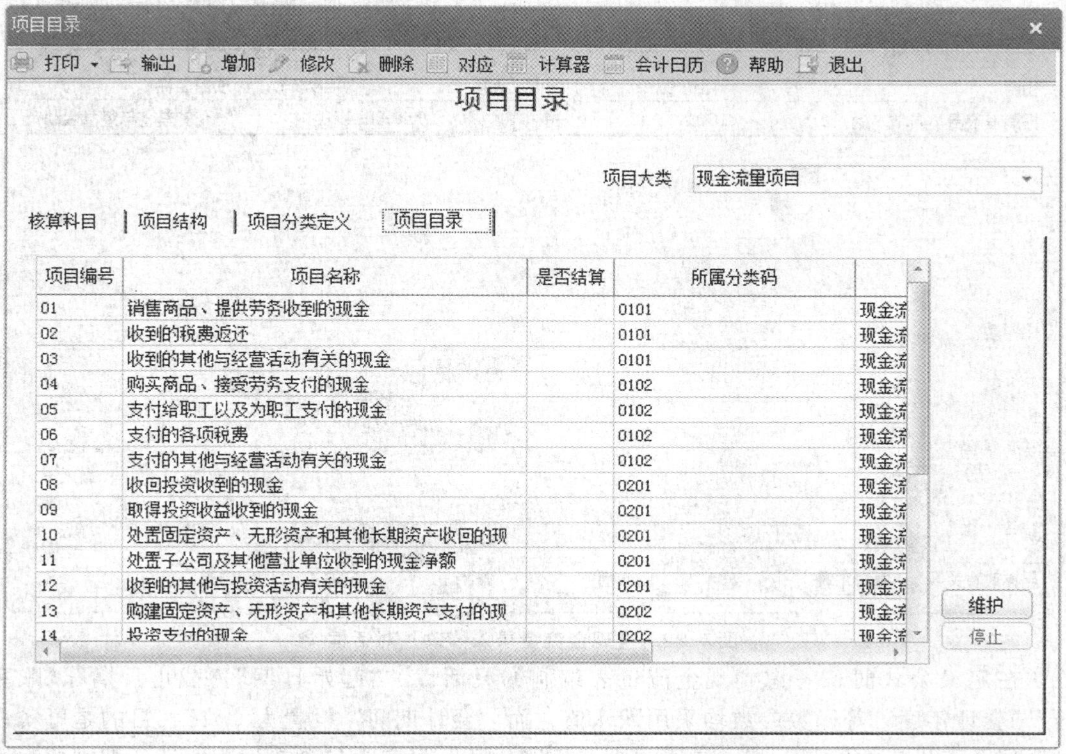

图7-21　【项目目录】对话框

如果预设不符合企业的实际情况，可以在此基础上进行修改补充。由于用友ERP-U8 V11在处理现金流量时，按凭证上现金流入和流出净额进行控制，已有效解决现金内部流动问题，对系统预设分类体系可默认使用。但若企业也要对现金内部的变动情况进行分析，则可在原有分类体系基础上增加“现金内部变动”分类，同时在项目目录中增加“内部流入”和“内部流出”两个项目来记载现金内部流动情况。

（4）凭证填制分项目录入现金流量信息

在填制凭证涉及现金流量科目时，必须将现金流量信息正确地记录到现金流量项目中（如图7-22所示），这样可将现金流量的分解处理工作转移到日常凭证填制中，可以有效地减轻期末业务的工作量。但采用这种方法要求会计人员要有较高的会计业务处理能力，特别是伴随企业信息化建设，会计人员应不断加强自身业务修养，提高业务能力以适应财务信息发展的要求。

（5）UFO现金流量表定义

在完成上述设置后，就可以启用用友UFO报表系统来编制现金流量表，UFO报表系统提供了现金流量表模板，但该模板考虑现金流量表编制方法的不同，并未给出取数公式，需要使用单位自行定义。本节所探讨的编制方法为现金流量科目控制法，因而这里应用现金流量项目函数来定义取数公式，该函数的基本格式为：XJLL（［<起始日期>，<截止日期>］，<方向>，<项目编码>，［<账套号>］，［<会计年度>］，［<是否包含未记账>］，［<会计期间>］）。

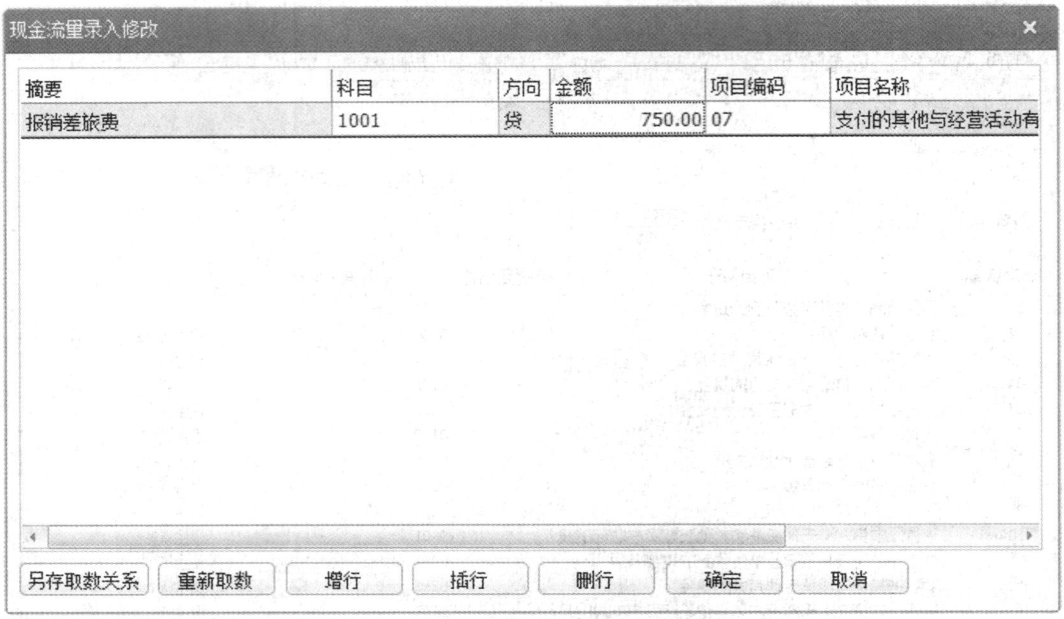

图7-22　【现金流量录入修改】对话框

在定义公式时，考虑到现金流量表编制的灵活性，“起始日期”“截止日期”“账套号”“会计年度”等函数参数均采用默认值，而“会计期间”设置为“月”，目的是可实现月度现金流量表的编制，将“是否包含未记账凭证”设定为包含未记账凭证，即“y”，这样可满足现金流量表随时编制的要求。同时，由于经济业务的多样性，在企业的日常经营活动中，不可避免地会发生冲减、抵销业务，现金流量需要综合考虑这些冲减、抵销业务，基于此种分析，对于流入类项目取数公式需要按“流入-流出”的方式进行定义，而流出类项目则需要按“流出-流入”的方式进行定义。以现金流量表中的“销售商品、提供劳务收到的现金”项目（项目编码为“01”）的本期金额为例，其取数公式可定义为：XJLL(,,"流入","01",,,,月)- XJLL(,,"流出","01",,,,月)。

其他项目的本期金额取数可参照“销售商品、提供劳务收到的现金”项目的取数公式进行定义。

现金流量表“上期金额”取数公式利用select（ ）函数进行定义。

利用UFO报表系统编制现金流量表与利润表编制相似，都涉及比较期报表数据的问题。首次利用UFO报表系统编制现金流量表，其编制方法与利润表的编制方法相同。

7.5　企业内部管理报表编制

为提高企业经营管理的效率，企业管理者需要及时了解企业的财务状况、经营成果及各种不同营运情况下可能达成的目标，以便及时采取必要的措施应对瞬息万变的情况。编制和报送企业内部管理报表是企业管理者掌握财务状况及经营成果的变化，及时发现问题并采取相应措施的有效途径。

7.5.1　内部管理报表的分类

在企业的经营管理中，由于不同管理者所要获取的信息不同，编送的报表种类、格式、内容也存在一定的差异，但从企业经营管理的角度来看，内部管理报表主要包括综合性报表、控制性报表、预测性报表、分析性报表和明细性报表等。

1）综合性报表

综合性报表是显示企业整体经营情况和财务状况的报表，是于每月、每季或年度结束编制的，包括资产负债表、利润表、现金流量表、盈余分析表、生产成本表、资金运用表等。

2）控制性报表

控制性报表是为报告企业开展业务活动的实际情况，以便管理者及时采取控制活动的报表。这类报表属于日常报表，反映企业日常经营活动状况，在报送时必须迅速，主要包括销售报表、生产报表、存货报表、现金报表、预算执行报表等。

3）预测性报表

预测性报表是预测未来可能发生情况的报表，可定期或不定期报送，主要包括盈亏预测表、销售预测表、成本预测表、资金预测表、财务变动预测表等。

4）分析性报表

分析性报表是分析企业经营绩效的报表，列明实际数与预算数或标准数差异的分析，可作为改进措施、制订未来业务计划、衡量工作绩效所用，一般用在半年或年终，如销售分析、成本分析、经营绩效分析等。

5）明细性报表

明细性报表是详细列示各事项明细内容的报表，包括资产负债表各科目的明细表、营业收支明细表、成本和费用明细表等。

7.5.2　内部管理报表的设计

在编制内部管理报表时，根据报表数据的来源不同，内部管理报表数据源主要分为两类：一类是本单位会计信息系统核算数据源，该类数据源主要体现在财务报表中；另一类是本单位会计信息系统核算之外的数据源，如行业标准值等，这类数据源一般刊登在杂志、报纸和文件上，需要通过手工查阅获得。在内部管理报表编制的过程中，多数数据来源于企业内部，这是报表编制的主要数据源。

企业实施会计信息化后，各种内部管理报表除结构和内容存在一定差异外，报表编制方式基本相同，以下以财务分析报表为例说明内部管理报表设计的基本思路和方法。

财务分析报表是把财务报表中的有关项目进行对比，得出一系列财务比率，以此揭示企业财务状况的一种分析报表。它是以财务分析为核心的。不同的企业可以根据企业自身管理的要求来选择合适的分析指标建立财务分析报表。从财务分析的数据源看，其数据主要来自资产负债表、利润表和现金流量表，均属于企业内部财务数据。在财务分析报表设计时，报表数据可通过select（ ）函数从其他报表中获取。

select（ ）函数的基本格式为：select（<区域>［，<页面筛选条件>］），该函数不仅可用于同一报表不同周期间的取数，还可用于从其他报表取数，在设计财务分析报表时，可以借助此函数的他表取数功能实现在获取数据的同时完成数据的运算，达到数据处理一步到位。

此函数应用于其他报表取数时，可按下列格式进行取数公式定义：

select（“他表表名”-> 单元，目标页关键字@=“他表表名”->关键字）

在 UFO 报表系统中，设计财务分析报表的基本过程如下：

1）建立财务分析报表

建立财务分析报表就是设计财务分析报表的格式，这里最主要的是需要设计哪些分析项目、需要建立哪些对比指标等。

2）定义财务分析报表相关指标的取数公式

定义指标取数公式就是根据报表所选定的分析指标，按照指标计算要求，从报表系统的角度定义数据获取方式和计算方式。

以流动比率指标为例，流动比率的计算公式为“流动比率=流动资产÷流动负债”，其中流动资产数据为资产负债表“流动资产合计”项目的数据，流动负债数据为资产负债表“流动负债合计”项目的数据。假设资产负债表保存在 D 盘下的 cwsj 文件夹中，报表文件名为“zcfjb.rep”，报表期末“流动资产合计”项目所在单元为 B16，期末“流动负债合计”项目所在单元为 E17，此时期末流动比率的计算公式可定义为：

流动比率=select（“D:\cwsj\zcfjb.rep”->B16，年@=“D:\cwsj\zcfjb.rep”->年 and 月@=“D:\cwsj\zcfjb.rep”->月）/select（“D:\cwsj\zcfjb.rep”->E17，年@=“D:\cwsj\zcfjb.rep”->年 and 月@=“D:\cwsj\zcfjb.rep”->月）

3）生成分析报表数据

将报表转换到数据状态，录入关键字，计算生成分析指标数据。

练习思考题

【单项选择题】

1. 在 UFO 报表的格式状态下所做的操作，以下表述正确的是________。

A. 对当前报表的所有表页都没作用

B. 对当前报表的所有表页都起作用

C. 对当前报表的指定表页起作用

D. 对当前报表的指定表页不起作用

第 7 章练习思考题参考答案

2. 下列任务能由 UFO 报表系统的数据处理功能完成的是________。

A. 舍位平衡　　B. 设置关键字　　C. 修改单元公式　　D. 格式排版

3. 单元属性是指________。

A. 单元内容的性质，如数字、字符还是表样

B. 数据的显示格式

C. 单个单元、区域或组合单元

D. 数据单位

4.下列所建立的获取数据的各种计算公式中，属于表页内取数计算公式的是________。

A.A12=C8-C10+QM（1301,月,10）　B.D10=D6+D8-D3

C.F9=FS(1301,月,"借",10)　D.C4=QC(1001,月,10)

5.使用UFO报表系统，在报表数值单元中键入________键，弹出定义公式对话框。

A.=　B.@　C.#　D.+

6.在报表系统中，编辑报表公式和格式时要处于________。

A.格式或数据状态均可　B.数据状态

C.其他状态　D.格式状态

7.在UFO报表系统中，________可以确认报表数据取数的时间范围，即确定数据生成的具体日期。

A.日期数值　B.日期字符　C.日期表样　D.日期关键字

8.下列公式中，合法的舍位平衡公式是________。

A.C4=C1*C2-C3　B.C4=C1+C2-C3

C.C4=C3+C2/2　D.C4=C4@1+C3

9.欲将关键字位置向左调整，需输入的数据形式为________。

A.10　B.-10　C.0　D.左10

10.________是报表数据之间关系的检查公式。

A.报表审核公式　B.表达式

C.报表舍位平衡公式　D.报表运算公式

【多项选择题】

1.在UFO报表系统中，下列关于舍位平衡公式的叙述中正确的有________。

A.各公式之间用逗号“,”（半角）隔开

B.等号左边可以为多个单元

C.最后一条公式后面不用写逗号，否则公式无法执行

D.每个公式一行

2.在UFO报表系统中，表的数据来源包括________。

A.从其他核算系统取数　B.从系统外部取数

C.从账务处理系统取数　D.从报表系统自身取数

3.数据状态下可以进行的操作有________。

A.审核数据　B.汇总表页　C.设置列宽　D.调整关键字位置

4.下列方法可以实现输入单元公式的有________。

A.单击单元格输入公式　B.按“=”键输入公式

C.点击“fx”按钮，输入公式　D.在编辑框中输入“=”和公式

5.下列关于报表系统中单元属性的叙述中正确的有________。

A.字符单元输入后只对本表页有效

B.数值状态下输入内容的单元均默认为表样单元

C.格式状态下输入内容的单元默认为表样单元

D.表样单元输入后对所有表页有效

6.有关报表数据状态的描述，下列说法中正确的有________。

A.在报表的数据状态下管理报表的数据

B.在数据状态下不能修改报表的格式

C.在数据状态下看到的是全部内容，包括格式和数据

D.在数据状态下可以增加或删除表页

7.下列工作中，在报表的数据状态下进行的有________。

A.舍位平衡计算　　B.录入关键字计算结果

C.设定表单元属性　　D.定义报表公式

8.报表系统中的关键字主要有________。

A.年份　　B.报表文件名称　　C.单位名称　　D.月份

【判断题】

1.在UFO报表系统中，在数据状态下可以修改报表格式。（　　）

2.在UFO报表系统中，关键字的位置可以用偏移量来表示，正数值表示向左移，负数值表示向右移。（　　）

3.在UFO报表系统中，只能从总账中提取财务数据。（　　）

4.在数据状态下可以修改UFO报表的审核公式。（　　）

5.UFO报表系统中的计算公式是在数据状态下定义的。（　　）

6.在UFO报表系统的格式状态下，所看到的是报表的格式，报表的数据全部被隐藏。（　　）

7.在UFO报表的格式状态下可以进行删除表页的操作。（　　）

8.函数架起了报表系统与其他系统、同一报表文件中不同表页之间、不同报表文件之间以及同一报表内部数据传递的桥梁。（　　）

9.在UFO报表系统中，编制单位、日期一般不作为文字内容输入，而是需要设置为关键字。（　　）

10.在UFO报表系统中，建立新表后，默认的状态为数据状态。（　　）

【简答题】

1.报表公式分为哪几类？设置时应注意哪些事项？

2.什么是报表格式设计？格式设计应包括哪些内容？

3.列举报表格式状态和数据状态的主要功能。

4.何谓关键字？报表关键字主要包括哪些？

5.现金流量表编制的方法有哪些？简述利用现金流量项目编制现金流量表的基本过程。

6.简述以下基本概念：格式状态与数据状态、单元与组合单元、表样单元、报表文件与表页。

7.利润表本期金额取数公式应如何定义才能确保实现利润表编制的灵活性？

8.舍位平衡公式定义时应遵循哪些原则？

9.报表数据源划分为哪几种类型？各类型数据如何获取？请举例说明。

10.在UFO报表系统定义报表取数公式时，应注意什么问题？

11.解释下列取数公式的含义：QC("1001",月,"借","788",2022)。

12.首次利用报表系统编制利润表时，应如何编制？简述其编制步骤。

实验十　自定义报表编制

【实验目的】

1.掌握UFO报表系统中报表格式设置的内容与设置方法。

2.掌握报表取数公式定义的途径和方法。

3.掌握报表数据处理的基本过程和方法。

实验十
操作指南

【实验内容】

1.报表启用与新建报表。

2.报表格式设置。

3.报表取数公式定义。

4.报表数据处理。

【实验准备】

1.已按实验九的要求，完成期末业务处理并已做备份。

2.以系统管理员的身份注册登录系统管理模块，引入实验九的账套备份数据。

【实验资料】

货币资金表样式见表7-11。

表7-11　　货币资金表样式

	A	B	C	D
1	货币资金表			
2	编制单位：		年　月	
3	项目	行次	期初数	期末数
4	库存现金	1		
5	银行存款	2		
6	合计	3		
7	制表人：			

【实验操作步骤】

1.以具有报表编制权限的操作员的身份登录企业应用平台，启用UFO报表系统。

2.新建一张空白新表。

3.定义“货币资金表”的格式。

①表尺寸：7行4列。

②组合单元：A1:D1。

③区域划线：A3:D6。

④行高、列宽设置：自己根据报表美观程度进行设置。

⑤录入表样项目：按报表样式内容进行输入。

⑥定义单元格属性：设置各单元字体图案和对齐方式，定义D7单元为文本单元。

⑦设置关键字：编制单位、年、月，关键字位置通过偏移进行调整。

4.定义单元公式：

①C4单元取“库存现金”科目的月度期初金额；

②C5单元取“银行存款”科目的月度期初金额；

③C6单元取C4、C5单元数据之和；

④D4单元取“库存现金”科目的月度期末金额；

⑤D5单元取“银行存款”科目的月度期末金额；

⑥D6单元取D4、D5单元数据之和。

5.切换到数据状态。

6.录入关键字：编制单位“山东彬彬童车厂”、年“2022”、月“4”，进行报表计算生成数据。

7.在D7单元录入制表人姓名。

8.对报表进行保存。

【实验思考题】

1.写出获取“银行存款”科目期末余额的报表取数公式。

2.区分报表的标志是什么？如何设置？

3.定义报表取数公式时，为什么“账套号”“年度”参数需要选择默认值？

4.写出报表从账务处理系统取数的函数格式，并说明各参数的含义。

实验十思考题
参考答案

实验十一　资产负债表编制

【实验目的】

1.掌握资产负债表编制的基本思路和方法。

2.掌握报表审核公式定义的方法。

实验十一
操作指南

【实验内容】

1.利用报表模板定义资产负债表的格式。

2.定义资产负债表审核公式。

3.资产负债表数据处理与审核处理。

【实验准备】

1.已按实验九的要求，完成期末业务处理并已做备份。

2.以系统管理员的身份注册登录系统管理模块，引入实验九的账套备份数据。

【实验操作步骤】

1.新建报表，利用报表模板定义资产负债表格式。注意行业性质要与账套的行业性质一致。

2.按现行资产负债表结构对报表格式进行修改。

3.按现行资产负债表编制相关规定，结合案例会计科目体系设置情况，对报表取数公式进行修改或重新定义。报表各项目取数公式定义如下：

一般企业财务报表格式（适用已执行新金融准则、新收入准则和新租赁准则的企业

(1)“期末余额”取数公式

货币资金：C7=QM("1001",月,,,年,,)+QM("1002",月,,,年,,)+QM("1012",月,,,年,,)

交易性金融资产：C8=QM("1101",月,,,年,,)

衍生金融资产：C9=QM("3101",月,借,,年,,)

应收票据：C10=QM("1121",月,,,年,,)

应收账款：C11=QM("1122",月,,,年,,)-QM("1231",月,,,年,,)

预付款项：C13=QM("1123",月,,,年,,)

其他应收款：C14=QM("1131",月,,,年,,)+ QM("1132",月,,,年,,)+ QM("1221",月,,,年,,)

存货：C15=QM("1401",月,,,年,,)+QM("1402",月,,,年,,)+QM("1403",月,,,年,,)+QM("1404",月,,,年,,)+QM("1405",月,,,年,,)+QM("1406",月,,,年,,)-QM("1407",月,,,年,,)+QM("1408",月,,,年,,)+QM("1411",月,,,年,,)+QM("1421",月,,,年,,)+QM("5001",月,,,年,,)+QM("5201",月,,,年,,)-QM("1471",月,,,年,,)

合同资产：C16=QM("1462",月,,,年,,)

持有待售资产：C17=QM("1481",月,,,年,,)-QM("1482",月,,,年,,)

流动资产合计：C20=ptotal(?C7:?C19)

债权投资：C22=QM("1505",月,,,年,,)-QM("1506",月,,,年,,)

let D22=QC("1505",全年,,,年,,)-QC("1506",全年,,,年,,)

其他债权投资：C23=QM("1507",月,,,年,,)

长期应收款：C24=QM("1531",月,,,年,,)-QM("1532",月,,,年,,)

长期股权投资：C25=QM("1511",月,,,年,,)-QM("1512",月,,,年,,)

投资性房地产：C28=QM("1521",月,,,年,,)

固定资产：C29=QM("1601",月,,,年,,)-QM("1602",月,,,年,,)-QM("1603",月,,,年,,)+QM("1606",月,借,,年,,)-QM("1606",月,贷,,年,,)

在建工程：C30=QM("1604",月,,,年,,)+QM("1605",月,,,年,,)

生产性生物物资：C31=QM("1621",月,,,年,,)-QM("1622",月,,,年,,)

油气资产：C32=QM("1631",月,,,年,,)-QM("1632",月,,,年,,)

使用权资产：C33=QM("1641",月,,,年,,)-QM("1642",月,,,年,,)-QM("1643",月,,,年,,)

无形资产：C34=QM("1701",月,,,年,,)-QM("1702",月,,,年,,)-QM("1703",月,,,年,,)

开发支出：C35=QM("5301",月,,,年,,)

let D35=QC("5301",全年,,,年,,)

商誉：C36=QM("1711",月,,,年,,)

长期待摊费用：C37=QM("1801",月,,,年,,)

递延所得税资产：C38=QM("1811",月,,,年,,)

非流动资产合计：C40=ptotal(?C22:?C39)

资产合计：C46=?C20+?C40

短期借款：G7=QM("2001",月,,,年,,)

交易性金融负债：G8=QM("2101",月,,,年,,)

衍生金融负债：G9=QM("3101",月,贷,,年,,)

应付票据：G10=QM("2201",月,,,年,,)

应付账款：G11=QM("2202",月,,,年,,)

预收款项：G12=QM("2203",月,,,年,,)

合同负债：G13=QM("2204",月,,,年,,)

应付职工薪酬：G14=QM("2211",月,,,年,,)

应交税费：G15=QM("2221",月,,,年,,)

其他应付款：G16=QM("2231",月,,,年,,)+QM("2232",月,,,年,,)+QM("2241",月,,,年,,)

持有待售负债：G17=QM("2245",月,,,年,,)

流动负债合计：G20=ptotal(?G7:?G19)

长期借款：G22=QM("2501",月,,,年,,)

应付债券：G23=QM("2502",月,,,年,,)

租赁负债：G26=QM("2271",月,,,年,,)

长期应付款：G27=QM("2701",月,,,年,,)-QM("2702",月,,,年,,)+ QM("2711",月,,,年,,)

预计负债：G28=QM("2801",月,,,年,,)

递延收益：G29=QM("2401",月,,,年,,)

递延所得税负债：G30=QM("2901",月,,,年,,)

非流动负债合计：G32=ptotal(?G22:?G31)

负债合计：G33=?G20+?G32

实收资本：G35=QM("4001",月,,,年,,)

其他权益工具：G36=QM("4401",月,,,年,,)

资本公积：G39=QM("4002",月,,,年,,)

库存股：G40=QM("4201",月,,,年,,)

其他综合收益：G41=QM("4102",月,,,年,,)

专项储备：G42=QM("4301",月,,,年,,)

盈余公积：G43=QM("4101",月,,,年,,)

分配利润：G44=QM("4103",月,贷,,年,,)- QM("4103",月,借,,年,,)+QM("4104",月,贷,,年,,)- QM("4104",月,借,,年,,)

所有者权益合计：G45=?G35+?G36+?G39-?G40+?G41+?G42+?G43+?G44

负债和所有者权益合计：G46=?G33+?G45

(2)"上年年末余额"取数公式

货币资金：D7=QC("1001",全年,,,年,,)+QC("1002",全年,,,年,,)+QC("1012",全年,,,年,,)

交易性金融资产：D8=QC("1101",全年,,,年,,)

衍生金融资产：D9=QC("3101",全年,借,,年,,)

应收票据：D10=QC("1121",全年,,,年,,)

应收账款：D11=QC("1122",全年,,,年,,)-QC("1231",全年,,,年,,)

预付款项：D13=QC("1123",全年,,,年,,)

其他应收款：D14=QC("1131",全年,,,年,,)+ QC("1132",全年,,,年,,)+ QC("1221",全年,,,年,,)

存货：D15=QC("1401",全年,,,年,,)+QC("1402",全年,,,年,,)+QC("1403",全年,,,年,,)+QC("1404",全年,,,年,,)+QC("1405",全年,,,年,,)+QC("1406",全年,,,年,,)-QC("1407",全年,,,年,,)+QC("1408",全年,,,年,,)+QC("1411",全年,,,年,,)+QC("1421",全年,,,年,,)+QC("5001",全年,,,年,,)+QC("5201",全年,,,年,,)-QC("1471",全年,,,年,,)

合同资产：D16=QC("1462",全年,,,年,,)

持有待售资产：D17=QC("1481",全年,,,年,,)-QC("1482",全年,,,年,,)

流动资产合计：D20=ptotal(?D7:?D19)

债权投资：D22=QC("1505",全年,,,年,,)-QC("1506",全年,,,年,,)

其他债权投资：D23=QC("1507",全年,,,年,,)

长期应收款：D24=QC("1531",全年,,,年,,)-QC("1532",全年,,,年,,)

长期股权投资：D25=QC("1511",全年,,,年,,)-QC("1512",全年,,,年,,)

投资性房地产：D28=QC("1521",全年,,,年,,)

固定资产：D29=QC("1601",全年,,,年,,)-QC("1602",全年,,,年,,)-QC("1603",全年,,,年,,)+QC("1606",全年,借,,年,,)-QC("1606",全年,贷,,年,,)

在建工程：D30=QC("1604",全年,,,年,,)+QC("1604",全年,,,年,,)

生产性生物物资：D31=QC("1621",全年,,,年,,)-QC("1622",全年,,,年,,)

油气资产：D32=QC("1631",全年,,,年,,)-QC("1632",全年,,,年,,)

使用权资产：D33=QC("1641",全年,,,年,,)-QC("1642",全年,,,年,,)-QC("1643",全年,,,年,,)

无形资产：D34=QC("1701",全年,,,年,,)-QC("1702",全年,,,年,,)-QC("1703",全年,,,年,,)

开发支出：D35=QC("5301",全年,,,年,,)

商誉：D36=QC("1711",全年,,,年,,)

长期待摊费用：D37=QC("1801",全年,,,年,,)

递延所得税资产：D38=QC("1811",全年,,,年,,)

非流动资产合计：D40=ptotal(? D22:? D39)

资产合计：D46=? D20+? D40

短期借款：H7=QC("2001",全年,,,年,,)

交易性金融负债：H8=QC("2101",全年,,,年,,)

衍生金融负债：H9=QC("3101",全年,贷,,年,,)

应付票据：H10=QC("2201",全年,,,年,,)

应付账款：H11=QC("2202",全年,,,年,,)

预收款项：H12=QC("2203",全年,,,年,,)

合同负债：H13=QC("2204",全年,,,年,,)

应付职工薪酬：H14=QC("2211",全年,,,年,,)

应交税费：H15=QC("2221",全年,,,年,,)

其他应付款：H16=QC("2231",全年,,,年,,)+QC("2232",全年,,,年,,)+QC("2241",全年,,,年,,)

持有待售负债：H17=QC("2245",全年,,,年,,)

流动负债合计：H20=ptotal(?H7:?H19)

长期借款：H22=QC("2501",全年,,,年,,)

应付债券：H23=QC("2502",全年,,,年,,)

租赁负债：H26=QC("2271",全年,,,年,,)

长期应付款：H27=QC("2701",全年,,,年,,)-QC("2702",全年,,,年,,)+QC("2711",全年,,,年,,)

预计负债：H28=QC("2801",全年,,,年,,)

递延收益：H29=QC("2401",全年,,,年,,)

递延所得税负债：H30=QC("2901",全年,,,年,,)

非流动负债合计：H32=ptotal(?H22:?H31)

负债合计：H33=? H20+? H32

实收资本：H35=QC("4001",全年,,,年,,)

其他权益工具：H36=QC("4401",全年,,,年,,)

资本公积：H39=QC("4002",全年,,,年,,)

库存股：H40=QC("4201",全年,,,年,,)

其他综合收益：H41=QC("4102",全年,,,年,,)

专项储备：H42=QC("4301",全年,,,年,,)

盈余公积：H43=QC("4101",全年,,,年,,)

未分配利润：H44=QC("4103",全年,贷,,年,,)-QC("4103",全年,借,,年,,)+QC("4104",全年,贷,,年,,)-QC("4104",全年,借,,年,,)

所有者权益合计：G45=?G35+?G36+?G39-?G40+?G41+?G42+?G43+?G44

负债和所有者权益合计：H46=?H33+?H45

4.定义资产负债表的审核公式。

C46=G46 MESS"资产总计期末不等于负债及所有者权益总计期末"

B46=H46 MESS"资产总计期初不等于负债及所有者权益总计期初"

5.切换到数据状态进行报表数据生成处理和报表审核处理。

6.对报表进行保存。

【实验思考题】

1.利用报表模板生成报表后，能否直接生成数据？

2.为什么"存货"项目应包含"生产成本"科目数据？

3.为什么"未分配利润"项目应包含"本年利润"科目数据？

实验十一思考题参考答案

实验十二　利润表编制

【实验目的】

1.掌握利润表编制的基本思路和方法。

2.掌握报表舍位处理的基本操作。

3.掌握报表公式修改的基本方法。

实验十二操作指南

【实验内容】

1.编制利润表。

2.报表舍位处理。

【实验准备】

1.已按实验九的要求，完成期末业务处理并已做备份。

2.以系统管理员的身份注册登录系统管理模块，引入实验九的账套备份数据。

【实验资料】

1.利润表期初信息。

山东彬彬童车厂2021年4月份利润表见表7-12。

表7-12 **利润表（简表）**

编制单位：山东彬彬童车厂 2021年4月 单位：元

项目	本期金额	上期金额
一、营业收入	229 800.00	292 300.00
减：营业成本	72 980.54	66 300.96
税金及附加	3 684.56	3 800.59
销售费用	3 500.00	5 100.67
管理费用	28 749.00	28 932.00
研发费用		
财务费用	150.00	206.00
其中：利息费用	300.00	460.00
利息收入	750.00	600.00
加：其他收益		
投资收益（损失以“–”号填列）	4 500.00	1 500.00
其中：对联营企业和合营企业的投资收益		
以摊余成本计量的金融资产终止确认收益（损失以“–”填列）		
净敞口套期收益（损失以“–”号填列）		
公允价值变动收益（损失以“–”号填列）		
信用减值损失（损失以“–”号填列）	–1 245.00	–1 510.00
资产减值损失（损失以“–”号填列）		
资产处置收益（损失以“–”号填列）		
二、营业利润（亏损以“–”号填列）	123 990.90	187 494.78
加：营业外收入	4 000.00	1 300.00
减：营业外支出	3 845.56	1 280.00
三、利润总额（亏损总额以“–”号填列）	124 145.34	187 969.78
减：所得税费用	31 036.34	46 242.48
四、净利润（净亏损以“–”号填列）	93 109.00	141 727.30
（一）持续经营净利润（净亏损以“–”号填列）		
（二）终止经营净利润（净亏损以“–”号填列）		
五、其他综合收益的税后净额		
六、综合收益总额	93 109.00	141 727.30
七、每股收益		
（一）基本每股收益		
（二）稀释每股收益		

2.利润表各单元取数公式。

(1)“本期金额”各单元取数公式。

营业收入：C5= FS("6001",月,"贷")-FS("6001",月,"借")+DFS("6001","4103",月,借)-DFS("6001","4103",月,贷)+ FS("6051",月,"贷")-FS("6051",月,"借")+DFS("6051","4103",月,借)-DFS("6051","4103",月,贷)

营业支出：C6= FS(6401,月,"借")-FS(6401,月,"贷")+FS(6402,月,"借")-FS(6402,月,"贷")+DFS(6401,4103,月,"贷")-DFS(6401,4103,月,"借")+DFS(6402,4103,月,"贷")-DFS(6402,4103,月,"借")

税金及附加：C7= FS(6403,月,"借")-FS(6403,月,"贷")+DFS(6403,4103,月,"贷")-DFS(6403,4103,月,"借")

销售费用：C8= FS(6601,月,"借")-FS(6601,月,"贷")+DFS(6601,4103,月,"贷")-DFS(6601,4103,月,"借")

管理费用：C9= FS(6602,月,"借")-FS(6602,月,"贷")+DFS(6602,4103,月,"贷")-DFS(6602,4103,月,"借")

研发费用：C10=FS(6605,月,"借")-FS(6605,月,"贷")+DFS(6605,4103,月,"贷")-DFS(6605,4103,月,"借")

财务费用：C11= FS(6603,月,"借")-FS(6603,月,"贷")+DFS(6603,4103,月,"贷")-DFS(6603,4103,月,"借")

利息费用：C12=FS(660301,月,"借")-FS(660301,月,"贷")+DFS(660301,4103,月,"贷")-DFS(660301,4103,月,"借")

利息收入：C13=FS(660302,月,"贷")-FS(660302,月,"借")+DFS(660302,4103,月,"借")-DFS(660302,4103,月,"贷")

其他收益：C14= FS(6104,月,"借")-FS(6104,月,"贷")+DFS(6104,4103,月,"贷")-DFS(6104,4103,月,"借")

投资收益：C15= FS(6111,月,"贷")-FS(6111,月,"借")+ DFS(6111,4103,月,"借")-DFS(6111,4103,月,"贷")

净敞口套期收益：C18= FS(6102,月,"贷")-FS(6102,月,"借")+ DFS(6102,4103,月,"借")-DFS(6102,4103,月,"贷")

公允价值变动收益：C19= FS(6101,月,"贷")-FS(6101,月,"借")+ DFS(6101,4103,月,"借")-DFS(6101,4103,月,"贷")

信用减值损失(损失以“-”填列)：C20= FS(6703,月,"贷")-FS(6703,月,"借")+ DFS(6703,4103,月,"借")-DFS(6703,4103,月,"贷")

资产减值损失(损失以“-”填列)：C21= FS(6701,月,"贷")-FS(6701,月,"借")+ DFS(6701,4103,月,"借")-DFS(6701,4103,月,"贷")

资产处置收益：C22= FS(6103,月,"贷")-FS(6103,月,"借")+ DFS(6103,4103,月,"借")-DFS(6103,4103,月,"贷")

营业利润：C23=?C5-?C6-?C7-?C8-?C9-?C10-?C11+?C14+?C15+?C18+?C19+?C20+?C21+?C22

营业外收入：C24= FS(6301,月,"贷")-FS(6301,月,"借")+ DFS(6301,4103,月,"借")-DFS(6301,4103,月,"贷")

营业外支出：C25= FS(6711,月,"借")-FS(6711,月,"贷")+DFS(6711,4103,月,"贷")-DFS(6711,4103,月,"借")

利润总额：C26=?C23+?C24-?C25

所得税费用：C27= FS(6801,月,"借")-FS(6801,月,"贷")+DFS(6801,4103,月,"贷")-DFS(6801,4103,月,"借")

净利润：C28=?C26-?C27

综合收益总额：C32=?C28+?C31

(2)"上期金额"各单元取数公式。

营业收入：D5=select(?C5,年@=年+1 and 月@=月)

营业成本：D6=select(?C6,年@=年+1 and 月@=月)

税金及附加：D7=select(?C7,年@=年+1 and 月@=月)

销售费用：D8=select(?C8,年@=年+1 and 月@=月)

管理费用：D9=select(?C9,年@=年+1 and 月@=月)

研发费用：D10=select(?C10,年@=年+1 and 月@=月)

财务费用：D11=select(?C11,年@=年+1 and 月@=月)

利息费用：D12=select(?C12,年@=年+1 and 月@=月)

利息收入：D13=select(?C13,年@=年+1 and 月@=月)

其他收益：D14=select(?C14,年@=年+1 and 月@=月)

投资收益：D15=select(?C15,年@=年+1 and 月@=月)

对联营企业和合并企业的投资收益：D16=select(?C16,年@=年+1 and 月@=月)

以摊余成本计量的金融资产终止确认收益：D17=select(?C17,年@=年+1 and 月@=月)

净敞口套期收益：D18=select(?C18,年@=年+1 and 月@=月)

公允价值变动收益：D19=select(?C19,年@=年+1 and 月@=月)

信用减值损失：D20=select(?C20,年@=年+1 and 月@=月)

资产减值损失：D21=select(?C21,年@=年+1 and 月@=月)

资产处置收益：D22=select(?C22,年@=年+1 and 月@=月)

营业利润：D23=select(?C23,年@=年+1 and 月@=月)

营业外收入：D24=select(?C24,年@=年+1 and 月@=月)

营业外支出：D25=select(?C25,年@=年+1 and 月@=月)

利润总额：D26=select(?C26,年@=年+1 and 月@=月)

所得税费用：D27=select(?C27,年@=年+1 and 月@=月)

净利润：D28=select(?C28,年@=年+1 and 月@=月)

持续经营净利润：D29=select(?C29,年@=年+1 and 月@=月)

终止经营净利润：D30=select(?C30,年@=年+1 and 月@=月)

其他综合收益的税后净额：D31=select(?C31,年@=年+1 and 月@=月)

综合收益总额：D32=select(?C32,年@=年+1 and 月@=月)

每股收益：D33=select(?C33,年@=年+1 and 月@=月)

基本每股收益：D34=select(?C34,年@=年+1 and 月@=月)

稀释每股收益：D35=select(?C35,年@=年+1 and 月@=月)

【实验操作步骤】

1.新建报表，调用模板生成利润表格式。

2.按表7-12对利润表结构进行修改（行数由24行调整为35行，相关项目进行相应调整）并删除系统预设取数公式。

3.切换到数据状态，按表7-12录入比较期利润表的数据，录入关键字为2021年4月，信息录入完毕后对报表进行表页不计算保护处理。

4.切换到格式状态，按实验资料录入利润表“本期金额”和“上期金额”各项目取数公式，或采取公式导入方式导入各项目取数公式（公式中的各个单元名称应根据报表具体情况而定）。

5.定义利润表的舍位取数公式（制作万元报表）。

6.切换到数据状态，插入表页，录入报告期报表关键字2022年4月，生成报告期报表。

7.生成舍位利润表。

【实验思考题】

1.解释函数DFS（"6001","4103",月,借）的含义。

2.举例说明利润表“本期金额”取数实现的方法。

3.简述首次利用UFO报表编制利润表的基本过程。

实验十二思考题参考答案

实验十三　现金流量表编制

掌握现金流量表编制的基本思路和方法。

实验十三操作指南

【实验内容】

利用现金流量项目控制法编制现金流量表。

【实验准备】

1.已按实验九的要求，完成期末业务处理并已做备份。

2.以系统管理员的身份注册登录系统管理模块，引入实验九的账套备份数据。

【实验资料】

1.山东彬彬童车厂2021年4月份现金流量表见表7-13。

表 7-13

现金流量表

编制单位：山东彬彬童车厂　　2021 年 4 月　　单位：元

项　目	本期金额	上期金额
一、经营活动产生的现金流量：		
销售商品、提供劳务收到的现金	305 000.00	276 801.00
收到的税费返还	1 400.00	2 800.00
收到其他与经营活动有关的现金	192.30	384.55
经营活动现金流入小计	306 592.30	279 985.55
购买商品、接受劳务支付的现金	153 600.00	107 330.00
支付给职工以及为职工支付的现金	11 000.00	10 500.00
支付的各项税费	104 800.00	93 955.00
支付其他与经营活动有关的现金	6 900.00	5 100.00
经营活动现金流出小计	276 300.00	216 885.00
经营活动产生的现金流量净额	30 292.30	63 100.55
二、投资活动产生的现金流量：		
收回投资收到的现金	45 000.00	15 000.00
取得投资收益收到的现金	4 500.00	1 500.00
处置固定资产、无形资产和其他长期资产收回的现金净额	81 000.00	27 000.00
处置子公司及其他营业单位收到的现金净额		
收到其他与投资活动有关的现金	1 200.00	400.00
投资活动现金流入小计	131 700.00	43 900.00
购建固定资产、无形资产和其他长期资产支付的现金	41 000.00	13 600.00
投资支付的现金		
取得子公司及其他营业单位支付的现金净额		
支付其他与投资活动有关的现金	7 000.00	5 200.00
投资活动现金流出小计	48 000.00	18 800.00
投资活动产生的现金流量净额	83 700.00	25 100.00
三、筹资活动产生的现金流量：		
吸收投资收到的现金		
取得借款收到的现金	100 000.00	100 000.00
收到其他与筹资活动有关的现金		
筹资活动现金流入小计	100 000.00	100 000.00
偿还债务支付的现金	100 000.00	30 000.00
分配股利、利润或偿付利息支付的现金	260.00	750.00
支付其他与筹资活动有关的现金	10 000.00	3 000.00
筹资活动现金流出小计	110 260.00	33 750.00
筹资活动产生的现金流量净额	−10 260.00	66 250.00
四、汇率变动对现金及现金等价物的影响		−3 000.00
五、现金及现金等价物净增加额	103 732.30	151 450.55
加：期初现金及现金等价物余额	110 353.66	105 453.78
六、期末现金及现金等价物余额	214 085.96	256 904.33

2.利润表各单元取数公式。

(1)“本期金额”各项目取数公式。

销售商品、提供劳务收到的现金：C6=XJLL(,,"借","01",,,,月)-XJLL(,,"贷","01",,,,月)

收到的税费返还：C7=XJLL(,,"借","02",,,,月)-XJLL(,,"贷","02",,,,月)

收到其他与经营活动有关的现金：C8=XJLL(,,"借","03",,,,月)-XJLL(,,"贷","03",,,,月)

经营活动现金流入小计：C9=C6+C7+C8

购买商品、接受劳务支付的现金：C10=XJLL(,,"贷","04",,,,月)-XJLL(,,"借","04",,,,月)

支付给职工以及为职工支付的现金：C11=XJLL(,,"贷","05",,,,月)-XJLL(,,"借","05",,,,月)

支付的各项税费：C12=XJLL(,,"贷","06",,,,月)-XJLL(,,"借","06",,,,月)

支付其他与经营活动有关的现金：C13=XJLL(,,"贷","07",,,,月)-XJLL(,,"借","07",,,,月)

经营活动现金流出小计：C14=C10+C11+C12+C13

经营活动产生的现金流量净额：C15=C9-C14

收回投资收到的现金：C17=XJLL(,,"借","08",,,,月)-XJLL(,,"贷","08",,,,月)

取得投资收益收到的现金：C18=XJLL(,,"借","09",,,,月)-XJLL(,,"贷","09",,,,月)

处置固定资产、无形资产和其他长期资产收回的现金净额：

C19=XJLL(,,"借","10",,,,月)-XJLL(,,"贷","10",,,,月)

处置子公司及其他营业单位收到的现金净额：C20=XJLL(,,"借","11",,,,月)-XJLL(,,"贷","11",,,,月)

收到其他与投资活动有关的现金：C21=XJLL(,,"借","12",,,,月)-XJLL(,,"贷","12",,,,月)

投资活动现金流入小计：C22=C17+C18+C19+C20+C21

购建固定资产、无形资产和其他长期资产支付的现金：

C23=XJLL(,,"贷","13",,,,月)-XJLL(,,"借","13",,,,月)

投资支付的现金：C24=XJLL(,,"贷","14",,,,月)-XJLL(,,"借","14",,,,月)

取得子公司及其他营业单位支付的现金净额：C25=XJLL(,,"贷","15",,,,月)-XJLL(,,"借","15",,,,月)

支付其他与投资活动有关的现金：C26=XJLL(,,"贷","16",,,,月)-XJLL(,,"借","16",,,,月)

投资活动现金流出小计：C27=C23+C24+C25+C26

投资活动产生的现金流量净额：C28=C22-C27

吸收投资收到的现金：C30=XJLL(,,"借","17",,,,月)-XJLL(,,"贷","17",,,,月)

取得借款收到的现金：C31=XJLL(,,“借","18",,,,月)-XJLL(,,“贷","18",,,,月)

收到其他与筹资活动有关的现金：C32=XJLL(,,“借","19",,,,月)-XJLL(,,“贷","19",,,,月)

筹资活动现金流入小计：C33=C30+C31+C32

偿还债务支付的现金：C34=XJLL(,,“贷","20",,,,月)-XJLL(,,"借","20",,,,月)

分配股利、利润或偿付利息支付的现金：C35=XJLL(,,"贷","21",,,,月)-XJLL(,,"借","21",,,,月)

支付其他与筹资活动有关的现金：C36=XJLL(,,"贷","22",,,,月)-XJLL(,,"借","22",,,,月)

筹资活动现金流出小计：C37=C34+C35+C36

筹资活动产生的现金流量净额：C38=C33-C37

汇率变动对现金及现金等价物的影响：C39=XJLL(,,"借","23",,,,月)-XJLL(,,"贷","23",,,,月)

现金及现金等价物净增加额：C40=C16+C28+C38+C39

期初现金及现金等价物余额：C41=select(C42,年@=年 and 月@=月+1)

期末现金及现金等价物余额：C42=C40+C41

(2)"上期金额"各项目取数公式。

销售商品、提供劳务收到的现金：D6=select(C6,年@=年+1 and 月@=月)

收到的税费返还：D7=select(C7,年@=年+1 and 月@=月)

收到其他与经营活动有关的现金：D8=select(C8,年@=年+1 and 月@=月)

经营活动现金流入小计：D9=select(C9,年@=年+1 and 月@=月)

购买商品、接受劳务支付的现金：D10=select(C10,年@=年+1 and 月@=月)

支付给职工以及为职工支付的现金：D11=select(C11,年@=年+1 and 月@=月)

支付的各项税费：D12=select(C12,年@=年+1 and 月@=月)

支付其他与经营活动有关的现金：D13=select(C13,年@=年+1 and 月@=月)

经营活动现金流出小计：D14=select(C14,年@=年+1 and 月@=月)

经营活动产生的现金流量净额：D15=select(C15,年@=年+1 and 月@=月)

收回投资收到的现金：D17=select(C17,年@=年+1 and 月@=月)

取得投资收益收到的现金：D18=select(C18,年@=年+1 and 月@=月)

处置固定资产、无形资产和其他长期资产收回的现金净额：D19=select(C19,年@=年+1 and 月@=月)

处置子公司及其他营业单位收到的现金净额：D20=select(C20,年@=年+1 and 月@=月)

收到其他与投资活动有关的现金：D21=select(C21,年@=年+1 and 月@=月)

投资活动现金流入小计：D22=select(C22,年@=年+1 and 月@=月)

购建固定资产、无形资产和其他长期资产支付的现金：D23=select(C23,年@=年+1 and 月@=月)

投资支付的现金：D24=select(C24,年@=年+1 and 月@=月)

取得子公司及其他营业单位支付的现金净额：D25=select(C25,年@=年+1 and 月@=月)

支付其他与投资活动有关的现金：D26=select(C26,年@=年+1 and 月@=月)

投资活动现金流出小计：D27=select(C27,年@=年+1 and 月@=月)

投资活动产生的现金流量净额：D28=select(C28,年@=年+1 and 月@=月)

吸收投资收到的现金：D30=select(C30,年@=年+1 and 月@=月)

取得借款收到的现金：D31=select(C31,年@=年+1 and 月@=月)

收到其他与筹资活动有关的现金：D32=select(C32,年@=年+1 and 月@=月)

筹资活动现金流入小计：D33=select(C33,年@=年+1 and 月@=月)

偿还债务支付的现金：D34=select(C34,年@=年+1 and 月@=月)

分配股利、利润或偿付利息支付的现金：D35=select(C35,年@=年+1 and 月@=月)

支付其他与筹资活动有关的现金：D36=select(C36,年@=年+1 and 月@=月)

筹资活动现金流出小计：D37=select(C37,年@=年+1 and 月@=月)

筹资活动产生的现金流量净额：D38=select(C38,年@=年+1 and 月@=月)

汇率变动对现金及现金等价物的影响：D39=select(C39,年@=年+1 and 月@=月)

现金及现金等价物净增加额：D40=select(40,年@=年+1 and 月@=月)

期初现金及现金等价物余额：D41=select(C41,年@=年+1 and 月@=月)

期末现金及现金等价物余额：D42=select(C42,年@=年+1 and 月@=月)

【实验操作步骤】

1.新建报表，调用模板生成现金流量表格式。

2.按表7-13对现金流量表结构进行修改并删除系统预设取数公式。

3.切换到数据状态，按表7-13录入比较期现金流量表的数据，录入关键字为2021年4月，信息录入完毕后对报表进行表页不计算保护处理。

4.切换到格式状态，按实验资料录入现金流量表“本期金额”和“上期金额”各项目取数公式，或采取公式导入方式导入各项目取数公式（公式中单元名称应根据报表情况确定）。

5.切换到数据状态，插入表页，录入报告期报表关键字2022年4月，生成报告期报表。

【实验思考题】

1.利用现金流量项目控制法编制现金流量表需要进行哪些设置？

2.解释函数XJLL（,,"借","201",,,,月）的含义。

3.简述首次利用UFO报表编制现金流量表的基本过程。

实验十三思考题参考答案

第8章　教学应用案例

本教学案例资料涉及的财务管理软件模块为系统管理、基础设置、总账系统、薪资管理、固定资产管理和UFO报表。

8.1　企业基本信息

山东彬彬童车厂（简称“彬彬童车厂”），为一小型加工企业，下设两个车间（一车间进行车轮总成组装，二车间生产儿童车和独轮杂技车），生产加工儿童车和独轮杂技车两种产品。生产儿童车所需材料为大车架、A型包装箱和车轮总成；生产独轮杂技车所需材料为小车架、B型包装箱和车轮总成。现有员工16人，执行2007年新会计准则（新《企业会计准则》），手工账向会计信息化转换的时间为2022年4月1日，会计期间为1月1日至12月31日。

地址：山东淄博张店区张周路12号。法人代表：张力。邮政编码：255049。联系电话及传真：0533-2787313。纳税人识别号：37030369066266314X。开户银行为中国农业银行淄博分行，账号：15256401040010846。

山东彬彬童车厂的记账本位币为“人民币（RMB）”，建账时要求按行业性质预留会计科目，有外币核算业务，在对经济业务处理时，需对存货、客户、供应商进行分类管理。企业已执行新金融准则、新收入准则和新租赁准则。

系统编码体系为：科目编码级次为4-2-2-2，客户和供应商分类编码级次为2-2，部门编码级次为2-2，存货分类编码级次为2-2，结算方式编码级次为2-1，收发类别编码级次为2-2，其他编码采用系统默认值；企业计量核算时，件数小数位为0，换算率小数位为4位，其他采用系统默认位数。

企业采取“一日一填，五日一审，五日一记”方式进行记账凭证处理。

8.2　企业财务分工信息

彬彬童车厂财务部门职工信息与财务分工情况见表8-1。

表8-1　企业财务人员信息表

编号	姓名	口令	所属部门	主要职责	备注
0003	赵玲	0003	财务部	审核、记账	创建账套时指定为账套主管
0004	李哲	0004	财务部	制单、报表编制	兼固定资产管理、薪资核算
0005	王可	0005	财务部	出纳	

8.3　企业基础信息

1）企业机构信息

企业机构人员信息设置见表8-2至表8-4。

表8-2　　部门档案信息

部门编码	部门名称	负责人	成立日期	部门编码	部门名称	负责人	成立日期
01	管理部门		2016-04-01	0202	二车间	周生	2016-04-01
0101	办公室	李菲	2016-04-01	03	购销部门		2016-04-01
0102	财务部	赵玲	2016-04-01	0301	供应部	梁兵	2016-04-01
02	生产部门		2016-04-01	0302	销售部	邹亮	2016-04-01
0201	一车间	刘英	2016-04-01				

表8-3　　人员类别设置方案

档案编码	档案名称	档案级别	上级编码	是否自定义	是否显示
10101	企业管理	1	101	用户	是
10102	车间管理	1	101	用户	是
10103	基本生产	1	101	用户	是
10104	市场营销	1	101	用户	是

表8-4　　职员档案资料

人员编号	人员姓名	性别	人员类别	行政部门	人员属性	操作员	业务员	银行	银行账号	生效日期
0001	张力	男	企业管理	办公室	总经理		是	中国农业银行淄博分行	6228480280065383001	2016-04-01
0002	李菲	女	企业管理	办公室	部门主管		是	中国农业银行淄博分行	6228480280065383002	2016-04-01
0003	赵玲	女	企业管理	财务部	部门主管	是	是	中国农业银行淄博分行	6228480280065383003	2016-04-01
0004	李哲	男	企业管理	财务部	财务会计	是	是	中国农业银行淄博分行	6228480280065383004	2016-04-01
0005	王可	男	企业管理	财务部	财务会计	是	是	中国农业银行淄博分行	6228480280065383005	2016-04-01
0006	刘英	女	车间管理	一车间	部门主管		是	中国农业银行淄博分行	6228480280065383006	2016-04-01
0007	李荣	女	基本生产	一车间	生产工人		是	中国农业银行淄博分行	6228480280065383007	2016-04-01
0008	张笛	女	基本生产	一车间	生产工人		是	中国农业银行淄博分行	6228480280065383008	2016-04-01
0009	周生	男	车间管理	二车间	部门主管		是	中国农业银行淄博分行	6228480280065383009	2016-04-01
0010	朱涛	男	基本生产	二车间	生产工人		是	中国农业银行淄博分行	6228480280065383010	2016-04-01
0011	郭铭	男	基本生产	二车间	生产工人		是	中国农业银行淄博分行	6228480280065383011	2016-04-01
0012	张颖	女	基本生产	二车间	生产工人		是	中国农业银行淄博分行	6228480280065383012	2016-04-01
0013	梁兵	男	企业管理	供应部	部门主管		是	中国农业银行淄博分行	6228480280065383013	2016-04-01
0014	邹亮	男	市场营销	销售部	销售人员		是	中国农业银行淄博分行	6228480280065383014	2016-04-01
0015	马同	男	市场营销	销售部	销售人员		是	中国农业银行淄博分行	6228480280065383015	2016-04-01
0016	刘威	男	企业管理	供应部	管理人员		是	中国农业银行淄博分行	6228480280065383016	2016-04-01

2）客商信息

（1）地区、客户和供应商分类信息，见表8-5至表8-9。

表8-5 **地区分类信息**

地区编码	地区名称	地区编码	地区名称
01	国内	01004	天津
01001	北京	02	国外
01002	上海	02001	美国
01003	山东		

表8-6 **客户分类信息**

分类编码	分类名称
01	长期客户
02	中期客户
03	短期客户

表8-7 **供应商分类信息**

分类编码	分类名称
01	工业
02	商业
03	事业

表8-8 **行业分类信息**

类别编码	类别名称	类别编码	类别名称
C	制造业	D	电热燃水生产和供应业
C22	造纸和纸制品业	D44	电力、燃气生产和供应业
C29	橡胶和塑料制品业	F	批发和零售业
C34	通用设备制造业	F52	零售业

表8-9 **客户分级信息**

客户级别编码	客户级别名称	级别说明
01	VIP客户	
02	重要客户	
03	普通客户	

（2）客户档案和供应商档案基本信息，见表8-10、表8-11。

表8-10　　客户档案信息

客户编码	客户名称	客户简称	法人代表	所属分类	所属行业	所属地区	客户级别	税号（后10位）	银行账号（后4位）	发展日期
001	振华车行	振华车行	李臻	01	F52	01003	01	49552126K3	2584	2016-04-01
002	宏远商厦	宏远商厦	陈宣	01	F52	01003	02	47552235P4	3664	2016-04-01
003	华鸿商贸	华鸿商贸	赵阳	02	F52	01003	03	577522611K	5235	2016-04-01

备注：客户开户行均为“中国工商银行”，账号定长17位，账号前13位均为1603001601009；税号定长18位，税号前8位均为31370000；客户管理类型均为“普通客户”；信用等级均为“A”。

表8-11　　供应商档案信息

供应商编码	供应商名称	供应商简称	法人代表	所属分类	所属行业	所属地区	税号（后10位）	开户银行	银行账号（后4位）	发展日期
001	山东电力公司	鲁能	刘珂	01	D44	01003	55344130D6	工行	1222	2014-12-31
002	潍坊机械公司	潍坊机械	赵亮	01	C34	01003	452341627X	建行	2111	2015-05-12
003	青岛轮胎厂	青岛轮胎	孙冬	01	C29	01003	56329100A2	农行	3322	2016-01-28
004	鲁源制箱厂	鲁源制箱	王肖	01	C22	01003	63422139X8	农行	3533	2016-02-15
005	佳实科技公司	佳实科技	李商	02	F52	01003	55252138C3	工行	1875	2018-06-15
006	驰博汽车公司	驰博汽车	肖博	02	F52	01003	55252188X6	工行	7675	2018-06-20

备注：开户行账号定长17位，农行账号前13位均为1525640104001，工行账号前13位均为1603001601009，建行账号前13位均为2161249980130；税号定长18位，税号前8位均为31370000。

3）存货信息

企业存货信息资料见表8-12至表8-15。

表8-12　　存货分类信息

存货分类编码	存货分类名称	存货分类编码	存货分类名称
01	原材料	0201	产成品
02	库存商品	0202	半成品

表8-13　　存货计量单位组信息

计量单位组编码	计量单位组名称	计量单位组类别
001	重量计量	浮动换算率
002	实物计量	无换算率

表8-14　　存货计量单位信息

计量单位编码	计量单位名称	隶属计量单位组	计量单位编码	计量单位名称	隶属计量单位组
001	辆	002（实物计量）	003	个	002（实物计量）
002	套	002（实物计量）	004	根	002（实物计量）

表8-15 存货档案信息

存货编码	存货名称	所属分类	计量单位	是否采购	是否自制	是否生产耗用	是否内销	启用日期	计价方式
0001	大车架	01	个	√		√		2016-04-01	全月平均法
0002	小车架	01	个	√		√		2016-04-01	全月平均法
0003	轮圈	01	个	√		√		2016-04-01	全月平均法
0004	轮胎	01	个	√		√		2016-04-01	全月平均法
0005	辐条	01	根	√		√		2016-04-01	全月平均法
0006	A型包装箱	01	套	√		√		2016-04-01	全月平均法
0007	B型包装箱	01	套	√		√		2016-04-01	全月平均法
0008	车轮总成	0202	套		√	√	√	2016-04-01	全月平均法
0009	独轮杂技车	0201	辆		√		√	2016-04-01	全月平均法
0010	儿童车	0201	辆		√		√	2016-04-01	全月平均法

注：增值税税率为13%。

4）财务基础信息

（1）外币信息资料

企业外贸业务使用的外币为美元，汇率方式为固定汇率，4月初记账汇率为6.80。

（2）会计科目

山东彬彬童车厂会计科目体系设置见表8-16。

表8-16 会计科目体系（仅需修改增加科目）

科目编码	科目名称	账类性质	方向	币别/计量
1001	库存现金	指定科目	借	
1002	银行存款	指定科目	借	
100201	农行存款	指定科目	借	
10020101	人民币户	指定科目	借	
10020102	美元户	指定科目	借	美元
1121	应收票据		借	
112101	银行承兑汇票	客户往来	借	
112102	商业承兑汇票	客户往来	借	
1122	应收账款	客户往来	借	
1123	预付账款	供应商往来	借	

续表

科目编码	科目名称	账类性质	方向	币别/计量
1221	其他应收款	个人往来	借	
1402	在途物资	数量核算、项目核算	借	数量
1403	原材料	数量核算、项目核算	借	数量
1405	库存商品	数量核算、项目核算	借	数量
1462	合同资产		借	
1481	持有待售资产		借	
1482	持有待售资产减值准备		贷	
1505	债权投资		借	
1506	债权投资减值准备		贷	
1507	其他债权投资		借	
1604	在建工程	项目核算	借	
1641	使用权资产		借	
1642	使用权资产累计折旧		贷	
1643	使用权资产减值准备		贷	
2201	应付票据		贷	
220101	银行承兑汇票	供应商往来	贷	
220102	商业承兑汇票	供应商往来	贷	
2202	应付账款	供应商往来	贷	
2203	预收账款	客户往来	贷	
2204	合同负债		贷	
2211	应付职工薪酬		贷	
221101	工资		贷	
221102	职工福利		贷	
221103	社会保险费		贷	
221104	住房公积金		贷	
221105	工会经费		贷	
221106	职工教育经费		贷	

续表

科目编码	科目名称	账类性质	方向	币别/计量
221109	其他		贷	
2221	应交税费		贷	
222101	应交增值税		贷	
22210101	进项税额		贷	
22210102	已交税金		贷	
22210103	转出未交增值税		贷	
22210105	销项税额		贷	
22210107	进项税额转出		贷	
22210109	转出多交增值税		贷	
22210110	未交增值税		贷	
222104	应交消费税		贷	
222106	应交企业所得税		贷	
222108	应交城市维护建设税		贷	
222112	应交个人所得税		贷	
222113	应交教育费附加		贷	
2241	其他应付款		贷	
224101	应付单位款项		贷	
224102	住房公积金		贷	
224103	社会保险费		贷	
224104	租金		贷	
224105	其他		贷	
2245	持有待售负债		贷	
2271	租赁负债		贷	
2501	长期借款		贷	
250101	本金		贷	
250102	利息调整		贷	
4002	资本公积		贷	

续表

科目编码	科目名称	账类性质	方向	币别/计量
400201	资本溢价		贷	
400202	其他资本公积		贷	
4101	盈余公积		贷	
410101	法定盈余公积		贷	
410102	任意盈余公积		贷	
410103	利润归还投资		贷	
4104	利润分配		贷	
410401	提取法定盈余公积		贷	
410402	提取任意盈余公积		贷	
410403	应付利润		贷	
410404	转作资本的利润		贷	
410405	盈余公积补亏		贷	
410406	未分配利润		贷	
4301	专项储备		贷	
4401	其他权益工具		贷	
4402	其他综合收益		贷	
5001	生产成本		借	
500101	直接材料	项目核算	借	
500102	直接人工	项目核算	借	
500103	制造费用	项目核算	借	
5101	制造费用		借	
510101	工资薪酬		借	
510102	折旧费		借	
510103	水电费		借	
510104	办公费		借	
510105	其他		借	
6001	主营业务收入	数量核算、项目核算	贷	数量

续表

科目编码	科目名称	账类性质	方向	币别/计量
6051	其他业务收入		贷	
605104	材料让售收入	数量核算、项目核算	贷	数量
6305	资产处置损益		贷	
6308	其他收益		贷	
6309	净敞口套期损益		贷	
6401	主营业务成本	数量核算、项目核算	借	数量
6402	其他业务成本		借	
640204	材料让售成本	数量核算、项目核算	借	数量
640205	其他		借	
6403	税金及附加		借	
640303	城市维护建设税		借	
640305	教育费附加		借	
6601	销售费用		借	
660101	运输费		借	
660103	展览广告费		借	
660104	保险费		借	
660107	职工薪酬		借	
660108	业务费		借	
660109	折旧费		借	
660110	其他		借	
6602	管理费用		借	
660201	公司经费	部门核算	借	
660202	工会经费		借	
660204	折旧费		借	
660207	水电费		借	
660208	业务招待费	部门核算	借	
660209	职工薪酬		借	

续表

科目编码	科目名称	账类性质	方向	币别/计量
660210	其他		借	
6603	财务费用		借	
660301	利息费用		借	
660302	利息收入		借	
660303	汇兑损益		借	
660304	手续费		借	
660305	现金折扣		借	
6605	研发费用		借	
6703	信用减值损失		借	

（3）凭证类别

企业采用的凭证类型信息见表8-17。

表8-17 凭证类型信息

类型	限制类型	限制科目
收款凭证	借方必有	1001，1002
付款凭证	贷方必有	1001，1002
转账凭证	凭证必无	1001，1002
机制凭证	无限制	

（4）项目核算体系

山东彬彬童车厂项目档案资料如下：

①项目大类：基本生产成本。

项目分类编码级次：2-2。

项目分类：01半成品，02产成品。

项目目录：0001车轮总成，0002独轮杂技车，0003儿童车，0004产品共耗（车轮总成属半成品，其他属产成品）。

指定科目：500101直接材料、500102直接人工、500103制造费用。

②项目大类：存货核算。

使用存货档案自动生成。

指定科目：1402在途物资、1403原材料、1405库存商品、6001主营业务收入、605104材料让售收入、6401主营业务成本、640204材料让售成本。

5）收付结算信息

（1）结算方式

企业经济业务结算方式见表8-18。

表8-18　常用结算方式

结算方式编码	结算方式名称	票据管理	结算方式编码	结算方式名称	票据管理
01	现金支票	是	06	委托收款	否
02	转账支票	是	07	委托付款	否
03	商业承兑汇票	是	08	现金缴款	否
04	银行承兑汇票	是	09	网银转账	否
05	银行汇票	否	10	外币汇兑	否

（2）单位开户银行

单位开户银行基本情况见表8-19。

表8-19　开户银行基本情况

编码	户名	银行账号	币种	开户银行	所属银行编码
001	山东彬彬童车厂	15256401040010846	人民币	中国农业银行淄博分行	04-中国农业银行

8.4　总账初始信息

1）业务控制参数

（1）制单序时控制。

（2）出纳凭证需经出纳签字。

（3）不可修改他人填制的凭证。

（4）总账系统可以使用应收、应付受控科目制单。

（5）进行现金流量项目控制处理。

（6）凭证需经主管会计签字。

（7）银行科目必录结算方式。

（8）往来科目票据号必录。

（9）数据精度控制：单价小数位2位，数量小数位2位。

（10）其他保持默认。

2）数据初始资料

（1）山东彬彬童车厂2022年4月初各账户期初余额资料见表8-20。

表8-20　2022年4月初各账户期初余额表　金额单位：元

科目编码	科目名称	方向	币别/计量	年初余额	累计借方	累计贷方	期初余额
1001	库存现金	借		500.00	89 950.00	89 525.73	924.27

续表

科目编码	科目名称	方向	币别/计量	年初余额	累计借方	累计贷方	期初余额
1002	银行存款	借		5 010 603.58	462 423.68	353 640.90	5 119 386.36
100201	农行存款	借		5 010 603.58	462 423.68	353 640.90	5 119 386.36
10020101	人民币户	借		3 650 603.58	462 423.68	353 640.90	3 759 386.36
10020102	美元户	借		1 360 000.00			1 360 000.00
			美元	200 000.00			200 000.00
1121	应收票据	借		12 760.00	70 000.00	50 000.00	32 760.00
112102	商业承兑汇票	借		12 760.00	70 000.00	50 000.00	32 760.00
1122	应收账款	借		83 970.00	189 380.00	193 790.00	79 560.00
1221	其他应收款	借		8 200.00	7 600.00	9 800.00	6 000.00
122102	应收个人款	借		8 200.00	7 600.00	9 800.00	6 000.00
1231	坏账准备	贷		419.85	120.55	98.50	397.80
1403	原材料	借		267 300.00	296 000.00	421 000.00	142 300.00
			数量	7 400	67 000	69 000	5 400
1405	库存商品	借		302 500.00	895 000.00	1 085 000.00	112 500.00
			数量	1 600	4 500	5 500	600
1601	固定资产	借		1 638 000.00			1 638 000.00
1602	累计折旧	贷		548 920.00		32 760.00	581 680.00
2001	短期借款	贷		200 000.00	100 000.00	100 000.00	200 000.00
2201	应付票据	贷		69 670.00	40 000.00	30 000.00	59 670.00
220102	商业承兑汇票	贷		69 670.00	40 000.00	30 000.00	59 670.00
2202	应付账款	贷		891 350.00	977 000.00	325 500.00	239 850.00
2211	应付职工薪酬	贷			188 973.60	188 973.60	
221101	工资	贷			127 200.00	127 200.00	
221102	职工福利	贷			9 240.00	9 240.00	
221103	社会保险费	贷			32 817.60	32 817.60	
221104	住房公积金	贷			15 264.00	15 264.00	

续表

科目编码	科目名称	方向	币别/计量	年初余额	累计借方	累计贷方	期初余额
221105	工会经费	贷			2 544.00	2 544.00	
221106	职工教育经费	贷			1 908.00	1 908.00	
2221	应交税费	贷		108 563.45	459 190.10	455 459.48	104 832.83
222101	应交增值税	贷		41 936.00	276 826.00	281 860.00	46 970.00
22210101	进项税额	借			50 320.00	50 320.00	
22210105	销项税额	贷			191 250.00	191 250.00	
22210110	未交增值税	贷		41 936.00	135 896.00	140 930.00	46 970.00
222106	应交企业所得税	贷		62 114.77	168 725.55	159 910.78	53 300.00
222108	应交城市维护建设税	贷		3 183.75	9 760.55	9 865.10	3 288.30
222112	应交个人所得税	贷		317.50	987.50	1 005.00	335.00
222113	应交教育费附加	贷		1 011.43	2 890.50	2 818.60	939.53
2501	长期借款	贷		1 000 000.00			1 000 000.00
250101	本金	贷		1 000 000.00			1 000 000.00
4001	实收资本	贷		4 000 000.00			4 000 000.00
4002	资本公积	贷		250 000.00			250 000.00
400202	其他资本公积	贷		250 000.00			250 000.00
4101	盈余公积	贷		225 000.00			225 000.00
410101	法定盈余公积	贷		150 000.00			150 000.00
410102	任意盈余公积	贷		75 000.00			75 000.00
4103	本年利润	贷			440 089.72	440 089.72	
4104	利润分配	贷		142 410.28		440 089.72	582 500.00
410406	未分配利润	贷		142 410.28		440 089.72	582 500.00
5001	生产成本	借		112 500.00	895 000.00	895 000.00	112 500.00
500101	直接材料	借		56 250.00	447 500.00	447 500.00	56 250.00

续表

科目编码	科目名称	方向	币别/计量	年初余额	累计借方	累计贷方	期初余额
500102	直接人工	借		35 156.25	279 687.50	279 687.50	35 156.25
500103	制造费用	借		21 093.75	167 812.50	167 812.50	21 093.75
6001	主营业务收入	贷			1 850 000.00	1 850 000.00	
			数量		2 500	2 500	
6401	主营业务成本	借			885 000.00	885 000.00	
			数量		2 500	2 500	
6403	税金及附加	借			12 683.70	12 683.70	
640303	城市维护建设税	借			9 865.10	9 865.10	
640305	教育费附加	借			2 818.60	2 818.60	
6601	销售费用	借			65 464.74	65 464.74	
660103	展览广告费	借			15 000.00	15 000.00	
660107	职工薪酬	借			48 304.74	48 304.74	
660109	折旧费	借			2 160.00	2 160.00	
6602	管理费用	借			295 819.72	295 819.72	
660201	公司经费	借			5 100.00	5 100.00	
660204	折旧费	借			19 440.00	19 440.00	
660207	水电费	借			3 731.56	3 731.56	
660208	业务招待费	借			60 000.00	60 000.00	
660209	职工薪酬	借			207 548.16	207 548.16	
6603	财务费用	借			4 125.00	4 125.00	
660301	利息费用	借			3 000.00	3 000.00	
660303	汇兑损益	借			1 000.00	1 000.00	
660304	手续费	借			125.00	125.00	
6703	信用减值损失	借			120.55	120.55	
6801	所得税费用	借			146 696.57	146 696.57	

（2）往来辅助核算期初余额及往来明细辅助资料。

2022年4月，彬彬童车厂往来辅助核算期初余额及往来明细辅助资料见表8-21至表8-30。

表8-21　　**应收票据/商业承兑汇票期初余额资料**　　单位：元

客户名称	方向	累计借方金额	累计贷方金额	期初余额
华鸿商贸	借	70 000.00	50 000.00	32 760.00

表8-22　　**应收票据/商业承兑汇票期初往来明细信息**　　金额单位：元

日期	凭证号	客户	业务员	摘要	方向	金额	票号	票据日期
2022-02-20	转-0027	华鸿商贸	马同	销儿童车	借	32 760.00	SH0807556	2022-02-15

注：票据为3个月无息商业承兑汇票。

表8-23　　**应收账款期初余额资料**　　单位：元

客户名称	方向	累计借方金额	累计贷方金额	期初余额
振华车行	借	69 580.00	75 820.00	32 760.00
宏远商厦	借	70 800.00	68 970.00	46 800.00
华鸿商贸	借	49 000.00	49 000.00	0

表8-24　　**应收账款期初往来明细信息**　　金额单位：元

日期	凭证号	客户	业务员	摘要	方向	金额	票号	票据日期
2022-02-19	转-0025	振华车行	马同	销儿童车	借	32 760.00	08076557	2022-02-15
2022-03-25	转-0031	宏远商厦	马同	销独轮杂技车	借	46 800.00	08076593	2022-03-20

表8-25　　**其他应收款期初余额资料**　　单位：元

部门	职员名称	方向	累计借方金额	累计贷方金额	期初余额
财务部	赵玲	借	3 600.00	3 800.00	1 000.00
办公室	张力	借	4 000.00	6 000.00	5 000.00

表8-26　　**其他应收款期初往来明细信息**　　金额单位：元

日期	凭证号	部门	职员名称	摘要	方向	金额	票号	票据日期
2022-03-27	付-0030	办公室	张力	出差借款	借	5 000.00	JK20220071	2022-03-27
2022-03-31	付-0035	财务部	赵玲	出差借款	借	1 000.00	JK20220075	2022-03-29

表8-27　　**应付票据/商业承兑汇票期初余额资料**　　单位：元

供应商名称	方向	累计借方金额	累计贷方金额	期初余额
潍坊机械	贷	40 000.00	30 000.00	59 670.00

表8-28　　**应付票据/商业承兑汇票期初往来明细信息**　　金额单位：元

日期	凭证号	客户	业务员	摘要	方向	金额	票号	票据日期
2022-03-18	转-0028	潍坊机械	刘威	采购轮圈	贷	59 670.00	SH0056768	2022-03-15

注：票据为3个月无息商业承兑汇票。

表8-29　应付账款期初余额资料　单位：元

供应商名称	方向	累计借方金额	累计贷方金额	期初余额
潍坊机械	贷	521 500.00	170 000.00	180 180.00
青岛轮胎	贷	400 000.00	100 000.00	59 670.00
鲁能	贷	55 500.00	55 500.00	0

表8-30　应付账款期初往来明细信息　金额单位：元

日期	凭证号	客户	业务员	摘要	方向	金额	票号	票据日期
2022-02-27	转-0035	潍坊机械	刘威	采购车架	贷	180 180.00	00873650	2022-02-20
2022-03-28	转-0038	青岛轮胎	刘威	采购轮胎	贷	59 670.00	02403130	2022-03-10

（3）非往来辅助核算期初余额资料。

2022年4月，彬彬童车厂非往来辅助核算期初余额资料见表8-31至表8-39。

表8-31　库存商品期初余额资料　金额单位：元

项目名称	方向	累计借方		累计贷方		期初	
		金额	数量	金额	数量	金额	数量
车轮总成	借	160 000.00	2 000	200 000.00	2 500	24 000.00	300
独轮杂技车	借	384 000.00	1 200	480 000.00	1 500	48 000.00	150
儿童车	借	351 000.00	1 300	405 000.00	1 500	40 500.00	150

表8-32　原材料期初余额资料　金额单位：元

项目名称	方向	累计借方		累计贷方		期初	
		金额	数量	金额	数量	金额	数量
大车架	借	70 000.00	700	120 000.00	1 200	50 000.00	500
小车架	借	64 000.00	800	104 000.00	1 300	40 000.00	500
轮圈	借	40 000.00	2 000	40 000.00	2 000	8 000.00	400
轮胎	借	40 000.00	2 000	40 000.00	2 000	8 000.00	400
辐条	借	30 000.00	60 000	30 000.00	60 000	1 300.00	2 600
A型包装箱	借	28 000.00	700	48 000.00	1 200	20 000.00	500
B型包装箱	借	24 000.00	800	39 000.00	1 300	15 000.00	500

表8-33　生产成本/直接材料期初余额资料　单位：元

项目名称	方向	累计借方金额	累计贷方金额	期初余额
车轮总成	借	80 000.00	80 000.00	12 000.00
独轮杂技车	借	192 000.00	192 000.00	24 000.00
儿童车	借	175 500.00	175 500.00	20 250.00

表8-34　**生产成本/直接人工期初余额资料**　单位：元

项目名称	方向	累计借方金额	累计贷方金额	期初余额
车轮总成	借	50 000.00	50 000.00	7 500.00
独轮杂技车	借	120 000.00	120 000.00	15 000.00
儿童车	借	109 687.50	109 687.50	12 656.25

表8-35　**生产成本/制造费用期初余额资料**　单位：元

项目名称	方向	累计借方金额	累计贷方金额	期初余额
车轮总成	借	30 000.00	30 000.00	4 500.00
独轮杂技车	借	72 000.00	72 000.00	9 000.00
儿童车	借	65 812.50	65 812.50	7 593.75

表8-36　**主营业务收入期初余额资料**　金额单位：元

项目名称	方向	累计借方		累计贷方	
		金额	数量	金额	数量
独轮杂技车	贷	1 050 000.00	1 500	1 050 000.00	1 500
儿童车	贷	800 000.00	1 000	800 000.00	1 000

表8-37　**主营业务成本期初余额资料**　金额单位：元

项目名称	方向	累计借方		累计贷方	
		金额	数量	金额	数量
独轮杂技车	借	480 000.00	1 500	480 000.00	1 500
儿童车	借	405 000.00	1 000	405 000.00	1 000

表8-38　**管理费用/公司经费期初余额资料**　单位：元

部门名称	方向	累计借方金额	累计贷方金额	期初余额
办公室	借	3 000.00	3 000.00	0
财务部	借	2 100.00	2 100.00	0

表8-39　**管理费用/业务招待费期初余额资料**　单位：元

部门名称	方向	累计借方金额	累计贷方金额	期初余额
办公室	借	40 000.00	40 000.00	0
财务部	借	20 000.00	20 000.00	0

8.5 薪资管理初始信息

1）业务控制参数

（1）工资类别个数：多个。

（2）核算币种：人民币。

（3）实行预扣预缴个人所得税。

（4）不进行扣零处理。

2）职工档案及类别

（1）部门档案、职员档案参见“基础资料”部分（均为中方人员）。

（2）计税，通过中国农业银行淄博分行代发工资，个人账号长度为19位。

3）工资项目及工资标准

（1）工资项目

彬彬童车厂部分工资项目见表8-40。

表8-40 **工资项目(不含系统预设项目)**

工资项目	类型	长度	小数位数	增减项	工资项目	类型	长度	小数位数	增减项
基础工资	N	8	2	其他项	养老保险费	N	8	2	减项
基本工资	N	8	2	增项	医疗保险费	N	8	2	减项
岗位工资	N	8	2	增项	失业保险费	N	8	2	减项
基础津贴	N	8	2	增项	物业管理费	N	8	2	减项
奖金	N	8	2	增项	应税工资额	N	8	2	其他项
交通补助	N	8	2	增项	日工资	N	8	2	其他项
住房补助	N	8	2	增项	事假天数	N	4	1	其他项
福利补助	N	8	2	增项	病假扣款	N	8	2	减项
工资总额	N	8	2	其他项	事假扣款	N	8	2	减项
应付工资	N	8	2	其他项	病假天数	N	4	1	其他项
住房公积金	N	8	2	减项	上年月平均工资	N	8	2	其他项

说明：

① 基础工资由基本工资、岗位工资、基础津贴三部分构成。

② 基本工资、岗位工资、基础津贴、住房补助均根据职务确定。

③ 日工资=基础工资÷21。

④ 应付工资为各增项工资项目之和减去病假扣款、事假扣款。

⑤ 工资总额为基本工资、岗位工资、基础津贴、奖金、交通补助、住房补助之和减去病假扣款、事假扣款。

⑥ 应税工资额为工资总额扣减个人缴纳的“三险一金”后的工资额。

⑦ 福利补助工资项目核算企业发放的应付福利费，主要包括独生子女补助、特困生活补助等。

（2）工资项目工资标准

企业基本工资等工资项目工资标准见表8-41至表8-45。

表8-41　**基本工资等项目工资标准**　单位：元

职务	基本工资	岗位工资	基础津贴	住房补助
总经理	5 000	2 000	3 500	350
部门主管	4 000	1 500	3 000	300
其他	3 000	1 000	2 000	200

表8-42　**“三险一金”扣缴基数与标准**

扣缴基数	养老保险	医疗保险	失业保险	住房公积金
上年月平均工资	5%	3%	1%	6%

表8-43　**交通补助标准**　单位：元

项目	总经理（职务）	部门主管（职务）	市场营销（人员类别）	其他
交通补助	500	300	400	100

表8-44　**请假扣款标准**

请假类型	基数	标准
事假	日工资	100%
病假	日工资	50%

表8-45　**奖金标准**

奖金基数	1 000元		
扣除标准	事假天数>10	事假天数≤10	病假
	全额扣除	50元/天	30元/天

4）个人所得税计算规定

（1）按月预扣个人所得税起征点调整为5 000元。

（2）按月预扣个人所得税税率表见表8-46。

表8-46　**个人所得税税率表**　金额单位：元

级次	应纳税所得额下限	应纳税所得额上限	税率	速算扣除数
1	0	3 000.00	3%	0
2	3 000.00	12 000.00	10%	210.00
3	12 000.00	25 000.00	20%	1 410.00
4	25 000.00	35 000.00	25%	2 660.00
5	35 000.00	55 000.00	30%	4 410.00
6	55 000.00	80 000.00	35%	7 160.00
7	80 000.00		45%	15 160.00

5）基本工资数据信息

企业4月份员工工资数据见表8-47。

表8-47　**4月份员工工资数据信息(部分)**　金额单位：元

人员编号	姓名	职务	福利补助	物业管理费	病假天数（天）	事假天数（天）	上年月平均工资
0001	张力	总经理	50.00	150.00			12 300.00
0002	李菲	部门主管	50.00	140.00		1	10 000.00
0003	赵玲	部门主管	50.00	140.00			10 000.00
0004	李哲	职员	50.00	125.00		1	7 000.00
0005	王可	职员	105.00	125.00			7 000.00
0006	刘英	部门主管	50.00	125.00			10 000.00
0007	李荣	职员	50.00	140.00			7 000.00
0008	张笛	职员	50.00	125.00	4		7 000.00
0009	周生	部门主管	50.00	125.00			10 000.00
0010	朱涛	职员	105.00	125.00			7 000.00
0011	郭铭	职员	50.00	125.00			7 000.00
0012	张颖	职员	50.00	125.00	5		7 000.00
0013	梁兵	部门主管	50.00	140.00			10 000.00
0014	邹亮	职员	50.00	125.00		1	7 000.00
0015	马同	职员	50.00	125.00			7 300.00
0016	刘威	职员	50.00	125.00			7 300.00

6）工资分摊

根据财政部颁布的《企业会计准则第9号——职工薪酬》、《企业财务通则》、税法及政府有关制度的规定，企业工资分摊设置情况如下：

（1）分配职工工资。

企业分配职工工资的计提分摊类型设置见表8-48。

表8-48　**分配职工工资**

部门	人员类别	工资项目	分摊率	核算项目	借方科目	贷方科目
办公室 财务部 供应部	企业管理	工资总额	100%		管理费用/职工薪酬	应付职工薪酬/工资
一车间	车间管理	工资总额	100%	车轮总成	生产成本/直接人工	应付职工薪酬/工资
二车间	车间管理	工资总额	100%	产品共耗	生产成本/直接人工	应付职工薪酬/工资
一车间	基本生产	工资总额	100%	车轮总成	生产成本/直接人工	应付职工薪酬/工资
二车间	基本生产	工资总额	100%	产品共耗	生产成本/直接人工	应付职工薪酬/工资
销售部	市场营销	工资总额	100%		销售费用/职工薪酬	应付职工薪酬/工资

（2）补提职工福利费。

企业补提职工福利费的计提分摊类型设置见表8-49。

表8-49 **补提职工福利费**

部门	人员类别	工资项目	分摊率	核算项目	借方科目	贷方科目
办公室 财务部 供应部	企业管理	福利补助	100%		管理费用/职工薪酬	应付职工薪酬/职工福利
一车间	车间管理	福利补助	100%	车轮总成	生产成本/直接人工	应付职工薪酬/职工福利
二车间	车间管理	福利补助	100%	产品共耗	生产成本/直接人工	应付职工薪酬/职工福利
一车间	基本生产	福利补助	100%	车轮总成	生产成本/直接人工	应付职工薪酬/职工福利
二车间	基本生产	福利补助	100%	产品共耗	生产成本/直接人工	应付职工薪酬/职工福利
销售部	市场营销	福利补助	100%		销售费用/职工薪酬	应付职工薪酬/职工福利

（3）提取住房公积金。

企业提取住房公积金的计提分摊类型设置：个人承担部分设置见表8-50，企业承担部分设置见表8-51。

表8-50 **个人承担住房公积金**

部门	人员类别	工资项目	分摊率	借方科目	贷方科目
办公室 财务部 供应部	企业管理	住房公积金	100%	应付职工薪酬/工资	其他应付款/住房公积金
一车间 二车间	车间管理	住房公积金	100%	应付职工薪酬/工资	其他应付款/住房公积金
一车间 二车间	基本生产	住房公积金	100%	应付职工薪酬/工资	其他应付款/住房公积金
销售部	市场营销	住房公积金	100%	应付职工薪酬/工资	其他应付款/住房公积金

表8-51 **企业承担住房公积金**

部门	人员类别	工资项目	分摊率	核算项目	借方科目	贷方科目
办公室 财务部 供应部	企业管理	上年月平均工资	6%		管理费用/职工薪酬	应付职工薪酬/ 住房公积金
一车间	车间管理	上年月平均工资	6%	车轮总成	生产成本/直接人工	应付职工薪酬/住房公积金
二车间	车间管理	上年月平均工资	6%	产品共耗	生产成本/直接人工	应付职工薪酬/住房公积金
一车间	基本生产	上年月平均工资	6%	车轮总成	生产成本/直接人工	应付职工薪酬/住房公积金
二车间	基本生产	上年月平均工资	6%	产品共耗	生产成本/直接人工	应付职工薪酬/住房公积金
销售部	市场营销	上年月平均工资	6%		销售费用/职工薪酬	应付职工薪酬/住房公积金

（4）提取医疗保险费。

企业提取医疗保险费的计提分摊类型设置：个人承担部分设置见表8-52，企业承担部分设置见表8-53。

表8-52　　个人承担医疗保险费

部门	人员类别	工资项目	分摊率	借方科目	贷方科目
办公室 财务部 供应部	企业管理	医疗保险费	100%	应付职工薪酬/工资	其他应付款/社会保险费
一车间 二车间	车间管理	医疗保险费	100%	应付职工薪酬/工资	其他应付款/社会保险费
一车间 二车间	基本生产	医疗保险费	100%	应付职工薪酬/工资	其他应付款/社会保险费
销售部	市场营销	医疗保险费	100%	应付职工薪酬/工资	其他应付款/社会保险费

表8-53　　企业承担医疗保险费

部门	人员类别	工资项目	分摊率	核算项目	借方科目	贷方科目
办公室 财务部 供应部	企业管理	上年月平均工资	7%		管理费用/职工薪酬	应付职工薪酬/社会保险费
一车间	车间管理	上年月平均工资	7%	车轮总成	生产成本/直接人工	应付职工薪酬/社会保险费
二车间	车间管理	上年月平均工资	7%	产品共耗	生产成本/直接人工	应付职工薪酬/社会保险费
一车间	基本生产	上年月平均工资	7%	车轮总成	生产成本/直接人工	应付职工薪酬/社会保险费
二车间	基本生产	上年月平均工资	7%	产品共耗	生产成本/直接人工	应付职工薪酬/社会保险费
销售部	市场营销	上年月平均工资	7%		销售费用/职工薪酬	应付职工薪酬/社会保险费

（5）提取养老保险费。

企业提取养老保险费的计提分摊类型设置：个人承担部分设置见表8-54，企业承担部分设置见表8-55。

表8-54　　个人承担养老保险费

部门	人员类别	工资项目	分摊率	借方科目	贷方科目
办公室 财务部 供应部	企业管理	养老保险费	100%	应付职工薪酬/工资	其他应付款/社会保险费
一车间 二车间	车间管理	养老保险费	100%	应付职工薪酬/工资	其他应付款/社会保险费
一车间 二车间	基本生产	养老保险费	100%	应付职工薪酬/工资	其他应付款/社会保险费
销售部	市场营销	养老保险费	100%	应付职工薪酬/工资	其他应付款/社会保险费

表8-55 企业承担养老保险费

部门	人员类别	工资项目	分摊率	核算项目	借方科目	贷方科目
办公室 财务部 供应部	企业管理	上年月平均工资	7%		管理费用/职工薪酬	应付职工薪酬/社会保险费
一车间	车间管理	上年月平均工资	7%	车轮总成	生产成本/直接人工	应付职工薪酬/社会保险费
二车间	车间管理	上年月平均工资	7%	产品共耗	生产成本/直接人工	应付职工薪酬/社会保险费
一车间	基本生产	上年月平均工资	7%	车轮总成	生产成本/直接人工	应付职工薪酬/社会保险费
二车间	基本生产	上年月平均工资	7%	产品共耗	生产成本/直接人工	应付职工薪酬/社会保险费
销售部	市场营销	上年月平均工资	7%		销售费用/职工薪酬	应付职工薪酬/社会保险费

（6）提取工伤保险费。

企业提取工伤保险费的计提分摊类型设置见表8-56。

表8-56 提取工伤保险费

部门	人员类别	工资项目	分摊率	核算项目	借方科目	贷方科目
办公室 财务部 供应部	企业管理	上年月平均工资	1%		管理费用/职工薪酬	应付职工薪酬/社会保险费
一车间	车间管理	上年月平均工资	1%	车轮总成	生产成本/直接人工	应付职工薪酬/社会保险费
二车间	车间管理	上年月平均工资	1%	产品共耗	生产成本/直接人工	应付职工薪酬/社会保险费
一车间	基本生产	上年月平均工资	1%	车轮总成	生产成本/直接人工	应付职工薪酬/社会保险费
二车间	基本生产	上年月平均工资	1%	产品共耗	生产成本/直接人工	应付职工薪酬/社会保险费
销售部	市场营销	上年月平均工资	1%		销售费用/职工薪酬	应付职工薪酬/社会保险费

（7）提取个人所得税。

企业提取个人所得税的计提分摊类型设置见表8-57。

表8-57 提取个人所得税

部门	人员类别	工资项目	分摊率	借方科目	贷方科目
办公室 财务部 供应部	企业管理	扣税合计	100%	应付职工薪酬/工资	应交税费/应交个人所得税
一车间 二车间	车间管理	扣税合计	100%	应付职工薪酬/工资	应交税费/应交个人所得税
一车间 二车间	基本生产	扣税合计	100%	应付职工薪酬/工资	应交税费/应交个人所得税
销售部	市场营销	扣税合计	100%	应付职工薪酬/工资	应交税费/应交个人所得税

（8）提取失业保险费。

企业提取失业保险费的计提分摊类型设置：个人承担部分设置见表8-58，企业承担部分设置见表8-59。

表8-58　**个人承担失业保险费**

部门	人员类别	工资项目	分摊率	借方科目	贷方科目
办公室 财务部 供应部	企业管理	失业保险费	100%	应付职工薪酬/工资	其他应付款/社会保险费
一车间 二车间	车间管理	失业保险费	100%	应付职工薪酬/工资	其他应付款/社会保险费
一车间 二车间	基本生产	失业保险费	100%	应付职工薪酬/工资	其他应付款/社会保险费
销售部	市场营销	失业保险费	100%	应付职工薪酬/工资	其他应付款/社会保险费

表8-59　**企业承担失业保险费**

部门	人员类别	工资项目	分摊率	核算项目	借方科目	贷方科目
办公室 财务部 供应部	企业管理	上年月平均工资	1%		管理费用/职工薪酬	应付职工薪酬/社会保险费
一车间	车间管理	上年月平均工资	1%	车轮总成	生产成本/直接人工	应付职工薪酬/社会保险费
二车间	车间管理	上年月平均工资	1%	产品共耗	生产成本/直接人工	应付职工薪酬/社会保险费
一车间	基本生产	上年月平均工资	1%	车轮总成	生产成本/直接人工	应付职工薪酬/社会保险费
二车间	基本生产	上年月平均工资	1%	产品共耗	生产成本/直接人工	应付职工薪酬/社会保险费
销售部	市场营销	上年月平均工资	1%		销售费用/职工薪酬	应付职工薪酬/社会保险费

（9）提取生育保险费。

企业提取生育保险费的计提分摊类型设置见表8-60。

表8-60　**提取生育保险费**

部门	人员类别	工资项目	分摊率	核算项目	借方科目	贷方科目
办公室 财务部 供应部	企业管理	上年月平均工资	0.8%		管理费用/职工薪酬	应付职工薪酬/社会保险费
一车间	车间管理	上年月平均工资	0.8%	车轮总成	生产成本/直接人工	应付职工薪酬/社会保险费
二车间	车间管理	上年月平均工资	0.8%	产品共耗	生产成本/直接人工	应付职工薪酬/社会保险费
一车间	基本生产	上年月平均工资	0.8%	车轮总成	生产成本/直接人工	应付职工薪酬/社会保险费
二车间	基本生产	上年月平均工资	0.8%	产品共耗	生产成本/直接人工	应付职工薪酬/社会保险费
销售部	市场营销	上年月平均工资	0.8%		销售费用/职工薪酬	应付职工薪酬/社会保险费

（10）提取工会经费。

企业提取工会经费的计提分摊类型设置见表8-61。

表8-61 **提取工会经费**

部门	人员类别	工资项目	分摊率	核算项目	借方科目	贷方科目
办公室 财务部 供应部	企业管理	工资总额	2%		管理费用/职工薪酬	应付职工薪酬/工会经费
一车间	车间管理	工资总额	2%	车轮总成	生产成本/直接人工	应付职工薪酬/工会经费
二车间	车间管理	工资总额	2%	产品共耗	生产成本/直接人工	应付职工薪酬/工会经费
一车间	基本生产	工资总额	2%	车轮总成	生产成本/直接人工	应付职工薪酬/工会经费
二车间	基本生产	工资总额	2%	产品共耗	生产成本/直接人工	应付职工薪酬/工会经费
销售部	市场营销	工资总额	2%		销售费用/职工薪酬	应付职工薪酬/工会经费

（11）提取职工教育经费。

企业提取职工教育经费的计提分摊类型设置见表8-62。

表8-62 **提取职工教育经费**

部门	人员类别	工资项目	分摊率	核算项目	借方科目	贷方科目
办公室 财务部 供应部	企业管理	工资总额	1.5%		管理费用/职工薪酬	应付职工薪酬/职工教育经费
一车间	车间管理	工资总额	1.5%	车轮总成	生产成本/直接人工	应付职工薪酬/职工教育经费
二车间	车间管理	工资总额	1.5%	产品共耗	生产成本/直接人工	应付职工薪酬/职工教育经费
一车间	基本生产	工资总额	1.5%	车轮总成	生产成本/直接人工	应付职工薪酬/职工教育经费
二车间	基本生产	工资总额	1.5%	产品共耗	生产成本/直接人工	应付职工薪酬/职工教育经费
销售部	市场营销	工资总额	1.5%		销售费用/职工薪酬	应付职工薪酬/职工教育经费

（12）核算代扣物业管理费。

企业代扣物业管理费的计提分摊类型设置见表8-63。

表8-63 **代扣物业管理费**

部门	人员类别	工资项目	分摊率	借方科目	贷方科目
办公室 财务部 供应部	企业管理	物业管理费	100%	应付职工薪酬/工资	其他应付款/应付单位款
一车间 二车间	车间管理	物业管理费	100%	应付职工薪酬/工资	其他应付款/应付单位款
一车间 二车间	基本生产	物业管理费	100%	应付职工薪酬/工资	其他应付款/应付单位款
销售部	市场营销	物业管理费	100%	应付职工薪酬/工资	其他应付款/应付单位款

7）银行设置与所得税项目

（1）通过中国农业银行淄博分行代发工资，单位编号为610101010。

（2）所得税项目为工资，对应工资项目应税工资额。

8.6 固定资产管理初始信息

1）业务控制数据

（1）按平均年限法计提折旧，折旧分配周期为1个月。

（2）类别编码方式：2-1-1-2。

（3）固定资产编码方式：按“类别编码+部门+编码序号”自动编码，卡片序号长度为5位。

（4）要求与账务处理系统对账，固定资产对账科目为1601，累计折旧对账科目为1602。

（5）业务发生后立即制单。

（6）当“月初已计提月份=可使用月份-1”时，要求将剩余折旧全部提足。

（7）凭证制单基本科目来源：［固定资产］缺省入账科目1601，［累计折旧］缺省入账科目1602，［减值准备］缺省入账科目1603，［增值税进项税额］缺省入账科目22210101，［固定资产清理］缺省入账科目1606。

2）资产类别

企业固定资产分类及折旧处理方案见表8-64。

表8-64 固定资产分类及折旧处理方案

编码	类别名称	净残值率（%）	使用年限（年）	单位	计提属性
01	房屋及建筑物	4	20		总计提
011	房屋	4	20	栋	总计提
012	建筑物	4	20	栋	总计提
02	通用设备	4	10		正常计提
021	生产用设备	4	10	台	正常计提
022	非生产用设备	4	10	台	正常计提
03	交通运输设备	4	5		正常计提
031	生产用运输设备	4	5	辆	正常计提
032	非生产用运输设备	4	5	辆	正常计提
04	电子及通信设备	4	3		正常计提
041	生产用设备	4	3	台	正常计提
042	非生产用设备	4	3	台	正常计提

3）部门及对应折旧科目

企业各部门固定资产折旧处理对应入账科目见表8-65。

表8-65 **固定资产折旧处理对应入账科目**

部门编码	部门名称	对应入账科目
01	管理部门	管理费用/折旧费（660204）
0201	一车间	生产成本/制造费用（500103）
0202	二车间	生产成本/制造费用（500103）
0301	供应部	管理费用/折旧费（660204）
0302	销售部	销售费用/折旧费（660109）

4）增、减方式设置

默认系统提供的常用增、减方式，各增、减方式对应入账科目见表8-66。

表8-66 **增、减方式对应入账科目**

增加方式	对应入账科目	减少方式	对应入账科目
直接购入	应付账款	出售	固定资产清理
投资者投入	实收资本	盘亏	待处理财产损溢
捐赠	营业外收入	投资转出	固定资产清理
盘盈	以前年度损益调整	捐赠转出	固定资产清理
在建工程转入	在建工程	报废	固定资产清理
融资租入	长期应付款	毁损	固定资产清理
		融资租出	长期应收款

5）原始卡片

企业现有固定资产情况见表8-67。

表8-67 **固定资产期初情况** 金额单位：元

固定资产名称	类别编码	所在部门	增加方式	使用年限（月）	开始使用日期	原值	已计提月份（月）	累计折旧
办公楼	011	办公室 财务部	在建工程转入	240	2019-03-01	400 000.00	36	57 600.00
厂房	011	一车间	在建工程转入	240	2015-07-10	200 000.00	80	64 000.00
厂房	011	二车间	在建工程转入	240	2015-07-10	250 000.00	80	80 000.00
车床	021	一车间	直接购入	120	2016-01-15	80 000.00	74	47 360.00
加工平台	021	一车间	直接购入	120	2016-01-15	80 000.00	74	47 360.00
加工平台	021	二车间	直接购入	120	2016-01-18	80 000.00	74	47 360.00
原料库	011	供应部	在建工程转入	240	2015-07-15	100 000.00	80	32 000.00
成品库	011	销售部	在建工程转入	240	2015-12-08	100 000.00	75	30 000.00
微机	042	财务部	直接购入	36	2020-02-25	6 000.00	25	4 000.00
微机	042	财务部	直接购入	36	2020-02-25	6 000.00	25	4 000.00
半成品库	011	供应部	在建工程转入	240	2015-12-08	80 000.00	75	24 000.00
汽车	032	办公室	直接购入	60	2019-04-20	250 000.00	35	140 000.00
复印机	042	办公室	直接购入	36	2020-02-25	6 000.00	25	4 000.00

注：净残值率均为4%，使用状况均为“在用”，折旧方法均采用平均年限法。

8.7 财务报表初始信息

1）比较期利润表信息

山东彬彬童车厂2021年4月份利润表见表8-68。

表8-68 利润表（简表）

编制单位：山东彬彬童车厂 2021年4月 单位：元

项 目	本期金额	上期金额
一、营业收入	229 800.00	292 300.00
减：营业成本	72 980.54	66 300.96
税金及附加	3 684.56	3 800.59
销售费用	3 500.00	5 100.67
管理费用	28 749.00	28 932.00
研发费用		
财务费用	150.00	206.00
其中：利息费用	300.00	460.00
利息收入	750.00	600.00
加：其他收益		
投资收益（损失以"–"号填列）	4 500.00	1 500.00
其中：对联营企业和合营企业的投资收益		
以摊余成本计量的金融资产终止确认收益（损失以"–"号填列）		
净敞口套期收益（损失以"–"号填列）		
公允价值变动收益（损失以"–"号填列）		
信用减值损失（损失以"–"号填列）	–1 245.00	–1 510.00
资产减值损失（损失以"–"号填列）		
资产处置收益（损失以"–"号填列）		
二、营业利润（亏损以"–"号填列）	123 990.90	187 949.78
加：营业外收入	4 000.00	1 300.00
减：营业外支出	3 845.56	1 280.00
三、利润总额（亏损总额以"–"号填列）	124 145.34	187 969.78
减：所得税费用	31 036.34	46 242.48
四、净利润（净亏损以"–"号填列）	93 109.00	141 727.30
（一）持续经营净利润（净亏损以"–"号填列）		
（二）终止经营净利润（净亏损以"–"号填列）		
五、其他综合收益的税后净额		
六、综合收益总额	93 109.00	141 727.30
七、每股收益		
（一）基本每股收益		
（二）稀释每股收益		

2）比较期现金流量表信息

山东彬彬童车厂2021年4月份现金流量表见表8-69。

表8-69　　　　　　　　　　　　**现金流量表**

编制单位：山东彬彬童车厂　　　　　2021年4月　　　　　　　　　单位：元

项　目	本期金额	上期金额
一、经营活动产生的现金流量：		
销售商品、提供劳务收到的现金	305 000.00	276 801.00
收到的税费返还	1 400.00	2 800.00
收到其他与经营活动有关的现金	192.30	384.55
经营活动现金流入小计	306 592.30	279 985.55
购买商品、接受劳务支付的现金	153 600.00	107 330.00
支付给职工以及为职工支付的现金	11 000.00	10 500.00
支付的各项税费	104 800.00	93 955.00
支付其他与经营活动有关的现金	6 900.00	5 100.00
经营活动现金流出小计	276 300.00	216 885.00
经营活动产生的现金流量净额	30 292.30	63 100.55
二、投资活动产生的现金流量：		
收回投资收到的现金	45 000.00	15 000.00
取得投资收益收到的现金	4 500.00	1 500.00
处置固定资产、无形资产和其他长期资产收回的现金净额	81 000.00	27 000.00
处置子公司及其他营业单位收到的现金净额		
收到其他与投资活动有关的现金	1 200.00	400.00
投资活动现金流入小计	131 700.00	43 900.00
购建固定资产、无形资产和其他长期资产支付的现金	41 000.00	13 600.00
投资支付的现金		
取得子公司及其他营业单位支付的现金净额		
支付其他与投资活动有关的现金	7 000.00	5 200.00
投资活动现金流出小计	48 000.00	18 800.00
投资活动产生的现金流量净额	83 700.00	25 100.00
三、筹资活动产生的现金流量：		
吸收投资收到的现金		
取得借款收到的现金	100 000.00	100 000.00
收到其他与筹资活动有关的现金		

续表

项　目	本期金额	上期金额
筹资活动现金流入小计	100 000.00	100 000.00
偿还债务支付的现金	100 000.00	30 000.00
分配股利、利润或偿付利息支付的现金	260.00	750.00
支付其他与筹资活动有关的现金	10 000.00	3 000.00
筹资活动现金流出小计	110 260.00	33 750.00
筹资活动产生的现金流量净额	−10 260.00	66 250.00
四、汇率变动对现金及现金等价物的影响		−3 000.00
五、现金及现金等价物净增加额	103 732.30	151 450.55
加：期初现金及现金等价物余额	110 353.66	105 453.78
六、期末现金及现金等价物余额	214 085.96	256 904.33

8.8　彬彬童车厂2022年4月份部分经济业务

彬彬童车厂2022年4月发生如下经济业务：

（1）2日，取得银行委托收款入账凭证，票号为WS2022200135，入账金额为46 800.00元，系收宏远商厦购货款（原销售发票号08076593，单据日期为2022-03-25）。

（2）3日，取得银行委托付款入账凭证，票号为WF2022001256，付款金额为180 180.00元，系支付潍坊机械公司材料款（原采购发票号00873650，单据日期为2020-02-20）。

（3）4日，出纳会计王可到农行提取现金2 800.00元，现金支票号为XP001325。

（4）5日，财务部赵玲报销差旅费1 750.00元（原借款1 000.00元，借款单号JK20220075，单据日期为2022-03-29，差额用现金支付）。

（5）6日，采购部从青岛轮胎厂购入轮胎2 000个，单价为15.00元，增值税发票列示的价款共计30 000.00元、增值税3 900.00元，采购发票编号为02404236。材料已验收入库，同时以中国农业银行转账支票（ZP003522）支付相关款项。

（6）7日，仓库收到潍坊机械公司轮圈2 000个，单价为15.00元；辐条60 000根，单价为0.40元；大车架1 000个，单价为80.00元；小车架1 000个，单价为75.00元。采购发票上列示的货款共计209 000.00元、增值税27 170.00元，采购发票编号为75340076。材料已验收入库，货款暂欠。

（7）8日，总经理张力报销差旅费4 500.00元（原出差借款5 000.00元，借款单号JK20220071，单据日期为2022-03-27）。

（8）9日，销售部向振华车行销售独轮杂技车150辆，取得货款120 000.00元，增值税销项税额为15 600.00元，销售发票编号为08078563。款项以银行转账支票收取，票号为ZP002188，金额为135 600.00元，送存中国农业银行。

（9）9日，一车间生产车轮总成领用轮胎1 000个、轮圈1 000个、辐条30 000根。

（10）9日，委托中国农业银行缴纳上月应缴而未缴的所得税53 300.00元、增值税46 970.00元、城市维护建设税3 288.30元和教育费附加939.53元，预缴个人所得税335.00元，当即收到各有关税金及附加缴款书收据联（WF2022201125）一张。

（11）10日，销售部向宏远商厦销售儿童车50辆，货款为35 000.00元，增值税销项税额为4 550.00元，销售发票编号为08078564，货款未收。

（12）12日，验收入库车轮总成700套。

（13）14日，二车间生产领用大车架300个、小车架300个、车轮总成900套、A型包装箱300个、B型包装箱300个。

（14）15日，收到宏远商厦开具的3个月带息银行承兑汇票一张，票号为YH0530078，票面金额为87 750.00元，利率为8%，系收回宏远商厦所欠销货款39 550.00元（原销货发票编号08078564，单据日期为2022-04-10），多收金额作为预收款处理（收款单号SK202200071）。

（15）16日，验收入库独轮杂技车200辆、儿童车200辆。

（16）18日，销售部向华鸿商贸销售独轮杂技车100辆，货款为80 000.00元，增值税销项税额为10 400.00元，销售发票编号为08078565，货款未收。

（17）20日，收到华鸿商贸的货款110 000.00元，系收回销售独轮杂技车款项（金额90 400.00元，原销售发票号08078565，单据日期2022-04-14），多收款作预收款处理（收款单号SK202200072），转账支票号为ZP253084，送存中国农业银行。

（18）20日，向振华车行销售儿童车50辆，取得货款37 500.00元，增值税销项税额为4 875元，销售发票编号为08078566。当日收到3个月的不带息银行承兑汇票一张，票号为YH9699887。

（19）20日，因资金需要，将收到的华鸿商贸开具的票号为SH0807556、面值为32 760.00元的3个月无息商业承兑汇票进行贴现，贴现率为10%。（商业汇票出票日期为2022-02-15，到期日为2022-05-15，票据收款期为3天。）

（20）21日，预收宏远商厦购独轮杂技车货款80 000.00元，收到转账支票一张，票号为ZP0538277，收款单号SK202200073。

（21）23日，财务室一台计算机因电源故障导致毁损。该项固定资产编号为04200002，清理该项资产取得清理收入500.00元，以现金收取（收款单号SK202200074），经批准损失作营业外支出处理。

（22）24日，因经济债务原因，将编号为YH9699887的由振华车行开具的价值42 375.00元的银行承兑汇票背书转让给青岛轮胎厂偿还部分欠款（原采购发票号02403130，单据日期2022-03-10）。

（23）25日，根据合同，向宏远商厦销售独轮杂技车70辆，取得货款56 000.00元，增值税销项税额为7 280.00元，销售发票编号为08078567，以预收款进行结算（预收款信息为：收款单号SK202200071，单据日期2022-04-13，预收金额为48 200.00元；收款单号SK202200073，单据日期2022-04-21，预收金额为80 000元）。

（24）25日，办公室李菲出差借款5 000.00元，借款单号JK20220080。出纳开具现金支票支付，支票号为XP005284。

(25) 25日，办公室从佳实办公设备有限公司购入扫描仪一台，价值3 500.00元，增值税为455.00元，发票编号05689786。款项以转账支票支付，票号为ZP003523。该设备预计净残值率为4%，预计使用年限为5年。

(26) 27日，验收入库车轮总成400套、独轮杂技车150辆、儿童车100辆。

(27) 28日，在驰博汽车公司为汽车添置新配件，价值10 000.00元，增值税为1 300.00元，发票编号05689796。款项以转账支票支付，票号为ZP003524。

(28) 29日，核算本月工资。本月的职工考勤情况参见表8-47，根据制度规定完成工会经费、职工教育经费、"五险一金"的计算计提以及各项代扣费用的处理，并编制记账凭证。

(29) 29日，收到鲁能开具的电费发票（发票号05884536），发票显示本月企业共用电1 560度，电费1 326.00元，增值税172.38元，企业开出转账支票（票号ZP003525）支付。

(30) 30日，计提本月固定资产折旧，并生成折旧凭证。

(31) 30日，现根据各部门耗电情况对电费进行分配。本月共耗电1 560度，其中管理部门耗电160度，一车间耗电500度，二车间耗电900度。车间耗电成本直接记入"生产成本/制造费用"科目，其中，一车间对应的核算项目为"车轮总成"，二车间对应的核算项目为"产品共耗"。

(32) 30日，分配制造费用，制造费用在两个车间之间等额分配。

(33) 30日，根据原材料库提供的原材料领用汇总表，核算产品生产领用原材料出库成本。

(34) 30日，对生产独轮杂技车和儿童车共同耗用的材料费、人工费、制造费用进行分配，费用在两种产品之间等额分配。

(35) 30日，根据一车间提供的车轮总成生产基本情况统计表（见表8-70），核算车轮总成验收入库成本。

表8-70 **4月份一车间生产基本情况统计表** 单位：套

产品名称	期初在产量	本期投入量	完工产量	期末在产量
车轮总成	300	1 000	1 100	200

(36) 30日，根据半成品库提供的产品生产领用汇总表，核算车轮总成领用出库成本。

(37) 30日，根据二车间提供的产品生产基本情况统计表（见表8-71），核算本月验收入库产品成本。

表8-71 **4月份二车间产品生产基本情况统计表** 单位：辆

产品名称	期初在产量	本期投入量	完工产量	期末在产量
独轮杂技车	150	300	350	100
儿童车	100	300	300	100

(38) 30日，对外币账户进行汇兑损益计算调整（4月30日美元外币汇率为6.75）。

(39) 30日，计算企业的未交增值税、应交教育费附加和应交城市维护建设税。

(40) 30日，结转已销独轮杂技车、儿童车的制造成本。

(41) 30日，按本月应收账款期末余额的5‰提取坏账准备。

（42）30日，结转本月实现的收入、发生的成本费用。

（42）30日，计算并结转企业应交所得税费用。（假设企业无纳税调整事项。）

（44）30日，结转本年利润，并根据税后利润提取盈余公积。

（45）30日，结转利润分配，计算未分配利润。

8.9 彬彬童车厂2022年4月份银行对账信息

彬彬童车厂2022年3月31日中国农业银行“银行存款余额调节表”见表8-72。

表8-72 银行存款余额调节表

科目：银行存款/农行存款/人民币户 日期：2022年3月31日 单位：元

项目	余额	项目	余额
银行存款日记账余额	3 759 386.36	银行对账单余额	3 676 006.36
加：银行已收企业未收	46 800.00	加：企业已收银行未收	40 000.00
2022.03.30/委托收款/WS2022200135	46 800.00	2022.03.30/转账支票/ZP021111	40 000.00
减：银行已付企业未付	180 180.00	减：企业已付银行未付	90 000.00
2022.03.29/委托付款/WF2022001256	180 180.00	2022.03.29/转账支票/ZP003520	90 000.00
企业调节后余额	3 626 006.36	银行调节后余额	3 626 006.36

2022年4月30日，从中国农业银行取得4月份银行对账单，其信息见表8-73。

表8-73 银行对账单

科目：银行存款/农行存款/人民币户 日期：2022年4月30日 单位：元

结算日期	结算方式	结算单号	收方金额	付方金额
2022.04.03	转账支票	ZP021111	40 000.00	
2022.04.04	现金支票	XP001325		2 800.00
2022.04.05	转账支票	ZP003520		90 000.00
2022.04.09	委托付款	WF2022201125		104 832.83
2022.04.09	转账支票	ZP002188	135 600.00	
2022.04.10	转账支票	ZP003522		33 900.00
2022.04.16	转账支票	ZP253084	110 000.00	
2022.04.20	商业承兑汇票	SH0807556	32 505.20	
2022.04.21	转账支票	ZP0538277	80 000.00	
2022.04.26	现金支票	XP001326		5 000.00
2022.04.28	转账支票	ZP003523		3 955.00
2022.04.29	转账支票	ZP003524		11 300.00

案例应用基本要求

1. 在系统管理中设置操作员，建立账套并为操作员赋权。

2. 启用基础设置模块，设置部门档案、职员档案、地区分类、客户分类、客户档案、供应商分类、供应商档案、存货分类、存货档案等基础档案。

3. 启用总账系统，设置业务参数，并完成系统初始设置。

4. 启用固定资产管理系统，进行固定资产账套初始设置，并进行期初对账。

5. 启用薪资管理系统，进行工资账套初始设置。

6. 完成4月份企业发生的各种经济业务的处理。

7. 完成总账、薪资管理、固定资产管理系统的月末结账处理。

8. 启用UFO报表系统，完成资产负债表、利润表和现金流量表的编制。